acional

el desarrollo

Sarney invitó a una política de desa-
llo para alcanzar un crecimiento
ial entre el 5 y el 6 por ciento.

El desarrollo debe estar combinado
la lucha contra la inflación para lo
l el Gobierno hará su parte, ajus-
do el gasto público, prometió.

Reveló que la inflación durante el pri-
r semestre se había reducido del 250
40 por ciento, cifras de enero y junio,
pectivamente.

Sarney subrayó la opción social del
N. "La prioridad será para los po-
es", dijo, reiterando su anuncio de la
nana pasada, cuando lanzó un pro-
ma de alimentos cuyos beneficiarios,
ometió, pasarán de "cuatro a veinte
llones".

El Presidente dijo que Brasil era "una
dera social" porque en los 20 años de
gimen militar la mitad más pobre de
población brasileña poseía el 4 por
nto de la renta nacional y hoy sólo el
or ciento.

"El 10 por ciento de los más ricos, que
seía el 39 por ciento de la riqueza na-
nal, hoy dispone del 51 por ciento",
rayó.

Sarney reiteró la postura nacional de
gobierno frente al Fondo Monetario
ernacional (FMI) en la negociación de
deuda externa de Brasil, que alcanza
04.000 millones de dólares.

Portal de la sinagoga

Atentad
en Dinar

COPENHAGUE, 22 (Reuter). - Tres
estallidos de bombas sacudieron hoy el
centro de Copenhague y la policía informó que 22 personas resultaron heridas, tres de ellas de gravedad.

Según la policía, la mayoría de las
víctimas se encontraban en las oficinas
de la Northwest Orient Airlines de los
Estados Unidos, que quedaron destro-
zadas por la detonación.

El edificio está situado en una man-

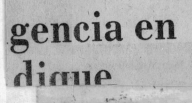

gencia en
dique

Comisión Nacional sobre la Desaparición de Personas.

Nunca más /CONADEP. 9a. ed. Buenos Aires: EUDEBA, 1985.

492 p. il.

ISBN 950-23-0111-0

NUNCA MAS

NUNCA MAS

Informe de la COMISIÓN NACIONAL SOBRE LA DESAPARICIÓN DE PERSONAS

Diseño de tapa:
Pablo Barragán

1a. edición: noviembre de 1984
2a.   "   : diciembre de 1984
3a.   "   : diciembre de 1984
4a.   "   : diciembre de 1984
5a.   "   : diciembre de 1984
6a.   "   : enero de 1985
7a.   "   : febrero de 1985
8a.   "   : marzo de 1985
9a.   "   : mayo de 1985

EUDEBA S.E.M.
Fundada por la Universidad de Buenos Aires

EDITORIAL UNIVERSITARIA DE BUENOS AIRES
Sociedad de Economía Mixta
Rivadavia 1571/73

Hecho el depósito que marca la ley 11.723
ISBN 950-23-0111-0
IMPRESO EN LA ARGENTINA

PRÓLOGO

Durante la década del 70 la Argentina fue convulsionada por un terror que provenía tanto desde la extrema derecha como de la extrema izquierda, fenómeno que ha ocurrido en muchos otros países. Así aconteció en Italia, que durante largos años debió sufrir la despiadada acción de las formaciones fascistas, de las Brigadas Rojas y de grupos similares. Pero esa nación no abandonó en ningún momento los principios del derecho para combatirlo, y lo hizo con absoluta eficacia, mediante los tribunales ordinarios, ofreciendo a los acusados todas las garantías de la defensa en juicio; y en ocasión del secuestro de Aldo Moro, cuando un miembro de los servicios de seguridad le propuso al General Della Chiesa torturar a un detenido que parecía saber mucho, le respondió con palabras memorables: "Italia puede permitirse perder a Aldo Moro. No, en cambio, implantar la tortura".

No fue de esta manera en nuestro país: a los delitos de los terroristas, las Fuerzas Armadas respondieron con un terrorismo infinitamente peor que el combatido, porque desde el 24 de marzo de 1976 contaron con el poderío y la impunidad del Estado absoluto, secuestrando, torturando y asesinando a miles de seres humanos.

Nuestra Comisión no fue instituida para juzgar, pues para eso están los jueces constitucionales, sino para indagar la suerte de los desaparecidos en el curso de estos años aciagos de la vida nacional. Pero, después de haber recibido varios miles de declaraciones y testimonios, de haber verificado o determinado la existencia de cientos de lugares clandestinos de detención y de acumular más de cincuenta mil páginas documentales, tenemos la certidumbre de que la dictadura militar produjo la más grande tragedia de nuestra historia, y la más salvaje. Y, si bien debemos esperar de la justicia la palabra definitiva, no podemos callar ante lo que hemos oído, leído y registrado; todo lo cual va mucho más allá de lo que pueda considerarse como delictivo para alcanzar la tenebrosa categoría de los crímenes de lesa humanidad. Con la técnica de la desaparición y sus consecuencias, todos los principios éticos que las grandes religiones y las más elevadas filosofías erigieron a lo largo de milenios de sufrimientos y calamidades fueron pisoteados y bárbaramente desconocidos.

Son muchísimos los pronunciamientos sobre los sagrados derechos de la persona a través de la historia y, en nuestro tiempo, desde los que consagró la Revolución Francesa hasta los estipulados en las Cartas Universales de Derechos Humanos y en las grandes encíclicas de este siglo. Todas las naciones civilizadas, incluyendo la nuestra propia, estatuyeron en sus constituciones garantías que jamás pueden suspenderse, ni aun en los más catastróficos estados de emergencia: el derecho a la vida, el derecho a la integridad personal, el derecho a proceso; el derecho a no sufrir condiciones inhumanas de detención, negación de la justicia o ejecución sumaria.

De la enorme documentación recogida por nosotros se infiere que los derechos humanos fueron violados en forma orgánica y estatal por la represión de las Fuerzas Armadas. Y no violados de manera esporádica sino sistemática, de manera siempre la misma, con similares secuestros e idénticos tormentos en toda la extensión del territorio. ¿Cómo no atribuirlo a una metodología del terror planificada por los altos mandos? ¿Cómo podrían haber sido cometidos por perversos que actuaban por su sola cuenta bajo un régimen rigurosamente militar, con todos los poderes y medios de información que esto supone? ¿Cómo puede hablarse de "excesos individuales"? De nuestra información surge que esta tecnología del infierno fue llevada a cabo por sádicos pero regimentados ejecutores. Si nuestras inferencias no bastaran, ahí están las palabras de despedida pronunciadas en la Junta Interamericana de Defensa por el jefe de la delegación argentina, General Santiago Omar Riveros, el 24 de enero de 1980: "Hicimos la guerra con la doctrina en la mano, con las órdenes escritas de los Comandos Superiores". Así, cuando ante el clamor universal por los horrores perpetrados, miembros de la Junta Militar deploraban los "excesos de la represión, inevitables en una guerra sucia", revelaban una hipócrita tentativa de descargar sobre subalternos independientes los espantos planificados.

Los operativos de secuestro manifestaban la precisa organización, a veces en los lugares de trabajo de los señalados, otras en plena calle y a la luz del día, mediante procedimientos ostensibles de las fuerzas de seguridad que ordenaban "zona libre" a las comisarías correspondientes. Cuando la víctima era buscada de noche en su propia casa, comandos armados rodeaban la manzana y entraban por la fuerza, aterrorizaban a padres y niños, a menudo amordazándolos y obligándolos a presenciar los hechos, se apoderaban de la persona buscada, la golpeaban brutalmente, la encapuchaban y finalmente la arrastraban a los autos o camiones, mientras el resto del comando casi siempre destruía o robaba lo que era transportable. De ahí se partía hacia el antro en cuya puerta podía haber inscriptas las mismas pa-

8

labras que Dante leyó en los portales del infierno: "Abandonad toda esperanza, los que entráis".

De este modo, en nombre de la seguridad nacional, miles y miles de seres humanos, generalmente jóvenes y hasta adolescentes, pasaron a integrar una categoría tétrica y fantasmal: la de los Desaparecidos. Palabra —¡triste privilegio argentino!— que hoy se escribe en castellano en toda la prensa del mundo.

Arrebatados por la fuerza, dejaron de tener presencia civil. ¿Quiénes exactamente los habían secuestrado? ¿Por qué? ¿Dónde estaban? No se tenía respuesta precisa a estos interrogantes: las autoridades no habían oído hablar de ellos, las cárceles no los tenían en sus celdas, la justicia los desconocía y los *habeas corpus* sólo tenían por contestación el silencio. En torno de ellos crecía un ominoso silencio. Nunca un secuestrador arrestado, jamás un lugar de detención clandestino individualizado, nunca la noticia de una sanción a los culpables de los delitos. Así transcurrían días, semanas, meses, años de incertidumbres y dolor de padres, madres e hijos, todos pendientes de rumores, debatiéndose entre desesperadas expectativas, de gestiones innumerables e inútiles, de ruegos a influyentes, a oficiales de alguna fuerza armada que alguien les recomendaba, a obispos y capellanes, a comisarios. La respuesta era siempre negativa.

En cuanto a la sociedad, iba arraigándose la idea de la desprotección, el oscuro temor de que cualquiera, por inocente que fuese, pudiese caer en aquella infinita caza de brujas, apoderándose de unos el miedo sobrecogedor y de otros una tendencia consciente o inconsciente a justificar el horror: "Por algo será", se murmuraba en voz baja, como queriendo así propiciar a los terribles e inescrutables dioses, mirando como apestados a los hijos o padres del desaparecido. Sentimientos sin embargo vacilantes, porque se sabía de tantos que habían sido tragados por aquel abismo sin fondo sin ser culpable de nada; porque la lucha contra los "subversivos", con la tendencia que tiene toda caza de brujas o de endemoniados, se había convertido en una represión demencialmente generalizada, porque el epíteto de subversivo tenía un alcance tan vasto como imprevisible. En el delirio semántico, encabezado por calificaciones como "marxismo-leninismo", "apátridas", "materialistas y ateos", "enemigos de los valores occidentales y cristianos", todo era posible: desde gente que propiciaba una revolución social hasta adolescentes sensibles que iban a villas-miseria para ayudar a sus moradores. Todos caían en la redada: dirigentes sindicales que luchaban por una simple mejora de salarios, muchachos que habían sido miembros de un centro estudiantil, periodistas que no eran adictos a la dictadura, psicólogos y sociólogos por pertenecer a profesiones sospechosas, jóvenes pacifistas, monjas y sacerdotes que habían llevado las enseñanzas de Cristo a barriadas miserables. Y amigos de cualquiera de ellos, y amigos de esos amigos, gente que había sido denunciada por venganza personal y por secuestrados bajo tortura. Todos, en su mayoría inocentes de terrorismo o siquiera de pertenecer a los cuadros combatientes de la guerrilla, porque éstos presentaban batalla y morían en el enfrentamiento o se suicidaban antes de entregarse, y pocos llegaban vivos a manos de los represores.

Desde el momento del secuestro, la víctima perdía todos los derechos; privada de toda comunicación con el mundo exterior, confinada en lugares desconocidos, sometida a suplicios infernales, ignorante de su destino mediato o inmediato, susceptible de ser arrojada al río o al mar, con bloques de cemento en sus pies, o reducida a cenizas; seres que sin embargo no eran cosas, sino que conservaban atributos de la criatura humana: la sensibilidad para el tormento, la memoria de su madre o de su hijo o de su mujer, la infinita vergüenza por la violación en público; seres no sólo poseídos por esa infinita angustia y ese supremo pavor, sino, y quizás por eso mismo, guardando en algún rincón de su alma alguna descabellada esperanza.

De estos desamparados, muchos de ellos apenas adolescentes, de estos abandonados por el mundo hemos podido constatar cerca de nueve mil. Pero tenemos todas las razones para suponer una cifra más alta, porque muchas familias vacilaron en denunciar los secuestros por temor a represalias. Y aún vacilan, por temor a un resurgimiento de estas fuerzas del mal.

Con tristeza, con dolor hemos cumplido la misión que nos encomendó en su momento el Presidente Constitucional de la República. Esa labor fue muy ardua, porque debimos recomponer un tenebroso rompecabezas, después de muchos años de producidos los hechos, cuando se han borrado deliberadamente todos los rastros, se ha quemado toda documentación y hasta se han demolido edificios. Hemos tenido que basarnos, pues, en las denuncias de los familiares, en las declaraciones de aquellos que pudieron salir del infierno y aún en los testimonios de represores que por oscuras motivaciones se acercaron a nosotros para decir lo que sabían.

En el curso de nuestras indagaciones fuimos insultados y amenazados por los que cometieron los crímenes, quienes lejos de arrepentirse, vuelven a repetir las consabidas razones de "la guerra sucia", de la salvación de la patria y de sus valores occidentales y cristianos, valores que precisamente fueron arrastrados por ellos entre los muros sangrientos de los antros de represión. Y nos acusan de no propiciar la reconciliación nacional, de activar los odios y resentimientos, de impedir el olvido. Pero no es así: no estamos movidos por el resentimiento ni por el espíritu de venganza; sólo pedimos la verdad y la justicia, tal como por otra parte las han pedido las iglesias de distintas confesiones, entendiendo que no podrá haber reconciliación sino después del arrepentimiento de los culpables y de una justicia que se fundamente en la verdad. Porque, si no, debería echarse por tierra la trascendente misión que el poder judicial tiene en toda comunidad civilizada. Verdad y justicia, por otra parte, que permitirán vivir con honor a los hombres de las fuerzas armadas que son inocentes y que, de no procederse así, correrían el riesgo de ser ensuciados por una incriminación global e injusta. Verdad y justicia que permitirán a esas fuerzas considerarse como auténticas herederas de aquellos ejércitos que, con tanta heroicidad como pobreza, llevaron la libertad a medio continente.

Se nos ha acusado, en fin, de denunciar sólo una parte de los hechos sangrientos que sufrió nuestra nación en los últimos tiempos, silenciando los que cometió el terrorismo que precedió a marzo de 1976, y hasta, de alguna manera, hacer de ellos una tortuosa exaltación. Por el contrario, nuestra Comisión ha repudiado siempre aquel terror, y lo repetimos una vez más en estas mismas páginas. Nuestra misión no era la de investigar sus crímenes sino estrictamente la suerte corrida por los desaparecidos, cualesquiera que fueran, proviniesen de uno o de otro lado de la violencia. Los familiares de las víctimas del terrorismo anterior no lo hicieron, seguramente, porque ese terror produjo muertes, no desaparecidos. Por lo demás el pueblo argentino ha podido escuchar y ver cantidad de programas televisivos, y leer infinidad de artículos en diarios y revistas, además de un libro entero publicado por el gobierno militar, que enumeraron, describieron y condenaron minuciosamente los hechos de aquel terrorismo.

Las grandes calamidades son siempre aleccionadoras, y sin duda el más terrible drama que en toda su historia sufrió la Nación durante el período que duró la dictadura militar iniciada en marzo de 1976 servirá para hacernos comprender que únicamente la democracia es capaz de preservar a un pueblo de semejante horror, que sólo ella puede mantener y salvar los sagrados y esenciales derechos de la criatura humana. Unicamente así podremos estar seguros de que NUNCA MAS en nuestra patria se repetirán hechos que nos han hecho trágicamente famosos en el mundo civilizado.

ADVERTENCIA

Los casos que se mencionan en el presente Informe surgen del aporte testimonial y documental recibido, habiendo sido seleccionados con la sola intención de fundamentar y ejemplificar la exposición, la que a su vez resulta de la totalidad del material reunido, es decir, de la palabra de testigos directos de esos hechos. No se excluye la posibilidad de algún error, ni se descarta la existencia de muchos otros casos que pudieran ser más ilustrativos para cumplir esa finalidad.

Respecto de las personas que aparecen nombradas por las funciones que desempeñaron, o incluidas ocasionalmente en la transcripción de testimonios que las involucran en hechos que puedan ser configurativos de delitos, esta Comisión Nacional no les asigna la responsabilidad que la referencia del caso pudiera sugerir, en tanto carece de facultades para ello y en razón de que tal facultad es privativa del Poder Judicial en el ordenamiento constitucional argentino.

CAPÍTULO I

La acción represiva

A. Introducción general

Muchos de los episodios aquí reseñados resultarán de difícil credibilidad.

Es que los hombres y mujeres de nuestro pueblo sólo han conocido horrores semejantes a través de crónicas de otras latitudes.

La enormidad de lo acontecido, la transgresión a los fundamentos mismos de la especie, provocará todavía aquel "¿será cierto?" con que algunos intentaban sustraerse del dolor y del espanto, pero también de la responsabilidad que nace del saber, del estar enterado, porque a ello sigue, inexorablemente, el preguntarse: ¿cómo evitar que pueda repetirse? Y la angustiante inquietud de advertir que víctimas y victimarios fueron nuestros contemporáneos; que la tragedia tuvo a nuestro suelo por escenario y que quienes así afrentaron nuestra historia no ofrecen todavía actos o palabras de confiable arrepentimiento.

Asume esta Comisión la tremenda y necesaria responsabilidad de afirmar, concluidas estas primeras investigaciones, que todo cuanto sigue efectivamente sucedió, más allá de los pormenores de algunos de estos sucesos individualmente considerados, de cuya existencia sólo pueden dar fehaciente testimonio quienes fueron sus directos protagonistas.

Pero meses y meses de escuchar denuncias, testimonios y confesiones, de examinar documentos, inspeccionar lugares y realizar cuanto estuvo a nuestro alcance para arrojar luz sobre tan estremecedores acontecimientos, nos autorizán a aseverar que existió una metodología represiva concebida para producir actos y situaciones como los que en adelante se informarán, cuya secuencia *secuestro-desaparición-tortura*, será analizada en los capítulos siguientes.

Cada uno de los testimonios incluidos bien pudo haber sido seleccionado al azar entre los miles de legajos que contienen relatos similares. Los incorporados a este informe son sólo una ínfima muestra del copioso material hasta ahora reunido.

Cualquiera de ellos por sí solo, permitiría formular la misma condena moral a la que arriba esta Comisión; pero es su pluralidad pródiga en referencias semejantes y convergentes, lo que cimenta incontrastablemente nuestra certidumbre acerca de la existencia y puesta en práctica de tal metodología represiva.

Los casos transcriptos no son de aquellos que constituyan excesos, ya que tales excesos no existieron si se entiende por ello la comisión de actos aislados, particularmente aberrantes. Es que todo el sistema, toda la metodología, desde su ideación, constituyó el gran exceso; lo aberrante fue práctica común y extendida. Los actos "especialmente" atroces se cuentan por millares. Son los "normales".

Se ha dicho reiteradamente que aquellos miembros de las Fuerzas de Seguridad que incurrieron en "excesos" durante la lucha antisubversiva fueron oportunamente enjuiciados a iniciativa de las autoridades de dichas fuerzas.

Esta Comisión desmiente rotundamente tal aserto, toda vez que de la información obtenida hasta el momento no surge que miembro alguno de las Fuerzas de Seguridad haya sido procesado por estar involucrado en la desaparición de personas o por aplicación de tormentos o por la muerte de detenidos alojados en los centros clandestinos de detención.

Las autoridades militares del Proceso de Reorganización Nacional denominaron "excesos" a los delitos perpetrados por efectivos militares o policiales con fines particulares, sin autorización de sus superiores, al margen del accionar represivo.

Como se verá más adelante, homicidios, violaciones, torturas, extorsiones, saqueos y otros graves delitos, quedaron impunes, cuando se perpetraron en el marco de la persecución política e ideológica desatada en esos años.

B. El secuestro

Si bien constan en los archivos de la CONADEP denuncias acerca de aproximadamente 600 secuestros que se habrían producido antes del golpe militar del 24 de marzo de 1976, es a partir de ese día que son privadas ilegítimamente de su libertad decenas de miles de personas en todo el país, 8.960 de las cuales continúan desaparecidas al día de la fecha.

La metodología empleada fue ensayada desde antes de asumir el gobierno militar (Operativo "Independencia" en Tucumán). Se distingue de los métodos empleados en otros países por la total clandestinidad en que se obraba; la detención de personas seguida de su desaparición y la pertinaz negativa oficial a reconocer la responsabilidad de los organismos intervinientes. Su período de aplicación es prolongado, abarca a toda la Nación y no se limita a los grandes centros urbanos. Las estadísticas elaboradas en base a los testimonios recibidos arrojaron los siguientes porcentajes:

Personas detenidas ante testigos, que continúan en condición de desaparecidas:

Detenidos en su domicilio ante testigos	62 %
Detenidos en la vía pública	24,6 %
Detenidos en lugares de trabajo	7 %
Detenidos en lugares de estudio	6 %
Desaparecidos que fueron secuestrados en Dependencias Militares, Penales o Policiales, estando legalmente detenidos en esos establecimientos	0,4 %

Incursión de los secuestradores o "patota" en los domicilios. Nocturnidad. Anonimato

Con la intempestiva irrupción del grupo a cargo del secuestro comenzaba el primer acto del drama que envolvería tanto a las víctimas directas como a los familiares afectados. De éstos y de otros miles de testimonios que están en los archivos de la CONADEP, deducimos que dentro de la metodología del secuestro como forma de detención, los operativos se realizaban a altas horas de la noche o de la madrugada, generalmente en días cercanos al fin de semana, asegurándose así un lapso antes de que los familiares pudieran actuar.

Generalmente, en el domicilio irrumpía una "patota" o grupo integrado por cinco o seis individuos. A veces intervenían varios grupos, alcanzando hasta 50 personas en algunos casos especiales.

Los integrantes de la "patota" iban siempre provistos de un voluminoso arsenal, absolutamente desproporcionado respecto de la supuesta peligrosidad de sus víctimas. Con armas cortas y largas amedrentaban tanto a éstas como a sus familiares y vecinos. Previo al arribo de la "patota", solía producirse en algunos casos el "apagón" o corte del suministro eléctrico en la zona en que se iba a realizar el operativo.

La cantidad de vehículos que intervenían variaba, ya que en algunos casos empleaban varios autos particulares (generalmente sin chapa patente); en otros contaban con el apoyo de fuerzas regulares, las que podían estar uniformadas, en camiones o camionetas identificables como pertenecientes a alguna de las tres fuerzas y, en algunos casos, helicópteros que sobrevolaban la zona del domicilio de las víctimas.

La intimidación y el terror no sólo apuntaban a inmovilizar a las víctimas en su capacidad de respuesta ante la agresión. Estaban dirigidos también a lograr el mismo propósito entre el vecindario. Así, en muchos casos, se interrumpió el tráfico, se cortó el suministro eléctrico, se utilizaron megáfonos, reflectores, bombas, granadas, en desproporción con las necesidades del operativo.

En el legajo N° 3860, obra la denuncia de la desaparición de Alberto Santiago Burnichon, en las siguientes circunstancias:

> "El 24 de marzo de 1976, a la 0.30 hs., penetraron por la fuerza en nuestro domicilio de Villa Rivera Indarte, en la provincia de Córdoba, personas uniformadas, con armas largas, quienes se identificaron como del Ejército junto con personas jóvenes vestidas con ropas deportivas. Nos encañonaron y comenzaron a robar libros, objetos de arte, vinos, etc., que fueron llevados al exterior por los hombres uniformados. No hablaban entre ellos sino que se comunicaban mediante chasquidos de los dedos. El saqueo duró más de dos horas; previamente se produjo un apagón en las calles cercanas a nuestro domicilio. Mi esposo, que era gremialista, mi hijo David y yo fuimos secuestrados. Yo fui liberada al día siguiente, luego lo fue mi hijo, quien estuvo detenido en el Campo 'La Ribera'. Nuestra casa quedó totalmente destruida. El cadáver de mi esposo fue hallado con siete impactos de bala en la garganta."

Lucio Ramón Pérez, Temperley — Pcia. de Buenos Aires (Legajo N° 1919), relata del siguiente modo el secuestro de su hermano:

> "El 9 de noviembre de 1976 fue secuestrado mi hermano. Estaba descansando en compañía de su esposa y de su hijo de 5 años, cuando a las 2 de la madrugada fueron despertados por una fuerte explosión. Mi hermano se levantó, abrió la puerta y vio a cuatro sujetos que saltaban por el cerco.
> Vestían de civil, uno con bigotes y turbante (pullóver arrollado en la cabeza) y llevaban armas largas. Tres de ellos entraron al departamento y obligaron a mi cuñada a cubrirse los ojos y le dijeron al nene que cerrara los ojos. Los vecinos dicen que mi hermano fue alzado de los hombros por dos sujetos e introducido en un Ford Falcon. Eso es lo último que supe de él. También dicen que había varios coches y una camioneta; muchos sujetos estaban detrás de los árboles con armas largas. Habían interrumpido el tránsito y un helicóptero sobrevolaba la casa."

Las "patotas" efectuaban los operativos de secuestro a cara descubierta. En la Capital Federal y en otros grandes centros urbanos, su anonimato estaba garantizado por los millones de rostros de la ciudad.

En las provincias, donde su identificación era más probable dado que alguno de los secuestradores podía ser vecino de la víctima, debían disimular sus facciones. Es así que se presentaban usando pasamontañas, capuchas, pelucas, bigotes postizos, anteojos, etc.

En el único lugar donde esta regla no se cumplió totalmente fue en la provincia de Tucumán, donde el aparato represor actuaba con la mayor impunidad, y la población se hallaba más indefensa y expuesta a su acción.

María Angélica Batallán, provincia de Tucumán (Legajo N° 5794) relata del siguiente modo el secuestro de su hijo Juan de Dios Gómez:

> "El 10 de agosto de 1976, a las 6 de la tarde un grupo de militares al mando del Tte. Flores que andaban en una camioneta, detuvieron a mi hijo en el Ingenio Santa Lucía, en la despensa donde trabajaba. Después me lo trajeron para la casa, ahí nos amenazaron a mí y al padre. Revisaron todo. Después se fueron con mi hijo y no tuvimos más noticias de él".

Luz verde (o "Area Liberada")

Queda en claro que cuando la "patota" o "Grupo de Tareas" debía efectuar un operativo, llevaba el permiso de "LUZ VERDE". De esta manera, si algún vecino o encargado del edificio se ponía en contacto con la seccional de policía más próxima o con el comando radioeléctrico pidiendo su intervención se le informaba que estaban al tanto del mismo pero que no podían actuar.

Para trasponer una jurisdicción policial, las fuerzas operantes debían pedir la "luz verde", lo cual hacían mediante el uso del radiotransmisor, o bien estacionando unos minutos frente a la respectiva comisaría o, incluso, al propio Departamento Central.

Adolfo T. Ocampo (Legajo N° 1104) relata del siguiente modo el secuestro de su hija Selma Julia Ocampo:

> "A las 2 de la madrugada del 11 de agosto de 1976, penetraron en el edificio y derribaron la puerta del departamento de mi hija y se introdujeron en éste. Otros hombres se quedaron vigilando el departamento. Este episodio fue presenciado desde el departamento de enfrente por el Capitán de Navío Guillermo Andrew quien merced a un llamado telefónico logró que llegaran al lugar dos camiones del Ejército. Los dos grupos se trabaron en un intenso tiroteo (aún hoy pueden apreciarse los impactos en el frente). El tiroteo se detuvo cuando las fuerzas recién llegadas y a las órdenes del Capitán ya citado pudieron oír a los victimarios gritar: "TENEMOS ZONA LIBERADA", acorde a esto, se retiraron las fuerzas, dejando actuar a los victimarios, quienes después de destruir y robar, se llevaron a Selma y a una amiga, Inés Nocetti, ambas desaparecidas al día de la fecha..."

Cuando había niños en la familia que era "chupada", la represión procedió de distintas maneras:

1) Niños dejados en la casa de algún vecino para que éste se hiciera cargo, hasta tanto llegara algún familiar de la víctima.

2) Niños derivados a Institutos de Menores, que los entregaban a familiares o los cedían en adopción.

3) Secuestro de los niños para su posterior adopción por algún represor.

4) Entrega directa del niño a familiares de la víctima, lo que en muchos casos se hizo con el mismo vehículo que transportaba a la madre.

5) Dejarlo librado a su suerte, en el domicilio donde aprehendían ilegalmente a los padres.

6) Trasladarlos al mismo Centro Clandestino de Detención, donde presenciaban las torturas a que eran sometidos sus padres, o eran ellos mismos torturados en presencia de éstos. Muchos de estos niños hoy figuran como "desaparecidos". (Ver capítulo respectivo).

En la denuncia por la desaparición de Simón Antonio Riquelo (Legajo N° 7143) la madre relata del siguiente modo el secuestro de su hijo.

> "El 13 de julio de 1976, entre las 23 y 23.30 horas, golpearon fuertemente la puerta de mi domicilio en el Barrio de Belgrano, en esta Capital. En ese momento me encontraba terminándole de dar el pecho a mi hijo Simón. Forzaron la puerta y entraron entre 10 y 15 personas vestidas de civil, pero que se identificaron como miembros del Ejército Argentino y del Ejército Uruguayo. Uno de los oficiales se presentó como el mayor Gavazzo, del Ejército Uruguayo. Encontraron material escrito del cual surgió que yo trabajaba por la causa de la libertad en Uruguay; entonces comenzaron a torturarme y a interrogarme. Cuando me sacaron de la casa les pregunté qué iba a ocurrir con el niño. Me responden que no debía preocuparme, que el niño se iba a quedar con ellos, y que esta guerra no es contra los niños. Esa fue la última vez que ví a Simón y que tengo noticias de él."

Rehenes y "ratonera"

En los casos que los efectivos intervinientes no encontraban a la víctima en su domicilio se armaba lo que denominaban una "ratonera", permaneciendo en su casa hasta que éste cayera en la trampa.

En tales situaciones, el operativo de secuestro o "chupada" se extendía varias horas o días, renovando las guardias. En todos los casos los familiares eran tomados como rehenes, siendo sometidos a brutales presiones y atropellos. Los secuestradores usaban todo lo que podían para proveerse de comidas y bebidas. A esto se sumaba naturalmente la requisa del inmueble y el posterior y casi seguro saqueo de los bienes.

Si accidentalmente alguien se hacía presente en el domicilio, era también retenido en calidad de rehén. En el caso de que la víctima principal no apareciera, los secuestradores podían llevarse a su objetivo secundario (parientes o moradores de la vivienda).

Tal lo que sucedió en el hogar de la familia Barroca, según el relato del jefe de familia (Legajo N° 6256).

> "El viernes 15 de julio de 1977 a las 22.15 horas encontrándonos en nuestra casa mi esposa, mi hija Mirta Viviana y yo, escuchamos que desde afuera nos dicen por un megáfono que sabían que yo era suboficial de la Armada, y que debíamos salir con los brazos en alto, ya que habían dinamitado la casa en su frente. Así lo hicimos, viendo que los 'delincuentes' vestían de civil, eran ocho y estaban fuertemente armados con armas automáticas, típicas de las fuerzas 'paramilitares'. Luego dentro de la casa se dieron a la tarea de un interrogatorio exhaustivo sobre las actividades de la familia. Mi otra hija Graciela Mabel regresó a nuestra casa a las 23 horas procedente de la casa de una compañera donde había ido a estudiar, ya que al día siguiente tenía un examen en la Facultad de Ciencias Exactas. La detuvieron en el pasillo de la casa y no sabemos qué hicieron con ella ya que mi otra hija era interrogada con los ojos vendados en el comedor y mi esposa con los ojos también vendados estaba en el dormitorio. A la una de la mañana del sábado 16 de julio de 1977 antes de dar por concluido el operativo, el que parecía oficiar de 2° jefe me manifestó que se llevaban a Graciela para ser interrogada por un 'capitán'; que no la había encontrado nada, pero que había pertenecido a la JUP (Juventud Universitaria Peronista) y nosotros sabíamos lo que eso significaba. También indicó que rogáramos para que Graciela no tuviese nada y que si así era, sería liberada a los cinco o seis días. Cuando hice la denuncia en la Comisaría de Villa Martelli, para denunciar el secuestro de mi hija y el avasallamiento de mi domicilio, se me expresó confidencialmente, que no había tal secuestro porque la habían detenido fuerzas del Ejército y de Superintendencia Federal."

El operativo que culminó con el secuestro de Roque Núñez (Legajo N° 3081) tuvo connotaciones de pesadilla, como se desprende del testimonio de su hija:

> "El día 21 de abril de 1976 a las cuatro de la mañana irrumpieron en mi domicilio varios hombres vestidos de civil; venían fuertemente armados y se identificaron como pertenecientes a la Marina y a la Policía Federal y cuyo jefe decía ser el Inspector Mayorga. Se llevan a mi papá, que tenía en ese momento 65 años. Al día siguiente mi hermano Miguel presentó un recurso de Hábeas Corpus ante el Juzgado de San Isidro. Ese mismo día a las 21 volvieron a mi casa, llevándose detenida a mi madre, la encapucharon y trasladaron por cinco días a un lugar que no pudo identificar, donde la interrogaron con mucha violencia. Los integrantes de las Fuerzas Armadas permanecieron en la casa a partir de esa detención. El día 23, al entrar mi hermano Miguel en el domicilio, también fue secuestrado. Durante el operativo que duró cuatro horas el día 21 y treinta y seis a partir del día 22, los

responsables no permitieron que nadie me auxiliara, ya que soy cuadrapléjica (parálisis en los cuatro miembros) y debí permanecer en la misma posición sin comer ni ser atendida en mis necesidades fisiológicas, amenazada de continuo para que llamara por teléfono a mi hermana María del Carmen. En esas circunstancias cayó el teléfono al suelo, siendo cambiado por otro aparato, que aún está en mi domicilio. Al retirarse los responsables de esta operación, se llevaron un auto Ford Falcon que yo había adquirido. Mi madre fue puesta en libertad, con los ojos vendados a dos cuadras de mi casa. Mi padre y mi hermano, permanecen desaparecidos. Posteriormente fui informada de que mi hermana María del Carmen Núñez, su esposo Jorge Lizaso y un hermano de éste, Miguel Francisco Lizaso, fueron secuestrados, siendo su departamento totalmente saqueado. Ellos también siguen en la condición de desaparecidos."

El botín de guerra

Los robos perpetrados en los domicilios de los secuestrados eran considerados por las fuerzas intervinientes como "BOTIN DE GUERRA".

Estos saqueos eran efectuados generalmente durante el operativo de secuestro, pero a menudo formaban parte de un operativo posterior, en el que otra "patota" se hacía cargo de los bienes de las víctimas. Esto configuraba un trabajo "en equipo", con división de tareas bajo un mando unificado.

"Mi esposo —Jorge Eduardo Alday— fue secuestrado el día 22 de agosto de 1977, entre las 11 y las 12 horas del mediodía, cuando salía de la empresa Carlos Calvo S.R.L. de cobrar sus haberes", relata su esposa en el legajo N° 4512 y prosigue: "Fue un grupo de personas civiles fuertemente armadas, que después de golpearlo y desmayarlo lo introdujeron en un auto particular sin patente partiendo con rumbo desconocido. En la misma fecha de la desaparición de mi esposo, a las 16 hs. fueron allanados mi domicilio y el de mis padres, ambos en la localidad de Valentín Alsina, Pcia. de Bs. As., en procedimientos similares, con mal trato, gran despliegue de personas armadas, violando domicilios vecinos y rodeando totalmente las manzanas. Cuando regresé a mi domicilio, fui detenida en la puerta por esas personas, que tenían a mi madre como rehén 'por si yo no llegaba'. Me vendaron los ojos y me maniataron. Fui trasladada a un lugar que no puedo precisar, donde me sometieron a todo tipo de tormentos físicos y morales, a la par que me hacían un interrogatorio incoherente. Me liberaron a las cuatro horas en las inmediaciones de Villa Dominico. Cuando me detienen a mí y tenían a mi madre como rehén, vi cómo cargaban en camiones todos nuestros enseres y pertenencias, sin rastros de que hubiese vivido persona alguna en éste. Cuando fuimos a realizar la denuncia correspondiente en la subcomisaría de Villa Diamante y en la 3ª de Valentín Alsina, nos informaron que habían actuado en el procedimiento las "Fuerzas Conjuntas", y que éstas habían solicitado "AREA".

También en estos casos la seccional de policía correspondiente había sido advertida para que no interviniera ni recibiera las correspondientes denuncias de secuestro y robo. Si bien el saqueo implica un beneficio económico para los integrantes de la "patota" y sus mandos superiores, otra de las motivaciones era el "castigar" a los familiares de los desaparecidos, extendiendo de esta manera el terror.

Así lo hicieron con los familiares de Rita Verónica Eroles Turucz, Legajo N° 3351:

"El 21 de mayo de 1978 a las 13.30 hs. a la quinta que tenemos en Hornos, Pcia. de Buenos Aires, llegaron unos siete u ocho vehículos particulares y un furgón de productos alimenticios. Descendieron más de 30 personas que vestían de civil, aunque usaban camisas de fajina debajo de los sacos. Irrumpieron saltando cercos y forzando ventanas de nuestra casa. Mientras tanto habían obligado a todos los habitantes del pueblo a reunirse en la estación de ferrocarril. Todo lo hicieron por la fuerza. Los colocaron boca abajo no permitiéndoles mirar ni moverse. El trato fue brutal. Cuando se retiraron, se llevaron detenidos a mis hijos Ronaldo y Verónica, al esposo de mi hija, Daniel Bidón Chanal, y a un empleado nuestro de nacionalidad uruguaya, Luis Carvalho. Los cuatro siguen aún desaparecidos. Mientras estuvieron en nuestra casa, destruyeron montones de cosas y robaron una edición antigua del *Quijote de la Mancha*, una *Biblia* del año 1400 escrita en latín, restaurada, un diccionario bilingüe de 7000 páginas, una colección de "Caras y Caretas" del siglo XIX, una fusta inglesa antigua con virola de plata trabajada, un rifle Máuser de la Guerra Argentino-Paraguaya, artículos de electrónica como radios y grabadores y los marcos de plata de varios cuadros".

Torturas en el domicilio de la víctima

En esta suerte de maratón criminal, se registraron casos en que los interrogatorios de las víctimas comenzaban en el propio domicilio, sin esperar el traslado al centro clandestino de detención, en presencia de los familiares, víctimas también del feroz tratamiento.

Carlos Alberto Campero (Legajo N° 1806) regista este imborrable recuerdo:

"Mi madre fue llevada al negocio y bajo amenazas de muerte la golpearon utilizando métodos que ni a los animales salvajes se les puede aplicar. En el negocio teníamos un turbo ventilador al cual le cortaron el cable y enchufándolo lo utilizaban como picana, pero para que esto tuviera más eficacia destapaban botellas de agua mineral para mojar a mi madre, la cual había sido atada con anterioridad a una silla; mientras realizaban este acto de salvajismo, otro le pegaba con un cinto hasta ensangrentarle el cuerpo y desfigurarle la cara. Después de haber transcurrido un rato bastante prolongado optaron por llevarnos a todos, menos a Viviana, de seis meses de edad, que junto con Griselda, mi hermana de 13 años, quedaron en el domicilio".
(...)
"El 10 de junio me secuestran en mi domicilio en Martín Coronado —declara Jorge César Casalli Urrutia (Legajo N° 3889). Penetraron por la fuerza unas 10 personas y poniéndome un revólver en la cabeza, procedieron a destrozar la casa bus-

cando armas. En un momento me tiraron al piso y con un cable de un artefacto eléctrico, comenzaron a torturarme. Mientras tanto mi esposa fue castigada y golpeada en otra habitación. Después de una hora y media de estar en mi casa, me vendaron los ojos y me pusieron en el piso de un coche, fueron a buscar a un amigo."

Conclusión del operativo secuestro

Con el traslado del secuestrado al CCD finaliza el primer eslabón de un tenebroso periplo. Amenazados y maniatados, se los ubicaba en el piso del asiento posterior del vehículo o en el baúl, sumando al pánico la sensación de encierro y muerte. Se procuraba así que el terror no se extendiera más allá de la zona donde se desarrollaba el operativo.

"A las 3 de la mañana del 3 de julio de 1976, fui trasladada por un grupo de 15 personas vestidas de civil —declara Mirta Caravelli de Mansilla (Legajo Nº 4073)— fuertemente armadas. Me trasladaron vendada y con un pullóver en la cara, amordazada y esposada en un Renault 12, supuestamente a La Perla (por el tiempo y el recorrido que realizaron)".

Las víctimas no solamente fueron arrancadas de sus hogares o lugares de trabajo, como ilustra la denuncia por la desaparición de Juan Di Bernardo (Legajo Nº 4500):

"Mi hijo estaba internado en el Hospital Alvear a consecuencia de haber sido atropellado por un automóvil. Tenía programada una intervención quirúrgica para el 15-5-78. La noche del día 12-5-78 se presentaron algunos sujetos con guardapolvos blancos. Iban armados. Obligaron a los pacientes internados en la sala 14 de traumatología a permanecer en sus camas y taparse las caras con las sábanas. Estos sujetos pasaron a Juan a una camilla, lo cubrieron y se lo llevaron en una ambulancia".

Tabicamiento

En la totalidad de los secuestros se privaba de la visión a las víctimas. En el lenguaje de los represores, se denominaba "tabicamiento" a la acción de colocarle a la víctima el "tabique", o elemento para privar de la visión.

Ello se efectuaba generalmente en el mismo lugar donde se secuestraba o "chupaba". Los elementos empleados a tal fin eran vendas o trapos que los propios captores traían consigo o prendas de vestir de las víctimas, tales como camisas, pullóveres, camperas, etc., o sábanas, toallas, etc.

"Estaba yo trabajando en la empresa Pavón S.A. de Rosario, provincia de Santa Fe —declara Marcelo Daniel Vilchez (Legajo Nº 7001)— cuando mi jefe, el Sr.

MOMENTO DE LA DESAPARICION

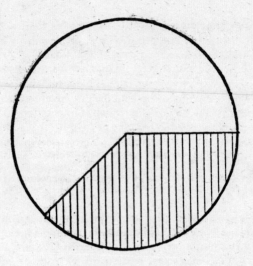

 DE NOCHE 62 POR CIENTO

 DE DIA 38 POR CIENTO

Miguel Paván, me llamó a su oficina. Me dirigí ahí, donde estaban dos personas vestidas de civil que se identificaron como de la policía. Me tomaron por el cuello y me sacaron afuera, donde había un tercer hombre. Me amenazan de muerte y me introducen a un Renautl 12 Break. Dentro del automóvil me agachan la cabeza y me la tapan con un pulóver. De allí me llevan a la Jefatura donde, entre gritos y golpes, me sacan el pulóver y me colocan una venda en los ojos...".

Con el posterior ingreso de las víctimas a los Centros Clandestinos de Detención, se abría la etapa decisiva en el proceso de su desaparición.

C. Torturas

"Si al salir del cautiverio me hubieran preguntado: ¿te torturaron mucho?, les habría contestado: Sí, los tres meses sin parar."

"Si esa pregunta me la formulan hoy les puedo decir que pronto cumplo siete años de tortura" (Miguel D'Agostino — Legajo N° 3901).

En la casi totalidad de las denuncias recibidas por esta Comisión se mencionan actos de tortura. No es casual. La tortura fue un elemento relevante en la metodología empleada. Los Centros Clandestinos de Detención fueron concebidos, entre otras cosas, para poder practicarla impunemente.

La existencia y generalización de las prácticas de tortura sobrecoge por la imaginación puesta en juego, por la personalidad de sus ejecutores y de quienes la avalaron y emplearon como medio.

Al redactarse este informe existieron dudas en cuanto a la adopción del sistema de exposición más adecuado para este tema con el objeto de evitar que este capítulo se convirtiera en una enciclopedia del horror. No encontramos sin embargo la forma de eludir esta estructura del relato. Porque en definitiva ¿qué otra cosa sino un inmenso muestrario de las más graves e incalificables perversiones han sido estos actos, sobre los que gobiernos carentes de legitimidad basaron gran parte de su dominio sobre toda una nación?

Transcribimos el primero de los casos en toda su extensión, por ser prototípico; en él encontramos reflejados los terribles padecimientos físicos y psíquicos de quienes atravesaron este periplo. Lo relatamos de principio a fin, con todas sus implicancias en la personalidad de la víctima a la que se quería destruir. En el resto de los casos mencionados, hemos extraído solamente lo relativo a la modalidad del tormento que se aplicó.

Por último, no ignoramos —y nos conduele— la desgarradora impresión que la cruda exposición que aquí hacemos, producirá en las víctimas y sus familiares, a su vez damnificados. Sabemos del dolor que causa el acabado conocimiento de esta barbarie.

El Dr. Norberto Liwsky (Legajo Nº 7397) es médico, casado con Hilda Norma Ereñú y padre de dos hijas menores.

En 1976, vivía en un Complejo Habitacional del partido de La Matanza, y trabajaba en el dispensario médico allí existente.

A raíz de reclamos y movilizaciones de los ocupantes de distintas unidades por la regularización jurídica y constructiva del Complejo Habitacional, el 25 de marzo de 1976 en un operativo nocturno, detienen a la esposa del presidente de la Junta Vecinal. Al día siguiente, fuerzas uniformadas desvalijaron varios domicilios, entre ellos el dispensario del Dr. Liwsky, secuestrando a Mario Portela, delegado de la Junta Vecinal, quien aparece muerto doce horas más tarde.

Dos años después, con motivo de realizarse una misa por la libertad de la Sra. Cirila Benítez, esposa del presidente de la Junta Vecinal, fueron secuestradas varias personas.

El 5 de abril de 1978, aproximadamente a las 22 horas, el Dr. Liwsky entraba a su casa en el barrio de Flores, en la Capital Federal:

"En cuanto empecé a introducir la llave en la cerradura de mi departamento me di cuenta de lo que estaba pasando, porque tiraron bruscamente de la puerta hacia adentro y me hicieron trastabillar.

"Salté hacia atrás, como para poder empezar a escapar.

"Dos balazos (uno en cada pierna) hicieron abortar mi intento. Sin embargo todavía resistí, violentamente y con todas mis fuerzas, para evitar ser esposado y encapuchado, durante varios minutos. Al mismo tiempo gritaba a voz en cuello que eso era un secuestro y exhortaba a mis vecinos para que avisaran a mi familia. Y también para que impidieran que me llevaran.

"Ya reducido y tabicado, el que parecía actuar como jefe me informó que mi esposa y mis dos hijas ya habían sido capturadas y 'chupadas'.

"Cuando, llevado por las extremidades, porque no podía desplazarme por las heridas en las piernas, atravesaba la puerta de entrada del edificio, alcancé a apreciar una luz roja intermitente que venía de la calle. Por las voces y órdenes y los ruidos de las puertas del coche, en medio de los gritos de reclamo de mis vecinos, podría afirmar que se trataba de un coche patrullero.

"Luego de unos minutos, y a posteriori de una discusión acalorada, el patrullero se retiró.

"Entonces me llevaron afuerza y me tiraron en el piso de un auto, posiblemente un Ford Falcon, y comenzó el viaje.

"Me bajaron del coche en la misma forma en que me habían subido, entre cuatro y, caminando un corto trecho (4 o 5 metros) por un espacio que, por el ruido, era un patio de pedregullo, me arrojaron sobre una mesa. Me ataron de pies y manos a los cuatro ángulos.

"Ya atado, la primera vez que oí fue la de alguien que dijo ser médico y me informó de la gravedad de las hemorragias en las piernas y que, por eso, no intentara ninguna resistencia.

"Luego se presentó otra voz. Dijo ser EL CORONEL. Manifestó que ellos sabían que mi actividad no se vinculaba con el terrorismo o la guerrilla, pero que me iban a torturar por opositor. Porque: 'no había entendido que en el país no existía espacio político para oponerse al gobierno del Proceso de Reorganización Nacional'. Luego agregó: 'Lo vas a pagar caro... ¡Se acabaron los padrecitos de los pobres!'

"Todo fue vertiginoso. Desde que me bajaron del coche hasta que comenzó la primera sesión de 'picana' pasó menos tiempo que el que estoy tardando en contarlo.

"Durante días fui sometido a la picana eléctrica aplicada en encías, tetillas, genitales, abdomen y oídos. Conseguí sin proponérmelo, hacerlos enojar, porque, no sé por qué causa, con la 'picana', aunque me hacían gritar, saltar y estremecerme, no consiguieron que me desmayara.

"Comenzaron entonces un apaleamiento sistemático y rítmico con varillas de madera en la espalda, los glúteos, las pantorrillas y las plantas de los pies. Al principio el dolor era intenso. Después se hacía insoportable. Por fin se perdía la sensación corporal y se insensibilizaba totalmente la zona apaleada. El dolor, incontenible, reaparecía al rato de cesar con el castigo. Y se acrecentaba al arrancarme la camisa que se había pegado a las llagas, para llevarme a una nueva 'sesión'.

"Esto continuaron haciéndolo por varios días, alternándolo con sesiones de picana. Algunas veces fue simultáneo.

"Esta combinación puede ser mortal porque, mientras la 'picana' produce contracciones musculares, el apaleamiento provoca relajación (para defenderse del golpe) del músculo. Y el corazón no siempre resiste el tratamiento.

"En los intervalos entre sesiones de tortura me dejaban colgado por los brazos de ganchos fijos en la pared del calabozo en que me tiraban.

"Algunas veces me arrojaron sobre la mesa de tortura y me estiraron atando pies y manos a algún instrumento que no puedo describir porque no lo vi pero que me producía la sensación de que me iban a arrancar cualquier parte del cuerpo.

"En algún momento estando boca abajo en la mesa de tortura, sosteniéndome la cabeza fijamente, me sacaron la venda de los ojos y me mostraron un trapo manchado de sangre. Me preguntaron si lo reconocía y, sin esperar mucho la respuesta, que no tenía porque era irreconocible (además de tener muy afectada la vista) me dijeron que era una bombacha de mi mujer. Y nada más. Como para que sufriera... Me volvieron a vendar y siguieron apaleándome.

"A los diez días del ingreso a ese 'chupadero' llevaron a mi mujer, Hilda Nora Ereñú, donde yo estaba tirado. La vi muy mal. Su estado físico era deplorable. Sólo nos dejaron dos o tres minutos juntos. En presencia de un torturador. Cuando se la llevaron pensé (después supe que ambos pensamos) que ésa era la última vez que nos veíamos. Que era el fin para ambos. A pesar de que me informaron que había sido liberada junto con otras personas, sólo volví a saber de ella cuando, legalizado en la Comisaría de Gregorio de Laferrère, se presentó en la primera visita junto a mis hijas.

"También me quemaron, en dos o tres oportunidades, con algún instrumento

LUGAR DE DESAPARICION

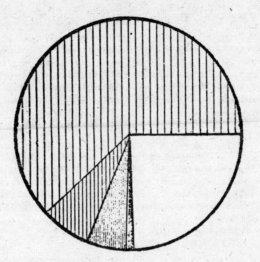

 EN LA VIA PUBLICA 24.6 POR CIENTO

 EN EL DOMICILIO 62 POR CIENTO

 EN EL LUGAR DE TRABAJO 7 POR CIENTO

 EN EL LUGAR DE ESTUDIO 6 POR CIENTO .

EN DEPENDENCIAS MILITARES O POLICIALES
0.4 POR CIENTO

metálico. Tampoco lo vi, pero la sensación era de que me apoyaban algo duro. No un cigarrillo que se aplasta, sino algo parecido a un clavo calentado al rojo.

"Un día me tiraron boca abajo sobre la mesa, me ataron (como siempre) y con toda paciencia comenzaron a despellejarme las plantas de los pies. Supongo, no lo vi porque estaba 'tabicado', que lo hacían con una hojita de afeitar o un bisturí. A veces sentía que rasgaban como si tiraran de la piel (desde el borde de la llaga) con una pinza. Esa vez me desmayé. Y de ahí en más fue muy extraño porque el desmayo se convirtió en algo que me ocurría con pasmosa facilidad. Incluso la vez que, mostrándome otros trapos ensangrentados, me dijeron que eran las bombachitas de mis hijas. Y me preguntaron si quería que las torturaran conmigo o separado.

"Desde entonces empecé a sentir que convivía con la muerte.

"Cuando no estaba en sesión de tortura alucinaba con ella. A veces despierto y otras en sueños.

"Cuando me venían a buscar para una nueva 'sesión' lo hacían gritando y entraban a la celda pateando la puerta y golpeando lo que encontraran. Violentamente.

"Por eso, antes de que se acercaran a mí, ya sabía que me tocaba. Por eso, también, vivía pendiente del momento en que se iban a acercar para buscarme.

"De todo ese tiempo, el recuerdo más vívido, más aterrorizante, era ese de estar conviviendo con la muerte. Sentía que no podía pensar. Buscaba, desesperadamente, un pensamiento para poder darme cuenta de que estaba vivo. De que no estaba loco. Y, al mismo tiempo, deseaba con todas mis fuerzas que me mataran cuanto antes.

"La lucha en mi cerebro era constante. Por un lado: 'recobrar la lucidez y que no me desestructuraran las ideas', y por el otro: 'Que acabaran conmigo de una vez' ".

"La sensación era la de que giraba hacia el vacío en un gran cilindro viscoso por el cual me deslizaba sin poder aferrarme a nada.

"Y que un pensamiento, uno solo, sería algo sólido que me permitiría afirmarme y detener la caída hacia la nada.

"El recuerdo de todo este tiempo es tan concreto y a la vez tan íntimo que lo siento como si fuera una víscera que existe realmente.

"En medio de todo este terror, no sé bien cuando, un día me llevaron al 'quirófano' y, nuevamente, como siempre, después de atarme, empezaron a retorcerme los testículos. No sé si era manualmente o por medio de algún aparato. Nunca sentí un dolor semejante. Era como si me desgarraran todo desde la garganta y el cerebro hacia abajo. Como si garganta, cerebro, estómago y testículos estuvieran unidos por un hilo de nylon y tiraran de él al mismo tiempo que aplastaban todo. El deseo era que consiguieran arrancármelo todo y quedar definitivamente vacío.

"Y me desmayaba.

"Y sin saber cuándo ni cómo, recuperaba el conocimiento y ya me estaban arrancando de nuevo. Y nuevamente me estaba desmayando.

"Para esta época, desde los 15 ó 18 días a partir de mi secuestro, sufría una insuficiencia renal con retención de orina. Tres meses y medio después, preso en el Penal de Villa Devoto, los médicos de la Cruz Roja Internacional diagnostican una insuficiencia renal aguda grave de origen traumático, que podríamos rastrear en las palizas.

"Aproximadamente 25 días después de mi secuestro, por primera vez, después del más absoluto aislamiento, me arrojan en un calabozo en que se encuentra otra persona. Se trataba de un amigo mío, compañero de trabajo en el Dispensario del Complejo Habitacional: el Dr. Francisco García Fernández.

"Yo estaba muy estropeado. El me hizo las primeras y precarísimas curaciones, porque yo, en todo este tiempo, no tenía ni noción ni capacidad para procurarme ningún tipo de cuidado ni limpieza.

"Recién unos días después, corriéndome el 'tabique' de los ojos, pude apreciar el daño que me habían causado. Antes me había sido imposible, no porque no intentara 'destabicarme' y mirar, sino porque, hasta entonces, tenía la vista muy deteriorada.

"Entonces pude apreciarme los testículos...

"Recordé que, cuando estudiaba medicina, en el libro de texto, el famosísimo Housay, había una fotografía en la cual un hombre, por el enorme tamaño que habían adquirido sus testículos, los llevaba cargados en una carretilla. El tamaño de los míos era similar a aquél y su color de un azul negruzco intenso.

"Otro día me llevaron y, a pesar del tamaño de los testículos, me acostaron una vez más boca abajo. Me ataron y, sin apuro, desgarrando conscientemente, me violaron introduciéndome en el ano un objeto metálico. Después me aplicaron electricidad por medio de ese objeto, introducido como estaba. No sé describir la sensación de cómo se me quemaba todo por dentro.

"La inmersión en la tortura cedió. Aisladamente, dos o tres veces por semana, me daban alguna paliza. Pero ya no con instrumentos sino, generalmente, puñetazos y patadas.

"Con este nuevo régimen, comparativamente terapéutico, empecé a recuperarme físicamente. Había perdido más de 25 kilos de peso y padecía la insuficiencia renal ya mencionada.

"Dos meses antes del secuestro, es decir, por febrero de ese año, padecí un rebrote de una antigua salmonelosis (fiebre tifoidea).

"Entre el 20 y 25 de mayo, es decir unos 45 ó 60 días después del secuestro, tuve una recidiva de la salmonelosis asociada a mi quebrantamiento físico."

A la tortura física que se aplicaba desde el primer momento, se agregaba la psicológica (ya mencionada en parte) que continuaba a lo largo de todo el tiempo de cautiverio, aún después de haber cesado los interrogatorios y tormentos corporales. A esto sumaban vejaciones y degradaciones ilimitadas.

"El trato habitual de los torturadores y guardias con nosotros era el de considerarnos menos que siervos. Eramos como cosas. Además cosas inútiles. Y molestas. Sus expresiones: 'vos sos bosta'. Desde que te 'chupamos' no sos nada. 'Además ya nadie se acuerda de vos'. 'No existís'. 'Si alguien te buscara (que no te busca) ¿vos crees que te iban a buscar aquí?' 'Nosotros somos todo para vos'. 'La justicia somos nosotros'. 'Somos Dios'.

"Esto dicho machaconamente. Por todos. Todo el tiempo, muchas veces acompañado de un manotazo, zancadilla, trompada o patada. O mojarnos la celda, el colchón y la ropa a las 2 de la madrugada. Era invierno. Sin embargo, con el correr de las semanas, había comenzado a identificar voces, nombres (entre ellos: Tiburón, Víbora, Rubio, Panza, Luz, Tete). También movimientos que me fueron afirmando (conjuntamente con la presunción previa por la ruta que podría asegurar que recorrimos) en la opinión de que el sitio de detención tenía las características de una dependencia policial. Sumando los datos (a los que podemos agregar la vecindad de una comisaría, una escuela —se oían cantos de niñas— también vecina, la proximidad —campanas— de una iglesia) se puede inferir que se trató de la Brigada de Investigaciones de San Justo.

"Entre las personas con las que compartí el cautiverio, lo sé porque oí sus voces y me dijeron sus nombres, aunque en calabozos separados estaban: Aureliano Araujo, Olga Araujo, Abel de León, Amalia Marrone, Atilio Barberan, Jorge Heuman, Raúl Petruch, Norma Ereñú.

"El 1º de junio, día de comienzo del Mundial de fútbol, junto con otros seis cautivos detenidos-desaparecidos, fui trasladado en un vehículo tipo camioneta (apilados como bolsas unos arriba de otros) con los ojos vendados a lo que resultó ser la Comisaría de Gregorio de Laferrere.

"Actuó en el traslado uno de los más activos torturadores. También puedo afirmar que fue el que me disparó cuando me secuestraron.

"El trayecto y tiempo empleado corrobora la hipótesis anterior con respecto al Centro Clandestino.

"Un dato previo, de suma importancia, después, es el de mi participación profesional a partir de 1971, en la Escuela Piloto de Integración Social de Niños Discapacitados, que había sido creada en 1963. Funcionaba en Hurlingham, partido de Morón.

"Después de permanecer dos meses en un calabozo de esa Comisaría (una noche me hicieron firmar un papel —con los ojos vendados— que después utilizaron como primera declaración ante el Consejo de Guerra Estable 1/1) el 18 de agosto me llevaron al Regimiento de Palermo, donde el Juez de Instrucción me hace conocer los cargos. Entre ellos figuraba el mencionado anteriormente de mi participación en la Escuela Piloto de Hurlingham.

"Allí denuncié todas las violaciones, incluyendo las torturas, el saqueo de mi hogar y la firma del escrito bajo apremio y sin conocerlo".

El Dr. Norberto Liwsky fue conducido al Tribunal Militar —Consejo de Guerra Estable Nº 1/1.— Este se declaró incompetente por no tener acusación que dirigirle. Giradas las actuaciones a la Justicia Federal se dicta inmediatamente el sobreseimiento definitivo. Todo el martirio relatado fue soportado por una persona contra la que nadie formuló cargo alguno.

Con el señor Oscar Martín Guidone, residente en Luján de Cuyo, Provincia de Mendoza, observaremos otra secuela de los tormentos. Manifiesta que fue detenido por una patrulla del Ejército y llevado al Regimiento. Que allí, era el 2 de junio de 1976, después de una semana:

"...le atan las manos a una pared, con los brazos abiertos, pudiendo apoyar solamente la punta de los pies sobre el piso. Lo amenazan e insultan permanentemente. Le empiezan a pegar con algo duro (tipo de guantes de boxeo) pero grande, que le abarcaba, cada vez que lo golpeaban, más de la mitad del abdomen. Eso duró tres horas aproximadamente. Lo interrogaban sobre nombres y personas. Eso se llamaba 'sesión de ablande'.

"Lo llevan a la guardia en una situación muy mala, tal es así que la gente que estaba detenida en la cuadra, comenzó a golpear las rejas pidiendo que fuera inmediatamente atendido. Es llevado al Hospital Militar de Mendoza, en un camión donde es atendido por médicos de dicho nosocomio. Le colocan guardias armados en la puerta. La orden era que, a ese lugar, no entrase ni el presidente de la República. Al lado estaba el ex Gobernador Martínez Baca.

"Luego se realiza una junta médica, manifestándole que sabían que el dicente estudiaba medicina, diciéndole que sabría lo que era una segunda eclosión de bazo, así que tendrían que operarlo. Lo operan en dicho nosocomio al día siguiente practicándole una 'laparotomía'.

(. . . .)

"Le efectuaron las curaciones estando fajado. A los 20 días vuelve al 8º Regimiento (que está al lado del Hospital Militar). Hasta le permiten seguir estudiando los libros de medicina. El dicente, por sus conocimientos, ayudaba a otros detenidos que salían de las sesiones de tortura. En una oportunidad, a los 45 días de su operación, lo maniatan y le vendan los ojos, transportándolo en un camión, por un muy corto recorrido, a un lugar de torturas. Uno de los que lo llevaba tenía la respiración muy agitada, como si estuviera drogado. Lo bajan y uno le dice 'ya comenzamos mal', ya que lo había pisado. Lo interrogan sobre su ideología, él responde que no la tiene, y a cada respuesta negativa le hacen quitar una prenda, hasta dejarlo completamente desnudo.

"Luego de esto lo maniatan a una mesa, atándolo boca arriba con cadenas. Estaba con todos los miembros en posición abierta. Lo comienzan a torturar con picana eléctrica, de variada intensidad, acusándolo por el despido de dos compañeros que lo habían torturado antes, dejándolo con los problemas físicos que lo llevaron a que se opere. Hacían disparos sobre su cuerpo y lo amenazaban constantemente con quitarle la vida y con eliminar a su familia. Este tormento dura unas dos o tres horas. En la parte final de la tortura le aplican una gran cantidad de voltaje, lo que hace que su cuerpo se contraiga, a tal grado que cortó las cadenas que lo ligaban a la mesa. Le decían que sus bigotes eran más de fascista que de comunista, que él se había equivocado de ideología. Las consecuencias de esta sesión le duran varios días, con una gran depresión y consecuencias físicas.

(. . . .).

"En agosto de 1978 es liberado" (Legajo Nº 6837).

El señor Luis Alberto Urquiza, que era estudiante de psicología ingresó a la Escuela de Suboficiales de la Policía de la Provincia de Córdoba el 1º de noviembre de 1974.

Por sus estudios universitarios fue reiteradamente acosado por el Oficial instructor.

Posteriormente, tras largos avatares minuciosamente narrados por el denunciante, y de haber trabajado, ya recibido, en dependencias relacionadas con la "inteligencia", fue tomado prisionero.

El testimonio del señor Urquiza (legajo Nº 3847) fue hecho el 22 de marzo de 1984 en Copenhague, por ante la Embajada de la República Argentina en Dinamarca.

Su detención se produjo en Córdoba el 12 de noviembre de 1976. Padece torturas que se detallarán al tratar lo genéricamente llamado "submarino" y simulacro de fusilamiento.

"...entonces comienzan los golpes. Al día siguiente soy nuevamente golpeado por varias personas, reconozco la voz del Comisario Principal Roselli quien fue a visitar la dependencia por la detención nuestra y también logro reconocer la voz del asesor del Jefe de Policía, un Teniente Coronel quien también me golpea. Durante todo el día soy golpeado con trompadas y puntapiés por personas que pasaban por el lugar. Al tercer día soy golpeado en horas de la tarde por varias personas, entre ellas una me dice que si lo reconocía, siendo el Oficial Ayudante Dardo Rocha, ex instructor de la Escuela de Policía y en ese momento cumpliendo funciones en el Comando Radioeléctrico. Siento que tengo varias costillas fracturadas por el fuerte dolor al respirar, pidiendo al Oficial de guardia la asistencia de un médico, siendo ésta negada. El día 15 de noviembre vuelvo a ser golpeado y en las horas de la noche especialmente por un grupo de varias personas de la Brigada de Informaciones. Consistía en estar en el medio de un círculo de personas y desde el interior era arrojado con trompadas y puntapiés hacia el grupo de personas y de allí devuelto al centro del círculo con los mismos métodos. Caer al suelo significaba ser pisoteado y levantado de los cabellos.

(....)

En la madrugada del día 16 soy conducido al baño por el Oficial de guardia Francisco Gontero que desde una distancia de 4 a 5 metros carga su pistola calibre 45 y efectúa tres disparos uno de los cuales me atraviesa la pierna derecha a la altura de la rodilla. Se me deja parado desangrándome unos 20 minutos, la misma persona me rasga el pantalón y me introduce un palo en la herida y posteriormente el dedo. Al llegar varias personas al lugar, este mismo oficial argumenta que había intentado quitarle el arma y fugar. Soy separado del resto de los detenidos y puesto en una pieza oscura y se me niega ir al baño debiendo hacer mis necesidades fisiológicas en los mismos pantalones. Me revisa un médico, me coloca una inyección y me da calmantes pero no se me suministra ningún otro tipo de medicamento, y mi pierna es vendada. Este médico era el médico forense de guardia del Policlínico Policial de esa fecha.

"Durante el día 16 soy golpeado sobre todo en la pierna herida, pasando dos días en el suelo y no pudiendo recordar más por los fuertes dolores y el estado de semi inconciencia en que me encontraba."

Luis Alberto Urquiza fue dejado en libertad por falta de mérito en agosto de 1978, permaneciendo en Argentina hasta septiembre de 1979.

La Dra. Teresita Hazurun (legajo N° 1127) argentina, abogada, fue secuestrada el sábado 20 de noviembre de 1976, a las 11 horas. Fue llevada por el propio Jefe de Policía sin hacer ningún intento de resistencia, por creer que era requerida dada su profesión para atender a algún demorado.

La Dra. Hazurun fue sometida a las torturas habituales (golpes y picana) además de otros procedimientos inéditos que ella observa aplicar a otras personas como el "enterramiento" que describe en su relato. Fue llevada a las oficinas de la SIDE en la calle Belgrano, de la propia ciudad de Frías, Santiago del Estero. Allí:

"El 22 (lunes), a las 8 horas, llegaron dos personas que la condujeron al fondo de las oficinas, donde había una pieza. La introdujeron en ella y comenzaron a pegarle trompadas en el estómago y en el rostro. Era interrogada por Musa Assar (lo reconoció por la voz).

"Le preguntan sobre su ex novio Hugo Libaak, a qué se dedicaba él, qué actividades, con quién se reunía. Luego, al no poder obtener respuesta, la acostaron en

una cama, donde le aplicaron la picana en diferentes lugares del cuerpo.
(....)
"Cuando las personas llegaban allí eran llevadas a fosos que cavaban en la tierra con anterioridad, enterraban allí a las personas hasta el cuello, a veces durante cuatro o más días, hasta que pedían que los sacaran, decididos a declarar. Los tenían sin agua y sin comida al sol o bajo lluvia. Al desenterrarlos (los enterraban desnudos) salían con ronchas de las picaduras de insectos y hormigas. De allí los llevaban a la sala de torturas (al lado había una habitación donde vivían los torturadores).
"Los detenidos-desaparecidos de allí decían que el torturador era el Capitán de la Compañía de Monte. Tenían un instrumento de tortura que era un teléfono (picana simultánea a los dientes y en la oreja)".

En medio de esta tragedia, el absurdo. Una persona que, no sólo fue llevada hasta los límites, sino que ni siquiera entendía lo que le preguntaban. Como podría pasarle a cualquiera para quien el léxico utilizado por los torturadores le fuera totalmente desconocido.

Por eso serán esclarecedores los fragmentos del testimonio de Antonio Horacio Miño Retamozo (legajo N° 3721), secuestrado en su lugar de trabajo en la Capital Federal, el 23 de agosto de 1976. El procedimiento fue el habitual. En primer lugar lo llevaron a la Seccional de Policía N° 33. Luego nos dice:

"En la seccional 33 las cosas comenzaron normalmente.
"Fui interrogado primero por mi nombre y apellido, 'nombre de guerra' (y yo no sabía lo que era), grado con que militaba en la "orga" (y tampoco sabía de lo que se trataba) y luego se me ofreció pasaporte, billete de avión y mil dólares para salir del país. Desconociendo lo que me preguntaban y negándome a responderles terminó el diálogo y comenzó la persuasión. Fui vendado y comenzaron los golpes.
"Me rodearon 3 o 4 individuos y comenzaron a lloverme trompadas y puntapiés en todas partes y de todos lados. Persistiendo en mi actitud, fui conminado por razones más poderosas: garrotes y bastones de goma; repitiéndose la secuencia interrogatorios-golpes hasta que perdieron la paciencia y, para ser más eficaces, me llevaron a la Superintendencia de Seguridad Federal, Coordinación, envuelto en algo grueso, que bien podría ser una alfombra. Me metieron en un patrullero, en el suelo, en la parte de atrás. Dos o tres me pisaban para que no me moviera.
"Allí fui llevado directamente a la 'parrilla', atado al elástico metálico de una cama, ligado de pies y manos con electrodos y acariciado por la 'picana' en todo el cuerpo, con especial ensañamiento e intensidad en los genitales.
(....)

"Sobre la parrilla uno salta, en la medida que le permiten las ligaduras, se retuerce, se agita y trata de evitar el contacto con los hierros candentes e hirientes. La 'picana' era manejada como un bisturí y el 'especialista' era guiado por un médico que decía si aún podía aguantar más. Luego de una interminable sesión me desataron y se reanudaron los interrogatorios.
"Me acosaban con preguntas sobre el 'cope del rim' y yo pensaba qué podía ser cope del rim y no entendía nada de esa jerga. Y al instante estaba de nuevo en la parrilla y se reanudaban los interrogatorios-picana-parrilla. Volvían a repetir las

mismas preguntas, cambiando el sentido y la formulación a fin de encontrar respuestas y contradicciones.

"Recién al año siguiente, y por confidencia de un prisionero, supe que el 'cope del rim'. estaba referido al copamiento del Regimiento de Infantería de Monte Nº 29 de Formosa, ocurrido el 5 de octubre de 1975, ciudad en la cual yo viví durante todo ese año.

"Los interrogatorios se hicieron luego más cortos, pero la 'picana' era más fuerte, persiguiendo con encarnizamiento los esfínteres, siendo verdaderamente horrendo los electrodos en los dientes, que parece que un trueno le hace volar la cabeza en pedazos y un delgado cordón con pequeñas bolitas que me introducían en la boca y que es muy difícil de tragar pues provocan arcadas y vómitos, intensificándose, por ello, los castigos, hasta conseguir que uno trague. Cada bolita era un electrodo y cuando funcionaban parecía que mil cristales se rompían, se astillaban en el interior de uno y se desplazaban por el cuerpo hiriéndolo todo. Eran tan enloquecedores que no podía, uno, ni gritar, ni gemir, ni moverse. Un temblor convulsivo que, de no estar atado, empujaría a uno a la posición fetal. Quedando temblando por varias horas con todo el interior hecho una llaga y una sed que no se puede aguantar, pero el miedo al pasmo es superior y, por ello, en varios días uno no come ni bebe, a pesar de que ellos quieren obligarlo a que lo haga.

"Todos los días inventaban cosas distintas para castigarnos en forma colectiva. Una vez fue bestial. Vino una persona que se hacía llamar 'teniente' y dijo a alguien que él nos estaba dando instrucción militar lo cual no era cierto, nosotros estábamos fuertemente vendados, no podíamos hablar. Allí casi siempre había guardias y siempre estaban entrando y saliendo, llevando y trayendo gente.

"Nos llevaron a algo que imagino era un salón grande, nos rodearon y comenzaron a golpearnos en todas partes, pero con preferencia en los codos y en las rodillas, chocábamos unos contra otros, nos llovían los golpes de todas partes, tropezábamos y caíamos. Y, cuando estábamos todos destrozados, en el suelo, comenzaron a tirarnos agua helada y con 'picanas' nos levantaban y nos llevaban de nuevo a nuestro antiguo sitio. Nos dejaron todos apiñados, temblando, mojados, tiritantes, acercándonos unos a los otros para darnos calor.

(. . . .)

"Se escuchaban voces que ahogaban la constante testimonial de alguien que era torturado e indicaban que estaban jugando a las cartas. Cuando terminaban la partida se divertían en maltratarnos.

"Cuando nos llevaban desde la 'leonera' a la sala de tortura-interrogatorio-peores tratos, había que subir tres escalones y bajar dos o viceversa, subir dos y bajar tres y nos hacían dar vueltas para desorientarnos.

"La noche del miércoles 1º de septiembre fue noche de traslado, para·algunos, con ello el miedo y la inseguridad, pues en aquellos días era cosa muy sabida que los presos eran eliminados en los traslados, fabricándoles 'enfrentamientos'.

(. . . .)

"Fuimos llevados a un L.T., o sea un lugar transitorio, de ablande, previo a la eliminación. Allí la tortura era tal que no teníamos nombre ni apellido, sino número, correspondiéndome el 11.

"Aquello parecía un sótano, éramos 15 y, entre nosotros, reconocí la voz de Puértolas, por una entonación aguda que aún me sigue como un perro.

(. . . .)

"El castigo era brutal, el jueves me llevaron dos veces y el viernes me dieron la paliza más bestial que jamás haya recibido. Había alguien en la parrilla, parecía Puértolas, aunque era muy difícil reconocer la voz, estábamos demasiado destrozados. Me atravesaron a la cama sobre él y, cuando me picaneaban a mí' él saltaba sobre la cama. Con los pies tocaba una pared y, por tocarla, por moverme, por ensuciarla, recibía golpes en las piernas".

Después de sucesivos malos tratos y amenazas de muerte Miño Retamozo fue llevado al Regimiento de Infantería de Monte 29.

"Llegué con un cartel más grande que una estrella de cine, pues para ellos era yo quien había planeado el copamiento del Regimiento.

"El lunes, temprano, comenzaron a trabajar y lo hacían mañana, tarde y noche. Los primeros días, entre sesión y sesión, estaba desnudo, atado a una cama, con un guardia al lado y sin comer. Por la noche era llevado a un pasillo y tirado junto a los otros prisioneros que no sabían qué hacer, queriendo apartarse de mí por temor a ser confundidos y llevados en mi lugar. Por la noche llegaba 'la voz femenina', conocido Oficial de Gendarmería que impostaba la voz y lo primero que hacía, era acariciarle a uno los testículos anticipándose al goce de lo que habría de ser su labor".

"Así durante tres semanas, mañana, tarde y noche ahogándome con bolsas de plástico o metiéndome la cabeza en el agua o destrozándome con el 'casco de la muerte' (escalofriante aparato lleno de electrodos que se coloca en la cabeza) que ni siquiera permite decir no. Simplemente el cuerpo se desgarra a través de alaridos.

"Una noche se entretuvieron con un chico de Las Palmas (Chaco) y yo. Los soldados se entretenían escuchando la radio, jugaban Patria, el crédito local y Rosario Central. Durante todo el partido al chico le aplicaron el casco, a partir de ese momento quedó loco como dos semanas. Después me volvió a tocar a mí. Durante los interrogatorios siempre había alguien que con una maderita le destrozaba a uno los nudillos de las manos o de los pies.

De su posterior traslado a Formosa, Miño Retamozo agrega:

(....)
"Siendo Formosa una ciudad de aproximadamente 100.000 habitantes casi todos los que estaban allí conocían la identidad de los torturadores, como el Sargento o Sargento primero Eduardo Steinberg, el segundo Comandante Domato, la 'Muerte con voz femenina', también segundo Comandante de Gendarmería.
(....)
"Cuando la guardia era un poco permisiva, pedíamos un cubo de agua y podíamos bañarnos. La primera vez que me bañé casi me muero. Cuando me levanté la venda me pareció imposible reconocerme. Estaba negro de marcas, como si me hubiera revolcado en alambres de púas, lleno de quemaduras, desde cigarrillos hasta el bisturí eléctrico, era el mapa de la desdicha. El 'bisturí eléctrico' corta, quema y cauteriza. Lo utilizaron poco conmigo en relación con Velázquez Ibarra y demás prisioneros. De allí conservo huellas en la espalda ¿Electrodos o bisturí? Estando la espalda en carne viva se pegaba a la camisa, con el calor y la mugre, comenzó a descomponerse y yo no me daba cuenta. Mis compañeros que tanto me cuidaban llamaron a un soldado de la enfermería para que me desinfectara la herida.
(....)

"Un día conocí por fin cuál había sido la lógica de mi infortunio, si puede hablarse de lógica en estos casos. Mientras que los presos políticos estaban en recreo, desde el calabozo de enfrente, alguien me relató que había "cantado" Mirta Infran. Habían apresado a ella y su marido. Primero lo torturaron hasta destrozarlo al marido. Luego lo eliminaron. Entonces comenzaron con ella. En determinado momento se extravió, pretendió salvarse o tropezó con los umbrales de la demencia y comenzó a "cantar" cosas inverosímiles. Mandó en prisión, fácilmente a más de 50 personas y dijo que yo había planeado el copamiento del Regimiento, que militaba en la organización 'Montoneros' y que ellos me habían ofrecido apoyo logístico.

(....)

"En el año 1975 yo había conocido a Mirta Infran, tenía ella 19 años, trabajaba en un Juzgado y asistía a mi mismo curso, en el primer año de Ingeniería Forestal y nos vinculaba una amistad tangencial.

"Fui puesto en libertad el 6 de junio de 1977".

En el caso que acabamos de transcribir bastó un conocimiento fortuito, una denuncia surgida del desvarío durante la tortura infligida a Mirta Infran, para llevar a Miño Retamozo a recorrer el calvario relatado.

Igualmente significativo es el testimonio del señor Oscar Alberto Paillalef (legajo N° 6956) de General Roca (Río Negro).

El señor Paillalef fue citado por la policía local para que se presentara al Comando de la VI Brigada de Neuquén. Como llevaba un automóvil de la empresa para la que trabajaba, le permitieron que se transportara en el mismo de vuelta. Le dijeron que debía regresar porque tendría que ser interrogado por el Mayor Reinhold de parte de Inteligencia. Volvió el 19 del mismo mes.

"Fui trasladado a un lugar que aparentemente estaba al lado del edificio en que me encontraba. Allí había otra cama donde fui colocado. Dos personas estaban frente a mí, una interrogaba y la otra supuestamente hacía de ayudante. A medida que interrogaban me seguían golpeando, y me colocaron lo que ellos llamaban 'los cables' que era la picana eléctrica, en la parte interior de los brazos y luego entre las vendas que tenía precisamente en las sienes. Después de estar largo rato así, fui trasladado a mi lugar primitivo.

"Así siguieron las cosas, había guardias que golpeaban, pateaban y ajustaban las esposas hasta lastimar las muñecas. Los interrogatorios siguieron hasta el día 29, más o menos día por medio. Varias veces hicieron conmigo un juego macabro; colocaban en mi cabeza el cañón de un arma, riéndose apretaban el gatillo y el disparo no salía. De noche cuando había más tranquilidad se oían pasar camiones bastante cerca, lo que me hacía pensar que estábamos muy próximos a la ruta 22 y a mi juicio, nos encontrábamos en el Batallón 181.

"Todas las veces que me llevaron a los interrogatorios además de la sesión de preguntas era conducido y retornaba al lugar y a los golpes. Una noche, entre amenazas de que me iban a reventar, me metieron cenizas de cigarrillos entre la venda de los ojos para que, según decían, 'se te pudran los ojos'.

En algunos casos, como el del señor José Antonio Giménez (legajo N° 3035), de 53 años de edad, que vive en la localidad de Centenario, Neuquén, detenido el 10 de enero de 1977, frente a su domicilio, se utilizó una pequeña variante:

"...vendado, y con algodones en los ojos para impedirme ver, lo cual no impidió que dicha venda en momentos se aflojase y pudiese observar que algunos de los guardias que se encontraban allí usaban borceguíes del Ejército. Es más, en una oportunidad, en que pretendieron que firmase una declaración —que no firmé— me sacaron las vendas y la persona que me hablaba, un hombre joven, lo hacía vestido con uniforme militar y con una máscara antigas colocada, que le cubría todo el rostro.

"En ese lugar fui sometido a torturas, consistentes en ser colgado de los brazos hacia atrás de una pared y de las piernas, de la otra, es decir, con el cuerpo suspendido y con la aplicación de electrodos en las sienes, sujetos por la venda antes descripta, y con la aplicación de corriente mediante tales electrodos. Esto se realizaba en otro local, construido precariamente en chapas de zinc y armazón de madera, similar a algunas casillas existentes en estaciones de ferrocarril. Estas 'sesiones' se repitieron varias veces sin poder precisar cuántas, con interrogatorios que se limitaban a ordenarme que 'cantara', es decir que dijera lo que sabía, sin realizarme ninguna pregunta específica respecto de ningún hecho, circunstancia, lugar o fecha, ni referido a persona alguna en particular, al punto de que se me exigió, finalmente, escribir de mi puño y letra una descripción de mis actos en el tiempo inmediatamente anterior a mi secuestro, cosa que comencé y fui interrumpido sin darme lugar a firmar dicho escrito, seguramente porque el mismo no les servía".

El 20 de enero de 1976, por la noche, mientras cenaba, secuestraron a Santos Aurelio Chaparro, de su casa en el Ingenio La Florida de Tucumán. Los secuestradores se desplazaban en tres automóviles y vestían uniforme militar de fajina. Algunos iban de civil. Reconoció el lugar al que lo llevaron. Se trataba de la Jefatura de la Policía de Tucumán. Dice que lo obligaron a permanecer en una sala con otros detenidos. Y sigue:

"...Que el segundo día de permanecer detenido ilegalmente en esas condiciones dos personas que no eran los que lo secuestraron, lo trasladan a otra sala más chica donde lo desnudan y lo atan a una cama que es denominada 'parrilla'. Que le colocan alambres en la cabeza y lo comienzan a torturar con corriente eléctrica. Que le pasan picana por todo el cuerpo preferentemente en la zona genital, pectoral y en la cabeza, boca, encías, etc. Que lo torturan por espacio de dos horas aproximadamente. Que luego lo sacan de allí, llevándolo a otra sala del citado edificio, donde un grupo de personas lo someten a una brutal golpiza de puñetazos y patadas. Que esto se prolonga durante muchas horas. Que el dicente manifiesta que perdió el conocimiento. Que luego es llevado a la sala donde lo tenían al principio. Que esta forma de tortura se efectuaba todos los días y por espacio de 20 días" (Legajo N° 5522).

El señor Chaparro es llevado a reponerse de su estado lamentable a un campo de 'recuperación'. Después de 25 días vuelve a la Jefatura de Policía y le aplican tortura en forma más leve por cinco días. Le prometen dejarlo en libertad pero cancelan la orden en el momento de firmarla. Esto ocurre en la Escuela de Educación Física el 24 de marzo de 1976 y continúa:

"Que después de este período es nuevamente trasladado a una salita donde nuevamente lo torturan. Que en esta oportunidad, el dicente manifiesta que le hacen ingerir gran cantidad de agua, mientras es torturado con picana eléctrica. Que le colocan una botella en la boca diciéndole que le iban a hacer tomar toda el agua del río Salí. Que toma dos botella de agua. Que es reiteradamente sometido a la picana. Que luego de esto, es brutalmente golpeado volviendo a quedar inconsciente y completamente ensangrentado. Que le salía agua por distintos orificios del cuerpo. Que aparentemente se asustaron de la condición del dicente ya que luego de esto lo tratan de rehabilitar. Que permanece en este lugar durante unos 20 días. Que luego lo trasladan a otro lugar que no puede determinar precisamente.

"Que allí es torturado en una mesa con picana eléctrica. También es sometido a 'submarino' con el tacho de 200 litros. Que cuando se encontraba adentro de este golpeaban el tacho y también le aplicaron en esas condiciones electricidad".

(..)

"Que le es comunicado al dicente que sería eliminado. Que lo llaman por su apellido y lo someten a una brutal sesión de tortura que consistió en picana eléctrica y que luego de esto es obligado a colocarse contra una pared. Un hombre de gendarmería (al que le había visto una gorra militar) le da una patada de "karate" en la espalda tras la cual el dicente manifiesta que se desvaneció.

"Que posteriormente es brutalmente golpeado con palos. Que presume que le rompen el esternón, le fracturan falanges de los dedos. Que de los golpes se rompen los grilletes que tenía colocados. Que pierde el conocimiento. Que le quedan lesiones permanentes, como zumbidos en el oído izquierdo, insensibilidad de dedos de los pies, etcétera.

"Que luego fue trasladado al Penal de La Plata dándole el 23 de marzo de 1982 la libertad vigilada".

Para no extendernos innecesariamente omitiremos los detalles del procedimiento del secuestro del señor Orlando Luis Stirnemann, de Río Gallegos, detenido en la Provincia de Santa Fe. Solamente haremos mención a la frase de uno de sus secuestradores. En el momento de ocurrir el hecho al preguntársele por qué no lo tabicaban, contestó: "No es necesario y él lo sabe. Es boleta".

(..)

"15 días después de haber sido detenido en ese Centro de Detención, fui trasladado a otro centro, presuntamente dentro de la misma jurisdicción del Ejército, del cual se adjunta croquis.

"Para interrogar a los detenidos utilizaban métodos de tortura, entre ellos picana eléctrica, para la cual utilizaban un aparato de alta potencia que, cuando era aplicado, provocaba la contracción de la lengua, de manera que al detenido le resultaba imposible gritar durante la aplicación. Otro sistema era colocar un gato dentro de la ropa del interrogado al que le aplicaban la picana, reaccionando violentamente y lastimando al interrogado (Legajo N° 4337).

Con el testimonio presentado por el señor Enrique Rodríguez Larreta (legajo N° 2539) nos encontraremos ante nuevas formas de aplicar tormentos. Reduciremos sus dichos a los párrafos indispensables:

(....)
"la noche siguiente me toca a mí ser conducido a la planta alta donde se me interroga bajo tortura como a todos los hombres y mujeres que estuvimos allí. Allí se me desnuda completamente, y colocándome los brazos hacia atrás se me cuelga por las muñecas hasta unos 20 o 30 cm. del suelo.

"Al mismo tiempo, se me coloca una especie de taparrabo en el que hay varias terminaciones eléctricas. Cuando se lo conecta, la víctima recibe electricidad por varios puntos a la vez. Este aparato, al cual llaman 'máquina', se conecta mientras se efectúan las preguntas y se profieren amenazas e insultos, aplicándose también golpes en las partes más sensibles.

"El suelo, debajo del lugar donde se cuelga a los detenidos, está profusamente mojado y sembrado de cristales de sal gruesa, con el fin de multiplicar la tortura si la persona consigue apoyar los pies en el piso.

"Varias de las personas que estaban detenidas junto conmigo se desprendieron del aparato de colgar y se golpearon contra el piso, produciéndose serias heridas. Recuerdo en especial el caso de quien después supe era Edelweiss Zahn de Andrés, la que sufrió profundos cortes en la sien y en los tobillos que después se infectaron".

El señor Antonio Cruz, argentino, casado, domiciliado en la Capital Federal, fue miembro de la Gendarmería Nacional desde el 31 de diciembre de 1972 (fecha en que fue dado de alta según el Boletín Reservado 1460, apartado 3-6) hasta el 31 de diciembre de 1977 en que fue dado de baja según el M.M.C. (Mensaje Militar Conjunto-SD5289/77).

De su testimonio transcribiremos las partes más significativas:

"Aquí debo pasar a referirme al LRD (Lugar de Reunión de Detenidos) denominado La Escuelita. Estaba situada en Famaillá, a unas dos o tres cuadras de la vías del Ferrocarril que va a San Miguel de Tucumán".
(....)
"En este lugar, y al momento de nuestra llegada, estaba ubicada la sección de perros de guerra'.
(....)
"Pasaré a describir la Sala de Interrogatorios. Esta Sala de Interrogatorios estaba ubicada en la última aula de la Escuela, encontrándose en su interior una cama tipo militar, de hierro, una mesa y fotos de los detenidos... 'Asimismo existía un te-

léfono de campaña a pilas que al dar vuelta la manija generaba corriente eléctrica. Según la velocidad con que se giraba la misma era el grado de voltaje que se imprimía'. 'El personal interrogador tenía una goma parecida a la que usa la Policía Federal, con la cual golpeaba a los presos para ablandarlos ni bien entraban detenidos.''

Seguidamente Cruz se refiere a la suerte deparada a un detenido cuya custodia se le encomendó:

"Al día siguiente comenzó el interrogatorio de esta persona; primero lo acostaron atado a una cama, ya que por su contextura física no podía ser esposado, por lo que no existían esposas lo suficientemente grandes para sus muñecas. Fue golpeado con una goma duramente y al ver que no se obtenían resultados con dicho método de tortura, comenzaron a pasarle el cable del teléfono; uno de los cables se ataba a la pata de la cama y el otro se lo aplicaban al cuerpo en sus partes más sensibles al igual que por la espalda y el pecho. Como no pudieron hacerlo declarar recomenzaron a golpearlo, hasta que en un momento dado el detenido solicitó ir al baño a lo que se accedió, fui encargado de custodiarlo personalmente lo que me provocó un temor grande. En ese momento comprobé que el mismo orinaba sangre, o sea que aparentaba estar muy lesionado internamente. Cuando lo entregué nuevamente los interrogadores le restaron importancia al hecho. Esa noche antes de marcharse los torturadores lo dejaron atado a una columna al aire libre con la orden estricta de que no lo alimentara y que sólo se le diera a beber agua. A la madrugada dejó de existir allí colgado, pues había sido tan duramente golpeado que no resistió el castigo. Cuando llegaron nuevamente para interrogarlo se les informó a los interrogadores lo ocurrido, los que se lamentaron de no haber podido tener información precisa".
"De igual forma se interrogaba a las mujeres, para ello se las desnudaba por completo, se las acostaba en la cama y allí comenzaba la sesión de tortura. A las mujeres se les introducía el cable en la vagina y luego se lo pasaban por los pechos, lo que provocaba un gran sufrimiento y en ocasiones muchas de ellas menstruaban en plena tortura. Con ellas sólo se utilizaba el teléfono, ningún otro elemento".
(...)
"Debo relatar que en una ocasión trajeron a un detenido herido. Un día para curiosear me acerqué a la ventana, ya que estaba solo y por el hueco se veía para adentro. Al acercarme a él observé que tenía la cabeza rota y al mirarle las manos comprobé que las misma tenían gusanos. Esta situación me revolvió el estómago porque el póbre tipo se estaba agusanando'' (Legajo N° 4676).

Con el testimonio de Carlos Hugo Basso, argentino (hoy exiliado) volvemos a la ya tristemente conocidas La Perla y La Ribera. Fue secuestrado el 10 de noviembre de 1976 en el barrio Alto Alberdi de la ciudad de Córdoba. Después del procedimiento habitual, mezcla de golpes y viaje en el piso de un auto bajo los pies de los captores hasta llegar al centro clandestino de detención:

"...abrieron una puerta que por el ruido podía ser de metal, uno de los que me llevaba me advirtió que a continuación conocería al 'Cura', que se encargaría 'de confe-
sarme'. Esta persona a la que llamaban 'Cura' debía ser de talla bastante grande ya
que apenas entré me tomó con sus manos por los costados y me levantó en vilo..."

"...posteriormente me golpearon con palos y un martillo que usaban para golpear
los dedos cuando las manos se apoyaban en el piso; me desvistieron y ataron de
pies y manos a un elástico de cama que llamaban 'parrilla'. Por un período de
tiempo que calculo en una hora me aplicaron descargas eléctricas en los lugares
más sensibles del cuerpo, genitales, caderas, rodillas, cuello, encías... Para el
cuello y las encías utilizaban un instrumento pequeño con varias puntas, pasadas
directamente a los cables de la instalación de 220 voltios, por debajo de la venda
pude observar que cada vez que se producía una descarga disminuía la luz de una
lamparita ubicada sobre la 'parrilla'. Durante este tiempo sentí que a uno de los
torturadores lo llamaban 'gringo'. Luego de este espacio de tiempo alguien me
aplicó un estetoscopio en el pecho y me desataron, comprobé que no podía caminar, me arrastraron unos veinte o treinta metros hasta una colchoneta ubicada en
un salón grande, junto a una pared, donde permanecí hasta el día siguiente". (Legajo Nº 7225).

Teresa Celia Meschiati fue secuestrada en la ciudad de Córdoba el 25
de septiembre de 1976, y trasladada al centro de La Perla (Legajo Nº
4279).
Nos dice:

"Me trasladan inmediatamente después de mi llegada a 'La Perla' a la 'sala de tortura' o 'sala de terapia intensiva'. Me desnudan y atan con cuerdas los pies y las
manos a los barrotes de una cama, quedando suspendida en el aire. Me ponen un
cable en un dedo del pie derecho. La tortura fue aplicada en forma gradual, usán-
dose dos picanas eléctricas que tenían distinta intensidad: una de 125 voltios que
me producía movimientos involuntarios en los músculos y dolor en todo el cuerpo aplicándome la misma en cara, ojos, boca, brazos, vagina y ano. Otra de 220
voltios llamada "la margarita" que me dejó profundas ulceraciones que aún conservo y que produce una violenta contracción, como si arrancaran todos los
miembros a la vez, especialmente en riñones, piernas, ingle y costados del tronco.
También me colocan un trapo mojado sobre el pecho para aumentar la intensidad
del shock.
"Intento suicidarme tomando el agua podrida que había en el tacho destinado para otro tipo de tortura llamada "submarino", pero no lo consigo.
"Así como fue gradual la intensidad de las picanas, fue gradual el sadismo de mis
torturadores, que fueron cinco y cuyos nombres aquí figuran: Guillero Barreiro,
Luis Manzanelli, José López, Jorge Romero, Fermín de los Santos.

El señor Nelson Eduardo Dean, uruguayo, casado, secuestrado en el
barrio de Almagro de la Capital Federal el 13 de julio de 1976, a las 22 horas (Legajo Nº 7412), en sus partes esenciales dice:

"En ese lugar fuimos ubicados en diferentes sitios. Esposadas las muñecas a la espalda, vendados los ojos y sangrando abundantemente comenzó una nueva anda-

nada de golpes. A la media hora de estar detenido fui trasladado a un cuarto de la planta alta. Allí me quitaron toda la ropa, me volvieron a esposar las muñecas a la espalda y comenzaron a tirarme baldes de agua. Acto seguido me colocaron cables alrededor de la cintura, el tórax y los tobillos. Ataron una cuerda o cadena a las esposas y me subieron los brazos hasta donde éstos podían soportar sin desarticularse. En esa posición, literalmente colgado y a una distancia aproximadamente de 30 centímetros del piso, estuve por un espacio de tiempo que no es posible determinar en horas, sino en dolor. Se pierde, por el gran sufrimiento que causa esta forma de tortura, toda noción de tiempo formal.

"Luego los torturadores aflojaron la cuerda unos 20 centímetros, tanto como para poder con algún esfuerzo tocar el suelo y descansar en algo los brazos. En este sentido, lo que antes dije es sólo en apariencia, pues cuando traté de tocar el piso y lo logré, comencé a recibir choques eléctricos. En realidad es muy difícil llegar con palabras a expresar todo el sufrimiento que éstos ocasionan. Pienso que es posible sólo reproducir una caricatura trágica de lo que fueron aquellos momentos. Quizás a título de ejemplo y para dar una idea sirvan dos cosas, algunos hechos físicos concretos y algunas sensaciones. En cuanto a los hechos físicos pienso que hay dos que les darán a ustedes la medida del tormento:

"A) Las plantas de los pies, luego de la tortura, quedaban quemadas y se formaban capas de piel dura que luego se desprendían. Evidentemente, la piel se quemaba con los choques eléctricos.

"B) Durante el tiempo que se aplicaba la electricidad se pierde todo control posible sobre los sentidos, provocando dicha tortura vómitos permanentes, defecación casi constante, etc.

"C) En cuanto atañe a las sensaciones, la electricidad comienza a subir por el cuerpo y todas las zonas en las cuales colocaron cables parecen arrancadas del cuerpo. Así es que, en principio, son los pies que se sienten como arrancados del cuerpo, como luego las piernas, los testículos, el tórax, etc.

"Estas sesiones de tormento se extendieron por espacio de cinco días yendo en aumento en cuanto a su intensidad. En los últimos días repitieron todos los métodos antes mencionados y, además, me introdujeron cables dentro del ano, los testículos y el pene. Estas prácticas se desarrollaban dentro de un marco diabólico; los torturadores, unos bebiendo, otros riendo, golpeando e insultando, pretendían extraerme nombres de uruguayos radicados en la República Argentina y opositores al actual régimen imperante en mi país.

"En estos interrogatorios y torturas comprobé que participaban directamente oficiales del Ejército uruguayo. Algunos decían pertenecer a un grupo llamado OCOA (Organismo Coordinador de Operaciones Antisubversivas)".

El señor Raúl Esteban Radonich (Legajo N° 6956) fue detenido en Neuquén el 13 de enero de 1977 y dejado en libertad el 19 del mismo mes en Senillosa. Lo detuvieron a las ocho y media de la mañana en la oficina donde trabajaba. Lo llevaron, después de muchas vueltas para desorientarlo,

"...a dependencias del Batallón de Ingenieros de Construcciones 161, a un lugar denominado La Escuelita, que es en realidad el chupadero que funciona en la zona. Allí soy esposado de ambas manos a los costados de una cama, donde permanezco por un tiempo hasta ser trasladado a otra dependencia, haciéndome caminar siempre en cuclillas con el objeto de no deducir las distintas instalaciones del lugar. Nuevamente soy esposado, pero ahora de pies y manos, sobre el elástico de una cama y me introducen dos cables entre el vendaje, a la altura de la sien. Se me formula una serie de preguntas sobre datos personales, que son volcados a máquina en lo que parecía ser una ficha. Terminado esto, comienza un interrogatorio totalmente diferente. La primera pregunta que me hacen es acerca de cuál era mi grado y nombre de guerra, a lo que respondo que no poseo ninguna de estas características. Ese es el momento en el que recibo la primera descarga de electricidad. Las preguntas giraban sobre mi participación en política, desde mi función en alguna organización hasta mi inclusión en listas para elecciones del Centro de Estudiantes. Me preguntan también si tengo idea del lugar en que estoy, lo cual les preocupaba mucho, ya que lo hacen en forma insistente y es debido a que en esa Unidad Militar estuve cumpliendo con el Servicio Militar en el año 1976. En la medida que voy respondiendo negativamente, aumenta el ritmo, la duración y la intensidad de las descargas, siempre en la cabeza. Pierdo la noción del tiempo, aunque parecen transcurrir varias horas. En medio de las preguntas y los gritos se suceden amenazas de distinto tipo.

"Pierdo sangre por la boca, ya que durante las descargas se me contraen los músculos y cierro las mandíbulas, quedándome la lengua afuera, lo que hace que virtualmente la perfore con mis dientes. Como mi estado se deteriora progresivamente, me tiran un baldazo de agua para reanimarme, hasta que suspenden la sesión. Me dicen que por la tarde comenzaría de nuevo y que dependía de mí, en función de las respuestas, si seguían o no torturándome. El interrogatorio lo realizaron por lo menos tres personas, encontrándose presente el jefe del grupo que realizó la detención. Este asume el rol de "bondadoso", pidiéndome que cante ya que no valía la pena que me sacrificara por otros. Los demás en cambio, usan un tono amenazante y autoritario".

En el caso de Juan Matías Bianchi (Legajo N° 2669) hubo un doble simulacro: de incineración y de fusilamiento:

"... le hacen oler un líquido, preguntándole si sabía qué era lo que le hacían oler, a lo cual el dicente responde que sí, que se trataba de solvente. Le preguntan si tiene algo que decir, que entonces lo diga, pues iban a quemarlo, mientras le hacen oír ruido de papeles. También le hacen un simulcaro de fusilamiento con un arma en la sien.

"Justo en el momento en que estaban haciendo el simulacro de que lo iban a quemar vivo, oye que llega un auto, se acerca una persona y le dice: "Mirá, mejor que renunciés al cargo de delegado del gremio y que no des más parte de enfermo". Luego de ello se hizo silencio y oye luego que el vehículo parte. El dicente permaneció un rato sin moverse, hasta que se da cuenta que no había nadie y que le habían sacado las esposas".

Al señor Daniel Osvaldo Pina (Legajo N° 5186) también le tocó pasar por la experiencia alucinante de simulacro de asesinato. Todo el contexto era increíble. El lo relata así:

"De ese lugar nos llevaron a otros dos donde seguimos siendo torturados y, en el segundo de ellos, después de torturar a Arra, llevaron a Moriña; Koltes y yo hacíamos 'capilla'. Repentinamente, los gritos de Moriña cesaron y se escucharon corridas y voces pidiendo médico. Luego de eso, nos vinieron a buscar y, sin interrogarnos, a Koltes y a mí nos cargaron en un camión y nos llevaron a otra parte que, presumo, era en la montaña. Moriña ya no iba con nosotros".

"En ese lugar pasé dos o tres días. Ya llevaba cerca del mes de secuestro y siempre vendado se me hacía difícil calcular. En uno de esos días escuché que se acercaban al lugar en donde, por el oído, sabía que estaba Arra y, luego de llegar taconeando, le dijeron, en tono imperativo: 'Levantate... caminá...'

"Los pasos arrastrados se dirigieron hacia la salida y, luego de dos o tres minutos, se escucharon cuatro disparos. Luego se acercaron adonde yo identificaba que estaba Koltes y sucedió exactamente lo mismo. Cuando me tocó el turno a mí no dijeron nada, sentí el ruido del arma al prepararla para disparar y me tiraron cuatro tiros al lado de la cabeza.

"Al día siguiente me volvieron a llevar pero solo, en lo que creo era una ambulancia de la cuadra del Ejército. De allí fui retirado en una camioneta, estimo que de la Policía de Mendoza, donde me llevaban en el piso y me pateaban y me escupían además de las continuas amenazas de muerte; hasta que llegamos a la Penitenciaría".

Hay testimonios de otros tipos de torturas, como colgar de un árbol o de una viga el cuerpo del detenido. Como ejemplo de este "sistema" transcribimos en la parte pertinente la declaración de una de las víctimas, Enrique Igor Peczak (Legajo N° 6947).

"Fui detenido el 15/10/76 por una Unidad del Ejército, quienes rodearon y allanaron el domicilio de mi madre, con quien vivía; también conmigo fue detenido Jorge Armando González; fuimos atados y vendados, luego fui colgado con las manos atrás de un árbol y, en esa posición, golpeado desde el mediodía hasta el atardecer, escuchando, repetidas veces, los gritos de mi madre que pedía que no me maten; también escuchaba golpes, los que le propinaban a González y que, en determinado momento llenaron un recipiente con agua, lo colgaron de los pies y lo sumergieron de cabeza. Eso se repitió varias veces.

"Mientras uno me golpeaba me dijo que si no se hubieran olvidado la 'picana' ya estaría hablando y, de golpe, con las dos manos me golpea los oídos produciéndome un gran dolor y un fuerte zumbido por varios meses.

"Al atardecer nos descolgaron y nos llevaron a lo que después supe era la Jefatura de Policía de la Provincia donde nos apartan y me vuelven a golpear...

"...y a colgarme de la garganta, hasta que perdí el conocimiento; en ese lugar comienzo a perder la noción del tiempo y los recuerdos se entrecruzan sin saber con seguridad qué sucedió antes pero estoy casi seguro que en ese lugar me sacaron una foto y luego me dieron picana en el suelo..."

"Me llevaron a una casa... en una de las dependencias me colgaron de las manos de un modo tal que sólo podía tocar el piso con la punta de los pies. La sed para entonces era inaguantable y pedí a gritos un vaso de agua, alguien vino y me puso una mordaza en la boca. Como perdí el conocimiento no puedo calcular el tiempo que estuve "colgado".

Daniel Eduardo Fernández (Legajo N° 1131) tenía 18 años cuando fue secuestrado. Era estudiante en un colegio secundario. A esa edad, conoció toda clase de tormentos, puñetazos, patadas, amenazas de muerte y lo que se daba en llamar "submarino" en sus dos formas de aplicación, "seco" y "mojado".

"La idea era dejar a la víctima sin ningún tipo de resistencia psicológica, hasta dejarlo a merced del interrogador y obtener así cualquier tipo de respuesta que éste quisiera, aunque fuera de lo más absurda. Si querían que uno respondiera que lo había visto a San Martín andando a caballo el día anterior, lo lograban, y entonces nos decían que uno era un mentiroso, hasta que realmente uno lo sintiera, y lo continuaban torturando".

(....)

"...nos hacían extender las manos y nos pegaban en la punta de los dedos con una especie de cachiporra. Después no podíamos mover las manos. A otros los castigaban hasta hacerles sangrar la boca o los ojos."

"Llegaron hasta ponernos una bolsa de nylon en la cabeza y atarla al cuello bien fuertemente hasta que se nos acabara el aire y estuviéramos a punto de desmayar.

"Otra forma era atarnos en una tabla y poner en el extremo un recipiente lleno de agua. Se sumergía la cabeza de la víctima allí y hasta que largara "la última burbuja de aire, no lo sacaban, y apenas cuando tomaba una bocanada de aire lo volvían a sumergir".

(....)

El 13 de septiembre de 1977 fui liberado, vendado, con el pelo muy mal cortado, con un par de jeans y una remera en un día de mucho frío. Me abandonaron en la Avenida Vélez Sarsfield, cerca de una barrera".

En el Legajo N° 5604, la Sra. Lidia Esther Biscarte relata su secuestro y posterior martirio. En él se podrá ver el ingenio puesto en juego por los torturadores para ejercitar nuevos métodos de tormento con los elementos habituales de su trabajo. Fue secuestrada el 27 de marzo de 1976, en su casa (Zárate, Provincia de Buenos Aires) a la madrugada. La encapuchan con la misma sábana que estaba usando y la secuestran descalza y en camisón.

"La dicente oye por la radio que se encontraba en la comisaría de Zárate. Que, sin preguntarle nada, le aplican la picana, la desnudan y le vuelven a aplicar la picana en el ano, en la vagina, en la boca y en las axilas. Le echan agua y la atan a un sillón de cuero. Tenía toda la cabeza cubierta con la sábana atada. Se acerca un sujeto que empieza a retorcerle los pezones, lo que le produce un intenso dolor, ya que también le habían aplicado picana en los pezones.

"En la misma habitación había otros dos hombres secuestrados. Entra un sujeto y le dice al otro que la deje, 'que los van a llevar a pasear'.

(....)

"La dicente sabe que es la Prefectura de Zárate el sitio donde fue trasladada a posteriori junto con las otras dos personas, ya que ésta vivía a una cuadra y media, y por la forma en que la barca atracaba, se sentían los gritos del amarrador y la barca chocando contra el puerto, la vibración.

"Los bajan en una barranca de piedra, en el Arsenal de Zárate.

Allí los llevan y los dejan en el campo. Llovía, el piso era de tierra. Clavan estacas y los estaquean dejándolos todo el día ahí, aplicándoles picana eléctrica. Al entrar la noche los suben a un barco, los esposan unos a otros, es decir el brazo de la dicente esposado a otro brazo".

"En el barco la cuelgan de los pies y le hacen el 'submarino' directamente en el río. Allí estuvo con el señor Iglesias, Teresa Di Martino, con quien la dicente se encuentra posteriormente en la cárcel, con Blanda Ruda, con la Dra. Marta y el esposo, siendo ésta terriblemente torturada y el marido violado por los torturadores; con un muchacho Fernández, que ahora está en el extranjero, cree que en Suiza; con Tito Cono o Aniconi, algo así, que ahora está en libertad.

"En ese barco están como dos días, durante los cuales los torturan y los cuelgan con una grúa".

(..)

"...los cargan en celulares y los llevan a un lugar que cree es el Tolueno, en Campana, sabiéndolo por el pito (silbato) de la Esso. Están dos o tres días y los llevan a una balsa donde cruzan, probablemente, al Tigre. La balsa era manejada por militares, con uniforme verde. Los dejan, en la embarcación, como en la orilla de una isla. La sacan de la balsa y la suben a un camión del Ejército. Había mucha gente, los llevan a una casa de torturas, donde se sentían ruidos de coches y aviones.

"En esa casa hay una pileta de natación vacía, donde los meten, les ponen reflectores de alto voltaje, luego la introducen en la casa donde la torturan. Era una casa que tenía un baño, dos habitaciones grandes. En la pileta quedan centenares de muertos, había muchos muertos en la pileta. Sintió un guardia que decía: 'éstos ya son boletas, éstos quedan, pasalos a la pieza uno y a la dos'. Se llamaban entre ellos con nombres de animales: 'El Tigre', 'El Puma', 'El Vizcacha', 'El Yarará' ".

En el testimonio de Juan Matías Bianchi (Legajo N° 2669), domiciliado en Campana, Provincia de Buenos Aires, encontraremos una nueva variante sádica de perversión sexual:

"El 4 de marzo de 1977, a las 03.00 horas, se hicieron presentes en el domicilio del dicente... cuatro sujetos que dijeron ser militares, tenían la cara cubierta con medias negras.."

(..)

"En un momento siente que lo levantan, lo llevan por un pasillo a otro lugar, donde le ordenan desvestirse, lo tiran sobre un camastro y le dicen: 'Mirá, yo soy "El Alemán", mientras el dicente oía mujeres y hombres que gritaban. "El Alemán" trata de introducirle un caño en el ano. Otra voz le dice que lo dejen, y dirigiéndose al dicente, le dice: 'ves, yo soy "El Gallego" y te salvé de que éste te rompiera metiéndote el fierro'.

"Lo colocan desnudo, abierto de piernas y brazos, atados con cuero. El 'Gallego' le dice que hable, mientras procede a aplicarle una descarga eléctrica en el tobillo, quemándole los músculos, de lo cual todavía tiene la marca. También lo interroga una mujer. El 'Gallego' también le aplica picana en las axilas de lo cual también conserva marcas. El 'Gallego' se reía y le dice, dirigiéndose a la mujer: 'A vos que te gusta el pedazo, seguí vos'.

"Entonces siente que la mujer toma su miembro y le introduce un líquido como cáustico, a raíz de lo cual ha tenido problemas para efectuar la micción".

En los siguientes testimonios, de los cuales daremos fragmentos, aparecen, en medio de otras torturas, diversos modos de violaciones. En todos los casos, conservaremos el anonimato.

A C.G.F., argentina, casada (Legajo N° 7372), la secuestraron en la puerta de su lugar de trabajo, en el centro de la Capital Federal, a las 5 de la tarde, su hora habitual de salida. Con el procedimiento de siempre. Automóvil inidentificable... ojos vendados... descenso en un lugar desconocido... amarrada a una cama...:

"...y procedieron a interrogarme cinco hombres durante alrededor de una hora, con malos tratos y agresiones verbales. Obtienen la dirección de mis suegros y deciden ir allí, dejándome sola durante varias horas.

"Al regreso de la casa de mis suegros se muestran furiosos, me atan igual que al estaqueado, vuelven a interrogarme con peores tratos que antes, agresiones verbales y amenazas de que habían traído prisionero a mi hijo, de dos años, a fin de que yo cooperara con ellos, cosa que al rato desdijeron.

"Luego procedieron a introducirme en la vagina lo que después supe era un bastón o palo de policía. Después me trasladaron a otro recinto, donde me obligaron a comer esposada a una mesa. Ante mi negativa me trasladaron a otro recinto, donde me ponían parada contra un ángulo del mismo, y vuelven a interrogarme, golpeándome la cabeza y amenazándome con introducirme el palo mencionado en el ano".

(..)

"Dentro de lo que se puede llamar rutina diaria, recuerdo: la puerta de la habitación estaba cerrada por fuera. Permanecíamos vestidas, incluso para dormir. Estaba con los ojos descubiertos en el dormitorio, en los traslados al baño y a la cocina. Nos hacían vendar los ojos —tabicarnos— a todas o a algunas, cuando entraban miembros de la fuerza que no eran los guardias habituales. En estos casos era de rutina que nos intimidaran con sus armas incrustándonoslas en el cuerpo, cuello o cabeza".

(..)

"En dos oportunidades me llevaron vendada a otra dependencia, donde me obligaron a desnudarme, junto a una pared, y con muy malos tratos y agresiones verbales me acostaron en un elástico metálico de cama, me ataron tipo estaqueada y me 'picanearon' en el bajo vientre y en la vulva, mientras me interrogaban; en la segunda oportunidad me afirmaron que tenían con ellos a A.G.P., que también era empleado en la misma repartición que yo y delegado de oficina en ella, y que había sido secuestrado el 28 de marzo de 1977, en la puerta de la institución.

"Después de estas 'sesiones' me hacían vestir, y con buenos modos y palabras de consuelo me llevaban al dormitorio e indicaban a otra prisionera que se acercara y me consolara. Esto último también lo hacían cuando traían a alguna de las otras prisioneras de sus respectivas 'sesiones'. A raíz de todo esto recibo, a mi solicitud, atención médica, y debido a mi taquicardia me medicaron".

(..)

"Un día, desde el dormitorio, me llevaron vendada a una habitación que reconocí como el lugar donde me picanearon. Me hicieron quitar la venda de los ojos, quedándome a solas con un hombre el que, ofreciéndome cigarrillos, y con buenos modales, me pidió que le contara todo lo que me habían hecho en ese lugar.

"Al relatarle los hechos, me indicó uno que me había salteado, con lo que demostró haber presenciado todos los interrogatorios y torturas o, por lo menos, estar en perfecto conocimiento de ellos y, al mismo tiempo, me trató de inculcar la idea que nada de lo que me pasó allí fue tan grave, ni los golpes fueron tan fuertes como yo pensaba, y me indicó que me liberarían y que no tenía que contar a nadie lo que me pasó en ese lapso.

"De allí nuevamente vendada, me llevaron al dormitorio. El día 14 de junio a las 24.00 horas me anunciaron que me dejarían libre y me devolvieron parte de mis efectos personales (reloj, cadena, dinero) que llevaba al momento del secuestro. Me sacaron vendada del edificio, me pusieron en un auto en el cual íbamos solos la persona que manejaba (que resultó ser la misma que, amablemente, trató de mostrarme que todo lo ocurrido fue leve) y yo.

"Luego de rodar por una zona de tierra y poceada, detuvo el motor. Me dijo que tenía orden de matarme, me hizo palpar las armas que llevaba en la guantera del coche, guiándome con sus manos enguantadas y me propuso salvarme la vida si, a cambio, admitía tener relaciones sexuales con él.

"Accedí a su propuesta, considerando la posibilidad de salvar mi vida y de que se me quitase la venda de los ojos..."

"Puso el coche en marcha y después que entramos en zona asfaltada me dio orden de sacarme la venda de los ojos. Condujo el auto hasta un albergue transitorio, me indicó que él se estaba jugando, y que si yo hacía algo sospechoso me mataría de inmediato.

"Ingresamos al albergue, mantuvimos la relación exigida bajo amenaza de muerte con la cual me sentí y considero violada, salimos, y me llevó a casa de mis suegros".

Una adolescente de 17 años, por entonces estudiante secundaria refiere seguidamente el ultraje de que fue víctima. A. N. (Legajo N° 6532) denuncia que fue secuestrada en su domicilio de Capital Federal el 9 de mayo de 1978. La llevaron a un centro clandestino de detención, circulando por una autopista.

El procedimiento es el habitual, luego sigue:

"...en horas de la madrugada es conducida a otra habitación, en la que es atada a una cama con elástico de madera. En torno a ésta se encontraban "el Vasco", tres o cuatro hombres más, subalternos de éste y una mujer apodada "La Negra".

"Es despojada de sus ropas y atada a la cama mencionada, siendo interrogada aplicándosele picana eléctrica y golpes en el cuerpo.

"El interrogatorio se basó sobre sus compañeros de colegio (cursaba en el Carlos Pellegrini), particularmente sobre M.W. y J.C.M., de quienes, posteriormente se entera que ya estaban detenidos en este centro de detención y continúan hasta hoy desaparecidos.

"Fue asimismo interrogada respecto a los varones L.Z. y G.D. y la joven M.G., siendo que todos ellos también estuvieron alojados en ese lugar y fueron posteriormente liberados.

"Durante un tiempo, que no se puede determinar, la dicente es llevada a diferentes sitios del centro clandestino".

(..)

"Estando la dicente una noche en su celda, llega un hombre a ésta, quien la ata, la golpea, y amenazándola la viola, prohibiéndole comentar lo sucedido. Luego de ello, la conduce a fin de higienizarse a un baño, para lo que no debe salir al exterior".

(..)

"Como consecuencia de lo relatado, la dicente empeora su cuadro febril y comienza a delirar, pidiendo no ser violada, momento en que, al ser oída se presenta en su celda "El Guaraní" y otros de mayor jerarquía: "El Francés" y "El Vasco" interrogándola e iniciando una supuesta investigación, ya que, según dijeron, en el lugar están 'prohibidas las violaciones'.

"Una vez recuperada, es trasladada a otra 'casa'.

(..)

"Previamente a que se produzca el traslado, se cambia a la dicente las esposas y la capucha por vendas y le atan las manos. Es conducida, junto con los jóvenes C.N., S.Z. y G.D. hasta un automóvil en el que inician la marcha, deteniéndose poco después. Estando en éste, se les advierte que no debían realizar ningún movimiento ya que, en caso de hacerlo, estallaría una bomba.

"Poco después, personal uniformado del Ejército se acerca al coche, baja a los cuatro detenidos, los desatan y los trasladan al Batallón de Logística 101 de Villa Martelli.

(..)

"La dicente deja constancia que cuando sucedió lo manifestado contaba con 17 años, lo mismo que sus tres compañeros, todos ellos estudiantes de la Escuela Superior de Comercio Carlos Pellegrini.

"Una vez en el Batallón son revisados por un médico y alojados en una construcción precaria, en celdas contiguas, ocupando una de ellas la dicente y la otra los nombrados.

"Eran custodiados por conscriptos, un cabo y un sargento. A pocos días de estar en este lugar, se presentó en su celda el Coronel Hernán Teetzlaff, quien traía consigo un testimonio que la dicente debió firmar bajo coacción, durante su cautiverio en el C.C.D. que hoy reconoce como "Vesubio", oportunidad en que le hizo firmar a la dicente una declaración en base a la citada.

"El día 30 o 31 de agosto de 1978, la deponente es trasladada al Penal de Villa Devoto, junto con sus compañeros, a fin de ser juzgada por el Consejo de Guerra estable 1/1.

"En el mes de octubre, este Consejo se declara incompetente y pasan al Juzgado del Dr. Giletta, siendo liberados por falta de mérito aproximadamente el día 30 de octubre, pasando previamente por Coordinación Federal.

El testimonio que expondremos a continuación muestra el estado a que la redujo la sucesión de vejámenes de que fue víctima M. de M. (Legajo N° 2356).

"Secuestrada en Buenos Aires es trasladada en camioneta en un trayecto largo. La llevan a un lugar en el campo por el ruido de los grillos y otros datos. Era como un campamento, algo provisorio, lleno de lonas, con toldos. La dejaron en una especie de pieza, donde sintió terror y comenzó a gritar, alertados sus captores la introducen dentro de un tanque lleno de agua. Le dolían mucho los pechos, ya que estaba amamantando (...)

"Luego la ataron de los pies y de las manos con cables y le pasaron corriente eléctrica. A partir de ahí tuvo convulsiones, ellos decían que eso era el adiestra-

miento que necesitaba para que confesara. Luego la desnudaron y la violaron.
(...)
"Pidió ir al (...) la llevaron desnuda por una galería por donde estaban los soldados, recuerda que todos se reían. Recuerda también que tomaron a un grupo de gente y los colocaron dentro de un helicóptero y desde ahí los largaron al vacío, los ataron con una soga y desde arriba los subían o los bajaban cada vez que la subían la interrogaban.

"Les pidió que la mandaran a la cárcel, que les firmaba cualquier cosa, pero ella ya no soportaba más porque tenía una punción en el estómago, le dolían los oídos, así era que continuamente se desmayaba y cuando la regresaban otra vez al pie de la cama donde la picaneaban, que era una cama elástica de metal, le hacían tocar los cables y cuando lo hacía le pasaban corriente, cuando esto ocurría le volvían las convulsiones. Con los mismos cables que le ataban los pies y las manos le hacían las descargas eléctricas. No tiene marcas en el cuerpo ya que no la tocaron con nada contundente. A través de los pies y de las manos le pasaban la corriente por todo el cuerpo.

"Como tenía esas convulsiones, se enojaban más porque a ella le saltaba el cuerpo constantemente, venía el médico y la revisaba, pero pasaba el tiempo, hasta que perdió la noción del mismo. Constantemente era igual, los mismos gritos; después le dijeron que a su hijo lo habían traído allí, le hacían escuchar una grabación, pero ella se había puesto muy terca, en un estado de inconciencia y ya no le importaba.

"Le decían que la grabación era el llanto de su hijo. Como le daban pastillas que la adormecían y que aparentemente eran para las convulsiones, como ella estaba en ese estado de adormecimiento por el efecto de las pastillas no puede recordar todo. Lo que recuerda, sí, es que en algún momento la inyectaron, pero ella sabía que después de eso venía el médico, que estaba continuamente ahí, mientras la torturaban.

"También recuerda claramente que la paseaban desnuda por la galería, que la violaron varias veces, no recuerda si eran conscriptos o gendarmes, recuerda que para esa época tenía muchas pérdidas y ella ya para ese entonces se dejaba morir, que ya no le importaba nada, ya ni lloraba. A veces sentía que la gratificaban dándole un cigarrillo, después llegó una época que ni eso. Después la pusieron con una chica que le dijo el nombre y el apellido, pero ella ni lo recuerda, no recuerda nada.

"Un día la llamaron a declarar y la pusieron frente a un escritorio, y le toman una declaración por escrito, donde le preguntaron los nombres de los padres, los hermanos, qué hacían, dónde habían nacido, etc."
(...)
"Cuando le tomaron esa declaración no podía ver bien porque después de haber estado tanto tiempo con los ojos vendados, la luz le irritaba, sabe que le hicieron firmar 3 o 4 papeles, en ese momento le quitaron las vendas para firmar, pero le dijeron que no levantara la vista. Esa noche metieron a mucha gente dentro de ese camión, que constantemente se detenía y bajaban; en ese momento creía que las mataban, no tiene idea de nada, sabe que ella quedó para lo último, pero no quería bajarse porque creía que la iban a matar, fue así que el tipo que estaba de civil, con una campera marrón, cómo de cuero, era morocho, y le dijo: 'Bajá o te mato'; ella pensaba que la iba a matar, pero fue así que forcejeando la venda se le cayó y lo vio, al verlo le dio un miedo muy grande, de ver esa cara, la bajó del camión y le puso la pistola en la cabeza y le dijo: 'No te des vuelta'. Fue allí que ella creyó que se había muerto, se quedó mucho tiempo así, tanto que ni se dio cuenta que el ti-

po se fue, estaba en un estado de inconciencia, creía que se había muerto.

(..)

"Antes de que fallecieran sus padres, su marido salió de la cárcel, a él también lo habían torturado, pero nunca se tocó el tema, ella en especial nunca contó todo lo que había pasado, porque sentía vergüenza, después él se fue enterando porque ella fue teniendo como delirios y tenía temor de ir a cualquier psiquiatra, pero ahora ha comenzado un tratamiento y está dispuesta a colaborar, si es que su testimonio sirve.

De similares características, por el sadismo puesto en juego, es el testimonio de la señorita Mirtha Gladys Rosales (Legajo N° 7186). Se desprende de él que fue detenida el 10 de marzo de 1976 desde su lugar de trabajo en la Dirección General de Institutos Penales. Fue conducida a la Delegación de la Policía Federal:

"Al llegar a la Delegación me encontré con mi padre, un muchacho Mamondez y su hermana, y un joven Ramos, de Quines éste y mi padre, y de Candelaria los Mamondez. Luego supe que todos ellos habían sido salvajemente golpeados en Quines y posteriormente también en la delegación. En ese momento apareció un oficial de apellido Borsalino quien, tomándome de los pelos y a patadas me lleva a la parte de atrás del edificio y en la cocina me somete a una golpiza mientras me decía: 'vos sos la culpable de que haya hecho cagar a esos infelices'. Después de eso me lleva hasta la oficina del Delegado donde se encontraba éste, el Subdelegado Cerisola, el Teniente Coronel Lualdi, el Comisario Visconti de la Policía Provincial y Borsalino. Allí me vendan y luego entre insultos y amenazas de muerte me someten a golpes de corriente eléctrica esposada a una silla, mientras me interrogan sobre mis actividades políticas.

"Después de esta 'sesión' fui golpeada en varias oportunidades pues me mantuvieron en la Delegación por espacio de casi cuatro meses y en todos los casos la golpiza fue dada por Borsalino en presencia del comisario De María.

"A mediados de junio fui trasladada a la Cárcel de Mujeres donde permanecí hasta el 9 de setiembre en que fui sacada por personal de Informaciones de la Policía Provincial y traída a la Jefatura de Policía.

(..)

"Un rato después sacaron a toda la gente del lugar y apareció el Subjefe de Policía, Capitán Pla, y el Jefe de Informaciones, Comisario Becerra, quienes empezaron a interrogarme entre trompadas y patadas que me propinaron los dos a cara descubierta. Al rato el capitán Pla me dice 'que me dará otro tratamiento pues yo no quiero hablar' y me llevan a una Comisaría que estaba ubicada en la calle Justo Daract a una cuadra de la avenida España. Allí me entran por una entrada para autos que estaba a la derecha y me introduce Becerra en una habitación donde se encontraba maniatado Domingo Ildegardo Chacón, quien evidentemente había sido torturado y posteriormente veo a Raúl Lima a quien estaban golpeando, y a Domingo Silva y a un señor Moyano, de Candelaria. Después me pasan al fondo donde estaban Hugo Velázquez, un chofer Rubén Lucero y un agente o suboficial Olguin, que tiempo después se suicidó durante un proceso en la Justicia Provincial. Allí me golpearon ferozmente por espacio de una hora aproximadamente, lo hicieron con total sadismo y crueldad pues ni siquiera me interrogaban, sólo se reían a carcajadas y me insultaban. Después de eso me llevan de vuelta a la Central y me dejan en la oficina de Cuatrerismo, donde se encontraban el Capitán

Rossi y un Teniente Marcelo Eduardo González. Al dejarme el Oficial Lucero, que era quien me traía, les dijo 'ya está ablandada' y se fue. Empezó de nuevo el castigo por parte de Rossi y González quienes me empezaron a golpear, insultar y ponerme cada uno su arma en la sien amartillándola y preguntándome 'quién tenía armas' y presionándome para que firmara unas declaraciones que ya estaban hechas. Mientras tanto llegaron Pla, Becerra, Velázquez y Luis Mario Calderón, que era otro Oficial, y empezó una de las peores sesiones de tortura que me tocó soportar pues me habían dejado al medio y empezaron a golpearme de todas partes, a tirarme el pelo, hacerme el 'teléfono', que eran golpes con ambas manos en los oídos, pellizcarme y retorcerme los senos y otras barbaridades por el estilo. Cuando terminaron o se cansaron, yo estaba desfigurada por los golpes. Esa noche me dieron hielo para que se me deshinchara la cara y el cuello para poder llevarme de vuelta a la cárcel, cosa que hicieron recién a los dos días."

(...)

"El doce o trece de noviembre vuelven a sacarme y traerme a Informaciones donde me golpean nuevamente estando presentes en el castigo Franco, Pla, Becerra, Chavero, Ricarte, el sumariante Luis Alberto Orozco y otro llamado Benítez. Me golpearon entre todos, me hicieron el 'teléfono' y me patearon; en un momento dado Ricarte me mostró una foto diciéndome 'decí lo que sabés porque si no te va a pasar lo de Ledesma, mirá como quedó' y en la foto se lo veía a Ledesma como acostado boca abajo en una mesa o en el suelo, con el mentón apoyado por lo que se veía su cara de frente, los brazos abiertos en cruz y de su boca chorreaba sangre; aparentemente estaba muerto".

(...)

"Me llevaron a un lugar al que para llegar pasamos vías y cruzamos una tranquera. En el acceso al local o recinto donde me torturaron había escalones. Me ataron y me acostaron en algo metálico, allí me golpearon y me metían de cabeza en un recipiente con agua hasta ahogarme. Al rato empiezo a perder sangre (yo estaba con la menstruación) y eso hace que me traigan de vuelta a Informaciones. En esa sesión de tortura estaban los mismos que me habían golpeado horas antes en la Jefatura. A la madrugada deciden mandarme a la cárcel, cosa que concretan a media mañana. Al llegar, como mi estado era lamentable pues estaba desfigurada por los hematomas y la hinchazón, y me habían visto mis antiguos compañeros de trabajo, se arma un conciliábulo entre los que me llevaban (Comisario Juan Carlos Pérez, Carlos Garro y Rubén Lucero de chofer) y el personal de la cárcel.

D. Centros clandestinos de detención (C.C.D.)

Consideraciones generales

Los centros de detención, que en número aproximado de 340 existieron en toda la extensión de nuestro territorio, constituyeron el presupuesto material indispensable de la política de desaparición de personas. Por allí pasaron millares de hombres y mujeres, ilegítimamente privados de su libertad, en estadías que muchas veces se extendieron por años o de las que nunca retornaron. Allí vivieron su "desaparición"; allí estaban cuando las autoridades respondían negativamente a los pedidos de informes en los recursos de hábeas corpus; allí transcurrieron sus días a merced de otros hombres de mentes trastornadas por la práctica de la tortura y el exterminio, mientras las autoridades militares que frecuentaban esos centros respondían a la opinión pública nacional e internacional afirmando que los desaparecidos estaban en el exterior, o que habrían sido víctimas de ajustes de cuentas entre ellos. (Manifestaciones de este tenor se encuentran entre las respuestas del Gobierno de Facto a la Comisión Interamericana de Derechos Humanos de la O.E.A. —ver "Informe sobre la situación de los Derechos Humanos en Argentina"— 1980.)

Las características edilicias de estos centros, la vida cotidiana en su interior, revelan que fueron concebidos antes que para la lisa y llana supresión física de las víctimas para someterlas a un minucioso y planificado despojo de los atributos propios de cualquier ser humano.

Porque ingresar a ellos significó en todos los casos DEJAR DE SER, para lo cual se intentó desestructurar la identidad de los cautivos, se alteraros sus referentes tempoespaciales, y se atormentaron sus cuerpos y espíritus más allá de lo imaginado.

Estos centros sólo fueron clandestinos para la opinión pública y familiares o allegados de las víctimas, por cuanto las autoridades negaban sistemáticamente toda información sobre el destino de los secuestrados a los requerimientos judiciales y de los organismos nacionales e internacionales de derechos humanos. Pero va de suyo que su existencia y funcionamiento fueron sólo posibles merced al empleo de recursos financieros y humanos del Estado y que, desde las más altas autoridades militares hasta cada uno de los miembros de las Fuerzas de Seguridad que formó parte de este esquema represivo hicieron de estos centros su base fundamental de operaciones.

Esta realidad fue permanentemente negada, valiéndose el Gobierno Militar, también para ello, del control abusivo que ejercía sobre los medios de comunicación masiva, puestos al servicio de la confusión y desinformación de la opinión pública.

Posteriormente, durante las incidencias bélicas de la guerra austral, se advertiría —ya sin duda alguna— hasta qué punto el ocultamiento de la verdad y la falsedad informativa eran esenciales a los actos más trascendentes de la gestión militar y gubernamental desarrollada entre 1976 y 1983.

"Yo niego rotundamente que existan en la Argentina campos de concentración o detenidos en establecimientos militares más allá del tiempo indispensable para indagar a una persona capturada en un procedimiento y antes de pasar a un establecimiento carcelario" (Jorge Rafael Videla, 22 de diciembre de 1977, revista *Gente*).

"No hay detenidos políticos en la República Argentina, excepto algunas personas que podrían estar involucradas en las actas institucionales, que están realmente detenidas por su labor política. No hay detenidos por ser meramente políticos o por no compartir las ideas que sustenta el Gobierno" (Roberto Viola, 7 de setiembre de 1978).

Desde las más altas esferas del gobierno militar se intentaba presentar al mundo una situación de máxima legalidad. Desconociendo todo límite normativo —aun la excepcional legislación de facto— la dictadura mantuvo una estructura clandestina y paralela. Negada categóricamente al principio, luego —ante la masa de evidencias producto de denuncias realizadas por familiares y testimonios de secuestrados que recuperaron la libertad— debió ser admitida, aunque con argumentos mendaces.

"...La Perla, ¿existió? Sí, era un lugar de reunión de detenidos, no una cárcel clandestina... los subversivos estaban ahí más al resguardo de sus pares..." (Luciano Benjamín Menéndez, 15 de marzo de 1984) (Revista *Gente*).

A su vez, un elevado número de denuncias y testimonios recibidos por esta Comisión corroboran la presencia de altos jefes militares en los centros de detención.

"Fui detenida en mi domicilio de la Ciudad de Corrientes —denuncia Martha Alvarez de Repetto, Legajo Nº 007055— y llevada a dependencias de la Policía Federal de esa localidad. Allí fui tabicada y torturada, para luego ser trasladada al Casino de Oficiales del Regimiento de Infantería 9, donde se realizaban simulacros de fusilamiento y también se torturaba. Uno de los visitantes a quien vi personalmente, e inclusive fui interrogada por él, fue el entonces Comandante de la VII Brigada, General Cristino Nicolaides. Otro de los visitantes fue el entonces Comandante del II Cuerpo de Ejército, General Leopoldo Fortunato Galtieri, quien estuvo a mediados de noviembre de 1976".

Por un lado, las cárceles se poblaban de detenidos políticos, a quienes se intentaba presentar como delincuentes comunes, evitando reconocer que la persecución ideológica alcanzaba niveles inéditos hasta entonces en nuestro país. Esta estructura legal, no obstante, estaba íntimamente relacionada con la otra, la de la oscuridad y la muerte, donde miles de desaparecidos sufrían sin la menor posibilidad de protección.

Así, después de transcurridos dilatados períodos en detenciones clandestinas, muchos liberados verían oficializados sus secuestros por el ingreso a establecimientos penales públicos o a comisarías.

Guillermo Horacio Dascal (Legajo Nº 6533) declara:

"En la madrugada del día 11 de mayo de 1978 fui despertado por las órdenes que impartían dos o tres hombres vestidos de civil que portaban armas largas y que se encontraban dentro de mi habitación. Estos hombres me ordenaron vestirme y me colocaron luego una funda de almohada sobre la cabeza, a modo de capucha, conduciéndome luego hasta el automóvil, donde fui introducido en el baúl. Este automóvil realizó un trayecto que no puedo determinar y luego de atravesar un portón o un sitio en el que debieron identificarse, se detuvo, siendo descendido allí. Recuerdo que en el mismo sitio había más personas, aproximadamente seis en mis mismas condiciones. Luego de un tiempo, que no puedo precisar, fui conducido hasta una habitación cercana, donde había una mesa o camilla donde fui golpeado por dos o tres hombres que me interrogaban para que identificara a otros ex alumnos del Colegio Carlos Pellegrini. Dentro de esta 'casa', que ahora reconozco como el llamado Vesubio, ubicado en la Autopista Ricchieri, permanecí detenido durante aproximadamente 40 días. Luego fui con otros detenidos, llamado por mi nombre y separados en grupos de cuatro personas a quienes los captores les comunicaron que hasta ese momento habían estado detenidos a disposición del autodenominado 'CALA' (Comando Antisubversivo Libertadores de América) y que serían entregados como prisioneros a autoridades del Ejército. El grupo en el que fui incluido fue introducido en el asiento posterior de un automóvil que realizó un trayecto de aproximadamente 30 minutos de duración, al cabo de los cuales pude escuchar que los secuestradores detuvieron un automóvil de alquiler, donde nos introdujeron a los cuatro detenidos, luego de descender violentamente al chofer del taxi. En este segundo vehículo realizamos un corto trayecto, luego del cual fuimos abandonados dentro del automóvil, a pocos metros del Batallón de Logística 10 de Villa Martelli, bajo amenazas de los captores de que si intentábamos fugarnos detonarían una bomba que había sido colocada en el vehículo. Luego de escasos minutos escuché que una de las puertas era abierta por un hombre que nos quitó las vendas que llevábamos sobre los ojos, pudiendo ver entonces que se trataba de un hombre con uniforme de fajina verde, que nos condujo dentro del Batallón. Allí fuimos alojados en calabozos separados los hombres y la mujer. Dentro del Batallón debimos firmar una ratificación de la declaración que, bajo coerción, habíamos firmado dentro del centro clandestino de detención. Según la constancia (de la segunda copia) expedida por el Consejo de Guerra Especial Estable 1/1, mi ingreso se produjo al Batallón de Logística 10, el día 19 de junio de 1978, permaneciendo allí hasta el día 31 de agosto de 1978, en que los cuatro detenidos fuimos trasladados al penal de Villa Devoto a disposición de dicho Consejo de Guerra hasta el día 3 de octubre de 1978, en que fui sobreseído, siendo liberado el día 5 de octubre de 1978. Pese a que desde el día 19 de junio de 1978 me hallaba a disposición del Consejo de Guerra Especial Estable 1/1, mis familiares tomaron conocimiento de mi detención el día 1 de setiembre de 1978''.

A la inversa, detenidos en establecimientos penales oficiales fueron secuestrados y muchos de ellos están desaparecidos a la fecha.

Otros fueron reintegrados a las cárceles después de transcurrir algunos meses en centros clandestinos.

"...Posteriormente fui trasladado al lugar conocido como Puesto Vasco... De allí paso, creo que en setiembre, al Destacamento Arana... En Arana pude ver a Camps y al Comisario Miguel Etchecolatz, quienes iban con frecuencia. En diciembre de 1977 reingresé en la cárcel de La Plata, Unidad 9, de donde salí en libertad el 24 de julio de 1978''.

Todos los lugares mencionados en el precedente testimonio del Dr. Juan Amadeo Gramano (Legajo N° 3944) desde que es sacado de la Cárcel de La Plata, operaron como centros clandestinos, en los que estuvo alojado siete meses hasta ser restituido al establecimiento oficial.

Si bien la adaptación de establecimientos destinados a albergar clandestinamente a detenidos se intensifica a partir del golpe de estado de 1976, existen antecedentes en esta Comisión de los que resulta que ya en el año 1975 funcionaron centros de esta naturaleza en jurisdicción del III Cuerpo de Ejército, en Tucumán y Santiago del Estero, que operaron como centros piloto durante el "Operativo Independencia".

Emplazamiento de los C.C.D.

En cuanto a su construcción, fueron en algunos casos dependencias que ya funcionaban anteriormente como sitios de detención. En otros, se trató de locales civiles, dependencias policiales e, inclusive, asentamientos de las mismas Fuerzas Armadas, acondicionados ex profeso para funcionar como C.C.D. Todos ellos estaban supeditados a la autoridad militar con jurisdicción sobre cada área.

Dependencias militares como la Escuela de Mecánica de la Armada, en Capital Federal; La Perla en Córdoba; Liceo Militar de Mendoza y Campo de Mayo son ejemplos al respecto.

Los que con mayor frecuencia fueron utilizados como campos de concentración fueron los destacamentos y comisarías. Es el caso del I Cuerpo de Ejército, dado que —a pesar de que existen testimonios de que por allí pasaron algunas personas desaparecidas—, en la mayoría de los casos mantuvo, entre 1976 y 1979, a sus detenidos en locales bajo control de la Policía Federal y de la Provincia de Buenos Aires. Nos referimos a COT I Martínez, Puesto Vasco, Pozo de Bánfield, Pozo de Quilmes, Brigada de Investigaciones de La Plata, Arana, Atlético, Banco, Olimpo, Monte Pelone, El Vesubio o Automotores Orletti, todos dentro de su área operacional. Entre las excepciones podemos mencionar la del Sr. Federico Vogelius, argentino, empresario y hacendado, que fue secuestrado con fines extorsivos en setiembre de 1977. El lugar de su secuestro: El Comando del Cuerpo de Ejército I. Fue liberado después de 25 meses de cautiverio en diversos C.C.D. y de haber sufrido condena por un Consejo de Guerra.

Los denominados LT (Lugar Transitorio de Detención) por las fuerzas armadas y de seguridad fueron centros que servían como primera instancia de interrogatorio, en los cuales se decidía si el secuestrado era liberado o trasladado a un LD (Lugar Definitivo).

Cuando se trató de dependencias hasta entonces utilizadas para detenidos comunes, ante la brusca afluencia de personas llevadas por las patotas, las condiciones de encierro se vieron agravadas, transformándose así esos lugares en verdaderos infiernos.

> "Dormíamos en las celdas —testimonia la licenciada Adriana Calvo de Laborde, (Legajo Nº 2531) de a dos, tres o cuatro, según cuántas fuéramos, sobre el piso de cemento y sin ningún tipo de abrigo. En la Comisaría 5ª de La Plata las puertas se cerraban con candado, y cada calabozo medía aproximadamente 2 metros por 1,5. Luego me trasladaron al Pozo de Bánfield".
> (..)
> "...Allí las condiciones de encierro no mejoraron, sino todo lo contrario. El régimen era mucho más estricto que en la 5ª. Solamente salíamos para comer una vez cada dos días. En cada celda había tres o más mujeres y el inodoro era una botella de lavandina cortada arriba".

Condiciones de vida en los Centros de Detención

La "desaparición" comenzaba con el ingreso a estos centros mediante la supresión de todo nexo con el exterior. De ahí la denominación de "Pozos" conferida a muchos de estos antros en la jerga represiva.

No se trataba solamente de la privación de libertad no comunicada oficialmente, sino de una siniestra modalidad de cautiverio, que trasladaba la vida cotidiana a los confines más subterráneos de la crueldad y la locura.

Tabicamiento

El secuestrado arribaba encapuchado —"tabicado"—, situación en la que permanecería durante toda su estadía en el lugar. Ello perseguía hacerle perder la noción de espacio, con lo que se lo privaba no solamente del mundo exterior al "Pozo" sino también de toda externidad inmediata, más allá de su propio cuerpo.

La víctima podía ser agredida en cualquier momento sin posibilidad alguna de defenderse. Debía aprender un nuevo código de señales, ruidos y olores para adivinar si estaba en peligro o si la situación se distendía. Esa fue una de las cargas más pesadas que debieron sobrellevar, según los coincidentes testimonios recibidos.

> "La tortura psicológica de la 'capucha' es tanto o más terrible que la física, aunque sean dos cosas que no se pueden comparar ya que una procura llegar a los umbrales del dolor. La capucha procura la desesperación, la angustia y la locura".
> (..)
> "En 'capucha' tomo plena conciencia de que el contacto con el mundo exterior no

existe. Nada te protege, la soledad es total. Esa sensación de desprotección, aislamiento y miedo es muy difícil de describir. El solo hecho de no poder ver va socavando la moral, disminuyendo la resistencia".

(..)

"... la 'capucha' se me hacía insoportable, tanto es así que un miércoles de traslado pido a gritos que se me traslade: 'A mí..., a mí..., 571' (la capucha había logrado su objetivo, ya no era Lisandro Raúl Cubas, era un número)". Testimonio de Cubas, Lisandro Raúl (Legajo N° 6974).

El "traslado" era considerado sinónimo de exterminio.

No menos alucinante es el recuerdo de Liliana Callizo, quien, en la página 8 de su Legajo N° 4413, expresa:

"Es muy difícil contar el terror de los minutos, horas, días, meses, años, vividos ahí..."

(..)

"En el primer tiempo el secuestrado no tiene idea del lugar que lo rodea. Unos lo habíamos imaginado redondo; otros como una especie de estadio de fútbol, con la guardia girando sobre las cabezas".

(..)

"No sabíamos en qué sentido estaban nuestros cuerpos, de qué lado estaba la cabeza y hacia dónde los pies. Recuerdo haberme aferrado a la colchoneta con todas mis fuerzas, para no caerme, a pesar de que sabía que estaba en el suelo".

(..)

"Sentíamos ruidos, pisadas, ruidos de armas, y cuando abrían la reja nos preparábamos para el fusilamiento. Las botas militares giraban y giraban alrededor nuestro".

La reconstrucción de los C.C.D. se logró sobre la base de cientos de testimonios aportados por liberados que estuvieron durante un tiempo más o menos prolongado en la condición de detenidos-desaparecidos.

La asombrosa similitud entre los planos que bosquejaron los denunciantes en sus legajos y los que resultaron en definitiva del posterior relevamiento del lugar a cargo de los arquitectos y equipos técnicos que intervinieron en las inspecciones y reconocimientos efectuados por la Comisión, se explica por el necesario proceso de agudización de los otros sentidos y por todo un sistema de ritmos que la memoria almacenó minuciosamente, a partir de su "aferramiento" a la realidad y a la vida. En esos "ritmos" eran esenciales los cambios de guardias, los pasos de aviones o de trenes, las horas habituales de tortura.

En cuanto al espacio, fue determinante la memoria "corporal": cuántos escalones debían subirse o bajarse para ir a la sala de tortura; a los cuántos pasos se debía doblar para ir al baño; qué traqueteo giro o velocidad producía el vehículo en el cual los transportaban al entrar o salir del C.C.D., etc.

Los secuestradores, que conocían esas técnicas, en algunos casos consiguieron perturbar y aun confundir totalmente los recuerdos con diversos "trucos". Algunas veces, con el vehículo, daban vueltas inútiles para llegar, practicadas para confundir. La técnica de llevar a los prisioneros al baño encapuchados, en fila india y en medio de una golpiza permanente, dificultaba muchísimo el reconocimiento del sitio. Otro tanto sucedía con la alteración permanente de los ritmos de sueño.

No obstante, muchos de aquellos detenidos-desaparecidos consiguieron armar el rompecabezas. En algunos casos a partir de ruidos comunes como el goteo de un tanque de agua, la limpieza de un pozo negro, el murmullo de gente comiendo, el canto de pájaros o el golpe de barcazas contra el muelle.

En muchos de los reconocimientos realizados por la CONADEP en los C.C.D., los testigos se colocaron un pañuelo o una venda, o simplemente cerraron fuertemente los ojos para revivir ese tiempo de terror y efectuar correctamente los recorridos del dolor.

El "tabicamiento" solía producir lesiones oculares, dice Enrique Núñez (Legajo Nº 4846):

> "...Me colocaron una venda sucia, sumamente apretada, que me hundía la vista y me privaba de circulación. Me dañó seriamente la visión, quedándome ciego durante más de treinta días después de que fui liberado del Centro de Guerrero, Jujuy..."

Las lesiones físicas más comunes que provocó esta tortura fue la conjuntivitis. Otra, menos habitual, era el agusanamiento de las conjuntivas.

> "En Campo de Mayo, donde fui llevado el 28 de abril de 1977 —dice el testimoniante del Legajo Nº 2819—, el tratamiento consistía en mantener al prisionero todo el tiempo de su permanencia encapuchado, sentado y sin hablar ni moverse, alojado en grandes pabellones que habrían funcionado antes como caballerizas. Tal vez esta frase no sirva para graficar lo que eso significaba en realidad, porque se puede llegar a imaginar que cuando digo 'todo el tiempo sentado y encapuchado', esto es una forma de decir. Pero no es así, a los prisioneros se nos obligaba a permanecer sentados sin respaldo en el suelo, es decir sin apoyarse en la pared, desde que nos levantábamos, a las 6 de la mañana, hasta que nos acostábamos, a las 20. Pasábamos en esa posición 14 horas por día. Y cuando digo 'sin hablar y sin moverse' significa exactamente eso. No podíamos pronunciar palabra alguna y ni siquiera girar la cabeza. En una oportunidad, un compañero dejó de figurar en la lista de los interrogadores, y quedó olvidado. Así pasaron seis meses, y sólo se dieron cuenta porque a uno de los custodios le pareció raro que no lo llamaran para nada y siempre estuviera en la misma situación, sin ser 'trasladado'. Lo comunicó a los interrogadores, y éstos decidieron 'trasladarlo' esa semana, porque ya no poseía interés para ellos. Este compañero estuvo sentado, encapuchado, sin hablar y sin moverse durante seis meses, esperando la muerte. Así permanecían, sujetos a una cadena por un candado, la cual podía ser individual o colectiva. La individual era una especie de grillete colocado en los pies, y la colectiva consistía

en una sola cadena, de unos 30 metros, lo suficientemente larga para que pudiera ser fijada por las puntas en las paredes anterior y posterior del pabellón. Cada metro y medio, según las necesidades, se encadenaba un prisionero, quedando de este modo todos ligados entre sí. Este sistema era permanente".

Es también ejemplificador el testimonio de Enrique Cortelletti (Legajo N° 3523), que permaneció en la ESMA, luego de ser secuestrado el 22 de noviembre de 1976:

> "Me colocaron una especie de grillete en los tobillos, y durante todo el tiempo estuve esposado. Cuando me llevaron al segundo piso, luego de un tiempo de pasar por la 'máquina', pude percibir que allí había mucha gente. Me colocaron entre dos tabiques no muy altos. Allí había una especie de colchoneta sobre la que fui acostado. A causa de estar engrillado, se me infectó el pie derecho, por lo que me cambiaron el grillete por otro, atado al pie izquierdo y unido por el otro extremo a una bala de cañón..."

A cada prisionero se le asignaba un número

En los C.C.D. se utilizaron números para la identificación de los prisioneros. A veces precedidos de letras como otra forma de suprimir la identidad a los secuestrados. A ese respecto se dice en el Legajo N° 2356:

> "Ella se da cuenta en ese momento que los llamaban por número, no llamaban por nombre y apellido. Ella recuerda su número: 104. Recuerda que cuando la llamaban a ella era que la tenían que torturar..." (Testimonio de M. de M.).

Tan conmovedor como el ya visto del señor Lisandro Cubas cuando dijo: "...A mí ...a mí... 571...".

Se les ordenaba, ni bien ingresaban, que recordasen esa numeración porque con ella serían llamados de allí en adelante, sea para hacer uso del baño, para ser torturados o para trasladarlos. Esta mecánica obedecía, además de constituir una forma más de hacer perder la identidad al secuestrado, a la necesidad de que nadie —aun guardias o carceleros— conociera la identidad del prisionero, para evitar que trascendiera al exterior el nombre de los cautivos.

La tortura

Los C.C.D. fueron ante todo centros de tortura, contando para ello con personal "especializado" y ámbitos acondicionados a tal fin, llamados eufemísticamente "quirófanos", y toda una gama de implementos utilizados en las distintas técnicas de tormento. Todo ello será analizado pormenorizadamente en el capítulo pertinente; pero algunas referencias son necesarias en tanto esta terrible experiencia formaba parte del diario transcurrir en los C.C.D.

Las primeras sesiones de tortura tenían por objeto el "ablande" del recién llegado y estaban a cargo de personal indistinto.

Una vez establecido que el detenido podía proporcionar alguna información de interés, comenzaban las sesiones a cargo de interrogadores especiales.

Es decir, que ni siquiera se efectuaba una previa evaluación tendiente a merituar si la persona a secuestrarse poseía realmente elementos de alguna significación para sus captores.

A causa de esta metodología indiscriminada, fueron aprehendidos y torturados tanto miembros de los grupos armados, como sus familiares, amigos o compañeros de estudio o trabajo, militantes de partidos políticos, sacerdotes o laicos comprometidos con los problemas de los humildes, activistas estudiantiles, sindicalistas, dirigentes barriales y —en un insólitamente elevado número de casos— personas sin ningún tipo de práctica gremial o política.

Bastaba figurar en una agenda de teléfonos para pasar inmediatamente a ser "blanco" de los tristemente célebres "Grupos de Trabajo".

Así se explica que muchos torturados responsabilizaran a cualquiera con tal de que se detuviese el suplicio. Según información proporcionada por un integrante del GT 2 (Legajo N° 7170), después de 1977 no tuvieron necesidad de realizar tareas de inteligencia, ya que se trataba de detener a las personas mencionadas por los propios detenidos en las sesiones de tortura.

Y por eso son innumerables los casos como el de Jorge Berstrin (Legajo N° 2803) quien relata:

> "...El 1° de marzo de 1977 me encontraba en la casa de una compañera de trabajo, en la ciudad de General Roca, Río Negro, cuando un grupo de hombres armados irrumpió, esposándonos a ambos, encapuchándonos y trasladándonos en varios automóviles hasta un centro de detención cercano a la ciudad de Neuquén. Con posterioridad pude saber por qué había sido detenido; la sobrina del jefe de personal de la planta donde yo trabajaba, que vivía en Bahía Blanca, fue de visita a Roca y estuvo en el departamento en el cual fuimos secuestrados, ya que en esos días le había presentado a la dueña, mi compañera de trabajo. La señora de Bahía Blanca, que tenía en su libreta de direcciones la de este departamento, fue detenida en esa ciudad, apareciendo poco después 'muerta en enfrentamiento'. A los pocos días de su detención nos secuestran a nosotros dos, a mí por la casualidad de estar allí. Al darse cuenta de la equivocación, fuimos liberados, primero yo y luego de cinco días mi compañera de trabajo...".

En tal demencial cuadro persecutorio, tener un apellido demasiado común implicó también la posibilidad de ser presa de esta cacería tan arbitrariamente infame. Raúl Romero (Legajo N° 2590) denunció:

> "...el 21 de setiembre de 1977 a las 19.30 horas es detenido con su mujer en su domicilio..."

Relata las terribles condiciones en que ambos permanecieron en el C.C.D., reconocido luego por éste como "Pozo de Quilmes", y las torturas que se aplicaban en el lugar. Es liberado el 4 de octubre del mismo año al advertir sus captores que no se trataba de Víctor Hugo Romero, anterior morador de la vivienda del denunciante, y que desafortunadamente tenía su mismo apellido.

Además del "ablande" y la obtención de información, los cautivos en los C.C.D. estaban expuestos a sufrir tormentos por razones fortuitas. Carlos Enrique Ghezan (Legajo N° 4151) denuncia:

> "...Ante la más mínima trasgresión a ciertas reglas del campo de detención éramos golpeados y torturados, algo que pude advertir en numerosas oportunidades. Cualquier suceso relacionado con la represión fuera del pozo, la muerte de algún militar, algún enfrentamiento, hechos de significación política, episodios ocurridos en otras partes del mundo, como el avance de la revolución sandinista, se constituía en motivo o pretexto para que la represión se hiciera más severa...".

Ghezan estuvo detenido en El Banco y Olimpo.

Otros testimonios darán cuenta de diversas razones de ensañamiento, a veces por el solo hecho de estar detenido en el lugar, por negarse a una colaboración esperada o por sucesos totalmente ajenos al detenido.

En el Legajo N° 4152, Susana Leonor Caride nos dice, después de relatarnos un secuestro habitual, que fue detenida-secuestrada el 26 de julio de 1978 a las 23 horas, en su domicilio, Fragata Presidente Sarmiento 551, de Capital.

Simularon con ella un fusilamiento. Le hicieron escuchar una grabación con voces de chicos afirmándole que su madre y sus hijos estaban allí:

> "...si no les decía dónde vivía el Dr. Guillermo Díaz Lestrem torturarían a mi hija, que en ese entonces tenía diez años de edad, afirmándome que estaba 'muy buena para la máquina'...".
> (...)
> "Alrededor del mediodía les doy el teléfono de Díaz Lestrem y, cuando llaman ya no se encontraba, por lo que vuelven a golpearme nuevamente, interrogándome sobre mis actividades y por nombres de gente que yo no conocía".
> (...)

"...Cuando llegué me dejaron tirada en un patio y al rato me llevaron a la 'máquina', nombre que se le da a la picana eléctrica, en donde continuaron torturándome, no recordando el tiempo transcurrido, teniendo en cuenta mi lamentable estado. Nuevamente me volvieron a tirar en el patio, permaneciendo allí un tiempo, hasta que me llevaron a una habitación pequeña, donde un represor, al que le decían el 'Turco Julián', comenzó a golpearme y darme cadenazos y luego con un látigo, mientras gritaba y me insultaba, arrojándome otra vez en el mismo patio".

(...)

"Allí pude sentir que me ardía todo el cuerpo y que me dolía, acentuándose esto porque me tiraban agua con sal".

(...)

"No sé cuánto tiempo permanecí allí tirada hasta que, en algún momento, escuché que alguien preguntaba sobre el episodio ocurrido en la División Planeamiento de la Policía Federal, donde habían puesto una bomba, mientras que otra persona contestaba que 'había sido un hecho político'. Ante esa respuesta, el llamado 'Turco Julián' comenzó a gritar y a insultar y a 'cadenear' a todos los que estábamos allí. El hecho fue dantesco, ya que estábamos esposados y con los ojos vendados, y no teníamos noción de dónde venían los golpes. Nos caíamos unos encima de los otros, escuchándose gritos de dolor y de horror. Pude advertir que también otras personas nos golpeaban y pateaban y nos levantaban de los pelos cuando nos caíamos al suelo. Cuando quedó todo en calma se oían gemidos y respiraciones entrecortadas. Al rato, nuevamente alguien me arrojó agua con sal sobre mi cuerpo, que estaba todo quemado y era una masa de carne, escuchando que 'Julián' decía que me llevaran, porque si no me iba a matar".

Otra circunstancia externa, no ya la producción de un atentado terrorista sino la interposición de un recurso judicial, acarrearía nuevas represalias contra el denunciante:

"...Alrededor de los últimos días de julio o primeros de agosto, ya que ahí había perdido totalmente la noción del tiempo, fui retirada violentamente de la celda y llevada al 'quirófano', donde me insultaron y me dijeron que el Dr. Díaz Lestrem había presentado un hábeas corpus por mí".

(...)

"Me golpearon y, cuando me iban a llevar a la 'máquina', me golpeó uno muy fuerte en las costillas, y me faltó la respiración, por lo que me dejaron. (Saldo: dos costillas rotas.)"

Personal

En la mayoría de los casos, los conscriptos eran mantenidos al margen de la actividad del C.C.D. Una excepción serían los Centros de Formosa y Base Aérea El Palomar, donde se obligó a algunos de ellos a integrarse al funcionamiento del campo. Tampoco participaba la totalidad del personal militar o de seguridad. La consigna fue mantener a los C.C.D. aislados, como estructura secreta. El personal destinado a efectuar guardias en tales centros estuvo compuesto por efectivos de la Gendarmería Nacional, del

Sistema Penitenciario Federal o de la policía, siempre al mando de oficiales de las FF.AA. Este personal de guardia no era el que generalmente torturaba en los interrogatorios sistemáticos destinados a obtener información. Se han recogido testimonios en los cuales consta que algunos de los custodios destinados a la vigilancia de los campos, evidenciaban rasgos humanitarios, al preocuparse por el estado calamitoso de los detenidos:

> "...Yo estuve secuestrado en el Pozo de Quilmes a partir del 12 de noviembre de 1977. En cierta ocasión, cuando no pudo llegar nuestra ración diaria como era habitual, traída desde una entidad del Ejército cercana, el cabo de guardia, al que apodaban 'Chupete', compró con su propio dinero alimentos y cocinó personalmente para nosotros. También el cabo de guardia Juan Carlos, que parecía pertenecer al Ejército, cuando mejoraron las condiciones de detención nos regalaba cigarrillos..." (Fernando Schell, Legajo N° 2825).

Sin embargo, no es éste el caso de la mayoría del personal afectado a los C.C.D., quien por lo general contribuía a la destrucción física y psíquica de los detenidos, aplicándoles castigos innecesarios y justificándolos caprichosamente.

La alimentación

La escasez y calidad de las comidas constituían otra forma de tormento. Se alimentaba a los detenidos —según el lugar— una o dos veces al día. En muchas ocasiones transcurrieron varios días sin que se les proporcionase alimento alguno. En otras se les sirvió agua con harina o con vísceras de animales crudas. Generalmente, las raciones apenas alcanzaban, y quienes pretendían dar parte de la suya a alguien en peor estado eran severamente castigados. La solidaridad estaba prohibida.

A pesar de esto, el momento de alimentarse era esperado con ansias, ya que significaba no sólo comer, sino también la posibilidad de levantarse la capucha y —eventualmente— ponerse en contacto con otra persona, aunque la conversación entre detenidos estaba penada con brutales castigos.

En el Legajo N° 1277, testimonio del señor Héctor Mariano Ballent, podemos leer:

> "...El tratamiento en el COT I Martínez era brutal, no sólo física sino también psíquicamente, ya que cuando uno preguntaba qué hora es, le decían si tenían que salir, si daban sopa era con plato playo y con tenedor. Un día hubo guiso carrero, ese día había dos que no se podían levantar, el guiso era con choclos ya consumidos por ellos; la comida en general era harina de maíz hervida, mate cocido y un trozo de pan...".

Todos los liberados coinciden en señalar las pésimas condiciones de alimentación que, téngase en cuenta, se mantenían invariables a lo largo de la reclusión provocando el creciente desmejoramiento físico de los detenidos.

En el recuerdo de Antonio Horacio Miño Retamozo (Legajo N° 3721),

> "Los castigos no terminaban nunca, todo estaba organizado científicamente, desde los castigos hasta las comidas. A la mañana traían mate cocido sin azúcar. De vez en cuando, un trocito de pan duro, que nos tiraban por la cabeza y a tientas nos desesperábamos buscándolo. La comida no tenía carne ni gusto alguno, muy salada algunas veces, sin sal otras. Un día traían polenta, otros fideos y al siguiente garbanzos en un bol de plástico, cada preso debía comer un bocado y pasar al de al lado y así hasta el final. Si alcanzaba y sobraba volvía de nuevo...".

Estado sanitario

El durísimo sistema empleado agravaba las enfermedades que se padecían con anterioridad al secuestro y agregaba otras como producto de las quemaduras, derrames e infecciones. A muchas mujeres se les suspendían los ciclos menstruales en razón de las condiciones de vida que se les imponía con propósito de destruir la individualidad de los secuestrados, objetivo éste esencial de la metodología que venimos analizando.

La atención médica, en muchos casos,

> "...fue realizada por detenidos con algún conocimiento, cosa que no impidió que mucha gente 'se quedara en la tortura' ". Testimonio de Villani, Mario, legajo N° 6821).

N.B.B. (Legajo N° 1583), secuestrada en el Banco junto con su marido Jorge, fue violada repetidamente y eso le produjo una hemorragia. Fue llevada a la enfermería del pozo y liberada posteriormente:

> "...a los dos días de ser internada me revisó un médico llamado Víctor, también secuestrado desde hacía un año, quien tenía acento cordobés y trataba duramente a los detenidos. Me prescribió tratamiento con coagulantes. Supe de Víctor que, pese a su condición de detenido, era trasladado a distintos pozos para la atención médica de los secuestrados".

La precariedad e indigencia sanitarias adquirirían sus ribetes más dramáticos en el caso de las mujeres que dieron a luz en cautiverio, como se verá en el capítulo correspondiente.

La higiene

Las condiciones durante el tiempo de detención fueron deplorables. Los secuestrados permanecían hacinados sobre colchonetas sucias de sangre, orina, vómitos y transpiración. En algunos casos, debían realizar sus necesidades en tachos, que luego eran retirados. En otros, ni siquiera se les proporcionaba recipientes, debían hacerlas en el mismo lugar. Daniel Osvaldo Pina (Legajo N° 5186), secuestrado en Mendoza, dice:

> "En un momento que estaba durmiendo me despertaron de una patada. Aclaro que dormíamos en el suelo, acostados sobre la orina".

La promiscuidad y falta de aseo se agravaban en los momentos de superpoblación de estos establecimientos, improvisados como C.C.D. Nuevamente, Héctor Mariano Ballent nos recuerda que en el COT I Martínez los "chupados" "tenían que higienizar el galpón donde estaban, sacaban los andrajos que tenían y el único colchón (de una plaza) con que contaban para dormir los ocho, cuatro con el cuerpo arriba y cuatro con el cuerpo abajo".

Los detenidos debían solicitar permiso a los guardias, quienes esperaban que fuesen muchos los que levantaran la mano para permitirles ir al baño no más de dos veces al día. Eran conducidos en "trencito", tomados de la cintura o los hombros del de adelante, ya que no les retiraban la capucha. Esto se repitió en casi todos los campos con mucha similitud, y era uno de los momentos en que los guardias aprovechaban para satisfacer impulsos sádicos, golpeando indiscriminadamente a los detenidos. Estos, fuesen hombres o mujeres, debían ducharse o atender sus necesidades fisiológicas a la vista de sus carceleros. En algunos campos se bañaban los detenidos en grupo con una manguera, siempre encapuchados.

La higiene de los baños y las celdas dependía de la buena o mala disposición de los responsables de la guardia. Hubo casos en que se obligó a mujeres a limpiar a mano los mingitorios de los baños para varones. Esta carencia extrema de higiene traía aparejado el empiojamiento de los detenidos, que en algunas oportunidades fueron rociados con insecticidas al modo del ganado.

Traslados

En un elevado número de centros de detención la palabra "traslado" era asociada a la idea de muerte. Los "traslados" eran vividos por los detenidos con horror y esperanza al mismo tiempo. Se les decía que serían llevados a otros centros o granjas de "recuperación", con la intención de evitar que se resistieran. Ignoraban hacia dónde serían conducidos, si a otro establecimiento o a la muerte, lo cual generaba un miedo continuo y profundo. Para los "traslados", los detenidos eran generalmente despojados de sus ropas y escasas pertenencias, que luego eran incineradas. A veces se los inyectaba para adormecerlos. Se intentaba serenarlos dándoles esperanzas de una remota posibilidad de vida, sentimiento que asomaba con fuerza inusitada por el mismo hecho de estar rodeados de muerte y horror.

Se han recogido numerosos testimonios acerca del tratamiento especial que recibían quienes luego serían hechos aparecer como "muertos en enfrentamientos".

Estos detenidos, días antes de ser fusilados, recibían mejor alimentación, se los hacía higienizar y eran obligados a bañarse, porque hubiera sido difícil de explicar a la opinión pública la aparición de "extremistas abatidos en enfrentamientos" con cadáveres flacos, torturados, barbudos o andrajosos.

Esto constituía una crueldad sin calificativos, ya que incrementaba las esperanzas de vida en el individuo, cuando el destino real era la muerte.

Antisemitismo

En declaraciones a la prensa hechas en octubre de 1981, el entonces Ministro del Interior Albano Jorge Harguindeguy negó que el gobierno de la Junta Militar practicara el antisemitismo, aunque admitió que era "imposible controlar a todo el personal (refiriéndose a las fuerzas represivas) entre el cual puede haber —como en cualquier lugar del mundo— algún sádico o enfermo mental" (Crónica 10-1-1981).

Según el testimonio de R. Peregrino Fernández, oficial de la Policía Federal y miembro del grupo de colaboradores del Ministro Harguindeguy, se conoce que:

"Villar (Alberto, luego Jefe de la Policía Federal) y Veyra (Jorge Mario, Principal de la Policía Federal) cumplían las funciones de ideólogos: indicaban literatura y comentaban obras de Adolfo Hitler y otros autores nazis y fascistas".

Esta ideología llevó a una especial brutalidad en el trato de los prisioneros de origen judío. En el C.C.D. La Perla, Liliana Callizo (Legajo N° 4413) "escuchaba los gritos de Levin cuando lo golpeaban e insultaban por ser judío..."; Alejandra Ungaro (Legajo N° 2213) relata que luego de ser golpeada, sobre todo en la espalda y la cabeza "me pintaron el cuerpo con svásticas en marcador muy fuerte". En el C.C.D. El Atlético "un

Olimpo

Olimpo. Playa de estacionamiento cubierta,
donde se alojaba a desaparecidos

represor que se hacía llamar 'el gran führer' hacía gritar a los prisioneros: '¡Heil Hitler!' y durante la noche era normal escuchar grabaciones de sus discursos" (D. Barrera y Ferrando — Legajo N° 6904).

En el reconocimiento realizado por esta Comisión el 24-5-84 en el centro clandestino OLIMPO, el testigo Mario Villami (Legajo N° 6821) señaló el lugar donde estaba la sala de situación y dijo:

"Vi una cruz svástica puesta sobre una pared y hecha en papel pintado".

De otros testimonios surge también la admiración e identificación con el nazismo,

"Cuando nos golpeaban nos decían: '¡somos la Gestapo!' (Reyes, Jorge — Legajo N° 2563, C.C.D. Regimiento 1° Patricios).

Esta admiración podría ser una causa para aumentar el castigo, como describe Elena Alfaro (Legajo N° 3048), detenida en el Centro Clandestino de Detención EL VESUBIO:

"Si la vida en el campo era pesadilla para cualquier detenido, la situación se agravaba para los judíos, que eran objeto de palizas permanentes y otras agresiones, a tal punto que muchos preferían ocultar su origen, diciendo por ejemplo que eran polacos católicos".

O bien, podía ser también motivo para aliviar los sufrimientos de las víctimas. Como ocurrió con Ruben Schell (Legajo N° 2825), quien estuvo prisionero en el Centro Clandestino de Detención Pozo de Quilmes y que por su ascendente alemán corroborado por su fisonomía, vio mejorado su trato. Después de una larga sesión de tortura, "Coco" o "El Coronel" al interrogarlo le dijo textualmente: "escuchame Flaco, ¿qué hacés vos entre esta manga de negros?, si con esa pinta tendrías que ser un S.S. (haciendo referencia a los servicios de inteligencia del nazismo) y me muestra una cruz svástica que tenía tatuada en el brazo", ordenando que desde ese momento le dieran bien de comer, como efectivamente ocurrió. "A partir de ahí no soy más torturado", agrega Schell.

El antisemitismo se presentaba como contrapartida de una deformación de "lo cristiano" en particular y de "lo religioso" en general. Esto no era otra cosa que una forma de encubrir la persecución política e ideológica.

La defensa de Dios y los valores cristianos fue una motivación ideológica simple para que pueda ser entendida por los represores, hasta en sus más bajos niveles organizativos y culturales. Esta necesaria identificación se hacía para forjar en todo el personal represivo "una moral de combate" y un objetivo tranquilizador de sus conciencias, sin tener la obligación de profundizar las causas y los fines reales por los cuales se perseguía y castigaba, no sólo a una minoría terrorista, sino también a las distintas expresiones políticas, sociales, religiosas, económicas y culturales, con tan horrenda metodología.

En el allanamiento realizado en la casa de Eduardo Alberto Cora (Legajo N° 1955), secuestrado junto con su esposa, "después de destruir todo lo que encontraron, los represores escribieron en la pared la leyenda 'Viva Cristo Rey' y 'Cristo salva'. Algunos allanamientos y operativos se hicieron al grito de '¡Por Dios y por la Patria!' ".

Los represores se sentían dueños de la vida y de la muerte de cada prisionero: "Cuando las víctimas imploraban por Dios", los guardias repetían con un mesianismo irracional "acá Dios somos nosotros" (Reyes, Jorge - Legajo N° 2535).

A la detenida Nora Iadarola (Legajo N° 1471) le hicieron repetir quinientas veces "Viva Videla, Massera y Agosti ¡Dios, Patria y Hogar!"

El antisemitismo vino a ser una manifestación más de los grupos represores, dentro de toda una visión totalitaria que el régimen imperante tenía respecto de la sociedad. Nora Stejilevich (Legajo N° 2535) estaba terminando de preparar su equipaje para el viaje que debía emprender a Israel, cuando un grupo de personas penetró en su domicilio buscando a su hermano Gerardo. Ella debía viajar en compañía de algunos profesionales para trabajar en un proyecto de su especialidad. Ese día, el 16 de julio de 1977, luego de revisar toda la casa, secuestrar algunos libros y papeles y comprobar la ausencia de la persona a la que iban a buscar, se llevan a Nora.

"Me amenazaron por haber dicho palabras en judío en la calle (mi apellido) y por ser una moishe de mierda, con que harían jabón..."
(..)
"Directamente me llevaron a la sala de torturas donde me sometieron con la picana eléctrica".
(..)
"Me preguntaban los nombres de las personas que iban a viajar a Israel conmigo... el interrogatorio lo centraron en cuestiones judías. Uno de ellos sabía hebreo, o al menos algunas palabras que ubicaba adecuadamente en la oración. Procuraba saber si había entrenamiento militar en los Kibutz (granjas comunitarias), pedían descripción física de los organizadores de los planes de estudios, como aquel en el que yo estaba (Sherut Laam), descripción del edificio de la Agencia Judía (que conocía a la perfección), etc. Me aseguraron que el 'problema de la subversión' era el que más les preocupaba, pero el 'problema judío' le seguía en importancia y estaban archivando información".
(..)
"Durante el interrogatorio pude escuchar los gritos de mi hermano y su novia, Graciela Barroca, cuyas voces pude distinguir perfectamente. Además los torturadores se refirieron a una cicatriz que ambos —mi hermano y yo— tenemos en la espalda, lo que ratificó su presencia en ese lugar. Nunca más tuve noticias de él".

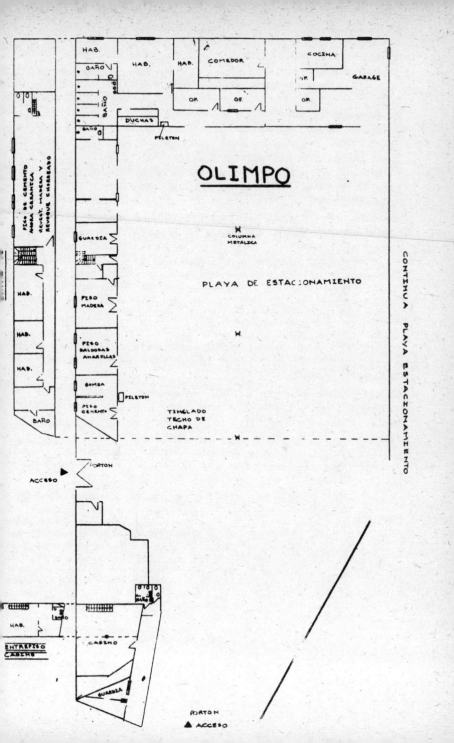

(..)
"Días más tarde —concluye Nora— me hicieron saber que mi detención había sido un error, pero que recordara que yo había estado allí".

Juan Ramón Nazar (Legajo N° 1557) ex director del diario "La Opinión" de Trenque Lauquen, declara sobre uno de los interrogatorios a que fue sometido:

"Los individuos mostraban una actitud fuertemente antisemita. Me preguntaron si conocía el 'Plan Andina', por el cual Israel se quedaría con una parte de la Patagonia".

Miriam Lewin de García (Legajo N° 2365), quien estuvo detenida clandestinamente en dependencias de la Fuerza Aérea, relató que:

"La actitud general era un profundo antisemitismo. En una oportunidad me preguntaron si entendía idisch, contesté que no, que sólo sabía pocas palabras. No obstante me hicieron escuchar un cassette obtenido en la intervención de un teléfono. Los interlocutores eran aparentemente empresarios argentinos de origen judío, que hablaban idisch. Mis captores estaban sumamente interesados en conocer el significado de la conversación".
(..)
"Con las informaciones obtenidas, confeccionaban archivos, donde incluían nombres y direcciones de ciudadanos de ese origen, planos de sinagogas, de clubes deportivos, de comercios, etc.".
(..)
"El único judío bueno es el judío muerto, decían los guardianes".

Daniel Eduardo Fernández (Legajo N° 1131) era un joven de 19 años en agosto de 1977 y tiene el extraño privilegio de haber salido vivo del Centro Clandestino de Detención Club Atlético. De esta imborrable experiencia recuerda que en los interrogatorios:

"Me insistían permanentemente si conocía personas judías, amigos, comerciantes, o cualquier persona, bastando que fuera de religión judía".
(..)
"Allí había un torturador al que llamaban Kung-Fu, que practicaba arte marcial con tres o cuatro personas a la vez —siempre eran detenidos de origen judío— a quienes les daba patadas y trompadas".
(..)
"A los judíos se los castigaba sólo por el hecho de ser judíos y les decían que a la subversión la subvencionaba la D.A.I.A. y el sionismo internacional y a la organización de los 'pozos' (centros de detención clandestinos) los bancaba ODESA (organización internacional para apoyo del nazismo)".
(..)
"Contra los judíos se aplicaba todo tipo de torturas pero en especial una sumamente sádica y cruel: 'el rectoscopio' que consistía en un tubo que se introducía en el ano de la víctima, o en la vagina de las mujeres, y dentro del tubo se largaba

una rata. El roedor buscaba la salida y trataba de meterse mordiendo los órganos internos de la víctima".

En ese mismo lugar de tormento y exterminio, Pedro Miguel Vanrell (Legajo N° 1132) confirma que a los judíos les obligaban a levantar la mano y gritar '¡yo amo a Hitler!'.

"Los represores se reían y les sacaban la ropa a los prisioneros y les pintaban en las espaldas cruces svásticas con pintura en aerosol. Después los demás detenidos los veían en las duchas, oportunidad en que los guardias —identificándolos— volvían a golpearlos y maltratarlos".

Vanrell recuerda el caso de un judío al que apodaban "Chango", al que el guardia lo sacaba de su calabozo y lo hacía salir al patio.

"le hacían mover la cola, que ladrara como un perro, que le chupara las botas. Era impresionante lo bien que lo hacía, imitaba al perro igual que si lo fuera, porque si no satisfacía al guardia, éste le seguía pegando".
(..)
"Después cambió y le hacía hacer de gato".
(..)
"En este lugar 'el turco Julián' llevaba siempre un llavero con la cruz svástica y una cruz cristiana en el pecho. Este individuo le sacaba dinero a los familiares de los detenidos judíos".

Colaboración de prisioneros

En la mayoría de los grandes centros de detención las autoridades lograron obtener mediante la tortura, distintas formas de colaboración de parte de algunos detenidos. Crearon con ellos grupos que, a modo de cuerpos auxiliares, cumplieron actividades de mantenimiento y administración de los C.C.D., o bien, en mucho menor grado, participaron en tareas más directamente comprometidas con la represión. Así muchos de estos últimos salían a "lanchear" —que en jerga represiva significa recorrer la ciudad con sus captores para identificar en la vía pública a otros miembros de su grupo político—, habiéndose denunciado casos de integrantes de dichos grupos que llegaron a intervenir directamente en la aplicación de tormentos a otros detenidos. El proceso de destrucción de la personalidad, uno de los grandes objetivos del sistema de los C.C.D., determinó que en algunos establecimientos (p. ej. C.C.D. Vesubio) sus autoridades denominaran a las dependencias destinadas al alojamiento de los pertenecientes al consejo, sala "Q", es decir sala de "quebrados", los que eran exhibidos ante sus superiores como verdaderos trofeos.

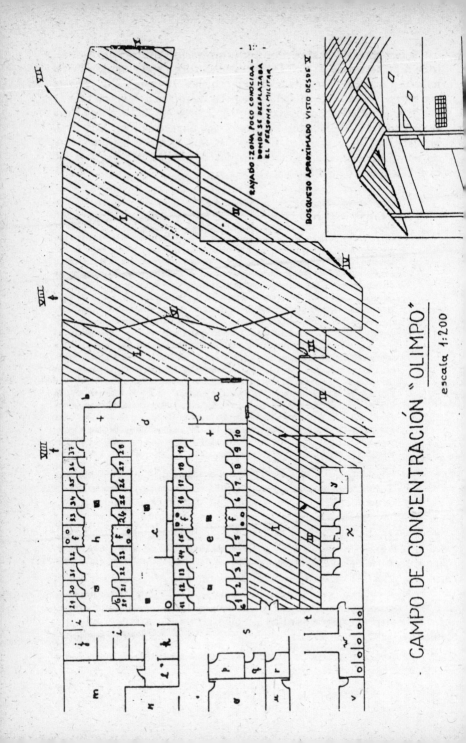

CAMPO DE CONCENTRACIÓN "OLIMPO"

escala 1:200

RAYADO: ZONA POCO CONOCIDA DONDE SE DESPLAZABA EL PERSONAL MILITAR

BOSQUEJO APROXIMADO VISTO DESDE V

Si bien estas víctimas recibían por lo general un mejor trato que el resto de la población de los C.C.D., permitiéndoseles a veces visitar a sus familiares y mantener contacto telefónico con ellos, son muchos de ellos los que engruesan en la actualidad las nóminas de personas desaparecidas.

El arquitecto Roberto Omar Ramírez (Legajo N° 3524), quien fuera secuestrado el 27 de junio de 1978 en el cine Capitol de Capital Federal, pasó por los C.C.D. el Banco, Olimpo y ESMA, lo cual le permitió conocer muy bien la estructura y funcionamiento de estos cuerpos y explica qué es el "Consejo" o "Staff"

"...El secuestrado, una vez ingresado al campo, recibía inmediatamente la propuesta de colaboración voluntaria. Para las fuerzas represivas significa una posibilidad de ganar tiempo, porque toda resistencia a la tortura viene a comprometer los planes operativos. Mediante la acción psicológica basada en el terror y el aislamiento, los secuestrados eran permanentemente expuestos a la disyuntiva de mejorar las condiciones de permanencia en el campo a cambio de un cierto nivel de colaboración. Es un proceso que en general se iniciaba a niveles muy sutiles —limpieza de corredores y baños— pero en esencia apuntó a producir en los secuestrados la pérdida de referencia ideológica. Cuando la colaboración se traducía en voluntad de desempeñar la función de interrogar y hasta torturar a otros secuestrados, los represores obtenían su victoria sobre personas predispuestas a encontrar una salida individual a la situación límite a que habían sido llevadas, al precio que fuera. En general, los militares orientaban esta acción psicológica sobre secuestrados de cierto nivel de responsabilidad en una organización política. Una metodología que registra antecedentes en los campos de concentración del nazismo y en todas las experiencias similares posteriores".

"La disciplina en los campos 'El Banco' y 'Olimpo', al estar las necesidades de funcionamiento cubiertas por los mismos secuestrados destinados a tareas de servicio y/o inteligencia, se apoyó en diferenciaciones. Todos aquellos secuestrados que debían cubrir alguna tarea de manera estable (no eventuales, de limpieza, reparación, etc.) constituían un grupo denominado 'Consejo'. Este grupo estaba integrado por todos aquellos secuestrados afectados por su capacidad, a hacer algo especial (fotografía, dibujo, mecánica, electrónica, etc.) o para cumplir alguna función (lavado, cocina, planchado, costura, lavado de autos, etc.) El 'Consejo' también estaba integrado por los secuestrados incorporados a la 'inteligencia del campo' ".

(..)

"La composición del 'Consejo' varió después de cada traslado, si algún secuestrado que lo integraba dejaba el campo por esa vía. Los únicos estables eran los colaboradores integrantes de la 'inteligencia del campo' y los afectados a tareas de médico y falsificador de documentación. Las otras funciones sufrieron varias renovaciones".

(..)

"Cuando los secuestrados llegaban a la situación de realizar tareas, les mejoraban sustancialmente la comida y gradualmente los lugares para dormir, con retiro progresivo de la capucha".

(..)

"Las libertades se otorgaban de manera muy gradual. En primer lugar hubo un período de comunicación telefónica, más tarde el secuestrado era llevado delante de su familia, acompañado por personal del campo. Pasado un tiempo, el secuestrado entraba en períodos de 'francos' para reunirse con su familia. En algún momento, sin previo aviso, era dejado en libertad bajo vigilancia. El régimen de control consistía en citas primero semanales, luego quincenales y finalmente mensuales".

(....)

"Algunos ex secuestrados fueron autorizados después de más de un año de este régimen de libertad a radicarse en el exterior, en países previamente aprobados por el mando militar. Hubo secuestrados que pasaron más de tres años en esa situación de 'rehenes' del campo. Yo pasé dos años antes de decidir correr el riesgo de gestionar el exilio".

Hasta aquí una primera aproximación a las características principales de la mayoría de los centros clandestinos de detención alcanzados por la investigación de esta Comisión.

En las páginas que siguen se proporciona la descripción pormenorizada de algunos establecimientos en particular.

Asimismo se informan los procedimientos efectuados por la CONADEP en los lugares donde estuvieron emplazados, con la concurrencia de ex cautivos que reconocieron las instalaciones señalando las modificaciones observables en el presente.

Otros fueron desmantelados o demolidos ante la visita de la Comisión Interamericana de Derechos Humanos de la O.E.A. en 1979.

De muchos sólo se cuenta hasta el momento con referencias fragmentarias que dificultan su localización, tal vez por haberse utilizado durante espacios de tiempo muy breves.

Su existencia contesta el principal enigma acerca de la desaparición forzada de personas en los años recientes: allí estuvieron. Estos establecimientos tuvieron autoridades; dependieron de áreas operacionales; se confeccionaban nóminas que registraron minuciosamente ingresos, traslados y egresos de detenidos. He ahí la "materialidad" de las desapariciones.

Y por consiguiente la posibilidad de obtener respuesta acerca de la suerte corrida por quienes un día traspusieron los umbrales de este escarnio que hasta hoy nos ensombrece.

E. Descripción de los centros clandestinos de detención

De los testimonios presentados ante la Comisión por las personas que estuvieron detenidas clandestinamente y recuperaron su libertad, se pueden establecer dos grandes categorías de centros clandestinos de detención.

Según la clasificación utilizada por las Fuerzas Armadas, en la mayor parte de las zonas del país hubo:

La Perla

ESMA

Lugar de Reunión de Detenidos: (LRD). Centros donde los detenidos eran mantenidos en general por períodos considerables de tiempo hasta que se decidía su destino definitivo.

Lugar transitorio: (LT) El tiempo de detención era —salvo excepción— corto. A estos lugares el detenido llegaba inmediatamente después del secuestro o, si así se determinaba, en el período previo a su liberación o a su puesta a disposición del Poder Ejecutivo Nacional.

"Olimpo" (LRD)

Ubicación: Calle Ramón Falcón y Olivera. Floresta. Capital Federal

Descripción: Portón de acceso de acero, posiblemente rojo. Un tinglado de chapa de unos 10 metros de altura cubría casi todas las dependencias. Estas eran nuevas, de unos 3 metros de altura, con techo de cemento, donde estaban dos o tres guardias. Se entraba por la guardia. Los traslados se hacían por una puerta de dos hojas, a la izquierda de ésta había una imagen de la Virgen. Un sector de incomunicados con grandes ventanas ojivales, tapadas con mampostería, dejando libre sólo una parte superior. Salita de torturas, letrinas. Del otro lado otra sala de torturas, una celda, un laboratorio fotográfico y dactiloscópico, una oficina de operaciones especiales. Una cocina y un comedor enfrente. Una enfermería para curaciones y otra para internaciones. Sala de archivo y documentación, otra para rayos X. Tres pasillos con celdas, cada línea de celdas tenía un baño con una cortina como puerta, en la tercera línea había un lavadero y duchas. Un cuarto de guardia con ventana hacia la playa de estacionamiento. Una habitación mayor se usaba para reparar los artículos del hogar, eléctricos y electrónicos robados en los allanamientos.

"La Perla" o "La Universidad" (LRD)

Ubicación: Provincia de Córdoba, sobre la ruta nacional N° 20 aproximadamente a 12 km de la capital provincial, en el tramo que une a ésta con la ciudad de Villa Carlos Paz, en las inmediaciones de Puente Nuevo que conecta con la entrada a Malagueño. Sus instalaciones están sobre una loma a mano derecha en dirección a Carlos Paz, son visibles desde la ruta. Enfrente se encuentra la fábrica "Corcemar".

Descripción: Constaba de cuatro edificios de ladrillo a la vista, tres de ellos comunicados entre sí por una galería, de éstos, dos eran utilizados por los oficiales y suboficiales como dormitorios y oficinas administrativas, el tercero era la cuadra donde se alojaban los detenidos. En un extremo de la cuadra estaban los baños, en el opuesto, cuatro oficinas para interrogatorios y tortura y una para enfermería. El cuarto edificio, independiente de los anteriores, era utilizado como garaje.

"Escuela de Mecánica de la Armada" (ESMA)

Ubicación: En la Capital Federal, sobre la Avda. del Libertador al oeste, calle Comodoro Rivadavia y Leopoldo Lugones al este y la calle Santiago Calzadilla al sur. Al norte linda con la escuela industrial Raggio.

Descripción: El Casino de Oficiales era el edificio destinado al Grupo de Tareas 3.3.2. Tenía tres pisos, un sótano y un gran altillo. En estos dos últimos y en el tercer piso estaban alojados los detenidos.

Sótano: Tenía un gran pasillo central sostenido por columnas de hormigón. Entre estas columnas se colocaban tabiques dando lugar a una gran puerta verde de hierro, con guardia armada.

Los tabiques eran fáciles de desmontar. Antes de la entrada al sótano propiamente dicho se pasaba por una sala de armas donde había un equipo de electricidad para caso de emergencia y varias taquillas de armamento. Allí estaba el guardia armado que recibía por intercomunicador la orden de abrir la puerta. Al sótano se ingresaba por una escalera descendente, que se veía al entrar al "Dorado" y formaba parte de la escalera que comunicaba a todo el edificio. La escalera tenía dos tramos.

A este lugar eran llevados los detenidos recién ingresados, el primer paso en la obtención de datos.

Al fondo del sótano, las piezas para tortura Nº 12, 13 y 14. A la derecha de la puerta verde, estaban la enfermería, el dormitorio de los guardias y junto a éstos el baño.

Siguiendo la línea de la enfermería, el laboratorio fotográfico. Para la ventilación había pequeños ventiluces que daban al patio, ubicados a 20 cm del nivel de tierra.

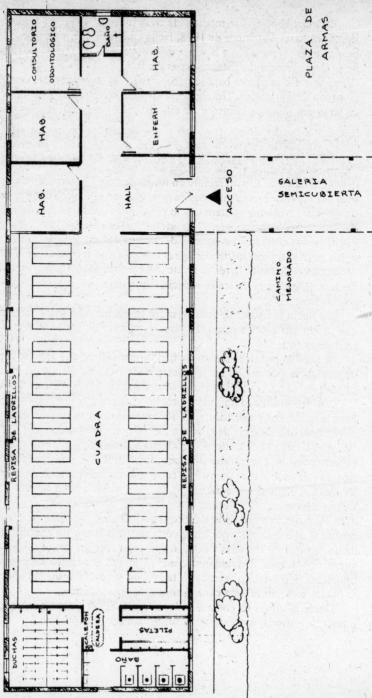

AMPLIACION ZONA CUADRA "LA PERLA"

Esta distribución fue modificada en octubre de 1977. La segunda versión duró hasta diciembre de 1978, fecha en la cual fue nuevamente modificada como preparación a la visita de la Comisión de Derechos Humanos de la Organización de Estados Americanos.

"Dorado": En la planta baja se encontraban las dependencias donde funcionaban el servicio de "Inteligencia" donde se realizaba la planificación de las operaciones, el comedor de oficiales, salón de conferencias y sala de reuniones.

Primer y segundo piso: los dormitorios de los oficiales, lugar al cual los detenidos no tenían ningún acceso.

"Capucha": Ocupaba el ala derecha de la mansarda recubierta de pizarras grises del edificio. Era un recinto en forma de "ele", interrumpido de a tramos por vigas de hierro pintadas de gris, que son el esqueleto de la mansarda exterior. No tenía ventanas, sólo pequeños ventiluces que daban a celdas pequeñas denominadas "camarotes". Construidas con tabiques de mampostería cerradas con paneles de madera aglomerada de 2 m de altura y una puerta con una mirilla. Entre el fin de la madera y el techo había tejido metálico. A mano derecha frente a las celdas 60 ó 70 cm, tabiques de madera aglomerada en cada espacio, un prisionero acostado sobre una colchoneta.

No había luz natural, era escasa, se utilizaban dos extractores de aire que producían mucho ruido. El piso, de alisado de cemento, fue pintado constantemente.

Se accedía por una escalera y en el último rellano del lado de la puerta de entrada se encontraba un guardia armado con una mesa y un libro donde anotaba todos los movimientos y comandaba la apertura de la puerta.

Los baños estaban ubicados entre la "Capucha" y el "Pañol" que ocupaba la mitad norte del altillo. En ese lugar se encontraban también tres habitaciones, una de ellas destinada a las prisioneras embarazadas.

"El pañol": Era el depósito del producto del saqueo de las viviendas de los secuestrados. Se encontraba allí, hasta fines de 1977, una cantidad impresionante de mobiliario, utensilios, ropa, etc. En una parte de lo que fue el "Pañol", el ala más norte del altillo, fue construida a fines del año 1977 lo que se denominó "La Pecera".

"La Pecera": Era un serie de pequeñas oficinas, unidas por un pasillo central al que se accedía por una puerta controlada por un guardia munido de un registro de entradas y salidas. Allí permanecían una parte del día algunos prisioneros. Trasladaron desde el sótano el archivo de prensa y la biblioteca. Un circuito cerrado de televisión permitía desde las oficinas de la planta baja, tener bajo control todos los movimientos.

Desde el altillo se podía acceder a una escalera situada enfrente de la puerta de entrada, a un segundo altillo llamado "Capuchita".

"Capuchita": Era un lugar donde originariamente estaba el tanque de agua que abastecía todo el piso del casino de oficiales. Allí había dos salas de tortura y un espacio donde se mantenía a los prisioneros de la misma forma que en "Capucha". Constaba de unos 15 a 20 tabiques que separaban a los secuestrados entre sí. Las condiciones de vida eran peores que en Capucha.

Este lugar fue utilizado por los miembros del Servicio de Inteligencia Naval para torturar y mantener a sus secuestrados separados de los de la ESMA.

"Capuchita" se prestaba a la Fuerza Aérea, al Ejército y al SIN (Servicio de Inteligencia Naval) para llevar sus detenidos allí. El piso era de color rojo y tenía ventiluces siempre cerrados.

En 1977 se habilitaron dos cuartos para interrogatorios. También fue usado por el Grupo de Trabajo como anexo, cuando la Capucha se encontraba abarrotada.

"El Banco" (LRD)

Ubicación: Cerca de la intersección de la Autopista Ricchieri y el camino de cintura (Ruta Nacional N° 4), en Puente 12. En las instalaciones funciona actualmente la XI Brigada Femenina de la Policía de la Provincia de Buenos Aires.

Descripción: El edificio reservado a los detenidos clandestinos estaba rodeado por otras construcciones antiguas, pertenecientes a la Policía de la Provincia de Buenos Aires. A partir de una playa de estacionamiento, se ingresaba por un portón de doble hoja de acero, con barrotes en la parte superior. A la izquierda, un pasillo donde daban tres salas de tortura, una de ellas con un bañito anexo. Más allá, la enfermería. A la derecha, las oficinas de inteligencia y el laboratorio fotográfico, luego una "leonera" o celda colectiva, después de transformada en un taller electrónico. Separadas del sector anterior por una circulación trasversal casi 50 calabozos o "tubos", muy estrechos, letrinas, baños, pileta, duchas, lavadero y cocina. Había un patio cubierto y otro descubierto, cuyas paredes estaban erizadas de vidrios.

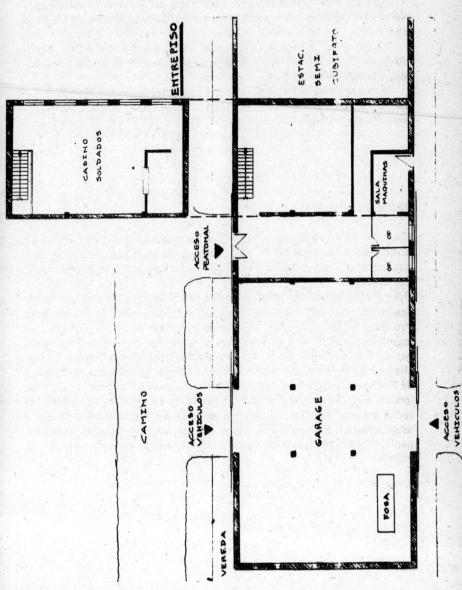

"Logístico 10" (LRD)

Ubicación: Predio del Ejército entre Avda. Gral. Paz y Constituyentes, Zufriategui y Brasil, Villa Martelli, Partido de San Martín, Provincia de Buenos Aires.

Ocupado por la Compañía de Arsenales 601 y el Batallón de Artillería Logística 10. Separado de las instalaciones del Batallón 601 de Ingenieros por un murallón. Entrada de conscriptos por Zufriategui. Portón principal con arco.

Descripción: Hacia el fondo del Batallón, un pabellón con celdas estrechas y muy altas, blanqueadas a la cal; cuchetas superpuestas o tarimas de madera cepillada, puertas de metal color beige y un tragaluz comunicando con el hall de circulación. Pequeña enfermería.

Cerca de la Avda. Gral. Paz, en línea recta con el Autocine y sobre la misma línea que el edificio de la "Mayoría", pero fuera de la zona a la que tenían acceso los conscriptos, una vieja construcción de mampostería de 5 por 4 metros aproximadamente, con una pared frente a la entrada, sin puerta y dos celdas cerradas con rejas en su interior.

En el tercer piso había una habitación de grandes dimensiones que también se usaba para interrogatorios.

"Base Naval Mar del Plata" (LRD)

Ubicación: Mar del Plata, Provincia de Buenos Aires.

Descripción: Las personas secuestradas eran alojadas en su mayoría en el edificio de la Agrupación Buzos Tácticos en las dependencias correspondientes a la actual Armería, Adiestramiento y otras oficinas de uso no determinado.

El edificio de la Agrupación es de planta baja y primer piso, ubicado casi sobre la playa.

"Base aérea Mar del Plata"

Ubicación: Provincia de Buenos Aires, Ruta Nacional N° 2. Lindante con el Aeropuerto de la ciudad de Mar del Plata.

Descripción: El lugar utilizado como centro de detención clandestina está a 600 metros dentro de la base desde su entrada principal. Es una construcción subterránea sobre la cual se encuentra la torre de un viejo radar. Actualmente ha sido reformada para utilizarse como polvorín auxiliar.

Exteriormente es un montículo de tierra de forma trapezoidal con una entrada casi a ras del suelo; para acceder a la construcción se debe descender unos quince escalones que desembocan en un pasillo a cuya mano derecha se encontraba la sala de máquinas, que era utilizada como sala de torturas; la cocina y el baño. En la mano izquierda había seis recintos de diferentes dimensiones que eran utilizados como celdas, el acceso a dos de ellos era a través de otros, ya que no contaban con puertas que dieran directamente al pasillo.

"Brigada de Investigaciones de San Justo" (LRD)

Ubicación: Calle Salta, San Justo, Partido de La Matanza, provincia de Buenos Aires. Contigua a la Comisaría N° 1.
Descripción: Al descender del vehículo, un patio con pedregullo. Edificio de dos plantas. Acceso de detenidos por una pequeña cocina, contigua a una de las celdas de tortura. Varias celdas con un baño, otras también con duchas. Una más grande, con ganchos en la pared. Tenían ventiluces altos y enrejados. Algunas daban a un patio, sin techo, pero con rejas y alambre tejido. La planta alta estaba ocupada por oficinas. Una, con un diagrama en la pared, se usaba para interrogatorios. Dos de ellas estaban alfombradas y tenían camas de madera.

"Brigada de Investigaciones de Las Flores" (LRD)

Ubicación: Avellaneda 705, Las Flores, Provincia de Buenos Aires.
Descripción: Al fondo de la dependencia policial. Se ingresa por un local grande con fosa para arreglo de automotores. Había allí una cocina de kerosén blanca y otra verde. Una puerta lateral con escalón comunicaba a un pasillo con piso de tierra, al cual daban nueve celdas, una cocina y un espacio con pileta; a un costado, un lugar con ducha e inodoro, sin puerta. Una de las puertas tenía en el techo un caño de cemento por donde caía agua cuando llovía. Paredes de revoque grueso. En 1977 estaban construyendo pues se oía una mezcladora de cemento.

E.S.M.A

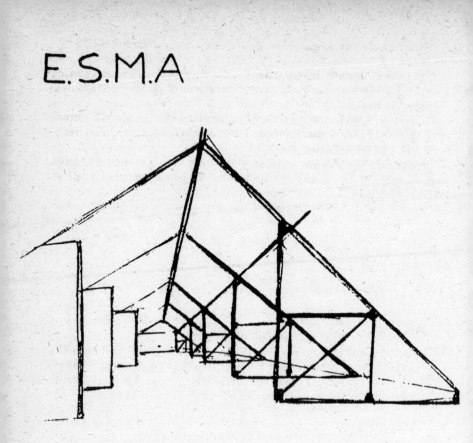

CROQUIS DEL 3° NIVEL

EN LAS CABREADAS METALICAS ERAN ENCADENADAS
LAS VICTIMAS

LAS DIVISIONES DE LA IZQUIERDA ESTABAN
CERRADAS POR UN ENTABLONADO _ LOS CANTOS DE
LA MAMPOSTERIA TIENE ARREGLOS NOTABLES EN ALGUNOS
SECTORES

EL TECHO EN ESTA ZONA ES A 2 AGUAS _ SU PLANTA
EN FORMA DE L

"Brigada de Investigaciones de Resistencia" - Chaco (LRD)

Ubicación: Brigada de Investigaciones de la Policía de la Provincia de Chaco, en la calle Marcelo T. de Alvear, frente a la Plaza 25 de Mayo de la ciudad de Resistencia.

Descripción: Lugar especialmente habilitado para el secuestro y la tortura, administrado por personal policial y con asistencia diaria de militares y funcionarios gubernamentales.

Calabozos de máxima seguridad, de acceso restringido; torturaban en un sótano acondicionado especialmente, ubicado debajo de la sala de sesiones de la brigada.

C.C.D. en la VII Brigada Aérea de Morón (LRD)

Ubicación: Avda. Pierrestegui, entre A. Paché y Coronel Arena, Morón, Provincia de Buenos Aires.

Descripción: El C.C.D. estaba instalado en un edificio con hall. Había una habitación donde se realizaban los interrogatorios, que tenía un hueco donde se colocaba el recipiente para el "submarino". El lugar de reclusión era una sala grande dividida en tabiques, a la que se accedía por una escalera con curvas y descansos, angosta. Cerca se oía una pista de aviación.

"Pozo de Bánfield" (LRD)

Ubicación: Intersección de las calles Siciliano y Vernet, a dos cuadras de la Av. 10 de Setiembre de 1861, llamado "Camino Negro", Partido de Lomas de Zamora, Provincia de Buenos Aires. Actualmente funciona en ese lugar la Brigada de Homicidios, y anteriormente, la Brigada de Seguridad, Investigaciones e Inteligencia.

Descripción: Acceso peatonal por la calle Vernet, y vehicular por Siciliano, hasta un patio interno. Edificio de tres plantas, de unos 25 metros de frente por 20 de fondo. En la planta baja, la oficina del Jefe, sala de torturas y otras dependencias. En el primer piso, calabozos, oficinas, comedor y casino de personal, cocinas y baños. En el segundo piso: calabozos y baño.

"Brigada de San Nicolás" (LRD)

Ubicación: San Nicolás, Provincia de Buenos Aires, cerca de la Ruta Panamericana.

Descripción: Planta baja, escalera de 3 ó 4 escalones, un patio y tres celdas pequeñas. Una habitación grande con camas y colchones de gomapluma.

"Pozo de Quilmes" o "Chupadero Malvinas" (LRD)

Ubicación: Allison Bell s/n esquina Garibaldi, en el centro de la ciudad de Quilmes, Partido del mismo nombre, Provincia de Buenos Aires. Local de la Brigada de Investigaciones.

Descripción: Acceso al garage por la calle Garibaldi, atravesando un portón pesado con riel. Acceso principal por la calle Allison Bell. Edificio de cinco plantas.

Planta Baja: guardia, oficinas, salas de torturas, pañol, cocina y dependencias. Entrepiso: oficinas, baño, gran depósito utilizado para el botín de guerra y balcón techado. Primer piso: calabozos, celda, patio, locutorio, comedor, cocina y baño. Segundo piso y tercero: calabozos, celda, baños y patio. Los calabozos eran de 2 metros por 1,80 metro. Las celdas eran más grandes.

"Club Atlético" (LRD)

Ubicación: Paseo Colón y Juan de Garay.
Descripción
Primer nivel: Salón azulejado, puertas de vidrio, un escritorio grande y otro pequeño; en ellos se identificaba y asignaba un número a cada detenido. Puertas de vidrio. Acceso disimulado al subsuelo.
Subsuelo: Sin ventilación ni luz natural. Temperatura entre 40 y 45 grados, en verano. Mucho frío en invierno. Gran humedad. Las paredes y piso rezumaban agua continuamente. La escalera llevaba a una sala provista de una mesa de ping pong que usaban los represores. Al costado, una salita de guardia. Dos celdas para incomunicados. Una sala de torturas y otras para

E.S.M.A.

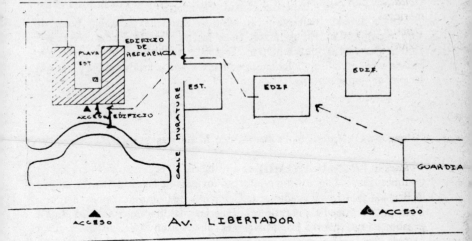

CROQUIS DE UBICACION

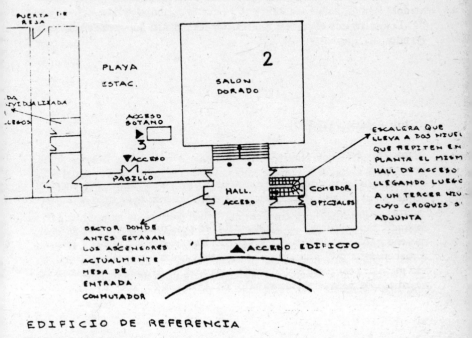

EDIFICIO DE REFERENCIA
PLANTA BAJA.

enfermería. Cocina, lavadero y duchas, éstas con una abertura que daba a la superficie externa por donde los guardias observaban el ano de las mujeres. Otro sector para depositar el botín de guerra.

Celda llamada "leonera", con tabiques bajos que separaban boxes de 1,60 m por 0,60 m. En un sector, 18 celdas, en otro, 23. Todas de 2 m por 1,60 m y una altura de 3 a 3,50 m. Tres salas de tortura, cada una con una pesada mesa metálica. Colchones pequeños manchados de sangre y transpiración, de goma espuma.

"Casa del Cilindro" (LRD)

Ubicación: Dentro del predio de la Compañía de Comunicaciones 601, ubicado entre al ruta 197, la calle Ing. Huergo y las vías del F.C.G.M.B., a 4 cuadras de la Estación Los Polvorines.
Descripción: Junto al acceso, un puesto de vigilancia con perros. En la construcción principal, los detenidos permanecían acostados sobre el piso, esposados. En el centro había un eje cilíndrico de donde partían cadenas en forma radial, a las que estaban amarrados los detenidos.

"Dios mío ayúdame": el testigo encuentra la plegaria que grabó en su celda de desaparecido.

"La Cacha" (LRD)

Ubicación: Antiguas instalaciones de Radio Provincia de Buenos Aires, contiguas a la cárcel de Olmos, entre calles 191, 47, 196 y 52 (vías del F.C. Gral. Belgrano), en la localidad de Lisandro Olmos, partido de La Plata, al oeste de la ciudad del mismo nombre, Provincia de Buenos Aires.
Descripción: Edificio principal antiguo y mal conservado, constaba de tres plantas. Subsuelo con capacidad para 12 detenidos. Planta baja: salón amplio para el personal, salas de tortura, celda colectiva para unos 10 detenidos. Primer piso: gran sala dividida en boxes, por medio de separaciones de alambre tipo artístico, con capacidad para unos 20 detenidos. Piso de mosaico y ventiletes. Había además dos piecitas sin puerta. El baño se en-

contraba en un entrepiso, descendiendo unos pocos escalones. En el exterior, una antena de unos 70 m. y material en desuso de la Radio.

"La Casona" (LRD)

Ubicación: Interior de la I Brigada Aérea de Palomar, Partido Gral. Sarmiento, Provincia de Buenos Aires.

Descripción: Mansión antigua construida en dos niveles; acceso por explanada y escalera corta que da a un pasillo con piso de mosaico antiguo, formando flores. Baños con mingitorios, inodoros a la turca y boxes para ducharse con mangueras. Canilla en el pasillo. Puertas interiores de madera y de vidrio. Calabozos con puerta de chapa y mirilla tapada, piso y paredes de cemento.

"El Reformatorio" - Tucumán (LRD)

Ubicación: A pocos minutos de la ciudad de Tucumán y a dos cuadras del río o arroyo cercano a esa capital.

Descripción: Un edificio de dos plantas, rodeado por una pared de ladrillos. Al frente había una carnicería y al lado de ésta funcionaba una fábrica de casas rodantes. Al fondo —en construcción— un hogar para madres solteras.

En la planta baja, las habitaciones para oficiales, suboficiales y soldados. Los detenidos eran alojados e interrogados en el primer piso.

Fábrica de Armas de Rosario (LRD)

Ubicación: Calle Ovidio Lagos al 4800 (actualmente sería 5220) - 2000 Rosario - Provincia de Santa Fe.

Descripción: Se ingresa por un portón que se abre desde adentro. Por un es-

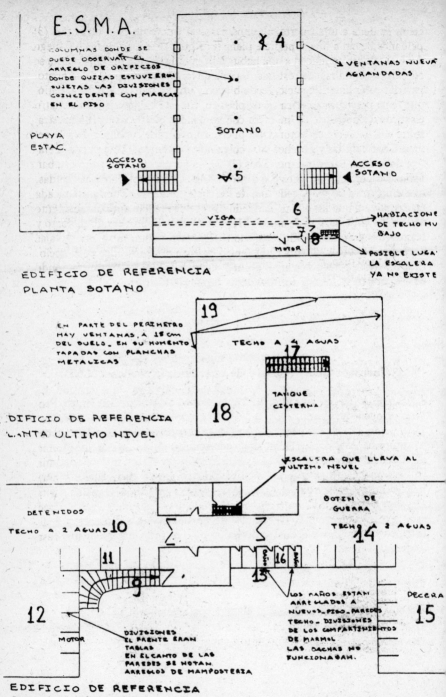

E.S.M.A.

COLUMNAS DONDE SE
PUEDE OBSERVAR EL
ARREGLO DE ORIFICIOS
DONDE QUIZAS ESTUVIERON
SUJETAS LAS DIVISIONES
COINCIDENTE CON MARCAS
EN EL PISO

PLAYA
ESTAC.

SOTANO

ACCESO
SOTANO

× 4

VENTANAS NUEVA
AGRANDADAS

× 5

ACCESO
SOTANO

VIGA

6

7

8

MOTOR

HABIACIONE
DE TECHO MU
BAJO

POSIBLE LUGA
LA ESCALERA
YA NO EXISTE

EDIFICIO DE REFERENCIA
PLANTA SOTANO

EN PARTE DEL PERIMETRO
HAY VENTANAS A 15 CM
DEL SUELO, EN SU MOMENTO
TAPADAS CON PLANCHAS
METALICAS

19

TECHO A 4 AGUAS

17

TANQUE
CISTERNA

18

DIFICIO DE REFERENCIA
LANTA ULTIMO NIVEL

ESCALERA QUE LLEVA AL
ULTIMO NIVEL

DETENIDOS

TECHO A 2 AGUAS 10

11

9

12

MOTOR

DIVISIONES
EL FRENTE ERAN
TABLAS
EN EL CANTO DE LAS
PAREDES SE NOTAN
ARREGLOS DE MAMPOSTERIA

BOTIN DE
GUERRA

TECHO A 2 AGUAS

14

13 16

LOS BAÑOS ESTAN
ARREGLADOS A
NUEVO PISO PAREDES
TECHO DIVISIONES
DE LOS COMPARTIMIENTOS
DE MARMOL
LAS BACHAS NO
FUNCIONABAN.

DECERA

15

EDIFICIO DE REFERENCIA
PLANTA 3° NIVEL

calón se llega a una puerta; algunos pasos al frente de ésta, otros tres (3) peldaños llevan a una superficie plana (posiblemente un descanso) y luego 5 ó 6 escalones conducen a una habitación grande, la que por una puerta se comunica con la sala de torturas. La sala de torturas tenía piso de cemento, paredes color amarillo sucio, techo blanco y una ventana que daba al patio, que tenía persianas americanas de plástico. En esta habitación había cuatro elásticos o "parrillas". Una mesa con comandos eléctricos emitía música; sobre ella había un reflector. Otra puerta comunicaba con una pileta de cemento con canillas y ganchos para colgar a los detenidos. Una puerta metálica daba a un patio interno. Tres (3) de las paredes de este patio estaban formadas por rejas de unos 5 ó 6 metros de largo donde daban las celdas, que eran entre 20 y 30, cada una de las cuales tenía una puerta practicada en esa reja, la que llevaba un candado. Las celdas tenían aproximadamente 1,50 m de largo 0,80 m de ancho y 1,80 m de alto. El piso era de cemento y las paredes eran de ladrillo encalado. El piso del patio central era de lajas sucias y desparejas, y tenía en el centro cuatro postes clavados en el suelo, cada uno de ellos con una argolla a un (1) metro de altura. El edificio donde se encontraba la sala de torturas tenía forma de torre.

"C.O.T. I Martínez" (Centro de operaciones tácticas) (LRD)

Ubicación: Av. del Libertador 14237, Martínez, Partido de San Isidro, Provincia de Buenos Aires.

Descripción: Un acceso peatonal hacia un patio central de lajas. Por el acceso principal, sobre Libertador, una construcción de dos habitaciones, una de ellas destinada a sala de torturas e interrogatorio. Al fondo del patio, una edificación entre medianeras, incluyendo tres celdas individuales y una más grande, sala de estar, dormitorio del personal y baños. Hay una garita elevada. Entre el edificio descripto y la medianera del fondo —cuya pared está revestida de chapas de metal— se encuentra un patio estrecho de ladrillos y tierra desde el cual se divisa un pino de gran tamaño de una casa lindera.

Compañía de Comunicaciones de Montaña (LRD)

Ubicación: Cuarteles situados sobre Boulogne Sur Mer, en el interior de la VIII Brigada de Infantería de Montaña en las afueras de Mendoza.

Descripción: las instalaciones del C.C.D. fueron demolidas parcialmente, según pudo constatar la CONADEP durante el reconocimiento. Era una construcción rectangular, con techo a dos aguas, sostenido por cabreadas. En un extremo del edificio estaban los baños, donde había duchas, piletones y un inodoro. En el otro extremo, cuatro habitaciones separadas de a dos por un pasillo central, en ellas se interrogaba a los detenidos.

Dispositivo para evitar fugas: puertas y ventanas tapiadas y guardia permanente. Otras instalaciones del C.C.D. funcionaban en diferentes edificios de la unidad militar.

"Comisaría V de La Plata" (LRD)

Ubicación: Calle 24, entre Diagonal 74 y calle 63; La Plata, Provincia de Buenos Aires.

Descripción: Se ingresa por un portón desde la Diagonal 74. Hacia el fondo del predio se encuentra la sección detenidos que se compone de una galería, a la derecha de la cual está el cuarto de guardia. Sigue una puerta de chapa con rejas que da a un pasillo con pileta adonde desembocan cuatro celdas pequeñas y un baño. A la misma galería dan: una celda larga, otra de igual extensión pero mucho más ancha y un espacio con pileta donde desembocan un retrete y otra celda. Las celdas son oscuras, frías y húmedas.

"El Motel" (LRD)

Ubicación: En la Provincia de Tucumán, sobre la Ruta N° 9, frente al Arsenal N° 5 "Miguel de Azcuénaga", y a pocos kilómetros de la capital provincial.

Descripción: Este centro de detención clandestino funcionaba en un motel en construcción, su entrada principal estaba frente a la guardia del arsenal. Entrando a la izquierda había un camino de pedregullo por donde ingresa-

El Banco

Banco

ban los vehículos con prisioneros. En el lugar que debería ser destinado a la recepción, se encontraba la guardia de prevención, detrás de la cual, una construcción a medio terminar y una pileta de natación. Separadas de esta edificación, existían dos hileras de viviendas pequeñas. En las dos primeras de la derecha se alojaba a las personas secuestradas. El piso era de pedregullo, no tenía puertas ni ventanas. Las tres siguientes estaban destinadas a dormitorios de tropa; tenían chapas a modo de puerta y ventana y piso de cemento.

En la hilera de la izquierda, la primera vivienda estaba vacía; la segunda era usada por los oficiales, la siguiente funcionaba como sala de torturas e interrogatorio, y la última era el dormitorio de suboficiales. A la derecha de estas edificaciones había un tanque de agua, que se utilizaba como puesto de guardia nocturno.

"El Embudo" (LRD)

Ubicación: Ciudad de Carlos Paz, Provincia de Córdoba, a 200 metros del vertedero del Dique San Roque.
Descripción: Era la vivienda del familiar de un secuestrado. Desde una ventana se ve el vertedero del Dique. Allí se arrojaron cadáveres de los secuestrados que habían permanecido en el centro clandestino de detención.

"Escuelita" - Bahía Blanca (LRD)

Ubicación: Sobre el camino de la Carrindanga (Camino de Cintura), detrás del V Cuerpo de Ejército, Bahía Blanca, Provincia de Buenos Aires.
Descripción: Edificio antiguo con dos habitaciones con cuchetas. Techos rotos, pisos de madera con huecos y paredes amarillentas. Ventanas altas con rejas coloniales y postigos verde oscuro. En una de las paredes, la inscripción "AAA"; enfrente un pizarrón. Entre ambas habitaciones hay un hall con piso de baldosas desde donde ejercía control el guardia. Allí también había una cama para un prisionero. Esta parte de la casa estaba clausurada por una reja. Había un pasillo que comunicaba con la habitación de

los guardias, su baño y la cocina. En el patio se encontraba la sala de torturas, letrina para detenidos y aljibe. Había asimismo una casilla rodante donde dormían los guardias y posteriormente fueron colocadas dos casillas más para los prisioneros.

Fábrica Militar de Armas "Domingo Matheu" (LRD)

Ubicación: Avenida Ovidio Lagos, Rosario
Descripción: Entrada principal a la fábrica por la Avenida. El C.C.D. está emplazado hacia el fondo del predio; más allá hay una especie de recreo. Habían abierto un acceso directo al centro desde la calle de tierra a lo largo del paredón sur. Tenía un gran portón de hierro rojizo. Al dejar de funcionar, lo tapiaron.

El C.C.D. estaba compuesto por varias construcciones más bien antiguas, conectadas entre sí. Cocina comedor, letrina, pequeño depósito, dos dormitorios para el personal. Los detenidos permanecían en la antigua caballeriza, atados a argollas fijas a la pared. El recinto estaba dividido en dos y en ambos lugares había equipamiento para torturas.

"Escuelita de Famaillá" (LRD)

Ubicación: En la zona sur de la Provincia de Tucumán, a 36 km de la capital, sobre la salida oeste de la ciudad de Famaillá, camino al Ingenio Fronterita.
Descripción: Fue una escuela rural desocupada, estaba cercada por alambre tejido; entrando en ella a la izquierda había un aula y dos oficinas administrativas. Un poco más adelante, a la derecha, estaban los baños, y a la izquierda ocho aulas. Frente a la última se encontraba una habitación que se utilizaba como sala de torturas.

Mar del Plata
Base Aérea Militar

Mar del Plata
Base naval

"Los Conventillos de Fronterita" - Ingenio Fronterita

Ubicación: Una construcción situada aproximadamente a trescientos metros del Ingenio Fronterita, sobre un camino adyacente a dicho ingenio, en la localidad de mismo nombre.

Descripción: Construcción ubicada frente al camino, que forma parte de los llamados "conventillos de Fronterita". Dicha construcción estaba ocupada por personal del Ejército, habiendo sido anteriormente utilizada como vivienda por trabajadores temporarios del Ingenio. Si bien actualmente está rodeada por alambre tejido, cuando funcionaba como centro clandestino de detención, éste no existía.

La construcción está dividida en dos pequeños cuartos, cada uno con una puerta de acceso independiente. En uno de ellos hay una mesada de cemento, ubicada frente a la puerta contra la pared, sobre la cual eran torturados los detenidos. Al costado de la puerta, en la parte superior de la pared izquierda, había también una pequeña ventana de madera.

"Guardia de Seguridad de Infantería" (LRD)

Ubicación: Calle 1 entre 59, 60 y 115, La Plata, Provincia de Buenos Aires.

Descripción: Varios galpones y viejas instalaciones transformadas en calabozos, muy húmedos y fríos; una cuadra de grandes dimensiones, de las que habitualmente se utilizan para albergar la tropa, ocupada por detenidos.

"GADA E 101" - Ciudadela (LRD)

Ubicación: Predio del Ejército ubicado entre las calles Carlos Pellegrini, Yrigoyen, Comesaña y Reconquista, Ciudadela, Partido de Tres de Febrero, Provincia de Buenos Aires. Corresponde a Grupo de Artillería de Defensa Antiaérea (GADA) 101 - Gral. Richieri y Grupo de Artillería Motorizada Gral. Iriarte.

Descripción: Ingreso a través de gran portón por calle Reconquista; se recorrió unos 100 metros por calle pavimentada interna. Varias construcciones, algunas de ellas con la ventanas tapiadas. En la destinada a deten-

ción, interrogatorio y tortura había celdas y oficinas. También una especie
de subsuelo.

"Ingenio Nueva Baviera" (LRD)

Ubicación: A unos 400 metros de la Ruta Nacional N° 38. La entrada se
encuentra frente al camino que conduce a la ciudad de Famaillá, hacia el
Este sale un camino que luego de atravesar un barrio de ex empleados de la
.fábrica azucarera, lleva al Ingenio Nueva Baviera.

Descripción: Viejo ingenio azucarero. Los portones de acceso estaban permanentemente custodiados por guardias. Existía un helipuerto detrás del
laboratorio y había gran cantidad de material rodante para transporte de
tropas.

La antigua sede de las oficinas de la empresa, ubicada al fondo del establecimiento, fue ocupada como vivienda de los oficiales y sede del comando.

En las instalaciones generales del ingenio, vivían los guardias y el personal subalterno.

El centro de detención estaba ubicado en el viejo laboratorio y en sus
instalaciones anexas, 30 metros al sur del portón principal. Para llegar a él,
había que traspasar un portón de malla de alambre y otro metálico de 4
metros de ancho, que comunicaba con una playa de estacionamiento techa-
da y otra puerta que vinculaba —mediante un hall— todas las dependencias
del edificio. El lugar estaba rodeado de carteles que prohibían el acceso,
por ser "zona restringida". Sólo ingresaban a ella oficiales del Ejército y
personal de la Policía Provincial.

En el centro de este recinto, una mesada de mampostería recubierta de
azulejos donde originariamente se realizaban los análisis químicos y al que
se ingresaba por un pequeño hall que comunicaba con el galpón-garaje. A
la izquierda, una oficina de archivo de información, donde había dos mesas,
una máquina de escribir y varias sillas. En este lugar figuraba una lista de
grupo operativo. Se comunicaba con una pequeña sala de torturas con un
elástico de cama y sillas, donde había otro baño con un lavatorio contra la
pared.

Mar del Plata
Base Aérea Militar

Bahía Blanca
Escuelita

"Ex Ingenio Lules" (LRD)

Ubicación: En la localidad de Lules, provincia de Tucumán, cerca de la estación de FF.CC. Camino de tierra paralelo a las vías, se accede a la propiedad a través de una tranquera rodeada con un cerco de alambre.

Descripción: Antiguo chalet perteneciente al ex ingenio Lules, que hacía las veces de vivienda del administrador. Construcción muy antigua, hoy abandonada y muy deteriorada, de dos plantas altas.

Entrada amplia al frente y escalinata en la parte posterior. En uno de los costados, escalera de acceso a una vieja carbonera; el hueco hacia la escalera está hoy al descubierto, sin que exista puerta alguna que obstruya su acceso. Escalera de ladrillo de 20 escalones; es necesario agacharse para descender.

La carbonera, donde se alojaba a los desaparecidos, era de ladrillos, igual que el techo abovedado. Ventanita con rejas y chimenea en el piso. Hueco al extremo de la pared, lindante con la entrada, a la izquierda.

En el primer piso, sala de tortura, desde donde se divisaban palmeras y techos de la finca vecina.

"Monte Pelone" (LRD)

Ubicación: En la Ruta 76, cerca de Olavarría.
Plano del Campo. Descripción. Características

Fue una estancia de vieja construcción. Ahora pertenece al Ejército, que utiliza los campos para maniobras y como Polígono de Tiro. El edificio principal era alargado, con un alero formado por enredadera y una vereda alrededor. Techo de dos aguas, ventanas enrejadas, piso de ladrillos. Una habitación grande con una cama y un sillón de cuero. Sala de interrogatorios, una habitación a un nivel treinta cm más alto que las otras y cuatro habitaciones más, con camas de elásticos de flejes. No conocieron baño.

A un costado se encuentra un edificio formado por un galpón, cocina y varias habitaciones, una de las cuales se usaba como sala de torturas a la cual se descendía por dos o tres escalones. Frente a este local, una vivienda de caseros. En el patio, entre ambos, dos carpas. Tanto éstas como la vajilla llevaban la inscripción E.A. (Ejército Argentino). Se escuchaba un generador eléctrico con motor a explosión.

"Comisaría IV" - Mar del Plata (LRD)

Ubicación: calle Chile esquina Alberti. Mar del Plata. Pcia. de Buenos Aires.

Descripción: Dos accesos peatonales sobre calle Chile, uno principal y otro secundario. Por el principal, luego de atravesar un pasillo y un patio se accede a una zona de celdas comunes e individuales numeradas del 1 al 8. Frente a la celda individual había un baño. Las puertas de las celdas eran de hierro. Las celdas comunes eran varias veces más grandes que las individuales. Un patio por cada celda común y un baño cada dos de ellas. Playa de estacionamiento con entrada por calle Chile que comunicaba con el edificio a través de una puerta, donde actualmente se levantó una pared.

"Automotores Orletti" (LRD)

Ubicación: Calle Venancio Flores 3519/21, esquina Emilio Lamarca, Capital Federal.

Nivel de dependencia del C.C.D. con FF.AA. y/o Fuerzas de Seguridad: Ejército Argentino en conexión con Ejército Uruguayo. Superintendencia de Policía Federal dirigía los interrogatorios.

Descripción: Antiguo taller con un cartel al frente "Automotores Orletti". Había una puerta grande con cortina metálica de enrollar; a la izquierda, puerta blindada con mirilla, se abría mecánicamente, la consigna emitida por radio era "Operación Sésamo".

Constaba de dos plantas. En la *planta baja,* un gran salón de 6 a 8 metros por 30 metros. Una división baja separaba del retrete (uno para treinta personas) y del lavadero. De allí salía una escalera de base de concreto y peldaños de madera. Piso de hormigón, sucio de tierra y grasa. Chasis de autos desparramados. También automóviles secuestrados. Tanque de agua grande con una roldana arriba de donde colgaban a los presos para el "submarino". Banderola junto al techo. En la *planta alta* funcionaban una sala de interrogatorios, otra de torturas y una terraza donde se colgaba la ropa a secar. Los militares llamaban a ese centro: "El Jardín".

Pozo de Banfield

Pozo de Banfield
Corredor de celdas

"Delegación Regional de la Policía Federal de Azul" - (LT)

Ubicación: A dos cuadras de la estación del Ferrocarril General Roca, en la ciudad de Azul, Provincia de Buenos Aires.

Descripción: Celdas de 1,50 x 1,50 m con paredes de cemento alisado al igual que el piso. Un ventiluz a tres metros del piso, sin vidrios. Un retrete, puerta de hierro con una mirilla exterior pequeña y pintada de color verde inglés, esmaltado. Escalera angosta hacia un primer piso donde estaba la "cámara" de torturas, con piso de madera. Tenía además una mesa de madera, donde se acostaba al detenido boca arriba para ser interrogado y torturado.

"Planta Transmisora Los Plátanos" (LRD)

Ubicación: A 100 metros de la estación Los Plátanos del Ferrocarril Gral. Roca, al este de la Avda. Mitre, Partido de Berazategui, provincia de Buenos Aires.

Descripción: Acceso a través de una tranquera, por camino de tierra, de unos 200 metros aproximadamente. En el flanco sur la finca tenía un paredón. Edificio sobreelevado, con escalera de piedra o mármol. Techo de cemento, mal terminado, paredes sin revoque fino, piso de cemento alisado en las celdas. A la derecha del pasillo de entrada (12 m por 1,20 m), oficina, patio, depósito y varias celdas. Baño sin puerta, con orificio a guisa de retrete. A la izquierda del pasillo, sala de torturas, con piso de mosaicos, por las ventanas se veía el campo y por un ventiluz alargado del fondo del pasillo, una estructura de metal que podría ser un molino o una antena. Dos celdas estrechas a continuación de la sala de torturas y luego otras dependencias.

"Puesto Vasco" (LRD)

Ubicación: Pilcomayo 59, próximo a la estación Don Bosco del F. C. Gral. Roca, Partido de Quilmes, provincia de Buenos Aires. Actualmente es la

Brigada de Investigaciones XIV de Quilmes. Ex comisaría de Don Bosco.
Descripción: Acceso para vehículos a través de un portón de chapa que ocultaba el patio. Edificio de una sola planta, con oficinas y calabozos, pequeños y muy húmedos. La cocina había sido adaptada como sala de torturas.

"Destacamento Batán" - Mar del Plata

Ubicación: Sobre Ruta N° 88, 20 km antes de Mar del Plata. Funciona como repartición policial de la población de Batán.
Descripción: Edificación de una sola planta con varias dependencias internas. Paredes de ladrillo y techo de losa. Una de las habitaciones funcionaba como celda colectiva, con cuatro tubos fluorescentes colocados en dos artefactos eléctricos ubicados en el techo. Otra habitación funcionaba como sala de torturas. Estaba ubicaba al final del pasillo que une dos habitaciones, cada una a un costado del baño. Desnivel en el piso.

Baño con inodoro, lavatorio, ventana en el extremo superior de la pared ubicada al frente de la puerta de entrada. En las cercanías pasan vías de tren. Canteras cercanas a éstas.

"Comisaría de Trenque Lauquen" (LRD)

Ubicación: Inmediaciones de Trenque Lauquen, Provincia de Buenos Aires.
Descripción: Las instalaciones estaban compuestas por: una casa tipo colonial, a la que se le habían agregado dos salones grandes y varias celdas individuales. Uno de los salones se utilizaba para interrogar y torturar, mientras que el otro funcionaba como celda común.

POZO DE BANFIELD

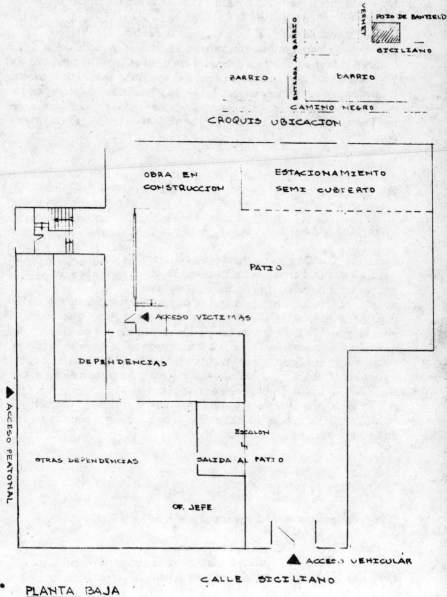

CROQUIS UBICACION

OBRA EN CONSTRUCCION

ESTACIONAMIENTO SEMI CUBIERTO

PATIO

◀ ACCESO VICTIMAS

DEPENDENCIAS

CALLE VERNET

▲ ACCESO PEATONAL

OTRAS DEPENDENCIAS

ESCALON

SALIDA AL PATIO

OF. JEFE

▲ ACCESO VEHICULAR

CALLE SICILIANO

PLANTA BAJA

"La Ribera" (LRD)

Ubicación: Provincia de Córdoba, a 15 km de la capital, en jurisdicción de la seccional 5ª. de la Policía de Córdoba; en las instalaciones del penal militar del mismo nombre, al lado del viejo cementerio San Vicente.

Descripción: Cuartel militar con varias edificaciones de estilo colonial. La cuadra donde se alojaba a los detenidos era de unos 50 metros de largo por 5 ó 6 de ancho. Las ventanas eran aberturas enrejadas. Dentro de la cuadra, separados por un tabique, estaban los baños y las duchas. Saliendo, un patio; a la derecha calabozos y a continuación de éstos, la cuadra para mujeres. Frente a la cuadra se encontraban las oficinas de interrogatorio y tortura.

"Sheraton" (LRD)

Ubicación: Quintana y Tapalqué (casi Naciones Unidas), a 4 cuadras de Avda. Gral. Paz, Partido de La Matanza, Provincia de Buenos Aires, en el interior de la Subcomisaría de Villa Insuperable.

Descripción: Por la puerta principal se ingresaba a las oficinas y otras dependencias de atención al público. Entrando por el garaje y ascendiendo unos escalones se llegaba a un pasillo ancho, cerrado por puerta de rejas, que daba a los calabozos. Uno de ellos habilitado como depósito y archivo. Celda central, más grande que las restantes (4 m por 4 m aproximadamente) que era utilizada como comedor de personal y dormitorio de alguno de ellos. Baños, duchas y piletón para lavar platos.

En el ángulo opuesto al garaje, un patio descubierto, enteramente cerrado al que se accedía por una puerta de barrotes. En la planta alta, sala de torturas y otras dependencias.

"Superintendencia de Seguridad Federal" - (LRD)

Ubicación: Moreno 1417 - Capital Federal

Descripción: Acceso vehicular por calle Moreno a un patio descubierto. Allí había una oficina que comunicaba internamente con otra. Un ascensor antiguo, lento, de caja con rejas y alambrado, llevaba al tercer piso, sitio de detenciones. En este piso había dos cuerpos. En uno, estaban las siete oficinas, un cuarto y un baño. Dos de las oficinas con piso de cerámica roja.

Al otro cuerpo se llegaba por una puerta plegadiza metálica que daba a un pasillo, seguía otro algo más ancho, del cual lo separaba una puerta. A su derecha, una puerta enrejada daba a una celda grande ("leonera"), colectiva, tenía un baño con dos piletas, dos inodoros y, compartimentada, una ducha.

En el mismo pasillo, siempre sobre la pared de la derecha, una puerta llevaba al recinto donde cinco "tubos" se enfrentaban con otros cuatro y un baño similar al anteriormente descripto, con el agregado de dos mingitorios.

Al fondo, el corredor comunicante se ensanchaba hacia la izquierda, allí, una puerta enrejada abría hacia un espacio donde dos ventanas alargadas, a alto nivel, daban a un pozo de aire.

En este sitio, otros cinco "tubos" y un baño como los anteriores, que en lugar de dos piletas tenía un piletón.

Los "tubos" son celdas de 2 m por 1 m. El piso era gris, el techo alto, llevaba un ladrillo de vidrio de 10 por 10 cm. Las paredes, verdes, con manchas de sangre y arañazos, puerta metálica con cerrojo exterior. Sobre esta puerta había una lamparilla que sólo se encendía cuando se hacía el recuento de detenidos. Por lo tanto el cuarto permanecía a oscuras continuamente.

"Departamento 2 de Inteligencia" (Policía de Mendoza) (LRD)

Ubicación: Calle Belgrano y Virgen del Carmen de Cuyo, Ciudad de Mendoza.

Descripción: Por la calle Virgen del Carmen de Cuyo se accede a una playa de estacionamiento. Luego se accede a la Sala de Recepción o Guardia de Prevención, en la que había un mostrador donde eran identificados los detenidos. Al lado de la misma, una escalera conducía al entrepiso (D-2); allí se abre una puerta hacia el centro del lado mayor de un rectángulo: éste tiene un pasillo central estrecho en el cual se enfrentan dos hileras de celdas. En el extremo de éstas, las duchas y el retrete. Por una escalera de dos tramos se llega desde el D-2 a la central telefónica del edificio, a cuyo costado estaba la sala de torturas en el primer subsuelo. Al segundo subsuelo se

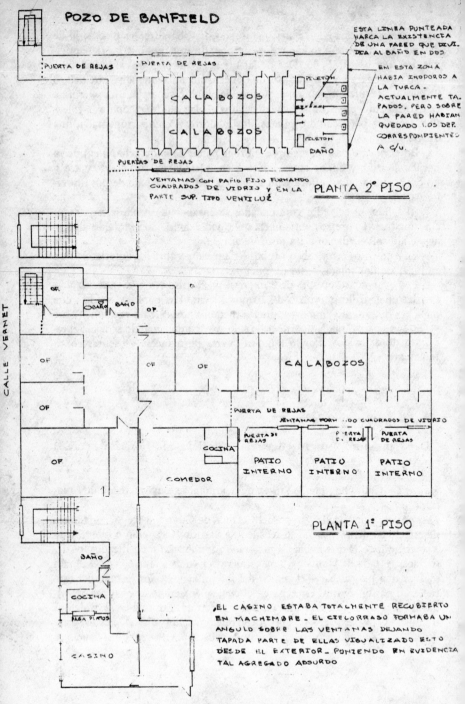

POZO DE BANFIELD

ESTA LINEA PUNTEADA
HARCA LA EXISTENCIA
DE UNA PARED QUE DIVI-
DEA AL BAÑO EN DOS

EN ESTA ZONA
HABIA INODOROS A
LA TURCA-
ACTUALMENTE TA-
PADOS, PERO SOBRE
LA PARED HABIAN
QUEDADO LOS DER.
CORRESPONDIENTES
A C/U.

PUERTA DE REJAS

PUERTA DE REJAS

CALABOZOS

CALABOZOS

PILETON

BAÑO

PILETON

PUERTAS DE REJAS

VENTANAS CON PAÑO FIJO FORMANDO
CUADRADOS DE VIDRIO Y EN LA
PARTE SUP. TIPO VENTILUZ

PLANTA 2° PISO

CALLE VERNET

OF.

OBAÑO Y BAÑO

OF

OF

OF

OF

OF

OF

CALABOZOS

PUERTA DE REJAS

VENTANAS FORMANDO CUADRADOS DE VIDRIO

PUERTA DE REJAS

PUERTA DE REJAS

PUERTA DE REJAS

COCINA

COMEDOR

PATIO INTERNO

PATIO INTERNO

PATIO INTERNO

PLANTA 1° PISO

BAÑO

COCINA

PASA PLATOS

CASINO

EL CASINO ESTABA TOTALMENTE RECUBIERTO
EN MACHIMBRE. EL CIELORRASO FORMABA UN
ANGULO SOBRE LAS VENTANAS DEJANDO
TAPADA PARTE DE ELLAS VISUALIZADO ESTO
DESDE EL EXTERIOR. PONIENDO EN EVIDENCIA
TAL AGREGADO ABSURDO

CALLE SICILIANO

desciende en ascensor —desde la entrada por la calle Belgra.
cuentra el incinerador y a su lado la otra sala de torturas.

"Campo de Mayo" (LRD)

Ubicación: Dentro de la Guarnición, cerca de la Plaza de Tiro, y las pistas del aeródromo y el campo de paracaidismo. Se accede al lugar por un camino que sale en forma perpendicular a la izquierda de la ruta que une por dentro de la Guarnición.

Este camino comienza frente a la entrada del Polígono de Tiro y al finalizar se llega a un lugar en el que se ven numerosos árboles y una casita de construcción nueva, sobre la izquierda se observa el comienzo de una ruta de tierra que desemboca en el costado de las dependencias de Gendarmería Nacional. En el centro del lugar hay un camino de tierra bordeado de árboles. En ese sitio habrían sido ubicadas las tres construcciones utilizadas como centro clandestino de detención. Dichas construcciones, dos galpones de chapa y uno de material, fueron demolidas, encontrándose actualmente en el lugar restos de materiales correspondientes a las edificaciones. En el procedimiento realizado por la CONADEP se pudo observar una depresión en el terreno de unos 40 cm, en el sitio donde según los testimoniantes se hallaba el Pabellón 1, de material.

Desde el lugar se visualiza el frente de la Escuela de Artillería y la Escuela de Comunicaciones.

Descripción: Entrando por el camino mejorado, antes del portón de acceso, hay un puesto de guardia; siguiendo el camino, hacia el lado izquierdo, se encontraba la primera edificación por donde pasaban primero los detenidos al llegar al Campo, allí se encontraban dos salas de torturas, una de ellas bajo control del GT 2. Al lado, otra habitación hacía las veces de enfermería, utilizada normalmente para la atención de los prisioneros durante la tortura. En la misma construcción, se hallaba la oficina del Jefe de Campo, otra sala de interrogatorios del GT 1, un comedor, un baño y una cocina para uso del personal.

Hacia un costado de este edificio había un quincho con una cocina y más a la izquierda otro quincho. Otro edificio más atrás servía de dormitorio para el personal de Gendarmería, era una amplia habitación con un baño incluido.

"**..atura Central de Policía" - Tucumán (LRD)**

Ubicación: En la intersección de las calles Salta y Avenida Sarmiento de la ciudad de Tucumán. La entrada para acceder al sector donde se encontraban los detenidos-desaparecidos estaba ubicada sobre la calle Santa Fe, en pleno centro de la ciudad.

Descripción: La parte destinada a centro de detención clandestino constaba de dos zonas separadas entre sí por una playa de estacionamiento: una era la de interrogatorios y la otra la de los calabozos. El área de interrogatorios estaba vecina a lo que actualmente es el Museo Policial, y que anteriormente fue la sede de la Brigada de Investigaciones. Constaba de una salón grande, el que se utilizaba para concentrar a los detenidos que podrían ser liberados.

"Compañía de Arsenales Miguel de Azcuénaga" (LRD)

Ubicación: Sobre la Ruta Nacional N° 9, Tucumán. Se accede por una calle de tierra paralela a la ruta, por la cual se transita unos 800 metros para llegar a las instalaciones. Saliendo de la ciudad de San Miguel de Tucumán en dirección norte, se ingresaba aprovechando el portón principal de la Compañía de Arsenales, pero sin penetrar en el recinto principal, sino continuando hasta la segunda entrada, donde había un puesto de guardia del personal de Gendarmería.

Descripción: La construcción principal del campo tenía unos 55 metros de lado, aproximadamente. Estaba rodeada de una alambrada de púas de 2,50 m de altura y paralela a ésta, a unos 5 m de distancia, otra alambrada del mismo material y altura. Entre ambas había guardias con perros. En uno de los ángulos del cuadrado había una torre de control, de madera, para la vigilancia de todo el centro. En cada uno de los ángulos del predio había una casa prefabricada de madera, de un solo ambiente, con una superficie de 16 metros cuadrados. Eran utilizadas como salas de tortura; en su interior había un elástico de cama para atar a los prisioneros, una mesa y dos o tres sillas.

En el centro del cuadrado, dos viejos polvorines separados entre sí, por unos diez metros de distancia. Eran dos construcciones de mampostería, cuyas superficies interiores, paredes, techos, pisos, estaban recubiertas con brea. Cada uno medía aproximadamente 20 m de largo, por 5 m de ancho y 3 m de alto. En estos polvorines había compartimientos estrechos de 1,20

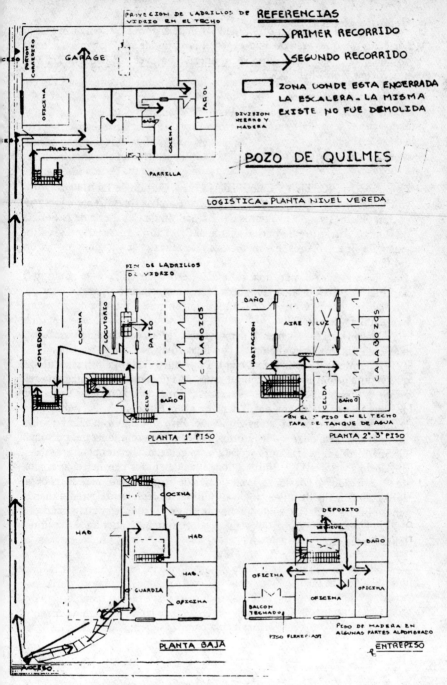

REFERENCIAS

PROYECCION DE LADRILLOS DE
VIDRIO EN EL TECHO

→ PRIMER RECORRIDO

→ SEGUNDO RECORRIDO

ZONA DONDE ESTA ENCERRADA
LA ESCALERA - LA MISMA
EXISTE NO FUE DEMOLIDA

POZO DE QUILMES

LOGISTICA - PLANTA NIVEL VEREDA

GARAGE

OFICINA

PASION
CORREDIZO

PAÑOL

BAÑO

COCINA

PASILLO

PARRILLA

DIVISION
HIERRO Y
MADERA

PISO DE LADRILLOS
DE VIDRIO

COMEDOR

COCINA

LOCUTORIO

PATIO

CALABOZOS

CELDA

BAÑO

PLANTA 1° PISO

BAÑO

HABITACION

AIRE Y LUZ

CALABOZOS

CELDA

BAÑO

EN EL 1° PISO EN EL TECHO
TAPA DE TANQUE DE AGUA

PLANTA 2°, 3° PISO

COCINA

HAB

HAB

HAB.

GUARDIA

OFICINA

PLANTA BAJA

ACCESO

DEPOSITO

ENTREPISO

BAÑO

OFICINA

OFICINA

OFICINA

BALCON
TECHADO

PISO FLEXIPLAST

PISO DE MADERA EN
ALGUNAS PARTES ALFOMBRADO

ENTREPISO

ALLISON BELL

m de alto por 1,50 m de profundidad y 1 m de ancho. En el polvorín más al norte, los tabiques eran de madera, en el otro, donde se alojaban los detenidos, de mampostería. En el polvorín ubicado hacia el sur, había dos baños, una cocina y otra habitación.

"Vesubio" (LRD)

Ubicación: Av. Ricchieri y Camino de Cintura, Partido de La Matanza, provincia de Buenos Aires. Al N.E. del cruce de ambas rutas, frente a la Agrupación Güemes.y a pocos metros del Escuadrón de Caballería de la Policía de Buenos Aires. Predio perteneciente al Servicio Penitenciario de la Provincia de Buenos Aires, en cuyo casino de oficiales se instaló la dirección del C.C.D.

Descripción: Acceso por una calle de tierra que daba a la Autopista Ricchieri a través de una tranquera, con una instalación para la guardia. Otro acceso por el Camino de Cintura. Jardín con plantas de adorno y árboles. Pileta de natación.

Las construcciones fueron demolidas en 1980, consistían en tres casas más bien antiguas, tipo colonial, con tejas rojas.

1.- "Enfermería": Hall central con tres o cuatro celdas de torturas, de pequeña dimensión, divididas con tabiques de aglomerado revestidas con telgopor y "decoradas con cruces svásticas". En cada una de ellas una cama de hierro sin colchón y un barril lleno de agua. A la derecha del hall,una sala más grande con varias camas y un baño. Piso de baldosas blancas y rojas.

2.- Jefatura: Casa de tres dormitorios, baño, sala de reuniones del personal. Cocina instalada y otra improvisada a un costado. Teléfono.

3.- Cuchas y "Sala Q": Edificio donde los detenidos permanecían acostados y esposados al zócalo, separados unos de otros por tabiques de madera, aproximadamente de un metro de alto. El sector reservado para las mujeres tenía piso de madera y el de los hombres, de ladrillo. Cocina y baño. La "Sala Q" era una habitación prefabricada, contigua, donde se alojaban detenidos más antiguos.

"Comisaría Nº 3 de Morón" (LRD)

Ubicación: Libertador General San Martín 654, Castelar, Partido de Morón, Provincia de Buenos Aires.

Descripción: Construcción rectangular ubicada a la derecha de la Comisaría, separada de ésta por un pasillo ancho y descubierto. Un paredón alto y un espacio grande entre el edificio y la calle. Puerta de acceso enrejada, cubierta por un toldo. Dividido en celdas para varias personas y en calabozos individuales. Algunos con puertas enrejadas y otros de chapa. Dos celdas más grandes con puerta enrejada. La mayor de ellas llamada "leonera". Todas las ventanas tapadas con papeles opacos.

"Dique San Roque" (LRD)

Ubicación: Provincia de Córdoba, paraje Dique San Roque, en una bahía a orillas del Lago San Roque, frente al destacamento de Náutica, Caza y Pesca de la Sub-secretaría de Turismo de la Provincia de Córdoba.

Descripción: Chalet, cuya entrada principal llevaba a una sala con hogar, la que se utilizaba como sitio de tortura y donde además permanecían los represores. A la derecha, la cocina con puerta al exterior. La misma sala comunicaba con un hall, a cuyos lados había dos habitaciones: la de la derecha con dos camas metálicas, tipo hospital. Entre ambos cuartos, un baño completo de la ventana del cual era visible parte de una sierra y del lago San Roque. Las habitaciones de servicio con entrada independiente no comunicaban con la casa. El garaje parecía subterráneo.

"Hospital Posadas" (LRD)

Ubicación: Av. Martínez de Hoz entre Av. Marconi y Perdriel, Haedo Norte, Partido de 3 de Febrero, provincia de Buenos Aires. En el fondo del

Pozo de Quilmes

La Cacha

predio ocupado por el Policlínico Posadas, dependiente del Ministerio de Bienestar Social de la Nación, Secretaría de Salud Pública.

Descripción: Chalet de construcción muy antigua, de dos plantas. En la planta baja: hall, escritorio y living con hogar, comedor diario y dependencias de servicio, con piso de cerámica roja texturada. Planta alta: tres dormitorios, hall, baño y terraza. Sin electricidad. Cerca de este chalet había otro más nuevo. En 1976 se rodeó a ambos con una alambrada y un muro.

"La Huerta" - Tandil

Ubicación: Inmediaciones de Tandil.

Descripción: Se accedía por una tranquera con guardia uniformada. Alrededor del edificio, patio de ladrillos cerámicos molidos. Hall con piso de mosaicos, estufa de hierro tipo salamandra, caja fuerte antigua color verde oliva. Esta habitación comunica con un baño y tres celdas de piso de cemento, cada uno con camas de este material empotradas en el piso. Los muebles de tipo militar llevaban la inscripción: Bn.Log.2 (Batallón de Logística 2 de Tandil).

A corta distancia estaba una casilla donde se torturaba.

"Hospital Militar de Campo de Mayo"

Ubicación: Campo de Mayo.

Descripción: Parece un cuartel. A la entrada hay una explanada. Las camas son como las de hospitales. Tienen una manivela accionable para subir o bajar. El baño está provisto de bañera. Los cubiertos llevan la inscripción "Ejército Argentino".

"Comando Radioeléctrico" (LT)

Ubicación: Calle Laprida al 100, Ciudad de San Miguel de Tucumán.
Descripción: Las celdas estaban dentro de una habitación grande que tenía subdivisiones. A la entrada, dos o tres baños, otras divisiones y una habitación que tenía una ventana grande que daría a la calle, por allí se escuchaba pasar gente caminando y el ruido de vehículos.

"La Escuelita" - Neuquén (LRD)

Ubicación: Batallón de Construcciones 181, a la salida de Neuquén capital, por la ruta n° 22, cuatro km antes del aeropuerto, se abre a la izquierda un camino de tierra, de aproximadamente 300 metros.
Descripción: Dos edificios separados por 10 metros aproximadamente. Una casa vieja servía para el alojamiento de los detenidos. Paredes blanqueadas, piso de cemento, techo de chapas. Cuchetas superpuestas en cada habitación.

Entre la pared y la chapa del techo quedaba un espacio por donde corría aire. Hueco en el techo para torreta de vigilancia, actualmente tapiado.

Baño con lavatorio chico, letrina y ducha. Puerta de acceso de color marrón con visor. El otro edificio, actualmente demolido, era un galpón de chapas, techo medio arco, puerta corrediza color rojo antióxido, piso de ladrillos. Había una comunicación peatonal con el Batallón. El acceso principal a través de una tranquera, controlada por el Puesto de Guardia 5.

"Regimiento N° 29 de Infantería de Monte" (Formosa) (LRD)

Ubicación: Barrio San Agustín, Provincia de Formosa, frente al Barrio Militar y el Barrio de Suboficiales. Cerca pasa el riacho Formosa y las vías del Ferrocarril Gral. Bartolomé Mitre.
Descripción: Se entra al lugar desde la ruta, cruzando una barrera donde se encuentra el Puesto de Guardia. Hacia la izquierda, frente a la Guardia hay habitaciones. La Plaza de Armas y las barracas están bordeadas por li-

LA CACHA

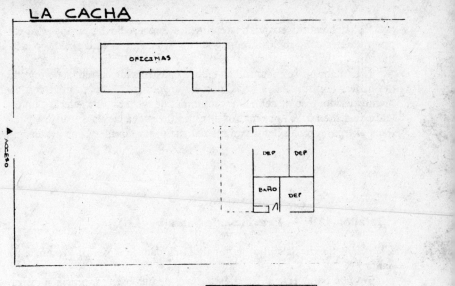

OFICINAS

ACCESO

DEP DEP

BAÑO DEP

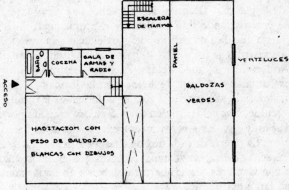

BAÑO COCINA SALA DE ARMAS Y RADIO

ACCESO

ESCALERA DE MARMOL

PANEL

VENTILUCES

BALDOZAS VERDES

HABITACION CON PISO DE BALDOZAS BLANCAS CON DIBUJOS

PLANTA BAJA

PLANTA ½ NIVEL SUPERIOR

ESTAS DOS CONSTRUCCIONES SE
ENCONTRABAN DEMOLIDAS SOLO
QUEDABA EL POZO EN LA TIERRA
Y RESTOS DE CONSTRUCCION DONDE
SE PUDO RECOMPONER LA EDIFI-
CACION DESCRIPTA POR LOS
TESTIGOS.

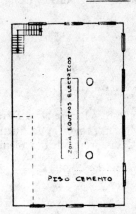

ZONA EQUIPOS ELECTRICOS

PISO CEMENTO

PLANTA ½ NIVEL INFERIOR

gustros, debiendo circundar lateralmente este predio hasta una zona de pasto y tierra con árboles, frente a la cual se encontraban las celdas o calabozos.

Los calabozos se encontraban en una construcción cerrada, con puertas de madera con mirillas y rejas; paredes revocadas hasta la mitad con cemento alisado; piso de cemento y columnas de madera; una galería y un piletón de cemento. A unos metros de este sitio estaba la sala de torturas, que tenía al frente unos piletones a ras del suelo, un tanque y una arboleda.

"Batallón 121" — Provincia de Santa Fe (LRD)

Ubicación: Barrio Saladillo, al sur de la ciudad de Rosario, Provincia de Santa Fe.

Descripción: Se ingresa al Batallón a través de una barrera, previa autorización de la guardia. Después de un trecho, hay otra barrera controlada.

Al centro clandestino de detención propiamente dicho se entra por una puerta que da a un recinto, dentro del cual otra puerta de vidrio comunica a un pasillo de unos 30 ó 40 pasos de longitud. Sobre cada lado de este pasillo dan unas 14 ó 15 celdas. Al inicio del mismo, un baño con una puerta cortada en la parte de arriba y en la de abajo. Dentro del baño, un barrote adosado a la pared, al cual se unía una de las anillas de las esposas del detenido. Las celdas miden unos 5 pasos de ancho por 10 de largo. El techo es muy alto. La separación entre las celdas es de paredes de unos 2 m de altura. La puerta de cada una de ellas, de madera maciza, con cerradura. A la derecha de ésta, un ventanal con postigos antiguos, atados desde el exterior con alambres. Estas aberturas daban a un patio interior que tenía el mismo largo del pasillo.

Pisos de baldosas grandes y camastro de metal pintado de anaranjado.

"Quinta de Seré" (LRD)

Ubicación: Calle Blas Parera N° 48, en el límite entre Castelar e Ituzaingó, Partido de Morón, provincia de Buenos Aires.

Descripción: Casa antigua de dos plantas, rodeada de parque, en las ochavas, puertas y ventanas altas, con celosías siempre cerradas. En el primer piso, cocina con luz natural, baño con bañera y varias habitaciones más. Actualmente abandonada y semiderruida.

"Brigada Nº 2 de Investigaciones de Lanús" (LRD)

Ubicación: 12 de Octubre Nº 234, Partido de Avellaneda, provincia de Buenos Aires.
Descripción: Acceso principal subiendo cuatro escalones. Acceso para detenidos por un garaje, con portón metálico. A la derecha de un pasillo de unos dos metros de ancho, sala de torturas relativamente amplia. Patio con un cerramiento de barrotes a la altura del techo. Al fondo, cinco celdas con puerta ciega; a la izquierda tres baños. Arriba de las celdas había una pasarela para la guardia y probablemente otras dependencias. Actualmente hay un piso alto con ventanas y balcón a la calle. Tiene sótano.

"Guerrero" — Provincia de Jujuy (LRD)

Ubicación: Cercano a la Ruta 9 y al camino de acceso a Termas de Reyes en la localidad de Guerrero. Hay tres edificios en un campo escarpado, con cardos, montículos de piedra, corral de pircas y acequias. El más cercano a la ruta es sede de la Escuela de Policía General Manuel Belgrano. El más alejado del camino y de las viviendas de la localidad fue usado como centro clandestino de detención.
Descripción: Frente al pórtico de entrada, una escalera desemboca en un patio y desde éste se accede por dos escalones a un viejo edificio de dos plantas. Una habitación grande, habitaciones chicas (celdas individuales), una sala de torturas, una oficina y baño.

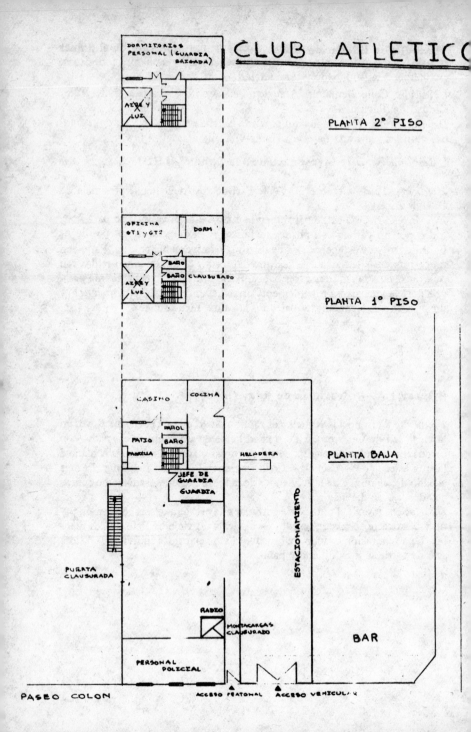

CLUB ATLETICO

PLANTA 2° PISO

PLANTA 1° PISO

PLANTA BAJA

DORMITORIOS
PERSONAL (GUARDIA
BRIGADA)

AIRE Y
LUZ

OFICINA
GT1 y GT2

DORM

BAÑO
BAÑO CLAUSURADO

AIRE Y
LUZ

CASINO

COCINA

PATIO

PARRILLA

FAROL
BAÑO

JEFE DE
GUARDIA
GUARDIA

HELADERA

ESTACIONAMIENTO

PUERTA
CLAUSURADA

RADIO

MONTACARGAS
CLAUSURADO

BAR

PERSONAL
POLICIAL

PASEO COLON

ACCESO PEATONAL   ACCESO VEHICULAR

"Escuela de Educación Física de la Universidad de Tucumán" (LRD)

Ubicación: Calle Benjamín Aráoz al 900, frente al Parque 9 de Julio, Ciudad de Tucumán.
Descripción: Lugar cerrado similar a una cancha de básquet, con dos ventanas grandes y piso de parquet. Había una pileta al aire libre.

"El Refugio" — Provincia de Mendoza (LRD)

Ubicación: Refugio de Montaña en la zona de Campo de los Andes.
Descripción: Construcción de paredes revocadas y pintadas de blanco, sucias y agrietadas. Techo de chapas de fibrocemento acanaladas, con tanque de agua que sobresale del techo. La carpintería es de madera. Existía un galpón para camiones.

"El Chalecito" — Provincia de Mendoza (LRD)

Ubicación: Panquegua, Departamento de Las Heras, Provincia de Mendoza, a pocos minutos de un paso a nivel.
Descripción: Edificio aislado. Construcción vieja, húmeda en su interior y deteriorada, con ambientes distribuidos en una sola planta y un corredor cerrado que une distintas habitaciones. El baño —en mal estado— se encuentra sobre un costado del corredor.

"Hípico" — Goya — Provincia de Corrientes (LRD)

Ubicación: Av. Sarmiento, frente al Batallón de Ingenieros 7 y el Comunicaciones 12.
Descripción: Galpón de pilares que sostenían un techo de alambre cubierto

de paja. A unos pasos de éste, otro edificio con patio rodeado de barandas, piso de baldosas blancas y negras. Cocina, sala de torturas y una habitación donde dormían los detenidos.

"Destacamento policial de la Capilla de San Antonio" (LT)

Ubicación: Paraje de la Capilla de San Antonio, a pocos kms de la capital provincial, en el camino a Clorinda, Provincia de Formosa.
Descripción: El centro de detención funcionaba en el Destacamento Policial de la División Cuatrerismo en Capilla de San Antonio. Es una edificación de tipo rural de cinco ambientes, baño y cocina con un quincho en el fondo y aljibe en el patio.

Centro Clandestino de Detención en la Escuela Superior de Mecánica de la Armada

La ESMA no sólo era un centro clandestino de detención donde se aplicaban tormentos, sino que funcionaba como el eje operativo de una compleja organización que, incluso, posiblemente pretendió ocultar con el exterminio de sus víctimas los delitos que cometía. Es así que operó como un gran centro que se proyectó y organizó una extensa variedad de actividades delictivas clandestinas. Aunque fueron ejecutadas por un grupo especial, no se trataba de actividades independientes de la estructura jerárquica sino que dependían de los mandos naturales de la Armada.

El día 9 de marzo de 1984 esta Comisión realizó una inspección y reconocimiento en sus instalaciones con el objeto de constatar si en dicho lugar fue donde funcionó el centro clandestino de detención al que se referían los denunciantes. El procedimiento fue encabezado por la Sra. Magdalena Ruiz Guiñazú, el Dr. Eduardo Rabossi y el Diputado Santiago López; participaron del mismo seis testigos, así como personal técnico de la Comisión.

El itinerario a seguir se dejó librado a la indicación de los testigos, iniciándose el recorrido con la participación de Alejandro Hugo López y

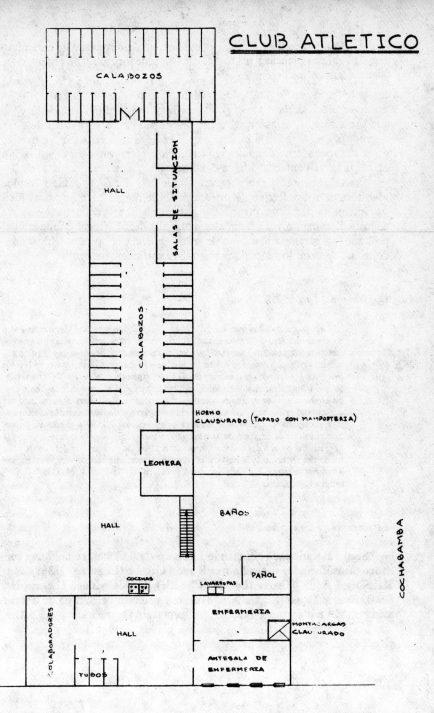

CLUB ATLETICO

CALABOZOS

HALL

SALAS DE SITUACION

CALABOZOS

HORNO
CLAUSURADO (TAPADO CON MAMPOSTERIA)

LEONERA

HALL

BAÑOS

COCINAS

PAÑOL

LAVARROPAS

COLABORADORES

HALL

ENFERMERIA

MONTACARGAS
CLAUSURADO

TUBOS

ANTESALA DE
ENFERMERIA

COCHABAMBA

PASEO COLON   PLANTA SOTANO

Carlos Muñoz. Conducidos por el Director de la ESMA, apenas comenzado el trayecto, los testigos señalaron que la senda tomada era incorrecta y propusieron realizar un giro de la misma, arribando a un sector señalado como de "área restringida", donde reconocieron el salón "Dorado" (lugar donde se planificaban todos los operativos y que, a diferencia de la vista que presenta hoy, estaba totalmente desocupado en oportunidad de estar detenidos); luego siguen el itinerario que debieron recorrer en su cautiverio, hasta llegar al sótano donde se realizaban los interrogatorios, la aplicación de torturas, se confeccionaba la documentación, etc.

Posteriormente se reconoce a "Capucha", donde el testigo Muñoz identifica el lugar efectivo de su reclusión y lo propio hace López. Anticipadamente se describen otros lugares, como la existencia de una escalera angosta de cemento y un tanque de agua, el "Pañol" (lugar donde era depositado lo sustraído en las casas de los detenidos) y la "pecera" (lugar donde, como se verá, los detenidos realizaban distintas tareas).

El Grupo de Tareas 3.3/2

"El apoyo de los altos mandos de la Marina al GT fue expreso. Massera asistió a su conformación y dictó una conferencia inaugural a los oficiales designados, concluyendo con una exhortación a los mismos de 'responder al enemigo con la máxima violencia, sin trepidar en los medios'. El mismo Massera participó en los primeros operativos clandestinos del GT con el nombre de guerra 'Negro' o 'Cero' para demostrar su compromiso con la tarea asignada a sus oficiales. Este grupo estaba integrado originariamente por una docena de oficiales. Su actividad fue aumentando en forma paulatina y en el breve período de siete meses se produjo simultáneamente el crecimiento numérico del personal del GT y el choque y rompimiento con el Servicio de Inteligencia Naval (SIN), logrando una autonomía operativa al pasar a depender en forma directa del Comandante en Jefe del Arma a través del Director de la ESMA, el entonces Capitán de Navío —luego ascendido a contraalmirante— Rubén Jacinto Chamorro (a) 'Delfín' o 'Máximo' " (Lisandro Raúl Cubas — Legajo Nº 6974).

Estructura del Grupo de Tareas

Según el testimonio del mismo Lisandro Raúl Cubas, con el que coinciden otros liberados como Andrés Ramón Castillo (Legajo Nº 7389), Nilda Noemí Actis Goretta (Legajo Nº 6321), Carlos Muñoz (Legajo Nº 704), Beatriz Daleo (Legajo Nº 4816), la estructura del Grupo de Tareas de la ESMA tenía tres sectores: a) Inteligencia; b) Operaciones y c) Logística.

a) *Inteligencia:*

Estaba conformado por oficiales de la Armada secundados por suboficiales de Marina, personal de Prefectura y del Servicio Penitenciario. Los ayudantes eran denominados "Los Gustavos". Tenían a su cargo el manejo de la información que arrancaban a los prisioneros bajo tortura y el estudio de todos los papeles que éstos portaban en el momento de su detención. Los oficiales decidían los secuestros a realizar y se encargaban de los interrogatorios, participaban en la decisión de los "traslados" y en la decisión de acerca de cuáles detenidos pasarían por el llamado "proceso de recuperación".

b) *Operaciones:*

Estaba formado por el personal anteriormente señalado, al que se agregaban miembros de la Policía Federal y oficiales y suboficiales retirados de la Marina y el Ejército. Este grupo se encargaba de la ejecución de los secuestros. La planificación de las operaciones se hacía en el "Salón Dorado" ubicado en la planta baja del Casino de Oficiales de la ESMA.

Se desplazaban en automóviles no identificados como del Arma y algunos camuflados como pertenecientes a entidades estatales o privadas. Todos estos vehículos habían sido previamente robados y cambiadas sus chapas-patentes. Eran además los que saqueaban las casas que allanaban y destrozaban todo lo que de allí no les interesaba.

El producto del saqueo era llevado en algunos casos a la ESMA y depositado en un "pañol". Este mobiliario se distribuía luego entre los miembros del GT con el carácter de "botín de guerra".

c) *Logística*

Este grupo formado por oficiales y suboficiales de la Marina tenía a su cargo el mantenimiento y refacción de las instalaciones del GT y la administración de las finanzas. Esta última actividad va cobrando importancia porque al manejo de los fondos que la superioridad del arma destina al GT, se le suma el producto de lo obtenido en el saqueo y el robo o la defraudación mediante la falsificación o firma bajo presión de títulos de propiedad de los detenidos-desaparecidos. Hacia fines de 1978 y comienzos del '79 se establece una "inmobiliaria".

Guardias

Eran suboficiales jóvenes de Infantería de Marina. Por el color de sus uniformes se los denominaba "los verdes".

Mar del Plata
E.S.I.M.

Estos guardias eran los encargados de trasladar los detenidos-desaparecidos entre "capucha" y el sótano, de traer la comida, de llevar al baño a los detenidos con esposas, capucha y grillete. Participarían luego en los traslados masivos.

"Estos por ser muy jóvenes y por haber entrado a la Marina para realizar tareas muy diferentes a las que luego ejercían, se desequilibraban y enloquecían. Desde un sitio muy diferente al nuestro, a ellos también les llegaba la locura de 'capucha' " (Norma Susana Burgos — Legajo N° 1293).

La actividad del centro clandestino

"Habiendo sido compañera del colegio primario de Berenice Chamorro, hija menor del entonces Capitán Rubén Jacinto Chamorro, con la que mantenía además una estrecha relación de amistad, fui invitada en una oportunidad a visitar la ESMA, para almorzar junto con su padre. Hallándome en una sala de juegos donde había una mesa de billar, pude ver a través de una ventana una mujer encapuchada y encadenada de pies y manos, que era descendida de un Ford Falcon. Estaba acompañada por dos hombres; no puedo recordar cómo estaban vestidos, creo que de civil. Sí recuerdo que estaban armados. Ante esta experiencia desconocida pregunté a mi amiga Berenice lo que estaban haciendo, y ella me contestó algo muy poco concreto: 'que se perseguía a la gente en patrullas' " (Andrea Krichmar — Legajo N° 5012).

"En este lugar pude ver por unas ventanas a ras del suelo que dentro del 'Salón Dorado' había gran cantidad de detenidos con grilletes en las manos y en los pies, sentados en el suelo y encapuchados. Desde donde yo me encontraba se oía música estridente durante toda la noche".
(....)
"Recuerdo también que en la plaza de armas, ubicada en el centro de la escuela, descendían helicópteros trayendo o llevando detenidos. En estos casos 'los grupos operativos' cerraban dicha plaza en todos los accesos y montaban un gran despliegue de personal generalmente de civil, haciendo ostentación de armamento" (Jorge Carlos Torres — Legajo N° 7115).

"A fines de 1975 y comienzo de 1976 se comenzó a vivir en la ESMA un clima especial, reflejo de la situación imperante en el país; ese clima fue en aumento al acercarse el 24 de marzo. Yo tuve la sensación de ser dejado de lado, por cuanto percibía que no era incluido en las gestiones que llevaba a cabo la Dirección en vísperas del golpe militar. Recién a último momento se me asignó la misión de ocupar militarmente la Comisión Nacional de Energía Atómica, cosas que cumplí durante un breve período, ya que inmediatamente se hizo cargo de ella el Alte. Castro Madero. Al regresar a la ESMA tuve la oportunidad de protagonizar la detención del Dr. Pedro Eladio Vázquez, a la que procedí en horas del día y dándome a conocer francamente a su esposa. Este hecho me fue severamente recriminado por el entonces sub-director Capitán Menéndez, quien me advirtió que esas operaciones se debían hacer sin dar a conocer los nombres reales del personal interviniente. A raíz de esto conversé con el Capitán Chamorro, manifestándole la conveniencia de hacer juicios sumarios e inclusive ejecuciones —si fuera necesario— pero dándole conocimiento público al procedimiento. A consecuencia de esta actitud fui marginado de todas las operaciones antisubversivas de la ESMA".

(....)

"Como consecuencia de mi intervención en el Servicio de Guardia de Jefes de Permanencia, gozaba como la mayoría de Oficiales Jefes del Instituto, de la posibilidad de utilizar durante la noche la mayoría de las pocas líneas telefónicas de la Escuela. En esas ocasiones debí retransmitir los pedidos ordenados desde 'el Dorado', pedidos de 'área libre', que se transmitían directamente a la comisaría con jurisdicción en el lugar donde se iba a operar y que más tarde se dirigían al Comando del Primer Cuerpo de Ejército. La presencia de centinelas y otras restricciones a la circulación en el edificio de la Casa de Jefes y Oficiales, tampoco dejaba dudas de que en el mismo se habían asignado locales a las operaciones antisubversivas".

(....)

"...afirmo no tener duda alguna de que en el Instituto se desarrollaban múltiples actividades de lucha antisubversiva, en forma por demás oculta, y en total desacuerdo con las más elementales normas de ética y moral".

(....)

"Afirmo que pese a no estar involucrado en estas operaciones, no me siento ajeno a la responsabilidad de lo sucedido".

(....)

"Me impulsa a denunciar estos sucesos el deseo de comprometerme cada vez más con la defensa de la democracia, a la que siento profundamente como la única salida que puede posibilitar el crecimiento del país y nuestra realización como seres humanos" (Capitán de Fragata (RE) Jorge Félix Busico — Legajo N° 5013).

"El área geográfica de operaciones del G.T.3.3.2. fue desde su comienzo la zona norte del Gran Buenos Aires y la Capital Federal, aunque ocasionalmente operaron en otros lugares del país e incluso en el exterior. Los vehículos operativos estaban provistos de transmisores que les permitían comunicarse entre ellos y con la base del G.T., identificada como 'Selenio'. Antes de ingresar a la ESMA informaban a 'Selenio' el resultado del operativo con claves convenidas y se ponía en funcionamiento todo el aparato interno para 'recibir' a la víctima".

(....)

"Concluida una sesión de tortura, la que nunca se sabía cuánto tiempo podía durar, el prisionero era conducido a la 'Capucha' o 'Capuchita' " (Nilda Noemí Actis Goretta — Legajo N° 6321).

"Luego soy trasladado a una sala, llamada por los que me detuvieron 'Sala de la felicidad' o algo así, en dicha sala escuchaba constantemente la marcha de San Lorenzo".

(....)

"Durante el primer interrogatorio al que fui sometido escuché a los interrogadores que se decían entre sí 'te dije que éste es un perejil, al otro lo tendríamos que haber dejado más tiempo' (esto se lo decía otra persona a un tal 'Dante'). En ese momento relacioné lo que había escuchado con la desaparición de mi amigo Luis Lucero" (Enrique Horacio Corteletti — Legajo N° 3523).

C.O.T. I. MARTINEZ Bs. As.

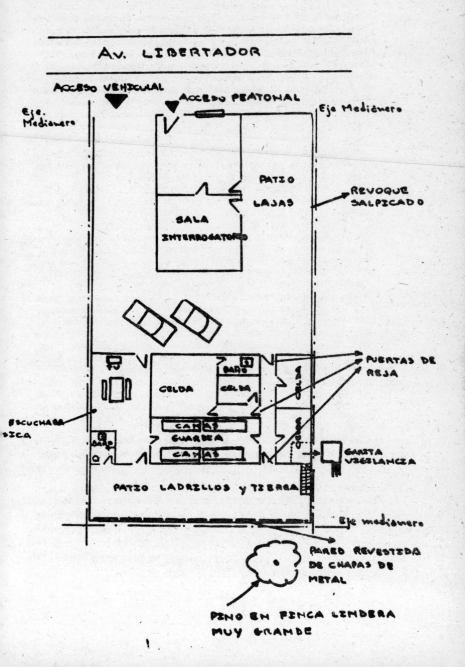

Av. LIBERTADOR

ACCESO VEHICULAR

ACCESO PEATONAL

Eje. Mediamero

Eje Mediamero

PATIO
LAJAS

SALA
INTERROGATORIO

REVOQUE
SALPICADO

PUERTAS DE
REJA

CELDA

BAÑO

CELDA

CELDA

CELDA

ESCUCHABA
DICA

CAÑAS

GUARDIA

CARITA
VIGILANCIA

CAÑAS

PATIO LADRILLOS y TIERRA

Eje mediamero

PARED REVESTIDA
DE CHAPAS DE
METAL

PINO EN FINCA LINDERA
MUY GRANDE

"Por la noche, bien tarde, fui despertado por un 'Pedro' quien me comunicó que 'Mariano' (Tte. Schilling o Schelling o Scheller (a) 'Pingüino' o 'Miranda'), quería charlar conmigo. Me llevó al extremo del piso (el tercero del Casino de Oficiales), a la 'Pecera' (serie de oficinas donde de día trabajaba parte de los prisioneros). Allí me esperaba el oficial, quien me explicó que me encontraba en un 'campo de recuperación', de donde saldría en libertad en un futuro, y me reintegraría como parte útil a la sociedad. Luego me recalcó que ésa no era la filosofía del conjunto de las FF.AA. y ni siquiera del conjunto de la Marina, ya que la tónica general era la de no dejar a nadie libre",

(...)

"Durante mi permanencia en la ESMA trabajé un corto tiempo en el sótano, en el laboratorio de audiovisuales, y luego fui asignada a la oficina de prensa de la 'pecera'. Allí se hacían traducciones de artículos sobre Argentina, suministrados por la Oficina de Prensa del Ministerio de Relaciones Exteriores, donde trabajaba gente estrechamente ligada al G.T. (ex detenidos y oficiales), y se producían notas para su difusión por Canal 13 (algunas veces estas notas constituían las editoriales de los noticieros) y Radiodifusión Argentina al Exterior (R.A.E.). Hacia fines de 1978, ya retirado Massera del servicio activo, se comenzó a preparar diariamente un resumen de prensa que se enviaba a sus oficinas de la Calle Cerrito, antes de las 8 a.m."

(...)

"Los detenidos que trabajábamos gozábamos de privilegios que los 'no elegidos' no disfrutaban: mejor comida, vestimenta, contacto con la familia a través del teléfono y visitas periódicas acompañados por algún oficial o suboficial" (Miriam Lewin de García — Legajo N° 2365).

"Mini Staff" y "Staff"

A partir de este "proceso de recuperación" quedan claramente delimitados tres grandes grupos de detenidos según el destino que se les asignaba en la ESMA:

1) los que seguían el destino secuestro-tortura-permanencia en "capucha"-traslado. Este grupo era la inmensa mayoría.

2) una ínfima minoría de los secuestrados que fueron seleccionados y aceptaron convirtiéndose prácticamente en "fuerza propia" del grupo de tareas. Colaboraban directamente en la represión y fue el llamado "mini staff". Se convirtió en una elite de gran confianza del G.T.

3) otra insignificante cantidad en relación al total de secuestrados que —por su historia política, capacidad personal o nivel intelectual— cumplieron funciones de diversa utilidad para el G.T. (recopilación de recortes periodísticos, elaboración de síntesis informativa, etc., que se realizaban en la "pecera"; la clasificación y mantenimiento de los objetos robados en los operativos, que se encontraban depositados en el "pañol"; dis-

tintas funciones de mantenimiento del campo; electricidad, plomería, carpintería, etc.).

La situación de las embarazadas: un capítulo aparte

"Las mujeres que eran detenidas embarazadas o llegaban desde otros centros para dar a luz en la ESMA representan uno de los cuadros de horror más grandes, de mayor crueldad que pueda planificar y llevar a cabo un individuo; el llanto de bebés mezclado con gritos de tortura".
(....)
"...arrancados a sus madres a los dos o tres días de nacidos con la promesa de que serían entregados a sus familiares y que sin embargo siguen desaparecidos". (Nilda Noemí Actis Goretta — Legajo N° 6321).

No nos extendemos aquí sobre este trágico tema porque es tratado expresamente en el capítulo "Embarazadas".

Secuestro de familiares en la Iglesia de Santa Cruz

Algunos casos adquirieron gran trascendencia, como el ya mencionado secuestro de las religiosas francesas Leonie Renée Duquet y Alice Domon.

Por distintos testimonios e informaciones, se conocen hoy los detalles de estos hechos. Una de las personas que participó en los mismos en calidad de detenida-desaparecida aporta, sin duda alguna, uno de los testimonios más directos y calificados.

"El Oficial Alfredo Astiz (a) 'Angel' o 'Rubio' o 'Cuervo' o 'Eduardo Escudero', entonces Teniente de Fragata, poseía una relativa experiencia en trabajos de infiltración en organismos de derechos humanos. Tal vez por eso le encomiendan esta tarea a fines de 1977. Entre los meses de octubre y noviembre de 1977, Astiz comenzó a asistir a misas, actos y reuniones de carácter público que por ese entonces desarrollaban los familiares de desaparecidos, utilizando la identidad de Gustavo Niño. Simulaba ser hermano de un verdadero desaparecido. Del grupo de Inteligencia que comandaba las actividades del G.T., surgió la iniciativa de que Astiz comenzara a ser acompañado en algunas ocasiones por una secuestrada, para aumentar la credibilidad de su labor. Surgió entonces la necesidad de que concurriera los días jueves a la Plaza de Mayo, donde se reunían los familiares de personas desaparecidas. En una de estas ocasiones la Policía Federal intervino y perturbó el desarrollo normal de la marcha, a raíz de lo cual Astiz los enfrentó en defensa de las Madres. El suceso sirvió para hacerse conocer por los familiares. Luego, la secuestrada que hasta ese momento acompañaba a Astis (Niño) fue reemplazada por mí..."
(....)
"Esta elección se debió a que yo tenía un aspecto físico y edad apropiada para de-

sempeñarme como hermana menor de Astiz y porque la otra persona era esposa de un conocido dirigente político y podía ser identificada. Mi persona, èn cambio no ofrecía ese riesgo. Fui con Astiz una vez a la Plaza de Mayo y a dos o tres reuniones en la Iglesia de Santa Cruz. La cuarta y última vez que participé en un domicilio particular del barrio de La Boca, se había decidido previamente que sus participantes serían secuestrados. Este operativo era parte de otros cuatro que serían ejecutados entre el 8 y el 10 de Diciembre. Ellos eran: el secuestro de un grupo reunido en la Iglesia de Santa Cruz; el de los concurrentes a una cita establecida en un bar de la esquina de Av. Belgrano y Paseo Colón; el posterior secuestro de la Sra. Azucena Villaflor de Vicenti, fundadora del grupo 'Madres de Plaza de Mayo' a la salida de su domicilio y por último el secuestro de una de las monjas, Leonie Duquet, en el mismo domicilio que compartía con Alice Domon, secuestrada anteriormente en el barrio de La Boca" (Silvia Labayru — Legajo Nº 6838).

No todos los secuestrados eran familiares de desaparecidos; varios de ellos' eran sólo personas solidarias con este drama que se estaba extendiendo como un gran manto de silencio y muerte por todo el país. Estaban juntanto dinero para sacar una solicitada en los diarios con motivo de las fiestas navideñas, exigiendo información sobre los detenidos-desaparecidos.

"Horas antes de ser llevada por Astiz a dicha reunión en La Boca supe que iba a ser sometida a un simulacro de secuestro. También me adelantaron que se iban a producir otros secuestros entre el grupo que se reunía en la Iglesia de Santa Cruz. Entre el personal del grupo que participó en La Boca se encontraban el oficial de operaciones del G.T. Tte. de Fragata (a) 'Pantera'; el mayor del Ejército Juan Carlos Coronel (a) 'Maco' y el Tte. de Navío (a) 'Norberto'. Las doce personas finalmente secuestradas fueron alojadas en 'capucha' durante muy pocos días, luego fueron trasladadas. Durante ese tiempo fueron conducidas al sótano donde las interrogaban y torturaban el Cap. Acosta, Antonio Pernía, el Mayor Coronel, el Tte. Schelling o Scheller (a) 'Pingüino' y el Subprefecto (a) 'Selva' " (Silvia Labayru — Legajo Nº 6838).

"El traslado"

Se conocen hoy varios métodos utilizados para hacer desaparecer definitivamente a los prisioneros de la ESMA.

Primeramente se comentaba que los trasladados eran llevados a cárceles donde permanecerían detenidos legalmente, aunque los oficiales de Inteligencia afirmaron en varias oportunidades que sólo vivirían aquellos "elegidos para el proceso de recuperación".

Con el tiempo, los secuestrados fueron deduciendo y conociendo el significado de la palabra "traslado". Una de las sobrevivientes de la ESMA relata los preparativos de un caso que ratifica lo que ya se presumía:

"En un traslado que se realizó en febrero-marzo de 1977 se llevaron a un hombre llamado 'Tincho'. Lo bajan al sótano, le aplican la vacuna y un rato después comienza a sentirse sin fuerzas y mareado. Oye cómo los demás vomitan e incluso se desmayan y son sacados a la rastra. Una vez, después de un traslado a unas compañeras les llamó la atención encontrar en el piso del sótano marcas de zapatos de goma arrastrados (evidentemente ese día no habían realizado bien la habitual limpieza). A Tincho lo sacaron con los demás por una puerta a la derecha de la entrada principal del sótano. Lo subieron a un camión y lo llevaron a un lugar que supone que puede ser el Aeroparque de la ciudad de Buenos Aires. Lo obligaron a subir las escalerillas de un avión y arriba le preguntaron su nombre y su número y evidentemente al haberse equivocado de persona lo bajaron y lo regresaron al tercer piso de la ESMA (Norma Susana Burgos — Legajo N° 1293).

"El sistema que usaban para asesinar a la gente secuestrada nosotros nunca lo pudimos comprobar acabadamente. Sabíamos, sin embargo, que los subían inconscientes a un avión y los tiraban al mar. Incluso en la sección de documentación descubrí un libro donde —muy sugestivo— estaba desarrollado todo el proceso que seguía un cadáver cuando se descomponía abajo del mar" (Carlos Muñoz — Legajo N° 704).

Esta comisión ha recibido varios otros testimonios de personas que de una u otra manera han tenido conocimiento de lo que ocurría con los prisioneros de la ESMA. Entre ellos el de Jorge Carlos Torres (Legajo N° 7115) —ya citado— que en su carácter de cabo 2do. revistó en la ESMA y confirma las sospechas de algunos secuestrados:

"Yo tuve conocimiento que desde la ESMA se trasladaban cuerpos de detenidos muertos, en camionetas verdes, al campo de deportes que se encuentra en los fondos de la escuela, del otro lado de la Av. Lugones, sobre la costa. Iban dos personas a cargo de cada camioneta y en una oportunidad oí que le decían al suboficial a cargo de la guardia que venían 'de hacer un asadito', forma de manifestar el procedimiento de quema de los cadáveres. Por la noche podían verse las hogueras de la quema de los cuerpos. Era frecuente también que durante el día se realizara el relleno de esa zona, ampliando con tierra el área del campo de deportes, por lo que supongo se procedía así a la cobertura de los restos de las hogueras. En ese mismo campo encontré una bolsa de plástico azul que al abrirla vi que había un feto con cierta cantidad de líquido. Conmigo se encontraban algunos compañeros —recuerdo entre otros a uno llamado Rolando y a otro de apellido Amarillo— que como yo eran cabos segundos maquinistas y con quienes solía ir al campo de deportes".

A mediados de 1979 arribó al país la Comisión Interamericana de Derechos Humanos de la Organización de los Estados Americanos (O.E.A.).

Para esta época ya se tenían sobradas pruebas del funcionamiento en la ESMA del centro clandestino de detención y exterminio.

Ante estas evidencias se pretendió burlar la presencia de la Comisión en las instalaciones de la ESMA, trasladando al grueso de los secuestrados a una quinta en la zona norte del Gran Buenos Aires (Gladstein, Lázaro

Mendoza. Cia.
Comunicaciones de Montaña

Jaime — Legajo N° 4912) y a una isla del Tigre. A los pocos detenidos que permanecieron en la ESMA se los vistió con las ropas de fajina del personal incorporado.

De la gran cantidad de testimonios analizados, surge que a los detenidos que llevaron al Delta los trasladaron en distintos viajes a bordo de una lancha de Prefectura. Todo el operativo fue conducido personalmente por el Capitán (a) 'Abdala' —nuevo jefe del G.T. — (Legajo N° 704 y 4687).

Algunos detenidos hicieron el trayecto sin capucha lo que ha permitido conocer con gran fidelidad las características de estos itinerarios y la permanencia en la isla durante poco más de un mes. El lugar estaba ubicado a unos 800 m aproximadamente del Paraná Miní. Se trataba de una extensa propiedad muy pantanosa de unas 40 has, que tenía un cartel con el nombre "El Descanso". No existía ninguna particularidad, ni puesto de guardia que la identificara como un asentamiento militar.

En total hubo unos 60 prisioneros en la isla.

De esta forma se llevó adelante otro de los fraudes más indignos concebido para burlar a un organismo internacional, con la agravante de que quienes autorizaron la presencia de la CIDH en el país y recibieron personalmente a sus miembros, no dejaron de formularles "el más amplio ofrecimiento de cooperación" según se lee en la página 3 del Informe producido por la CIDH.

Varias de las personas que permanecieron "destabicadas" en la isla y de las que puedan dar fe los sobrevivientes, no volvieron a aparecer luego de su regreso a la ESMA, tal los casos de varios integrantes de la familia Villaflor y de Irene o Mariana Wolfson (Legajo N° 760).

Otra persona que se encontraba en la isla, la Sra. Thelma Jara de Cabezas (Legajo N° 6505), secretaria de la "Comisión de Familiares de Desaparecidos y Detenidos por Razones Políticas", que había sido secuestrada el 30 de abril de 1979, fue instrumentada para realizar una serie de notas periodísticas para distintos medios nacionales y extranjeros. La Marina trataba así de contrarrestar la campaña que se había iniciado exigiendo al gobierno su aparición con vida. Le hicieron redactar cartas dirigidas al Papa Paulo VI, al Gral. Videla, a los cardenales Primatesta y Aramburu, y también a su familia, todas remitidas desde Uruguay, en las que la declarante anunciaba la falsedad de su desaparición, explicando que había tenido que huir al vecino país por temor a una organización armada.

En el mes de agosto, es sacada de la ESMA y llevada a una confitería de la calle Pampa y Figueroa Alcorta, donde acompañada por miembros del G.T. ([a] 'Abdala', 'Marcelo', 'Pochi' o 'Julia' y 'Juan') la entrevistan con un reportero de la revista "Para ti" y un fotógrafo. Entonces, siguiendo las instrucciones que tenía de sus secuestradores confeccionan el reportaje que con nota de tapa apareció en el número de septiembre del '79 de la referida publicación, tratando de esa forma de desvirtuar las investigaciones y la veracidad de las denuncias que recibía la CIDH.

Estando secuestrada en la isla del Tigre, la señora Jara de Cabezas es conducida al Uruguay en tres oportunidades, en vuelos de línea de Aerolíneas Argentinas y Austral, donde repite la misma farsa para distintos periodistas y medios extranjeros.

Registro de Secuestrados y Archivo de la Documentación

En la ESMA funcionó un organizado sistema de procesamiento y archivo de toda la información referida a los detenidos, a sus familiares, a las personas vinculadas con las víctimas, reforzado con un cuidadoso registro fotográfico de cada detenido. Los prisioneros eran numerados del 001 y 999, y cuando se llegaba a este número se volvía a empezar del 001. Hasta marzo de 1978 la cantidad de personas que pasaron por este centro superaba la cifra de 4.700 (Norma Susana Burgos — Legajo N° 1293).

> "Había un fichero con unas cinco mil fichas de cartón que agrupaban por alias o nombre y apellido. También en la misma oficina existía un libro donde se asentaban todas las personas que pasaron por la ESMA; donde además de los datos personales figuraba una columna con fecha de ingreso y de egreso, y otra donde se podía leer 'L' y 'D'. Allí se hacía una anotación según el destino de cada caso, que podía ser 'desaparición' o 'fusilamiento', 'liberación' o 'cautiverio actual' " (Lázaro Jaime Gladstein — Legajo N° 4912).

Con el nombre de "Caso 1000" se acopiaba información bajo un mismo ítem de personalidades políticas, religiosas y sindicales consideradas "enemigas" o "peligrosas", por su actividad o por sus ideas. En 1980 había más de 800 de estas carpetas. Los secuestros de estas personas esperaban condiciones políticas favorables para ser llevados a cabo.

Carlos Muñoz (Legajo N° 704) relata:

> "Todos los casos eran archivados en microfilms describiendo desde el procedimiento, el lugar del operativo; el nombre de guerra de su jefe y de los demás integrantes del grupo; todos los antecedentes de la víctima y la sentencia. En este ítem había dos opciones 'traslado-libertad'. Personalmente tuve contacto con los microfilms..."

Falsificación de Documentación

En el sótano del Casino de Oficiales funcionaba una imprenta, un taller de diagramación, un laboratorio fotográfico y la oficina de documen-

ESCUELITA DE FAMAILLA TUCUMAN

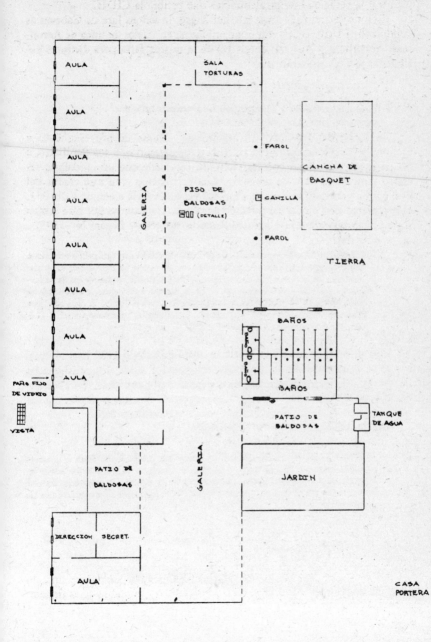

AULA

AULA

AULA

AULA

AULA

AULA

AULA

AULA

SALA TORTURAS

GALERIA

PISO DE BALDOSAS
(DETALLE)

• FAROL

CANILLA

• FAROL

CANCHA DE BASQUET

TIERRA

BAÑOS

BAÑOS

PATIO DE BALDOSAS

TANQUE DE AGUA

JARDIN

PAÑO FIJO DE VIDRIO

VISTA

GALERIA

PATIO DE BALDOSAS

DIRECCION SECRET.

AULA

CASA PORTERA

ACCESO

tación donde se fabricaba toda la documentación falsa con la que se movían los integrantes de los Grupos de Tareas: pasaportes, cédulas de identificación, títulos de propiedad, registros de conductor, credenciales de la Policía Federal, títulos universitarios, etc.

Víctor Melchor Basterra (Legajo Nº 5011) dice que:

> "Si un determinado integrante del Grupo de Tareas necesitaba una documentación que no fuera la auténtica se consultaba la lista de 'sosias' y se sacaba el que más semejanza pudiera tener con aquél. Entonces se hacía todo un juego de documentación falsa según las necesidades, pero aportando a los datos del otro. Los 'sosias' se obtenían por quienes se ofrecían para realizar distintas tareas en avisos periodísticos, porque quienes viajaban al exterior y cuyas listas de embarque se obtenían en el Aeroparque o eran remitidas directamente desde el puerto al Grupo de Tareas. Entre los pasaportes que me tocó confeccionar figuraba el de Licio Gelli...".

En esta oficina de documentación se confeccionaban los títulos de todos los bienes registrados, robados a las víctimas o traspasados forzosamente a los miembros del G.T. que luego eran vendidos por diversos medios. Entre ellos figuraba una "inmobiliaria" para enajenar los inmuebles sustraídos a los secuestrados.

> "Al frente de esa oficina se encontraba un suboficial retirado de apellido Radizzi" (Nilda Noemí Actis Goretta — Legajo Nº 6321).

Con éstos coincide el testimonio de Miriam Lewin de García (Legajo Nº 2365), al señalar que un tal Barletta, primo de Radizzi:

> "Administraba para Massera ciertas empresas y propiedades robadas a los secuestrados".

Además, según la testimoniante, cuando Massera dejó de ser Comandante toda la documentación, materiales, útiles e informaciones que estaban en 'pecera' se trasladó a un inmueble de la calle Zapiola, propiedad de los padres de Radizzi.

Centro Piloto de París

Las referencias que se aportan en los testimonios de Andrés Castillo (Legajo Nº 7389), Enrique Mario Fukman (Legajo Nº 4687), Beatriz Daleo (Legajo Nº 4816), Lisandro Raúl Cubas (Legajo Nº 6974), Miriam Lewin de García (Legajo Nº 2365), permiten acreditar que en la época en que el Almirante Massera era Comandante se creó el denominado "Centro Piloto de París", con el objeto de influir en el mejoramiento de la imagen argentina respecto de los derechos humanos en el exterior. Según tales constancias altos oficiales de la Armada tenían conocimiento de la existencia y funcionamiento del Centro Piloto entre cuyas actividades se encontraba la publicación de solicitadas, la falsificación de cartas de supuestas madres de desaparecidos en la Argentina y la infiltración en los grupos de exiliados en esos países. Enrique Mario Fukman durante su cautiverio en ESMA tomó conocimiento de las comunicaciones telefónicas desgrabadas entre el Teniente de Fragata (a) 'Marcelo' con el Centro Piloto de París.

También en Venezuela, según el testimonio de Lisandro Raúl Cubas, actuó un grupo de oficiales de Marina:

> "Entre mediados de febrero y principios de marzo de 1977 con el propósito de secuestrar y traer al país algunas personalidades argentinas que se encontraban allí, entre ellas Julio Broner".
> (..)
> "Este Comando dirigido por el Tte. de Navío Pernía también lo integraban el Tte. de Navío Juan Rolón, el Mayor del Ejército Juan Carlos Coronel y seis o siete personas más. Según los comentarios al regreso no habían podido cumplir los objetivos".

Según el testimonio de Amalia Larralde (Legajo N° 3673):

> "En febrero/marzo de 1979, el G.T. de la ESMA organiza un 'Curso de Lucha Antisubversiva', al que fueron invitados agentes represores de diferentes países de Latinoamérica. Este curso tuvo lugar en la Escuela de Guerra Naval que queda dentro del predio ocupado por la ESMA. A este curso van torturadores del Uruguay, Paraguay, Bolivia, Nicaragua y si mal no recuerdo de Brasil y Guatemala. Cada uno de los países hizo una exposición que fue grabada. Esa exposición consistía en una presentación de su país y una explicación de las características y métodos de su accionar represivo. El G.T. de la ESMA preparó varios informes. Uno de ellos sobre la historia de la guerilla en la Argentina. Otro sobre la organización y creación de los G.T. Otro informe sobre los métodos más efectivos de la tortura, con sus diferentes etapas, torturas físicas (diagramando los puntos más vulnerables), tortura psicológica, aislamiento, etc. Prepararon también un dossier con fotos, descripción e historia de las personas buscadas que fue repartido entre los participantes. El curso lo abrió una exposición del Capitán Acosta. Entre los que expusieron se encontraba el Capitán Perren, Teniente Pernía y Teniente González y participaron todos los tenientes y capitanes del G.T. (o sea todos los oficiales)".

143

Tucumán. Conventillos
de Fronterita

Ingenio Lules

Centros clandestinos de detención dependientes de la Fuerza Aérea

Numerosas denuncias registradas en la Comisión señalan la existencia de varios centros clandestinos de detención dependientes de la Fuerza Aérea, localizados en la zona oeste del conurbano bonaerense.

Las referidas a los centros de igual naturaleza que habrían funcionado en las Bases de Palomar (I Brigada Aérea) y de Morón (VII Brigada Aérea), no han podido ser precisadas en cuanto a su exacta ubicación ya que no se realizaron inspecciones en el interior de las mismas. Sin embargo, los testimoniantes coinciden en afirmar el control por personal perteneciente a la Aeronáutica. También es coincidente la descripción de los sitios internos de los lugares de cautiverio clandestinos, así como el tratamiento sufrido por las víctimas, que en nada difiere al aplicado en centros de detención dependientes de las otras Fuerzas.

Orlando Llano (Legajo N° 1786), secuestrado el 26 de abril de 1978, proporciona elementos sobre este campo:

> "Me sacaron del automóvil, por una rampa ascendente me arrastraron, entramos en un recinto donde me hicieron desnudar y comenzaron a golpearme. Los torturadores vestían uniforme azul grisáceo. A las tres semanas durante las cuales fui torturado, me introdujeron en el baúl de un auto, y a otra persona en el asiento posterior. Nos condujeron a la Comisaría de Haedo, donde permanecí vendado tres días más en una celda de dos por un metro. Sólo me dieron agua. Se me informó que estaba a disposición del PEN, por intermedio de una persona que se presentó como integrante del I Cuerpo de Ejército, quien me dijo que se me iba a formar Consejo de Guerra. El 7 de julio fui trasladado a la cárcel de Villa Devoto. Mi causa pasó a la Justicia Federal, la cual ordenó mi libertad..."

Arnoldo Bondar (Legajo N° 756), trabajó como personal civil en la Base del Palomar:

> "En reiteradas oportunidades vi llegar camiones de la Policía de la provincia de Buenos Aires cargados de jóvenes de ambos sexos que eran posteriormente embarcados en aviones, generalmente de la Armada. Desconozco el destino de los mismos. Esta operación se realizaba al costado de la pista principal y casi siempre llegaban antes algunos patrulleros para montar guardia alrededor del avión".

La relación de la Fuerza Aérea con el C.C.D. "El Vesubio" surge del testimonio de Luis Pereyra (Legajo N° 4591):

> "Me detuvieron el 16 de septiembre de 1976, permanecí primero dos días en la VII Brigada Aérea de Morón, donde fui torturado. Luego pasé a la Comisaría de Castelar, donde estuve cinco días. De allí me sacaron para llevarme a un lugar que

no puedo precisar, donde permanecí una tarde; después a otro donde había 30 o 40 personas, en una sala de madera. Luego supe que era 'El Vesubio'.

...A fines de marzo de ese año fui conducido al Penal de Devoto y luego de una semana a la cárcel de La Plata. Me dejaron en libertad vigilada el 1° de febrero de 1979 y me controló la VII Brigada Aérea de Morón, hasta mi libertad total".

Alicia Carriquiriborde y Graciela Dellatorre (Legajo N° 4535) aportan algunos datos más sobre las conexiones de la represión dentro de ese circuito, así como también sobre las rivalidades entre los diversos Grupos de Tareas:

"La madrugada del 19 de mayo de 1976 fui sacada de mi casa en La Plata. Me llevaron a un lugar donde me desnudaron y me torturaron con picana eléctrica. Después supe que se trataba del campo clandestino 'El Vesubio'. Uno de los guardianes me dijo que nos había llevado allí la Aeronáutica, que yo 'era de ellos' pero que a otros compañeros 'los atendía el Ejército y la Marina, según la organización a que los vincularan'. En julio nos retiraron de allí a Graciela Dellatorre y a Analía Magliaro, secuestradas juntas el mismo día y a mí. Me dejaron en la Comisaría 28 de la calle Caseros, donde permanecí hasta que me sacaron a la superficie, que fue el Penal de Devoto. Allí reencontré a Graciela Dellatorre; al poco tiempo ambas nos enteramos que a Analía Magliaro la habían matado en un 'enfrentamiento' ".

Graciela Dellatorre, por su parte, relata:

"En ese lugar —El Vesubio— habían separado a los detenidos del sector donde yo estaba en tres grupos. Cada uno pertenecía a determinado Grupo de Tareas. En una oportunidad una chica fue interrogada por la patota encargada de otro grupo. Cuando los que la tenían a su cargo se enteraron del suceso hubo un gran malestar, e incluso encargaron a esta joven que si se repetía algo similar 'no les contestara' ".

Brigada Aérea de Morón

Mary Rosa Rodríguez de Ibarrola (Legajo N° 3736) testimonia:

"Fui detenida junto a Oscar Moyano, Ubaldo Alvarez, Liliana Conti, un señor llamado Antonio, y el esposo de la señora Graif. Realizó el operativo personal de la VII Brigada Aérea de Morón. Nos llevaron a la Comisaría de Morón y de allí fui derivada al Penal de Olmos junto con otras mujeres, en un colectivo de la línea 136. Esto ocurrió el 30 de marzo de 1976".

Ubaldo Alvarez, del mismo grupo de trabajadores del Hospital Posadas (Legajo N° 4715) coincide con lo aseverado por la señora de Ibarrola:

Mar del Plata
Comisaría 4°

"Trabajaba en el Posadas en el sector Alimentación. El 28 de marzo de 1976 estuve enfermo, por lo cual no fui a trabajar. Mis compañeros me informaron que ese día el hospital estuvo ocupado por fuerzas militares, que procedieron a detener a gran número de empleados. Mi presencia había sido requerida por el nuevo director de la Intervención, Coronel Julio Ricardo Estévez. Esta persona llamó a mi Jefe y le pidió que le dijera dónde estaba yo. Como aquél no pudiera responderle, Estévez exclamó: 'Donde lo encuentre lo fusilo'. Ante estos acontecimientos, yo y otros compañeros del gremio decidimos presentarnos ante alguna repartición militar. Fuimos a un destacamento de la VII Brigada Aérea de Morón, donde nos pasaron detenidos a la Comisaría de Morón, allí nos interrogaron violentamente, con golpes. Luego nos trasladaron a la cárcel de Devoto y posteriormente a la de La Plata, de donde salí en libertad por falta de antecedentes".

En el testimonio de Luis Pereyra (Legajo N° 4591) citado en el punto anterior, también podemos comprobar su detención en la VII Brigada de Morón, donde se presentó espontáneamente. Allí fue torturado durante dos días antes de ser trasladado a la Comisaría de Castelar.

La señora Carmen Zelada (Legajo N° 4550) fue detenida en su domicilio de Morón por personal de Fuerza Aérea. Luis Pereyra en su testimonio denuncia haberla visto en el C.C.D. "El Vesubio".

Otro testimonio relacionado con el de la VII Brigada es el de Ricardo Brondo (Legajo N° 4437):

En la madrugada del 7 de octubre de 1976 ingresaron a su vivienda diez y seis personas jóvenes, vestidas de civil, portando armas, cubriéndole la cabeza con una toalla; lo esposan y lo suben a una camioneta donde lo cubren con lonas. El Sr. Brondo sintió cómo destrozaron su vivienda y se llevaron artículos del hogar... Más tarde trasladan al Sr. Brondo a otro sitio (siempre vendado) que supone era la Comisaría de Castelar, dados los comentarios de otros detenidos en el mismo lugar... En la Comisaría de Castelar permaneció más o menos dos meses (de los cuales once días fueron de tortura continua), hasta que fue llevado a la VII Brigada Aérea de donde fue liberado el 19 de diciembre de 1976.

Hospital Posadas

En el policlínico Alejandro Posadas de la localidad de Haedo funcionó un C.C.D. que actuaba coordinadamente con las Comisarías de Castelar y Morón, con la Superintendencia de Seguridad Federal y el Grupo de Tareas de Aeronáutica.

Los hechos ocurrieron a la vista tanto de los empleados como de las personas que concurrían al establecimiento, ocasionando un generalizado terror que provocó el silencio de todos. Las víctimas revistaban en la mayoría de los casos como personal del nosocomio. Los represores que actuaron allí pertenecían según las constancias al Ejército, Aeronáutica, Policía Federal, Policía de la Provincia de Buenos Aires. Además una parte de ese grupo provenía del Ministerio de Bienestar Social —Secretaría de Estado de Salud Pública— contratado especialmente por las autoridades del citado Hospital. Esta patota se había denominado "SWAT".

El operativo mencionado en testimonios anteriores realizado el 28 de marzo de 1976 y dirigido por el general Bignone, "La Razón", 30-3-76 , culminó como se dijo con la detención de un grupo de cuarenta personas. A partir de ese momento, quedó como interventor del Policlínico el Coronel médico Abatino Di Benedetto, quien declaró en comisión a todo el personal y lo licenció con prohibición de concurrir al establecimiento. Posteriormente fue designado Director interino el Coronel médico (RE) Julio Ricardo Estévez. A partir de estas designaciones comienzan a encadenarse las detenciones de un gran número de personas.

El hijo de María Teresa de Cuello (Legajo Nº 1172) denuncia:

"El 26 de noviembre de 1976 a la madrugada invadieron nuestra vivienda numerosas personas armadas, algunas con uniforme. Preguntaron quién era Teresa. Debo decir que en el único lugar en que llamaban así a mi madre era en el Hospital Posadas, donde trabajó como técnica en esterilización. La secuestraron y esa misma madrugada también se llevaron al señor Chester, que vivía cerca de nuestra casa. Cuando mi hoy fallecido padre intentó oponerse, le partieron la cabeza de un culatazo. Reconocí entre los secuestradores a Nicastro (Legajos Nº 1172-3877).

Gladys Cuervo (Legajo Nº 1537), aporta mayores precisiones sobre el funcionamiento de este C.C.D.:

"El 25 de noviembre de 1976 me llamó Estévez a la dirección. Allí me encañonaron y colocaron los brazos a la espalda. Por la nochecita me sacaron en una camioneta, y después de dar varias vueltas me dijeron que estaba en Campo de Mayo. Sin embargo me di cuenta que estábamos en la parte de atrás del Policlínico. Me desnudaron y trompearon, interrogándome sobre unos volantes que yo no había visto. Después vinieron otras personas que me picanearon. Durante varios días siguieron torturándome. De Chester supe también por los comentarios que me hizo el nombrado 'Juan', que era flojo y no aguantaba la picana, al pasar pude ver al médico Jorge Roitman, quien estaba en un charco de orina y sangre. Tiempo después me envolvieron en una manta y me tiraron al piso de atrás de un auto. Me llevaron a una tapera donde me ataron de pies y manos a una cama. Permanecí unos cincuenta días allí, donde me dieron medicamentos y alimentaron mejor. Utilicé platos y cubiertos con la inscripción de la Aeronáutica. El 22 de enero de 1977 me llevaron a mi casa. Había perdido 14 kilos. Entre mis torturadores reconocí a Nicastro, Luis Muiña, Victorino Acosta, Cecilio Abdennur, Hugo Oscar Delpech y Oscar Raúl Tevez".

Coordinación

Mar del Plata
Comisaría de Batán

El caso de Osvaldo Fraga (Legajo N° 237), relacionado con la desaparición de Rubén Galucci, adquiere relevancia para completar una definición sobre la relación del Policlínico Posadas con los demás campos dependientes de la Fuerza Aérea. Testimonia Galucci:

"Fui detenido el 2 de diciembre de 1976 en el Policlínico Posadas donde desempeñaba tareas administrativas, junto con el enfermero Osvaldo Fraga, en presencia de personal y de pacientes. Fuimos llevados en autos separados a la Comisaría de Castelar. Los interrogatorios se realizaron en la planta superior y los responsables de los mismos eran miembros de la Fuerza Aérea de Morón. A ninguno de los dos nos acusaron en ningún momento de cargos concretos y sólo nos pedían información sobre médicos, enfermeros y empleados del policlínico que hubiesen realizado actividades políticas o sindicales. Nos picanearon y mantuvieron siempre vendados. En el sector de la comisaría donde estábamos sólo podían entrar los de Aeronáutica y los cabos de guardia que traían la comida desde la base de Morón. A mediados de diciembre me colocaron junto a Fraga en una celda. Diez días después nos trasladaron en el baúl de un auto a otro lugar, dentro de la Base, donde las condiciones de encierro se tornaron infernales. En dos oportunidades vi a Fraga junto con otros detenidos. En ambas nos encontramos sin vendas en los ojos, completamente desnudos y con el cuerpo desgarrado, cubiertos de heridas, en una habitación donde nos reunían para darnos de comer. Posteriormente me trasladaron a Haedo, luego nuevamente a Castelar, hasta mayo de 1977, cuando me legalizaron. El Ministerio del Interior informó a mi familia que estaba a disposición del PEN, sin causa judicial y que el área que ordenó mi detención fue Aeronáutica de Morón".

El 24 de mayo de 1984, la CONADEP realizó un procedimiento en el "Hospital Profesor Alejandro Posadas". El C.C.D. estaba ubicado en los fondos, en un chalet de dos plantas. Gladys Cuervo, quien junto con otros testigos asistió al procedimiento, reconoció sin dudar diversas dependencias, en especial el placard en el que había estado largos días encerrada, e individualizó la habitación en la que se la mantuvo junto al doctor Roitman, a quien vio agonizando.

Quinta Seré

Está ubicada en la localidad bonaerense de Castelar. Se trataba de una antigua construcción, viejo casco de la estancia de la familia Seré. Funcionó como un centro clandestino dependiente de la VII Brigada Aérea de Morón y de la Base Aérea de Palomar. Un testimonio importante para la identificación de este C.C.D. es el del padre de Guillermo Fernández, acerca de la detención de su hijo y la posterior evasión (Legajo N° 950).

"Guillermo fue detenido el 21 de octubre de 1977 en nuestro domicilio. Se presentó un grupo de 17 personas de civil, fuertemente armadas, diciendo que eran de la policía y que estaban efectuando un rastrillaje. Ordenaron a los varones que nos pusiéramos contra la pared, con las manos en alto. Después de revisar todo y no encontrar absolutamente nada, le pidieron a Guillermo que los acompañara en averiguación de antecedentes. Lo esposaron en la espalda y se lo llevaron. A mi esposa le dijeron que revisara todo para ver si faltaba algo, porque si después hacíamos alguna denuncia iban a volver a dinamitarnos la casa. A mí me pidieron que los acompañara hasta mi oficina en la localidad de Morón. En el camino le pregunté al que parecía el Jefe, por qué detenían a mi hijo. Me respondió que se encontraba comprometido por su actuación en el colegio secundario Mariano Moreno de la Capital Federal. Al llegar a la oficina encontré que la puerta de entrada había sido derribada y que en el interior se encontraban varias personas armadas. Allí me hicieron firmar una constancia de que se habían realizado procedimientos en mi casa y en mi oficina y que no había faltado nada después. Al día siguiente presenté recurso de hábeas corpus por mi hijo, con resultados negativos... En una oportunidad, mi esposa y mi otro hijo pudieron ver en la Base El Palomar a algunas personas que habían participado en el operativo del secuestro. La suerte quiso que en 1978 mi hijo pudiera escapar de la casona 'Quinta Seré' donde estuvo secuestrado, junto con otros detenidos. Guillermo se pudo escapar un día de lluvia. Desnudos y esposados se deslizaron desde el primer piso utilizando ropas anudadas. A partir de entonces iniciamos un largo y triste peregrinaje hasta que logramos sacarlo del país. Por las comunicaciones telefónicas escuchadas en el campo de detención mi hijo supo que denominaban a ese lugar con el nombre de Atila".

Pilar Calveira de Campiglia (Legajo N° 4482) testimonia:

"El secuestro se produjo el 7 de mayo de 1977 por la mañana, cerca de mi domicilio ubicado en San Antonio de Padua... Llegamos a un lugar, para entrar al cual debimos atravesar un sector de pasto... me aflojé la venda con las rodillas y espié por las ranuras de una celosía. Pude ver la estación Ituzaingó, sobre la parte ancha de la avenida Rivadavia. La casa estaba sobre el desvío hacía Libertad, a unos cincuenta metros de Rivadavia, separada de la calle por el parque mencionado. En la casona había un equipo de radio. Ese fin de semana sólo estuvieron los guardias. El lunes llegó la patota que realizaba los secuestros. Me llevaron al cuarto de torturas donde me picanearon sobre un elástico metálico. Era una especie de ceremonia donde participaba gran cantidad de gente muy excitada, gritando todos a la vez. Hablaban de Dios y decían que los secuestrados éramos enemigos de Dios. Al amanecer del martes 10 pedí que me llevaran al baño, la ventana estaba abierta y salté por ella para intentar escapar. Al caer me rompí el brazo y el talón izquierdo, dos o tres vértebras y algunas costillas. También me golpeé la cabeza que se hinchó mucho. Los guardias se dieron cuenta por el ruido que hice al golpear contra el piso. Me capturaron y volvieron a subirme a las patadas. Yo no podía caminar ni pararme... El jueves me volvieron a llevar a la sala de torturas, en brazos, porque no podía moverme. Fue la última vez que me aplicaron la picana. Hasta fines de mayo permanecí sin atención médica, tirada en un rincón del cuarto y luego sobre la cama que había sido de mi hija, robada de mi casa. Me llevaban al baño en brazos. En los últimos días de mayo me sacaron de noche en una camioneta, sucia y vendada, a un hospital donde me enyesaron el brazo, la pierna y

COMISARIA DE BATAN MAR DEL PLATA

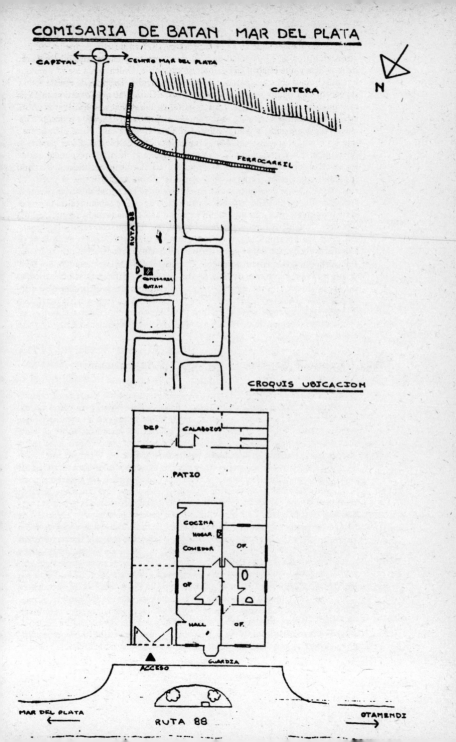

CAPITAL ← ◯ → CENTRO MAR DEL PLATA

N

CANTERA

FERROCARRIL

RUTA 88

COMISARIA BATAN

CROQUIS UBICACION

DEP   CALABOZOS

PATIO

COCINA
HOGAR
COMEDOR   OF.

OF.

HALL   OF.

ACCESO   GUARDIA

MAR DEL PLATA ←   → OTAMENDI

RUTA 88

el tórax. Para sacarme los yesos me llevaron al mismo lugar sin vendas, y pude reconocer el Hospital Aeronáutica Central...

En la casa de Ituzaingó, los grupos operativos hacían constantes referencias a la Base Aérea del Palomar. La comida era traída en grandes ollas desde fuera de la casa, por jóvenes uniformados. Hablaban despectivamente del Ejército y de la Armada, alrededor del 8 de junio de 1977 cuatro de los secuestrados que estábamos allí fuimos trasladados a la Comisaría de Castelar, en un camión celular. Luego pasé por otros centros clandestinos, inclusive la ESMA, hasta mi posterior liberación".

Superintendencia de Seguridad Federal

Ex Coordinación Federal (hoy Superintendencia de Interior) de la Policía Federal Argentina, a fines de 1975 se constituyó en sede del GT2 que funcionó en el 3er. y 4to. Piso (Salón Matos) de su edificio de la calle Moreno 1417, Capital, bajo supervisión operacional del Comando de Cuerpo de Ejército I. A su vez, aportaba personal a otros Grupos de Tareas intervinientes en la represión, como por ejemplo el operante en dependencias de la Escuela de Mecánica de la Armada (GT3.2).

Con posterioridad otros pisos del edificio, 5to., 6to., 7mo., etc. fueron utilizados como Centro de Detención ilegal, permaneciendo los detenidos en condición "RAF" (en el aire), es decir, sin asiento en libro alguno. (Legajo N° 7531).

Se utilizó para interrogatorios y alojamiento de detenidos en tránsito (LT) y detención previa de los que pasaran posteriormente a disposición del PEN.

Existieron, sin embargo, muchos casos en los que se dio a los prisioneros el "traslado final", como se dio con los detenidos en la noche del 2 de julio de 1976 y días sucesivos, como represalia por un atentado cometido contra el edificio de esa dependencia, que fueron sacados de allí después de ser inyectados (Legajo N° 7531). De esos detenidos-desaparecidos, objeto de una salvaje represalia, es testimonio brutal el libro de entradas de la Morgue Judicial de Capital Federal, donde se eleva bruscamente el número de N. N. asentados en el mismo. Durante años uno a dos cada día y entre el 3 y 7 de julio de ese año, 46 cadáveres, casi todos con el siguiente diagnóstico del Cuerpo Profesional de ese organismo: "Heridas de bala en cráneo, tórax, abdomen y pelvis, hemorragia interna".

Y que aparecieron eliminados en grupos: "Hallado junto con otros siete cadáveres en el interior de una playa de estacionamiento en Chacabuco 639, Capital".

También el caso de los cuerpos hallados en la localidad de Pilar, donde aparecieron 30 cadáveres dinamitados con explosivos, el 20 de agosto de 1976. (Legajos N° 2521, 6976 y 7531).

"Los castigos no terminaban nunca, todo estaba organizado científicamente, desde los castigos hasta las comidas... se escuchaban voces que ahogaban la constante testimonial de alguien que era torturado". (Legajo N° 3721)

Los detenidos permanecían con los ojos vendados con algodones y cintas adhesivas y esposados. Las mujeres eran obligadas a bañarse delante de los guardias y constantemente sometidas a manoseos y violaciones.

"Las tres estábamos vendadas y esposadas, fuimos manoseadas durante todo el trayecto y casi durante todo el traslado... la misma persona vuelve a aparecer con alguien que dice ser médico y quiere revisarme ante lo cual fui nuevamente manoseada sin ningún tipo de revisación médica seria... Estando medio adormecida, no sé cuanto tiempo después, oí que la puerta del calabozo se abría y fui violada por uno de los guardias. El domingo siguiente esa misma persona, estando de guardia se me acercó y pidiéndome disculpas me dijo que era "un cabecita negra" que quería estar con una mujer rubia, y que no sabía que yo no era guerrillera. Al entrar esa persona el día de la violación me dijo: 'si no te quedás quieta te mando a la máquina' y me puso la bota en la cara profiriendo amenazas. A la mañana siguiente cuando sirvieron mate cocido esa misma persona me acercó azúcar diciéndome: 'por los servicios prestados'. Durante esa misma mañana ingresó otro hombre a la celda gritando, dando órdenes: "párese, sáquese la ropa', empujándome contra la pared y volviéndome a violar... El domingo por la noche, el hombre que me había violado estuvo de guardia obligándome a jugar a las cartas con él y esa misma noche volvió a ingresar a la celda violándome por segunda vez..." (D. N. C. Legajo N° 1808).

Las torturas consistían en desnudar a los detenidos sujetándolos a una superficie con los brazos y piernas extendidos. Se utilizaban dos picanas simultáneas, combinando esta tortura con golpes y también con la práctica del submarino seco. La picana la aplicaban en la vagina, boca, axilas y por debajo de la venda, en los ojos. Los interrogatorios eran acompañados de continuas amenazas a los familiares. Era frecuente que a las detenidas les introdujeran objetos en el ano. Los prisioneros eran golpeados con palos de goma por cualquier motivo. Los guardias se divertían obligándolos a todo tipo de "juegos", desde apoyar un dedo en el piso girando cada vez más rápido (buscando petróleo) y golpeando al que se caía, como hacerlos bailar en parejas durante largo tiempo para golpearlos después brutalmente. Eran frecuentes también los simulacros de fusilamiento. Tirados en el piso, frecuentemente eran golpeados, escupidos u orinados.

Patrick Rice, sacerdote católico irlandés que estuvo allí detenido, y que fue torturado, vio que entre las detenidas había mujeres embarazadas, una de ellas, María del Socorro Alonso fue torturada, lo que le provocó he-

LA RIBERA - CORDOBA

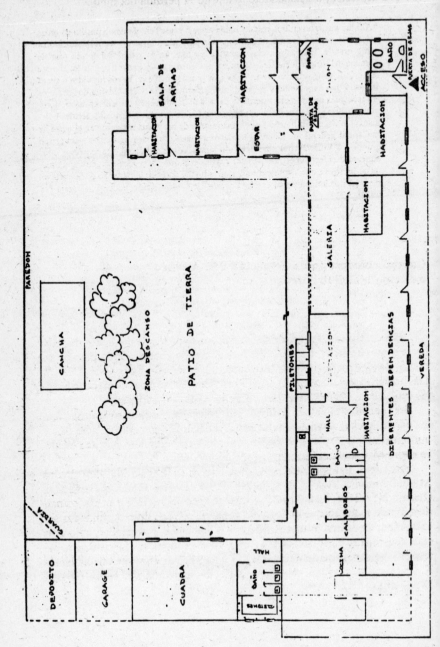

morragias, inmovilidad en las piernas y paros cardíacos, por lo que le colocan una inyección, ocasionándole todo esto la pérdida del niño.

"Allí me pusieron en una celda y había unos 6 presos en el mismo pasillo en otros calabozos, otros 4 muchachos en una celda grande y otras tantas mujeres en otra celda grande. Había una cruz svástica pintada en la pared del fondo (con la plancha del 'fingerprint')... La comida en Coordinación Federal consistía en mate cocido sin leche y azúcar, con un poco de pan a la mañana, fideos hervidos a veces sin sal y pan a mediodía y polenta también sin sal a la noche. Había dos mujeres embarazadas que pidieron permiso para ir al baño. Según me comentaron, algunos guardias abusaban de las mujeres allí. Había dos tipos de presos, legales e ilegales. Un ilegal Guillermo López, estudiante de medicina residente en el oeste de la Capital Federal fue sacado una mañana cuando fuimos trasladados —un grupo grande— a Villa Devoto y no llegó allí jamás. Algunos habían estado presos unos ochenta días (en Superintendencia) y uno decía que antes sacaban gente para matarla. Inclusive uno me testimonió que la noche anterior al hallazgo de 30 cadáveres en Pilar habían sacado treinta presos de Coordinación Federal" (Legajo Nº 6976).

Campo clandestino de detención "El Atlético" o el club o el club Atlético

Este centro clandestino de detención funcionó desde mediados de 1976 hasta el mes de diciembre de 1977. Fue demolido poco después, pero de los relatos de algunos testimoniantes y otros informes obtenidos por la CONADEP, pudo establecerse que estaba instalado en un predio ubicado entre las calles Paseo Colón, San Juan, Cochabamba y Azopardo.

Las personas alojadas en dicho centro llegaban en el interior de vehículos particulares severamente tabicadas. Al llegar al lugar eran sacadas de los automóviles y transportadas violentamente —casi en vilo— por una escalera pequeña y un lugar subterráneo, sin ventilación.

Así surge de los dichos de Carlos Pachecho (Legajo Nº 423), Pedro Miguel Antonio Vanrell (Legajo Nº 1132), Daniel Eduardo Fernández (Legajo Nº 1310), José Angel Ulivarri (Legajo Nº 2515) y otros, coincidiendo casi todos en que al llegar se abría un portón. Eran desnudados sin excepción, hombres, mujeres, jóvenes y ancianos y revisados, mientras eran empujados y maltratados. Se les retiraban todos sus efectos personales, que jamás les fueron devueltos. "Tu nombre de ahora en adelante será K 35, ya que para los de afuera estás desaparecido...", relata Miguel D'Agostino.

De allí eran llevados al quirófano o sala de torturas y el miedo se había convertido en terror y desesperación.

> "Durante el interrogatorio pude escuchar los gritos de mi hermano y de su novia, cuyas voces pude distinguir perfectamente" (Nora Strejilevich - Legajo N° 2535).

Una vez que se detenía momentáneamente la primera sesión de "ablande" algunos eran llevados casi a la rastra a la "enfermería" y luego a la "leonera" o directamente a los "tubos". En los tobillos se les colocaban unas cadenas, cerradas con candados de cuya enumeración era imprescindible acordarse, ya que, si no, corrían el riesgo, cuando eran trasladados al baño, de no obtener las llaves correspondientes que los abrieran. Entre el tabique que impedía casi totalmente la visión, los grillos en los pies, además de la cara y de la partes más visibles del cuerpo llenas de hematomas, magulladuras y heridas abiertas —amén de la ropa que se le asignaba a cada uno— la imagen de estos seres sometidos a condiciones infrahumanas es un recuerdo lacerante para cada uno de los escasos sobrevivientes.

> "Algunos pasaban por la leonera, permanecían dos o tres días y salían en libertad, les decían 'perejiles'... "eran aquellos que 'chupaban' y que no les servían para nada" (Miguel Angel D'Agostino - Legajo N° 3901).
> "Después de pasados los primeros días, me llevaron a una celda, y pude ir adaptándome poco a poco a esa vida, aprendiendo cómo tenía que vivir, qué era lo que podía hacer y lo que no podía. A pesar de que permanecía siempre tabicada y de me sacaban tres veces por día para ir al baño, pude hacerme una idea general de cómo era el lugar donde 'vivía'(...)
> El campo, que se hallaba en un subsuelo, tenía dos secciones de celdas, que estaban enfrentadas en un pasillo muy estrecho: de un lado los pares y del otro los impares. Para sacarnos al baño abrían las puertas una por una —cada uno de nosotros tenía que estar de pie cuando se abría la puerta— y luego desde la punta del pasillo el guardia gritaba el número de las celdas, allí nosotros nos dábamos vuelta y cada uno se tomaba de los hombros del que tenía delante, formando un 'tren' que era conducido por un guardia." (Ana María Careaga, Legajo N° 5139).

El "campo" tenía lugar para unas doscientas personas, y según refieren los liberados durante su funcionamiento habría alojado más de 1.500 personas. Este dato lo deducen de las letras que precedían al N°, cada letra encabezaba una centena. Por los testimonios asentados en la CONADEP, se llegó a la letra X en noviembre de 1977.

Los grupos de tareas con base en este C.C.D. operaban fundamentalmente en Capital y Gran Buenos Aires, "pero la impunidad que poseían les permitía ir más allá de esos límites, como en el secuestro de Juan Marcos Hermann, traído desde San Carlos de Bariloche al Atlético" (Conferencia de prensa del 22-8-84).

Tucumán
Jefatura de policía

Formosa
R.I.M. 29

El personal integrado por las fuerzas de seguridad actuaba en contacto con otros C.C.D., como la ESMA y Campo de Mayo.

El promedio de secuestros era de 6 ó 7 por día, pero hubo oportunidades en que ingresaban hasta 20. A intervalos regulares, un grupo importante de detenidos partía con destino desconocido. Dice D'Agostino:

> "En los tubos el silencio era total. En las vísperas de los traslados masivos en los que se llevaba alrededor de veinte personas, ese silencio se acentuaba..."
> (....)
> "A veces 'hablábamos' dando pequeños golpes en la pared intermedia que dividía los tubos, o al tocarle el hombro al compañero que iba adelante nuestro en el 'trencito'. Todos esperaban quietos y en silencio que los nombraran, querían salir de allí, todavía quedaba alguna esperanza. El traslado, más que miedo, encerraba cierta expectativa...".

El Banco

El 31 de marzo y el 2 de junio de 1984, esta Comisión realizó sendos procedimientos de constatación en la actual Brigada Femenina XIV de la Policía de la Provincia de Buenos Aires, a unos doscientos metros de la intersección de la Autopista General Ricchieri y el Camino de Cintura (Puente 12), partido de La Matanza, Provincia de Buenos Aires.

El objeto era verificar si ese edificio había sido efectivamente utilizado para el funcionamiento de un C.C.D., tal como lo afirmaban numerosas denuncias registradas en esta Comisión.

Dice la Sra. Fernández Meijide en un informe sobre el primero de estos procedimientos:

> "Viajábamos junto con las testigós Susana Caribe, Norma Lato y Nora Bernal, y en el momento de llegar, el automóvil desvió y tomó un camino que conducía directamente a la derecha y subió un pequeño terraplén que está al lado del camino. Lo mismo hicieron los otros automóviles que nos seguían con los demás funcionarios de la CONADEP y el resto de los testigos. Al unísono, Caride, Leto y Bernal, expresaron que el mismo movimiento que había hecho ahora el auto, lo habían sentido en ocasión de ser transportadas inmediatamente después de su secuestro, cuando viajaban ya tabicadas, en el piso del coche que las conducía desde el 'Club Atlético' hasta el nuevo campo".
> "...éste es el lugar: por aquí es por donde pasábamos a los calabozos" (Benítez, Miguel Angel, Legajo N° 436).
> "...el patio de baldosas blancas y negras es el mismo en donde se nos desnudaba y

revisaba, sólo que ahora está dividido por haberse levantado dos o tres paredes, pero no me cabe ninguna duda de que éste es el lugar donde estuve detenida en dos oportunidades". (Nora Bernal, Legajo 1583).

"...éste es el pasillo que conduce al último "tubo" de la mano derecha, donde estuve presa..." (Elsa Lombardo. Legajo 3890).

La tensión y el nerviosismo fueron evidentes al ingresar el grupo al local donde, entre fines de 1977 y mediados de 1978, había funcionado "El Banco". El grupo inició el reconocimiento en forma ordenada, pero muy pronto los testigos se dispersaron y con verdadera excitación corrían a reconocer los distintos lugares, la cocina, los quirófanos, la enfermería, los pasillos, los tubos, los baños, etc., donde habían vivido en medio del "salvajismo y terror que imperaban, ya que el grito de los compañeros torturados y golpeados, era constante día y noche" (Norma Leto. Legajo N° 3764).

Tanto el arquitecto como el fotógrafo de la Comisión eran requeridos constantemente por los liberados, a fin de registrar los detalles y elementos de importancia que acreditasen que allí habían permanecido en cautiverio, ellos, y muchas personas más.

"Las puertas son las mismas, con la diferencia de que la pequeña mirilla que antes tenían ha sido soldada y ahora tienen una más grande... éste es el tubo donde estuve prisionera con Elsa Lombardo... acá estaba la cocina en donde nos vacunaron contra la hepatitis... no tengo ninguna duda de que éste es el lugar en donde estaba secuestrada y en donde fui torturada y encerrada, primero en una celda que estaba permanentemente llena de agua, y luego trasladada a otra celda que se encuentra sobre la mano derecha del sector 2" (Susana Caride. Legajo N° 4152)

Por su parte, el testigo Casalli Urrutia reconoce el lugar ubicado en el sector I, al fondo del pasillo, donde estuvo tirado en el piso durante ocho días junto con diez personas más, y agrega que para esa época —junio de 1978—, la capacidad del campo estaba totalmente colmada, ya que había entre tres y cuatro personas por tubo.

Y Marina Patricia Arcondo manifiesta mientras recorre el lugar con funcionarios de la Comisión:

"Hay cosas que nos orientaban y los indicios de entonces se repiten ahora, idénticos a los que percibíamos por debajo de la venda. En esta habitación estaba el arquitecto Hernán Ramírez, en la de al lado mi marido Rafael Arnaldo Tello y su hermano, ambos desaparecidos. Me sentaron en un lugar próximo a las oficinas que hacían de quirófano y pude sentir los alaridos de la gente que estaba siendo torturada, incluso los de mi marido".

Añade que la llevaron a un habitación en donde le dijeron que todo cuanto habían sustraído de los domicilios de los secuestrados era una donación para la repartición. Por otra parte, todo el mobiliario de "El Banco"

Mendoza
Palacio policial

estaba marcado con la inscripción "DIPA" (Dirección de Inteligencia de la Policía Federal).

Cuando las obras de la Autopista hicieron necesaria la demolición del "Club Atlético", los oficiales y suboficiales que operaban en él se trasladaron junto con parte de los prisioneros al nuevo centro clandestino.

Otros testimonios señalan la presencia en el Banco del General Suárez Mason (Legajos N° 2529, 4124 y 4151).

Como en el caso del "Club", operaban en este Centro Clandestino de Detención varias fuerzas: Inteligencia de la Policía Federal, GT1, GT2, GT3, GT4 y FTE.

Al concluir el procedimiento, y una vez que el arquitecto de la Comisión confeccionó los planos, pudo constatarse que concordaban con mucha exactitud con varios croquis que ya estaban en poder de la CONADEP. Habían sido dibujados por los propios testigos a partir de sus recuerdos más desgarrantes, y ya figuraban en los legajos de los sobrevivientes.

El Olimpo

El centro clandestino de detención El Olimpo funcionó en la División de Automotores de la Policía Federal, ubicada en la calle Lacarra y Ramón L. Falcón de la Capital Federal. Comenzó su actividad clandestina como C.C.D. a partir del 16 de agosto de 1978, fecha en que numerosos prisioneros fueron derivados desde El Banco hacia este campo:

"Fui secuestrada el 28 de julio de 1978 junto con mi hijo Nahuel de dos meses de edad, y llevada al Banco. Allí me obligaron a citar a mi esposo encañonando a mi hijo con un arma. El 16 de agosto debimos enrollar nuestro colchones y esperar junto a la puerta de nuestra celda casi todo el día. A la nochecita, nos engrillaron de a dos y nos cargaron en un camión con nuestras pertenencias, el cual tenía caja de madera tapada con lona. Así llegamos a un lugar recientemente construido, lleno de polvillo, donde el frío era insoportable" (Isabel Fernández de Ghezan. Legajo N° 4124).

"Estimo que se realizaron dos o tres viajes con el mismo camión, en el cual irían aproximadamente treinta personas. Junto con nosotros pasaron al nuevo alojamiento los mismos represores del Banco. El nuevo lugar estaba recién construido y adaptado para mantener a los detenidos más controlados". (Elsa Lombardo. Legajo N° 3890).

"Llegamos al Olimpo, así llamado porque era 'el lugar de los dioses'...." (Graciela Trotta. Legajo N° 6068).

163

Por su parte, Isabel Cerrutti (Legajo Nº 5848), secuestrada el 12 de julio de 1978 y alojada sucesivamente en el Banco y en el Olimpo hasta enero de 1979, nos proporciona elementos para reconstruir la disposición interna del campo:

"Era un centro clandestino construido sobre una gran playa de estacionamiento. Tenía tres o cuatro salas de tortura, llamadas 'quirófano', y a la izquierda de las mismas estaban las oficinas del GT2. En el sector de incomunicados las ventanas estaban tapiadas con ladrillos. En el exterior había una construcción que era utilizada como alojamiento de los oficiales. El 'pozo' propiamente dicho era una contrucción nueva, desmantelada en 1979".

Se desconocen los motivos de este traslado masivo, aunque cabe suponer que obedeció a que el Olimpo estaba ubicado más próximo al centro de operaciones.

Como en el Banco, las fuerzas estaban divididas en los grupos de tareas GT1, GT2 y GT3. La diferencia con el otro campo fue una mayor organización y una aparente flexibilización en el trato a los secuestrados, situación que se revierte luego en un trato endurecido y despiadado. Según el testimonio de Isabel Cerrutti, este cambio obedeció a problemas entre los mismos represores, quienes luchaban entre sí por la hegemonía del campo y por obtener una mayor tajada en el "botín de guerra". Las fuerzas que operaban en la calle no estaban en contacto con los prisioneros, salvo casos excepcionales. La custodia fue cubierta por personal de Gendarmería.

Las fuerzas intervinientes estaban bajo control y supervisión de la Jefatura del I Cuerpo de Ejército con asiento en Palermo, Capital Federal.

Los diversos testimonios que relacionaron el funcionamiento del C.C.D. con el I Cuerpo de Ejército fueron confirmados por el Gendarme Omar Eduardo Torres (Legajo Nº 7077):

"Yo revistaba en el destacamento de Campo de Mayo —Móvil 1—, que era un escuadrón dependiente del I Cuerpo de Ejército cuyo jefe en el año 1978 era el general Suárez Mason".
(...)
"Cuando terminó el mundial de fútbol, unos treinta hombres de los que habíamos custodiado el estadio fuimos convocados a Campo de Mayo, donde recibimos instrucciones del segundo comandante, cuyo nombre de guerra era Cortez, sobre una misión especial por la cual íbamos a cobrar un sobresueldo. Debíamos dejarnos el pelo largo y barba y utilizar apodos. Posteriormente, nos ordenó presentarnos en Lacarra y Falcón, en los primeros días de julio de 1978. Cuando entramos, vimos que personal del Servicio Penitenciario Federal estaba terminando la construcción, destinada a alojar a los prisioneros. Muchas veces pude ver a los encargados de los secuestros, o sea 'la patota', llevarse en sus automóviles enseres robados

Mendoza
Palacio Policial

de las casas allanadas. También había un depósito destinado a guardar el botín de guerra. Nosotros estábamos encargados de la seguridad interna del campo y no podíamos tener trato con los detenidos, aunque a veces los sacábamos para ir al baño. El interior del campo el Olimpo era como una prisión. Tenía una entrada que daba a la guardia, donde había un libro en el cual se anotaba la entrada y salida de los detenidos, el calabozo que le asignaban y el número y la letra que le adjudicaban reemplazando su nombre y apellido. Asimismo, ponían la causa de su detención".

(...)

"Los presos eran conducidos a la Base Aérea El Palomar, adonde llegaban otros camiones con detenidos, y todos eran subidos a aviones. Por lo que comentaban, luego los arrojaban al mar. A veces debí realizar otras tareas además de la guardia, como ir a buscar comida al Regimiento de Ciudadela o, en una oportunidad, ir al Hospital Militar a custodiar a un detenido del Olimpo que había sido muy torturado, a pesar de lo cual estaba esposado de pies y manos. También participé de los grupos de tareas, saliendo a hacer algunos operativos, para lo cual pedíamos zona liberada a la Comisaría del lugar donde debíamos actuar. Los grupos en que participé fueron el GT1 y GT2. También había otros oficiales del Ejército, del Servicio Penitenciario Federal y de la Policía Federal".

Principales centros clandestinos de detención del circuito Jefatura de Policía de la Provincia de Buenos Aires

Dependiendo de la Jefatura de Policía de la Provincia de Buenos Aires, bajo el mando del entonces Coronel Ramón Camps, y de la Dirección General de Investigaciones a cargo de Miguel Etchecolatz, operó un Circuito de Campos Clandestinos de Detención, dentro del Area 113 (legajos Nº 2818 - 2820 - 2821 - 2822 - 2852 - 2857 - 683 - 3944 - 2846 - 4839 - 7169 - 4635).

El circuito comprendía funcionalmente los siguientes campos, ubicados en un radio geográfico relativamente extenso:

COT I Martínez: Avda. Libertador Nº 14.237/43, de Martínez.
Pozo de Quilmes: Allison Bell esquina Garibaldi, de Quilmes.
Pozo de Bánfield: Vernet esquina Siciliano, de Bánfield.
Puesto Vasco: Don Bosco, Partido de Quilmes.
Arana: calle 137, esquina calle 640, de La Plata.
La Cacha: Antigua antena de Radio Provincia.
Comisaría 5ta.: calle 24, esquina calle 63, de La Plata.
Brigada de Investigaciones de La Plata: Calle 55 Nº 930.

No se trataba sin embargo de un sistema enteramente cerrado, y los mismos centros, en caso necesario, resultaban estar vinculados también por razones operativas con otros dependientes del CRI (Central de Reunión de Inteligencia), correspondiente al Regimiento 3 de Infantería de La Tablada, como el caso de algunas comisarías de la zona oeste del gran Buenos Aires.

El COT I Martínez revistió dentro del circuito algunas características propias, funciones especiales, tales como albergar entre sus detenidos a numerosas personalidades de pública actuación, como los periodistas Rafael Perrotta y Jacobo Timerman, y a dirigentes políticos y a ex funcionarios de jerarquía durante el gobierno constitucional depuesto el 24 de marzo de 1976: tales los casos de Ramón Miralles, Juan Gramano, Juan Ramón Nazar, Alberto Líberman, Héctor Ballent, etc.

Otra de las características peculiares de este Centro fue la de no ocultar al barrio las actividades que allí se desarrollaban, actitud cuya conjetural intención última era sembrar el terror en el vecindario. En ocasión del procedimiento de verificación "in situ" realizado por la CONADEP el 20 de enero de 1984, con la presencia de dos ex detenidos, un vecino de la zona manifestó:

> "Vivo aquí con mi familia desde el año 1973. Al llegar nosotros, ese inmueble colindante estaba desocupado. A fines del 76 empezaron a hacer modificaciones. Elevaron allí una gigantesca pared medianera y pusieron un alambre de púas, colocando rejas en las ventanas. Se escuchaba permanentemente el ir y venir de personas. De noche, los focos de la torre iluminaban por todos lados. Se escuchaban disparos de la mañana a la noche, como si practicaran tiro o probaran armas. También se oían gritos desgarradores, lo que hacía suponer que eran sometidas a torturas las personas que allí estaban. A menudo sacaban de allí cajones o féretros. Inclusive restos mutilados en bolsas de polietileno. Vivíamos en constante tensión, como si también nosotros fuéramos prisioneros; sin poder recibir a nadie, tal era el terror que nos embargaba, y sin poder conciliar el sueño durante noches enteras".

La relación de este Centro Clandestino de Detención con otros de este circuito está evidenciada por la presencia del mismo personal en unos y otros. Tal el caso del Comisario Valentín Milton Pretti, "Saracho", nombrado también en testimonios N° 4635, 1277, 3988, referidos al "Pozo de Quilmes"; el Subcomisario Amílcar Tarela, "Trimarco", mencionado por su actuación en el "Pozo de Bánfield" (Legajo N° 3757); y el médico Jorge Antonio Bergez en la Brigada de Investigaciones de la ciudad de La Plata (Legajos N° 1277, 683, 3944).

En cuanto a los detenidos, algunos de los cuales fueron objeto de extorsiones, eran frecuentemente trasladados de uno a otro Centro, tal como surge de numerosos testimonios de personas que, hoy liberadas, declaran ha-

VESUBIO

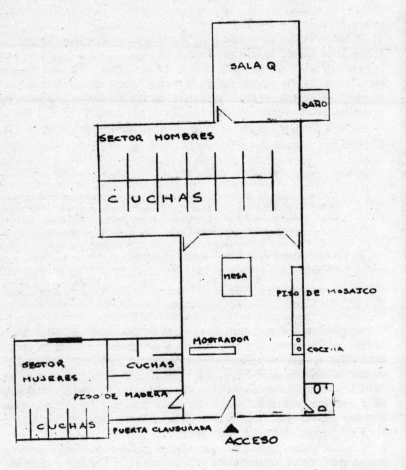

SALA Q

BAÑO

SECTOR HOMBRES

C U C H A S

MESA

PISO DE MOSAICO

MOSTRADOR

COCINA

SECTOR
MUJERES

CUCHAS

PISO DE MADERA

C U C H A S

PUERTA CLAUSURADA   ACCESO

CASA 3

ber recorrido varios Centros Clandestinos de Detención del mismo circuito.

> "Luego de detenerme en mi domicilio de la Capital Federal, me llevaron a la Jefatura de la Policía de la Provincia de Buenos Aires donde me interrogaron Camps y Etchecolatz; de allí me trasladaron a Campo de Mayo, donde me hicieron firmar una declaración. Luego me depositaron en Puesto Vasco, donde fui torturado, para pasar nuevamente al Departamento Central de Policía, donde después de veinticinco días pude tener contacto con mi familia. De allí me llevan al COT I Martínez para ser nuevamente torturado, luego otra vez al Departamento Central de la Policía Federal y por último me legalizan definitivamente en el Penal de Magdalena (Jacobo Timerman, legajo N° 4635).

Tanto el ex Jefe de Policía de la Provincia Ramón J. Camps cuanto el comisario general Miguel Etchecolatz son mencionados además por los testigos (Julio Alberto Emmed -legajo N° 683, Carlos Alberto Hours -legajo N° 7169, Héctor María Ballent -legajo N° 1277, Ramón Miralles -legajo N° 3757, Eduardo Schaposnik -legajo N° 3769, Juan Amadeo Gramano -legajo N° 4206).

Si bien el Puesto Vasco era un centro de capacidad reducida en cuanto a la cantidad de detenidos, recibía la visita frecuente de altos jefes militares y policiales, hecho que indica que las tareas de inteligencia que allí se realizaban revestían particular importancia.

> "Fui entrevistado por el general Camps —testimonia el Dr. Gustavo Caraballo, abogado, 40 años, legajo N° 4206— quien personalmente ordenó que yo fuera sometido a apremios ilegales en ese centro".

El C.C.D. al que hace referencia el Dr. Caraballo y que pudo reconocer en las fotografías tomadas durante la inspección de la CONADEP, es precisamente la Sub-comisaría de Don Bosco, que operó en el circuito clandestino con el nombre de Puesto Vasco.

Dentro del mismo circuito funcionaron dos centros con una característica especial: estaban asignados no sólo a acciones represivas dentro del esquema del I Cuerpo de Ejército, sino también a otras dirigidas contra ciudadanos uruguayos residentes en la Argentina, a partir de un convenio de coordinación represiva establecido entre los que parecen ser grupos operativos de ambos países. Participaban de esas acciones —tanto en el plano de la conducción como del aprovechamiento del "botín de guerra"— funcionarios de OCOA (Organismo Coordinador de Operaciones Antisubversivas del Uruguay), muchos de cuyos oficiales ya habían actuado con sus pares de la Policía Federal Argentina en el Centro Clandestino "Orletti", y aparecen mencionados por detenidos de los "pozos" de Quilmes y Bánfield.

"En la madrugada del 21 de abril de 1978 irrumpieron en mi domicilio de Lanús Oeste veinticinco personas de civil, fuertemente armadas. Mi esposo y yo fuimos encapuchados, esposados y luego introducidos en una camioneta. Sabemos, por muchos indicios, que estuvimos en el sótano de la Brigada de Investigaciones conocida como "Pozo de Quilmes". Allí fuimos interrogados acerca de nuestra actividad en el Uruguay —de donde proveníamos—, y en la Argentina. En este campo pudimos ver a numerosos uruguayos, algunos de ellos en muy mal estado, debido a la tortura. Cinco días después nos dejaron en libertad, previo acuerdo de que debíamos entregar una fuerte suma de dinero. Tanto la extorsión como el secuestro y el interrogatorio estuvieron dirigidos por un individuo que se hacía llamar 'Saracho'. Fuimos llevados hasta nuestro domicilio, donde debimos entregar una elevada suma de dinero, producto de una indemnización por accidente percibida por mi suegra días antes". (Beatriz Bermúdez -legajo N° 3634).

Otro uruguayo, Washington Rodríguez (Legajo N° 4985) declara que a principios de abril de 1978 compartió su detención en este Centro con veintidós compatriotas, quienes le relataron haber estado recluidos en el Pozo de Bánfield donde fueron torturados por oficiales de OCOA. Tanto el tema de los interrogatorios como los métodos de tortura ponen en evidencia que los mismos actuaban también en Quilmes.

El reconocimiento del "Pozo de Quilmes", actualmente ocupado en parte por la Brigada Femenina de la Policía Provincial, fue realizado por la CONADEP el 18 de mayo de 1984, junto con una decena de testigos, quienes ubicaron con precisión los sitios donde habían estado detenidos, tanto más cuanto que algunos guardias les permitían bajarse las vendas de los ojos.

La Sra. María Kubik de Marcoff señaló el lugar donde había visto por última vez a su hija, quien en ese momento había alcanzado a susurrarle:

"Me dijeron que si no hablaba, te llevarían a vos y al abuelo".

Rubén Shell recordó:

"Los calabozos no estaban pintados por dentro como ahora, eran simplemente de cemento gris. Yo había hecho una inscripción en el mío que todavía está allí. Incluso reconozco otras inscripciones que ahora veo en las paredes".

También Alfredo Maly descubre raspando la pintura nueva de la pared de su celda las marcas que él había hecho durante su cautiverio.

Todos los testigos reconocen la entrada por la que se ingresaba al Centro desde el garaje, aunque el portón está actualmente modificado, sin que hayan desaparecido las huellas de los rieles por los que anteriormente corría. Oculta actualmente por un tabique de cemento, está aún la escalera tipo caracol que comunicaba el garaje, la sala de admisión y el "quirófano", con el resto de las instalaciones.

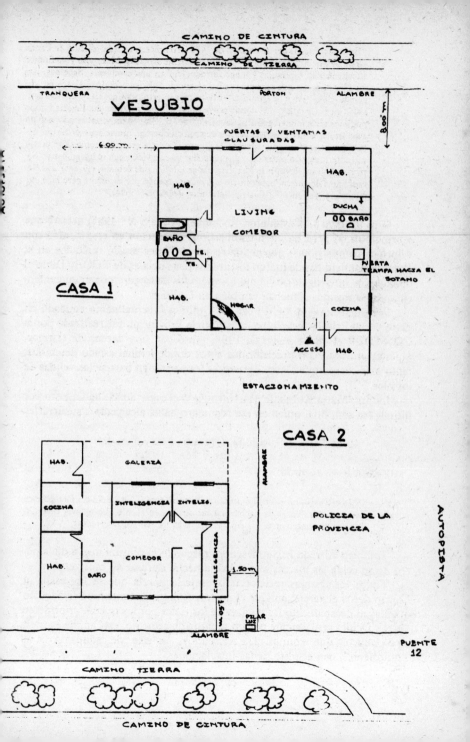

Un mes antes, el 18 de abril de 1984, la Comisión efectuó una inspección en la actual Brigada de Homicidios de Bánfield, verificando que allí funcionó el antiguo Centro Clandestino llamado "Pozo de Bánfield".

Una de las funciones del "Pozo de Bánfield" fue la de albergar a detenidas durante los últimos meses de embarazo, disponiéndose luego de los recién nacidos, que eran separados de sus madres.

En cuanto a la Brigada de Investigaciones, conocida en la jerga de los represores como "la casita", no solamente constituyó una instancia de admisión, tortura y detención temporaria para un gran número de desaparecidos, sino que también sirvió para llevar a cabo una "experiencia piloto", con detenidos que permanecieron allí a lo largo de un año bajo un régimen especial en razón de la colaboración que podían prestar a la actividad represiva dentro del área 113. Todo parece indicar, no obstante, que esta experiencia limitada a siete personas terminó en un fracaso, y que la suerte corrida por el grupo seleccionado no difirió de la sufrida por la inmensa mayoría de los desaparecidos cuya vida quedó definitivamente a merced de sus captores.

La experiencia se inicia a los pocos meses del secuestro —en la ciudad de La Plata— de siete estudiantes universitarios o jóvenes graduados (Legajos N° 2582-2835-2820-2818).

Sus familiares fueron informados por el Comisario Nogara que estaban detenidos en la Brigada de Investigaciones (Legajos N° 2818-2821-2822-2852-2853), e incluso autorizados a visitarlos, siempre con la recomendación de guardar estricta reserva. Después de un año, cuando la experiencia estaba próxima a culminar, se solicitó a los respectivos padres una suma de dinero, para que al ser liberados clandestinamente los detenidos pudieran viajar al exterior. Incluso uno de ellos fue llevado ante un escribano para autorizar la salida del país a su hijito y de un automóvil de su propiedad. Ofició como intermediario de estas tramitaciones el padre Cristian Von Wernich (Legajos N° 6893-683-1277-3944-2818-2820-2821-2822-2852), capellán de la Policía provincial, quien visitaba asiduamente a los jóvenes, y bautizó al hijo de una detenida, nacido en el Centro Clandestino, antes de entregarlo a sus abuelos. Estos jóvenes continúan desaparecidos, presumiéndose que han sido asesinados en un simulacro montado por sus captores, quienes fraguaron la falsa salida al exterior de los mismos.

Otro de los Campos pertenecientes a este circuito funcionaba en la localidad de Lisandro Olmos, cerca de la ciudad de La Plata, en la antigua planta transmisora de Radio Provincia. Era conocido como el Casco y también como "La Cacha", aludiendo a un personaje televisivo, "La bruja Cachavacha" que hacía desaparecer a la gente.

Es un edificio de tres plantas que podía albergar a unos cincuenta prisioneros.

El 20 de julio de 1984 miembros de la CONADEP acompañados de varios testigos realizaron una inspección ocular. Pudieron constatar que el edificio principal ha sido demolido, pero se mantiene en pie el lugar destinado a los interrogatorios. Las señoras Nelva Méndez de Falcone (Legajo Nº 3021) y Ana María Caracoche (Legajo Nº 6392) descubren luego de remover ligeramente un montículo visible a varios metros de distancia, varios jarritos con el sello del Regimiento 7, en los que les daban la comida, así como algunos carreteles de porcelana de alambre de cobre arrollado, que habían visto durante su detención en "La Cacha". También fueron reconocidas unas estructuras de hierro con alambre, que servían de "boxes" para evitar la comunicación de los detenidos entre ellos.

Unos cien metros más adelante pudo constatarse la existencia de dos cavidades de aproximadamente cinco metros por tres, y de un metro veinte de profundidad cada una, que coinciden con el lugar donde estuvieron los sótanos del edificio. Allí también encuentran una baldosa blancuzca con dibujos rojos, que conducía al baño y cocina; por último un cartel con la leyenda "Area Restringida".

Otros testimonios registrados en la CONADEP establecen que el funcionamiento del C.C.D. estaba a cargo de integrantes de las diversas fuerzas de seguridad que operaban en el área 113, es decir, Ejército, Armada, Servicio Penitenciario y SIDE, y por supuesto, Policía de la Provincia de Buenos Aires.

El traslado de y hacia otros centros era continuo y las legalizaciones se operaban frecuentemente a través de las comisarías de La Plata, pero otras veces los detenidos eran depositados mucho más lejos, en seccionales policiales de Avellaneda, Lanús o del conurbano oeste.

El circuito del área 113 se completó con el "Pozo de Arana".

> "Cuando llegué allí, creí que era la entrada al infierno. Los guardias me empujaban de un lado al otro, como jugando al 'ping pong'; escuchaba los gritos desgarradores de los torturados y veía constantemene pasar gente camino a la máquina". (Pedro Augusto Goin, Legajo Nº 2846).

Durante el reconocimiento efectuado por la Comisión el 24 de febrero de 1984, los testigos ubicaron perfectamente tanto el entorno físico, en las cercanías de las vías del ferrocarril, como cada uno de los detalles del edificio, actualmente ocupado por el Destacamento Policial de Arana, dependiente de la Comisaría 5ta. de La Plata. Esa conexión también existió mientras funcionaba como C.C.D., según surge de varios de los testimonios:

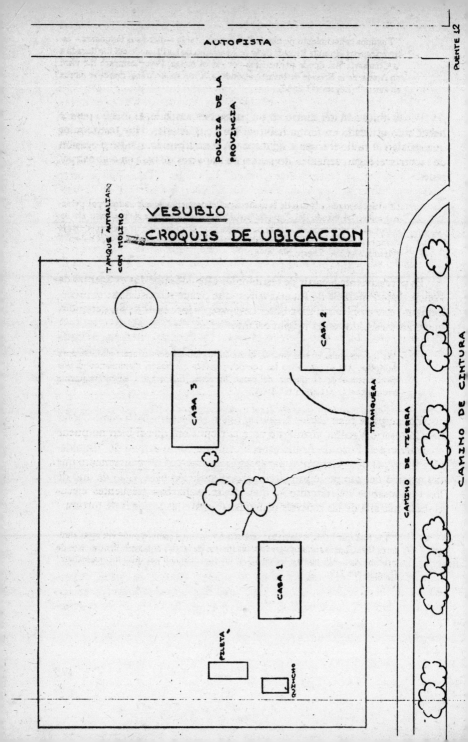

"Tuvimos conocimiento de que el Dr. Fanjul Mahía —dicen sus familiares— estuvo secuestrado en la Brigada de Investigaciones de La Plata; de allí fue llevado a la Comisaría 5ta. donde permaneció por varios meses. Posteriormente fue visto en Arana, en la Brigada de Investigaciones, y de nuevo en Arana, donde se pierde su rastro" (Legajo N° 2680).

Por la ubicación del centro en un paraje descampado, el mismo parece haber sido utilizado en forma habitual para ejecuciones. Hay testimonios que señalan el ruido frecuente de disparos, y un liberado que tuvo ocasión de recorrer el lugar, señaló la presencia de impactos de bala en algunas paredes.

"Fui secuestrado a la una de la mañana, en el domicilio de mis padres, por personal militar al mando del Capitán Bermúdez. Me llevaron a Arana, para ser interrogado y torturado. En ese lugar pasaba gran cantidad de gente, especialmente durante la noche. Eran frecuentes los comentarios de los guardias 'ése es boleta' " (Néstor Busso — Legajo N° 2095).

Es precisamente a partir de testimonios ofrecidos por dos ex agentes de Policía de la Provincia de Buenos Aires que puede reconstruirse el procedimiento que empleaban para hacer desaparecer los restos de los detenidos que eran asesinados en el propio campo:

"Se los enterraba en una fosa existente en los fondos del destacamento, siempre de noche. Allí se colocaban los cuerpos para ser quemados, disimulando el olor característico de la quema de carne humana, incinerando simultáneamente neumáticos"(...) (Legajo N° 1028).

Por su parte Juan Carlos Urquiza, quien se desempeñaba como chofer del Comisario Verdún, manifestó ante la Comisión, que si bien no puede considerarse al Pozo de Arana específicamente como campo de "liquidación final", él tiene elementos para asegurar —merced al conocimiento que del manejo del campo le proporcionaba su posición al servicio de uno de los responsables del circuito—, que allí se realizaban frecuentes ejecuciones, más allá de las muertes ocurridas durante las sesiones de tortura:

"A la fosa que había la llamaban 'capacha' y en otros campos pude ver otras similares. Eran pozos rectangulares de dos metros de largo por sesenta centímetros de profundidad. Allí ponían los cuerpos, los rociaban con gas oil y los quemaban" (Legajo N° 719).

El Vesubio

Este centro clandestino estaba ubicado en La Tablada, provincia de Buenos Aires, cerca de la intersección del Camino de Cintura con la autopista Ricchieri, en un predio del Servicio Penitenciario Federal. Se componía de tres construcciones, una de ellas con sótano, y una pileta de natación aledaña. Su nombre clave para las fuerzas que operaban allí fue "Empresa El Vesubio"; el "grupo de tareas" estaba provisto de credenciales que certificaban su pertenencia a dicha "empresa". Su existencia como centro de detención ilegal podría remontarse al año 1975, aunque entonces era denominado "La Ponderosa" (Legajo N° 7170).

En 1976 habría funcionado bajo la jurisdicción del I Cuerpo de Ejército, cuyo jefe era el General Guillermo Suárez Mason (Legajos Nros. 3048, 3524, 3382, 6769, 7170, 2529, 4124, 4151 y 7077), con dependencia directa de la Central de Reunión de Inteligencia (CRI) que funcionaba en el hospital del Regimiento 3 de La Tablada, cuyo jefe era el entonces Coronel Federico Minicucci (Legajos Nros. 7169, 2262, 98, 1310).

El testimonio de Elena Alfaro (Legajo N° 3048) resume con precisión las principales de este C.C.D., coincidiendo otros liberados con tales descripciones:

"El General Suárez Mason visitaba periódicamente el campo. El día de mi liberación fui interrogada por él acerca del conocimiento por parte de mis familiares de mi embarazo y sobre mis planes de vida para cuando saliese. El Mayor Durán Sáenz (corroborado por los Legajos Nros. 3048, 3382 y 7170), responsable del campo vivía allí de lunes a viernes y los fines de semana viajaba a su casa en Azul".
"El responsable de los guardias era el suboficial penitenciario Hirschfeld (corroborado en los Legajos Nros. 7170 y 3048).
"Asimismo, la seguridad estaba a cargo de personal del Servicio Penitenciario Federal, seis suboficiales en total, que hacían guardia en las "cuchas" (especie de nichos donde estaban los prisioneros). Estas personas eran de importancia fundamental para el mantenimiento del clima de terror imperante en el campo. De ellos dependían los detenidos para comer, ir al baño o higienizarse".
"En junio de 1977 tomó la jefatura del campo un grupo de oficiales de infantería del Ejército proveniente del Regimiento 6 de Infantería de Mercedes. Todos los integrantes del FTE (Fuerzas de Tareas Especiales) bajo el mando de Suárez Mason, fueron promovidos a fines de 1977 como premio al trabajo realizado. Grupos de Tareas pertenecientes a otras fuerzas utilizaron las instalaciones del campo en distintas oportunidades, como en el caso de mi secuestro y el de mi marido, Luis Fabri, quien fue ejecutado por el GT 4, de la Aeronáutica de Córdoba".
"El régimen de terror imperante, la falta de referencias, la pérdida de identidad al ser designados con un número, la incertidumbre y las vejaciones permanentes, constituían una constante tortura psíquica. Muchas veces fuimos amenazados con presenciar la tortura de familiares y en algunas oportunidades así fue. En mi caso, tuve que ver cómo torturaban a mi marido. Otra detenida, Irma Beatriz Márquez, fue obligada a presenciar la tortura de su hijo Pablo, de doce años".

Policlínico Posadas

Policlínico Posadas

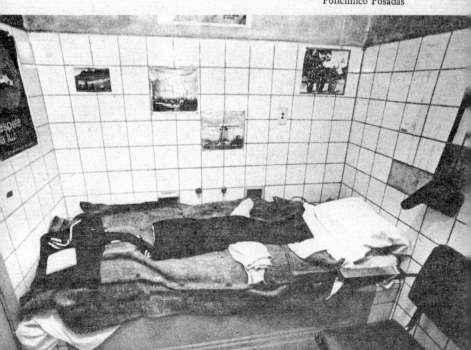

De acuerdo con las constancias testimoniales obrantes en esta Comisión, 34 de las personas que estaban detenidas clandestinamente en El Vesubio en setiembre de 1978 fueron separadas en grupos. Los detenidos, con los ojos vendados y las manos atadas a la espalda, fueron dejados en la proximidad de unidades militares en vehículos cerrados. A los pocos minutos, en todos los casos eran "descubiertos" por personal militar que condujo a los prisioneros a distintos regimientos o comisarías de la Provincia de Buenos Aires.

Ya "legalizados" fueron puestos a disposición del Consejo de Guerra Especial Estable, presidido por el Coronel Bazilis, el que se declaró incompetente, girando las causas a la Justicia Federal. En un plazo muy breve, el Juzgado Federal a cargo del Dr. Rivarola, Secretarías de Curutchet y Guanziroli, sobreseyó a los acusados. A mediados de 1979 las víctimas de todo este proceso fueron dejadas en libertad desde los penales en los que cada uno estaba. Habían quedado sin embargo registradas en el expediente judicial las denuncias de algunas de las dramáticas situaciones por ellos vividas.

Hoy siguen en los estrados de la justicia procesos impulsados por algunos de los que estuvieron detenidos en El Vesubio (Legajos N° 5235, 5233, 5234 y 5232).

Los edificios donde funcionaron la "enfermería", la "jefatura", las "cuchas" y el "quirófano" (con su inscripción "si lo sabe cante, si no aguante"), no existen más. Fueron demolidos ante la inminente visita de la Comisión de Derechos Humanos de la OEA. Sin embargo, a fines del año pasado, el Juez Dr. Ruiz Paz, y este año la CONADEP, acompañados por testigos, encontraron entre los escombros las características baldosas descriptas por los ex cautivos, también restos de las "cuchetas" de hormigón y pudieron determinar sobre el terreno el emplazamiento de cada dependencia descripta (Legajo N° 3048).

Sheraton (o Embudo)

Se trata de un centro clandestino de detención que funcionó en la Comisaría de Villa Insuperable, ubicada en la esquina de las calles Tapalqué y Quintana, partido de La Matanza. En el organigrama de la represión dependía del I Cuerpo de Ejército a través del Grupo de Artillería de Ciudadela.

Un grupo de detenidos que estuvieron ahí tomaron contacto, ya sea a través de cartas o personalmente, con sus familiares.

Ana María Caruso de Carri y su esposo, Roberto Eugenio Carri (Legajo N° 1761 y 1771) fueron detenidos en su domicilio en Hurlingham. Sus tres hijas fueron retiradas por familiares de la Comisaría de Villa Tesei. Esto ocurrió el 24 de febrero de 1977 y a los diez días Ana María llamó por primera vez a casa de sus padres. Hubo otras llamadas y, en una ocasión los dos pudieron entrevistarse con sus hijas en la plaza de San Justo. A partir del mes de julio del mismo año se establece un intercambio de correspondencia entre los secuestrados y la familia. Tanto en ocasión de la entrevista como para el acercamiento de las cartas, quien actuó como intermediario fue un hombre que era llamado "Negro" o "Raúl".

Este mismo personaje aparece ante la familia de Adela Esther Candela de Lanzillotti (Legajo 5003), intermediando para que ésta, que había sido detenida en Ramos Mejía el 24 de enero de 1977, pudiera visitar la casa de su hermana o llamarla por teléfono. Tal como en el caso del matrimonio Carri, el último contacto se produce en los últimos días del mes de diciembre de 1977.

A Pablo Bernardo Szir (Legajo 3420) lo detuvieron el 30 de octubre de 1976 también en Ramos Mejía. En noviembre de ese mismo año llama por primera vez a su familia y desde entonces llamó y escribió hasta que se entrevistó con sus hijas en junio de 1977. Quien arregló el encuentro fue un hombre que se hacía llamar "Raúl" y decía pertenecer a la Policía de la Provincia de Buenos Aires.

> "Me encontré con papá en una confitería de Ramos Mejía. Tenía marcas de torturas, las manos quemadas de cigarrillos; le faltaban dientes y estaba mucho más flaco".

En agosto y noviembre vuelve a encontrarse Pablo Szir con sus hijas y le cuenta que primero había estado en la Comisaría de Ramos Mejía y en ese momento en la de Villa Insuperable donde también estaban Roberto Carri y la esposa, Adela Candela y Héctor Germán Oesterheld. Además agrega que cada tanto eran todos trasladados al cuartel de Ciudadela donde les hacían escribir un trabajo.

Ana María Caruso de Carri, en una carta, cuenta a sus hijas:

> "Ahora está con nosotros 'el Viejo' que es el autor de 'El Eternauta' y el 'Sargento Kird'.¿Se acuerdan? El pobre viejo se pasa el día escribiendo historietas que hasta ahora nadie tiene intenciones de publicarle".

Juan Marcelo Soler y Graciela Moreno de Rial (Legajo 3522 y 1756) habían sido detenidos el 29 de abril de 1977 en su domicilio en Témperley.

Vivían en pareja con dos hijos del primer matrimonio de Graciela y otro que era de ambos. Sus familias también recibieron correspondencia y llamados telefónicos de Graciela hasta diciembre del mismo año. Una vez más aparece mencionado en las cartas el llamado "Negro" o "Raúl".

Ana María Caruso de Carri dice refiriéndose a la pareja:

"Aquí con nosotros, hace unos días, está un pibe que fue cura durante diez años y abandonó porque tuvo problemas con el obispo. Después se casó y tiene una nena de tres años. La mujer también está aquí".

Cotejando legajos, fotos, cartas y fechas, se pudo determinar que, efectivamente, el ex cura al que se refería Ana María, era Juan Marcelo Soler y de las cartas que ambos hicieron llegar a la familia y a sus hijos surge la evidencia de que estaban en el mismo lugar.

Por otro lado, Luisa Fernanda Candela, hermana de Alicia Esther (Legajo N° 5003), relata:

"Cuando fui al Cuartel de Ciudadela vi estacionado en ese lugar el auto en el que venía 'Raúl' con mi hermana. Era un Citroen gris. Pedí hablar con el Tte. Cnel. Fichero que en ese momento era autoridad en dicho organismo y me atendió una persona que se identificó como su asesor, el Capitán Caino, a quien le pedí por Adela. Me dijo que volviera a verlo, que él iba a averiguar. Después de varias idas y venidas al Cuartel nunca más me atendió. En una de las oportunidades en que después vi a mi hermana, me comentó que le habían dicho que mi tía y yo habíamos estado pregu..tando por ella en el Cuartel".

¿Qué se proponían quienes tenían detenidas ilegalmente a un grupo de personas a las que permitían ponerse en contacto con sus familiares?

No podemos contestarnos esta obstinada pregunta.

Transcribimos dos párrafos de cartas de Ana María Caruso de Carri:

"...a esa oficina vamos a trabajar casi todos los días. El otro día vinieron de visita (a la oficina) seis generales, entre ellos Vaquero, Sasiain, Jáuregui y Martínez... los que estábamos allí no éramos todos sino un seleccionado de cuatro solamente, entre los que estábamos papá y yo".

"...de todos modos hay algunas cosas que nos preocupan. En primer lugar, lo nuestro no sé cómo va a terminar. Este fin de año, antes de que se concretaran los pases, estuvieron hablando a ver qué hacían con nosotros; supongo que la discusión debe haber sido en la Brigada. Allí hubo tres posiciones: unos decían que ya la guerra estaba casi terminada y nosotros ya no prestábamos ninguna utilidad, por lo tanto había que matarnos; otros decían que ya no éramos útiles y que había que pasarnos a disposición del P.E.N. y otros decían que seguíamos siendo útiles y que lo íbamos a ser por un tiempo largo y por lo tanto no podíamos seguir viviendo en esta situación por tanto tiempo. Como no hubo acuerdo, la discusión se postergó, lo cual es favorable, creo yo, porque a medida que pase el tiempo la cosa se ablanda y es más difícil matarnos" (Legajo N° 1761 y 1771).

Ninguno de los detenidos desaparecidos citados más arriba volvió a tener contacto con la familia desde ese diciembre de 1977. Sus captores por fin habían tomado la decisión.

Campo de Mayo

A partir de testimonios y denuncias que eran concordantes en cuanto a descripción de lugares, ruidos característicos y planos que se fueron confeccionando del lugar, se realizaron dos procedimientos en la guarnición a través de los cuales pudieron constatarse dos lugares, que fueron reconocidos por los testigos: uno ubicado en la Plaza de Tiro, próximo al campo de paracaidismo y al aeródromo militar y el otro perteneciente a Inteligencia, ubicado sobre la ruta 8, frente a la Escuela de Suboficiales Sargento Cabral.

El primero fue el que albergó a mayor número de detenidos-desaparecidos y era conocido como el "Campito" o "Los Tordos". Se accede al mismo por un camino que comienza al costado de las dependencias de Gendarmería Nacional, que es de tierra, y por otro camino, actualmente asfaltado, que comienza frente al polígono de tiro en forma perpendicular a la izquierda de la ruta que por dentro de la guarnición une la ruta 8 con Don Torcuato.

Los planos que se habían ido confeccionando con los datos de los liberados coincidían con la carta topográfica del lugar correspondiente al año 1975, que se obtuvo en el Instituto Geográfico Militar, en cuanto a la existencia de tres edificaciones grandes y un galpón, ninguno de los cuales existe actualmente, notándose que en el lugar correspondiente existen pequeñas depresiones en el terreno y durante el procedimiento los testigos reconocen también escombros pertenecientes a las antiguas construcciones y detalles en árboles y zonas de terreno. En el sitio los testigos ubicaron los lugares donde se encontraban los edificios y galpones que sirvieran de lugar de cautiverio, por lo cual tanto para la Comisión como para los testigos quedó suficientemente acreditado que ése era el lugar donde existió el C.C.D.

Cuando los detenidos llegaban al "Campito" eran despojados de todos sus efectos personales y se les asignaba un número como única identidad, allí dentro pasaban a perder toda condición humana y estarían de ahí en más DESAPARECIDOS para el mundo.

Javier Alvarez (Legajo Nº 7332) recuerda:

"Lo primero que me dicen es que me olvidara de quién era, que a partir de ese momento tendría un número con el cual me manejaría, que para mí el mundo terminaba allí".

Beatriz Castiglioni (Legajo N° 6295) a su vez afirma:

"Un sujeto nos dijo que estaban en guerra, que yo y mi marido estábamos en averiguación de antecedentes, que seríamos un número, que estábamos ilegales y que nadie se enteraría de nuestro paradero por más que nuestros familiares nos buscaran".

Después se los tiraba en alguno de los galpones donde permanecían encadenados, encapuchados y con prohibición de hablar y de moverse, sólo eran sacados para llevarlos a la sala de tortura, sita en uno de los edificios de material.

Juan Carlos Scarpati (Legajo N° 2819) cuenta:

"Cuando me detuvieron fui herido de nueve balazos. Primero me llevaron a un lugar que llamaban —según supe después— "La Casita", que era una dependencia de Inteligencia. Luego de unas horas me llevaron al "Campito" donde permanecí sin más atención que la de una prisionera ginecóloga que me suministró suero y antibióticos en la "enfermería" ubicada en el mismo edificio donde se torturaba. En ese lugar no se escatimaba la tortura a terceras personas, e incluso la muerte para presionar a los detenidos y hacer que hablasen. La duración de la tortura dependía del convencimiento del interrogador, ya que el límite lo ponía la muerte, que para el prisionero significaba la liberación".

La señora Iris Pereyra de Avellaneda (Legajo N° 6493 y 1639) declara:

"Fui detenida junto con mi hijo Floreal, de 14 años, el 15 de abril de 1976. Buscaban a mi marido, pero como éste no estaba nos llevaron a nosotros dos a la Comisaría de Villa Martelli. Desde allí me condujeron encapuchada a Campo de Mayo. Allí me colocaron en un galpón donde había otras personas. En un momento escuché que uno de los secuestrados había sido mordido por los perros que tenían allí. Otra noche escuché gritos desgarradores y luego el silencio. Al día siguiente los guardias comentaron que con uno de los obreros de Swift 'se les había ido la mano y había muerto'. Salí de ese campo con destino a la penintenciaría de Olmos. El cadáver de mi hijo apareció, junto con otros siete cuerpos, en las costas del Uruguay. Tenía las manos y los pies atados, estaba desnucado y mostraba signos de haber sufrido horribles torturas".

El día 22 de abril de 1976 el Comando de Institutos Militares solicita por nota la puesta a disposición del Poder Ejecutivo Nacional de Iris de Avellaneda, en dicha nota se especifica la dependencia en la que había estado detenida: el Comando de Institutos Militares.

Hugo Ernesto Carballo (Legajo N° 6279) fue detenido en el Colegio Militar de la Nación, donde cumplía su servicio militar, el día 12 de agosto de 1976:

"Primero me llevaron a la enfermería del Colegio, donde me vendaron y amordazaron. De allí me trasladaron en un carrier a un centro de detención clandestino, donde me ubicaron en un galpón grande. Me encadenaron un solo pie porque el otro lo tenía enyesado. Había muchos detenidos ahí y continuamente se oían gritos, ladridos de perros y motores de helicópteros. Permanecí varios días en ese lugar hasta que me condujeron nuevamente al Colegio, junto con otros dos compañeros. Durante el trayecto fuimos golpeados hasta que llegamos y nos dejaron tirados en una habitación. Al rato llegaron varios oficiales, entre ellos el General Bignone, quien nos expresó que en la guerra sucia había inocentes que pagaban por culpables, y nos licenció hasta la baja. Durante mi cautiverio en Campo de Mayo fui interrogado en una habitación por un sujeto que se hacía llamar el 'doctor'. Al salir de ahí hicieron que un grupo de perros me atacase".

Beatriz Castiglione de Covarrubias, que fue detenida junto con su esposo, y estaba embarazada de 8 meses, refiere:

"A mi esposo lo llevaron a un galpón grande. A mí me llevaron primero a un galpón chico donde había otra gente y luego a una habitación de otro edificio. Ahí también había más detenidos. Cuando me interrogaban me amenazaban diciéndome que tenían todo el tiempo por delante y que luego de tener el chico 'me iban a reventar'. El 3 de mayo de 1977 nos comunicaron que nos iban a liberar. Nos pidieron disculpas porque se habían equivocado. En el viaje nos dijeron que si contábamos algo de lo que había pasado nos buscarían de vuelta y 'nos reventarían' luego de lo cual nos dejaron en la Zona de Tigre".

Serafín Barreira (Legajo N° 5462) estuvo detenido en "El Campito" en la misma época, junto con su esposa, que también estaba embarazada y recuerda:

"...en el lugar, al cual entramos por la puerta 4, había mucha gente que venía de distintos centros clandestinos del país. Mientras estuve hubo dos partos en otro galpón de material cercano. A los niños nacidos se los llevaban enseguida".

Hasta mediados de 1977 los partos se efectuaban en los galpones: en esa fecha Scarpati relata que vino al lugar un médico de Campo de Mayo, quien opinó que en ese lugar no había condiciones mínimas para atender los partos, a partir de lo cual las parturientas eran llevadas al Hospital de Campo de Mayo donde se les hacía inducción y cesáreas en la época de término del embarazo.

El C.C.D. estaba prácticamente dirigido por los "interrogadores", quienes eran los que tenían a su cargo las decisiones sobre tortura, liberación o traslado. La custodia la cubría personal de Gendarmería Nacional y el lugar estaba bajo dependencia del Comando de Institutos Militares.

Este C.C.D. había sido acondicionado para el mes de marzo de 1976 y, según declara ante la CONADEP un miembro del GT2 (Rodríguez, Oscar Edgardo, Legajo N° 7171) se le encomendó la resolución de los problemas logísticos de instalación del campo a pedido del Jefe de Inteligencia de Institutos Militares, Coronel Ezequiel Verplaetsen, para asegurar una puesta en funcionamiento rápida y eficaz del C.C.D.

El lugar constaba de tres edificios grandes de material, los baños y otras dependencias, todos de construcción antigua y 2 galpones de chapa.

Esta Comisión, mediante el análisis de legajos, de los datos proporcionados por el Centro de Computación y la exhibición de fotografías a testigos, logró establecer la identidad de un buen número de personas de las cuales no se había tenido noticia alguna desde su desaparición y que en algún momento pasaron por los galpones de este C.C.D.

Mediante estos testimonios y correlaciones, y los procedimientos realizados se llega a develar la operatoria de este C.C.D. pese a la destrucción de pruebas y rastros.

Los detenidos que allí estuvieron cautivos, luego de un tiempo, eran trasladados hacia un destino desconocido, siendo cargados en camiones, los que en general se dirigían hacia una de las cabeceras de las pistas de aviación próximas al lugar.

> "Los traslados no se realizaban en días fijos y la angustia adquiría grados desconocidos para la mayoría de los detenidos. Se daba una rara mezcla de miedo y alivio ya que se temía y a la vez se deseaba el traslado ya que si por un lado significaba la muerte seguramente, por el otro el fin de la tortura y la angustia. Se sentía alivio por saber que todo eso se terminaba y miedo a la muerte, pero no era el miedo a cualquier muerte —ya que la mayoría la hubiera enfrentado con dignidad— sino esa muerte que era como morir sin desaparecer, o desaparecer sin morir. Una muerte en la que el que iba a morir no tenía ninguna participación: era como morir sin luchar, como morir estando muerto o como no morir nunca" (Legajo N° 2819).

El otro lugar dentro de esta guarnición que sirvió como lugar de interrogatorio y de detención clandestino es el perteneciente a Inteligencia, conocido como "La Casita" o "Las Casitas", también fue reconocido por esta Comisión con testigos.

Mario Luis Perretti (Legajo N° 3821) cuenta:

> "Me detuvieron el 7 de junio de 1977 a media cuadra de mi domicilio, en la localidad de San Miguel. Me llevan encapuchado a un lugar donde al bajarme me hacen subir una loma muy empinada, como de cemento, introduciéndome a un lugar que ellos llamaban "La Parrilla". Me amenazan con traer a mi esposa y a mi hijo. Recuerdo que cuatro o cinco días antes del 20 de junio escuchaba voces de mando para hacer marchar a soldados y tambores, y por la noche y los fines de se-

mana oía que cerraban un camino de acceso, por el que durante el día se escuchaba pasar vehículos".

Al efectuar la inspección ocular reconoce el terraplén existente en el lugar, como la loma de cemento que le hicieran subir al llegar.

También hay denuncias que ubican otro CCD en la prisión militar
existente en Campo de Mayo (Rodríguez, Aldo, Legajo 100; Pampani, Jorge, Legajo 4016).

Centros clandestinos de detención de Las Flores, Monte Pelone, Olavarria

Los partidos de Ta dil, Azul, Las Flores y Olavarría fueron severamente castigados por la represión. En su marco territorial se secuestró, torturó y se mantuvo a hombres y mujeres ilegítimamente privados de su libertad, muchos de los cuales aún hoy se desconoce su paradero.

Tal como se desprende de lo referido por los testigos, existió una
estrecha vinculación entre estos campos, ubicados en el área de Seguridad
124, cuyo Jefe en el momento de los hechos denunciados era el entonces
Teniente Coronel Ignacio Aníbal Verdura, a su vez jefe del Regimiento 2
de Tiradores Blindados de Olavarría. Algunas de las víctimas aparecieron
en el Regimiento 10 de Tandil, o en la Cárcel de Azul, correspondientes a
la Sub-zona de Seguridad 12, mientras que otros prosiguieron su cautiverio
clandestino en la Brigada de Investigaciones de La Plata, ya en jurisdicción
de la Sub-zona 11, bajo dependencia del I Cuerpo de Ejército.

Del material examinado se puede concluir que el itinerario más frecuente impuesto a los detenidos era el siguiente:

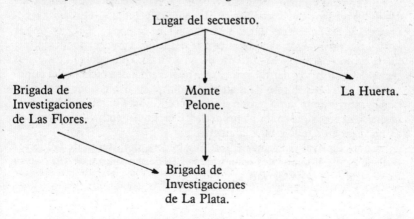

185

Refiere Francisco Nicolás Gutiérrez (Legajo N° 2319):

"...que es secuestrado de su casa de la Ciudad de Tandil el 13 de septiembre de
1977. Le preguntan por el domicilio de su hija. Es conducido a Olavarría y luego
a Las Flores".

(....)

"Al llegar a la Brigada de Las Flores y al no aportar datos sobre su hija es llevado
así encapuchado y esposado a la máquina donde le aplican la picana".

(....)

"Luego lo llevan a un calabozo, por tres días no le dan de comer y escucha la voz de
sus dos hijas. A los cuatro días es conducido a La Plata junto a su hija Isabel y su esposo. En la Brigada de Investigaciones de esta ciudad, luego que su hija y el marido
fueron llevados a Arana para ser interrogados, los alojan a los tres juntos en una
celda".

Por su parte Ricardo Alberto Cassano (Legajo N° 2643) denuncia haber estado secuestrado en el Regimiento de Olavarría, en Sierras Bayas y en
Las Flores por espacio de casi dos meses; Carlos Leonardo Genson (Legajo
N° 2646) en el Regimiento de Olavarría; Osvaldo Raúl Ticera (Legajo N°
2644) también; Juan José Castelucci (Legajo N° 2642), refiere haber estado en Monte Pelone, en donde dice haber visto a Jorge Oscar Fernández y
explica que para aplicarle la picana eléctrica ponían en marcha un
generador, agrega que allí lo fotografiaron; y Osvaldo Roberto Fernández
(Legajo N° 2645), que es llevado a Monte Pelone.

Mario Méndez, liberado de un centro clandestino de detención de
Tandil, trae a la CONADEP un anillo que halló en el interior de un abrigo
con manchas de sangre que le fuera entregado mientras estaba prisionero.
Exhibido que fue a la señora Lidia Gutiérrez, ésta lo reconoce como el
anillo de casamiento de su hermana Isabel (Legajo N° 2320) que permanece desaparecida al igual que su esposo Juan Carlos Ledesma.

En el procedimiento realizado por la CONADEP el 29 de febrero de
1984, los testigos Cassano, Genson, Fernández y Lidia A. Gutiérrez reconocen el vivac de Sierras Bayas o Monte Pelone como el C.C.D. en donde
estuvieron prisioneros. Genson dice que desde una carpa en donde dormía
vió el escudo nacional, en el frente de un edificio. Que también los platos
tenían la inscripción del Ejército Argentino. Fernández reconoce el desnivel de la entrada y el piso de madera de una de las habitaciones y el lugar
donde estuvo junto con Genson y Castelucci. Lidia Gutiérrez reconoce la
cocina, y expresa que en los platos decía "Ejército Argentino". Individuali-
za un lugar en donde estaba la guardia.

Cobra especial relevancia el testimonio de Lidia Araceli de Gutiérrez
(Legajo N° 1949), quien es secuestrada el 16 de septiembre de 1977 de su
casa, en la ciudad de Olavarría:

"...que un grupo armado fue a su casa preguntando por su hermana... que al día siguiente es secuestrada junto con su esposo. Su hermana también fue secuestrada con su esposo Juan Carlos Ledesma y una bebita de ambos de cinco días, que no estaba aún inscripta, fue abandonada en un canasto en la puerta de la Comisaría de Cacharí..."

(....)

"Que durante el viaje iban apilando un cuerpo sobre otro de las personas que iban secuestrando..."

"Que los llevaron a la Brigada de Investigaciones de Las Flores y refiere que vio a varios secuestrados más cuyos nombres da."

(....)

"Se enteró por su madre que en dicho sitio también había estado prisionero y torturado su padre... también encuentra en el baño ropa y un bolso de su hermana... que un grupo va a Monte Pelone y otro a la Brigada de Investigaciones de La Plata, ...que en Monte Pelone, por debajo de la venda puede observar a un soldado con uniforme militar haciendo guardia y mucha gente con traje de fajina... que ese primer día venían de a ratos a golpearlos y a ajustarles las esposas hasta que sangraran las muñecas... que los que torturaban venían de afuera en un Fiat 1500... que la comida era poca y mala y la higiene nula... que a Alfredo Maccarini de Olavarría lo torturaron mucho y la misma noche que lo trajeron se lo llevaron... que no puede asegurar que el coronel Verdura torturara, pero sí que era el responsable de Monte Pelone... de ese lugar los que salieron fue éste el resultado: Oscar Fernández, muerto, estaba sano; Alfredo Maccarini, desaparecido; Pasucci, alterado mentalmente y Jorge Toledo que pasó como detenido legal y se suicidó en la Cárcel de Caseros...".

Centros Clandestinos de Detención en Mar del Plata

Tal como ocurrió en otros lugares del país, la labor de la Delegación local de la CONADEP realizó una tesonera y minuciosa labor de investigación que le permitió establecer la existencia de seis C.C.D. perfectamente localizados a través de las denuncias de un grupo importante de personas que habían estado allí detenidas entre los años 1976 y 1978. Los lugares individualizados, todos ellos objeto de una inspección por parte de la Comisión Nacional fueron:

- Escuela de Sub-Oficiales de Infantería de Marina (ESIM)
- Base Naval de la Armada
- Base Aérea Militar
- Cuartel Central de Bomberos
- Destacamento policial de Batán

Se estableció aquí también la estricta coordinación entre las tres Fuerzas, así como la conexión con otras áreas represivas. En este sentido resulta esclarecedor el testimonio ofrecido por la Sra. Marta García de Candeloro (Legajo Nº 7305), psicóloga, quien fue detenida junto con su marido —abogado— el 7 de junio de 1977 en Neuquén, Capital. Después de pasar ocho días alojados en la Delegación de la Policía Federal incomunicados pero con conocimiento de sus familiares, que habían viajado desde Mar del Plata, el matrimonio es trasladado a esta ciudad, previa una corta etapa en el C.C.D. "La Escuelita" de Bahía Blanca.

Según manifestaciones del Jefe de Inteligencia de la VI Brigada de Neuquén a miembros de la A.P.D.H. de esa ciudad, estaban en conocimiento del traslado del Dr. Candeloro y su información también llegó a conocimiento de Marta García de Candeloro, quien el último día de su detención en Neuquén escuchó como uno de los custodios llamaba al GADA 601, "comunicando que ya tenían al detenido y preguntando qué hacían con su mujer..." Sin embargo, toda información con respecto a los detenidos fue negada por esa repartición militar, así como por cualquier otra dependencia de las Fuerzas de Seguridad consultada por los familiares.

Mientras tanto, los detenidos eran alojados clandestinamente en la Base Aérea de Mar del Plata, a donde llegaron con los ojos vendados. El tipo de procedimiento utilizado con los esposos Candeloro no difiere de los utilizados en el secuestro de otras personas de la zona.

"El avión nos condujo a Mar del Plata, a lo que más tarde supe era la Base Aérea. Al llegar se oyó gran movimiento de gente. Al bajarme por las escalinatas del avión uno de los hombres dijo a otro: "fijate como miran esos colimbas". Me introdujeron en el baúl de un coche e hice en él, por tierra, un trayecto muy corto. Me bajaron entre dos y se oyó gran movimiento de gente que al parecer salieron a recibirnos (a mi esposo y a mí). Bajé alrededor de 20 o 30 escalones, se oyeron cerrar grandes puertas de hierro, supuse que el lugar estaba bajo tierra; era grande, ya que las voces retumbaban y los aviones carreteaban por encima o muy cerca. El ruido era enloquecedor... Uno de los hombres me dijo: "¿Así que vos sos psicóloga? Puta, como todas las psicólogas. Acá vas a saber lo que es bueno' y Comenzó a darme trompadas en el estómago... El infierno había comenzado. Estaba en el Centro de Detención ilegal llamado la "Cueva", instalación ubicada en la Base Aeronáutica de Mar del Plata, que había sido una vieja estación de radar, que ya no funcionaba como tal. Dirigida por un Consejo perteneciente a las tres armas. El lugar, salvo en los momentos de interrogatorios, controles, preparación de operativos o traslados estaba a cargo de personas que cubrían guardias desde las siete u ocho de la mañana hasta el otro día a la misma hora. Al parecer uno de ellos era el responsable y de mayor grado, perteneciente a la Aeronáutica, el otro perteneciente al Ejército".

"La última vez que oí a mi esposo fue el 28 de junio. Siempre lo llevaban a él primero (a la sala de tortura) y luego a mí. Esta vez fue al revés. En medio del interrogatorio trajeron a mi marido le dijeron que si no hablaba, iban a matarme. Comenzaron a aplicarme la picana para que él oyera mis quejidos y él me habló a mí gritando: 'Querida te amo, nunca pensé que podrían a vos meterte en esto'. Estas palabras las enfurecieron, las últimas frases eran entrecortadas, lo estaban picaneando, me desataron y me tiraron en mi celda".

"Estaban ensañados con él, su interrogatorio no terminaba nunca. De pronto se oyó un grito desgarrador, penetrante, aún lo conservo en mis oídos, nunca podré olvidarlo. Fue su último grito y de pronto el silencio. Mi esposo murió ese día, 28 de junio, víctima de torturas". (Legajo N° 7305)

Sin embargo, aún después de la liberación de Marta Candeloro, los familiares siguieron realizando gestiones en busca del paradero del abogado desaparecido. A fines de 1979 su esposa tomó conocimiento de una comunicación cursada por el Ejército en respuesta a un hábeas corpus interpuesto en 1977, en la que se informaba que el Dr. Candeloro había sido abatido en un traslado, al intentar escapar, precisamente ese 28 de junio de 1977. La comunicación había quedado retenida en el despacho del Juez Hoff.

Tal actitud de indiferencia al drama que se vivió por parte del Poder Judicial de Mar del Plata, lamentablemente no fue de caracter excepcional. En cambio, muchos abogados del foro local, en lugar de incurrir en desinterés o el olvido como forma de renunciar a sus responsabilidades, realizaron las gestiones que les fueron requeridas, tanto en favor del Dr. Candeloro, como también de otros prestigiosos abogados secuestrados a fines de julio, los Dres. Arestin, Centeno, Alais y Fresneda, cuya suerte pudo esclarecerse a partir del testimonio ya mencionado:

"Esa noche de espanto y de horror, que compartí con Mercedes fue denominada por los represores 'la noche de las corbatas', ya que la casi totalidad de losprisioneros ingresados eran abogados... Hay mucho ruido y música a gran volumen; por momentos los gemidos y gritos de los torturadores superan la música... Cuando los torturadores se fueron, tuve la sensación como que había quedado un tendal de moribundos... El Dr. Centeno se quejaba continuamente. En un momento, me sacaron de mi celda para que le diera agua... Estaba tirado en el suelo. Apenas pude subir mi capucha a la altura de mis ojos. Pedí que me sacaran las esposas. No le di de beber en el jarro de aluminio que me alcanzaron. Ya me habían alertado a mí. Con una mano subí un poco su cabeza, mojé mi vestido y le humedecí los labios. No sé si fue precisamente al día siguiente, pero habían pasado varias horas. Los interrogadores volvieron, dijeron: Traigan a Centeno. Volvieron a torturarlo en ese estado. Pensamos (con Mercedes, su compañera de celda) que no iba a soportar. Y así fue.
"Lo asesinaron. Arrastraron su cuerpo, y debieron dejarlo contra nuestra puerta. Se oyó un golpe contra la madera.

Al cabo de un tiempo, Marta Candeloro fue trasladada a la Comisaría IV de Mar del Plata, donde fue liberada meses después. Junto con otros testigos participó de la inspección a ese local, que se mantiene sin modificaciones. Por el contrario, tanto en la Base Naval como en la Base Aérea, las refacciones efectuadas son considerables, pero contrariamente a las expectativas de quienes las ordenaron, no impidieron el reconocimiento por parte de los denunciantes, quienes en el caso del procedimiento efectuado en "La Cueva", pudieron constatar que todo el local subterráneo donde funcionó el C.C.D. estaba a punto de quedar disimulado.

Otro tanto ocurrió con las instalaciones del C.C.D. ubicado en la Escuela de Sub-Oficiales de Infantería de Marina (ESIM), uno de cuyos alumnos, Pérez, Oscar Horacio, declaró a la CONADEP (Legajo Nº 6756):

"Que en 1978, presume que puede ser julio o agosto, pudo observar mientras hacía la guardia en el Faro una ambulancia color blanco, colocada de culata, hacia unas construcciones que se encontraban justo frente al polvorín y disimuladas por un médano. En estas circunstancias ve que sacan de las construcciones mencionadas una camilla y una bolsa blanca de regular dimensión, ambos elementos los introducen en la ambulancia... Ante esta situación se comunica con la guardia central, a lo que le contestan que dejara de mirar y se introdujera en su puesto, caso contrario, lo sancionarían. También quiere aclarar... que en el año '79, últimos días de febrero, se acerca al lugar mencionado y junto con un grupo de aspirantes le ordenan destruir esas construcciones pudiendo constatar que eran celdas de construcción precaria y de muy reducidas dimensiones. (Legajo Nº 6756)

Por su parte, un ex cabo aspirante de la ESIM, que declaró en ocasión del procedimiento realizado por la Comisión a esa repartición, manifiesta:

"El puesto de guardia, donde le tocó hacer guardias repetidas veces, ubicado sobre la playa, hoy no existe, salvo unas chapas que quedaron en la arena. Que a su izquierda está El Polvorín lugar en el que se arrojaban detenidos... que era de conocimiento entre el personal que el recinto ubicado a la derecha, luego de bajar la escalinata, era utilizado como sala de tortura. El mismo estaba recubierto por fibra de vidrio... Que el dicente tenía orden expresa de custodiar a los detenidos; que de noche no entraban, sólo de día y eran llevados encapuchados. Que en una oportunidad vio al pasar un grupo de seis o siete personas de ambos sexos sin capucha pero custodiados por personas con armas. Que en una oportunidad vio que una joven era arrastrada por los pelos rumbo al Polvorín, por el camino que entonces era de tierra, que esto ocurrió en el verano de 1978." (Acta del 27 de junio de 1984).

Centros Clandestinos de Detención en jurisdicción del II Cuerpo de Ejército

Chaco

Dependiente de la VII Brigada de Infantería con asiento en la ciudad de Corrientes, las operaciones represivas se coordinaron a través de la Brigada de Investigaciones de Resistencia donde, según denuncias recibidas, ya se habrían verificado casos de secuestros y torturas durante el año 1975.

Cuando este método se institucionalizó, se organizó un circuito de lugares para ser utilizados como centros ilegales de detención y de tortura.

"Fui detenida en un operativo el 29 de abril de 1976 junto a mi hijo de 8 meses de edad en la ciudad de Resistencia. El personal que intervino, era de la Brigada de Investigaciones del Chaco. Inmediatamente me trasladaron a dicha Brigada, que se encuentra ubicada a escasos metros de la Casa de Gobierno".

(...)

"En ese lugar me desnudaron y me sometieron a torturas consistentes en 'picana' y golpes por espacio de 48 hs., en presencia de mi hijo".

(...)

"Asimismo fui violada y golpeada en la planta de los pies con un martillo por espacio de tres horas. Al sexto día me llevaron a los calabozos de recuperación, donde fui visitada, interrogada y amenazada de muerte por el Coronel Larrateguy —Jefe del Regimiento del Chaco—. En ese lugar permanecí detenida junto a varios fusilados el 13 de diciembre en Margarita Belén".

(...)

"Luego me llevaron a la Alcaldía. Varias veces más se repitieron estos traslados, con torturas y amenazas".

(...)

"El 23 de abril de 1977, en San Miguel de Tucumán, fueron secuestrados por personal uniformado y de civil mi suegra N. D. V., de 62 años y mi hijo de un año y ocho meses. Mi niño fue entregado en la Sede Central de la Policía Provincial a las 48 hs. Mi suegra permanece aún desaparecida".

"Me sometieron a Consejo de Guerra y la condena que me aplicaron —24 años y 11 meses de reclusión— fue dejada sin efecto por la Corte Suprema de Justicia el 5 de diciembre de 1983 (5 días antes de asumir las autoridades democráticas)". (G. de V. Legajo N° 3102).

Goya

A mediados de mayo de 1977 empezó a funcionar en la ciudad de Goya un C.C.D. dependiente del Batallón de Comunicaciones 121.

"Fuimos llevados en una camioneta hasta el Hípico, que queda en la Avda. Sarmiento frente al Batallón de Comunicaciones". (Coronel — Legajo N° 5677).

La mayoría de los secuestrados en este lugar eran agricultores y miembros de las Ligas Agrarias Correntinas. En casi todos los casos, el personal a cargo de los secuestros actuaba a cara descubierta, razón por la cual los detenidos pudieron identificar a casi todo el grupo. Además, muchos de ellos se conocían entre sí, por tratarse de una población relativamente pequeña.

Entre los allí detenidos estuvieron Pedro Crisoldo Murel —secuestrado en Claypole, Provincia de Buenos Aires— y Abel Arce, hoy desaparecidos, quienes fueron trasladados desde este Centro de Detención hasta la Alcaldía de Resistencia.

Los detenidos que no fueron trasladados a Resistencia, pasaron del "Hípico" al Batallón 121 donde se les comunicó a sus familiares que estaban detenidos a disposición del Poder Ejecutivo Nacional. No fue el caso del sacerdote Víctor Arroyo, de la diócesis de Goya, quien fue liberado directamente desde el centro clandestino luego de cinco días de detención.

Formosa

Los C.C.D. que funcionaron en la Provincia de Formosa fueron el RIM 29 (Regimiento de Infantería de Monte N° 29), con asiento en Formosa y la "Escuelita" de San Antonio, instalada en la División de Cuatrerismo de la Policía Provincial. Su jefatura, instalada en el mencionado Regimiento, dependía de la VII Brigada de Infantería de Corrientes, al mando del General Cristino Nicolaides, durante el año inicial del Proceso.

> "Fuí detenido el 5 de agosto de 1976 apenas pasada la medianoche por un grupo de unas doce o quince personas, entre militares y civiles. Buscaban a mi hija, que no se encontraba allí".
> (..)
> "Me trasladaron sin vendas al Regimiento de Infantería de Monte N° 29, donde permanecí en un pasillo hasta las 18 horas de ese mismo día. A esa hora, me llevaron a una habitación que está por detrás de la Guardia, donde pude observar un gran número de personas vendadas y esposas, que se encontraban en compartimientos separados, como si fueran caballerizas".
> (..)
> "Permanecí en el Regimiento 29 durante más de 90 días, pudiendo ver a varias personas que hoy siguen desaparecidas, entre ellas a Zulma Cena, con quien fui careado". (Osiris L. Ayala — Legajo N° 6364).

Carlos Rolando Genés fue visto por Ismael Rojas (Legajo 6363) en el RIM 29. Carlos era conscripto y alumno de la Escuela Nacional de Comercio de Formosa y abanderado del turno nocturno. Fue secuestrado en la misma escuela.

> "En el Regimiento se me informó que se integraría un Tribunal militar para determinar el grado de culpabilidad de mi hermano, por encontrarse sirviendo a la Patria. Se lo acusaba de haber bailado en una fiesta con una extremista y estaba comprometido. El domingo 19 de septiembre de 1976 a las 13 horas un oficial se presentó en mi casa y me ordenó que lo acompañara al Regimiento. Allí, se me dió la noticia de que mi hermano había fallecido a consecuencia de un autoestrangulamiento con una camisa, y que al caer había sufrido un golpe en la columna, falleciendo por falta de atención. Este militar me pidió que no le contara la verdad a mi mamá, porque era muy triste" (Teotista Genés de Ortiz — Legajo N° 6957).

"Fui detenido en mi domicilio de la localidad de Ibarreta, Formosa, por personal de la Policía Provincial. No me registraron en el libro de Entradas. A las 24 horas fui trasladado por personas de civil al Regimiento de Infantería de Monte N° 29. Allí me desnudaron, me vendaron y me despojaron de mis pertenencias. En un camión nos trasladaron a un lugar que luego reconocí como la 'Escuelita' o 'San Antonio', donde me torturaron al igual que a otros detenidos. Pude conversar con el Dr. Fausto Carrillo, abogado paraguayo exiliado en Formosa, hoy desaparecido, quien se encontraba muy mal por las torturas. Había perdido las uñas. Durante las sesiones de tortura, me hicieron firmar varios papeles, cuyo contenido yo desconocía, pero que fueron usados en mi contra en el Consejo de Guerra" (Ismael Rojas — Legajo N° 6363).

Por ser Formosa provincia limítrofe, se registraron casos de coordinación represiva entre Servicios de Inteligencia de ambos países, lo que permitió el intercambio ilegal de prisioneros. Tal el caso del Dr. Carrillo, nombrado por Rojas, cuya esposa, de nacionalidad argentina fue secuestrada en Asunción, donde se encontraba visitando a sus suegros, a la par que el abogado paraguayo se encontraba detenido en la "Escuelita" de Formosa. (Dr. Díaz de Vivar, Francisco Javier - Legajo N° 1739).

"En una oportunidad me llevaron a un lugar distante 30 minutos del RIM 29. Allí, un guardia en idioma guaraní dijo: 'Aquí hay uno que no es paraguayo. Díganle al capitán que no queremos llevar gente que no sea paraguaya'. Se llevaron a 14 detenidos y a mí me reintegraron al Centro Clandestino" (Osiris Ayala, Legajo N° 6364).

Misiones

Los C.C.D. de Misiones registrados en la Comisión Nacional son: el Escuadrón 8 "Alto Uruguay" de Gendarmería Nacional, la "Casita" cercana al Rowing Club de Posadas, el Servicio de Informaciones de la Policía Provincial, la Comisaría 1ª y la Delegación de la Policía Federal. Algunas de estas reparticiones sólo se utilizaron como lugares transitorios para detenidos clandestinos. Los centros de Misiones estaban íntimamente conectados con otros, instalados en las provincias vecinas, y sobre todo con la Brigada de Investigaciones del Chaco, todos bajo jurisdicción del II Cuerpo de Ejército, con asiento en Rosario. Si bien no fueron grandes campos a la manera de otros instalados en zonas más densamente pobladas de nuestro país, se identifican con ellos por la crueldad de los métodos empleados, ya que la tortura indiscriminada fue el denominador común.

"Siendo delegado de la Federación Argentina de Trabajadores Rurales y Estibadores en Apóstoles, fui detenido el 8-12-75 y trasladado a dependencias del Regimiento 30 de Infantería de Monte, de donde me llevaron al Distrito Militar Misiones. Fui interrogado por unos oficiales quienes, al no obtener respuesta de mi parte, me llevaron a una casa 'operativa' donde fui torturado durante dos días. Me trasladaron luego al Escuadrón 8 Alto Uruguay de la Gendarmería. Volvieron a torturarme y se me obligó a firmar declaraciones" (Raúl Tomás Giménez — Legajo N° 6947).

"Fui detenido a la salida de mi trabajo en Posadas, el 5 de octubre de 1976, por personal de civil perteneciente al Servicio de Informaciones de la Policía de la provincia... Fui introducido en el baúl de un auto y conducido a una casa en las afueras de la ciudad de Posadas, ubicada en las cercanías del Club Rowing. Este lugar se utilizaba para interrogatorios, donde además de las habituales torturas con picanas, golpes, simulacros de fusilamiento y quemaduras, se aplicaba la colgadura de los detenidos por los brazos o pies. Sufrí todas esas torturas. Estando al borde del delirio a causa de la sed, uno de los guardias me descargó un paquete de pimienta en la boca. Luego fui trasladado nuevamente a Informaciones, siendo torturado con picana para obligarme a firmar una declaración, cosa que no pude hacer ya que tenía paralizados en forma total los dos brazos. Me amenazaron con llevarme de nuevo a la casita, o 'escuelita para mudos' como la llamaban ellos. Esto se produjo dos días antes de que me trasladaran a la Cárcel de Resistenca" (Ricardo Caceres — Legajo N° 7698).

"Fui secuestrado el 20 de octubre de 1976. Los secuestradores, a medio vestir y atándome las manos con mi propio cinto, me metieron en una camioneta y me encapucharon. Me llevaron a un lugar que no pude reconocer, donde había gran cantidad de personas. Allí fui picaneado. Antes de ser trasladado a Informaciones de la Policía provincial, estuve alojado en un lugar que posteriormente pude reconocer como la Delegación de la Policía Federal en Posadas. Allí fui sometido a otra sesión de torturas con golpes y picanas. En esa oportunidad perdí una uña del pulgar del pie derecho, en circunstancias que no puedo recordar" (Aníbal Rigoberto Velázquez — Legajo N° 7699).

Centros Clandestinos de Detención en Santa Fe

A partir de las denuncias registradas en la Comisión, se ha podido establecer la existencia de cuatro C.C.D. que funcionaron como circuito dentro de la represión clandestina. Todos ellos —bajo la jurisdicción del II Cuerpo de Ejército— corresponden al Area de Seguridad 212, cuyo jefe era en 1976 el Coronel Rolon (Legajo N° 7503), mientras que el Coronel José María González (Legajo N° 7503) del Grupo de Artillería 121 se desempeñó durante ese año y el siguiente como Jefe de Policía de la Provincia de Santa Fe. Y era precisamente la *Brigada de Investigaciones*, sita en Obispo Gelabert y San Martín, el lugar de recepción de detenidos, tanto de la capital como de zonas aledañas. Luego de un corto proceso de "ablandamiento", eran conducidos a la *Comisaría 4ª,* el centro de reunión de información (CRI) del área. Cuando el número de detenidos así lo requería, algunos eran derivados a un *local de la U.D.A.* (Unión de Docentes Argentinos), que no era ocupado por el gremio, y se convirtió en una especie de "aguantadero" para detenidos clandestinos.

El final del circuito era la *Guardia de Infantería Reforzada,* desde donde generalmente eran legalizados y remitidos a una cárcel legal, o bien liberados. Y cabe señalar que el rasgo particular de esta área es sin duda la proporción importante de personas que reaparecieron de una u otra forma, después de padecer todo tipo de penurias en el circuito clandestino. El resto de la metodología, incluyendo el robo y saqueo, no ofrece diferencias con las denuncias registradas en otras zonas del país.

La Sra. Mónica Martínez (Legajo Nº 7509) es secuestrada en Reconquista (Santa Fe) el 19 de octubre de 1976. A las 12 horas de su secuestro es trasladada a la ciudad de Santa Fe, a las dependencias policiales ubicadas en *Obispo Gelabert* y *San Martín.* Es golpeada y torturada con picana durante varios días. A fines de noviembre es conducida *"a una casa desocupada,* junto con otras cinco personas, ubicada en la calle San Martín frente al Convento de San Francisco. En las paredes pudo ver afiches pertenecientes a *UDA".* Allí permanece 10 días, para ser luego trasladada a la *Comisaría 4ª* donde permanece dos meses. El 1º de febrero de 1977 es llevada a la *Guardia de Infantería Reforzada* quedando allí hasta el 2 de mayo de 1977 en que es legalizada y conducida a Devoto.

Brigada de Investigaciones

Era un lugar de tortura y "ablande". Se torturaba en el entrepiso, es decir debajo de la casa del Jefe de la Policía Provincial, ubicada en la planta alta. Generalmente en este lugar se recibía a los secuestrados recién llegados, no sólo de la ciudad, sino también de otros puntos de la provincia.

"Esa misma noche somos trasladados de Reconquista a Santa Fe por personal de la Policía Federal de Santa Fe en un micro de la Fuerza Aérea, junto con otros once detenidos. Fuimos alojados en Obispo Gelabert y San Martín donde nos vendan los ojos y nos esposan". Testimonio de Alejandro Faustino Córdoba (Legajo Nº 7518).

Guardia de Infantería Reforzada

Se trata de un centro de detención que recibía detenidos-desaparecidos y que los derivaba. Generalmente se los legalizaba pasando a las unidades carcelarias de la zona.

Stella Maris Vallejo (Legajo N° 7505) y Patricia Traba (Legajo N° 7505/1), fueron trasladadas de la Comisaría en que estaban a la Guardia de Infantería Reforzada. El operativo estaba a cargo del Comisario Perizotti (Legajo N° 7474 y 7505). Permanecieron durante un año en ese lugar.

> "Durante los primeros meses fuimos constantemente interrogadas en ese lugar por personas que no se identificaban, encapuchadas y bajo amenazas. El traslado de la habitación donde estábamos alojadas hasta el lugar de interrogatorio era efectuado por personal de la Guardia de Infantería Reforzada". Posteriormente fueron legalizadas.

Comisaría Cuarta

A pesar de tratarse de un lugar legal de detención recibían constantemente detenidos no reconocidos. Evidentemente, dado que casi todos los testimonios que fueron recogidos por la CONADEP, Delegación Santa Fe, señalan que en alguna oportunidad pasaron por este lugar, concluimos que se trataba de un centro de información. La tortura y los malos tratos eran el método de interrogatorio.

> "En ese lugar éramos 26 o 27 personas detenidas. Mientras nos torturaban ponían en marcha un motor para evitar que los gritos se escucharan desde afuera" (Alejandro F. Córdoba, Legajo N° 7518).

Otras denuncias que nos fueron efectuadas señalan que fueron trasladados presos detenidos en la cárcel de Coronda para ser torturados e interrogados en la Comisaría 4ª (Efren I. Venturini, Legajo N° 7508 y Roberto Cepeda, Legajo N° 7474).

En el mes de noviembre de 1977 Ruben Viola (Legajo N° 7519) es sacado del penal de Coronda para ser trasladado a la Comisaría 4ª. Allí es nuevamente torturado para obtener información y firma así una declaración. Luego de varias sesiones de tortura es interrogado por el Secretario del Juzgado Federal Dr. Brusa (Legajo N° 7474 y N° 7519) en la misma Comisaría; cuando el declarante mencionó al magistrado los apremios que había sufrido, éste se rió y le aconsejó que no insistiera en eso porque lo podrían tratar peor aun. Luego lo volvieron a llevar a Coronda.

Asimismo, Ruben Maulin (Legajo N° 7525) y Juan Carlos Pratto (Legajo N° 7526) dicen en su testimonio que:

> "Cuando nos toman las declaraciones indagatorias en la seccional 4ª, en presencia del Juez Federal Mántaras (Legajo N° 7474 y N° 7518) y los Secretarios Monti (Legajo N° 7474) y Brusa (Legajo N° 7474 y 7519), nos encontrábamos descalzos, mojados y con signos de haber recibido apremios de todo tipo; y como ignorando nuestro estado nos preguntaban si habíamos sido objeto de malos tratos y ante nuestra respuesta afirmativa respondieron que la habíamos sacado liviana".

Centros Clandestinos de Detención en Rosario

Esta parte importante del país se encontró sujeta al accionar del II Cuerpo de Ejército, cuya comandancia tiene asiento en Rosario, y en la cual se sucedieron los generales Genaro Díaz Bessone, Leopoldo Fortunato Galtieri y Arturo Jáuregui durante los años de la represión.

En el área de referencia, el número de desapariciones fue menor en comparación con otras zonas del país, pero con la misma cuota de ilegalidad de las detenciones, torturas y ensañamiento, que muchas veces culminó en asesinatos.

Las características de funcionamiento de los grupos operativos en el sur de la provincia de Santa Fe varió según las zonas. Villa Constitución muestra algunas particularidades trágicas, ya que en esa localidad el terror se sembró sobre el conjunto de la población. La represión en esta populosa zona fabril comenzó antes del 24 de marzo de 1976, con el accionar de las "3 A" y otras bandas parapoliciales:

> "Vivía con mi padre, mi madre y dos hermanos. El grupo que irrumpió en mi casa vestía de civil, nos sacaron de la pieza y el jefe nos pasó un papel para que señaláramos si conocíamos a algunas personas. Había tres nombres, los de Andino, Ruescas y Tonso... Mi padre se llamaba Pedro Antonio Reche y trabajaba en Acindar. Se lo llevaron y a la mañana un hombre encontró su cadáver y los de Tonso y Andino en el camino 'La Blanqueada'.
> (Testimonio de Rubén Pedro Reche).

El testimoniante adjunta una revista, donde reconoce al jefe del operativo: Aníbal Gordon ("Gente", 12 de febrero de 1984).

Los trabajadores de Acindar fueron objeto de constantes represalias, y de los diversos testimonios recogidos surge la participación combinada de organismos de seguridad con un grupo no gubernamental denominado "Los Pumas".

Al respecto, vale la descripción formulada en el testimonio del Comisario Inspector Carlos Roberto Rampoldi, quien se desempeñara como jefe del Servicio de Informaciones de Villa Constitución:

"...en ese momento el grupo de Los Pumas estaba ya acantonado en la fábrica Acindar, cumpliendo tareas. Este grupo tenía su lugar de asentamiento cerca de Vera y en ese momento había en Villa una Fuerza de Tarea conformada por unos 40 hombres... estaban un mes y los renovaban por otro contingente; estaban dirigidos por personal de baja categoría... con respecto al caso de Jorge Sklate... en esa época estaban Los Pumas y la Fuerza de Tareas. Yo les pido verbalmente noticias pero decían que no sabían, que iban a averiguar".

A partir de 1976, los detenidos comienzan a ser conducidos a dependencias del Ejército, como se desprende del testimonio de José Américo Giusti, presentado ante la delegación Rosario de la CONADEP:

"El 1° de octubre de 1976 fui detenido por el Ejército en mi taller de Villa Constitución. Me trasladaron en un camión militar hasta mi domicilio particular para cambiarme de ropa. Al salir de mi casa, me vendaron los ojos, me taparon con unas mantas y después de dar unas vueltas me introdujeron en un galpón del Ejército".

Los secuestrados en las localidades próximas a Rosario en gran parte confluían al C.C.D. del Servicio de Informaciones de la Jefatura de Policía Provincial, que centralizaba el accionar represivo. Por allí pasaron cientos de secuestrados. Dicho centro estaba dirigido por el jefe de policía, Comandante de Gendarmería Agustín Feced, quien, a tenor de los testimonios recibidos, secuestraba y torturaba en forma personal:

"Feced me expresó que iban a trasladar a mi hija a Jefatura y que me la entregarían. Me dijo que me entretuviera mirando las fotos de unos álbumes de gran tamaño. No pude ver más de dos páginas. Eran fotos en colores de cuerpos destrozados de ambos sexos, bañados en sangre. Feced me expresó que lo que estaba viendo era sólo una muestra, que él era el hombre clave que iba a barrer con la subversión" (Testimonio de Teresa Angela Gatti, en autos caratulados "Agustín Feced y otros").

Relata el agente de policía Héctor Julio Roldán:

"...Por orden del Comandante fueron sacados a la vía pública. Los hicieron sentar dentro del auto, que era un Fiat 128 celeste, y el Comandante Feced desde otro auto les disparó a quemarropa con una metralleta".

Igualmente, testimonia en sentido similar el agente Carlos Pedro Dawydowyz, de la Sección Mantenimiento de los vehículos empleados por el Servicio de Informaciones desde 1976 a 1978:

> "...en el año 1977, aproximadamente, fueron sacadas 7 personas del Servicio de Informaciones... y se los traslada hasta Ibarlucea (localidad cercana a Rosario) bajo el pretexto de que serían trasladados a Coronda. Estos individuos no eran legales, estaban por izquierda; no estaban asentados en ningún Libro de Entradas ni nada por el estilo, habían sido detenidos 2 o 3 días antes. Una vez en Ibarlucea se los hace descender cerca de la comisaría de esa localidad, más o menos 150 metros antes y los acribillan a balazos. En esa oportunidad estaba Feced, que comandaba todo y les grita a los empleados que estaban dentro de la Comisaría y él mismo balea todo el frente del edificio con una ametralladora a los fines de hacer creer que era un intento de copamiento de la Seccional. Yo estaba presente en esa oportunidad y pude ver todo lo que pasó..."

En otras oportunidades, en lugar del traslado al Servicio de Informaciones, se destinaban los secuestrados a algunos de los tantos campos de detención de no menor envergadura que existieron en esa zona. Entre ellos podemos citar La Fábrica Militar de Armas Portátiles, ubicada en la avenida Ovidio Lagos al 5200 de la ciudad de Rosario.

> "Hacia fines de junio viene al lugar Galtieri. Ese día nos dieron mate cocido con azúcar y nos hicieron bañar. El Comandante entrevistó a cada uno personalmente. A mí me preguntó quién era él; me dijo que era la única persona que podía decidir sobre mi vida". (Testimonio de Adriana Arce)
> "Nos dijeron que teníamos un número y que cuando llegara la persona que venía a vernos y nos llamasen por ese número, teníamos que responder. Esa noche vino el Segundo Comandante Jáuregui" (del mismo testimonio anterior).

En caso de ser legalizados, los secuestrados eran remitidos a la Cárcel de Coronda —en el caso de los hombres— y al Penal de Villa Devoto de Capital Federal —cuando se trataba de mujeres— generalmente "a disposición del PEN". Al cesar en su calidad de detenidos, en la mayoría de los casos fueron remitidos nuevamente a Rosario, en especial a la sede del Comando del II Cuerpo de Ejército. Allí se les dirigía un discurso antes de dejarlos en libertad.

> "Galtieri nos preguntó los nombres uno por uno. Cuando llegó mi turno me hizo una perorata sobre su satisfacción de darme la libertad en nombre del Presidente de los argentinos, el Gral. Videla. Me aconsejó que recordara siempre los colores de nuestra bandera 'que cubren el cielo de nuestra Patria'. Que fuera a mi casa, que ayudara a mi nuera a cuidar a sus hijas y, para colmo de ironías, me pidió que olvidara todo lo que había pasado y que no odiara al Ejército. Yo quiero hacer responsable a Galtieri de la destrucción de mi familia" (Testimonio de Juana Elba Ferraro de Bettanin, quien además de su detención y tortura sufrió la pérdida de sus tres hijos).

El 13 de septiembre de 1984 miembros de la Comisión Nacional con la Delegación Rosario se constituyeron en la Fábrica Militar "Domingo Matheu".

Procedieron a recorrer las instalaciones según las descripciones de las mismas que habían formulado cuatro testigos que intervinieron en el reconocimiento, pidiendo reserva sobre sus nombres. Estos testigos identificaron con toda claridad la parte del edificio en la Fábrica Militar que estaba reservada al alojamiento de detenidos, a saber: la que da sobre la calle Sin nombre, más conocida como Paredón Sur. Allí, por una puerta que fue construida a fines de 1976 ingresaban los vehículos que transportaban a los detenidos y éstos eran alojados transitoriamente en una cocina que es también reconocida de inmediato por los testigos en el curso del procedimiento. Desde esta cocina los testigos pudieron ubicar la sala de torturas contigua. O sea que tenían transitoriamente a los detenidos esposados y vendados en la cocina, hasta que les tocara el turno de pasar a la sala de torturas. Un poco más adelante se encuentra una vieja caballeriza, adonde eran alojados los detenidos que se encontraban hacinados, en pésimas condiciones de salubridad, sufriendo todos ellos las consecuencias de los tormentos y sin tratamiento médico alguno.

Los detenidos ilegalmente en las condiciones ya mencionadas, en la antigua caballeriza, eran visitados periódicamente por personal militar.

Centros Clandestinos de Detención en la Provincia de Córdoba

En la Provincia de Córdoba los de principal actividad ilegal fueron los denominados: "La Ribera", "La Perla", "La Perla Chica", "Hidráulica" y la División de Informaciones de la policía provincial. Conectados con estos centros funcionaron la Comisaría de Unquillo, la Subcomisaría de Salsipuedes y el Destacamento Caminero de la localidad de Pilar.

Constituyeron un verdadero sistema que se completaba con la Unidad Penitenciaria N° 1 de Córdoba, destinada a albergar en condiciones infrahumanas a detenidos legalizados que —después de pasar por algunos de los campos— eran sometidos a Tribunales Militares o puestos a disposición del PEN.

La custodia de los campos bajo dependencia militar y de la UP 1 estuvo a cargo de Gendarmería Nacional, a través del Destacamento Móvil Nº 3 con asiento en la ciudad de Jesús María.

La Ribera

La Prisión Militar de Encausados "Campo de la Ribera", se transformó en C.C.D. a partir de 1975. La investigación practicada ha permitido corroborar tal funcionamiento.

> "Nos enviaban a La Ribera por períodos de veinte días aproximadamente, siempre acompañados por oficiales de Gendarmería"... "Estuve allí seis veces y pude observar a unos treinta detenidos, hombres y mujeres, alojados en una cuadra. Todos los días venían miembros de Inteligencia del Batallón 141. Cuando lo hacían por la noche, generalmente traían 'paquetes', como se denominaba comúnmente a los detenidos. Cuando los llevaban a interrogar a veces nos ordenaban que los 'ablandásemos', lo cual consistía en someterlos a duros castigos en un terreno ubicado en las proximidades del río" (Testimonio del Gendarme Carlos Beltrán, Legajo Nº 4213).

> "Existía una habitación para los interrogatorios. Allí pude ver cómo se torturó a los detenidos, sumergiéndolos en un tambor con agua. Entre los interrogadores recuerdo a 'H.B.', 'Gino', 'Vargas' y 'Fogo'. (Gendarme José María Domínguez — Legajo Nº 4213)

Justamente de la declaración testimonial del Tte. Cnel. Juan Carlos Lona, efectuada ante el Juzgado Federal Nº 2 de Córdoba el 27 de junio de 1984, así como de otras constancias que lo corroboran, el retiro en el mes de diciembre de 1975 del personal ordinario que cumplía funciones en dicha prisión militar, significó su transformación en cárcel clandestina:

> "Me desempeñé entre 1971 y 1977 como Jefe de la Prisión Militar de Encausados de Córdoba. En diciembre de 1975, en cumplimiento de órdenes emanadas del Comando del III Cuerpo de Ejército, se trasladó a todo el personal a la Guarnición de La Calera. La responsabilidad directa sobre los civiles que pudieran estar alojados allí pasó al mencionado Comando".

La denuncia efectuada por esta Comisión ante la Justicia sobre el caso de Amelia Nélida Inzaurralde —que fue retirada de la cárcel del Buen Pastor y trasladada a La Ribera, donde falleció a causa de las torturas— motivó el procesamiento del Gral. Juan Bautista Sasiaiñ. El Juez de la causa, Dr. Gustavo Becerra Ferrer, es elocuente en respaldo de lo expuesto, cuando dice textualmente en los considerandos de su resolución:

"En consecuencia, atento al cargo que detentaba el declarante (lo cual permite tener sus dichos como una fundada y autorizada versión) resulta claro que el responsable inmediato de la Prisión Militar era el procesado Sasiaiñ, y en el orden jerárquico superior, el Comandante de Cuerpo, el General Luciano Benjamín Menéndez".

(....)

"Que de lo determinado más arriba puede observarse claramente que el lugar de detención 'Campo de la Ribera', no era una 'Prisión Militar', sino un establecimiento de Detención de Civiles que conservó sin embargo, esta última denominación, que no es discutible en cuanto tal, pero sí en orden a su finalidad en tal sentido; conforme al organigrama confeccionado por Sasiaiñ a fs. 93, la responsabilidad funcional máxima correspondía al titular del área 311".

La Perla

Fue el C.C.D. más importante de Córdoba, ubicado sobre la ruta nacional N° 20 que lleva a Carlos Paz, donde funciona actualmente el Escuadrón de Exploración de Caballería Aerotransportada N° 4.

Por su volumen, naturaleza y capacidad operativa es solamente comparable con Campo de Mayo o la ESMA. Fue incorporado a la red de C.C.D. a partir del golpe militar.

Se estima que por este campo han pasado más de 2.200 personas entre esa fecha y fines de 1979.

Desde La Perla se coordinó la actividad represiva ilegal en todo el territorio de la provincia. Desapariciones ocurridas a centenares de kilómetros fueron planificadas y ordenadas desde allí; también se manejaban las conexiones con los centros clandestinos del resto del país. .

Esta Comisión realizó constataciones en La Perla, con la participación de testigos que reconocieron todos y cada uno de los lugares donde vivieron días de horror.

El gendarme Beltrán también cumplió funciones de guardia en La Perla, las cuales tenían las mismas características que en La Ribera:

"En La Perla cubríamos puestos externos en las garitas de vigilancia e internos en el edificio. Los gendarmes éramos los encargados de llevar a los detenidos a una sala donde había un cartel que decía: 'Sala de terapia intensiva — No se admiten enfermos'. Allí presencié la tortura a detenidos. Se mencionaba insistentemente que el llamado 'Yanqui' era un delincuente común, que había sido sacado de la cárcel por orden expresa del Gral. Menéndez, para cumplir con todas las tareas específicas relacionadas con los automóviles. Recuerdo haber visto en tres oportunidades al Comandante del III Cuerpo. Una fue para alguna fecha patria, y las otras dos fueron inspecciones de la sala de interrogatorios, de la cuadra de detenidos y de una habitación donde se guardaban los elementos sustraídos en los allanamientos y secuestros" (Gendarme Carlos Beltrán, Legajo 4213).

"En una oportunidad pude observar en la sala de tortura, la muerte de uno de los detenidos. El cuerpo fue luego sacado de la habitación y colocado en el interior de una casilla de gas, lugar donde se apilaban los cadáveres para después trasladarlos en un camión con rumbo que desconozco" (Gendarme José María Domínguez, Legajo N° 4213).

Además de constituir un centro de privación ilegítima de la libertad y aplicación de tormentos, La Perla fue un campo donde se practicaron ejecuciones sumarias, dentro de una política de exterminio.

Como anexo de este campo, funcionó otro C.C.D. situado en los terrenos colindantes, que recibió el nombre de Perla Chica o "Malagueño". De dimensiones mucho más reducidas que el anterior, este C.C.D. fue reconocido en los procedimientos realizados por esta Comisión. El siguiente testimonio nos brinda detalles sobre su existencia y características:

"Estábamos detenidos en là cárcel de encausados de Villa María, para la época del mundial de fútbol, cuando una madrugada nos cargaron en un camión, vendados y atados. Hicimos una breve parada en Córdoba y luego proseguimos viaje hasta llegar a un lugar. Primero estuvimos en una habitación y luego nos llevaron a una cuadra. Poco después nos devolvieron a la habitación pequeña. Ya sabíamos que se trataba del campo llamado Malagueño. En esa celda nos tuvieron una semana parados, vendados y atados de pies y manos con alambres, sin comer y bebiendo de vez en cuando agua salada. Allí debíamos hacer nuestras necesidades, eso era un verdadero chiquèro. Al que caía vencido por el sueño y el cansancio, lo golpeaban con saña. Uno por uno pasamos por la tortura para ser interrogados. En una oportunidad advertí la presencia de alguien muy importante. Oí entre los guardias —que estaban muy nerviosos— el nombre de Maradona, 2do. Comandante del III Cuerpo" (Pujol, Legajo N° 4080).

Casa de la Dirección General de Hidráulica del Dique San Roque

En la casa de la Dirección Provincial de Hidráulica, ubicada cerca del paredón del dique San Roque en Carlos Paz, funcionó un C.C.D.. Su incorporación al circuito data de 1976, según consta en un informe de esa Dirección, entregado a la CONADEP:

"La casa asignada a la presidencia fue entregada a la Policía de Córdoba con el objeto de custodiar la obra del dique San Roque, en el período que va del año 1976 a 1979, durante el cual no pudimos inspeccionarla".

La CONADEP realizó procedimientos con la participación de testigos, lo cual permitió verificar sin lugar a dudas el funcionamiento en ese lugar de un centro clandestino de detención, utilizado para distintos fines: como lugar de tránsito o de tortura para detenidos de otros campos, o como centro de desarme de vehículos utilizados en la represión o robados en la vía pública para los mismos fines. Prueba de ello es el testimonio del señor J.C. (legajo N° 6139):

"Pude observar en el patio de la casa, vehículos que eran desarmados o virtualmente desmantelados. Recuerdo un Renault 12, entre otros. Los vehículos deben haber sido arrojados al dique, porque pude ver una vez diversos chasis, cuando bajaron las aguas."

Esto fue corroborado por la CONADEP, ya que se rescataron automóviles en ese lugar por medio de buzos, entre ellos el R 12 mencionado.

El 9 de julio de 1978, se encontró el cadáver de un hombre joven, maniatado, presentando golpes, quemaduras y extremidades fracturadas, enterrado en un pozo cercano al chalet de Hidráulica. Dicho hallazgo, y la participación de la policía de Carlos Paz, quedaron asentadas en el "Libro de Tareas y Novedades del Destacamento de Náutica, Caza, Pesca", y en el libro de sumarios de la policía local, con fecha julio de 1978. El Juez actuante fue el de Instrucción, quien giró las actuaciones a la División de Inteligencia UR 3. Esta Comisión comprobó que, ni en la justicia ni en la DI UR 3, fueron asentadas las constancias de referencia.

Unidad Penitenciaria N° 1

Los traslados de detenidos entre diferentes centros, alcanzaron a personas, "legalizadas" que se encontraban alojadas en las unidades penitenciarias de El Buen Pastor, Cárcel de Encausados y Unidad Penitenciaria Provincial N° 1, quienes fueron sacadas en diversas oportunidades para ser llevadas a los C.C.D. De dicha actividad se han obtenido fichas, donde constan los lugares de procedencia y destino.

La UP 1 reviste particular importancia dentro del esquema de la represión clandestina en Córdoba, ya que fue virtualmente ocupada por fuerzas del Ejército a partir del 2 de abril de 1976 y hasta el mes de noviembre del mismo año.

Los testimonios recogidos permiten presumir que las personas detenidas se encontraban sujetas a una total incertidumbre sobre su destino:

"Estuve con Gustavo De Breuil y Jorge Oscar García en la misma celda. Como se sabe, ambos fueron muertos por fuerzas militares, quienes argumentaron en la información entregada a la prensa que se trató de un 'intento de fuga'. Ese asesinato fue presenciado por Jorge De Breuil, ya que lo obligaron a asistir a la ejecución del grupo donde se encontraba su hermano, diciéndole que nos contara luego cómo había sido, ya que nos iba a pasar lo mismo a todos. Asimismo, delante de todos nosotros fue ejecutado el detenido Bauduco, el 5 de julio de 1976. Un suboficial del Ejército lo golpeó en la cabeza, y como no podía levantarse lo amenazó con matarlo. Extrajo una pistola, la montó y le disparó en la cabeza. El 14 de julio de ese año, pude ver desde la ventana de la celda cuando era estaqueado en el patio el detenido René Moukarzel, a quien se le arrojaba agua fría y se le propinaban golpes. Murió durante la madrugada. El Teniente Alsina tuvo activa participación en este hecho. Hasta diciembre de 1976 se registraron 28 presos políticos muertos en distintas circunstancias, debido al régimen imperante en ese penal" (José María Niztschman, legajo N° 7597).

En algunas oportunidades se recurrió a la práctica de mantener como rehenes a detenidos:

"En junio de 1977 fui trasladado como rehén desde la Unidad 9 de La Plata a Córdoba, junto con otras 23 personas. Nos llevaron a La Perla, donde un oficial nos comunicó un mensaje personal del Gral. Menéndez. Este oficial nos señaló que 'La Hiena' —así gustaba ser llamado Menéndez— había decidido que si durante el viaje que el presidente Videla haría al norte sucedía algún atentado terrorista, seríamos nosotros quienes pagaríamos culpas ajenas. La lista era curiosa: si moría un soldado, alguien del público o algún trabajador, entonces moríamos cuatro de nosotros; si la víctima en cambio era un suboficial, la equivalencia aumentaba, y así a medida que la escala ascendía, llegábamos como es lógico a la figura de Videla. En ese caso, sin vacilar seríamos pasados todos por las armas". (Jorge Bonardel, legajo N° 5782).

"A fines de febrero de 1978, trajeron a quince de los rehenes que habían estado anteriormente en La Perla. Los trasladaron desde el penal de Rawson, diciéndoles que si sucedía algo durante el mundial de fútbol, serían asesinados. En abril de ese año cuando por primera vez la Cruz Roja Internacional pudo entrar al III Cuerpo a visitar a los presos políticos, se produjeron cuatro hechos.
Primero, los quince rehenes nombrados, más otros detenidos que no estaban a disposición del PEN, fueron ocultados en otro pabellón".
"En segundo lugar, algunos 'colaboradores' de La Perla que estaban bajo el régimen de libertad vigilada, fueron llevados a La Ribera para ser entrevistados por el organismo internacional, lo cual constituyó una farsa".
"Tercero, otros detenidos-desaparecidos como Porta y Carlos Massera —quien después me lo cuenta— fueron sacados de ese campo para evitar que los vieran los visitantes".
"Por último, trece de los detenidos legales de la UP 1, entre los que me encontraba, fuimos también llevados, a La Ribera por unas horas, y allí el Capitán Barreiro amenazó con matarnos a todos si decíamos algo durante la visita al penal por parte de la Cruz Roja." (Guillermo Puerta, legajo N° 4834)

División de Informaciones de la Policía Provincial (D2)

Esta dependencia de la policía provincial constituyó un importante centro operativo. En las distintas elevaciones realizadas a la Justicia Federal, hemos señalado la relación existente entre la denominada "D 2" y los C.C.D. La Ribera y La Perla. Asimismo surge de las fichas del servicio penitenciario obtenidas, que las personas alojadas en las unidades penales eran trasladadas a esta División de Informaciones para ser sometidas a nuevos interrogatorios.

A efectos de precisar las funciones que cumplió la "D 2", transcribimos el testimonio de Horacio Zamame (legajo N° 7595)

> "Fui detenido por personal de la policía provincial el 12 de noviembre de 1976 en mi lugar de trabajo. Me condujeron al Departamento de Informaciones, ubicado entonces en la Jefatura. Allí fui palpado de armas y despojado de mis pertenencias. Luego me vendaron y esposaron. Permanecí en ese lugar durante cinco días, sometido a apremios ilegales de distinto tipo."

Procedimientos de la CONADEP en Córdoba

La Perla: El 3 de mayo de 1984, se procedió a efectuar un reconocimiento del cuartel del Escuadrón de Caballería Aerotransportada N° 4, donde funcionó el C.C.D. La Perla, con la participación de dieciséis testigos. Estos reconocieron inmediatamente las losetas de hormigón y el mástil del patio de entrada, donde algunos de ellos fueron sacados a tomar sol.

Perelmuter (legajo N° 3950) identificó el hall de entrada y las cinco oficinas. Dijo reconocer la pared de la derecha, donde los sometieron a un simulacro de fusilamiento. También Ana María Mohamed (legajo N° 4306) se situó perfectamente en el hall, el cual ya había descripto en su denuncia:

> "Es aquí, entrando a la izquierda, en la segunda y tercera habitación, donde fui interrogada por Luis Manzanelli."

En la cuadra, todo permanece de la misma forma, salvo los jergones donde permanecieron los detenidos, a veces separados por biombos y que fueron cambiados por cuchetas para conscriptos. El conjunto de los liberados reconoció unánimemente los baños, retretes y mingitorios. La grifería era la misma.

Saliendo al exterior, reconocieron la puerta de chapa de un galpón: "Este es el lugar donde aplicaban torturas", dijo Contemponi (legajo N° 4077). También identificaron el lugar donde estuvieron ubicados los implementos de tortura, asociando cada sitio con las personas que allí se vieron:

"La pared que enfrenta la puerta de entrada, sobre el pasillo, representa para mí un mojón, casi una lápida —dijo Estela Berastegui—, allí vi con vida por última vez a mi hermano. Se quejaba de dolor, se le aflojaban las

piernas, mostraba signos de tortura y pedía ser atendido por un médico'',
(legajo N° 3319).

Igualmente patética resultó la declaración de Elmer Fessia (legajo N°
4075): "En esta primera oficina que da al hall, había un elástico igual al
que está ahora. Allí estaba tendido el Dr. Eduardo Valverde, quien era golpeado por un grupo de personas, mientras a mí me interrogaba un capitán.
Se quejó durante toda la noche y después dejé de escucharlo.''

Todo esto constituye una mínima parte de las situaciones vividas durante el reconocimiento de La Perla. La coincidencia y unanimidad de los
datos recogidos en los testimonios, fue corroborada in situ punto por punto, debido a las pocas transformaciones producidas en la construcción.

Malagueño:

Luego de la inspección de La Perla, se procedió a reconocer el centro
denominado La Perla Chica, ubicado en la entrada a la localidad de Malagueño. Este lugar corresponde a la Sección de Exploración del III Cuerpo.
Los testigos Pujol (Legajo N° 4080), Rata Liendo (Legajo N° 4081), Acu-
ña (Legajo N° 4082), Casas (Legajo N° 4831), Mohamed (Legajo N°
4306) y Basi de Rodríguez (Legajo N° 4083), constataron que el acceso a la
unidad como las construcciones existentes a la derecha de la entrada, se
mantienen igual. También fue coincidente el reconocimiento de la construcción principal, donde se emplazan las oficinas, y el de la cuadra para
alojamiento de detenidos.

La construcción adyacente fue identificada como alojamiento de los
gendarmes. El testigo Rata Liendo describió el interior de la construcción
todo lo cual fue confirmado en la inspección. Asimismo fueron corrobora-
dos infinidad de detalles refrendando la veracidad de las precisiones sobre
el lugar que con anterioridad habían producido los testigos. La coincidencia que manifestaron en todas sus apreciaciones, permite afirmar sin lugar
a dudas que allí funcionó el C.C.D..

La Ribera:

El cuartel de la Prisión Militar de Encausados de Córdoba se encuentra al este de la ciudad, en el barrio San Vicente. Sus instalaciones ocupan un vasto predio próximo al cementerio.

Mohamed reconoció el lugar donde la habían llevado para recuperarse
de las heridas provocadas por la tortura a la que fue sometida en La Perla.
Luis Ludueña (Legajo N° 5229), reconoció la cuadra donde estuvo aloja-

do. Guillermo Puerta (Legajo N° 4834) describió los lugares antes de entrar a los mismos, reconociendo en el acto la modificación que se había producido en el hall de entrada. Todo se confirmó a medida que se recorría cada uno de los sitios descriptos. Olindo Durelli (Legajo N° 4300) y Arturo Ruffa (Legajo N° 4244), confirmaron inmediatamente algunos detalles que habían podido ver durante su cautiverio. Asimismo, Ludueña y Wilfredo Meloni (Legajo N° 4208) aportaron nuevos elementos probatorios.

Marta Aguirre (Legajo N° 4211), además de las instalaciones, reconoció como dato particular "los bancos donde me tuvieron sentada y la vereda angosta de material que termina en una canaleta, donde comíamos en platos con el escudo del Ejército Argentino".

Casa de Hidráulica:

El 21 de junio de 1984 se procedió al reconocimiento del inmueble perteneciente a la Dirección Provincial de Hidráulica, en el Dique San Roque, con la participación de tres testigos: Juan José López (Legajo N° 6133), Raúl Aybar (Legajo N° 6136) y Carlos Vadillo (Legajo N° 6134), quienes reconocieron unánimemente la ubicación y el aspecto general de la casa: la escalera de lajas de la entrada y la galería de baldosas rojas y blancas. Antes de entrar, dieron la ubicación del baño y la de una ventana, desde donde se podía ver una pequeña parte del lago. Asimismo, previo al ingreso, describieron la ubicación del garaje y de las escaleras que nacen de allí, todo lo cual fue constatado al entrar en la casa. Ya en el interior, fueron dando los sitios donde se encontraban situados los muebles y los lugares donde permanecieron durante el período de su detención. Las coincidencias, la unanimidad y la espontaneidad que revelaron los tres testigos, no permiten guardar la menor duda de que se trataba del inmueble donde estuvieron detenidos ilegalmente.

Centros Clandestinos de Detención en la provincia de Mendoza

En ocasión de las dos visitas de la CONADEP a Mendoza, más de medio centenar de personas que estuvieron detenidas-desaparecidas durante espacios de tiempo más o menos prolongados, concurrieron a la Cámara de

Diputados de la Provincia donde esta Comisión se había constituido, brindando el testimonio de los hechos vividos por ellos durante su cautiverio. Además, se recibieron 150 denuncias de otras tantas desapariciones.

La falta de testimonios que aporten datos sobre estas últimas, nos hace pensar en las siguientes hipótesis:

1. Que algunos desaparecidos hayan sido llevados a otra área del III Cuerpo.

2. Que las fuerzas que operaron hubieran procedido a la eliminación rápida de muchos detenidos, haciendo desaparecer sus cuerpos en alguno de los múltiples lugares que ofrece la geografía de la provincia.

Veamos el cuadro general, que en cuanto a la señalización de sitios secretos de detención, ofrece explícitamente lo expresado por los testimoniantes.

Liceo Militar General Espejo

"El 26 de marzo de 1976, secuestrado de mi domicilio, encapuchado y maniatado, fui trasladado al Liceo Militar General Espejo, donde me mantuvieron por espacio de 15 días. Durante ese tiempo pasaron por ese lugar cerca de 500 detenidos." (Enrique Carmelo Durán, Legajo Nº 5188).

"Fui secuestrado junto a toda mi familia el 29 de marzo de 1976. Nos trasladaron a la Comisaría 25ª de Guaymallén, donde estuvimos toda la noche para ser trasladados al día siguiente al Palacio de Policía, donde permanecimos por 10 días en la sección D-2. De allí nos separaron. Yo fui al Liceo Militar General Espejo. En ese lugar estaban detenidas varias personalidades del gobierno constitucional destituido, periodistas, sindicalistas, etc. El trato era correcto, pero cuando nos llevaban a interrogar éramos encapuchados y se nos amenazaba con una bayoneta en el cuello" (José Vicente Nardi, Legajo Nº 6834).

VIII Brigada de Infantería de Montaña

"Fui secuestrado el 2 de junio de 1976 por una patrulla militar que penetró en mi domicilio a las tres de la madrugada. Revisaron todo buscando un supuesto mimeógrafo. Después de maniatarme y vendar mis ojos, me trasladaron en un camión con rumbo desconocido, hasta que llegamos a un lugar que ellos llamaban 'R.D.' (Reunión de Detenidos). El sitio donde estábamos era el Comando VIII de Comunicaciones, dentro de la VIII Brigada de Infantería de Montaña." (Oscar Martín Guidonde, Legajo Nº 6637).

"Después de ser secuestrado, vendado y maniatado fui trasladado al Campo Los Andes. Allí estábamos detenidas cinco personas. Permanecí en dicho lugar desde fines de septiembre de 1976 hasta el 28 de diciembre del mismo año; cuando mis familiares se enteraron que estaba en esa Unidad Militar concurrieron, donde les comunicaron que 'estaban haciendo una experiencia' con los detenidos y que pronto saldríamos en libertad. Durante nuestra estadía fuimos torturados psicológicamente mediante amenazas de muerte. Se nos decía que en cualquier momento íbamos a ser fusilados. Nos llevaban al baño dos veces al día. Los recreos eran de media hora por semana. Como consecuencia de la tensión producida por las continuas amenazas, uno de los detenidos sufrió de amnesia parcial, con desmayos diarios durante casi una semana, e insomnio por igual lapso. Luego nos trasladaron al Penal" (Oscar Armando Bustamante, Legajo Nº 6831).

Las Comisarías

Ocupan en la investigación de las desapariciones ocurridas en Mendoza un lugar muy importante, ya que si bien eran lugares de tránsito, consta que son muchas las personas que estuvieron allí detenidas y fueron sometidas a crueles tormentos.

"Fui secuestrado en mi domicilio el 15 de octubre de 1976. Después de ser vendado y maniatado me introdujeron en un vehículo y me trasladaron al D-2, donde me torturaron con 'teléfono' y también me golpearon con un arma. Durante el día que estuve en dicho lugar no me dieron agua ni comida. Al día siguiente me llevaron a la Seccional 7ª de Godoy Cruz. Allí me quitaron las vendas. El lunes 18 por la noche, me sacaron del calabozo junto a otros detenidos y me aplicaron picana eléctrica y submarino. Estas sesiones duraban una hora y media, durante la cual nos colocaban vendas en los ojos" (Francisco Amaya, Legajo Nº 6833).

"El 15 de octubre de 1976 me detuvo personal de la Policía provincial en la estación terminal de ómnibus de Mendoza. Sin vendarme ni maniatarme, me llevaron a la Seccional 7ª de Godoy Cruz, donde me alojaron en un calabozo. Allí fui interrogado con la aplicación de picana eléctrica durante tres días seguidos. El 21 de octubre me trasladaron a otra parte de la Seccional, donde me mostraron a Juan Humberto Rubén Bravo (actualmente desaparecido) quien estaba custodiado por dos guardias. Cinco días después fui trasladado al Penal de Mendoza donde me legalizaron". (Pablo Rafael Seydell, Legajo Nº 6918).

"Fui detenido por personal de la Policía de la Provincia de Mendoza el 15 de octubre de 1976 en la vía pública. Vendado y maniatado me trasladaron a la Seccional 25ª de Guaymallén, también conocida como Grupo Motorizado. En ese lugar había muchos detenidos. Durante el día que permanecí allí fui brutalmente torturado y golpeado. Todos los que estábamos detenidos fuimos golpeados en forma similar. Ese mismo día, vendado y maniatado, me introdujeron en la parte posterior de un coche patrullero, agachado hacia adelante, y me trasladaron a la

Seccional 7ª de Godoy Cruz. Me di cuenta que era ese sitio por la iluminación de la plaza que está enfrente, los ruidos del tránsito y porque escuché la música del órgano de la Iglesia. Allí pude ver que había varios detenidos, todos con vendas que les cubrían la vista. Todos habían estado detenidos en el D-2 de la Policía de la Provincia" (Luis Matías Moretti, Legajo N° 6843).

Palacio Policial (D-2)

El paso por las Comisarías era parte de la ruta que siguieron en numerosas oportunidades los detenidos-desaparecidos, la mayoría de los cuales fueron posteriormente "legalizados" en la Jefatura de Policía o en la Penitenciaría de Mendoza.

En esta ruta se encontraba también el Palacio Policial, con su tristemente célebre Departamento Dos.

"El 14 de mayo de 1976, a la 1 y 30 de la madrugada, me detuvieron en mi domicilio. Maniatado y vendados los ojos me trasladaron al D-2. En horas cercanas al mediodía me llevaron al subsuelo de dicho edificio, a una habitación que tenía en su interior un banco de madera. Allí me desnudaron y ataron al banco, y con aplicación de picana eléctrica me interrogaron por espacio de dos horas. Permanecí en la condición de desaparecido hasta el 31 de mayo, fecha en que por una autorización del Comando de la VIII Brigada de Infantería mi familia se enteró de mi condición" (Raúl Aquaviva, Legajo N° 6842)

"Fui detenida el 9 de febrero de 1976 en mi domicilio, junto con un compañero del gremio donde yo era delegada y con mi pequeño hijo de 4 años. Para entrar derribaron la puerta. Fuimos brutalmente golpeados, luego nos maniataron y vendaron los ojos. Nos llevaron con mi hijo a un lugar que no reconocí inmediatamente. Ahí me sacaron al niño en un escena espantosa porque los dos gritábamos que no nos separen, y él pedía que no maten a su madre. En ese lugar permanecí durante 18 días más o menos. Sufrí toda clase de torturas, desde la amenaza constante de que ultimarían a mi hijo, hasta todo tipo de violaciones individuales, entre varios a mí sola, o entre varios a las tres mujeres que estábamos. El lugar era muy chico y sentíamos a todos hablar, quejarse y llorar. Me practicaron golpes de puño, con cadenas y aplicaciones de picana eléctrica en las zonas más delicadas. Quedé extenuada y rotosa, a tal punto que cuando me llevaron ante el Juez me dieron el vestido de otra mujer para que fuera más 'decente'. Cabe agregar que reconocí posteriormente el lugar de detención de esos 18 días: era el D-2. Yo estaba en una celda al lado de la entrada de los guardias. Había un largo pasillo que terminaba en baños, donde nos hacían bañar desnudas a las mujeres todas juntas con agua fría, vendados los ojos y con los guardias festejando el hecho. En el otro extremo había una celda más grande que el resto, en donde hacían las torturas de conjunto, pirámides humanas por ejemplo. En una de ellas quedó abajo de todos Miguel Angel Gil, y salió tan deteriorado que no se pudo recuperar, muriendo días más tarde. El Juez que me atendió fue el Dr. Carrizo, en la Jefatura de Policía. Previamente había sido amenazada: 'si abrís el pico tu hijo lo pagará', y me mostraron una campera suya. El Juez tuvo una actitud totalmente pasiva, aunque yo estaba absolutamente deteriorada. Me tenían que llevar entre dos guardias para poder caminar y tenía la cara desfigurada (en la Cárcel, gracias a la Cruz Roja Internacional, fui operada de la nariz, que me habían fracturado en aquel momento). El Juez Guzzo parece que tomó partido por los métodos empleados, pues pese a lo que le relaté, me condenó. Alguna vez esos jueces deberán explicar por qué tomaban declaración a seres absolutamente desquiciados y en dependencias policiales" (Susana O., Legajo N° 6891).

"Fui secuestrado el 9 de febrero de 1976. Inmediatamente me trasladaron al Palacio Policial, lugar que reconocí por haber participado en el proyecto y en la inspección de dicho edificio. Durante el tiempo que estuve detenido, fui golpeado constantemente, me sometieron a picana eléctrica por espacio de cinco o seis horas seguidas, y en una oportunidad me arrojaron agua hervida. Recuerdo haber visto por la mirilla de la celda a Estela F. que era una chica cordobesa. Pude ver que estaba con la cara muy lastimada. Ví cómo se la llevaban varias veces para violarla. Después de violarla más de veinte veces, le colocaron un palo en la vagina. Hoy está desaparecida ... Estela F. y Silvia O. se hallaban embarazadas cuando la detuvieron; como consecuencia de las torturas y de las reiteradas violaciones, perdió su niño... Otro de los detenidos muy torturado fue Marcos Ibañez, quien murió en el Penal de La Plata un año después.... Olga Z. había sido secuestrada en un hospital, donde le habían extraído el útero. En el D-2, alguien que se dijo médico, le sacó los puntos. Después de esto fue violada... En la última oportunidad que me picanearon, me desperté mientras me daban golpes en el pecho. El médico me informó que había muerto y me habían revivido. Después de esto no volvieron a torturarme. Más tarde me quitaron las vendas de los ojos frente al Juez Carrizo". (Fernando Rule Castro, Legajo N° 6827).

La Penitenciaría

La Penitenciaría de Mendoza, dependencia utilizada para la legalización de algunos detenidos-desaparecidos, funcionó en numerosas oportunidades como centro clandestino de detención, en especial cuando se hizo cargo de este Penal el Comisario Naman García.

"Fui trasladada a la Penitenciaría provincial, donde un médico me revisó superficialmente. A pesar de mi ruego, todas las heridas y mi deterioro general, hizo un informe mentiroso y me dió aspirinas 'para pasar el mal trago, olvidarme de lo ocurrido y mirar hacia el futuro'. Esos meses de permanencia en la Penitenciaría fueron duros, aislados, con régimen militar, amenazas periódicas de fusilamientos, interrogatorios con vendas puestas en los ojos y, en numerosos casos, torturas físicas. Ese fue el régimen de Naman García" (Susana O., Legajo N° 6891).

"El 24 de marzo de 1976 concurrió al Penal el Tte. primero Ledesma, con un grupo de soldados. Nos interrogaron varias veces, pero solamente a través de las rejas. Ledesma les manifestaba a los soldados que nos tenían que 'matar a todos, porque son subversivos y apátridas'. Junto a mí se encontraba Santiago Illa. En agosto, cuando por primera vez nos pudieron visitar nuestros familiares, nos enteramos que Illa había desaparecido... El 24 de julio de 1976 asumió como Director de la

Cárcel el Comisario José Naman García, y de inmediato nos dieron una golpiza que se hizo extensiva a los presos comunes. Consistió en sacarnos en grupos de 20 al patio, donde nos hicieron desnudar y pretendieron hacernos gritar 'vivas' al Proceso. Todo esto acompañado con golpes de palos, trompadas y puntapiés, incluidas amenazas de muerte. Los que nos golpeaban eran personal del Ejército y del Servicio Penitenciario" (Pedro Víctor Coria, Legajo N° 6917).

"A partir de que Naman García se hizo cargo del Penal, éste se convirtió en un centro de interrogación. Eramos torturados con picana eléctrica y golpes. Asimismo, en numerosas oportunidades fuimos llevados a la Compañía de Comunicaciones y al Comando de Servicios. Asimismo, a partir de octubre de 1976 fueron sacados detenidos para el Campo Los Andes, en grupos de a tres." (Guillermo Martínez, Legajo N° 6892).

"En oportunidad de una visita que hizo el Presidente Videla a las provincias cuyanas en el mes de octubre de 1976, sacaron del pabellón donde nos encontrábamos a tres compañeros. Los aislaron del resto. Esa tarde el subteniente, jefe de Guardia, nos reunió a todos en el patio y nos informó que en caso de que le ocurriera algo al Presidente Videla en su gira se tomarían represalias contra los detenidos. Explicó que era por orden expresa del Comandante del Tercer Cuerpo de Ejército, Gral. Luciano Benjamín Menéndez. El oficial estaba tan nervioso y atemorizado por tener que comunicar esa orden, que ni siquiera asumió la responsabilidad de lo que decía, ya que textualmente terminó afirmando: 'ésto lo mandan a decir ellos, los del Comando'." (Manuel Armando Alfonso, Legajo N° 7133).

Centros Clandestinos de Detención en la Provincia de Tucumán

A la provincia de Tucumán le cupo el siniestro privilegio de haber inaugurado la "institución" Centro Clandestino de Detención, como una de las herramientas fundamentales del sistema de represión montado en la Argentina.

La *"Escuelita" de Famaillá* fue el primero de estos lugares de tormento y exterminio, cuyo funcionamiento pudo constatar la CONADEP. Se trataba de una pequeña escuela de campaña, que en 1975 se encontraba en construcción. Tenía capacidad para treinta o cuarenta prisioneros. Uno de los testimonios recogidos (Legajo N° 4636), consigna que:

"La picana eléctrica consistía en un teléfono de campaña a pilas, que al dar vuelta a su manija generaba corriente eléctrica. Según la velocidad con que era girada, aumentaba o disminuía el voltaje producido por la fuente".

La precariedad de sus instalaciones demuestra —por contraste con la dimensión que luego llegaron a tener estos centros de detención— que en 1975 había comenzado a desarrollarse en forma embrionaria la modalidad clandestina de la metodología represiva. El rápido crecimiento de las estructuras operativas encarado a partir de entonces, tuvo por objeto mejorar la eficiencia de los métodos utilizados, poniendo a su servicio todos los recursos del aparato estatal. En Tucumán, a partir de la experiencia de "La Escuelita" de Famaillá, se establecieron por lo menos otros diez C.C.D.: La Jefatura Central de Policía, el Comando Radioeléctrico, el Cuartel de Bomberos y la Escuela de Educación Física, todos ellos ubicados en la capital de la Provincia. La Compañía de Arsenales "Miguel de Azcuénaga", El Reformatorio y El Motel en las proximidades de la misma. Nueva Baviera, Lules y Fronterita en diversas localidades del interior.

Es decir que, tal como ocurrió en otras zonas del país, los Centros fueron pasando de pequeñas casas o sótanos muy bien disimulados a grandes instalaciones —en algunos casos unidades militares acondicionadas al efecto— provistas de todos los elementos que las asemejan a las versiones conocidas de la Alemania Nazi: doble alambrada de púas, guardias con perros, helipuertos, torres de vigilancia, etc. Un ejemplo de este tipo de Centro fue precisamente el instalado en la Compañía de Arsenales "Miguel de Azcuénaga".

No obstante, no son éstos los casos más comunes ya que, en Tucumán, el Ejército se encontraba en "zona de operaciones" contra la guerrilla, existiendo especial cuidado en evitar la vinculación fáctica entre los grupos clandestinos que actuaban en los C.C.D. y la cara oficial de las Fuerzas Armadas.

Los detenidos que pasaron por estos sitios lo hicieron en su mayoría por cortos períodos, para luego ser trasladados. Existe la seria presunción de que, en muchos casos, el traslado culminaba con el asesinato de los prisioneros.

"Los presos eran traídos a la 'Escuelita' en coches particulares ya sea dentro del baúl, en el asiento trasero o recostados sobre el piso. De la misma forma eran sacados, y por lo poco que se sabía, cuando ello ocurría, la mayoría iban a ser ejecutados. Si algún detenido moría, se esperaba la llegada de la noche y luego de envolverlo en una manta del Ejército se lo introducía en uno de los coches particulares que partía con rumbo desconocido" (Del testimonio del ex gendarme Antonio Cruz - Legajo N° 4636).

"A los condenados a muerte se les ponía una cinta roja en el cuello. Todas las noches un camión recogía a los sentenciados para trasladarlos al campo de exterminio" (Del testimonio de Fermín Nuñez - Legajo N° 3185).

"No recuerdo bien si fue para el 16 de mayo o junio de 1977 el segundo jefe de la Compañía de Comunicaciones 5, dependiente de la V Brigada de Infantería, me dijo que volviera temprano, que había que 'pasar' a algunos prisioneros. Era para el aniversario de la muerte de un militar de apellido Toledo Pimentel. Cuando volví por la noche me dijo: 'volvete a tu casa porque ya está todo hecho'. Al otro día, cuando regresé a la Escuelita desde mi casa, ya no se encontraban allí, ni tampoco dos chicas más detenidas, por lo que no me cabe ninguna duda que todos fueron muertos en el lapso indicado" (Del testimonio del Cabo 1° Juan Carlos Ortiz - Legajo N° 1252).

En función del desarrollo de las operaciones, el Comando del área rural se desplazó, a partir de abril de 1976, desde la "Escuelita" hasta el C.C.D. *"Ingenio Nueva Baviera"* el cual hasta agosto de 1977 se constituyó en el principal asentamiento de la represión clandestina en dicha área. Operaban en él efectivos llegados de todas partes del país. Había un helipuerto y gran cantidad de material rodante para transporte de tropas; el campo concentraba un número elevado de prisioneros capturados en toda la provincia. En el ex ingenio *Lules* funcionó otro C.D.D. Se trata de una finca antiquísima, considerada como lugar histórico, ya que en ella había estado el General San Martín. El "chupadero" funcionaba en el sótano del antiguo depósito de carbón; la sala de torturas estaba en el primer piso de la vivienda.

En la zona rural también funcionaron al menos transitoriamente, C.C.D. en la Comisaría de Monteros, el ingenio Bella Vista y los "Conventillos de Fronterita", construcciones precarias que habían servido de alojamiento para trabajadores del ingenio de esa localidad. La represión se ejerció precisamente contra ellos, ya que las detenciones se operaban al iniciarse el horario de trabajo, a la entrada misma del ingenio. La CONADEP pudo verificar lo referido en las denuncias, en el curso de un reconocimiento.

En pleno centro de la ciudad de San Miguel, la *Jefatura Central de Policía,* que ya funcionaba como lugar de torturas, se transformó —mediante refacciones internas— en Centro Clandestino de Detención. En esa época era Jefe de Policía de Tucumán el Teniente Coronel Mario Albino Zimermann (Legajos N° 1252 y 440). Lo secundaban el Comisario Inspector Roberto Heriberto Albornoz (Legajos N° 5570 - 3753 - 5840 - 5846 - 3482 - 2493 - 5597) y los comisarios José Bulacio (Legajos N° 5837 - 5570 y 4892) y David Ferro (Legajos N° 5837 - 5570 - 6301 - 440 y 5425).

El Ejército se reservaba el control de este lugar a través de un supervisor militar. El responsable del área de seguridad 321, Teniente Coronel Antonio Arrechea, perteneciente a la V Brigada, visitaba el centro y asistía a las sesiones de tortura (Legajos N° 440 - 1744 - 1446 - 5763 - 2493).

El *Comando Radioeléctrico* en la calle Laprida al 1000, era otro lugar donde se alojaban clandestinamente detenidos. Se lo utilizaba como lugar de tránsito y era el sitio de "ablande" de los recientemente secuestrados. No se les daba agua ni comida a fin de preparlos para la aplicación de la picana sometiéndolos además a fuertes castigos.

Cruzando la calle estaba ubicado otro C.C.D., el *Cuartel de Bomberos*, al cual se conducía, encapuchados y numerados, a los detenidos con un cartón colgando del cuello, a la espera de nuevos traslados.

Con una capacidad para alojar a 250 prisioneros funcionaba otro C.C.D. en instalaciones pertenecientes a la *Escuela de Educación Física* dependiente de la Universidad Nacional de Tucumán. Para llevar a los secuestrados se utilizaba un ómnibus (Julio César Heredia — Legajo Nº 5838). El vecindario escuchaba las quejas y clamores de las víctimas y, a menudo, tiros disparados por ráfagas que correspondían a simulacros de fusilamientos o, simplemente, a fusilamientos.

Ya saliendo de la ciudad se encontraba *"El Motel"* el que, aun en plena construcción, se utilizaba como C.C.D. Actualmente se llama "La posta de los Arrieros". En ese lugar se torturaba. El alojamiento de los detenidos era una serie de cinco pequeñas construcciones sobre un camino de pedregullo. El lugar destinado a la confitería era utilizado por la guardia de prevención. A la derecha existía un gran tanque de agua que se usaba como puesto de guardia nocturna.

Otros centros funcionaron por un corto lapso: *El Reformatorio* y la *Escuela República del Perú*, en el barrio del Palomar.

En la *Cárcel de Villa Urquiza* funcionó un pabellón destinados a detenidos clandestinos. Eran alojados en la Sección "E". Un preso común que cumplía su condena en ese penal declara haber conversado con alguno de ellos que hoy figura en la lista de personas desaparecidas (Juan Antonio Molina, Legajo Nº 3377).

El C.C.D. más importante de las afueras de San Miguel fue el que se instaló dentro de la *Compañía de Arsenales "Miguel de Azcuénaga"*, dependiendo directamente de la V Brigada de Infantería. Las guardias eran efectuadas por personal de la Gendarmería Nacional. Entre los meses de marzo y abril de 1976 fue enviado a ese lugar un contingente de 40 efectivos del Escuadrón Móvil Nº 1 de Campo de Mayo. Precisamente, un miembro de este grupo, refiere ante la CONADEP cómo era la vida —o la muerte— en este campo de exterminio, uno de cuyos responsables era el Teniente Coronel Cafarena (Legajo Nº 4636).

"Una vez vi cómo un detenido desnudo era enterrado vivo, dejándole solamente la cabeza afuera del pozo, apisonando la tierra después de mojarla para compactarla; esto duraba 48 horas. Ocasionaba calambres muy dolorosos y afecciones a la piel. En dos oportunidades presencié fusilamientos en este campo, el que efectuaba el primer disparo era el General Antonio Bussi. Después hacía participar en el mismo a todos los oficiales de mayor jerarquía. El lugar de las ejecuciones estaba ubicado a unos 300 o 400 metros de la Compañía de Arsenales, monte adentro. Se tendía un cordón de seguridad a los 20 metros y otro a unos 100 metros del lugar. Los disparos se hacían con pistolas calibres 9 mm o 11;25 mm, siempre entre las 23 y 23.30 horas. Cada quince días se asesinaban entre 15 o 20 personas" (Del testimonio de Omar Eduardo Torres - Legajo N° 6667).

Centros Clandestinos de Detención en la provincia de Jujuy

Los principales centros clandestinos de detención de la provincia de Jujuy fueron el conocido como "Guerrero" y la Jefatura de la Policía de la Provincia. El primero de ellos estuvo situado en la localidad homónima, en las cercanías del Ingenio Ledesma, y la Jefatura en el centro de la ciudad capital, San Salvador de Jujuy.

"El 1° de agosto de 1976 me presenté espontáneamente en el Departamento Central de Policía de Jujuy, solicitando una entrevista con el comisario general Haig, quien conversó conmigo ya que yo había estado bajo sus órdenes. Me acusó de ser el jefe del grupo guerrillero de Calilegua, por lo que me hizo detener. Luego, este Comisario y el Subcomisario Viltes me interrogaron, y al negarles las imputaciones que me hacían me trasladaron en un auto, sin vendas ni ataduras, a la localidad de Guerrero. Cuando llegamos a uno de los edificios del complejo fui introducido a una sala donde observé gran cantidad de detenidos que llevaban vendas en los ojos y que se encontraban detenidos en lastimosas condiciones físicas. En ese momento fui vendado y maniatado con el resto. Al día siguiente me llevaron a un cuarto con otros dos muchachos, Miguel Garnica y Germán Córdoba, ambos desaparecidos al día de la fecha. Esa misma tarde fui llevado al primer piso, donde me torturaron brutalmente con golpes y submarino, participando personalmente Haig y Viltes. Luego de esto fui trasladado al 'salón de los sentenciados', donde se encontraba la gente que no iba a salir más. Había en ese lugar 18 detenidos. Todas las noches nos hacían enumerar y éramos torturados diariamente todos los que estábamos allí. Las torturas consistían principalmente en arrojar agua hervida en el ano y entre las piernas, alambres al rojo en las nalgas y golpes con tablas sobre espaldas y piernas, hasta el desvanecimiento. Como comida nos daban un pedazo de cebolla o un repollo crudo para compartir entre varios. Todas las noches escuchábamos disparos y permanentemente éramos amenazados de muerte. Durante la noche se hacía cargo del campo Gendarmería Nacional, por la mañana el Ejército y por la tarde la Policía. De los que estábamos allí recuerdo a mi tío, Salvador Cruz, Román Riveros, Domingo Reales, Miguel Garnica y a su hermano menor, Germán Córdoba, a los hermanos Díaz, a Manzu y al Dr. Aredes. Todos ellos de la localidad de Calilegua y ciudad Libertador General San Martín, se encuentran desaparecidos. En ese momento estaban en muy malas condiciones físicas y mentales, ya que presentaban cuadros de gangrena en los ojos, manos y piernas. Varios de ellos deliraban. En una oportunidad en que me llevaron a la tortura escuché que Haig decía que había que hacernos confesar, y en realidad se refería a una confesión que me fue solicitada por monseñor Medina, diciéndome que a cambio de ella recibiría el perdón y un juicio. Le manifesté que no tenía nada que confesar. Me acusó de terco y la gente que estaba a su lado comenzó a golpearme. A pesar de todo esto, al poco tiempo me trasladaron a la Jefatura de Policía de Jujuy, donde me legalizaron" (Humberto Campos, legajo N° 2545).

Los desaparecidos que menciona el señor Campos fueron secuestrados de sus domicilios el 27 de julio de 1976, y casi todos eran trabajadores de la empresa Ledesma. En medio de un apagón general, irrumpieron fuerzas uniformadas en sus respectivas viviendas, deteniendo en esa oportunidad a más de 200 personas en ambas localidades. Todas fueron llevadas al C.C.D. de Guerrero, donde sufrieron las brutales torturas antes mencionadas. Posteriormente, parte de ese grupo fue trasladado a la Jefatura de Policía, saliendo de ella directamente liberados o puestos a disposición del PEN. Los que habían quedado muy mal por la tortura fueron abandonados en las cercanías del Hospital de Jujuy, lugar donde se recibieron llamadas anónimas para que los fuesen a buscar. De la totalidad de detenidos, más de 70 personas permanecen desaparecidas hasta el día de la fecha. El testimonio de Humberto Campos está avalado por docenas de denuncias en el mismo sentido.

Circuito Sur. V Cuerpo de Ejército

La zona de seguridad colocada bajo control del V Cuerpo de Ejército, abarcaba los partidos bonaerenses de Tres Arroyos, Coronel Dorrego y Carmen de Patagones, así como la ciudad de Bahía Blanca, sede del Comano de Cuerpo, a excepción del área bajo jurisdicción de la Armada (Base de Puerto Belgrano), y más allá, las provincias de Neuquén, Río Negro, Chubut y Santa Cruz.

La represión clandestina operó a lo largo de ese vasto territorio apoyándose en lugares transitorios de detención (Comisarías, Cuarteles, Delegaciones de la Policía Federal, etc.) desde donde los prisioneros eran trasladados a dos Centros permanentes ubicados en la ciudad de Bahía Blanca, uno en las cercanías del Comando del V Cuerpo de Ejército y otro dentro de sus propias instalaciones.

La única variante conocida fue el esquema aplicado en el Alto Valle del

Río Negro y Neuquén, donde se instaló un campo clandestino permanente para detenidos de la sub-zona 52, cuya jefatura ejerció a partir de abril de 1976 y hasta fines del año siguiente, el General José Luis Sexton, Comandante de la VI Brigada de Infantería de Montaña, con asiento en Neuquén.

En los días anteriores al golpe, un número importante de militantes políticos y gremiales, de legisladores, de profesores universitarios y de funcionarios del Gobierno depuesto eran detenidos en operativos aparentemente legales, para luego ser trasladados, a medida que se disponía de lugar, a instalaciones del Comando del V Cuerpo, donde muchos de ellos pasaban a revistar en la categoría de desaparecidos. Algunos de ellos habían sido rastreados con gran celeridad en otras regiones del país y puestos a disposición de la Zona de Seguridad Nº 5.

El ex diputado por Santa Cruz, Orlando Stirnemann (Legajo Nº 4337), testimonia:

> "A principios de abril de 1976 fui detenido en Malabrigo, provincia de Santa Fe. Tres días después me trasladaron desde Reconquista en un avión Guaraní, matrícula Y 116, con destino a Aeroparque, y de allí en otro avión, matrícula AE 106, a la Base Comandante Espora. Pude ver todo esto porque no estaba vendado, ya que decían que yo era 'boleta segura'. Primeramente estuve dentro de un Centro Clandestino instalado en un gran galpón perteneciente al Batallón de Comunicaciones. Quince días después de haber sido detenido en este C.C.D., soy trasladado a otro C.C.D., presuntamente dentro de la misma jurisdicción del Ejército..."

Francisco Tropeano, detenido legalmente en el Comando de la VI Brigada de Neuquén el 28 de marzo de 1976, hubo de esperar turno en la cárcel de dicha ciudad, hasta que fue trasladado a la Base Comandante Espora y entregado allí a personal del V Cuerpo, siendo alojado en el mismo galpón que Stirnemann. Durante el tiempo de su detención clandestina, el Coronel Swaiter (Legajo Nº 6956), Jefe de Inteligencia de esa Zona, negó a la Sra. de Tropeano la presencia de su esposo como detenido en su jurisdicción, hasta que al cabo de varias semanas, fue legalizado también en el Penal de Villa Floresta.

Allí pudo constatar que el mencionado oficial era el mismo que había inspeccionado en repetidas oportunidades el C.C.D. donde él estuvo alojado, en compañía de otras personas que permanecen desaparecidas:

> "Todos oíamos cuando alguno era sacado del galpón principal para ser torturado con picana eléctrica. Presumo que había un médico indicando cuándo debían parar. En dos oportunidades oí mientras estaban torturando algo así como: se cortó... se cortó. También me pareció que aplicaban inyecciones. Durante la noche se hacían presentes jefes militares que daban instrucciones a los encargados del galpón sobre el comportamiento a seguir con los prisioneros, durante los operativos.

También impartían indicaciones doctrinarias. Uno de los jefes que vino varias veces resultó ser el Coronel Swaiter".

(....)

"Recuerdo muchas escenas de terror, pero no puedo dejar de mencionar una en particular: era de noche, los guardias empezaron a gritar que los montoneros venían a rescatar a los presos, y se pusieron a disparar sus armas mientras exclamaban: 'Hay que matarlos a todos'. El tiroteo era adentro, al lado nuestro, pero también afuera. Los guardias corrían, a veces se detenían en una cama y se ponían a golpear a un prisionero atado y vendado. Si bien estas palizas ocurrían frecuentemente, esa noche nuestro terror era mayúsculo, a causa de los tiros. Pienso que esa noche fusilaron fuera del galpón a algunos detenidos y el comportamiento de los guardias era para que esto pasara desapercibido a los que estábamos adentro".
(Francisco Tropeano, Legajo N° 6956).

Dada la envergadura de las operaciones represivas encaradas en la propia ciudad de Bahía Blanca y su zona adyacente, nuevas instalaciones se hicieron indispensables, por lo que se habilitó 'La Escuelita', vieja construcción compuesta de varias habitaciones, situada a unos 100 metros del galpón. Cuando el número de detenidos desbordaba la capacidad, algunos eran derivados transitoriamente a otro edificio ubicado en la Base Naval o en sus inmediaciones, donde los custodiaba personal de la Marina. Esta por su parte, contaba con otro Centro de Detención Clandestino instalado en la Batería 2, frente a la costa, donde quedó fondeado un barco utilizado con idéntico fin en los momentos en que la represión fue más intensa.

Pedro Maidana (Legajo N° 6956), detenido a mediados de junio de 1976, mientras asistía a clase en la Escuela de Educación Técnica de Cutralcó, es trasladado junto con otras personas de Neuquén hasta la "Escuelita" de Bahía Blanca, donde lo interrogan y pasa luego 14 días de cautiverio precisamente en ese "otro edificio al que se accede por un camino muy poceado que huele a mar". Por fin lo trasladan al Penal de Neuquén, a disposición del Area 521 cuyo Jefe de Inteligencia era el Mayor Reinhold.

La "Escuelita" instalada en una edificación preexistente, en los fondos del Batallón 181 de Neuquén Capital, fue refaccionada y adaptada a su nuevo destino —era antes una caballeriza— por las Compañías A y C de Construcciones. Las compañías de Comando y Servicios y de Combate, aseguraban el apoyo logístico, las guardias externas y el personal de calle para los operativos de rastrillaje. El Jefe del Batallón, Teniente Coronel Braulio Enrique Olea, derivaba al Comando de la VI Brigada toda gestión de familiares de desaparecidos, inclusive cuando, como en el caso del conscripto José Delineo Méndez, la víctima se hallaba detenida clandestinamente en los calabozos del propio cuartel. (Legajo N° 2287).

En la VI Brigada, los familiares eran atendidos habitualmente por el Mayor Farías, responsable administrativo de la "Escuelita", quien de acuerdo a sus manifestaciones era el encargado de la lista de detenidos en el Centro Clandestino. A menudo también se ocupaba del traslado, desde establecimientos carcelarios, de detenidos que pasarían días o semanas en calidad de desaparecidos, mientras eran torturados, a la espera de que, desde el Comando de la Zona, definieran su destino.

Uno de ellos, ex Oficial de la Policía detenido en el lugar (Legajo Nº 6956) reconoció a su torturador, pese a estar vendado. Se trata del Teniente Coronel Gómez Arena, alias "el Verdugo", Jefe del Departamento de Inteligencia de la VII Brigada, que el declarante conocía por haber frecuentado asiduamente la "comunidad informativa" del área 521, que sesionaba en dicho Destacamento desde mucho antes del 24 de marzo de 1976.

En Viedma, donde no hay guarnición militar, "la comunidad informativa" funcionaba en dependencias del S.I.E. desde donde se coordinaron, hacia fines de 1976, una serie de secuestros en los que participaron funcionarios de la Delegación Viedma de la Policía Federal:

"El 15 de diciembre me subieron a un vehículo. Iban conmigo el Comisario Forchetti (Legajos Nº 475-480-473-476) y el Oficial González (Legajos Nº 478-480) de la Policía Federal. A mitad de camino hacia el Aeropuerto me vendaron y encapucharon. Fui trasladado al Comando del V Cuerpo de Ejército, a cargo del General René Azpitarte (Legajos Nº 473-475). El encargado de la represión era el Coronel Páez. Al día siguiente me trasladaron a la 'Escuelita'. Allí me torturaron terriblemente, aún conservo secuelas del trato recibido. Allí pude saber que también estaba detenido Darío Rossi —de Viedma— a quien hicieron aparecer posteriormente como muerto en enfrentamiento" (Eduardo Cironi, Legajo Nº 473).

Por su parte, Oscar Bermúdez (Legajo Nº 476, secuestrado en Viedma el 7 de enero de 1977 por el mismo Comisario Forchetti, manifiesta:

"En un vehículo me trasladaron hasta la 'Escuelita'. Al rato de estar acostado en el suelo, muy golpeado, pude establecer contacto con un viejo amigo mío, Darío Rossi, quien me preguntó desesperado por su mujer e hija. Después de ser legalizado en la cárcel de Villa Floresta leí en el diario que una persona había sido baleada en un enfrentamiento. Era Darío Rossi. Este era el destino para algunos de los secuestrados en este centro clandestino".

El testimonio de Jorge Abel coincide con el anterior en cuanto al caso Rossi, y agrega más datos sobre ejecuciones sumarias de detenidos (Legajos Nº 477-480):

"Otro de los fusilados fue Fernando Jara. También ingresaron en la "Escuelita" dieciséis chicos de la UES, de alrededor de 17 años, a quienes se torturó para que se hiciesen cargo de un atentado a la Agencia Ford de Bahía Blanca, ocurrido a mediados de diciembre de 1976. De estos chicos quedaron sólo dos con nosotros, los que aparecieron muertos en 'un enfrentamiento' cerca de La Plata. Días antes

del fusilamiento de Jara, había inspeccionado el lugar el General Acdel Vilas"
(Legajos N° 477 y 4636).

Fue su visita de despedida, antes de pasar a retiro y ser reemplazado en el puesto de 2do. Comandante por el General Abel Catuzzi. Pero nada cambiaría en el funcionamiento de la "Escuelita" (Legajos N° 473 y 475). El 12 de enero de 1977 fue secuestrada en Bahía Blanca, Alicia Partnoy y trasladada en un camión del Ejército hasta el Comando del V Cuerpo, donde la vendaron y encapucharon recién después de haberle tomado declaración. La trasladaron en un vehículo hasta una casa en donde escuchó, durante toda la primera noche, los gritos de su marido en tortura (Legajo N° 2266).

> "Poco a poco fui ubicándome. La vieja casa donde estábamos se encontraba detrás del Comando del V Cuerpo, a quince cuadras de un motel, sobre el camino de 'La Carrindanga'. El lugar era llamado por los militares 'Sicofe'. Está muy cerca de las vías del ferrocarril, y podíamos oír el paso de los trenes, los tiros de práctica del Comando de Ejército y el mugido de las vacas. La sala de tortura, la cocina, el baño, las celdas y la sala de guardia estaban dentro del mismo edificio. Para hacer nuestras necesidades debíamos salir a una letrina ubicada en el patio. Allí había una casilla rodante donde dormían los guardias, y un aljibe que utilizaban para torturar a los detenidos, colgándolos durante horas en su interior".

Ese fue precisamente el tormento sufrido por Sergio Voitzuk (Legajo N° 3077), quien junto con otros testigos acompañó a una Delegación de esta Comisión en la visita de inspección realizada el 11 de julio del corriente año. Todos ellos reconocieron, a unos 2.000 metros de la sede del Comando, en un paraje conocido como "el viejo tambo" en el camino de "La Carrindanga", el lugar donde se levantaba la "Escuelita", hoy demolida, rodeada por una arboleda aún en pie y que resultó inconfundible.

Asimismo, después de un prolijo rastrillaje, los testigos reconocieron restos de la construcción (fragmentos de mampostería con pintura original, baldosas y restos de instalaciones sanitarias), elementos éstos que en todos los casos coincidían con los testimonios previamente vertidos ante la Comisión. Por otra parte, en una causa iniciada ante el Juez Federal de Bahía Blanca, Dr. Suter, el Comandante del V Cuerpo reconoció la existencia de las construcciones a que hacen referencia los testimonios, y su posterior demolición durante unas maniobras militares en el año 1978.

Si bien muchos de los detenidos, entre los que se cuentan los doctores Hipólito Solari Yrigoyen y Marco Amaya, fueron luego legalizados, otros salieron del Centro rumbo a la muerte.

La Delegación de la CONADEP en Bahía Blanca ha podido establecer una lista de personas ultimadas en supuestos enfrentamientos, varias de las cuales habían sido vistas con vida en la "Escuelita":

"El 12 de abril de 1977 hicieron bañar a Zulma Izurieta y María Elena Romero, también a sus compañeros. Después vino un médico o un enfermero y les puso una inyección. Oí cómo se burlaban los guardias después que los inyectaron. Los envolvieron en mantas y los sacaron de allí. Al día siguiente, las dos parejas aparecieron como muertas en enfrentamiento, en una localidad cercana a Bahía Blanca. Pocos días después nació un hijo de Graciela, hermana de María Elena Metz, quien había sido secuestrada en Neuquén junto con su marido, Raúl Metz. Fue un varoncito que vino al mundo sin atención médica, en la casilla de los torturadores. Uno de ellos se lo arrebató a su madre quien a los pocos días fue trasladada con destino desconocido" (Alicia Partnoy — Legajo N° 2266).

F. La muerte como arma política. El exterminio

En el curso de nuestra labor hemos debido afrontar el tema de la muerte. La muerte a consecuencia de la tortura, del shock eléctrico, de la inmersión, de la sofocación y también la muerte masiva, colectiva o individual, premeditada, por lanzamiento al mar, por fusilamiento.

Es un tema que, por sus características, hiere profundamente nuestra conciencia. No es sólo por la tremenda magnitud de la cifra; sino también por las circunstancias que rodean tales muertes, que afectan el soporte ético y jurídico que nos define como sociedad civilizada.

Ha sido tradicional en nuestro país la exclusión sistemática de la pena de muerte del derecho positivo. Durante el gobierno militar, ello se dejó de lado y fue incorporada a la legislación penal. Se argumentó que era necesaria para prevenir los delitos más graves de la subversión.

Aun así, subsistió un instintivo rechazo a su aplicación. Se creyó que con su inclusión se preconizaba disuadir a sujetos antisociales de la consumación de los más graves delitos, o que el juicio previo de los Tribunales Militares reservaría su aplicación, para casos de excepción. Ningún Consejo de Guerra procesó formalmente a nadie que mereciera tan terrible sanción.

Empero, la realidad fue otra. Hubo miles de muertos. Ninguno de los casos fatales tuvo su definición por vía judicial ordinaria o castrense, ninguno de ellos fue la derivación de una sentencia. Técnicamente expresado, son homicidios calificados. Homicidios respecto de los cuales nunca se llevó a cabo una investigación profunda y jamás se supo de sanción alguna aplicada a los responsables.

En conclusión, el régimen que consideró indispensable alterar nuestra tradición jurídica, implantando en la legislación la pena capital, nunca la utilizó como tal. En lugar de ello, organizó el crimen colectivo, un verdadero exterminio masivo, patentizado hoy en el mórbido hallazgo de cientos de cadáveres sin nombre, y en el testimonio de los sobrevivientes dando cuenta de los que murieron en atroces suplicios.

No fue un exceso en la acción represiva, no fue un error. Fue la ejecución de una fría decisión. Los ejemplos, las comprobaciones, se multiplican sin dejar duda sobre esta conclusión.

Fusilamientos en masa

El "Pozo" en la "Loma del Torito".

A poco de comenzar el trabajo de la Comisión, se fueron recibiendo un gran número de denuncias sobre las desapariciones de personas en Córdoba, convergiendo el destino de las mismas al centro clandestino de detención de "La Perla".

Las violaciones más tremendas de los derechos humanos se cometieron en este lugar. También se dio muerte por fusilamiento en masa.

Los testimonios de los sobrevivientes, hablan del temor a los "traslados" que periódicamente se llevaban a cabo en un tétrico "Mercedes Benz", que al poco tiempo regresaba sin su cargamento humano, asociándolo con las repetidas amenazas de sus carceleros de que serían enviados "al pozo".

Tal referencia, duele decirlo, hacía mención al exterminio de muchos detenidos por medio del fusilamiento al borde de un pozo, previamente cavado para el enterramiento de los cuerpos. El lugar está ubicado en la zona denominada "Loma del Torito", dentro del campo "La Perla", en jurisdicción militar donde tiene su asiento el Escuadrón de Exploración de Caballería Aerotransportada N° 4, en Córdoba.

Esta Comisión requirió judicialmente la excavación del terreno, procedimiento que se llevó a cabo el día 22 de marzo de 1984, arrojando la diligencia un resultado negativo. Sin embargo, la comprobación por el testigo —agricultor de muchos años en la zona— de que la tierra había sido removida, unido a otros testimonios coincidentes y al de quienes señalan la realización de trabajos de exhumación allí de restos humanos, nos indican que el temor de los detenidos por su propia vida, estaba plenamente fundado. Veamos algunas de las constancias que lo acreditan.

1) *Testimonio de Gustavo Adolfo Ernesto Contemponi y Patricia Astelarra — Legajo N° 4452*

"A los secuestrados, luego de ser fusilados, se los tiraba a un pozo previamente cavado. Atados de pies y manos, amordazados y vendados, eran sentados en el borde del mismo y simultáneamente se les pegaba un tiro. Numerosos prisioneros recibimos este testimonio de diversos militares e incluso en ocasiones pudimos ver personas sacadas en estas condiciones. Se los sacaba de La Perla generalmente a la hora de la siesta; la cantidad y frecuencia de los traslados fue variable. Eran retirados de la cuadra por la guardia de gendarmería, a veces llamándolos por sus números en voz alta, otras se acercaban al sentenciado diciéndole algo en voz baja y lo llevaban. Todos escuchábamos el ruido del camión, así que cuando a lo largo de varias horas sus colchonetas permanecían vacías teníamos la certeza que habían sido llevados en el mismo. Durante el '76 y hasta principios del '77, a casi todos los secuestrados se nos informaba que nuestro destino sería el "pozo" y eran habituales las amenazas al respecto. Dos prisioneros pudimos observar espiando por la ventana de una oficina, cómo era cargado al camión un grupo de condenados. Los detenidos, totalmente maniatados de pies y manos, vendados y amordazados habían sido llevados horas antes al galpón y luego pudimos observar cómo fueron cargados por los interrogadores y numerosos uniformados en un camión Mercedes Benz arrojándolos a la caja como bolsas de papa. Presenciando esto estaba el Gral. Centeno y unos cinco oficiales de alta graduación, que partieron tras el camión en una camioneta Ford del Ejército".

2) *Testimonio de José Julián Solanille — Legajo N° 1568*

"Como jornalero en actividades agrícolas, después del golpe de marzo de 1976, pasó a trabajar a un sitio contiguo al campo "La Perla" denominado "Loma del Torito". Aproximadamente en mayo del mismo año observó un pozo de aproximadamente 4 metros por 4 y 2 metros de profundidad. Un domingo, observó el ingreso de diez a quince automóviles, entre ellos dos Ford Falcon de color blanco en uno de los cuales identificó como ocupante al Comandante del III Cuerpo de Ejército, General Menéndez, a quien reconoció por haberlo visto en numerosas ocasiones anteriores; y dos camiones del Ejército con la caja tapada, con lonas militares, uno con una cruz blanca pintada. Momentos después, salió al campo arreando sus animales vacunos; y en el trayecto se encontró con un vecino llamado Giuntoli, que explotaba un campo vecino, quien le dijo que quería constatar si eran ciertos los comentarios que había escuchado sobre la existencia de fosas en el lugar, donde se enterraba gente. Accedió a acompañarlo cediéndole un caballo y montando él mismo otro, ambos de su propiedad. Al acercarse al lugar donde estaba esta fosa grande antes descripta —aproximadamente a 100 metros de distancia— observó que estaban los vehículos cuyo acceso había presenciado previamente. Entonces advirtió a su acompañante Giuntolo: 'esperá, que puede pasar algo feo', y por tal motivo se retiran, pero en ese mismo instante comienzan a escuchar nutridos disparos de armas de fuego. Hace notar que cuando vieron los autos junto a la fosa a su borde había un numeroso grupo de personas que parecían estar con las manos atadas a la espalda y los ojos vendados o con anteojos con los cristales pintados de negro. Al día siguiente retornó al lugar y observó que el pozo estaba tapado, y sobraba abundante tierra. Estima que el número de personas que habrían sido fusiladas en esa ocasión supera los 50".

3. Procedimiento de excavación en "Loma del Torito" — Legajo N° 1568

Los tramos más relevantes del acta de constatación son los siguientes:

"...comenzando las tareas motivo del presente, a cuyo fin se practica la excava-ción en el sitio señalado... llegándose aproximadamente a los dos metros veinte centímetros de profundidad. Ante el resultado negativo de la mencionada excava-ción, Solanille expresa que no obstante su certeza, resulta innecesario continuar en dicho lugar. Seguidamente se traslada al lugar al que el testigo refiere como la 'tumba chica' donde habría restos humanos. Hecho lo cual se procede a cavar en forma manual en el sitio indicado. En la tarea participó voluntariamente el testigo Solanille tras lo cual estimó que resultaba innecesario cavar a mayor profundidad dado que a su criterio, *la tierra se hallaba removida desde la oportunidad en que él habría observado restos humanos*".

4. Testimonio de Julio César Pereyra — Legajo N° 3801

"...prestó el servicio militar en la Compañía de Apoyos de Equipos Aerotranspor-tados N° 4 — III Cuerpo de Ejército— Provincia de Córdoba desde febrero de 1976 hasta el 5/9/77. Durante el mes de junio de 1976 estando con un compañero en La Mezquita se dirigieron al área denominada "Loma del Torito", detectaron una fosa por la tierra removida y al excavar hallaron casi en la superficie restos humanos (una mandíbula) y un sweater azul de lana que también contenía restos óseos. ...También hallaron cápsulas percutadas de Itaka...".

5. Testimonio de Ernesto Facundo Urien — Legajo N° 4612

"En el año 1978 se desempeñaba como Jefe de la Compañía B del Liceo Militar de General Paz. A raíz de que se conocía el arribo de la Comisión Interamericana de Derechos Humanos, el Teniente de Caballería Gustavo Gelfi recibió una or-den sin que le sea transmitida a través del dicente consistente en cumplir una acti-vidad ajena al Instituto donde estaba destinado. Posteriormente, dicho oficial le confía al dicente en qué consistía la actividad que tenía que cumplir manifestán-dole que era secreta. Dicha actividad consistía en desenterrar cuerpos en una zona perteneciente al campo de instrucción del Comando del Tercer Cuerpo de Ejérci-to, mediante máquinas viales que ellos mismos debían operar. Dichos cuerpos ya desenterrados (que evidenciaban muestras de no haber sido enterrados ni en cajón ni en bolsa alguna, diseminados por la zona, algunos con sus documentos) eran introducidos en tambores, en algunos colocando cal viva para luego ser traslada-dos con destino incierto".

6. *Testimonio de José María Domínguez*

"En el año 1976 ingresé a la Gendarmería Nacional; en noviembre o diciembre de ese año me destinan a cubrir objetivos en distintos lugares tales como la U.P. 1, La Perla, La Perla Chica y La Ribera... En el lugar La Perla tuve oportunidad de cubrir numerosos objetivos... En dos oportunidades pude ver cómo en horas de la madrugada entraban camiones del ejército y procedían a cargar a alojados en la cuadra. Una vez llevaron a 5 personas, mientras que en otra oportunidad fueron once los trasladados. Los camiones no regresaban a la cuadra y se comentaba que a las víctimas las llevaban para fusilarlas en El Pozo ..."

7. *Testimonio de Carlos Beltrán — Legajo Nº 4213*

"Yo he pertenecido a la Gendarmería Nacional desde el año 1971 hasta el año 1980, año en que me dieron de baja. Alrededor de 1977 o 1978 me informaron que había sido destinado a cubrir objetivos, consistente en realizar tareas de seguridad en la U.P.1, y los Lugares de Reunión de Detenidos conocidos como La Perla, La Perla Chica y La Ribera(...) Los vehículos esperaban en el patio. Una vez fuera de la cuadra, los detenidos que habían sido obligados a acompañar a los interrogadores, eran subidos, siempre maniatados y vendados, haciéndoselos acostar en el piso del mismo... entonces partía... Después de una o dos horas de haber partido los vehículos los mismos regresaban ya sin los detenidos. Una vez le pregunté a 'Gino' adónde llevaban a los detenidos y éste me respondió: 'Los llevamos a uno ochenta...' En una oportunidad el 'Capitán' me ordenó que lo acompañara junto a otros gendarmes al interior de la cuadra. Una vez allí ordenó a cuatro detenidos: un hombre joven de apellido Castro; un hombre más bien alto, de unos 36 años de edad, creó que vendía helados en Villa Carlos Paz (en La Perla quedó su bicicleta); otro hombre de 28 años y una mujer embarazada que vestía un delantal de plástico que se utilizaba para lavar ropa y calzaba botas de goma, (la mujer habría tenido unos 25 años y estaba en avanzado estado de gravidez), que se pusieran de pie y que lo acompañaran. Los detenidos fueron subidos al camión en cuya caja también viajábamos junto a un gendarme y cuatro suboficiales del ejército, mientras en la cabina viajaban un Sargento como chofer, acompañado de un oficial joven, quizá un Teniente primero, más bien de baja estatura, algo gordo, de unos 36 años, usaba bigotes. Partió el camión, seguido del automóvil marca Torino que conducía habitualmente el 'Capitán' a quien acompañaba 'Gino'. Los vehículos tomaron por un camino de tierra trasponiendo el alambrado que rodea el edificio de La Perla. Luego de recorrer alrededor de tres kilómetros detienen la marcha sobre una huella rural ubicada entre un terreno de sorgo y otro terreno sembrado de maní. Luego de estos predios, sólo había vegetación de montes (camalotes, tuscas y árboles pequeños), en donde todos descendemos de los vehículos y recorremos un trecho de unos cincuenta metros sobre ese terreno sin sembrar, con muchos yuyos. Una vez allí, el 'Capitán' ordenó que se desataran las manos del más joven de los detenidos y que se le hiciera entrega de una de las palas que habían traído los suboficiales, ordenándole a la·víctima que comenzara a cavar una fosa. Dicha fosa alcanzó alrededor de 1,80 metros de profundidad y tres metros de largo y 1,20 metros de ancho. Los otros tres detenidos eran custodiados por dos militares cada uno. Yo y otro oficial estábamos junto al mayor de los cuatro detenidos; pude advertir, entonces, que mientras rezaba muy despacio comenzó a llorar. Nadie hablaba, reinaba un profundo silencio cuando el 'Capitán' hizo subir al borde de la fosa al detenido que estaba cavando e hizo colocar a los tres restantes junto a la víctima, uno junto a otro, detrás de la fosa. Luego de una seña del 'Capitán' y previo a haberme dicho textualmente: 'a éstos hay que mandarlos a 1,80', a lo que yo manifesté que no lo iba a hacer, 'Gino', los cuatro suboficiales y el Teniente Primero comenzaron a disparar sobre los detenidos; también accionó su arma de fuego el gendarme. Mientras que los tres hombres quedaron inmóviles, luego de los disparos la mujer, que había caído pudo reincorporarse y caminar unos pasos en dirección opuesta a la fosa; en esa circunstancia, el 'Capitán' sacó su pistola y le descerrajó un balazo en la cabeza. Los cuatro cuerpos fueron arrojados a la fosa, rociados con cinco litros de nafta. Luego se fabricó un hisopo con un palo el cual una vez encendido fue arrojado al interior de la fosa, hecho que provocó una fuerte explosión. Durante unos veinte minutos se mantuvo el fuego, tiempo en que se empezó a percibir un olor muy desagradable, seguramente producto de la combustión de cuerpos y vestimenta. Una vez que comenzaron a tapar el pozo yo me acerqué y pude observar en el interior del mismo a dos de los cuerpos calcinados y como si hubieran reducido su tamaño normal al de 70 u 80 centímetros. Luego de cubierta la fosa y apisonarla con los pies, los comisionados, arrojaron yuyos y ramas en la superficie. Yo tuve una fuerte discusión con el 'Capitán' por no haber acatado la orden, ordenándome que me retire del objetivo, puesto que no servía para ser militar, que era un inútil y un cobarde".

Fusilamiento en Quilmes

A medida que vayamos repasando lo acontecido en otros lugares del país, se verá que los hechos de "La Perla" no fueron un fenómeno aislado.

Incluso, todo parece indicar que sólo conocemos una parte de la realidad, el avance del tiempo irá develando la dimensión de este drama. En fecha reciente, la Comisión de Derechos Humanos del Concejo Deliberante de Quilmes habría confirmado la veracidad de una denuncia, según la cual a fines de 1977, dieciocho personas fueron fusiladas y luego sepultadas sin identificar en el cementerio local.

Inicialmente no se obtuvieron datos sobre el caso hasta que el 29 de junio pasado, la Comisión tomó declaración a Edgardo Poleri, ex capataz general de la necrópolis, quien hizo saber que por aquella fecha, recibió la orden de cierre temporario de la dependencia municipal y que se diera licencia al personal bajo pretexto de una desinfección; sólo continuaron en su puesto el portero de la entrada principal y el declarante.

Fue entonces que ingresó al cementerio un camión similar a los que transportan carne y el señor Poleri escuchó murmullos que provenían del interior de la caja del vehículo, el que se dirigió, custodiado por uniformados armados, al sector donde se estaban construyendo los nichos de la Federación de Empleados de Comercio.

Pasados unos diez minutos, estando a unos 50 metros del lugar, escuchó una ráfaga de ametralladora.

El 2 de julio de 1984, este testimonio es ratificado en su contenido por el señor Héctor Alanis, otro ex empleado del cementerio, quien agrega que el día que ocurrió el suceso narrado no vio retirarse a los sepultureros como era habitual.

Muertos en "enfrentamiento armado"

Fue otra de las técnicas utilizadas para enmascarar la muerte ilegal de prisioneros. Aquellos que al momento del golpe militar revistaban en las cárceles oficiales a disposición del Poder Ejecutivo Nacional, no podían ser eliminados sin alegar "motivos". Lo mismo sucedía con los que, por alguna circunstancia fortuita, no ingresaron a las tinieblas de la desaparición. Si el destino que tenían asignado era la muerte, caían acribillados en un "intento de fuga" o aparecían abatidos en un "enfrentamiento armado".

No nos referimos a aquellos supuestos casos en que las muertes aparentemente se producían en oportunidad en que las fuerzas de seguridad eran repelidas por los ocupantes de las viviendas que eran allanadas. Se trata en cambio de los casos en los que, habiendo sido hechos prisioneros, o estando desde tiempo atrás bajo el absoluto control de la autoridad, aparecían posteriormente muertos "en combate" o por la aplicación de la llamada "ley de la fuga".

En este sentido es por demás elocuente la fundada resolución dictada por el señor Juez Federal de Salta, Dr. José Javier Cornejo, descartando la versión oficial sobre la muerte de diez reclusos y la fuga de otros dos, en circunstancias en que se los trasladaba desde la Guarnición Ejército Salta hacia la ciudad de Córdoba. Dice el señor Juez en la citada resolución:

"Salta, febrero 29 de 1984. AUTOS Y VISTOS Y CONSIDERANDO: Que... de las constancias de la causa surgiría que el personal militar que fue a retirar a los internos de la unidad carcelaria se comportó con una notable clandestinidad en el traslado, toda vez que habrían pedido el oscurecimiento y el retiro de los oficiales de baja graduación y suboficiales penitenciarios de los lugares donde iban a actuar(...) como así también de la circunstancia de que sus uniformes no tendrían distintivo de grado y que entre ellos se habrían dispensado un trato que no resulta acorde con el que tienen los miembros de las FF.AA(...) También coincide con la versión de los hechos narrados por los denunciantes, la particular situación que se habría prohibido llevar a los prisioneros - sus efectos personales imprescindibles(...) Es de notar que estas circunstancias peculiares del traslado no ocurrían en otros, tanto anteriores como posteriores. Asimismo, corroboraría el relato de los hechos que sostienen los denunciantes, la situación de que los supuestos agresores del convoy militar no contarían en la fuga con la colaboración, aunque tan sólo pasiva de los prisioneros, pues éstos ignorarían el intento de liberarlos, tal como surgiría de la declaración de fs. 252/255 vta. congruente con la del Director de Institutos Penales de Salta, Braulio Pérez(...) No obstaría a la versión del hecho que se denuncia la circunstancia de que —prima facie— algunos de los presos murieran, supuestamente en lugares distintos del sitio en que de acuerdo con la autoridad militar fue atacado el convoy, pues en el caso del matrimonio Usinger y Oglietti que ocurriría en Jujuy, el personal policial que intervino, por una parte no habría labrado actuaciones (...) y por la otra, según el informe del morguero del hospital Pablo Soria, (...) habría tratado sin motivo que justifique que los cadáveres de éstos no fuesen vistos, ya que subrepticiamente los ingresarían a las 6 de la mañana del 7 de julio de 1976 para retirarlos a las 24 horas de ese día, permaneciendo durante ese lapso con custodia policial. Esta situación al igual que las que rodeó la entrega de los cuerpos de María del Carmen Alonso de Fernández, Pablo Eliseo Outes, Benjamín Leonardo Avila, Celia Raquel Leonard de Avila, José Víctor Povolo engrosan los argumentos para considerar —prima facie— que el hecho habría ocurrido tal cual se denunciara a fs. 5/6, como así también que de las constancias de autos no surgiría que además de los presos por infracción a la Ley 20.840 y a disposición del P.E.N. de la Cárcel local, muriera algún integrante del grupo de terroristas que habría atacado el convoy militar en la localidad de Pichana, departamento de General Güemes, pues Jorge Ernesto Turk Llapur, que sería el único que no fuera interno del penal de Villa Las Rosas, habría estado aparentemente a disposición de las autoridades militares de Jujuy (...), las cuales, si bien no surge por ahora en forma clara la causa principal, lo habrían trasladado a la Provincia de Salta, antes que ocurriera el hecho denunciado, situación que permitiría que éste fuera un integrante del grupo agresor. Además de ello apuntalaría la presentación del hecho que efectúan los denunciantes a fs. 5/6 la circunstancia de que tanto en el vehículo Mendilaharzu como en el pavimento y en la zona contigua al alambrado que linda con el camino, habría un gran número de charcos de sangre (...), lo cual en principio no armonizaría con las comunicaciones del Jefe de la Guarnición Militar, toda vez que de la nota de fs. 190 habrían muerto tan sólo tres personas en el lugar del enfrentamiento, cifra que parecería escasa atento a la descripción del sitio del suceso que hacen los policías de General Güemes, sin perjuicio de señalar que el testigo Nazario Giménez, domiciliado a 4 km de donde supuestamente fue agredido el personal militar, no habría sentido las explosiones de las armas (...) Ahora bien desestimada —prima facie— la posibilidad de que los presos hubiesen muerto en un enfrentamiento, el hecho objeto de la investigación en la causa principal constituiría en esclarecer la circunstancia en que murieron 9 internos del Penal de Villa Las Rosas, la desaparición de dos y la muerte de Jorge Ernesto Turk Llapur".

Otro caso sumamente revelador de la existencia de estos procedimientos es el que se refiere a la desaparición de Mario José Miani, en cuyo Legajo N° 6257 se halla agregada la denuncia de su madre, cuyo texto es el siguiente:

"El día 9 de agosto de 1978, mi hijo se retiró de su hogar cuando eran las 17 horas a fin de realizar algunas compras. Quedó en regresar cerca de las 22 horas; sin embargo, no lo hizo, circunstancia que nos alarmó. Al día siguiente, a la hora 2, recibí una llamada telefónica de un familiar diciéndome que mi hijo estaba herido en una pierna y se encontraba siendo intervenido quirúrgicamente en el Hospital Municipal de San Isidro. Me dirigí con mi esposo hacia allí y al llegar nos enteramos que mi hijo se hallaba aún en el quirófano. La mañana del 10 de agosto de 1978 mi hijo, en nuestra presencia y la del médico y personal del hospital, fue retirado y alojado en la ambulancia militar... Al preguntar dónde lo llevaba, un soldado me condujo hasta un militar (sin insignias ni otras identificaciones) de más . edad quien me dijo que mi hijo sería trasladado al Hospital Militar de Campo de Mayo. Cuando ese mismo día concurrí con mi esposo al Hospital Militar de Campo de Mayo, nos manifestaron que mi hijo no había ingresado a ese nosocomio. Alarmada ante los hechos, escribí al General Suárez Mason, en aquel momento Comandante del Primer Cuerpo con sede en Palermo, quien me contestó con una singular misiva escrita de su puño y letra que dice: Sra. María Elena B. De Miani, Buenos Aires, 14 de agosto de 1978: Acuso recibo de su carta del 10 de agosto referente al caso de su hijo José. *Según nuestra información se corrobora lo que usted dice.* Le sugiero dirigirse al Comandante de Institutos Militares (Campo de Mayo) a fin de complementar información sobre este caso. Salúdala Atte." Con esa carta obtuve una entrevista con el Comandante de Institutos Militares, General Santiago Omar Riveros, quien negó que tuviera detenido a mi hijo. El 8 de febrero de 1979, al ir a preguntar por el paradero de mi hijo al Ministerio del Interior, como lo hacía frecuentemente, se me dijo que 'había muerto en un enfrentamiento producido en Chapadmalal, Mar del Plata, el 19 de diciembre de 1978' ".

Como hemos de ver más adelante, no ha sido ajena a este ocultamiento premeditado de verdaderas ejecuciones sumarias la forma irregular en que se procedía a las inhumaciones, con el evidente propósito de evitar la identificación de los cadáveres y con ello impedir la acreditación del asesinato de quienes habían sido detenidos en su domicilio o ante testigos por las Fuerzas Conjuntas.

Veáse si no los hechos revelados por la investigación practicada en la Municipalidad de Quilmes (Legajos N° 6531), a raíz de la inhumación de cadáveres mediante orden policial y sin que se extendieran las licencias de rigor.

El 24 de junio de 1977, en un enfrentamiento con fuerzas policiales de la provincia de Buenos Aires y militares dependientes del Batallón Depósito de Arsenales "Domingo Viejobueno", son muertos cinco subversivos.

No se tramitaron actuaciones sumarias de ninguna especie por la muerte violenta de las cinco personas, ni tomó intervención juez penal, federal o militar alguno.

Esto es corroborado por el, en ese entonces, Jefe de la Policía de la Provincia de Buenos Aires, General Fernando Exequiel Verplaetsen, quien informa a fojas 81 de la causa penal que:

"No existe a la fecha constancia en los libros de guardia o entrada y salida de sumario... de haberse instruido actuaciones judiciales por el hecho de marras", ni "constancias en los archivos de notas a varios, a jueces, libros de correspondencia, etc., por haber sido incinerados los mismos" y que las actuaciones sumariales "corrieron por cuenta del Area Militar correspondiente al lugar del hecho".

A su vez, el Comando en Jefe del Ejército, mediante despacho telegráfico obrante a fojas 118 del mismo expediente indica "que según informe

231

producido por el Comando del I Cuerpo de Ejército, en el ámbito de esa gran unidad de batalla, no se registran antecedentes sobre el particular.

El testimonio del médico de Policía interviniente indica que no se realizaron las autopsias, sino simplemente reconocimientos profesionales a los efectos de la expedición de los certificados médicos de defunción.

Si se observa la forma en que se los entierra: desnudos y con un número en el pecho, indicados del "1" al "5" con pintura amarilla, da la impresión de que se da a los muertos el trato de simples bultos, cosas o animales, o desechos que se arrojan a un basural.

Han sido dejadas de lado absolutamente todas las normas estipuladas en las leyes de procedimientos penales para regular lo que debe practicarse en estas circunstancias.

¿Dónde están las ropas de los occisos? ¿Por qué los mismos fueron enterrados desnudos? ¿Por qué no se obtuvieron fotografías de los cadáveres para permitir su posterior identificación?

Estos procedimientos permiten presumir que respondían a una estrategia general de no identificar a los muertos para evitar que se pudiera diferenciar entre los que morían en enfrentamientos y los que eran ultimados estando prisioneros.

Desaparición y muerte de Ricardo Adrián Pérez y María G. Esther Cubas de Pérez — Legajo N° 32

"Soy padre de Ricardo Adrián Pérez, argentino, nacido el 31 de agosto de 1950, radicado con su esposa en Santo Tomé, provincia de Santa Fe. El 23 de abril de 1977 recibo un llamado telefónico de un tío de Ricardo..."

(....)

"Mi hijo y su esposa habían sido detenidos por servicios de inteligencia de la Provincia de Buenos Aires, con apoyo de personal militar uniformado del Cuerpo de Artillería 121 — Area 212, Ciudad de Santa Fe".

"Presento un recurso de hábeas corpus, por razones de jurisdicción le dan traslado al Juez Federal de Santa Fe, Dr. Mantaras. El 30 de agosto de 1977 me presento en el Juzgado donde me entero de la respuesta enviada por las autoridades del Cuerpo 121, que dice: "Santa Fe, 10 de agosto de 1977. Al Juez Federal de la Ciudad de Santa Fe: En los autos caratulados Pérez, Ricardo Adrián sobre recurso de hábeas corpus (Exped. N° 483/77), llevo a conocimiento de V.S. que la detención del nombrado anteriormente, se efectuó a requerimiento de la autoridad militar (Area La Plata — Pcia. de Buenos Aires), por presuntas vinculaciones con actividades subversivas. Su traslado lo realizó personal de investigaciones de la ciudad de La Plata, perteneciente a la Policía de la Provincia de Buenos Aires".

"El día 21 de diciembre de 1978 recibo un llamado telefónico de la Policía Federal (Sec. Identificaciones), preguntando si Ricardo A. Pérez vivía en mi casa; le contesté que sí y que soy el padre. Me notifican que había sufrido un accidente en la Ruta Provincial N° 12 de la Provincia de La Pampa, a 20 kms. de C. Baron, con un coche Fiat 125 totalmente incendiado, con restos humanos de dos personas, una masculina y otra femenina, imposibles de identificar por la acción del fuego". "Me dirijo al lugar del accidente. Hicimos comentarios con los policías del lugar y para ellos era todo sospechoso, ya que la Cédula de Identidad había sido arrojada a un costado del coche para que no se incendiara y que en la forma que apareció el coche lo habían incendiado intencionalmente los supuestos asesinos, dada la hora 6.30 de la mañana. Los restos fueron depositados en la morgue de Gral. Pico como N.N.".

De las constancias oficiales obrantes en esta Comisión surge que Ricardo Adrián Pérez y María G. Esther Cubas de Pérez fueron detenidos por personal militar, el 21 de abril de 1977 y entregados a la División Investigaciones de la Policía de Buenos Aires, el 26 de abril de 1977.

La denuncia de estos hechos fue elevada a la Justicia Federal el 1º de agosto de 1984, quedando radicada en el Juzgado Nº 2 de la Capital Federal.

Muertos en "intento de fuga" — Legajo Nº 6131

El relato de los hechos que efectúan los familiares de las víctimas de los trágicos episodios ocurridos en la localidad de Margarita Belén, Provincia del Chaco, es el siguiente:

"En horas de la madrugada del 13 de diciembre de 1976, una comisión del Ejército, con apoyatura de personal de la Policía de la Provincia, traslada desde dependencias de la Alcaldía de la Policía de la Provincia, a un grupo de presos, con destino presunto al penal de la ciudad de Formosa. Hecho inexplicable, porque la cárcel de Resistencia es una de las más seguras del país y la de Formosa ofrece muy pocas garantías.
Habiendo recorrido la comisión aproximadamente 30 kms, en proximidades de la localidad de Margarita Belén y sobre la Ruta Nº 11, se produce la muerte por 'herida de bala' de todos los presos".

La versión oficial es que se trató de un ataque de delincuentes subversivos, con la aparente intención de liberar o eliminar a los presos para evitar "declaraciones comprometedoras".

Nunca se llegó a saber el nombre de todos los muertos, pero sí que los únicos que murieron eran los detenidos que fueron objeto de traslado. No se produjeron bajas de ningún tipo, ni entre los presuntos atacantes, ni entre los defensores.

Algunos de los presos que fueron víctimas del hecho provenían de la Unidad Regional 7 de Resistencia, donde estuvieron internados hasta el 12 de diciembre, fecha en que se los traslada hacia la Alcaldía y son concentrados con otros presos políticos siendo objeto de graves torturas que se prolongan hasta las primeras horas del día 13. Los demás presos escuchaban los gritos de los torturados, a quienes veían poco después pasar de vuelta a sus celdas con evidentes muestras de sufrimiento.

En la madrugada del 13 se hace presente en Alcaldía una comisión militar, quien acredita orden de traslado de un número determinado de presos, los que son entregados con expreso asiento en los libros y constancia escrita de la orden de traslado y entrega. Sin embargo, hoy no se cuenta con ellos por su destrucción posterior.

Un par de días antes del hecho, autoridades militares sobrevuelan en el helicóptero de la provincia la zona donde se produciría la tragedia. En los planes de vuelo de Casa de Gobierno del Chaco y Aeropuerto de Resistencia se pudo verificar la trayectoria.

En horas de la mañana del 13, el entonces Intendente de Resistencia ordena a la autoridad del Cementerio Municipal la apertura de un número considerable de tumbas y en horas de la tarde de ese mismo día se hacen presentes tropas de Ejército y Policía, que luego de desocupar las dependencias proceden a sepultar diez cadáveres, cinco de los cuales como "N.N." Fueron identificados sólo los cuerpos de: Parodi Ocampo, Manuel; Tierno, Patricio B.; Díaz, Luis Alberto; Duarte, Carlos Alberto, porque mucho tiempo antes de vencer el plazo que determinan las ordenanzas municipales vigentes, los restos se llevaron al osario común. Los cadáveres que pudieron ser exhumados estaban completamente desnudos.

A la fecha, las investigaciones realizadas no han podido dar respuesta a los siguientes interrogatorios: 1°) Cuántos presos fueron extraídos del Penal U. 7 en la jornada del 12 de diciembre para su traslado a la Alcaldía; 2°) Cuántos presos, y quiénes, fueron trasladados a la Alcaldía, de otro origen; 3°) Cuántos y quiénes eran los presos que se sacaron de la Alcaldía en la madrugada del día 13; 4°) Quiénes fueron, exactamente, las víctimas de la tragedia de Margarita Belén.

Durante la visita que realizara al país la Comisión Interamericana de Derechos Humanos de la O.E.A., recibió la denuncia de la muerte en estos hechos, del estudiante Patricio Blas Tierno. Luego de las gestiones informativas que realizó ante el Gobierno Argentino de aquella época y de conformidad con las prescripciones del Reglamento de la Comisión, resolvió:

1. Presumir verdaderos los hechos denunciados en la comunicación del mes de septiembre de 1979 relativos a las circunstancias irregulares en que murió el señor Patricio Blas Tierno.
2. Declarar que el Gobierno de Argentina violó el derecho a la vida, a la libertad, a la seguridad e integridad de la persona (Artículo I de la Declaración Americana de los Derechos y Deberes del Hombre).

La denuncia de estos hechos fue elevada a la Justicia, quedando radicada ante el Juzgado Federal de Resistencia, Chaco.

Cuesta creerlo. Sin embargo hay numerosas declaraciones que hacen mención a ello. Algunos por haberlo oído, otros por referencias directas de sus captores; y también están los cuerpos que las corrientes marinas arrojaron a la costa. Cuesta creerlo, pero en el contexto general de esta salvaje represión es lícito pensar que para sus autores no fue otra cosa que un método más de los tantos utilizados con la misma finalidad.

En una presentación de tres liberadas de la Escuela Superior de Mecánica de la Armada de la Argentina ante la Asamblea Nacional Francesa, se expresa lo siguiente:

> "El día del traslado reinaba un clima muy tenso. No sabíamos si ese día nos iba a tocar o no".
>
> "...se comenzaba a llamar a los detenidos por el número..."
>
> "Eran llevados a la enfermería del sótano, donde los esperaba el enfermero que les aplicaba una inyección para adormecerlos, pero que no los mataba. Así, vivos, eran sacados por la puerta lateral del sótano e introducidos en un camión. Bastante adormecidos eran llevados al Aeroparque, introducidos en un avión que volaba hacia el Sur, mar adentro, donde eran tirados vivos".
>
> "El Capitán Acosta prohibió al principio toda referencia al tema 'traslados'. En momentos de histeria hizo afirmaciones como la siguiente: 'Aquí al que moleste se le pone un Pentho-naval y se va para arriba' " (Legajos Nros. 4442 y 5307).

La denuncia de Norma Susana Burgos (Legajo Nº 1293) corrobora lo afirmado anteriormente. Al igual que el testimonio de Lisandro Cubas (Legajo Nº 6974), quien dice:

> "En general en lo que concierne al destino de los 'traslados' los oficiales evitaban tocar el tema e incluso prohibían expresamente hacerlo. Según nuestra experiencia a partir de lo comentado por algunos oficiales del G.T., a los detenidos 'trasladados' se les aplicaba una inyección de penthotal y luego de cargarlos dormidos en un avión se los tiraba al mar. Decían que antes los métodos consistían en fusilamientos e incineración de los cuerpos en los hornos de la ESMA o la inhumación en fosas comunes de cementerios de la provincia de Buenos Aires".

También el testimonio de Jorge Luis Eposto (Legajo Nº 6514), entre otros, expone una metodología similar que era opinión corriente en otra dependencia militar:

> "Todas las noches salía un avión de transporte Hércules del campo de aterrizaje de la base de Campo de Mayo; lo reconocí por ser un tipo de avión muy conocido e inconfundible que se dirigía siempre para el mismo rumbo sur-este. La hora de salida era entre las 23 ó 24 horas, o más precisamente entre las 23.30 a 24.00 horas, regresando aproximadamente entre la 1.00 y 1.30 de la madrugada, en un

vuelo que no excedía de una hora de duración. El vuelo diario del avión, que excepcionalmente dejaba de verse o escucharse, era objeto de comentario entre el personal del Hospital de Campo de Mayo, diciéndose que llevaba la gente que era tirada al mar''.

Todo lo cual, se enlaza con la información aparecida en el diario "Clarín" de fecha 30 de diciembre del pasado año, recogiendo la denuncia que efectuara la Intendencia de General Lavalle, ante el Juzgado Nº 1 del Departamento Judicial de Dolores: "37 cadáveres N. N. fueron descubiertos en el cementerio ubicado a 38 km al sudoeste de Santa Teresita, Provincia de Buenos Aires". "Los muertos habrían aparecido a partir de mediados de 1976, en distintas playas. El mar, que en la zona del golfo tiene corrientes muy irregulares, los fue arrojando a la arena muy desfigurados. En algunos cuerpos se observaban inequívocas señales de violencia; el agua salobre y la voracidad de los peces habían desfigurado a casi todos. Los cadáveres eran recogidos por los bomberos voluntarios de Santa Teresita, con intervención de la Policía provincial. Un médico municipal extendió los correspondientes certificados de defunción, siempre a nombre de N.N. Todos vinieron de mar afuera. Pudieron haberse caído de alguna embarcación o fueron arrojados de aviones, opinó un experto".

Otras técnicas de eliminación del cuerpo material: la incineración y la inmersión

La práctica de la quema de cuerpos: ¿qué habrá más diabólico y más sencillo? No quedarían ni los huesos; luego en cada lugar volvería a crecer la hierba y nadie estaría en condiciones de decir que en tal o cual sitio se habían hecho "capachas" y "parrillas".

Dice el agente de policía provincial Juan Carlos Urquiza (Legajo Nº 719):

> "Allí en San Justo —refiriéndose a la antigua División de Cuatrerismo, que funcionó como centro clandestino de detención con el nombre de 'El Banco' se hacían lo que llamaban 'capachas', que eran pozos rectangulares que tendrían 50 a 60 centímetros de profundidad por 2 metros de largo. Vi esos pozos hechos al tamaño de una persona. De estas mismas 'capachas' había en Gendarmería que está camino a Ezeiza sobre la Avenida Ricchieri. Lo sé porque una noche fui allí y vimos los fuegos. En el interior de estos pozos metían cuerpos humanos, los rociaban con gas oil que traían de los tanques y calcinaban los cuerpos".

Pedro Augusto Goin (Legajo Nº 4826) confirma la implementación de esta forma de eliminación de los cadáveres al relatar su paso por el "Pozo de Arana", diciendo:

236

"...Estuve sin venda allí aproximadamente 30 días, vi que bajaban de camionetas neumáticos usados. Ello me llamó la atención. Lo mismo que los bidones de nafta que vi arrinconados en un lugar del patio. Allí no se podía preguntar nada, pero después, por una infidencia de uno de los custodios, casi el último día de mi permanencia en Arana, supe que se usaban para quemar cuerpos".

Haciendo referencia también a Arana, el agente de custodia Luis Vera (Legajo N° 1028) testimonia:

"...en muchas oportunidades también ingresaban detenidos —heridos o muertos en enfrentamientos previos, los que al igual que algún torturado que hubiera fallecido durante la aplicación de los tormentos, eran enterrados en una fosa existente en los fondos de la Brigada". "En lo que atañe al enterramiento de los cuerpos de los detenidos-fallecidos, debo decir que una vez colocados en la fosa, se les prendía fuego al mismo tiempo que se disimulaba dicha inhumación o cremación quemándose neumáticos; con ello se disimulaba el olor y el humo característicos de una cremación. Puedo afirmar por haberlo visto que en la fosa podían observarse claros indicios, evidencias de cuerpos calcinados".

Alejandro Hugo López (Legajo N° 2740) expresa:

"En el mes de mayo de 1976 fui incorporado al Servicio Militar, con tareas en la Escuela de Mecánica de la Armada". "Ahí se hacían algunos trabajos que llamaban 'operativos' y se construyó lo que llamaban 'parrilla', que consistía en una batea de acero con un tubo para introducir gas oil donde se ponían cuerpos para incinerarlos. Yo tenía conocimiento de esto por trabajar en la oficina de compras... por las noches, solían venir a buscar un tanque con combustible gas oil, que todo el mundo allí sabía que era para la parrilla donde se incineraba gente, la que era usada en el Campo de Deportes". "A menudo también llegaba el helicóptero que trasladaba cuerpos. Esas eran las dos formas en que hacían desaparecer a los detenidos".

Segundo Fernando Aguilera (Legajo N° 5848) se desempeñaba como agente de la Policía de la Provincia de Buenos Aires y, en tal carácter, el 1° de agosto de 1978 pasa a revistar en la CRI (Centro de Reunión de Inteligencia) del Regimiento 3 de La Tablada, que dirigía la actividad relativa al centro de detención llamado Vesubio. Declara lo siguiente:

"El dicente vio aplicar picana a detenidos; que se les pegaba con un hierro 'del 8' en las rodillas, el 'submarino', aplicación de bolsa de polietileno en la cabeza, cerrando a la altura del cuello, para provocar asfixia. Le consta que murió un detenido, sintiéndose el dicente horrorizado al ver que el cuerpo fue depositado en un tanque de 200 litros para destruir toda evidencia, para lo cual echaban goma de cubiertas o cámaras, kerosene, procedimiento que observó durante tres días, hasta que le manifestaron que ya se había obtenido la incineración total del cuerpo".

El señor Antonio Cruz (Legajo N° 4636) fue miembro de la Gendarmería Nacional, habiendo prestado servicio de custodia en sitios bajo control de las fuerzas conjuntas en la Provincia de Tucumán. Relacionado con su paso por el centro clandestino de detención ubicado en el Arsenal N° 5 "Miguel de Azcuénaga" refiere lo siguiente:

"Esa noche llegó un coche de civil y sacaron de él a tres detenidos. Por lo que pude oír, dos de ellos eran padre e hijo. Los detenidos fueron trasladados al borde del pozo y les dijeron que no gritaran pues los largarían. Acto seguido se pararon detrás de ellos y extrayendo sus revólveres comenzaron a disparar a quemarropa. Los tres detenidos cayeron dentro del pozo, dos murieron en el acto, pero el hombre mayor quedó vivo. Cuando les estaban arrojando la leña les dije que lo remataran por un acto de caridad ya que iban a quemarlo vivo, pero no dándole importancia a la tarea se continuó con la misma; se procedió de la misma manera a lo anteriormente relatado y al rato fuimos a ver la quemazón".

El Cementerio de 'La Chacarita': guarismos que merecen un análisis — Legajo N° 6983

Frente a este cuadro general que revela en el período que va de 1976 a 1978 un aumento inusitado de las tumbas "N.N." en diversas dependencias municipales del país, así como la práctica de cremaciones ejecutadas al margen de toda norma legal y ética, hemos considerado de interés consignar ciertos guarismos referidos a tales actividades llevadas a cabo en el cementerio capitalino de "La Chacarita".

Al contrario de lo que se podría esperar en el tiempo crucial de la represión antiterrorista —años 1976/78—, decayó de modo drástico el número de personas no identificadas, cuyos restos mortales eran ingresados a esta repartición municipal. Recorriendo, las cifras respectivas a los sucesivos años del período 1974/80, se verifica esta situación: en el año 1974 se receptan 70 cuerpos de "N.N"; en 1975 son 66; en 1976 es uno solo; en 1977 son 8; en 1978 ninguno; en 1979 son 16; y en 1980 son 15 los cuerpos recibidos.

Respecto de la inhumación de cadáveres por muerte violenta se reproduce el porcentual estadístico anterior. Tomando igualmente el período que va de 1974 a 1980, encontramos las siguientes cantidades: en el año 1974, son 270 los cuerpos ingresados con tal característica; en 1975 son 232: en 1976 son 9; en 1977 son 26; en 1978 son 2; en 1979 son 50 y en 1980 se incrementa a 93.

Pero, en cuanto a las cremaciones realizadas durante el lapso en análisis, la relación porcentual se invierte, experimentando estas operaciones un ostensible aumento: en 1974 fueron 13.120; en 1975, 15.405; en 1976,

20.500; en 1977, 32.683; en 1978, 30.094; en 1979, 31.461 y en 1980 baja nuevamente a 21.381 cremaciones.

Sin abrir juicio definitivo sobre el significado y alcance de los guarismos anotados, no sería arbitrario presumir que la merma en el ingreso de "N.N." y de muertos por causas violentas durante el período crítico, con la contrapartida de la decisión de aumentar la actividad del horno crematorio, bien podría deberse a que, por regla general, los "abatidos en enfrentamientos" eran ingresados y cremados al margen de toda registración.

Por ello, nos parece significativo el testimonio del Sr. Fernando López (Legajo Nº 3926) quien realizó trabajos de la municipalidad para efectivizar mudanza de féretros en su camión. En el año 1977, ingresó el vehículo en la zona del crematorio, en un lugar donde tenían prohibido entrar los empleados y se bajó del mismo con la intención de ver cómo funcionaba el horno. Vio dos contenedores similares a los que se utilizaban para los camiones, de 2 m x 4 m por 3 m de alto; como uno de estos contenedores estaba abierto, verificó que se encontraba lleno de cadáveres de gente joven de ambos sexos que aún no se hallaban en estado de descomposición, llamándole la atención el hecho de que se encontraban desnudos y en la mayoría "apilados". El personal de custodia lo descubrió, por lo que lo colocó contra la pared e interrogó acerca de cuáles obreros lo aguardaban afuera, tras lo cual lo liberó, no sin antes ser amenazado.

Desaparición y muerte de Jacobo Chester — Legajo Nº 1333

Los cruentos episodios vividos por el personal del Hospital Nacional "Profesor Alejandro Posadas", de la localidad de Haedo —provincia de Buenos Aires—, arrojan la comprobación de una técnica para la desaparición del cuerpo material de la víctima: su arrojamiento a las aguas del Río de la Plata.

El día 26 de noviembre de 1976, el Sr. Jacobo Chester, empleado del Departamento de Estadísticas y Registros Hospitalarios del mencionado nosocomio, fue secuestrado y saqueado su domicilio por un grupo armado que, entre voces de mando, decidían el destino a dar a cada pertenencia rapiñada. No alcanzaron a violar a la hija, una niña de doce años, sólo por razones de tiempo. En medio del terrible maltrato, atinó a preguntar: "¿Dónde voy a ir a buscar a mi papá?", a lo que se le respondió: "A los zanjones, ahí tenés que ir".

De acuerdo con las constancias obrantes en el Legajo Nº 1537, Gladys E. Cuervo denuncia su propio secuestro y privación de libertad en un sector del mismo hospital; allí fue trompeada por dos hombres simultáneamente, le aplicaron el "submarino", le rompieron el esternón y varias costillas, y le quemaron con cigarrillos distintas partes del cuerpo. En el lugar se enteró que habían estado varias personas aún desaparecidas, incluso vio al Dr. Jorge Mario Roitman "en un charco de sangre y orina", y agrega:

> "De Chester supe también, por los comentarios que me hizo el mencionado Juan, (encargado de torturar a los detenidos) que era flojo y no aguantaba la picana".

Un año después del secuestro, un Juzgado de la Capital Federal convocó a la Sra. de Chester para informarle que el cuerpo sin vida de su marido había aparecido en las aguas del Río de la Plata el día 2 de diciembre de 1976, o sea seis días después de su desaparición, habiendo pasado en esta fecha por la Morgue Judicial.

La partida del Registro Civil incluye como causa de la defunción: asfixia por sumersión y politraumatismo.

Desaparición y muerte de Floreal Edgardo Avellaneda -Legajo N° 1639

El 15 de abril de 1976, aproximadamente a las 2 hs fue allanado el domicilio de la familia Avellaneda; el personal interviniente, ostensiblemente disfrazado, inició la búsqueda del Sr. Avellaneda, y al no encontrarlo detuvo en calidad de rehenes a su esposa, Iris Etelvina Pereyra de Avellaneda y a su hijo Floreal Edgardo, que contaba 14 años de edad.

Vendadas y encapuchadas, las dos personas fueron llevadas a la Comisaría de Villa Martelli, donde fueron torturadas con picana eléctrica a la vez que eran interrogadas sobre el paradero del Sr. Avellaneda.

Tiempo después, la señora fue trasladada a la Cárcel de Olmos, procedente del Comando de Institutos Militares, sin que se sepa nada más sobre el paradero del niño.

El día 16 de mayo de 1976, el diario argentino "Ultima Hora", bajo el título "Cadáveres en el Uruguay" publica una noticia en la cual se afirma que flotando en aguas uruguayas aparecieron 8 cadáveres.

Según la versión periodística, "un comunicado oficial de la Prefectura Nacional Naval" refería que el último cadáver hallado era de cutis trigueño, cabellos castaño oscuro y 1,70 m de estatura y tenía un rasgo característico, consistente en un tatuaje en forma de corazón con las iniciales "F" y "A".

Accediendo a una petición efectuada ante el Juzgado Federal N° 1 de San Martín, se requirió por exhorto diplomático al Uruguay, los datos sobre el cadáver encontrado con el tatuaje referido y, después de una dilatada tramitación, se recibieron las fotografías y fichas dactiloscópicas respectivas.

Las fotografías mostraban al niño con sus manos y piernas atadas, desnucado, con signos de haber sufrido graves torturas.

Hallazgo en San Pedro, Provincia de Buenos Aires - Legajo Nº 1296

El informe del Jefe del Area Cementerio de la Intendencia de San Pedro, respecto de inhumaciones caratuladas "N.N." destaca el caso de dos cadáveres introducidos en esa necrópolis los días 28 de setiembre y 2 de octubre de 1976 diciendo lo siguiente:

"...ambos fueron rescatados de las aguas del Río Paraná, jurisdicción de San Pedro, encontrándose los dos cuerpos con los ojos vendados, amordazados y con las manos atadas con alambres sobre sus espaldas. Además, a simple vista se podía observar que habían sido víctima de evidentes malos tratos. Considero que estos y demás datos figurarán seguramente en los sumarios que se instruyeron en la oportunidad, dado que el médico forense actuante efectúo las autopsias de rigor, precisamente las realizó dentro de este Cementerio llevando a cabo una minuciosa revisión de los cadáveres (me consta); obsérvese que ambas licencias dicen muerte por sofocación a pesar de haber sido rescatados del Río Paraná, esto daría la pauta de que ambos cuerpos habrían sido arrojados a las aguas ya sin vida; de no ser así figuraría muerte por inmersión."

"Los cadáveres no se entregan..."

El padre de Elena Arce Sahores (Legajo Nº 4272) nos hace un doloroso pero patético relato sobre la desaparición de su hija. Los datos que aporta y las constancias existentes confirman plenamente que fue secuestrada por el Grupo Operaciones 113 y alojada durante 10 días en la Comisaría 8va. de La Plata.

Todas las gestiones por recuperar a su hija fueron inútiles. Finalmente, en base a la relación de un matrimonio amigo, logra entrevistarse con un Coronel de Ejército quien le promete interesarse en su caso.

"Efectivamente esto ocurrió, confirmándose la detención en un operativo antisubversivo, no aclarándome mayores detalles y terminando con una frase que me quedó grabada a fuego: 'No la busque más a Elena, ya dejó de sufrir, ojalá que esté en el cielo'. Me explicó la faz técnica de este tipo de operativo, a los que denominó 'en blanco' o 'en negro', según el personal interviniente usara o no uniforme. En fin, el relato fue truculento. Días después, repuesto de este shock, volvía a ponerme en contacto en su domicilio y le reclamé el cadáver de mi hija, a lo que respondió: 'Los cadáveres no se entregan...'"

Debió de ser cierto. El país ha sido sembrado de cuerpos de personas no identificadas, sepultadas individual o colectivamente, en forma ilegal y clandestina. Están en los cementerios, en descampados, en los ríos, en los diques, y según ya hemos visto, también en el mar.

Esta constatación alcanza actualmente una dimensión inimaginable hasta hace unos años cuando algunas comprobaciones aisladas alimentaron la ilusión de que semejante cuadro no podía ser el indicio de una práctica generalizada. Sin embargo, la evidencia ya se instaló entre nosotros, alcanzando en los últimos meses la difusión casi cotidiana de testimonios, actuaciones judiciales y notas periodísticas que dieron cuenta de los hallazgos.

Denuncia sobre inhumaciones clandestinas en La Plata

"En el juzgado Penal del Departamento Judicial de La Plata, a cargo del Dr. Pedro Luis Soria (h), se realizó una denuncia y pedido de investigación para identificar cadáveres y determinar circunstancias que rodearon su inhumación en el cementerio de esta ciudad. Se expresa que en la noche se llevaban los cadáveres y se procedía a enterrarlos, sin permitir la intervención de las autoridades del cementerio".

"El jefe comunal le confirmó al Juez la existencia de 295 tumbas N.N. y le entregó la documentación correspondiente" (diario "La Prensa" de los días 29 y 30 de octubre de 1983).

Denuncia sobre la existencia de tumbas N.N. en Moreno

"Integrantes de la Comisión de Derechos y Garantías de la Cámara de Diputados de la Provincia de Buenos Aires se trasladaron el 22 de diciembre de 1983 al Cementerio de Moreno, al Oeste del Gran Buenos Aires, para iniciar una investigación en torno de la inhumación irregular de 23 cadáveres N.N. en esa necrópolis, entre los que habría varios pertenecientes a menores de edad".
(diario "Tiempo Argentino" del día 23 de diciembre de 1983).

Exhumación de Cadáveres N.N. en el Cementerio de Rafael Calzada.

"Una denuncia formulada por la Intendencia del Partido de Almirante Brown ante el Juzgado en lo Penal de Lomas de Zamora dio como resultado el hallazgo de 15 cadáveres sepultados clandestinamente entre 1976 y

1978 en fosas cavadas en el cementerio bonaerense de Rafael Calzada. Se encontró esa cantidad de cráneos, dos de ellos con rastros de perforaciones provocadas por balazos, y la mayoría de los cuerpos presentaban las manos cortadas".
(Diario "La Prensa" del día 28 de diciembre de 1983)

Denuncias sobre entierros clandestinos en el Cementerio de San Martín

"El senador provincial bonaerense Sirio Augusto Gómez se presentó como denunciante y testigo ante el Juzgado Federal Nº 4, señalando que en el mes de mayo de 1976 fueron sepultados en el cementerio de San Martín cadáveres no identificados en fosas comunes. La denuncia fue corroborada por varios empleados de la necrópolis ante el Juez interviniente".
"Los certificados de defunción —dice el Senador Gómez— determinaban como causa de la muerte afecciones cardíacas, pero al abrirse los cajones se encontraron restos de hombres jóvenes, mujeres embarazadas y adolescentes con heridas de bala".
(Diario "La Razón" del día 30 de diciembre de 1983).

Exhuman cadáveres en el Cementerio de Grand Bourg

"Unos trescientos cadáveres registrados en los libros de esa necrópolis como N.N. fueron inhumados allí durante los años de la lucha antiterrorista, según una denuncia en poder del Juez Federal Hugo Gándara, quién ordenó las tareas de exhumación. Se encontraron unas noventa fosas, donde se comprobaron sepulturas de tres y hasta cinco cadáveres cada una, por lo cual se presume que el número de cuerpos inhumados ilegalmente podría superar la cifra mencionada".
(Diario "Clarín" del día 13 de enero de 1984).

Inhumaciones irregulares realizadas en el Cementerio de Avellaneda - Legajo Nº 7316

La intendencia Municipal de Avellaneda resolvió con fecha 19 de enero de 1983, instruir un sumario administrativo para determinar la existencia de ilicitudes en la inhumación de cadáveres no identificados en la necrópolis de esa ciudad.
Del detalle de las inhumaciones de cadáveres no identificados se desprende que hasta el mes de mayo de 1976 la cantidad de N.N. era esca-

sa y correspondía a gente de avanzada edad. Comparativamente se produce un crecimiento abrupto de la cantidad a partir de esa fecha, resaltando que desde ese momento la edad promedio de las personas fallecidas es muy inferior, aproximadamente 25 años. Esta situación subiste hasta comienzos de 1978, en que vuelve a decrecer la suma total, retornando a la normalidad, inclusive respecto de la edad avanzada de las personas muertas. Asimismo, el propio Director del Cementerio expresa que no puede asegurar que todas las inhumaciones realizadas en las fosas comunes del sector de la Morgue, figuren registradas en el libro correspondiente, y lo explica en razón de que la Morgue estuvo bajo un control policial absoluto, con entrada exclusiva y personal propio; la zona funcionaba como un ente autónomo con respecto a las autoridades del cementerio.

Fosas comunes en el Cementerio San Vicente - Legajo N° 1420

Como se echa de ver, no fue un procedimiento aislado, tampoco desconocido por las más altas autoridades del gobierno militar.

El 30 de junio de 1980, en una petición administrativa dirigida a la Presidencia de la Nación por personal de la Morgue Judicial de la ciudad de Córdoba, se leen estos párrafos increíbles:

"Es imposible Sr. Presidente describirle una imagen real de lo que nos tocó vivir, al abrir las puertas de las salas donde se encontraban los cadáveres, dado que algunos llevaban más de 30 días de permanecer en depósito sin ningún tipo de refrigeración, una nube de moscas y el piso cubierto por una capa de aproximadamente diez centímetros y medio de gusanos y larvas, los que retirábamos en baldes cargándolos con palas. Nuestra única indumentaria era pantalón, guardapolvo, botas y guantes algunos, otros tuvieron que realizar este trabajo con ropa de calle, los bozales y gorros fueron provistos por la Dirección del Hospital por atención del señor Sub-Director debido a que carecíamos de los mismos. A pesar de todo esto no tuvimos ningún tipo de reparos en realizar la tarea ordenada; es de hacer notar que la mayoría de estos cadáveres eran delincuentes subversivos. Morgueros y Ayudantes Técnicos de Autopsia en la caja del camión junto a los cadáveres y custodiados por dos móviles de la Policía de la Provincia correspondientes a un operativo montado para tal fin nos dirigimos así al Cementerio de San Vicente. Es inenarrable el espectáculo que presentaba el cementerio; los móviles de la Policía alumbraban la fosa común donde fueron depositados los cadáveres identificados por números y como punto de referencia los pilares de la pared cercana, detrás de la cual e inclusive arriba de los techos los vecinos al cementerio observaban la macabra tarea realizada".

Y más increíble aun que no haya motivado la más mínima intervención del destinatario.

Uno de los remitentes de la petición (referida a las condiciones de extrema insalubridad en que desempeñaban su labor), el Sr. Francisco Rubén Bossio, narra del siguiente modo los hechos de los que fue testigo:

"Yo advierto que comenzamos a recibir cadáveres que alguna veces venían con 'remito' pero que la mayoría de las veces venían sin nada. Esto se constata en el año 76. La mayoría de las veces remitía los cadáveres personal policial y otras veces la Gendarmería, el Ejército o en conjunto entre los grupos de las Fuerzas de Seguridad. Los funcionarios que iban entregando eran tenientes o subtenientes cuyos nombres no recuerdo. A veces venían con grupos de diez o doce soldados, pero yo no prestaba atención. Estos cadáveres tenían las siguientes características: venían heridos de balas, algunos con muchas perforaciones; en algún caso hasta ochenta, en otro dieciséis, por ejemplo. Venían todos con los dedos pintados y con marcas evidentes de torturas. Tenían marcas en los puños como si hubieran sido atados con piolas. Esporádicamente aparecían algunos destrozados, muy abiertos".

"Después de las primeras tandas llegan otras de cinco, de ocho, y otra de siete. Debo aclarar que las autopsias se practicaban respecto de los cadáveres de la justicia ordinaria o federal, pero que respecto a los subversivos no se les hacía autopsia, limitándose la entrega a la orden del juez militar y el certificado de defunción que ya venía del III Cuerpo o del médico de la Policía".

"Se ordenó la evacuación de los cadáveres del hospital, cosa que se hizo como lo describimos en la presentación al entonces señor Presidente de la República General Videla, con fecha 30 de junio de 1980". "Lo hicimos en las dos camionetas, dos viajes en el mismo camión con treinta cadáveres en cada vuelta que se colocan en una fosa del cementerio San Vicente. Quiero aclarar que esta fosa era nueva, la inauguramos nosotros. Sus medidas aproximadas eran de unos treinta y seis o cuarenta metros de largo, por ocho de ancho y seis o siete metros de alto. La Municipalidad había hecho esa fosa; cuando fuimos, estaba incluso la máquina. Nunca en mi vida vi una fosa tan grande". "Después del Hospital Córdoba, en diciembre del 76, retornamos a la Morgue del Hospital San Roque y por marzo del 77 retornamos a la fosa grande —no recuerdo cuántos llevamos. Yo fui dos o tres días antes y la vi casi llena a la fosa, dándome la impresión de que habían colocado más cadáveres. Concretamente no recuerdo el número que transportamos en ese lugar. Pero sí me acuerdo patente que faltaba sólo un metro y medio para completar la fosa".

Seguidamente y ante los mismos funcionarios actuantes comparece el Sr. José Adolfo Caro:

"Que trabajaba juntamente con el Sr. Bossio en el mismo servicio. Que habiendo leído en todas sus partes la declaración producida por éste la ratifica en sus términos y desea agregar lo siguiente: Que recuerda que había una chica judía que vino atada con alambres. La vio y la desataron en la Morgue. Sabe que es judía porque en una oportunidad que entraron a reconocer hubo gente que la vio y la reconoció pero no puede determinar los detalles ya que no recuerda y solo viendo los libros podría precisar. Ratifica que hubo mujeres embarazadas, una de ella estaba de ocho meses y otra de seis. El número de aproximadamente doscientos setenta desaparecidos sepultados sale del libro de la Morgue, del único que existía, tiene que estar allí y donde todos los del servicio efectuaban las anotaciones".

La denuncia de estos hechos fue elevada a la Justicia, quedando radicada en el Juzgado Federal N° 3 de la ciudad de Córdoba.

Por qué la desaparición de los cadáveres

Es muy difícil para nosotros, después de la dura y compleja tarea realizada en busca de los detenidos-desaparecidos vivos, aceptar que muchos de ellos están muertos, y que sus cuerpos han sido diseminados o destruidos en cumplimiento de una planificada política enderezada también a su desaparición.

Necesariamente, esta constatación nos induce a preguntarnos el porqué de tan diabólica directiva. ¿Por qué la destrucción del cuerpo? ¿Encuadra acaso el mismo supuesto del crimen individual en el cual se busca borrar las huellas del acto? No nos parece suficiente esta explicación.

Hay algo más que tiene que ver con la metodología de la desaparición: primero fueron las personas, el "no estar" alimentando la esperanza en el familiar de que el secuestrado sería puesto en libertad y habría de retornar; luego el ocultamiento y la destrucción de la documentación —que indudablemente existió acerca de cada caso—, prolongando la incertidumbre sobre lo que sucedió; y finalmente, los cadáveres sin nombre, sin identidad, impulsando a la psicosis por la imposibilidad de saber acerca del destino individual, concreto, que le tocó en suerte al ser querido. Fue como asomarse a cada instante al abismo de un horror sin límites.

Por eso pensamos que estos muertos sin nombre encuadran dentro de la misma lógica que decidió la desaparición forzada de personas: al borrar la identidad de los cadáveres se acrecentaba la misma sombra que ocultaba a miles de desaparecidos cuya huella se perdió a partir de las detenciones y secuestros.

Fue otra de las formas de paralizar el reclamo público, de asegurarse por un tiempo el silencio de los familiares. Precisamente, alentando en ellos la esperanza de que su ser querido estaba con vida, manteniéndolo en la imprecisa calidad de persona desaparecida, se creó una ambigüedad que obligó al aislamiento del familiar, a no hacer nada que pudiera irritar al Gobierno, atemorizado por la sola idea que fuera su propia conducta el factor determinante de que su hijo, su padre o su hermano pasara a revistar en la lista de las personas muertas.

También se pretendió con ello bloquear los caminos de la investigación de los hechos concretos, diluyendo en el ocultamiento de las acciones la asignación individual de responsabilidades; así se lograba extender el cono de sospecha a una gran parte de los funcionarios militares —salvo la casi imposible probanza del hecho negativo—, sobre su participación personal en la dirección o ejecución de las acciones delictivas.

Y por último, lo que fue el meollo de esta política de la desaparición total: impedir por todos los medios que se manifestara la solidaridad de la población y, con ello, la secuela de protestas y reclamos que generaría en el país y en el exterior el conocimiento de que detrás del alegado propósito de combatir a la minoría terrorista, se consumó un verdadero genocidio.

G. El compromiso de impunidad

Invariablemente toda sociedad se ha inquietado ante la posibilidad de que algunos crímenes quedaran impunes. Sin embargo, la inquietud se erige en gravísima alarma cuando la impunidad pasa a convertirse en un elemento previsto para la ejecución del delito, incorporada como coraza de los hechos y formando parte del "modus operandi" de una conducta delictiva sistematizada.

Es el caso del terrorismo de Estado. Ya protestaba Hobbes en su "Leviathan", que no existe crimen más grande que aquel que se perpetra a conciencia de su impunidad. Por ello mismo, la subversión institucional inherente a tal situación perjudica seriamente y por un tiempo difícilmente mensurable la virtud ética que han de contener los actos gubernamentales. Es el caso del gobierno del llamado "Proceso de Reorganización Nacional".

Aprovechar el estado de indefensión de las víctimas dice absolutamente todo a acerca de la personalidad de los victimarios. Pero este fenómeno asume otra dimensión, cuando quien ejerce el poder se autoatribuye facultades extraordinarias y planifica desde el inicio de su gestión un sistema completo de ilícitos. Al respecto, ha sido diáfana la conceptuación producida por el titular del Poder Ejecutivo Constitucional, en la exposición de motivos de su Decreto 158/83, por el que ordena el procesamiento de los responsables de la conducción de los ilícitos, cuando manifestaba: "La Junta Militar que usurpó el gobierno concibió e instrumentó un plan de operaciones... basado en métodos manifiestamente ilegales".

Al considerar este juicio presidencial, los hechos criminales protagonizados distan enteramente de poder considerarse "excesos" o resultados aleatorios no queridos por sus autores. Por el contrario —a estar a la definición transcripta—, fue acuñado desde el origen un plexo de delitos que por su entidad no registra precedente histórico en el país y que centralmente se basa en la presunción de que solamente quedaría librado a la propia conciencia de quienes lo elaboraron y ejecutaron, sin inclinarse al debido control jurisdiccional o judicial de las conductas.

Lamentablemente, la asertiva definición presidencial ha sido plenamente corroborada por la investigación realizada por esta Comisión.

El contexto de impunidad que sirvió de base para la marginación del debido juicio a los responsables adquiere mayor claridad en ciertos casos de definición arbitraria, de "detención-desaparición" y/o de asesinato de personalidades notorias en la sociedad argentina y en el ámbito internacional. Nos referimos a hombres y mujeres de distinguida ubicación en la vida del país, por sus roles o especiales calidades científicas, diplomáticas, religiosas, políticas, empresariales, sindicales, literarias, etc., en los cuales se simbolizó la convicción de los ejecutores del terrorismo de Estado, de que jamás serían convocados a dar cuenta de sus actos.

Este segmento social, tan particularmente representativo, que siempre ha tenido acceso a fuentes de poder y decisión, ha acudido también esta vez a esos mismos sectores, sin hallar remedio al secuestro clandestino, ni a la imputación irresponsable de que fueron víctimas; sus familiares recurrieron de inmediato a cuanto factor de poder —especialmente a las propias Fuerzas Armadas— se hallaba a su normal alcance. Y pese a ello no lograron revertir la injusticia, a veces convertida en tragedia. Además de estos casos tan especiales por su sobresaliente figuración en la opinión comunitaria, cabe agregar otros que, aunque no integraban aquel sector social, las traumáticas situaciones a que fueron reducidos resultaron altamente difundidas y cobraron perfiles destacados en la consideración pública, a causa de que determinadas personalidades o entidades —diplomáticas, políticas, etc.— se preocuparon activamente por intentar protegerlos y sustraerlos de la incertidumbre, la oscuridad y el horror, también sin resultados positivos.

Por el conocimiento de este ataque selectivo sin sanción ni reparación posible, por la comprobación de la total ineficacia de los resortes clásicos, jurídicos o sociales, de protección personal, se buscó que la población en su conjunto se sintiera inerme frente a un poder ejercido con una omnímoda apariencia. Porque suele resultar altamente redituable, a los fines de ejecutar una política represiva terrorista, el convencimiento general de que nada ni nadie podrá torcer el curso de los acontecimientos prefijados.

Seguidamente haremos una muy limitada mención de casos de desaparición, tortura y muerte de personas cuya detención, por muy diversas circunstancias, movilizó la intervención de instituciones de muy alta consideración y reconocimiento social, sin poder conmover el marco de absoluta impunidad con que actuó la represión ilegal. Aun cuando, sin duda, la mayor evidencia de ello son los miles de desaparecidos por los cuales no se ha dado respuesta, a pesar de su invalorable condición de seres humanos.

Secuestro de los Dres. Hipólito Solari Irigoyen y Mario A. Amaya

Entre los "arrestados a disposición del Poder Ejecutivo Nacional" podemos citar dos casos extremos, signados por la más absoluta arbitrariedad, en los cuales el decreto colocándolos en tal situación fue precedido por el secuestro y desaparición de los detenidos y continuó con la muerte de uno de ellos.

Los legisladores nacionales Dres. Hipólito Solari Irigoyen y Mario Abel Amaya habían cesado en sus cargos al producirse el golpe de Estado del 24 de marzo de 1976, pero mantenían su alta representatividad política e investían la calidad de abogados defensores con amplia tradición en el patrocinio a detenidos políticos. El Dr. Solari Irigoyen había sido profesor universitario y tomó a su cargo frecuentes denuncias en el seno del Parlamento sobre casos de arbitrariedad policial y tormentos a prisioneros, antecedentes estos últimos similares a los del Dr. Amaya. Ambos fueron secuestrados el 17 de agosto de 1976 y alojados en el Regimiento 181 de Comunicaciones de Bahía Blanca, donde les aplican crueles tormentos. El día 30 de agosto de 1976, al cabo de un pedido formulado al Gobierno argentino por la Comisión Interamericana de Derechos Humanos, son trasladados hacia la ciudad de Viedma donde los arrojan al costado del camino. Allí recoge sus cuerpos de inmediato un móvil policial.

Curiosamente, el Gobierno publicó la versión de que el vehículo policial protagonizó un denso intercambio de disparos con el "coche secuestrador", logrando por fin la recuperación de las víctimas. Los Dres. Solari Irigoyen y Amaya declararon en seguida que no escucharon jamás detonación alguna por disparos.

A partir de ese momento, pasan a investir el carácter de "detenidos legales" y para legitimar todo el siniestro procedimiento se los acusa de "vinculaciones con actividades subversivas" y se los coloca en arresto a disposición del Poder Ejecutivo por Decreto N° 1831/76. Son llevados el 11-6-76 al Penal de Rawson, y al ingresar al mismo reciben una tremenda golpiza que al Dr. Amaya afecta ya irreversiblemente, al grado que, frente al drástico empeoramiento se resuelve a los pocos días conducirlo al Hospital Penitenciario Central —Cárcel de Devoto, Capital Federal—, donde se apaga su vida el día 19 de octubre de 1976. El Dr. Solari Irigoyen quedó encarcelado en Rawson, hasta que al cabo de nueve meses es autorizado a abandonar el territorio argentino —virtual expulsión— según decreto presidencial N° 1098/77.

Calvario del Dr. Rafael Perrota

Destacado abogado y empresario, dueño de un diario de gran importancia —"El Cronista Comercial"—, fue secuestrado en pleno centro de la ciudad de Buenos Aires. A sus familiares les fue requerida una gruesa suma pecunaria para acceder a su liberación. La víctima estaba alojada, según testigos, en el campo clandestino COT-I Martínez.

Sus familiares recurrieron a Jefes Militares y Policiales, quienes designaron "personal" de alta calidad e investidura para asesorar a la familia en el trámite de rescate. A la postre, abonada que fue la suma exigida, la hipótesis más vehemente es que a renglón seguido Perrota resultó ultimado por sus captores. Además, recientes informes obtenidos por esta Comisión de la Jefatura de Policía, dan cuenta de que los supuestos "expertos" que cumplieron el rol de "asesores" de la familia, nunca revistaron oficialmente en las filas de la Policía, pese a que exhibían credenciales y que fueron destinados para tal tarea por funcionarios de encumbrada graduación que la familia denunciante nombra en sus exposiciones.

El periodista Jacobo Timmerman

Director y fundador del diario "La Opinión" es secuestrado el 15 de abril de 1977, y según propias expresiones, los responsables fueron gente armada con fusiles, que saquearon sus pertenencias de mayor valor.

Conducido a los centros clandestinos "Puesto Vasco" y COT-I Martínez, le aplicaron frecuentes descargas eléctricas sobre su cuerpo desnudo e interrogaron durante un mes. Luego lo "legalizaron", a cierta altura de su detención le asignaron un arresto domiciliario y posteriormente lo expulsaron del país con privación de la ciudadanía argentina.

Empero, fue el único hábeas corpus que prosperó durante el Proceso Militar, habiendo sido su defensor letrado el Dr. Genaro Carrió, actual Presidente de la Corte Suprema de Justicia de la Nación.

La joven Adriana Landaburu

Hija única del ex Ministro de Aeronáutica de un gobierno de facto, —el Brigadier Mayor Jorge Landaburu—, desde el primer momento de su detención intervinieron para obtener su libertad las más altas jerarquías sociales y castrenses al alcance de una familia cuyos antecedentes tornaban natural acceder a estos niveles.

Fue aprehendida en la vía pública el día 7 de junio de 1976 en el trayecto entre las localidades de Vicente López y San Isidro, provincia de Buenos Aires. La familia logró imponerse de noticias que revelaban el alojamiento de la joven en la Comisaría de San Isidro y posteriormente en la Escuela Superior de Mecánica de la Armada. El padre se entrevistó casi enseguida con el Presidente de la Nación, Gral. Jorge Rafael Videla, quien en su presencia se comunicó con los Comandantes en Jefe de la tres armas, instruyéndoles la averiguación y comunicación inmediata al Brigadier Landaburu sobre los resultados. Consecuentemente, al día siguiente llamó a la casa familiar el Almirante Emilio E. Massera para informar que su Fuerza no había intervenido en el episodio; en ese momento se le preguntó si la joven no estaría en la ESMA, a lo que respondió terminantemente: "En la Escuela no hubo ni hay detenidos" (¿?) Tal la declaración de la madre de la víctima.

Por fin, la familia recibió informaciones de que la joven, luego de estar alojada en ESMA, fue arrojada al mar.

La diplomática Elena Holmberg y el publicista Marcelo Dupont

Elena Holmberg, perteneciente a una tradicional familia argentina, se desempeñaba como funcionaria de alto nivel en la Embajada Argentina en París.

Habiéndose suscitado diferencias de criterios entre el personal del "Centro Piloto de Información", instalado en París y a cargo de oficiales de inteligencia de nuestra Fuerza Naval, y la diplomática de carrera, fue convocada a Buenos Aires para informar a sus superiores, resultando secuestrada en esta ciudad el 20 de diciembre de 1978, ante testigos, al salir del Ministerio de Relaciones Exteriores y cuando se dirigía a encontrarse con un grupo de periodistas franceses.

Personas liberadas de la Escuela Superior de Mecánica de la Armada (ESMA) declararon que en esa época ciertos oficiales de la misma aludieron a su participación en la desaparición de Elena Holmberg.

El 11 de enero de 1979, su cadáver descompuesto fue encontrado en el río Luján, localidad de Tigre, provincia de Buenos Aires.

Cinco años después del asesinato, en marzo de 1984, los cuatro hermanos de la diplomática concurrieron a un programa televisivo y hablaron sobre el curso de la investigación acerca de la muerte de Elena. Ante la pregunta del periodista sobre si sabían quiénes habían intervenido en el crimen, Ernesto Holmberg contestó: "Lo suponemos, pero no estamos en condiciones de probarlo. Eso es lo que buscamos. Y también queremos saber qué es lo que ella sabía. Cuatro días antes de la desaparición, hablando de cosas triviales, mi mujer preguntó a Elena: "¿Vos tenés miedo?" Ella contestó con un gesto. Yo le pregunté entonces: "Pero ¿mucho miedo?". Tenía miedo. "Y hay compañeros de trabajo que saben muy bien cuál era el problema que tenía Elena. Dupont fue el que fue y habló. Y así está pagándolo".

El caso del homicidio del publicista Marcelo Dupont, hermano del diplomático Gregorio Dupont, amigo de Elena Homberg, cobró permanente notoriedad por la debida dimensión que la prensa confirió a los episodios de su investigación, ya en las postrimerías del régimen de facto y todo indica la íntima relación existente entre su deceso y el conocimiento que él, o su hermano, pudieran tener sobre los móviles del asesinato de Elena Holmberg.

Los políticos uruguayos Zelmar Michelini y Héctor Gutiérrez Ruiz

Héctor Gutiérrez Ruiz era el Presidente de la Cámara de Representantes del Uruguay, cuando, a causa del golpe de Estado en el país oriental, debió asilarse en nuestro país. El día 18 de mayo de 1976 fue privado de libertad por un numeroso grupo armado que incluso exhibió credenciales ante un agente policial que cumplía guardia en el edifico vecino. Horas después fue secuestrado quien se desempeñara como Ministro de Educación del Uruguay, Zelmar Michelini, en el Hotel "Liberty", en pleno centro de la ciudad de Buenos Aires. Ambas víctimas ejercían el periodismo en nuestro país. En la misma fecha y similares circunstancias, fueron secuestrados otros dos compatriotas de Michelini y Gutiérrez Ruiz.

El día 21 de mayo de 1976 aparecieron los cadáveres de los cuatro, dentro de un automóvil, maniatados y con impactos de balas.

El Profesor Alfredo Bravo

De notoriedad en el ámbito sindical, revistaba como Secretario General de la Confederación de Trabajadores de la Educación de la República Argentina (CTERA), uno de los gremios más representativos en el país y Co-presidente de la Asamblea Permanente por los Derechos Humanos.

Aprehendido ilegalmente en la escuela donde se encontraba dictando clases, el 8 de septiembre de 1977, a partir de ese momento fue reiteradamente golpeado y variadamente torturado para que respondiera a preguntas sobre cada una de las organizaciones que dirigía. Posteriormente "legalizado", fue encarcelado como sometido al régimen del Estado de Sitio, que más tarde continuó bajo la forma de libertad vigilada luego del 16 de junio de 1978, durante este periplo perdió 25 kilos de peso.

El 2 de febrero de 1984, el Profesor Alfredo Bravo compareció ante el Consejo Supremo de las Fuerzas Armadas. Algunas de las declaraciones vertidas en dicha oportunidad revelan lo siguiente:

"También recuerdo que en la conversación mantenida con dicho señor (Cnel. Camps), éste me manifestó que pesaban sobre mi persona graves cargos, que me hallaba muy comprometido, que en las próximas horas iba a tener contacto con mis familiares y que si contaba lo que me había pasado, me iba a suicidar en la celda... Le respondí entonces que yo no pensaba suicidarme, lo cual le molestó y lanzó una serie de amenazas e improperios para terminar reinterándome lo del suicidio... A las sesiones de tortura llegaba desnudo con los ojos tabicados y la capucha puesta".

En una nota emitida por el gobierno argentino, con fecha 21 de diciembre de 1978, a la Comisión Interamericana de Derechos Humanos, se expresa entre otras cosas: "El Gobierno argentino niega que la actividad seguida con el Sr. Alfredo Bravo configure violación alguna de los derechos humanos, sino que se halla encuadrada dentro de los procedimientos legales vigentes".

H. Represores y esquema represivo

La Comisión Nacional sobre Desaparición de Personas recibió en diversas oportunidades denuncias y testimonios de personas que reconocieron su particiación en Grupos de Tareas y otras formas operativas en el aparato represivo. Esas denuncias han estado vinculadas tanto al conocimiento que tenían de la metodología represiva como de hechos referidos al secuestro, tormento y eliminación física de personas.

Esa colaboración espontánea partió, en varios casos, de represores a quienes, antes del 10 de diciembre de 1983, la mismas FF.AA. y de Seguridad sancionaron por distintos ilícitos al margen de la lucha antisubversiva, es decir con móviles individuales. Estos delitos de los que participaba la totalidad del aparato represivo quedaban impunes cuando eran parte de la operativa planificada para su accionar.

En tales casos, el testimonio tuvo no tanto un sostén ético (arrepentimiento, sanción moral, honor militar, etc.) sino la convicción de "haber sido abandonados por sus propios jefes", después de "haber contribuido a la guerra antisubversiva perdiendo en algunos casos la carrera o arriesgando la propia vida, mientras contemplaban el enriquecimiento de los jefes, la corrupción generalizada en las propias filas y la pérdida de los objetivos que se habían señalado como motivaciones para la lucha". (Testimonios Nros. 3675, 683 y 1901.)

En algunos influyó el conocimiento que poseían de la eliminación física de muchos compañeros de armas "porque ya no les servían a los jefes o porque sabían demasiado". (Testimonio N° 683). Sólo excepcionalmente alguno de ellos dio muestras de arrepentimiento o de una valoración ética de la realidad vivida.

En algunos casos (Testimonios Nros. 3675 y 3157) los denunciantes manifestaron resentimiento contra sus jefes "por habernos usado" involucrándolos en un proyecto político y económico que finalmente traicionó los "ideales nacionalistas" por los que habrían inicialmente ingresado al Ejército, a la Policía o a los "grupos" paramilitares.

Tal vez sólo en dos o tres casos se hicieron presentes sentimientos de culpa, de hartazgo por lo "demencial de todo esto", de voluntad de denunciar las atrocidades de las que fueron testigos o responsables para que "esto no vuelva a suceder", para que "mis hijos no tengan que vivir algo semejante". (Testimonio N° 3675).

Todo signo de discrepancia dentro de las FF.AA. y de Seguridad con los métodos utilizados para la detención y eliminación de personas fue sancionado de modo brutal. Brindar alguna información a los familiares de detenidos-desaparecidos sobre su localización, estado físico o destino era equivalente a la muerte. Estaban prohibidos, incluso, los comentarios entre las propias filas sobre los operativos realizados, sancionándose con el mayor rigor cualquier signo de humanidad que pudiera tenerse con el prisionero:

> Mi esposo "se desempeñaba como Oficial Inspector de la Policia Federal en el departamento de Asuntos Políticos de la Super-Intendencia de Seguridad Federal". "Era un idealista dentro de la Policía, estaba en contra de la tortura y de todo lo que pudiera ser negociado o trampa. Su foja de servicios era impecable y a los 25 años ya era Inspector". Su único error consistió en brindar información a familiares sobre la desaparición de detenidos. "Apenas transcurridos dos días desde la desparición de Carlos María... la esposa de un Suboficial de Policía... me hizo saber que "no lo busque más porque ya lo mataron". (Mónica De Napoli de Aristegui -Legajo N° 2448).

Cualquier intento de escapar a la estructura represiva, a lo que sus mismos miembros llamaban el "pacto de sangre" podía implicar su persecución y aun su eliminación.

"En un departamento que estaba frente a la estación de Berisso había dos mujeres y un hombre. Todos fueron muertos. La última mujer que bajaba las escaleras con un brazo roto y que estaba agonizando fue "terminada" por el Comisario General Etchecolatz. Después de ese "enfrentamiento" se me entregan las credenciales y la ropa. Según el Código Penal Militar cuando se usan ropas o credenciales falsas para delinquir corresponde el máximo de las penas. Ahora bien, a mí me las proporciona, me las da el propio Comisario General y sobre esta base es que después se me inculpa y se me da el máximo de la pena" (Legajo N° 683).

"En otra oportunidad vio un grupo de mujeres jóvenes, desnudas en la zona de la pileta, que fueron llevadas luego a la sala de torturas. Por frecuentar ese lugar vi que allí se torturaba sobre una cama metálica, empleándose la "araña" que es un dispositivo de forma rectangular, conectado a un tomacorriente, que tiene movimiento propio al ser puesto sobre el cuerpo de la víctima. Los apremios eran aplicados sin excepción a todos los detenidos. Picana eléctrica manual y golpes. Yo pedí cambio de destino al no compartir la metodología y por entender que ello excedía mi función de policía, ya que toda mi trayectoria ha sido en Comisarías. Pero el hecho que va a determinar mi baja fue que el Principal Pozzi me convoca aparentemente para un operativo. Nos dirigimos a Carlos Pellegrini y al ver un automóvil Peugeot 504 verde asaltamos al conductor (lo que era habitual para obtener autos para operativos). Pero más tarde descubrí que el Oficial Pozzi destinó ese auto a su uso personal, previo cambio de la placa y que ese vehículo jamás fue integrado a la dotación de autos operativos. Comuniqué el hecho al Comisario Adorisio manifestándole que no estaba dispuesto a efectuar sustracciones en beneficio personal de un funcionario, pidiendo en ese acto ser relevado de la dotación. A partir de ese momento, las relaciones con el "Grupo" son tensas, agravándose con la posterior sustracción de otro automóvil particular para uso personal del Comisario. Me dirigí entonces al Jefe del Area de Seguridad Federal de quien dependía Adorisio para denunciar el hecho, respondiéndome el Jefe que 'comprendiera que estaban en guerra'. Cuando fui a cobrar mi sueldo (mayo o junio 1978) se me notifican 20 días de arresto, sin especificar causas, no obteniendo explicaciones de mis superiores. Al interponer un recurso me imponen nuevo arresto, me bajan la calificación de 9 a 4 puntos y por último me dan el retiro obligatorio, en noviembre de 1981". (Legajo N° 5612).

"En una de esas noches (en las que quemaban cuerpos de detenidos) comenzaron a presionarme para que tomara parte más activa diciendo 'éste está muy limpito...'
También en una oportunidad en el curso de 1976, cinco policías aparecieron colgados en gancheras por negarse a colaborar. Era comentario general en la Jefatura que no habían sido muertos por la subversión como se había hecho público, sino por sus propios compañeros. En cuanto a los hermanos Voguel que trabajaban como Oficial y Suboficial de la Dirección de Investigaciones de la Policía de la Provincia de Buenos Aires aparecieron muertos." "Nos dijeron que se había ahorcado en la celda de la Comisaría 4a. y el otro se suicidó tirándose del 3° piso de la Jefatura de Policía. Lo cierto es que habían sido acusados de haber colaborado con la subversión...." Cuando quise solicitar la baja con algunos compañeros, apareció un suboficial que nos dijo: 'No vayan a firmar la baja, aguántense adonde los manden, porque de civiles no doy ni cinco centavos por ustedes." (Legajo N° 719).

"En un L.R.D. (centro clandestino de detención) llamado la Nueva Baviera (Tucumán) ocurrió un incidente porque dos detenidas, Piturra y Ana, mandaban cartas hacia afuera dentro de la ropa para lavar, aprovechando la complicidad de varios gendarmes. Uno de los que llevaba las cartas era el Gendarme Paiva que pertenecía al Grupo Móvil de Buenos Aires. En un momento la Piturra confesó lo que ocurría. Y Paiva desapareció. Otro gendarme Ríos que también estaba en ese tipo de cosas 'le dieron la baja en 24 hs.' según dijeron, cosa que era rara. Ya en Campo de Mayo —de donde proveníamos— su esposa fue a reclamar varias veces porque dicho gendarme jamás volvió a su casa. Una noche en Campo de Mayo "levantaron" al Suboficial Maldonado y se lo llevaron. Era cordobés, alto, delgado y habitaba en la misma pieza que el Suboficial Montes. Jamás se supo tampoco nada de él". (Legajo N° 683).

"Yo comencé a tomar conciencia de lo que pasaba cuando detienen a mi amigo Jorge H. Velázquez, agente de la Policía de San Luis(...) Tanto él como yo y otro miembro de la Policía, Roberto Jesús Arce, habíamos descubierto que una Empresa de Investigaciones de San Luis se dedicaba con la connivencia de funcionarios policiales y de Ejército a secuestros extorsivos, que derivaban en detenciones a disposición del P.E.N. de gente totalmente inocente. Los tres participábamos en 'grupos' de la lucha antisubversiva. Eramos nacionalistas y creíamos en lo que estábamos haciendo. Denunciamos los hechos ante el Ejército y ante el Subjefe de la Policía de San Luis. A los tres nos llevaron al cuartel del Grupo de Artillería Antiaérea 141 dependiente del III Cuerpo a cargo del Gral. Luciano B. Menéndez donde fuimos brutalmente torturados. Estuvimos todo el tiempo tabicados, cubiertos los ojos con una venda. A mí me aplicaron la picana en sucesivas sesiones y luego me metían la cabeza dentro de tachos con agua. A Velázquez lo golpearon hasta hacerle perder la dentadura y a Arce también lo golpearon brutalmente. Los torturadores, con nosotros, actuaban a cara descubierta. (Leg. 3846)

Los testimonios que anteceden dan una muestra clara del modo de actuación de los denominados "grupos de tareas", de su total desprecio por las normas éticas que rigen el uso de la fuerza por parte del Estado. Las reglas de juego de los grupos de tarea fueron similares a las de los grupos de gansters y sus objetivos no fueron distintos. Pero a diferencia de aquéllos, que ven restringido su obrar por la posible represión de las fuerzas del orden, los grupos de tareas generados desde el poder eran paradójicamente las "fuerzas mismas del orden".

Esta Comisión entiende que resulta absolutamente indispensable la investigación judicial de la integración de los grupos de tareas en la estructura represiva. Entiende también que la posibilidad de determinar en definitiva la suerte de los miles de desaparecidos pasa necesariamente por la individualización de los componentes de los grupos de tareas, de sus responsables y de su dependencia orgánica de las fuerzas armadas. Existen pruebas suficientes para avalar la existencia de tales grupos y de su ubicación "legítima" en la estructura formal de las fuerzas armadas.

La investigación relativa a los centros clandestinos de detención demuestra que éstos funcionaron dentro del organigrama militar concebido para la lucha antisubversiva. Este esquema está contenido en "Directivas Secretas", "Ordenes de Batalla" y diversos instrumentos que reestructuraron jurisdicciones e introdujeron modificaciones orgánicas para el accionar clandestino de la represión.

Los centros de detención en los que se confinaba a los "desaparecidos" respondieron a una doble conducción: por un lado el manejo real y de hecho que estaba a cargo generalmente de la fuerza a la que pertenecía el establecimiento en el que funcionaba y por otro lado una dependencia orgánica de los Comandos de Cuerpo o las más altas jefaturas de la zona en la que estuvieran ubicados.

En su accionar conjunto, las distintas fuerzas constituyeron los llamados Grupos de Tareas (GT), estructuras medulares de la represión clandestina.

> "Los Grupos de Tareas estaban conformados con personal de las diversas Fuerzas Armadas y de Seguridad. Si bien se hallaban alojados en determinadas dependencias militares o de Seguridad, las que otorgaban su infraestructura, y en algunos casos se hacían cargo de las Jefaturas, los GT no dependían directamente de esos lugares sino de la Fuerza en la que tenían su sede: GT1 y GT2 de Ejército (con las aclaraciones que más adelante se formulan), con sede en la CENTRAL DE REUNION del Batallón 601 de Inteligencia del Ejército (Callao y Viamonte, Capital Federal). El GT3 dependía del Servicio de Inteligencia Naval (SIN) de Marina de Guerra. El GT4 del Servicio de Inteligencia Aérea (SIA) de Aeronáutica y el GT5 de la SIDE". (Testimonio Legajo Nº 7170 de un ex integrante de estos grupos).

La estructura establecida integraba por lo tanto los Cuerpos orgánicos de las distintas armas con la estructura de Inteligencia de las mismas, de las que dependían directamente las fuerzas o grupos de tareas, estructura secreta por su misma naturaleza y dependiente en forma directa de los respectivos Comandos en Jefe.

Esta Comisión dispone de información fehaciente e indubitable, según la cual tales grupos, denominados también Fuerza de Tareas o Equipo de Combate, se conformaban prácticamente en forma anónima en lugares de encuentro predeterminados, donde se impartía la misión y con personal de distintos elementos que —en muchos casos— ni siquiera se conocían. Una vez cumplida la misión, dicho personal se reintegraba a sus elementos de origen. (Conforme la información oficial obrante en poder de esta Comisión).

Un oficial de la Policía de la Provincia de Buenos Aires explica en su testimonio (Legajo Nº 7316) el modus operandi de un Grupo de Tareas:

> "...conocido un 'objetivo' o 'blanco' (elemento subversivo) o sospechoso de tal, se lo detenía, se lo llevaba a un lugar de interrogatorio y se le daba 'maquina' (tortu-

ra con picana) extrayéndole información de otros sospechosos, a los que se procedía a detener y así, hasta tener todo un 'mosaico' o cadena de personas. En algunos casos, esa cadena se cortaba cuando algún detenido se 'quedaba' (moría) en la tortura. Recién entonces con un grupo de personas investigadas o un cierto cúmulo de información se elevaba a la Superioridad, tanto a la Jefatura de Policía como a la Jefatura del Area Militar. Esa información iba codificada y partía desde el mismo GRUPO DE TAREAS. En las Comisarías se hacía un *informe reservado* (donde se ponía la verdad del procedimiento) y un *Acta 20840* (donde se volcaban los datos que servían para la cobertura de 'legalidad' como por ejemplo en los casos de detenidos a los cuales se 'cortaba' (mataba) haciendo figurar que habían muerto en un enfrentamiento.''

Del testimonio del Legajo N° 7170, se obtiene esta versión acerca de algunos aspectos del G.T.2. En los C.C.D. intervinieron diversos Grupos de Tareas a través de sus delegados. Estos podían interrogar a los detenidos que su Grupo de Tareas hubiera ordenado detener o hubiera secuestrado el grupo operativo del GT, quedando a disposición del GT la persona detenida. Hubo por ello delegados de un determinado GT que visitaban diversos centros clandestinos de detención si había una persona secuestrada que pudiera brindarles información sobre las tareas de inteligencia propia de ese GT.

La operativa del GT 2, previa a las detenciones, era la siguiente: cada caso se abría por una Información Base, que tenía un Origen y una Valoración.

El origen podía ser por propios medios o por denuncias, infidencias, interrogatorios, contra inteligencia. La valoración va de acuerdo a la confiabilidad que se tiene en la fuente de información. A partir de la llamada Segunda Fase (1977) el origen fundamental de la información provenía de lo obtenido en los interrogatorios bajo tortura. A esa Información Base se incorporaban los antecedentes que hubiera y se confeccionaban Ordenes de Búsqueda o de Reunión, para que investiguen. Esta investigación consistía en averiguar el domicilio del investigado, tipo de vivienda y lugar, entradas y salidas, vías de aproximación, vías de escape, comisaría de la zona, concepto vecinal y todo otro dato de interés. Se utilizaba el dicho en los Grupos de Tareas de "ovejear" o "hacerle la oveja" a alguien (por las iniciales de Orden de Búsqueda). La síntesis de toda esa información al día se conocía como Cronología del Caso. De ser necesario se practicaban Penetraciones Técnicas con coberturas "apropiadas" (operario de ENTEL, inspector de Migraciones, Inspector de la Municipalidad de Buenos Aires, etc.) Con todo esto se confeccionaba una carpeta conocida como CASO, numerada, con nombre real o "de fantasía". También se confeccionaba una Ficha de Antecedentes (datos de filiación, descripción física, anexos con observaciones de interés). Estas FICHAS eran enviadas a la Sección Registro y Archivo del Batallón 601, después conocido como Sección de

Antecedentes, la que procedía a clasificar por orden alfabético y numérico —número de documento de identidad— previa confección de placas de slide y sus respectivas copias (diasos) que contenían todo el material microfilmado de la información reunida. Se obtenían fotografías de los sospechosos de los más diversos modos, entre otros: a través de la información reunida por los "inspectores de migraciones" u otros con coberturas, sobre la filiación de la persona con lo que se solicitaba a la Policía Federal y a toda la comunidad informativa el prontuario de dicha persona donde constan las fotos.

El número de la carpeta o CASO se anotaba en un libro que manejaba el Jefe de Equipo del GT. Cuando la información obtenida justificaba un procedimiento se emitía una Orden de Blanco. Esta orden era girada a los grupos o brigadas operativas del Grupo de Tareas, quienes se encargaban de capturar a la persona —ya que la Orden de Blanco es virtualmente una orden de detención— o de allanar el lugar determinado. (Conforme declaraciones de testimonios -Legajos Nros. 7170, 7171 y 5884).

I. Sobre actitudes de algunos miembros de la Iglesia

El Episcopado Argentino condenó reiteradamente la modalidad represiva que investigó esta Comisión. No habían transcurrido dos meses del golpe del 24 de marzo de 1976 cuando la Conferencia Episcopal, en Asamblea General, calificó de "pecado" los métodos empleados. En mayo del 77 publicó, en el mismo sentido, un severo documento precedido de comunicaciones a los miembros de la Junta Militar.

Lamentablemente, hubo miembros del clero que cometieron o avalaron con su presencia, con su silencio y hasta con palabras justificatorias estos mismos hechos que habían sido condenados por el Episcopado.

A continuación se citan testimonios en los que se mencionan religiosos:

"En el año 1977 revistaba como agente de la Policía de la Provincia de Buenos Aires. A fines del 77 o principios del 78 se me llama al despacho del Comisario General, en presencia del padre Christian Von Wernich... y se me pregunta si con un golpe de yudo era yo capaz de dormir a una persona en el pequeño espacio de la parte trasera de un vehículo... En otra ocasión se nos explica que se iba a retirar de la Brigada de La Plata a tres subversivos 'quebrados', los cuales habían colaborado con la represión para ser trasladados al exterior; según se les había prometido... Ya se les habían fabricado documentos de identidad, pero si bien los mismos estaban a nombre de los subversivos, las fotos correspondían a miembros de la policía... En el primer viaje, con estos documentos viajaron el cabo primero Cossani y dos oficiales de la policía femenina, dejando establecidos los lugares donde presuntamente se habrían de hospedar los ex subversivos. Es así como comienza a realizarse el primer operativo. Salimos de la Jefatura con tres vehículos. En la Brigada de Investigaciones de La Plata nos esperaba el padre Christian Von Wernich, quien había hablado y bendecido a los ex subversivos y les había hecho una despedida en la misma Brigada. La familia (que tenía que esperarlos en Brasil) les había mandado flores. Los tres ex subversivos —dos mujeres y un hombre— salen en libertad de acción, sin esposas, para ellos nosotros éramos simples custodios que teníamos que llevarlos a Aeroparque y embarcarlos. Se nos había dado expresas instrucciones de que no portásemos armas, pero por temor a que se simulara un enfrentamiento y nos liquidaran a nosotros mismos, decidimos llevar las armas de la repartición y un arma personal. En el coche donde iba yo —el móvil N° 3— se encontraba el padre Christian Von Wernich."

(....)

"el N.N. era un joven de 22 años aproximadamente, cutis blanco, pelo castaño que había vivido en las cercanías de La Plata hasta el camino General Belgrano"

(....)

"se iban a pedir las condiciones de cada móvil por 'handly' y esto significaría la señal. Al llegar a 'Móvil tres', yo debía pegar el golpe que adormecería a la persona. Pego el golpe cerca de la mandíbula pero no logro desvanecer al joven, Giménez saca la pistola reglamentaria. Cuando el N.N. ve el arma se precipita contra ella y se entabla una lucha, que me obliga a tomarlo del cuello y le descargo varios golpes en la cabeza con la culata de mi arma. Se le producen varias heridas y sangra abundantemente, tanto que el cura, el chofer y los dos que íbamos al lado quedamos manchados... Los tres vehículos entran por una calle lateral de tierra hasta un paraje arbolado, allí estaba el oficial médico Dr. Bergé."

(....)

Se descienden a los tres cuerpos de los ex subversivos que en ese momento estaban vivos. Los tiran a los tres sobre el pasto, el médico les aplica dos inyecciones a cada uno, directamente en el corazón, con un líquido rojizo que era veneno. Dos mueren pero el médico da a los tres como muertos. Se los carga en una camioneta de la Brigada y los lleva a Avellaneda. Fuimos a asearnos y cambiarnos de ropa porque estábamos manchados de sangre. El padre Von Wernich se retiró en otro vehículo. Inmediatamente nos trasladamos a la Jefatura de Policía donde nos esperaba el Comisario General Etchecolatz, el padre Christian Von Wernich y todos los integrantes de los grupos que habían participado en el operativo. Allí el cura Von Wernich me habla de una forma especial por la impresión que me había causado lo ocurrido; me dice que lo que habíamos hecho era necesario, que era un acto patriótico y que Dios sabía que era para bien del país. Estas fueron sus palabras textuales..." (Testimonio de Julio Alberto Emmed, Legajo N° 683).

"...Nunca salimos de la ciudad (La Plata) y llegamos al lugar que los captores llamaban 'La Casita'. Allí estaba la central de operaciones del grupo que nos había secuestrado.(...) Después de la primera sesión de tortura se me acercó un sacerdote, supe más tarde que era Christian Von Wernich."

(....)

"el sacerdote volvió varias veces, en una oportunidad me ordenó que me sacara la venda de los ojos, me negué a hacerlo, me la retiró él mismo, me dijo que tenía la parroquia en '9 de Julio', en la Provincia de Buenos Aires. Una vez escuché cuando Christian Von Wernich le contestaba a un detenido que pedía no morir que 'la vida de los hombres depende de Dios y de tu colaboración'. En una oportunidad se dirigió a mí tocándome los pelos del pecho y diciendo sonriente 'te quemaron los pelitos'.... También lo escuché defender y justificar las torturas, reconociendo que a veces las había presenciado. Cuando se refería a algún operativo, decía: 'Cuando hicimos tal operativo...' (Testimonio de Luis Velasco, Legajo N° 6949).

Von Wernich es nombrado también en los siguientes legajos: Nros. 2852 (denuncia la desaparición de María Magdalena Mainer y Pablo Joaquín Mainer); 2818 (denuncia la desaparición de Cecilia Luján Idiart); 2820 (denuncia la desaparición de Domingo Héctor Moncalvillo); 2821 (denuncia la desaparición de Liliana Amalia Galarza); 2822 (denuncia la desaparición de María del Carmen Morettini); 6982 (testimonio de Luis Larralde).

"...visité a Monseñor Grasselli en el Vicariato Castrense, quien consultó un fichero metálico y me dijo que era mejor que quedáramos tranquilos y no hiciésemos mucho ruido..."
(....)
"recuerdo que cuando le dije que era Daniel Grigón que había recuperado la libertad, tomó una lapicera y en la tarjeta correspondiente a mi hermano tachó el nombre de Daniel, recuerdo también que arriba de todo la tarjeta ostentaba una letra 'M' de color rojo..."
(Denuncia presentada por la desaparición del periodista Enrique Raab, Legajo N° 2776).

"...Entre abril o mayo de 1977, entrevistamos junto con mi marido a Monseñor Grasselli, entonces secretario del Vicario Castrense. En la segunda entrevista nos informó que tanto María Adelia, nuestra hija, como Rubén, su esposo, habían figurado detenidos hasta abril, que después de esa fecha no figuraban más por lo que presumía que habría pasado lo peor... En cuanto a nuestro otro hijo, Arturo Martín, nunca había figurado en las listas como detenido..."
(....)
"Monseñor Grasselli informaba en una oficina que se encontraba en la parroquia Stella Maris, cercana a Retiro, donde para entrar había que pasar por un despacho muy grande con una gran cantidad de empleados y donde a cada persona se le colocaba un número que equivalía a un 'pase' para poder circular e ingresar a la oficina de Grasselli..."
(Denuncia presentada por María Teresa Penedo de Garín, Legajo N° 431).

"... El padre Amador nos manda a Monseñor Grasselli, quien nos dice que los jóvenes están en un operativo de rehabilitación en 'casas' que se han armado a tal efecto, que son bien tratados..."
(....
"Manifiesta que Videla ha sido el alma caritativa que urdió este plan para no perder las inteligencias... dice que se trabaja con los jóvenes con psicólogos y sociólogos, que hay cuerpos médicos para la salud, y que a los irrecuperables, es posible que 'alguien piadoso' le dé una inyección y el irrecuperable se duerme para

siempre..." (Denuncia presentada por la desaparición de Carlos Oscar Lorenzo, Legajo N° 1560).

"A los 40 días de la desaparición fuimos a ver a Monseñor Grasselli quien nos dijo que volviésemos a los 8 días. Transcurrido ese lapso volvimos a verlo y Grasselli nos mostró una lista con muchos nombres, nos dijo que nos fijásemos en el nombre de nuestro hijo, aquellos que tenían una cruz quería decir que estaban muertos, si no, que estaban vivos. Según esto, la víctima estaba con vida..." (Denuncia de Adelina Burgos de Di Spalatro, Legajo N° 1526)

"...El encargado de dar información en la Capilla de Stella Maris era un sacerdote (Monseñor Grasselli) quien dijo que asistía espiritualmente a 'grupos de trabajo'. Grasselli describió a Enrique físicamente, comentando que tenía el apodo de 'Pingüino' y otros datos que evidenciaban conocimiento acerca del paradero de las víctimas; concluyó que Enrique había sido fusilado..." (Denuncia presentada por Jorge Alfredo Barry, Legajo N° 270).

"... En la cárcel de Caseros, alrededor de marzo de 1980, fui sometido a sesiones de tortura por el Jefe de la Requisa, en compañía del Jefe Interno y en presencia del sacerdote Cacabello, por negarme a colaborar con ellos..."
(....)
"Dejo constancia que en todo el tiempo de mi detención, en ningún momento se me hizo cargo alguno y que estuve a disposición del P.E.N." (Testimonio de Eusebio Héctor Tejada, Legajo N° 6482).

"...los domingos me visitaba brevemente el capellán Pelanda López, manteniendo una corta charla en el calabozo, llegaba a justificar la tortura. En una oportunidad uno de los detenidos le dijo: 'Padre, me están torturando terriblemente en las indagatorias y le ruego que intermedie para que no me torturen más'. A lo que Pelanda López le contestó: 'Y bueno mi hijito, pero qué querés si vos no cooperás con las autoridades que te interrogan'. En otra oportunidad le manifesté al capellán que no era posible que se me siguiera torturando como lo estaban haciendo, a lo que Pelanda López contestó: 'Ustedes no tienen autoridad para quejarse de la tortura.'"
(Testimonio del sindicalista Plutarco Antonio Schaller - Legajo N° 4952).

"...recuerdo que durante mi permanencia en la Penitenciaría (Penal de Villa Gorriti - Jujuy), el Obispo de Jujuy, Monseñor Medina, ofreció una misa y en el sermón nos expresó que conocía lo que estaba pasando, pero que todo eso ocurría en bien de la Patria y que los militares estaban obrando bien y que debíamos comunicar todo lo que sabíamos para lo cual él se ofrecía a recibir confesiones..."
(Testimonio de Ernesto Reynaldo Saman, Legajo N° 4841).

"...lo encontré (a Pedro Eduardo Torres) los primeros días de junio de 1976 en la cárcel (Penal de Villa Gorriti — Jujuy) donde pude hablar con él; me manifestó que le habían dicho que iban a matarlo... Monseñor Medina, quien visitaba frecuentemente la cárcel me habló sobre ese 'traslado'".
(Testimonio de Mario Heriberto Rubén López, Legajo N° 4866).

"...cuando ingresé en la cárcel de Villa Gorriti estaba sola en una celda, incomunicada, cuando vino a verme Monseñor Medina, quien me dijo que yo tenía que decir todo lo que sabía; le contesté que no sabía qué era lo que tenía que decirle; y que lo único que yo quería era saber dónde estaban mis hijos, a lo que Medina respondió que en algo habrán estado para que yo no supiera dónde estaban; me insistió en que debía hablar y decir todo, y entonces iba a saber dónde estaban mis hijos..."

(Testimonio de Eulogia Cordero de Garnica, Legajo N° 4859).

Monseñor Miguel Medina es nombrado también, entre otras personas, por Emma Elena Giménez de Giribaldi (Legajo N° 2459) y Gustavo Rafael Larratorres (Legajo N° 4859).

J. Cuestionarios remitidos a ex funcionarios del gobierno de facto

Ya avanzada la labor de esta Comisión Nacional, y con la clara noción de sus miembros en cuanto —a la dificultosa ubicación del paradero de las personas desaparecidas,

— el desconocimiento del criterio de ejecución práctica con el cual el nivel de mandos de las Fuerzas Conjuntas interpretó las expresiones "neutralizar y/o aniquilar el accionar de los elementos subversivos" contenidas en los Decretos N° 261/76 y 2772/75, así como las normas que fundaron la alegada legitimidad de los métodos utilizados en la llamada lucha antisubversiva,

— los criterios objetivos utilizados para discernir quiénes debían ser detenidos,

— el listado total de los lugares donde fueron recluidos los mismos y de las autoridades encargadas de su administración y custodia,

— las disposiciones especiales sobre inhumación de los restos de quienes resultaron muertos y la individualización de la jurisdicción judicial que tomó intervención en los respectivos casos,

— la determinación de la forma y destino de la documentación inherente a las órdenes, ejecución y resultado de los operativos, así como el centro de computación que procesó los datos correspondientes,

— las medidas tomadas para la investigación de las miles de denuncias sobre desaparición de personas, y en fin, para la obtención de cualquier información vinculada con el esclarecimiento en orden a la misión que nos fuera encomendada, se decidió enviar sendos cuestionarios a aquellos ex funcionarios del Estado que, por los cargos que ejercieron en el Comando de las Fuerzas Armadas o de Seguridad, en la conducción del Gobierno de facto o en la ejecución de operativos, deberían disponer de información para despejar tales interrogantes.

En este sentido, se requirió respuesta a través del Ministerio de Defensa y del Ministerio del Interior, en los términos del Decreto N° 2107/84, a los siguientes integrantes de las Juntas Militares y Presidencia de la Nación, Ministros del Interior y Jefes de Estados Mayores de las tres armas, Comandàntes de los Cuerpos de Ejército, Jefes de los Servicios de Inteligencia, Jefes de la Policía Federal Argentina, de la Gendarmería Nacional, de la Prefectura Naval Argentina y otros:

- Teniente General Jorge R. Videla
- Almirante Emilio E. Massera
- Brigadier General Orlando R. Agosti
- Teniente General Roberto E. Viola
- Almirante Armando Lambruschini
- Brigadier General Omar D. Graffigna
- Teniente General Leopoldo F. Galtieri
- Almirante Jorge I. Anaya
- Brigadier General Basilio A. I. Lami Dozo
- Teniente General Cristino Nicolaides
- Almirante Rubén O. Franco
- Brigadier General Augusto H. Hughes
- Teniente General Reynaldo B. Bignone
- General de Brigada Alberto A. Valin
- General de Brigada Alfredo Sotera
- General de Brigada Eduardo R. Ojeda
- General de División Juan B. Sasiaiñ
- General de División Luis S. Martella
- Contralmirante Pedro A. Santamaría
- Contralmirante José M. Suppicich
- Contralmirante Salvio O. Menéndez
- General de Brigada Carlos E. Laidlaw
- General de Brigada Carlos A. Dalla Tea
- General de Brigada Humberto F. Santiago
- General de División Antonio D. Bussi
- General de Brigada Juan M. Bayon
- General de División Osvaldo J. García
- General de Brigada Raúl J. Ortiz
- General de División Mario A. Piotti
- General de Brigada Julio C. Ruiz
- Coronel Roberto Roualdes
- Vicealmirante Rubén J. Chamorro

- Contralmirante Horacio Zaratiegui
- Coronel Mohamed A. Seineldin
- Teniente de Navío Alfredo Astiz
- Capitán Jorge Perren
- General Santiago O. Riveros
- General Ramón J. Camps
- General Fernando Vertplaetsen
- General Jorge Carlos Olivera Rovere
- General Ibérico Saint Jean
- General Acdel Vilas
- General Ernesto Trotz
- General Federico Minicucci

Salvo algunos pocos casos, de los cuales no se registran respuestas, ninguna de las contestaciones recibidas por esta Comisión Nacional ha servido para esclarecer los hechos relacionados con la desaparición de personas ocurridas en el país, ni para averiguar alguna circunstancia relacionada con su efectiva localización.

K. La coordinación represiva en Latinoamérica

Vinculada a la operatividad represiva ilegal realizada dentro de los límites del territorio nacional, debe ser destacado que las actividades de persecución se verificaron sin limitación de fronteras geográficas, contando para ello con la colaboración de los organismos de Seguridad de Estados limítrofes, los que con características de reciprocidad, procedían a la detención de personas sin respetar orden legal alguna, en franca violación de tratados y convenciones internacionales suscriptos por nuestro país sobre el derecho de asilo y refugio político. Incluso operaron dentro de nuestro territorio agentes represores extranjeros, que procedieron a la detención de ciudadanos uruguayos, paraguayos, bolivianos y de otras nacionalidades.

Estos habitantes extranjeros fueron secuestrados dentro de la mayor clandestinidad e impunidad y entregados a las autoridades de los países de origen.

Algunas de estas personas ostentaban el carácter de refugiados, algunos con su radicación legalizada, y otros bajo el amparo del Alto Comisionado de las Naciones Unidas.

Haberlos privado de tal condición demuestra una clara transgresión de derechos internacionalmente reconocidos, constituyendo un evidente desconocimiento de la constante histórica en materia de asilo político.

La metodología empleada consistió, básicamente, en la interrelación de los grupos ilegales de represión, los que, en definitiva, actuaron como si se tratara de una misma y única fuerza, constituyendo tal operatoria, por aquella clandestinidad a la que se ha hecho referencia, una clara violación de la soberanía nacional.

Lamentablemente lo que ha ocurrido es demostrativo de la existencia de un aparato represivo típicamente "multinacional". A su amparo, las fuerzas de represión extranjeras pasaron a integrar los llamados "grupos de tareas", dedicándose a secuestrar, interrogar bajo tortura, asesinar o a proceder al traslado de sus compatriotas a los centros clandestinos de detención ubicados en sus propios países.

Si bien es cierto que el mayor número de extranjeros fueron de nacionalidad uruguaya, no pueden dejarse de lado los casos de asilados paraguayos, bolivianos e incluso chilenos que en similar modo debieron padecer las consecuencias de esa íntima afinidad de modelos políticos autoritarios que azotó a esta parte del continente.

Veamos algunos ejemplos:

Testimonio de Osiris Irineo Ayala — Legajo N° 6364

> "En una de esas oportunidades estuve con un grupo de gente y un guardia hablando en idioma guaraní dice: 'Hay uno que no es paraguayo, dígale al Capitán Espada que nosotros no queremos llevar gente que no sea paraguaya' ".

Es de destacar que, en el lugar al que se refiere el Sr. Ayala, sólo quedó él de las catorce personas que se encontraban detenidas.

Testimonio de Matilde Artes Company, madre y abuela de las desaparecidas Graciela Antonia Rutilo Artes y Carla Graciela Rutilo Artes — Legajo N°. 6333 y 7243

> "El 2 de abril de 1976 fueron apresadas por Fuerzas de Seguridad en la ciudad de Oruro (Bolivia) mi hija Graciela Antonia Rutilo Artes conjuntamente con mi nieta Carla Graciela Rutilo Artes."
> "Con posterioridad son trasladadas a la ciudad de La Paz en donde separaron a madre e hija. Graciela fue conducida a distintas dependencias del Ministerio del Interior boliviano donde es torturada..."
> "Carlita es ingresada en el orfelinato 'Hogar Carlos Villegas' donde permanece con el nombre supuesto de Norah Nentala y con el encargo de ser muy vigilada.

Carlita fue varias veces llevada a las sesiones de tortura que sufría la madre donde la pequeña fue maltratada (la tenían desnudita, cogida de los pies y cabeza abajo) con el fin de doblegar a Graciela". "En virtud de las denuncias que efectué ante la Cruz Roja Internacional, mi hija, cuyo paradero desconocía, fue localizada en su lugar de detención donde recibió la visita del Sr. Isler, Delegado de dicho organismo, quien inició gestiones ante las autoridades competentes para que la pequeña Carla fuera reunida con su madre."

"...la niña fue trasladada al orfelinato de Villa Fátima (La Paz), donde ya fue posible registrarla con su nombre verdadero. Allí permaneció hasta las 13.20 hs. del día 25 de agosto de 1976, de donde fue sacada a la fuerza (en razón de que las trabajadoras sociales se negaban a entregarla) por cuatro agentes del Ministerio del Interior boliviano, quienes cumpliendo órdenes del Cnel. Ernesto Cadina Valdivia alegaron que la niña debía viajar inmediatamente con la madre. Por su parte, mi hija es obligada a firmar un documento donde consta 'haber recibido a la niña en perfecto estado de salud'. Este hecho se llevó a cabo el día 25 de agosto de 1976 a las 15 hs. También por fuentes dignas de crédito me enteré que mi hija fue horriblemente torturada por una comisión de la Policía Federal Argentina que se hizo presente a mediados del mes de agosto de 1976".

"Finalmente mi hija Graciela y mi nieta Carlita fueron entregadas el 29 de agosto de 1976, a las 10.15 hs. en la frontera de Villazón-La Quiaca a las autoridades argentinas. Adjunto la prueba del radiograma oficial (se acompaña fotocopia del mismo). Cabe señalar que mi hija Graciela residió desde la edad de 9 años en Bolivia, donde yo me establecí con mi familia y que, fuera de algunas cortas visitas a la Argentina, nunca vivió en este país. Por lo tanto, más allá de la flagrante ilegalidad de su traslado, resulta claro que el gobierno argentino no tenía motivo alguno para reclamarla".

"A partir de la comunicación, la Cruz Roja Internacional es el único organismo que: 1. Vio con vida a mi hija. 2. El gobierno boliviano le comunicó oficialmente la entrega de ambas a la Argentina y 3. Tramitó ante el gobierno argentino la aparición de dos ciudadanas que, de alguna manera, estaban bajo su tutela, persistiendo la Junta Militar en indicar que 'no existen constancias de su ubicación, y que no se encuentran detenidas' ".

Desaparición de Claudio Ernesto Logares, Mónica Sofía Grispon de Logares y Paula Eva Logares — Legajos Nros. 1982, 1983 y 1984

Se trata del caso de una familia argentina radicada en la ciudad de Montevideo, Uruguay, que fuera secuestrada en dicha Capital.

El día 18 de mayo de 1978 Claudio Ernesto Logares, argentino, su esposa Mónica Sofía Grispon de Logares y la menor Paula Eva Logares fueron detenidos a las 15.30 hs. del día indicado en la Avda. Fernández Crespo, frente al N° 1757, de Montevideo, por un grupo de civiles fuertemente armados, los que se transportaban en tres automóviles. El matrimonio fue separado, conduciéndose al Sr. Logares en uno de los vehículos y a su cónyuge e hijita en otro.

Se efectuaron gestiones tanto en el Uruguay como en nuestro país tendientes a lograr el paradero de esta familia, sin que ninguna de ellas tuviera éxito.

Lo que resulta de suma importancia resaltar es el hecho de que la menor Paula Eva Logares pudo ser localizada por intermedio de las Abuelas de Plaza de Mayo. La hijita del matrimonio Logares se encontraba en poder de un ex Comisario de la Policía de la Provincia de Buenos Aires, quien la había inscripto como hija propia. A la fecha, efectuada la denuncia pertinente ante el Juzgado Federal N° 1 de la Capital Federal, el magistrado actuante dictó auto de prisión preventiva en contra de Rubén Luis Lavallén, Raquel Teresa Leyro y del médico Jorge Héctor Vidal, por encontrarse incursos, "prima facie", en el delito de alteración del estado civil de un menor de 10 años, en concurso ideal con falsedad ideológica en instrumento público (acta de nacimiento).

La aparición de la niña en nuestro país, y además, en poder de un integrante de las fuerzas policiales, no deja duda alguna que en el secuestro de la familia Logares se utilizó la estrecha colaboración existente entre los grupos de presión ilegal, quienes además se valieron de esa interrelación para proceder a la sustracción y cambio de identidad de la pequeña Paula Eva Logares.

Desaparición de Aída Celia Sanz Fernández y Elsa Fernández de Sanz — Legajo N° 7162 y 7227

Aída Celia Sanz Fernández, de nacionalidad uruguaya, estaba radicada en nuestro país desde el mes de mayo de 1974. Se desempeñaba como enfermera en la unidad de terapia intensiva de la Asociación Española de Buenos Aires. Al momento de su detención —23 de diciembre de 1977— se encontraba embarazada a término. Su madre, Elsa Fernández de Sanz, viajó expresamente desde el Uruguay para estar presente en el próximo parto de su hija.

Ambas fueron detenidas en el domicilio de Aída Celia, sito en la localidad de San Antonio de Padua, provincia de Buenos Aires. Por referencias obrantes en los legajos citados pudo establecerse que la hija fue vista en el centro clandestino de detención denominado "Pozo de Quilmes", según luce en el testimonio de Washington Rodríguez que integra las actuaciones de referencia.

Dice Washington Rodríguez:

"El 1° de abril de 1978 fui secuestrado en la ciudad de Buenos Aires y trasladado a un centro clandestino de detención situado en las inmediaciones de Quilmes. En dicho lugar vi a tres uruguayos, entre los que se encontraba Aída Sanz, que había

268

sido detenida el 23 de diciembre y dado a luz a una niña el 27 de diciembre, la que le fue retirada de inmediato, sin saberse nunca más nada de ella..."

Denuncia de Enrique Rodríguez Larreta Piera — Legajo N° 2539

Además de las situaciones relatadas en los casos anteriormente reseñados, obran constancias en esta Comisión de la denuncia que formulara ante la Justicia Nacional el ciudadano uruguayo Enrique Rodríguez Larreta Piera, sobre los hechos que trágicamente le ha tocado vivir, la que por su contundencia es de interés, en lo principal, transcribir literalmente sus párrafos más pertinentes:

"En fecha 1° de julio de 1976 fui informado por mi nuera, Raquel Nogueira Paullier, de la desaparición de mi hijo Enrique Rodríguez Larreta Martínez, uruguayo, casado, de 26 años de edad, padre de un niño de 5 años, de profesión periodista y con residencia legal en la República Argentina desde el año 1973. De inmediato nos pusimos en contacto con un abogado y con su asesoramiento presentamos un recurso de 'hábeas corpus'..." "Varios días después se me informó que el recurso se archivaría ya que las autoridades habían informado que no se registraba pedido de captura contra mi hijo y que tampoco se encontraba detenido. En la noche del 13 al 14 de julio una banda de entre 8 y 12 personas armadas, luego de penetrar en el edificio de departamentos en que se domiciliaban mi hijo y mi nuera, derribaron la puerta del departamento e irrumpieron en él sin exhibir ninguna orden de allanamiento... mi nuera y yo fuimos sacados de la casa y se nos introdujo en una camioneta cerrada. El vehículo en que viajamos se dirigió a otra casa; luego de estacionar unos minutos se introdujo junto a nosotros a una pareja, tras de lo cual se nos condujo a un local para entrar al cual fue necesario levantar una ruidosa cortina metálica de enrollar. Pude advertir de inmediato que en ese local se hallaba un número elevado de personas en las mismas condiciones que yo. Entre ellos identifico a mi hijo por su voz y porque habían utilizado para encapucharme una bolsa de azúcar de trama no muy cerrada, lo que me permitía ver las siluetas. Posteriormente, un guardia se apercibe de que puedo distinguir algo, por lo que me da una golpiza y me venda los ojos fuertemente con un trapo. Pude reconocer también entre las personas que se hallaban allí a Margarita Michelini —hija de mi amigo el Senador Zelmar Michelini, asesinado poco tiempo antes— y León Duarte, dirigente obrero uruguayo de relevante actuación en el movimiento sindical de mi país. Mientras se me tortura me formulan preguntas sobre las actividades políticas de mi hijo y sobre mi participación en el Partido por la Victoria del Pueblo al que, según ellos, pertenecía mi hijo. Es en este cuarto donde puedo ver, en un momento en que por la copiosa transpiración se corre algo la venda, que en la pared hay colgado un retrato de Adolfo Hitler de regular tamaño. Luego de sufrir ese tratamiento se me reintegró a la planta baja y permanecí allí hasta el día en que fui trasladado al Uruguay. Reconozco claramente la voz de Gerardo Gatti Antuña a quien conozco desde hace mucho tiempo como dirigente sindical de los obreros gráficos del Uruguay. Por comentarios de otro de los secuestrados —en momentos de descuido de los guardias podemos cambiar algunas palabras en voz baja—, me entero que otra de las voces escuchadas en la planta baja es la de Hugo Méndez, otro sindicalista uruguayo que había sido secuestrado en

269

Buenos Aires en el mes de junio. Con el paso de los días puedo darme cuenta —por el contenido de las conversaciones y los modismos que emplean— que la gran mayoría de los que participaron en el operativo de secuestro y todos quienes nos custodian son argentinos. Algunos militares uruguayos pertenecían a un grupo llamado OCOA (Organismo Coordinador de Operaciones Antisubversivas) integrado por militares y policías uruguayos que se distinguen en el trato entre ellos, con el nombre de 'Oscar' seguido de un número ordinal. El día 26 de julio se nos dijo que nos preparáramos para ser trasladados. Ya lo habían dicho tres días antes pero en esa oportunidad, según comentarios de la guardia, el avión en el que debíamos viajar no llegó por la fuerte tormenta de ese día, por lo que se postergó la operación. Se nos colocó tela adhesiva en los ojos y en la boca... Nos hicieron subir a la caja de un camión y sentarnos en el piso... Finalmente partimos de la casa en la que habíamos permanecido secuestrados. En ese momento quedaron en ella Gerardo Gatti, León Duarte y Hugo Méndez sobre cuyo destino nunca más supe nada. El camión en que se nos trasladaba iba fuertemente custodiado a juzgar por el ruido de numerosas motos y automóviles a nuestro alrededor, que hacían sonar sirenas en los cruces para interrumpir el tránsito. Nos condujeron a la Base Militar contigua al Aeroparque de la ciudad de Buenos Aires. Pude darme cuenta de ello al descender, ya que con la transpiración producida por el encierro y la llovizna que estaba cayendo en esos momentos la tela adhesiva se había desprendido algo, dejando cierta visibilidad. Una vez descendidos del camión se nos hizo subir a un avión 'Fairchild' de los que utiliza la Fuerza Aérea Uruguaya y están afectados a los servicios TAMU (Transporte Aéreo Militar Uruguayo) y PLUNA (Línea Nacional de Aeronavegación). Algunas de las personas que viajaban conmigo pudieron apreciar el distintivo PLUNA en bolsas de polietileno puestas en el bolsillo de los asientos. Viajamos sentados y el vuelo duró alrededor de una hora, según mi estimación. Al aterrizar y descender pude advertir que estábamos en la Base Aérea Militar N° 1, contigua al Aeropuerto Nacional de Carrasco, en las afueras de Montevideo. La noche del día 14 de agosto se nos sacó presurosamente del lugar en el que fuimos alojados. 'Realizamos un viaje de entre 20 y 30 minutos hasta nuestro nuevo destino. Al llegar se nos hace descender al subsuelo de una casa donde se nos introduce en una pieza grande, con piso de madera, donde nos dividieron en dos grupos, uno sobre cada pared. En ese lugar el Mayor Gavazzo nos dirigió un discurso, enterándonos que estábamos en manos de lo que llamó 'fuerzas especiales de seguridad' de la República Oriental del Uruguay y que estábamos sometidos a una rigurosa disciplina en que cualquier falta sería severamente castigada. A los pocos días de estar en esta casa son retirados de la habitación que servía de celda común, Félix Días Berdayes (15 de agosto) y Laura Anzalone (el 20 de agosto) compañera del anterior, de quien se hallaba embarazada. El día 26 de agosto —lo recuerdo con precisión por tratarse del día siguiente a una importante fecha histórica del Uruguay y varios de los guardias hicieron comentarios de la parada militar que se realizó— volvió el Mayor Gavazzo, nos hizo poner de pie y nos planteó lo siguiente: Que ellos —las fuerzas especiales de seguridad del Uruguay— nos habían salvado la vida al rescatarnos de los asesinos argentinos, que 'nos querían mandar para arriba a tocar el arpa con San Pedro'. Que por lo tanto debíamos contribuir a que se justificara nuestra presencia en el Uruguay, para lo cual debíamos prestarnos a simular una tentativa de invasión armada por un grupo guerrillero que había ingresado clandestinamente a la altura del Río Negro, donde sería 'sorprendido' por tropas uruguayas... Para presionarnos insistió en recordar que si bien nos habían salvado la vida estábamos exclusivamente en sus manos y nadie conocía nuestro paradero...

La totalidad de los secuestrados rechazó este planteamiento. En caso de negativa, dijo que no le quedaba otro remedio que devolvernos a la Argentina para que nos asesinen. Carezco de antecedentes penales de clase alguna y si se me ha secuestrado y enviado a la fuerza al Uruguay, es por el solo hecho de haberme encontrado en Buenos Aires buscando a mi hijo desaparecido, con todos mis documentos en regla y dando los pasos que la Constitución y la ley me permitían. Deseo aclarar, que a mediados de setiembre fue traído desde Buenos Aires quien luego supe era Alvaro Nores Montedónico, hermano de María Pilar Nores Montedónico, refugiada uruguaya también secuestrada en Buenos Aires y que había viajado con nosotros pero en condiciones distintas. El día 22 de diciembre se me deja en libertad conduciéndoseme hasta mi domicilio. La casa donde fui secuestrado es propiedad de mi nuera Raquel Nogueira Paullier. Cuando ya liberado viajé a Buenos Aires visité a la misma, la cual había sido saqueada. Posteriormente se me informó que luego del secuestro fue clausurada con una faja que rezaba 'EJERCITO ARGENTINO'. El portero fue testigo presencial de los hechos ocurridos. Reitero que el inmueble es el sitio en la calle Víctor Martínez 1480 de la Capital Federal. Cuando decidí salir del Uruguay para dar testimonio de estos hechos, viajé a la ciudad de Buenos Aires. Allí en contacto con integrantes de la colonia uruguaya de refugiados, pude enterarme que mi descripción coincidía con la que había hecho un matrimonio argentino que tiempo antes había logrado fugar de la casa en que se lo retenía ilegalmente y que ubicaron en la calle Venancio Flores esquina Emilio Lamarca. Concurrí al lugar y efectivamente es donde estuvimos detenidos. Es un antiguo taller que tiene en su frente un cartel que dice 'Automotores Orletti'. Al ser liberado supe que en el mes de setiembre de 1976 se había denunciado la desaparición de varias decenas de refugiados uruguayos en Buenos Aires, incluyendo tres niños de corta edad secuestrados junto a sus padres. Todo lo dicho implica una clara denuncia de intervención en un país extranjero a la vez que una violación de la Declaración Universal de los Derechos del Hombre, de la Declaración Americana de Derechos y Deberes del Hombre y de la Convención de Ginebra de 1951 sobre el refugiado político''.

Denuncia de Alberto Illarzen y su cónyuge — Legajo N° 4086

Este matrimonio fue secuestrado en la localidad de Lanús —Provincia de Buenos Aires— el 21-4-78 y liberado el 18-5-78. Durante su cautiverio pudieron advertir que se encontraban en el denominado "Pozo de Quilmes", donde fueron aberrantemente tratados. Explican las impresiones del sitio específico donde se los mantuvo, en estos términos:

"En el momento que llegamos había 32 secuestrados, todos uruguayos, brutalmente torturados, incluso un menor de 16 años. Los nombres que recordamos son: Aída Sanz, Andrés Da Fontoura, Gabriel Corch Lavigna, Guillermo Manuel Sobrino... Ari Cebero y su esposa Beatriz, Carlos Cebero, Jorge Martínez y su esposa Marta Beatriz Cebero, y otros. Sin lugar a dudas, había tanto oficiales argentinos como uruguayos, y también personal militar de menor rango entre los uruguayos. El oficial de mayor jerarquía entre los uruguayos se hacía llamar 'Capitán Saruchu', quien desempeñó funciones, como lo advirtió Sobrino, en el mismo lugar donde éste había estado en cautiverio en la ciudad de Montevideo. A una militar uruguaya que revistaba en el Pozo de Quilmes le decían 'Sargento Piters'; un día un militar uruguayo la llamó 'Cristina', que podría ser su verdadero nombre de pila; ella era la encargada de realizar los interrogatorios durante los tormentos".

Denuncia de Washington Rodríguez — Legajo N° 4085

"El día 1-4-78 fui detenido en la Provincia de Buenos Aires cuando caminaba con mi hijo de 15 años. Personas fuertemente armadas en número aproximado de 15 nos esposaron y condujeron a mi casa, distante 150 metros, a la vista de todos los vecinos; ésta, donde se encontraban mis otros 4 hijos, había sido allanada por otras 15 personas, luego de introducirse en cuatro inmuebles vecinos. Saquearon las pertenencias de mi domicilio. Me introducen en una camioneta, encapuchan y al cabo de una hora me bajan en el 'Pozo de Quilmes' donde me aplican la picana eléctrica. Allí veo un grupo de 22 personas de nacionalidad uruguaya, detenidos. Los interrogadores eran uruguayos, oficiales pertenecientes a la O.C.O.A.; el interrogatorio giraba sobre actividades en el Uruguay. Los propios guardias nos manifestaron que los uruguayos estaban a cargo de personal militar de esa nacionalidad"

Conclusión sobre el eslabonamiento internacional represivo

Resulta forzoso mencionar el resonante caso del delincuente norteamericano Michael Townley, quien declaró pormenorizadamente la autoría de crímenes contra personalidades de Chile y de Bolivia, ante los tribunales de Estados Unidos.

En efecto, confesó su intervención protagónica en el atentado que se consumó en la ciudad de Washington —EE.UU.— contra el ex canciller chileno Dr. Orlando Letelier y su secretaria, por mandamiento de la famosa "D.I.N.A.", policía política trasandina, a causa de lo cual la Justicia norteamericana solicitó la extradición de los más altos Jefes de este servicio chileno para ser procesados en los EE.UU.

Además de ello, como surge de las informaciones periodísticas, también se confesó autor de los asesinatos, en territorio argentino, del General chileno Carlos Prats, Comandante en Jefe del Ejército, y su esposa, y asimismo del General boliviano Juan José Torres (ex Presidente de la Nación en su país), igualmente en la ciudad de Buenos Aires. Con motivo de estas declaraciones, el Poder Judicial argentino solicitó la extradición de Townley para procesarlo aquí.

En virtud de todas estas conexiones manifiestas, en su momento esta Comisión ha incluido, en su denuncia radicada ante el Juzgado Penal N° 1 de la ciudad de La Plata, en razón de los campos clandestinos destinados al tormento, interrogatorio, alojamiento y traslado de detenidos políticos, ubicados en la Provincia de Buenos Aires, la siguiente formulación:

"Finalmente, se debe destacar por su importancia institucional, la aseveración de distintos testigos acerca de un hecho extremadamente grave: la presencia de funcionarios uruguayos ejerciendo la represión ilegal en territorio argentino. Para describir esto, corresponde indicar ante todo que ha sido vista en cautiverio en el 'Pozo de Quilmes' una cantidad de personas de ambos sexos de nacionalidad uruguaya.

A partir de lo cual adquieren un alto grado de credibilidad los dichos de Illarzen en el sentido de que uno de los detenidos, de apellido Sobrino, le explicó que quien en Quilmes aparecería como oficial uruguayo represor de mayor rango, de nombre Ariel Pretel —o Prete—, había sido funcionario en un establecimiento Penal de la ciudad de Montevideo, donde Sobrino había estado internado como presidiario, por lo cual lo reconocía personalmente".

Estas evidencias deben merecer de la autoridad constitucional argentina el mayor celo revisor, con el afán impostergable de garantizar el ejercicio pleno de la soberanía de la Nación en el control exhaustivo sobre las eventuales vinculaciones ilegítimas de personal de nuestro país con funcionarios extranjeros.

L. Documentación

El Decreto 187/83 de creación de la CONADEP dispone en su artículo 2°, inciso "d", que el organismo debe:

"Denunciar a la justicia cualquier intento de ocultamiento, sustracción de elementos probatorios relacionados con los hechos que se pretende esclarecer".

Por la labor realizada durante el funcionamiento de la Comisión se ha podido determinar que existió un cúmulo importante de documentación que se ha destruido o que se mantiene oculta por los autores del accionar represivo.

Todo el inmenso y complejo dispositivo montado para llevar a cabo la actividad represiva clandestina, la gigantesca infraestructura que ello requirió, fue producto de órdenes, disposiciones, comunicaciones, actas, que ineludiblemente debieron haberse escrito y registrado.

Se dispuso de ingentes recursos, se afectó personal, se realizaron grandes construcciones y se refaccionaron edificios enteros para adecuarlos como centros clandestinos de detención. Ello supone la existencia de la documentación imprescindible para acometer semejante empresa.

Todos los secuestrados eran identificados; se confeccionaban expedientes completos relativos a cada uno de ellos, con copias que se distribuían entre los distintos organismos de seguridad e inteligencia.

¿Dónde está hoy ese inmenso cúmulo de material escrito que, necesariamente, tuvieron en sus manos quienes pusieron en funcionamiento tan vasto como siniestro mecanismo?

Solamente una mínima parte de tal documentación ha podido ser individualizada, en la ardua tarea de investigación, y es en base a ella que podemos reconstruir parte del rompecabezas del terror que reinó en el país.

Distintos medios periodísticos dieron cuenta en oportunidad reciente, de información brindada por el Ministerio del Interior, indicando que se había logrado individualizar órdenes impartidas por autoridades del gobierno militar tendientes a destruir la totalidad de la documentación secreta relacionada con el accionar represivo.

El propio ex Presidente de facto Gral. Reynaldo Benito Bignone, por Decreto Nº 2726/83 —de carácter no público— impartió las directivas a fin de que se procediera a "dar de baja" la documentación obrante sobre las personas que hubieran estado detenidas a disposición del Poder Ejecutivo Nacional en virtud de la aplicación del estado de sitio.

Las limitaciones con que se encontró la Comisión en su tarea investigativa fueron oportunamente denunciadas al Sr. Presidente de la Nación, Dr. Raúl Alfonsín, por nota del 3 de mayo de 1984 en la que se expresaba:

> "...Resulta indudable que el Gobierno de las ex Juntas Militares —a través del control absoluto establecido para garantizar el monopolio del ejercicio de la fuerza por el Estado— recibió, registró y archivó la información pormenorizada de esa situación. Por otra parte, la legitimidad formal que debieron presidir los métodos y procedimientos utilizados en la llamada lucha antisubversiva —supuesto en el que invariablemente se colocan los señores ex Comandantes, altos jefes y oficiales que aparecen involucrados— torna ineludible la existencia de un mínimo de requisitos documentales que se derivan, por otra parte, del carácter institucional que asumió la represión. Cuando menos, la instrucción de sumarios que anteceden las decisiones de culpabilidad o inocencia, el registro del nombre de las personas detenidas o muertas, así como también, de los lugares donde fueron encarceladas o enterradas.
>
> Sin embargo, poco de ello nos fue posible hasta el momento obtener. Al pertinaz silencio asumido por quienes, sabiéndose responsables, colocan sus acciones en el anonimato bajo el recurso del secreto militar, se suma la incompleta, tardía o nula respuesta a nuestros requerimientos.
>
> Es decir, el principal cometido que se le asignó a esta Comisión —la determinación del paradero de las personas desaparecidas— tropieza con una falta esencial de información documental acerca de las órdenes operativas específicas de la acción represiva, la individualización de las personas detenidas, procesadas, sentenciadas, liberadas o ajusticiadas y los lugares donde se las detuvo o se les debió dar civilizada sepultura".

"...No escapará a su elevado criterio, señor presidente, que el informe con el cual ha de culminar nuestra labor deberá explicitar con claridad —a los efectos del debido deslinde de responsabilidades ante la opinión pública— las fuentes de información que habrán de configurar su fundamento, así como los canales que se cerraron a nuestro requerimiento..."

Se ha logrado de hecho, por vía de la destrucción u ocultamiento de la documentación, invertir la carga de la prueba sobre los gravísimos hechos cometidos durante el Gobierno de facto, transfiriendo a esta Comisión, al Poder Judicial y a la ciudadanía en general la dificultosa labor de reconstruir lo ocurrido con la escasa documentación encontrada. No obstante, en base a las declaraciones obtenidas de liberados, familiares de desaparecidos, efectivos de fuerzas de seguridad y contando con los pocos documentos hallados, se ha logrado conocer lo fundamental de la acción represiva ilegal que se llevó a cabo.

LL. Registro de detenidos desaparecidos

Las personas detenidas y trasladadas a un centro clandestino de detención eran interrogadas, la mayoría de las veces bajo apremios ilegales, sobre sus datos filiatorios y acerca de las actividades políticas, gremiales o estudiantiles que desarrollaban.

En todos los casos se confeccionaban "fichas" para cada detenido, asignándoseles un número por el cual serían identificados durante el cautiverio. En muchos centros de detención se fotografiaba a las personas, llegándose a grabar las declaraciones obtenidas.

Destacamos que testimonios recogidos de liberados de distintos centros del país, en los más diversos puntos del territorio, son coincidentes sobre este particular.

a) Sobre lo ocurrido en la Escuela de Mecánica de la Armada (E.S.M.A.) relata Carlos Muñoz (Legajo N° 704):

"...en enero bajan a los sesenta (se refiere a los detenidos que están con él) al sótano y les sacan una fotografía a todos. En febrero le ofrecen al dicente trabajar en fotografía, ya que ése es el trabajo que sabía hacer, por lo cual lo trasladan al Laboratorio".

"...Todos los casos están archivados en microfilms describiendo desde el procedimiento, luego antecedentes y sentencia. Junto a los datos del procedimiento había dos ítems finales: traslado-libertad..."

b) Testimonio de Lázaro Jaime Gladstein (Legajo N° 4912).

"...Recuerda que las carpetas de los blancos a conseguir se las llamaba 'caso 1000'... 'Que estos casos eran individuales y se acopiaba información bajo un mismo ítem... Que de estas carpetas pudo observar unas 800. Que aparte estaba el fichero de fichas de cartón —unas 5000- que se agrupaban por alias o por nombre y apellido. Que en la misma oficina había un libro donde se asentaban todos los casos que pasaban por la ESMA. Que allí figuraba nombre, apellido y alias si lo tuviera, fecha de ingreso y egreso y una columna en la que se podía ver '(L)' o '(D)', o que simplemente estaba en blanco y que a su juicio indicaba liberación, desaparición o fusilamiento y cautiverio actual, respectivamente. Que el ordenamiento en dicho libro era por número de caso y que éste se otorgaba por orden de ingreso".

Sobre lo sucedido en "La Cacha", los testimoniantes del Legajo N° 1830 —Gatica Caracoche y otros— nos dicen:

"...Soy nuevamente interrogada en varias oportunidades". ..."Estos interrogatorios fueron grabados" ..."Existía un registro de detenidos que incluía carpetas, fichas y cintas magnetofónicas de los detenidos..."

En "La Perla" se utilizaba un método similar en cuanto a la clasificación y fichaje de los detenidos.
Así surge del testimonio de Graciela Geuna — Legajo N° 764:

"...Luego de los primeros interrogatorios se mostraba a los prisioneros fotos contenidas en diversas carpetas, de estudiantes de diferentes Facultades que entregaban las autoridades de la Facultad, fotos de cada fábrica entregadas por las patronales al Destacamento. Los datos así obtenidos servían ya sea para secuestrar inmediatamente o para ir formando ficha con los antecedentes a cada uno".
"...La primera declaración escrita se llamaba 'previa' y se refería a la profesión y a los datos de filiación; a veces lo escribían ellos mismos, a veces lo hacía el mismo prisionero forzado, a veces otro prisionero. Todos los días al terminar la jornada confeccionaban una lista de detenidos desaparecidos que se encontraban ese día en La Perla. A esta lista se agregaban por orden de tiempo los secuestrados del día y no se mencionaban los traslados de ese día. Esta lista se encabezaba así: 'Lista de detenidos en la Universidad'. La Universidad era La Perla... Abajo ponían el nombre de cada secuestrado que estaba ese día en La Perla, su sobrenombre, si tenía, y la filiación política real o imaginaria... Lo último era el número de entrada. Estas listas se hacían por triplicado. La primera quedaba en La Perla, la segunda era llevada cada atardecer al finalizar la jornada al Destacamento, la tercera era llevada diariamente al Comando del III Cuerpo de Ejército. Además de ese parte diario, a cada prisionero se le tomaban declaraciones por duplicado y se confeccionaban carpetas..."
"...En 1977 comenzaron a microfotografiar las carpetas de todos los secuestrados. Sólo se les abría carpeta e incorporaba a listas a quienes hubieran llegado vivos a La Perla"... "El responsable de las microfilmaciones era el entonces Teniente Primero Cecchi alias 'Villegas' ".

Se ha podido corroborar que los datos obtenidos en los centros de detención se enviaban a los distintos servicios de inteligencia de las diferentes fuerzas o de comandos conjuntos. Ilustra este aspecto el testimonio brindado por un ex integrante de un grupo de tareas, donde se lee:

"DOCUMENTOS POSTERIORES A LA DETENCION: INFORME DE INTERROGATORIO METODICO: podía haber ampliación del mismo, podían surgir blancos derivados, etc., las listas de detenidos se elevaban al Comando de Ejército o Jefatura de zona o sub-zona intervinientes, como asimismo al área operacional de la cual se dependía. Esto era obligatorio para los lugares de detención. Era una lista nominal del ingreso de detenidos, conteniendo sus datos personales y letra y número que les fueran asignados en su calidad de detenidos en dicho centro. Cabe señalar que los informes de interrogatorio adelantados o metódicos eran elevados vía estafeta bajo la denominación de PERTENECIENTE a letra y número del detenido sin contener absolutamente ningún dato de identidad del detenido, en papel sin membrete de manera tal que en caso de extravío no pudiera relacionarse en absoluto con ninguna persona desaparecida. Solamente los Comandos Operacionales —las Jefaturas— conocían de qué personas se trataba en virtud de la Lista de Detenidos. PARTE DE NOVEDADES DE LOS LUGARES DE REUNION DE DETENIDOS: conteniendo bajo la denominación alfabético-numérica toda novedad referente a ingresos, egresos y traslados, con la expresa mención de la autoridad interviniente. Orden de libertad; Orden de traslado; Orden de puesta a disposición del Poder Ejecutivo Nacional; Orden de disposición final"... "Ficha Final de Antecedentes: era obligación para el que llevaba el CASO y era girada, previa verificación de la Jefatura del Grupo de Tareas, a los ARCHIVOS de las dependencias de Inteligencia, Registro de Archivos, según la metodología de cada servicio. En el caso de que ya hubiese una FICHA sobre dicho detenido se agregaba a la información obrante. Se solía numerar por orden numérico de documento de identidad, y por nombres, tanto legal, de guerra, apodos y en el caso de las mujeres, según nombre de casadas o solteras, apodos. Tantas fichas como elementos hubiere de clasificación. Microfilmación de las fichas: se microfilmaba la ficha y toda la información que se le adicionare" (Testimonio de Néstor Norberto Cendor — Legajo Nº 7170).

La existencia de documentación se ha revelado con el conocimiento de las "Directivas del Comandante en Jefe del Ejército Nº 504/77" del 20 de abril de 1977, emitidas por el entonces Comandante en Jefe del Ejército Gral. Jorge Rafael Videla, compuestas por un cuerpo principal y 15 anexos. Contienen detalladamente cómo se debía proceder al efectuar algún tipo de acción.

Documentos que registran la existencia de centros clandestinos de detención

La existencia de lugares clandestinos de detención fue negada reiteradamente por las autoridades del "Proceso" militar.

Prueba clara de esta negativa consecuente es la información dada a la

Comisión Interamericana de Derechos Humanos de la OEA, que visitó el país en el año 1979 con relación al funcionamiento del lugar de detención de civiles en la Cárcel Militar del "Campo de La Ribera" en la provincia de Córdoba; o en la cerrada y constante negativa a reconocer la existencia del centro clandestino ubicado en la sede del III Cuerpo de Ejército de la misma provincia y conocido como "La Perla".

La delegación de la Provincia de Córdoba de la CONADEP logró acceder a legajos de detenidos que estuvieron alojados en las cárceles provinciales a disposición del Poder Ejecutivo Nacional o cumpliendo condenas. En esas "FICHAS PARA CONDENADOS SERVICIO PENITENCIARIO DE LA PROVINCIA UNIDAD PENITENCIARIA CAPITAL" (labradas para cada alojado en el Penal) se verifica en el "rubro 18" la alusión a: "Establecimiento de procedencia La Perla" o "Prisión militar Campo de la Ribera". En los mismos legajos se encuentran debidamente documentados distintos traslados de personas desde el penal UP1 Córdoba a los centros clandestinos de La Perla y La Ribera a fines de proceder a interrogarlos.

Transcribimos a continuación algunas de estas órdenes de Legajo N° 4210:

"Recibí de la Unidad N° 1, Penitenciaría Capital, al interno Hugo Victoriano Hernández, a disposición del PEN, a los fines de ser trasladado al 'LRD' CAMPO DE LA RIBERA, por orden del Coronel Don Vicente Meli (Cdo. Brig. Aerot. IV) con conocimiento de la Dirección General del Servicio Penitenciario Provincial. División Judicial, Cba. 26 de octubre de 1976". "Alejandro Rodolfo García — Teniente 1°".

"Recibí de la Unidad N° 1 PENITENCIARIA CAPITAL, Córdoba: Luján de Molina Sara Rosenda, Scalet José Ricardo, Sarnado Ricardo Santiago, Sorello Ricardo Mario, De Oro Eduardo Raúl. Internos procesados, quienes son trasladados a la Prisión Militar Campo La Ribera. Por orden del general de Brigada y Aero Transporte, Ricardo Perazolo. División Judicial, Cba., 22-2-77. Anastasio González — Sargento Ayudante.

En la denuncia que se radicara ante la Cámara Federal de Apelaciones de Córdoba por las investigaciones realizadas a raíz de la muerte de Amelia Nélida Inzaurralde, surge el funcionamiento de la Prisión Militar Campo de La Ribera como lugar de detención clandestino. Se transcribe la parte pertinente del escrito judicial de denuncia que realizara la Comisión el 17 de mayo de 1984 (Legajo N° 4317):

"La Delegación Córdoba de la Comisión Nacional sobre la Desaparición de Personas, recepcionó un juego de fotocopias autenticadas del Prontuario de la detenida, enviado por el Servicio Penitenciario de Córdoba.
"Del prontuario personal surge que se recibió a la nombrada en la Cárcel del

Buen Pastor, con fecha 9-4-76, y que el día 11-4-76 se receptó en esa cárcel nota firmada por el entonces Coronel Juan Bautista Sassiaiñ ordenando se hiciera entrega de la detenida para ser trasladada a la Prisión Militar Campo de la Rivera".

"En el libro de la Morgue Judicial de Córdoba (pág. 244) se dio entrada bajo el N° de orden 351, con fecha 13-4-76, a la hora 19.45 'Procedencia FF.AA.' del cuerpo de quien fuera en vida Inzaurralde, Amelia. En el libro 'Causa de ingreso' figura: 'Fallece en el campo de La Ribera' y en el rubro 'Diagnóstico' se dice: 'luxación cervical'.

"Asimismo, de la partida de defunción surge que el día 12 de abril de 1976, en el Hospital San Roque falleció la nombrada, con diagnóstico que coincide con el dado en la morgue judicial".

Actas de procedimiento

En algunos casos se ha logrado el hallazgo de copia de las actas que se labraron al producirse la detención de personas.

En el caso de Iris Pereyra de Avellaneda (Legajo N° 6493), encontrándose aún desaparecida, se obtuvo copia del acta que se labró al momento de su detención y la de su hijo, Floreal Avellaneda, de 14 años de edad, cuyo cuerpo mutilado y torturado fue encontrado posteriormente en la costa uruguaya del Río de la Plata.

"Apéndice 2 (Modelo de actuación) al PON N° 212/75 (Personal detenido por hechos subversivos). A la directiva del Comandante General del Ejército N° 404/75 (Lucha contra la subversión).

Posteriormente se indican los datos personales de la persona detenida y firman al pie dos oficiales intervinientes y el Jefe Militar del operativo. Después de tres meses en situación de desaparecida, la testimoniante es colocada a disposición del PEN, elaborándose una nueva acta donde se indica:

"Apéndice 1 (antecedentes de los detenidos a disposición del PEN), al PON, 001/76 (Administración del personal detenido por hechos subversivos). Anexo 6 (Personal) a la 00 N° 25/75 (Lucha contra la subversión)".

Detalla luego los datos de la persona detenida desaparecida y el lugar donde se encontraba alojada antes de su puesta a disposición del PEN (en el caso, el Comando de Institutos Militares).

Puede inducirse que en los operativos en los que se procedía a detener personas se labraban actas y documentación.

Falsificación de documentación

La operatoria del aparato terrorista contó, de acuerdo a testimonios obtenidos, con una estructura administrativa destinada a falsificar documentación que se utilizaría para la consumación de nuevas acciones delictivas.

Tal aseveración resulta acreditada esencialmente en el funcionamiento del centro de detención que se instaló en la Escuela de Mecánica de la Armada.

Los testimonios coincidentes de Miriam Lewin de García (Legajo N° 2365) Lázaro Jaime Gladstein(Legajo N° 4912) y Víctor Melchor Basterna (Legajo N° 5011) indican que en su calidad de detenidos-desaparecidos debieron prestar tareas en el sótano del Casino de Oficiales de la Escuela de Mecánica de la Armada, donde funcionaba una imprenta destinada a producir documentación falsa: "pasaportes, cédulas de identificación, títulos de propiedad, registros de conductor, credenciales de la Policía Federal, títulos universitarios, etc."

La conducta delictiva descripta constituye un elemento sustancial para facilitar la realización de otros delitos que aparecen detallados en este informe: venta de propiedades, utilización de vehículos robados, ocupación de viviendas que pertenecían a los desaparecidos, entrada y salida del país de los integrantes de los Grupos de Tareas y su infiltración en los diversos sectores y actividades de la sociedad.

Lo dicho se encuentra corroborado con las manifestaciones vertidas por Lázaro Jaime Gladstein (Legajo N° 4912):

> "La tarea que debían realizar... consistía en la falsificación de documentos. La documentación a falsificar eran pasaportes oficiales y diplomáticos, pasaportes comunes, cédulas de identidad, D.N.I. y registros de conductor de la Provincia de Buenos Aires".

Víctor Melchor Basterra (Legajo N° 5011), relata:

> "...Desde mediados de enero le asignaron tareas en documentación, que funcionó en el Sector 4, en el sótano. Allí la documentación se confeccionaba sobre la base de formularios para distintos tipos de documentos personales: D.N.I., cédula, registro de conductor, pasaporte, policía federal, tarjetas de identificación naval..."
> "De tal modo que si un determinado integrante del Grupo de Tareas necesitaba una documentación que no fuera la auténtica, se consultaba la lista de sosias, y se sacaba el que más semejanza, como por ejemplo, por edad, pudiera tener con él. Entonces se hacía todo un juego de documentación falsa, según lo que este integrante del Grupo necesitare, pero aportando los datos del otro..."

Actas de bienes retirados del domicilio de las víctimas

Resulta un hecho conocido que los secuestros de personas eran acompañados por un verdadero saqueo de los bienes de las víctimas.

La tarea desplegada por esta Comisión ha permitido obtener constancias documentales que acreditan que tales hechos no escapaban al conocimiento de las autoridades y que por el contrario constituían una modalidad en el accionar de estos grupos, que además resultaba prolijamente instrumentada.

En el caso de la desaparición de Nora Livia Formiga (Legajo N° 911), al día siguiente de su secuestro se allana la vivienda procediendo a mudar la totalidad de los bienes muebles existentes, levantándose un acta en papel membretado del Ejército Argentino con el título de "Acta de constancia", la cual señala:

> "En la ciudad de La Plata, a los veinticinco días del mes de noviembre de 1977 se labra la presente acta para dejar expresa constancia de los elementos secuestrados en la finca sita en la calle 54 N° 1271".

Está firmada por un oficial y un suboficial que habían intervenido en el operativo. En el caso, por tratarse de una vivienda en alquiler, se entregó constancia del acta al propietario de la finca.

Adulteración de documentos

La investigación realizada ha permitido conocer en algunos casos la adulteración y ocultamiento de documentación existente con la finalidad de borrar vestigios del accionar delictivo.

Es ilustrativo el caso de Silvia Isabella Valenzi (Legajo N° 3741), quien estando secuestrada en el Pozo de Quilmes, fue llevada a dar a luz al Hospital de Quilmes, novedad que fuera anotada en el libro de partos del Hospital, como asimismo el nacimiento de su hija Rosa Isabella Valenzi.

El libro de partos aludido, cuya copia fuera obtenida por esta Comisión, aparece en su hoja 156 groseramente testado, habiéndose insertado la mención NN, donde constaba el nombre de la paciente Silvia Isabella Valenzi, y al lado del número 82019 donde figura el nacimiento de Rosa Isabella Valenzi se ha aditado: "falleció".

La enfermera y la partera del Hospital fueron secuestradas por el "delito" de poner en conocimiento de los familiares de Silvia Isabella Valenzi los hechos relatados.

Otros casos investigados por esta Comisión demuestran la destrucción u ocultamiento de información por parte del aparato terrorista del Estado en el caso del soldado conscripto Ramón Antonio Llonivelli (Legajo N° 2429) quien fuera secuestrado por Fuerzas de Seguridad. En las respuestas a los oficios cursados por esta Comisión se desconoció en forma constante la incorporación de la víctima a las Fuerzas Armadas, específicamente, a la Armada Argentina como expresaban los familiares. Sin embargo, se ha podido obtener la fotocopia del documento de identidad de Ramón Antonio Llonivelli donde figura incorporado a la Armada con fecha 5-4-77 y dado de baja el 22-7-81. El secuestro ocurrió el 8-7-77 a las 2 horas.

M. El lucro de la represión

Pese a que ya está dicho, conviene reiterarlo especialmente: las violaciones de derechos cometidas por los encargados de la represión no se agotaron en los ataques a la libertad e integridad física de las personas. Otros bienes jurídicos como la propiedad y la fe pública se vulneraron también, simultáneamente y casi como sistema, para facilitar el traspaso de bienes fraguando o simulando transacciones inexistentes. Falsas escrituras, falsos documentos, falsos títulos y registros de automotores, se dieron, en muchos supuestos, para perfeccionar la rapiña o el saqueo. Nos referimos a una serie de delitos en el curso de la política oficial de desaparición de personas, sin perjuicio de los innumerables ilícitos económicos que involucran a los gobernantes "de facto" durante su gestión y que escapan a lo que es objeto de la presente investigación.

Los mentores del denominado Proceso de Reorganización Nacional utilizaron muchas veces el término "ilícitos" con el propósito, quizá, de definir así los aspectos lucrativos de los "excesos" que ellos mismos reconocieron haber cometido durante la lucha antisubversiva.

Las proclamas eran austeras y trascendentes:

> "La inmoralidad y la corrupción deben ser adecuadamente sancionadas. La especulación política, económica e ideológica deben dejar de ser medios utilizados por grupos de aventureros para lograr sus fines. El orden y la seguridad de los argentinos deben vencer al desorden y a la inseguridad".

Esto decía el Gral. Videla como Comandante en Jefe del Ejército arengando a las tropas asentadas en Tucumán, en la Navidad de 1975. (Diario "Clarín", febrero 14 de 1976.)

Por su parte, el entonces Director de la Escuela de Sub-Oficiales de Aeronáutica, Comodoro Roberto Francisco Pitaro, enseñaba a los alumnos con su discurso de iniciación del año lectivo de 1976:

"Donde hay corrupción el hombre de armas debe ser espejo de honestidad, modelo de corrección; donde hay subversión y desorganización social, el hombre de armas debe estar pronto para reencauzar el proceso desviado". ("Clarín", 6-5-76.)

El Almirante Eduardo Massera, a su vez, en el mes de junio de 1978 aún afirmaba:

"Que nadie piense el país fragmentado en feudos privados, que nadie anteponga el interés del grupo al interés de la comunidad. Esto es un planteo de responsabilidades, por lo tanto es un planteo moral" ("Clarín", 17-6-78).

Que no fue así, sino todo lo contrario, lo sabe hoy el mundo entero y en especial el pueblo argentino. Pero cómo fue, en concreto y en cada caso, sólo podemos saberlo quienes hemos recibido testimonios y denuncias como las que se extractarán a continuación a modo de simples ejemplos y que a su turno pasaron a conocimiento de los jueces.

"Recuerdo el caso de una detenida junto con su hijo de 12 años al cual torturaron delante de su madre porque la patota creía que la detenida se había guardado la escritura de su casa" (Legajo N° 3048), testimonio de Elena Alfaro, incluido en la denuncia que sobre el campo "Vesubio" se remitió a conocimiento del Dr. Ruiz Paz, de Morón).

"En la Escuela de Mecánica de la Armada, donde estuve detenido desde el 10 de agosto de 1979 hasta los últimos meses de 1983, se falsificaba todo tipo de documentos personales: D.N.I., C.I., Registro de Conductor, Pasaportes y Tarjetas de Identificación Naval. De tal modo, si un determinado integrante del grupo de tareas necesitaba una documentación que no fuera la auténtica se consultaba una lista de "sosias" y se sacaba el que más parecido tenía y se confeccionaba, entonces, todo un juego de documentación falsa, según la necesidad que ese integrante del grupo tuviere". (Legajo N° 5011).

El legajo mencionado anteriormente pertenece al Sr. Víctor Melchor Basterra, que integra la segunda remisión de denuncias que sobre delitos que se habrían cometido en ESMA fue remitido a conocimiento del Sr. Juez Federal Dr. Blondi.

Desaparición del Dr. Rafael A. Perrota. Legajo N° 1222

El Dr. Rafael Andrés Perrotta era director propietario del diario "El

Cronista Comercial''. El lunes 13 de junio de 1977 salió de su domicilio, con la intención de practicar su diaria caminata por razones de salud. No regresó y horas más tarde anunciaron telefónicamente a su familia que había sido secuestrado y que era conveniente que mantuvieran todo en secreto para evitar mayores problemas. Los secuestradores, ese mismo día, pidieron un elevado rescate.

La familia entretanto inició gestiones de todo tipo, no sólo para impulsar las averiguaciones en torno al paradero de la víctima sino también para reunir la enorme suma que se les exigía. En el Ministerio del Interior, en el Departamento Central de Policía y en distintos organismos militares. Así fue como el Coronel Morelli, Jefe de Coordinación Federal, dijo que destinaría dos personas de confianza para hacerse cargo de la investigación, que fueron el Inspector Arran y el Sub-Comisario Iglesias, los que asesoraron a la familia Perrotta sobre los pasos a seguir en las tratativas con los secuestradores. Cabe señalar que el Dr. Rafael Perrotta había vendido no hacía mucho tiempo el citado diario de su propiedad y los secuestradores estaban evidentemente al tanto de las condiciones en que se había efectuado la operación. El pago del rescate —hasta la suma que la familia pudo reunir— se hizo en efectivo en la forma exigida por los captores y de allí en más las expectativas no fueron satisfactorias, puesto que no se produjo ninguna novedad, ni los investigadores policiales concurrieron más —ni llamaron telefónicamente, siquiera— al domicilio de la familia.

La investigación realizada por esta Comisión Nacional permitió constatar:

a) La Policía Federal informó que en los ficheros de la institución no figuran los nombres de los funcionarios policiales asignados al caso;

b) Tampoco hay constancias de actuaciones que se hubieren labrado con motivo del secuestro;

c) En cuanto al Coronel Morelli, el Ejército Argentino informó que falleció en el año 1979.

No obstante eso, esta Comisión pudo reunir pruebas que acreditan fehacientemente que Rafael Andrés Perrotta, para ese entonces, estaba secuestrado en el Centro Clandestino de Detención denominado "COT MARTINEZ". Dice, en efecto, el Sr. Jacobo Timmerman, en su testimonio agregado al Legajo Nº 4635:

"También vi en Cot Martínez a Rafael Perrotta, director del Cronista Comercial que estaba desaparecido. Vi cuando lo torturaban''.

El liberado Héctor Mariano Balient (Legajo Nº 1277) afirma:

"Otra vez nos dijeron que nos quedáramos quietos porque 'ahora vamos a traer al viejo Perrotta'. Yo lo reconocí porque antes lo había visto cuando me desempeñaba como Director de Ceremonial de la Gobernación. Efectivamente era Perrotta y traía una caja de zapatos conteniendo gran cantidad de remedios. Esto fue entre los días 12, 13 o 14 de Julio de 1977; Perrotta vestía un traje gris con rayitas oscuras, camisa de fantasía y zapatos de charol; le dijeron que se sacara todo porque no lo iba a precisar más".

El testigo Juan Amadeo Gramano (Legajo N° 3944) nos dice:

"En este lugar (Cot I Martínez) permanecí detenido hasta julio de 1977. Allí estaba detenido el periodista Rafael Perrotta".

Es de advertir, además, que una fotografía del periodista desaparecido le fue exhibida en el seno de esta Comisión a otro testigo que refirió detalles sobre ese centro de detención y reconoció, sin duda alguna, que a esa persona la había visto allí, agregando que tenía la convicción de que un asado que tuvo lugar en Cot Martínez sirvió como festejo por el cobro del rescate pagado por la familia Perrotta.

La denuncia de estos hechos se elevó a la Justicia el 22 de junio de 1984, quedando radicada en el Juzgado en lo Penal N° 1 de la ciudad de La Plata.

Desaparición del Sr. Federico Manuel Vogelius — Legajo N° 7550

Actualmente domiciliado en Londres, Inglaterra, refiere en el testimonio que prestó ante esta Comisión lo siguiente:

"Que con relación a la causa judicial instruida por el secuestro extorsivo que sufrí a partir del 29 de setiembre de 1977, puedo decir que a raíz de haber estado detenido a disposición de las autoridades militares, conocí en mayo de 1978 al Coronel Sánchez de Bustamante que fue preventor sumariante de la causa que las autoridades militares quisieron formar en mi contra. Sánchez de Bustamante me presentó al Coronel Pérez González que presidía el Consejo de Guerra Estable 1/1 quien dijo estar encargado de investigar el secuestro del que anteriormente yo había sido víctima. Me enseñó varias fotos de individuos sospechosos reconociendo a uno de ellos que era, precisamente, la persona de la que yo había logrado escapar; el Coronel Pérez González me dijo que esa persona era de apellido Quieto, pero que negaba haber tenido relación con el hecho y conocerme para nada. Yo le pedí que me careara con él y así se hizo, oportunidad en la que Quieto confesó ser uno de los integrantes del grupo que me había secuestrado, pero que el asunto 'era muy gordo' y reclamaba garantías para él y su mujer al tiempo que le pedía a Pérez González que averiguara ante el General Suárez Mason si era conveniente que él prestara (Quieto) declaración sobre el tema. Dejé las cosas en manos del Coronel Pérez González y al cabo de unos días lo entrevisté en búsqueda de novedades; me hizo pasar a su despacho manifestándome que el Gral. Suárez Mason, como toda respuesta, le había retirado el sumario diciéndole que no se ocupara más del asunto. Ante mi afirmación de que referiría esto al Juez que entendía en la causa de mi secuestro, Pérez González me contestó textualmente: 'lamentablemente yo voy a tener que negar todo, porque soy un militar y recibo órdenes'.

"Después de haber sido investigadas mis actuaciones por el Coronel Sánchez de Bustamante, éste aconsejó mi libertad. A pesar de esta resolución, el General Suárez Mason me hizo investigar durante mi detención por casi todos los organismos de seguridad a los que requería informaciones, lo que determinó que yo estuviera alrededor de 19 meses detenido. Sin embargo, mientras estuve detenido en la Comisaría de Villa Insuperable, allá por febrero de 1978, mi quinta ubicada en San Miguel fue asaltada y me robaron cuadros, platería y documentación histórica por un valor aproximado a los dos millones de dólares. Que la participación del Ejército en este hecho delictivo resultó tan manifiesta que por eso se encuentran en prisión preventiva el Tte. Coronel San Román y un Secretario de un Juzgado Correccional de esta Capital, de apellido Isasi''.

Desaparición del Sr. Juan Carlos Rossi — Legajo N° 1948

Juan Carlos Rossi es un liberado a quien el 23 de agosto de 1978 varias personas que manifestaron ser de la Policía Federal lo detuvieron sin razón alguna, conduciéndolo a la Escuela de Mecánica de la Armada. Allí lo torturaron procurando datos sobre personas que él no conocía. A los 14 días, luego de padecer todo tipo de vejámenes, lo dejaron en libertad en la vereda del Laboratorio Roche, en Olivos.

Juan Carlos Rossi, además, nos cuenta:

"A la semana de haber desaparecido se hicieron presentes en mi domicilio (en el que estaba mi esposa) unas 18 personas vestidas de civil las que con 2 camiones procedieron a llevarse toda la maquinaria de la imprenta que poseía; una guillotina marca Labor, una máquina impresora offset modelo R 30 Rotaprint doble oficio; una abrochadora de pie; una puntilladora; una prensa de 1,20 m por 1 m; una lámpara de arco; todas las resmas de papel y una radio. Esto significaba el producto de toda mi vida de trabajo".

Desaparición de María Cristina Lennie — Legajo N° 7382

María Cristina Lennie está desaparecida desde el 18 de mayo de 1977; su madre Nilva Berta Zucarino de Lennie nos dice:

"...ya desde antes de la detención de María Cristina, gente de la Escuela de Mecánica de la Armada estaba tratando de dar con ella, razón por la que el 16 de enero de 1977 a las 5 de la mañana allanaron mi domicilio en City Bell donde nos detuvieron a mí, a mi esposo y a nuestra hija menor, Sandra de 17 años de edad. Que a todos nos ataron con tiras de sábanas que obtuvieron destrozando las que estaban en la casa, en la que robaron todo cuanto tenía valor; como en el fondo de la quinta estaba estacionada nuestra casa rodante me pidieron las llaves de la misma y luego de romper todo revisaron brutalmente hasta el último rincón —como ya habían hecho en la casa principal— apropiándose de cuanto había. Mi hija menor fue trasladada a la Escuela de Mecánica de la Armada por uno de los diez automóviles con que se desplazaba el grupo en tanto yo y mi esposo fuimos llevados directamente al mismo sitio en nuestro propio automóvil, un Dodge Polara que tampoco recuperamos nunca más. Que en la Escuela de Mecánica de la Armada si bien mi esposo y yo no fuimos torturados tuvimos que ver cómo torturaban a Sandra en nuestra presencia. Estando allí tomé contacto con Silvia Labayrú, mi nuera, esposa de mi hijo Alberto Guillermo Lennie, la que entonces tenía un embarazo de unos 7 meses, y que había sido detenida con anterioridad por lo que en ese momento se ocupaba en la traducción de documentos de la ESMA. Por sus dichos confirmamos que el lugar donde estábamos era la Escuela de Mecánica de la Armada, recordando que mi esposo en una oportunidad en que fue llevado al baño pudo observar por debajo de la venda que cubría sus ojos una toalla que tenía en uno de sus bordes un ancla que es el distintivo que identifica a la Escuela de Mecánica de la Armada. Que mi nieta nos fue entregada a los 9 días de haber nacido fue anotada en el Registro Civil por su madre, Silvia Labayrú, y por el Capitán Astiz que con un documento fraguado se hizo pasar por mi hijo Alberto Guillermo. Que la circunstancia de haber reconocido el lugar donde estábamos detenidos salvó la vida de mi hija Sandra, porque ella había quedado como rehén cuando nos dieron la libertad a nosotros; eso le permitió a mi esposo hablar con un alto Jefe Naval y casi un mes después Sandra también salió. De nuestra hija María Cristina nunca supimos nada más".

Desaparición de Carlos Alberto Mazza — Legajo Nº 2883

Carlos Alberto Mazza es un hombre humilde que fue detenido el 27 de julio de 1978 mientras esperaba un colectivo cerca de la Comisaría Nº 46 en los alrededores del Hospital Ferroviario; momentos antes había descendido del buque "Río de la Plata" en el que trabajaba, nos dice:

"Que de la zona del puerto noche a noche se llevaban a varios estibadores cuando terminaban su jornada para quedarse con todo lo que habían cobrado. A uno que detuvieron conmigo y que protestó diciendo que ése era el dinero que tenía para sostener a su familia, le pegaron un tiro en el hombro y lo dejaron tirado allí; al día siguiente en los diarios la noticia salió como que había habido un herido por 'reyertas' entre estibadores; como mi hijo se recibía de ingeniero yo le había comprado durante el viaje del 'Río de la Plata' un encendedor Dupont que también me robaron. Sin saber por qué, estuve unos diez días detenido en la Escuela de Mecánica de la Armada, donde me metieron en un sótano; recuerdo que una de las mujeres que ya estaban presas allí nos gritaba que no habláramos entre nosotros porque había micrófonos y que si los guardias nos escuchaban nos someterían a todo tipo de castigos; en una oportunidad oí que uno de los guardias le decía a una de esas mujeres: 'a vos te va a pasar como a la sueca'. Cuando me dijeron que me iban a poner en libertad porque no había mérito para retenerme allí, yo reclamé mis cosas pero un oficial que estaba presente y al que yo reconozco como

Capitán Astiz, me pegó un golpe de puño en la boca rompiéndome la dentadura postiza en tanto que me gritaba: 'eso queda para la lucha antisubversiva'. Sin embargo, luego de salir en libertad fui por dos veces a presentarme a la guardia de la Escuela de Mecánica de la Armada a reclamar lo que me habían sacado pero sin tener éxito; sólo se me dijo que si volvía por allí, lo iba a pasar mucho peor, por lo que no fui más".

Desaparición de María Esther Ravelo de Vega — Legajo N° 3223

Alejandra Fernández Ravelo, domiciliada en la ciudad de Santa Fe, denunció ante la Delegación de esta Comisión en esa ciudad la desaparición de su hija María Esther Ravelo de Vega, que entonces vivía con su marido y un hijito de corta edad en la ciudad de Rosario. La denunciante nos dice:

"El día 15 de setiembre de 1977 mi hija me llamó por teléfono pidiéndome que viajara a Rosario a buscar a su hijito (mi nieto) porque el esposo se encontraba enfermo. Según convine con ella, tres días después llegué a la casa de un familiar nuestro, Agustín Simonsini, donde encontré a mi nieto que había sido dejado por unas personas jóvenes que viajaban en un automóvil Renault 4 blanco; mi hija vivía en una casa ubicada en la calle Santiago N° 2815 de Rosario de la que era propietaria y funcionaba allí un negocio de sodería del que también mi hija era titular; cuando pasé por allí el día que fui a buscar a mi nieto vi que en un camión del Ejército estaban cargando todos los bienes muebles de mi hija sin que yo pudiera hacer nada para impedirlo. Al cabo de un tiempo volví al lugar pero la sodería estaba cerrada; por una ventana me atendió un hombre y alcancé a ver en el interior una máquina de escribir y una mesa; ese hombre me dijo que la propiedad ahora pertenecía al gobierno porque anteriormente había pertenecido a unos subversivos. Una vecina me contó también que en la casa habían encontrado muerta a una persona de sexo masculino pero que no era mi yerno. Mi hija y mi yerno eran no videntes.

Desaparición de María Elena Núñez — Legajo N° 1632

El ingeniero Jorge Alfredo Núñez denunció a esta Comisión que:

"Su hermana María Elena desapareció en junio de 1977 como consecuencia de un procedimiento llevado a cabo por fuerzas de seguridad en el domicilio de la víctima, ubicado en la calle Junta N° 1385/87 de la Capital Federal, del que los camiones del Ejército se llevaron todos los bienes muebles que allí existían. Refiere que un año antes de su desaparición su hermana le había hecho un poder general, amplio de administración y disposición, no obstante lo cual esa propiedad apareció como vendida por María Elena con fecha posterior a la desaparición por un poder especial que habría otorgado a nombre de un señor Eugenio Duré el 15 de diciembre de 1983 por ante escribanía de la Capital y en complicidad con un militar que prestaba servicio en el I Cuerpo de Ejército, lugar al que según todas las referencias había sido llevada María Elena".

Este caso, lo mismo que el de Raquel Nogueira Paulier (Legajo N° 2765) de características muy similares, tramita ante el Juzgado Nacional de Primera Instancia de Instrucción N° 1 de esta Capital, Secretaría Valle, por denuncias remitidas por esta Comisión.

Caso Gómez — Cerutti — Palma. Legajos N° 224, 543, 749

Este es un caso de singular relieve que además de haber originado una presentación ante esta Comisión por los familiares directos, también dio origen a distintas causas penales que se instruyeron aun en Tribunales de esta Capital Federal y de la Provincia de Mendoza. Los antecedentes, en síntesis, son los siguientes:

En la mañana del 10 de enero de 1977 el abogado Conrado Gómez, padre de cinco criaturas y asesor profesional de la empresa "Cerro Largo S.A.", es secuestrado de su estudio jurídico por unos 10 hombres armados que durante el procedimiento roban dinero, máquinas de oficina y un automóvil, propiedad de la víctima; al día siguiente desaparece Horacio Mario Palma, presidente de la citada empresa "Cerro Largo S.A.", el que es secuestrado en su domicilio particular por un grupo de personas armadas; al otro día, 12 de enero de 1977, desaparecen Victorio Cerutti, de 76 años de edad, industrial vitivinícola y principal accionista de "Cerro Largo S.A." y Omar Masero Pincolini, yerno del anterior. En ambos casos los secuestradores actuaron con violencia robando todo cuanto pudieron cargar. El 27 de enero de 1977 en horas de la madrugada un grupo de personas con ropas de fajina del Ejército que se desplazaba en camiones, saqueó totalmente el estudio jurídico del Dr. Conrado Gómez, ubicado en el 1er. Piso de la Avda. Santa Fe a pocos pasos de la Avda. Callao; al mes siguiente otro grupo armado se presenta en un stud situado en Paso de los Libres en el que había varios ejemplares de caballos de carrera propiedad también del desaparecido Dr. Conrado Gómez. Esos caballos fueron sacados de allí en abril y mayo de 1977 por personal uniformado del Ejército y con una orden suscripta por el Coronel Medrano, por entonces Jefe del Destacamento de Paso de los Libres, los que luego fueron transferidos a una persona llamada Juan Héctor Ríos, según respuesta que el Jockey Club de Buenos Aires dio a esta Comisión ante un requerimiento concreto respecto a la actual titularidad de los mismos. En ese informe consta que esa titularidad se desplazó a otra persona el 7 de febrero de 1977, es decir, casi un mes después de la desaparición de su dueño. De igual manera y cuando habían transcurrido casi 4 meses del secuestro y desaparición de Victorio Cerutti, todo su patrimonio localizado en Chacras de Coria en el Departamento Luján de Cuyo, Mendoza, es adquirido por un tal Federico Williams para la empresa

"Will—RI S.A.". Cuando en abril de 1976 el hijo de Don Victorio Horacio Cerutti, juntamente con su socio Raúl Magalio venden el paquete accionario de la Sociedad "Establecimiento Vitivinícola Francisco P. Calise S.A." a los Dres. Tamagnini, Echeverri y Mota por un valor de doscientos mil dólares, se suceden otras alternativas no menos significativas: el 16 de abril, fuerzas del Ejército realizan un procedimiento en la sede de la sociedad cuyas acciones acababan de transferirse y también en el domicilio particular de los protagonistas, todos los cuales son detenidos. Una semana después Echeverri sale en libertad, mientras que los demás son puestos a disposición del Poder Ejecutivo y recién son liberados en octubre de 1976, en tanto que Horacio Cerutti sale en libertad en diciembre de ese año y opta por radicarse en el extranjero. Como el profesional que había actuado como asesor de esta operación era el Dr. Juan Carlos Malagarriga, el Sr. Echeverri a quien Tamagnini y Mota le habían hecho cesión de sus derechos, le comunica que ha decidido abonar de una sola vez todo el importe de la deuda; el Dr. Malagarriga le manifiesta a Echeverri que en tal caso tendrá que consignar judicialmente ese dinero a la orden de los vendedores ya que en ese momento no estaban en el país. Este pago se hizo en las oficinas del Banco de la Nación Argentina, casa Central, en la que se desempeñaba el Dr. Malagarriga. El Sr. Echeverri llegó allí acompañado por su esposa, un profesional y otras personas que no se dieron a conocer; finalizada la operación y cuando el Sr. Echeverri se retiraba de la oficina, un par de acompañantes que se identificaron como Capitán Carlos Alberto Villanueva y César Hunts, 2do. Comandante de Gendarmería, procedieron a apropiarse del dinero que se debía consignar. Con el único argumento de que ese dinero provenía de actividades subversivas se lo apropiaron y desaparecieron.

De Conrado Gómez, Horacio Palma, Victorio Cerutti y Omar Raúl Masero Pincolini no se tuvo jamás noticia alguna.

Testimonio de Nilda Noemí Actis Goretta - Legajo N° 6321.

Este testimonio es de singular importancia en cuanto sirve para corroborar lo que se desprende de las referencias anteriores. Se trata de una desaparecida-liberada de cuyos dichos extraemos los siguientes párrafos:

"Los integrantes de los grupos de tareas se desplazaban en automóviles no identificados como del Arma a la que verdaderamente pertenecían y algunos estaban camuflados como para indicar que pertenecían a entidades estatales o privadas. Estos vehículos habían sido previamente robados y cambiadas sus chapas patentes; el producto del saqueo era llevado en algunos casos a la ESMA y depositado en lo que se denominaba 'pañol' aunque poco a poco todo ese depósito de muebles fue diezmado por los mismos integrantes del grupo; para febrero de 1979 ya funcionaba una inmobiliaria con el fin de refaccionar las casas para la venta, ya que en algunos casos habían sido semidestruidas en el intento de secuestrar a sus moradores. El procedimiento consistía en obligar al detenido a firmar un poder mediante el cual autorizaba la venta de su vivienda. En algunos casos ese poder se falsificaba".

Testimonio de Silvio Octavio Viotti

"El día 5 de setiembre de 1977 es detenido por personal del Ejército en la granja quinta de su propiedad ubicada en Villa Gran Parque Guiñazú, Córdoba. En esta misma granja quinta vivían los esposos Mogilner (Juan Mogilner e Irene Gavalda de Mogilner) quienes el día anterior habían sido secuestrados".
"El dicente quiere dejar expresa constancia que los bienes sustraídos no le fueron restituidos a pesar de las promesas que le hicieron de devolvérselos. Entre esos bienes recuerda una Pick-Up Chevrolet modelo 1968, un tractor marca Deutz 35 HP con sistema de levante hidráulico, un arado de dos rejas, una rastra de doce discos, una rastra de dientes cuerpos, 400 cajones fruteros, un mesón de 6 metros para seleccionar frutas y cantidad de herramientas pequeñas. Además la casa fue ocupada durante cuatro años por los Servicios de Inteligencia. Después de esos cuatro años el dicente encuentra las plantaciones de su quinta totalmente incendiadas y la casa en un estado deplorable, le faltaban las puertas y ventanas, sanitarios, cocina y todo lo que podía tener algún valor". (...) Legajo N° 5473.

Testimonio de Silvio Octavio Viotti (hijo)

Detenido al igual que su padre en la misma fecha, el 5 de setiembre de 1977, por personal del Ejército en la granja quinta de su propiedad ubicada en Villa Gran Parque Guiñazú, Córdoba.

"... Cuando recupera su libertad va con su madre a la finca de Guiñazú en varias oportunidades, viendo que la misma estaba ocupada por personal militar del Liceo Militar General Paz, conscriptos y sub-oficiales y que en varias oportunidades entraban y salían camiones Unimog del Ejército. En dos oportunidades que fueron autorizados para entrar vieron que no quedaba nada de la casa, ni muebles ni sanitarios, faltaban algunos pisos; así mismo, constataron la falta de un tractor que fue comprado con la propiedad, una rastra disco, un jeep que era propiedad de Mogilner, un arado chico, una pick-up Chevrolet modelo 1968 color blanco. Al requerir por dichos bienes se le explicó que estaban en el Liceo. Además habían quemado los frutales. En conversaciones con un vecino de la quinta, señor Luis Operto, éste les cuenta que vio cuando en vehículos particulares sacaban de la casa los muebles, cubiertos y vajillas. Que actuaban civiles y había algunos militares uniformados". (...) (Legajo N° 7581).

Testimonio de María Dora Turra de Rojas

"El 24 de noviembre de 1976 a las 20.30 hs. aproximadamente se presentan en mi domicilio de la ciudad de Córdoba, sito en el pasaje que existe a la altura de la calle Alpatacal 454 del barrio Alto Alberdi, un grupo del Ejército vestido de uniformes militares y en vehículos militares que irrumpió violentamente en la casa fuertemente armado. Que alrededor de las 24 hs., me esposaron y vendaron con una toalla, fui sacada de la casa e introducida en una ambulancia del Ejército trasladándoseme al campo de La Ribera. A los tres días de estar en dicho campo llegó mi hija Celia Liliana Rojas a quien traían de La Perla y que había sido detenida en el mismo procedimiento. Que a pesar de no tener ninguna causa estuve detenida hasta julio de 1980, mes en el cual fui dejada en libertad habiendo estado también en la cárcel de Devoto en Buenos Aires, que en esa fecha y juntas, fuimos puestas en libertad con mi hija Celia Liliana. Que dejo aclarado que luego del procedimiento en mi propiedad la misma fue saqueada completamente y por varios días por personal del Ejército y la Policía y en esa oportunidad me robaron toda la documentación sobre la casa y sobre otra propiedad existente en Cruz del Eje" (...) (Legajo N° 4833).

Hasta la fecha no se ha podido conseguir la devolución del inmueble de Barrio Alberdi y toda la documentación robada.

CAPITULO II

Víctimas

Advertencia

En el anexo de este informe se incluyen listas de personas desaparecidas y de aquellas que persistiendo aún en tal condición han sido vistas en centros clandestinos de detención.

En cuanto a la primera nómina, de la que resulta la cifra de 8.961 desaparecidos, es —inevitablemente— una lista abierta. Fue confeccionada sobre la base de las denuncias recibidas por esta Comisión —consta el número del respectivo legajo— y compatibilizada a su vez con las ya producidas por organismos nacionales e internacionales.

Hasta último momento se efectuó el control de la misma por sistema computarizado. Sin perjuicio de ello, pueden existir errores; tal el caso de alguna persona —descartamos que se trate de un número significativo— que hubiera omitido oportunamente comunicar a los respectivos organismos el cese de su desaparición.

Sabemos también que muchas desapariciones no han sido denunciadas, por carecer la víctima de familiares, por preferir éstos mantener reservas o por vivir en localidades muy alejadas de centros urbanos, tal como lo comprobó esta Comisión en sus visitas al interior del país, muchos familiares de desaparecidos nos manifestaron que durante los pasados años ignoraban dónde dirigirse.

También es parcial la nómina de personas vistas en centros clandestinos de detención; sólo se insertan nombres y apellidos completos de 1.300 de ellos.

Pero existen millares de desaparecidos que pasaron por esos centros y de los cuales los liberados sólo conocieron apodos, o proporcionan someras descripciones físicas, provincia de origen, oficio, filiación política u otra característica aislada, de los que se incluyen 800 casos.

No obstante, la continuación de la paciente labor emprendida permitirá —con el apoyo de los medios técnicos adecuados— incrementar esta enunciación provisoria.

Finalmente, debe reiterarse que la nómina completa de las personas desaparecidas y la suerte por ellas corrida, sólo puede ser cabalmente informada por los autores de tales desapariciones, toda vez que existió un minucioso registro de cada uno de esos hechos, cuya remoción o destrucción constituyen delitos tipificados por el Código Penal, respecto de los cuales esta Comisión ha formulado las pertinentes denuncias.

Cuadro por edad de los desaparecidos

De 0 a 5 años:	0,82 %
De 6 a 10 años:	0,25 %
De 11 a 15 años:	0,58 %
De 16 a 20 años:	10,61 %
De 21 a 25 años:	32,62 %
De 26 a 30 años:	25,90 %
De 31 a 35 años:	12,26 %
De 36 a 40 años:	6,73 %
De 41 a 45 años:	3,40 %
De 46 a 50 años:	2,41 %
De 51 a 55 años:	1,84 %
De 56 a 60 años:	1,17 %
De 61 a 65 años:	0,75 %
De 66 a 70 años:	0,41 %
Más de 70 años:	0,25 %
TOTAL:	100,00 %

Gráfico de desaparecidos según sexo

Analizando estos porcentajes, comprobamos que la mujer también sufrió en gran medida la acción represiva. Es de destacar que el 10% de las mujeres desaparecidos (3% del total) estaban embarazadas.

Mujeres desaparecidas: 30 %
Varones desaparecidos: 70 %
Mujeres embarazadas : 3 %

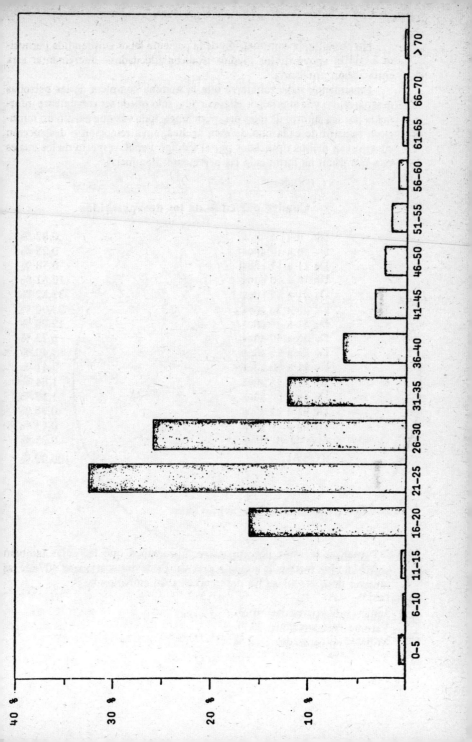

DISTRIBUCION DE DESAPARECIDOS POR PROFESION U OCUPACION

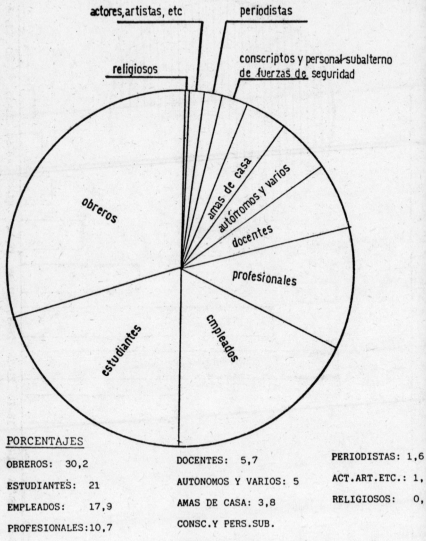

PORCENTAJES

OBREROS: 30,2

ESTUDIANTES: 21

EMPLEADOS: 17,9

PROFESIONALES:10,7

DOCENTES: 5,7

AUTONOMOS Y VARIOS: 5

AMAS DE CASA: 3,8

CONSC.Y PERS.SUB.

FUERZAS DE SEG.: 2,5

PERIODISTAS: 1,6

ACT.ART.ETC.: 1,

RELIGIOSOS: 0,

DESAPARECIDOS SEGUN SEXO

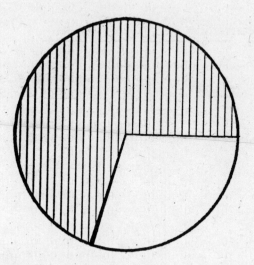

 MUJERES

 VARONES

 MUJERES EMBARAZADAS

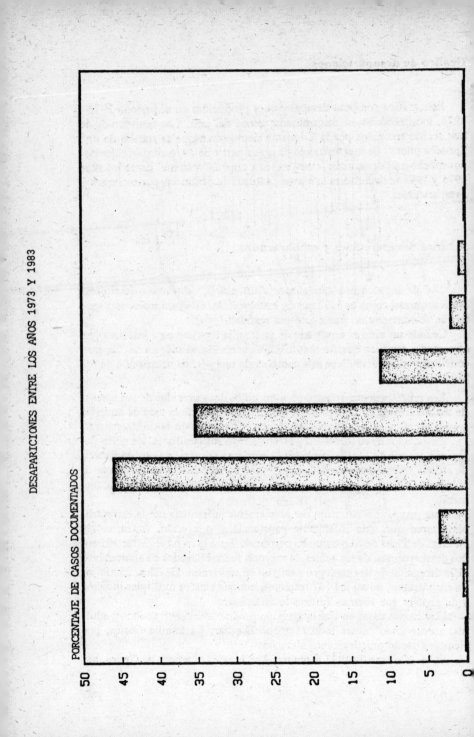

DESAPARICIONES ENTRE LOS AÑOS 1973 Y 1983

PORCENTAJE DE CASOS DOCUMENTADOS

50 45 40 35 30 25 20 15 10 5 0

Gráfico de desapariciones

Este gráfico computa desapariciones producidas en el período 1973 - 1975, localizándolas en determinadas zonas del país. Los testimonios de esas fechas recogidos por la Comisión demuestran que se trataba de una "prueba piloto" de una metodología que a partir de 1976 adquiere contornos mucho más dramáticos, cuantitativa y cualitativamente. Entre los años 1976 y 1977 se documenta la mayor cantidad de denuncias por secuestro y desapariciones.

A. Niños desaparecidos y embarazadas

"Ay de aquel que escandalizare a un niño..." dicen las Escrituras. Nunca, quizás, como en los casos de este capítulo, este escándalo, esta sentencia, se convierte en una espantosa realidad.

Cuando un niño es arrancado de su familia legítima para insertarlo en otro medio familiar elegido según una concepción ideológica de "lo que conviene a su salvación", se está cometiendo una pérfida usurpación de roles.

Los represores que arrancaron a los niños desaparecidos de sus casas o de sus madres en el momento del parto, decidieron de la vida de aquellas criaturas con la misma frialdad de quien dispone de un botín de guerra.

Despojados de su identidad y arrebatados a sus familiares, los niños desaparecidos constituyen y constituirán por largo tiempo una profunda herida abierta en nuestra sociedad. En ellos se ha golpeado a lo indefenso, lo vulnerable, lo inocente y se ha dado forma a una nueva modalidad de tormento.

Esta penosísima situación fue prestamente enfrentada por la extraordinaria tarea que, con infatigable constancia y discreción, iniciaron las Abuelas de Plaza de Mayo que ha permitido hasta la fecha registrar 172 niños desaparecidos, de los cuales, la mayoría fueron llevados en el momento de la detención de sus madres o nacieron en cautiverio. De ellos, 25 han sido encontrados, no así los 147 restantes, aunque existen múltiples indicios y diligencias que alientan futuras localizaciones.

Hay ciertos casos en que la agresión no discriminó entre niños y adultos, acometiendo contra todo el grupo familiar. La familia Gatica, por ejemplo, quedó prácticamente diezmada.

El 16 de marzo de 1977 la madre, Ana María Caracoche de Gatica, ha-

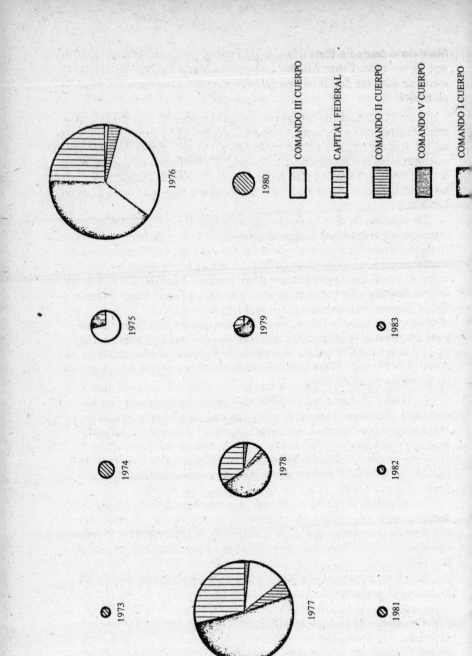

1976

1980

1975

1979

1983

1974

1978

1982

1973

1977

1981

COMANDO III CUERPO

CAPITAL FEDERAL

COMANDO II CUERPO

COMANDO V CUERPO

COMANDO I CUERPO

bía viajado desde La Plata a la Capital Federal por cuestiones de salud de uno de sus hijos, Felipe Martín. La pequeña María Eugenia Gatica de 13 meses de edad fue dejada en casa del matrimonio Abdala hasta el regreso de su madre.

A las 11.30 horas de la mañana, varios hombres de civil y uno uniformado bajaron de varios autos, inclusive un patrullero y entraron en la casa de los Abdala ubicada en las calles 67 y 167 del Barrio Los Hornos, mientras éstos se encontraban almorzando. Todos fueron sacados de la casa: José Abdala, Victoria Falabella de Abdala y el hijo de ambos: José Sabino Abadala de dos años y medio y la bebita María Eugenia Gatica. (Legajo N° 3783)

De ninguno de ellos ha vuelto a saberse nada a pesar de todas las averiguaciones e indagaciones realizadas. Ante estos hechos, la familia Gatica se trasladó transitoriamente a casa de la familia Amerise, en Berisso. Pocas semanas después, el 19 de abril de 1977, a las 22 horas aproximadamente, entraron a este domicilio alrededor de 10 hombres vestidos de civil y armados. Al detener a los mayores, dejaron a los niños Juan Camilo Amerise y Felipe Martín Gatica al cuidado de una vecina diciéndole que "hiciera con ellos lo que quisiera". Felipe Martín Gatica fue entregado tres días después a otra familia, quien como ahora se sabe, lo inscribió como hijo propio. En todos estos años nada se supo de él. Recientemente su madre y las Abuelas de Plaza de Mayo habían logrado ubicarlo y se está procediendo a las investigaciones del caso.

La madre de los niños, Ana María Caracoche de Gatica, estuvo secuestrada durante un mes en un campo de concentración denominado por los propios secuestradores "Cachavacha Center" y después de liberada obtuvo estas informaciones brindadas por los propios vecinos.

Otro grupo familiar destrozado fue el de los Poblete (Leg. 3684). El padre, José Liborio Poblete, chileno, técnico tornero, tuvo la desgracia de perder sus piernas en un accidente automovilístico.

En un centro de rehabilitación del barrio de Belgrano en la Capital Federal, conoció a Gertrudis Marta Hlaczik, también inválida y se casó con ella. Ambos pertenecían al grupo "Cristianos por la liberación". Tuvieron una hija, Claudia Victoria, que tenía 8 meses de edad el 28 de noviembre de 1978.

Aquel día secuestraron a José Poblete en Plaza Once. Casi en forma simultánea un grupo de hombres con uniformes de la Policía de la Provincia —posteriores investigaciones señalaron que se trataba de la Brigada de Lanús— secuestró en el domicilio de ambos a Gertrudis Hlaczik con su hija en brazos. Las dos fueron introducidas en un patrullero. Algo más tarde se presentó otro grupo uniformado en el mismo domicilio. Saquearon la casa y cargaron cuanto quisieron en un camión del Ejército. Destruyeron parcialmente la vivienda.

Al mes siguiente, sus captores permitieron a Gertrudis comunicarse telefónicamente con su madre y le preguntó si le habían entregado a Claudia Victoria. La Sra. Hlaczik quiso saber entonces, si se encontraba bien o si la estaban obligando a decir algo. Antes que Gertrudis pudiera contestar, intervino una voz masculina diciendo lo siguiente: "Modere sus palabras. Su hija está mejor que el resto de sus compañeros. Acá no estamos en Rusia...". Luego se cortó la comunicación. Nunca se obtuvo información oficial sobre el paradero de los tres integrantes de esta familia, pero por el relato de algunos liberados del campo "El Olimpo" se sabe que la niña sólo permaneció dos días en el Olimpo. Luego fue retirada de allí con destino incierto. Tanto Gertrudis como José Liborio —a quien los represores llamaban "Cortito" como burla por su falta de piernas— fueron brutalmente torturados.

Según testimonios recogidos en esta Comisión y en Amnesty International, José Liborio Poblete fue sacado en su silla de ruedas en un "traslado" en 1979:

> "... dos días después vimos su silla de ruedas tirada en un rincón de la playa de estacionamiento...",

coinciden dos sobrevivientes.

Gertrudis Hlaczik de Poblete fue vista por última vez el 28 de enero de 1979.

La pequeña Claudia Victoria Poblete continúa desaparecida.

La desesperada, premiosa búsqueda de abuelos y, en ciertos casos, de padres de criaturas desaparecidas, puede considerarse como una síntesis intransferible de dolor y angustia frente al hecho de que, en algún lugar, junto a personas desconocidas está creciendo una criatura sin vínculo alguno con su familia, con su gente y a veces hasta extrañada de su propio país.

Nacimientos en cautiverio

Corresponde ahora referirse a las dolorosísimas condiciones en que vivieron y dieron a luz las embarazadas en cautiverio.

Los testimonios recogidos de personas que soportaron el encarcelamiento en el centro de detención clandestino de la Escuela de Mecánica de la Armada (ESMA) afirman que:

"... a nuestra llegada a la ESMA, vimos a muchas mujeres tiradas en el suelo, en colchonetas, que esperaban el nacimiento de sus hijos. Algunas provenían de otras fuerzas (Aeronáutica, Policía Federal, Ejército de Córdoba, Marina de Mar del Plata). Otras eran 'propias' de la ESMA".

(del testimonio de Sara Solarz de Osatinsky y Ana María Martí, Legajo Nº 4442).

Según estos testimonios ha podido saberse que las mujeres embarazadas eran atendidas por un médico del Hospital Naval, el Dr. Jorge Magnacco, ginecólogo, y el Dr. Martínez —dermatólogo— asistidos por un enfermero perteneciente a la ESMA, y ayudadas por otras prisioneras en el difícil trance de dar a luz (Ver presentaciones judiciales de la Comisión Nacional sobre ESMA y Hospital Campo de Mayo).

"... Una vez nacida la criatura, la madre era 'invitada' a escribir una carta a sus familiares a los que supuestamente les llevarían el niño. El entonces Director de la ESMA, capitán de navío Rubén Jacinto Chamorro, acompañaba personalmente a los visitantes, generalmente altos mandos de la Marina, para mostrar el lugar donde estaban alojadas las prisioneras embarazadas, jactándose de la "Sardá" (que es la maternidad más conocida de Buenos Aires) que tenían instalada en ese campo de prisioneros...".

Siguen relatando las deponentes que:

"... por comentarios supimos que en el Hospital Naval existía una lista de matrimonios de marinos que no podían tener hijos y que estarían dispuestos a adoptar hijos de desaparecidos. A cargo de esta lista estaba una ginecóloga de dicho nosocomio..."

El relato del parto de María del Carmen Moyano en la ESMA es por demás ilustrativo:

"... al sentir las primeras contracciones fue descendida al sótano de la ESMA donde estaban ubicadas la sala de tortura y la enfermería. Allí es atendida por los Dres. Magnacco y Martínez..."

Ante los gritos desesperados de María del Carmen Moyano, los médicos acceden a que esté presente su compañera detenida, Sra. Solarz de Osatinsky, quien fue conducida hasta allí, engrillada. Al no poder soportar los ruidos de los grilletes provocados por la Sra. de Osatinsky al desplazarse a su alrededor, suplica que se los quiten, circunstancia que le es negada. En medio de su desesperación y sus gritos nace una niña. Inmediatamente la madre es conducida a su pieza donde se encontraba otra detenida, Ana de Castro. Las testimoniantes vieron a María del Carmen Moyano, hasta aproximadamente ocho días más, exactamente hasta dos días después de que Ana de Castro diera a luz un varón. Ambas madres fueron trasladadas sin sus hijos por personal del III Cuerpo de Ejército. A las pocas horas de haber sido llevadas sus madres, los niños fueron retirados por el suboficial conocido como "Pedro Bolita". (Testimonios de Martí y Osatinsky.)

Hasta la fecha no han vuelto a tenerse noticias ni de las madres ni de sus niños.

En el sobrecogedor testimonio de Adriana Calvo de Laborde, veremos cómo vivían las mujeres embarazadas el crucial momento de dar a luz en cautiverio (Legajo 2531):

"... me recibí de Lic. en Física en 1970 en la Universidad Nacional de La Plata. Desde ese año hasta el '77 trabajé en el Departamento de Física de dicha universidad en docencia e investigación. En el '72 me casé con Miguel Angel Laborde, Doctor en Química, también docente e investigador de la Fac. de Ciencias Exactas".

(....)

"El 4 de febrero de 1977, alrededor de las 10 de la mañana, entraron a casa 8 ó 10 hombres armados. Estaban vestidos de civil, algunos con gorras con viseras de tela de jean. Dijeron pertenecer a la Policía. Revisaron todo y me dijeron que tenía que acompañarlos. Me hicieron llevar el documento. A mi hijo lo dejaron con los vecinos. Yo estaba embarazada de 7 meses. Varias veces me hicieron repetir el nombre como si dudaran que fuera yo a quien buscaban. Ya en la puerta, frente a todos los vecinos, me metieron en uno de los autos, me tiraron al piso, me pusieron una venda en los ojos y me esposaron las manos atrás. Después de dar muchas vueltas llegamos a lo que supe después es la Brigada de Investigaciones de La Plata (calle 55 entre 14 y 15). Allí me pidieron el documento y me sentaron en una silla. Después de muchas horas alguien me vio las manos muy hinchadas, me sacó las esposas y me ató las manos adelante. A la noche me trasladaron junto con las demás personas que había allí al lugar de torturas (Arana). Nos sentaron en el hall y pasaron lista a todos los recién llegados. Ahí me enteré de que mi marido estaba también allí. En ese lugar estuve siete días. El mecanismo era más o menos así: por la noche llegaban los recién detenidos. A continuación llegaba la 'patota' y comenzaban los interrogatorios, que duraban toda la noche y muchas veces se prolongaban hasta el mediodía. Los detenidos que aún no habían sido interrogados permanecían en el hall sentados en el piso, atados y 'tabicados', custodiados permanentemente por guardias de civil...".

(....)

"Yo fui interrogada esa misma noche del 4 de febrero, pero como fui una de las últimas decidieron dejarme para el día siguiente. Ya en ese interrogatorio que duró alrededor de media hora, alcancé a darme cuenta que la persona que preguntaba no tenía la menor idea de por qué estaba yo allí".

(....)

"Pasé todo el día siguiente sentada en el piso de ese hall y a la noche me pasaron a la celda que medía aproximadamente 2 m por 1,50 m. La mitad estaba ocupada por un camastro de cemento y había adentro 4 mujeres más...".

(....)

"... la prohibición de hablar era total y los guardias miraban cada 10 ó 15 minutos por la mirilla. Durante todo el tiempo se oían los gritos de los detenidos a los que estaban interrogando".

Agrega que:

"... Cuando se iba la 'patota', los guardias comenzaban su diversión torturando a algunos por su cuenta, con el solo objeto de hacerles decir obcenidades"

(....)

"Cuando venía la 'patota' el terror era general, incluidos los guardias. A pesar de no ser este régimen de vida ni siquiera humano, era privilegiado respecto del de los hombres, quienes estaban literalmente tirados en el piso, sucios, con piojos, con infecciones. Llegaron a ser alrededor de 30, algunos heridos o desnudos, sin poder moverse ni hablar demasiado por miedo a los castigos y comiendo la mitad de las veces que nosotras".

(....)

"... el 12 de marzo, Inés Ortega de Fossatti, otra detenida, inició su trabajo de parto. Nos desgañitamos llamando al 'cabo de guardia' (así se hacía llamar). Pasaron las horas sin respuesta. Como yo era la única con experiencia la ayudé en lo que pude. Ella era primeriza y tenía 17 ó 18 años. Por fin, después de 12 horas se la llevaron a la cocina y sobre una mesa sucia, con la venda en los ojos y frente a todos los guardias, tuvo a su bebé ayudada por un supuesto médico que lo único que hizo fue gritarle mientras los demás se reían. Tuvo un varón al que llamó Leonardo. La dejaron 4 ó 5 días con él en una celda y después se lo llevaron diciéndole que el Coronel quería verlo. Aparentemente alguien llenó una planilla con los datos del bebé...".

(....)

"... el 15 de abril comenzó mi trabajo de parto. Después de 3 ó 4 horas de estar en el piso con contracciones cada vez más seguidas y gracias a los gritos de las demás, me subieron a un patrullero con 2 hombres adelante y una mujer atrás (a la que llamaban Lucrecia y que participaba en las torturas). Partimos rumbo a Buenos Aires, pero mi bebita no supo esperar y a la altura del cruce de Alpargatas, frente al Laboratorio Abbott, la mujer gritó que pararan el auto en la banquina y allí nació Teresa. Gracias a esas cosas de la naturaleza el parto fue normal. La única atención que tuve fue que con trapo sucio, 'Lucrecia' ató el cordón que todavía la unía a mí porque no tenían con qué cortarlo. No más de cinco minutos después seguíamos camino rumbo a un teórico 'hospital'. Yo todavía seguía con los ojos vendados y mi beba lloraba en el asiento. Después de muchas vueltas llegamos a lo que después supe era la Brigada de Investigaciones de Bánfield (pozo de Bánfield). Allí estaba el mismo médico que había atendido a Inés Ortega de Fossatti. En el auto cortó el cordón y me subieron uno o dos pisos hasta un lugar donde me sacaron la placenta. Me hicieron desnudar y frente al oficial de guardia tuve que lavar la camilla, el piso, mi vestido, recoger la placenta y, por fin, me dejaron lavar a mi beba, todo en medio de insultos y amenazas. Al entrar en el edificio me sacaron la venda de lo ojos diciendo que 'ya no hacía falta', por lo que todo lo demás fui viéndoles las caras..."

(....)

"Allí, en Bánfield, el régimen era mucho más estricto que en la comisaría 5a. de La Plata. Solamente salíamos de la celda para comer una vez cada dos días. En cada celda había 3 o más mujeres y el inodoro era una botella de lavandina cortada arriba. Yo conseguí que pusieran a Patricia Huchansky de Simón conmigo y mi beba, y ella me ayudó mucho en los primeros días en los que los dolores del puerperio no me dejaban en paz. Ella me contó que pocos días antes había atendido el parto de María Eloísa Castellini. Aunque gritaron pidiendo ayuda lo único que consiguieron es que las dejaran salir al pasillo a las dos y les alcanzaron un

305

cuchillo de cocina. Allí en el piso nació una hermosa beba a la que se llevaron unas horas después...".

(....)

"Por fin, el 28 de abril, y estando de guardia el mismo oficial que me había hecho lavar el piso, recibió la orden desde La Plata de liberarme. Era evidente que este 'señor' no estaba acostumbrado a liberar gente porque se puso muy nervioso...".

(....)

"Me dijo que 'no creyera todo lo que había visto y oído porque eso era para asustar un poco'. Esa misma noche me dejaron a cuatro cuadras de la casa de mis padres, con mi beba en brazos, vestida con camisón y ojotas, sin documentos y plagadas (las dos) de piojos. Prácticamente a la misma hora era liberado mi marido en La Plata".

Otro caso, en el cual encontramos, junto al horror, la solidaridad y el cumplimiento del deber en grado heroico, es el de Silvia Mabel Isabella Valenzi (Legajo 3741) quien, de acuerdo a varios testimonios, fue vista en el Pozo de Quilmes en enero de 1977 cuando estaba embarazada de cinco meses. Luego, el 1º de abril fue llevada por sus captores al Hospital Municipal de Quilmes donde, a las 3.15 horas del día 2, dio a luz una niña de 1,900 kg. a quien llamó Rosa. Tanto el parto como el nacimiento fueron registrados.

El Doctor J.M.B. (identidad y Matrícula Profesional en poder de la Justicia) a cargo en aquel momento de la Guardia de Obstetricia del Hospital Isidoro Iriarte de Quilmes, y que se presentara espontáneamente a declarar ante la Comisión Nacional, recuerda que en aquella fecha recibió:

"... a una persona con un embarazo de aproximadamente siete meses y medio, en franco trabajo de parto. Esta persona fue conducida al Hospital por personal uniformado de la Policía de la Provincia de Bs. As. quienes no se identificaron pero por las muestras de conocimiento que expresaba el personal de dicho Hospital el dicente supone pertenecían a la Seccional Primera de la zona. Entre ellos se encontraba un médico de la Policía, quien se identificó como Dr. Bergez, siendo conocido del dicente. Durante la estada de esta persona detenida en el Hospital el personal policial estuvo a su lado no permitiendo conversaciones entre las obstetras o el médico y la paciente. Sólo durante el momento del parto pudieron intercambiar algunas palabras".

(....)

"Inmediatamente luego del parto fue custiodada por la Policía y permaneció internada hasta la mañana en que fue llevada a una camioneta sin identificación y donde se la colocó acostada en la caja. Aquí intervino el Dr. Bergez nuevamente, acompañando su salida. La criatura quedó internada en la Sala de Neonatología, falleciendo como consecuencia del parto prematuro a los dos o tres días, según tuvo conocimiento el dicente a través de la historia clínica pediátrica, Servicio entonces a cargo del Dr. Pérez Casal".

Declara también el Dr. J. M. B., que habitualmente se ingresa a las parturientas en un Libro de Partos con datos de filiación e identidad, lo cual en esa oportunidad fue también completado.

"A posteriori, cuando el dicente estaba interesándose por conocer detalles de lo sucedido —a raíz de que toma conocimiento de que se está investigando lo acontecido con la criatura nacida en ese fecha— demanda el Libro de Partos llenado en ese entonces por la propia partera y encuentra el nombre correspondiente groseramente borrado y sobre raspado escrito N.N., pudiendo leer aún el nombre de Isabella Valenzi".

Hace notar el Dr. J.M.B. que:

"... esta operación de 'borrada' no fue realizada en el Libro de Pediatría, que se lleva simultáneamente con el de Partos, por lo que aún en éste se pueden ver los datos de la criatura bajo el nombre de Valenzi".

Las copias del Libro de Partos y del Libro de Pediatría del Hospital Isidoro Iriarte de Quilmes fueron remitidas el 14 de mayo de 1984 a la Comisión Nacional sobre la Desaparición de Personas, pudiendo comprobarse plenamente lo antedicho.

La joven, no obstante la permanente custodia, gritó su nombre y el de sus familiares, para que fuera oído por alguien con la esperanza de que se diera aviso a aquéllos, acerca de su situación.

Y como señaláramos antes, en este cuadro aparece la solidaridad y el altruismo de la partera María Luisa Martínez de González y de la enfermera Genoveva Fratassi.

La partera indicó a la Sra. Ema Salas de Ciabeglia que enviara a la madre de Silvia Mabel Isabella Valenzi dándole cuenta del parto y del nacimiento ocurrido en el Hospital. También la enfermera mantuvo una actitud humana y respetuosa de la vida, interesándose por la situación de la Sra. Valenzi. Como consecuencia de ello, los familiares de ésta se apersonaron a los pocos días en el Hospital y en la Brigada, donde la detención les fue negada. Por supuesto, habían trasladado a la Sra. Valenzi tan pronto dio el aviso en el Hospital.

La partera, señora de González, fue secuestrada el día 7 de abril de 1977 y la enfermera, Sra. Fratassi, delegada gremial en dicho Hospital, el día 14 del mismo mes. Ambas desde entonces permanecen en calidad de desaparecidas, existiendo testimonios que informan de su permanencia en el centro clandestino de detención Vesubio.

El Hospital Campo de Mayo

Pero, sin duda, uno de los hechos más oprobiosos que la Comisión Nacional pudo conocer e investigar sobre los alumbramientos en cautiverio de jóvenes desaparecidas, fue lo ocurrido en ciertos sectores del Hospital de Campo de Mayo y que necesariamente requiere un tratamiento propio.

En efecto, en dicho Hospital, ubicado en jurisdicción de la Provincia de Buenos Aires, se produjeron gravísimos hechos que han sido denunciados a la Justicia por la Comisión Nacional sobre la Desaparición de Personas el 14-VIII-84.

En el escrito pertinente expresamos: "a tenor de los testimonios recibidos, particularmente importantes dado que se trata de la declaración de seis médicos obstetras, cuatro parteras y dos enfermeras que, excepto una de las médicas, *trabajan hasta el día de hoy en el Hospital de Campo de Mayo,* y de un técnico radiólogo que, con el grado de cabo primero, prestó servicios en dicho Hospital durante los años 1976-1977, resulta lo siguiente:

a) los testigos reconocen unánimemente que en el Servicio de Epidemiología de dicho Hospital se alojaban detenidas cuyo ingreso no era registrado;

b) que estas detenidas eran mujeres en estado de gravidez;

c) que permanecían en estas dependencias vendadas o con los ojos cubiertos con anteojos negros y custodiadas;

d) que en la mayor parte de los casos eran sometidas a operaciones de cesáreas y que después del parto el destino de la madre y el hijo se bifurcaba, desconociéndose totalmente el lugar adonde eran trasladados".

"La plena coincidencia de los testimonios en estos puntos revela la gravedad de los hechos que derivan no sólo de la privación ilegal de la libertad de las personas que se encontraban recluidas en determinado sector del Hospital de Campo de Mayo, sino que dichas personas eran mujeres embarazadas que dieron a luz secretamente, presumiéndose que en la mayor parte de los casos los partos se precipitaron y se realizaron operaciones cesáreas..." (presentación de las denuncias a la Justicia por la Comisión el 14 de agosto de 1984 radicada ante el Juzgado en lo Criminal y Correccional de San Isidro, Dr. Mollard).

De los testimonios mencionados, el del Sr. C.C. (cuyos datos personales completos figuran en la respectiva presentación judicial) aporta una serie de datos por demás esclarecedores. El declarante, que se presentó en forma espontánea ante la CONADEP el 30 de enero de 1984, relata que siendo enfermero con grado de cabo primero, prestó servicio en el Hospital Campo de Mayo durante los años 1976 y 1977 y que pudo comprobar en las habitaciones individuales del servicio de Epidemiología, Sala de Hombres, la permanencia de mujeres embarazadas en trance de tener familia, atadas de pies y manos a las camas y con suero permanente para acelerar el proceso de parto. C.C. vio personalmente en esas condiciones a cuatro o cinco mujeres que creía eran extremistas, custodiadas por personal de Gendarmería Nacional, pero también tenía conocimiento por sus compañeros de servicio que había un movimiento permanente de embarazadas en esa sala y que el Sargento carpintero de apellido Falcón había violado a una de ellas siendo sancionado con diez días de arresto por este hecho pero que, luego de cumplirlos, había seguido normalmente en servicio. Agrega que, cuando llegaba el momento del trabajo de parto, las prisioneras eran transportadas, presumiblemente por la noche, al servicio de Ginecología y Obstetricia, cuyo jefe era el Mayor Caserotto, actualmente en el mismo cargo pero con el grado de teniente coronel, según entiende el denunciante. A través de comentarios generalizados del personal del Hospital sabe también que, una vez nacido el hijo, las prisioneras eran separadas del niño e inmediatamente desaparecían del Hospital de Campo de Mayo con destino desconocido. En cuanto a los niños permanecían en el servicio de nursery.

El testigo C.C. relata también que, estando de guardia, vio a las prisioneras embarazadas. Siempre tenían los ojos vendados y, por referencias, supo que después del parto eran llevadas a los hangares de Campo de Mayo. Recuerda que en una oportunidad fueron llevadas al Hospital alrededor de 40 o 50 personas de ambos sexos, encapuchadas y atadas de pies y manos hacia la espalda, completamente inmovilizadas. Fueron depositadas en la Sala General de Epidemiología del Pabellón de hombres por personal de Gendarmería y custodiadas por los mismos gendarmes. C.C. ignoraba el motivo por el cual aquel grupo de personas era llevado allí, pero fue testigo directo de su arribo en un día hábil de la semana, aproximadamente a las nueve de la mañana. Eran bajados de unos vehículos cerrados, especie de furgones, como si fueran bultos ya que carecían de todo movimiento y permanecieron tirados en el suelo de la Sala de Epidemiología, donde él los vio fuzgamente. Ubica aquella escena en los años 1976/77 aunque no puede recordar la fecha exacta.

A través de un enfermero que concurría al Hospital de Campo de Mayo, el testigo C.C. tuvo conocimiento que en el Comando de Instituciones Militares se formaban los llamados *Grupos de Tareas*, algunos de los cuales incluían enfermeros para brindar asistencia a los integrantes de dichos grupos.

Este enfermero era técnico radiólogo y su destino era la Escuela de Servicios General Lemos. En la actualidad tiene destino en el Comando de Sanidad con el grado de Sargento Ayudante.

También relata que todas las noches salía un avión de transportes Hércules del campo de aterrizaje de la base de Campo de Mayo. Era un tipo de avión inconfundible, que salía siempre con rumbo sur-este. La hora de salida era entre las 23 o 24 horas, regresando aproximadamente entre la 1.00 y la 1.30 horas de la madrugada, en un vuelo que no excedía una hora de duración. El rumbo que tomaban los vuelos hacía que el avión pasara entre la Escuela Sargento Cabral y el Hospital de Campo de Mayo. El testigo da fe de lo anterior por haberlo comprobado personalmente durante sus noches de guardia. Cuando estaba en su casa, en el barrio de suboficiales de Campo de Mayo también escuchaba el vuelo del mismo avión y lo comentaba con su esposa. En tales ocasiones no escuchaba el regreso por encontrarse durmiendo.

Estos vuelos diarios, que excepcionalmente dejaban de escucharse o verse, eran motivo de comentario entre el personal del Hospital. Se decía que llevaban personas que eran tiradas al mar. Y con referencia a las 40 o 50 personas que viera C.C. una mañan en la Sala de Epidemiología, lo que más llamó su atención fue el completo silencio e inmovilidad de las mismas aunque era evidente que estaban con vida por la falta de rigidez que presentaban.

El 3 de mayo de 1984 se presentó ante la CONADEP el Dr. M. S. (legajo N° 6514), cuyos datos completos figuran en la presentación judicial respectiva, quien manifestó que ingresó como médico concurrente al servicio de Ginecología del Hospital Militar de Campo de Mayo y luego como médico de planta y que a partir de 1976 tomó conocimiento directo de la existencia de mujeres embarazadas denominadas N.N., que se encontraban en instalaciones alejadas del Servicio de Ginecología. Añadió que en ese período comenzó a hacer guardias de 24 horas, con lo que amplió sus informaciones sobre este tema. En efecto, pretendieron entonces obligarlo a asistir y revisar a esas mujeres, a lo cual el Dr. M. S. se negó sistemáticamente y aunque no entró nunca en la Sala en cuestión pasó cerca de ella y pudo ver que estaba dotada de vigilancia con guardia armada, como si fuera una celda. Quien ordenaba al Dr. M. S. visitar a esas internas era el médico militar Dr. Julio César Caserotto que resultaba evidentemente responsable médico de tales embarazadas.

El Dr. M.S. manifestó ignorar el destino que pudieran tener tanto las madres como sus hijos porque nunca observó nada personalmente en ese sentido. Sin embargo, por comentarios supo que en horas de la noche se practicaban operaciones cesáreas a las internas que llegaban a término y en este sentido recuerda que, en una oportunidad, el mayor médico Dr. Caserotto con unas "copas de más", comentó lo siguiente: "Qué bueno sería practicar en las N.N. la cesárea extraperitoneal", aludiendo a una técnica operatoria que no era habitual.

En una oportunidad estando de guardia, fue llamado desde el Servicio de Guardia General para revisar a dos N.N., es decir a dos mujeres embarazadas, a las que el declarante vio. Tenían los ojos cubiertos con anteojos negros y estaban acompañadas por cuatro personas de civil con aspecto de pertenecer a algún servicio de Seguridad o Inteligencia. Las habían llevado allí para que se determinara si estaban realmente embarazadas. Como en ocasiones anteriores el Dr. M.S. se negó a revisarlas.

De acuerdo al testimonio de este facultativo, en dos oportunidades, estando de guardia, vio a niños pequeños con el personal del Servicio de Obstetricia. La primera vez eran dos chiquitos de 3 y 5 años aproximadamente, muy parecidos, por lo que dedujo serían hermanos. En la segunda oportunidad, una de las monjas tenía consigo a una criatura de aproximadamente 2 años, que lloraba pidiendo a su madre. En ambas oportunidades el Dr. M.S. preguntó qué hacían esos niños allí y se le contestó que habían "entrado" durante la noche y que no había otros datos al respecto. Al pasar algunas horas más tarde por ese lugar, los chicos ya no estaban.

El Dr. M.S. permaneció en el Servicio de Obstetricia y Ginecología del Hospital de Campo de Mayo hasta 1980 y destacó en su declaración que está casi seguro que en aquel año todavía continuaban allí los casos de N.N. embarazadas. En Ginecología todos eran médicos civiles al igual que en Obstetricia, salvo el Mayor Caserotto ya mencionado y otro médico militar que apareció hacia 1978 y tenía la pretensión de "mejorar la raza" y que era una persona muy exaltada y excitada de la cual el Dr. M.S. tiene referencias como activo participante de la lucha contra la subversión. Los médicos civiles mantenían la misma actitud que el Dr. M.S. (por lo menos aquellos que integraban el plantel de Ginecología) al no prestarse a colaborar en prácticas obviamente irregulares que ocurrían en el sector mencionado.

Los testimonios de otros cuatro médicos declarantes ante la CONADEP coinciden plenamente con los testimonios del cabo enfermero C.C. y del Dr. M.S. Todos concuerdan también en que el Dr. Julio César Caserotto, Jefe del Servicio de Maternidad, impartía las órdenes.

La Comisión Nacional dirigió entonces al Mayor médico Dr. Julio César Caserotto un cuestionario con preguntas que se formularon por oficio dirigido al Sr. Jefe del Estado Mayor del Ejército. Con fecha 10 de junio del corriente año el Dr. Caserotto contestó el cuestionario y en sus respuestas reconoce haberse desempeñado como Jefe del Servicio de Maternidad de Campo de Mayo durante el período que transcurre desde de enero de 1977 hasta diciembre de 1983. Señala también que tuvo conocimiento del ingreso de personas enfermas en el Servicio de Epidemiología pero que "ignora si eran o no registradas" y manifiesta "desconocimiento de los otros hechos sobre los que se lo interroga".

También se ha enviado a la justicia el testimonio de las obstetras que se desempeñaban (lo siguen haciendo) en el Hospital de Campo de Mayo. Estas profesionales señalaron que declaraban con la autorización de sus superiores.

La señora Lorena Josefa Tasca (Legajo Nº 6522) manifestó el 5 de abril/84 a la CONADEP que en 1978 fue comisionada para atender a una parturienta que se encontraba en la Cárcel de Encausados de la Guarnición de Campo de Mayo. Fue trasladada en una ambulancia en compañía de un médico cuyo nombre no recuerda. Vestía su acostumbrado uniforme pero sin el membrete con su nombre en la parte superior ya que le habían ordenado que se quitara la identificación. La parturienta se encontraba sola en una habitación, no tenía los ojos vendados, aparentaba alrededor de 30 años, morocha, de contextura delgada y baja estatura. La señora de Tasca no recuerda si el embarazo era de 5 ó 6 meses. La parturienta estaba tranquila y manifestó no necesitar nada. Después de verificar su estado, la obstetra se retiró del lugar e informó de los hechos a su jefe el Dr. Caserotto.

En otra oportunidad, en el propio Hospital de Campo de Mayo, en las piezas del fondo de la Sección Epidemiología la Sra. de Tasca recuerda que había una "puérpera cesareada", o sea que ya había sido operada. Esta señora estaba sin venda en los ojos y con su bebé en la cuna a su lado. La partera concurrió a aquella habitación porque el Dr. Caserotto le solicitó que lo acompañara a realizar la curación correspondiente.

También llevaron a otra enfermera. Relata la Sra. de Tasca que la joven madre se encontraba en perfecto estado y que el Dr. Caserotto expresó que pronto la podrían dar de alta. Había además allí otra señora vestida de civil que no se presentó y que se mantuvo de pie todo el tiempo.

También en su declaración, la partera recuerda un tercer caso ocurrido durante una guardia. En horas de la madrugada fue llamada por una enfermera para asistir a un parto. La señora de Tasca pensó que se trataría de una parturienta llegada desde el exterior de Campo de Mayo cosa que ocurría con frecuencia. Para su sorpresa, al entrar a la sala de parto, se encontró con una embarazada que tenía los ojos vendados, sobre una camilla. En la habitación se hallaban, además, dos soldados y una tercera persona uniformada que aparentemente comandaba el grupo y que nada dijo. Esta última persona que vestía ropa de fajina le dio la orden de atender el parto, lo que la testimoniante hubiera hecho de todos modos por una elemental razón de humanidad. El parto fue normal, cayéndose la venda de la parturienta durante el transcurso. Al terminar el parto quien comandaba el grupo preguntó a la Sra. Tasca si todo estaba en orden a lo cual ella contestó que en aquel momento efectivamente así era. La declarante manifestó ante la CONADEP no saber cuál fue el destino posterior de ese bebé, aunque, dijo, lo normal era llevarlo a la nursery. La partera tampoco recuerda el sexo del bebé que entregó a la enfermera. Recuerda, en cambio, que por pedido del director las internas estaban perfectamente atendidas.

Otra obstetra, la Sra. Margarita Allende Vda. de Bottone (Anexo VIII, en la presentación judicial de la CONADEP), testimonia que durante sus guardias de los sábados, en los años de la represión, tuvo la ocasión de ver a niños que, según información del personal de enfermería, eran hijos de "subversivas" que habían dado a luz en el Hospital de Campo de Mayo.

También recuerda haber acompañado a su jefe, el Dr. Caserotto, en tres oportunidades al reconocimiento de pacientes detenidas y que ellas se encontraban en el pabellón de Epidemiología de hombres en unas salitas "aparte".

Por su parte la Sra. Rosalinda Salguero (Anexo XII, en la presentación judicial de la CONADEP), manifestó que "la particularidad de esas pacientes era que no se consignaba ni el nombre ni el apellido de la paciente sino que figuraban en las planillas solamente dos letras "N.N.".

En este sentido cabe asimismo consignar el grave testimonio de la Sra. Nélida Elena Valaris (Legajo N° 6372), quien manifestó que en razón de sus tareas profesionales tuvo conocimiento de que existían personas detenidas de identidad desconocida en el Hospital de Campo de Mayo y que tuvo contacto con las mismas cuando, acompañando al Dr. Caserotto u otro médico militar, controló estos embarazos sin recordar a cuántas personas atendió. Pero, en una oportunidad —cree fue agosto de 1977— recibió la orden de atender un parto. La paciente se encontraba en la enfermería de la Cárcel de Encausados de Campo de Mayo, camino a Don Torcuato. La Sra. Valaris se había negado rotundamente a ir pero tuvo que cumplir la orden emanada de la Dirección, es decir, del Dr. Di Benedetto. Al llegar a la cárcel se encontró con mucha gente vestida de fajina que le indicó el camino hasta el sector de Enfermería donde se encontraba la parturienta. Era una muchacha rubia de unos treinta años, con los ojos vendados con venda de gasa como en los otros casos. No manifestó dolor y el parto se desarrolló normalmente. Durante todo el tiempo los hombres de custodia, también con traje de fajina verde, y los otros vestidos de civil, permanecieron inmutables en el lugar. La Sra. Valaris manifestó también que el hecho se le quedó grabado porque la situación la desbordó tanto por la cantidad de custodios y uniformados que había allí como por las condiciones en las que se llevaba a cabo el parto. Finalmente, nació un niño varón. Declaró no saber más nada sobre el hecho pues apenas terminada su tarea fue introducida en una camioneta que la llevó de vuelta al Hospital.

Las Familias - Las Abuelas

La situación de los familiares de las prisioneras en estado de gravidez era harto angustiante y peculiar.

Así, como en muchos otros casos, la Sra. Estela B. de Carloto —Vicepresidenta de Abuelas de Plaza de Mayo— (Legajo N° 2085), recibió a través de una carta anónima de quien había compartido el cautiverio con su hija Laura Estela, noticias de que ésta se encontraba bajo "Fuerzas de Seguridad" y con su marido, también secuestrado. Posteriormente, se enteró a través de una persona liberada:

"que su embarazo continuaba adelante, que nos mandaba un mensaje a su papá y a mí para que estuviéramos atentos al momento en que naciera su bebé, que iba a ser en Junio de 1978, que lo buscáramos en la Casa Cuna y que, si era varón, le iba a poner el nombre de mi esposo: Guido. Cuando llegó la fecha aproximada del nacimiento de mi nieto yo, en ese momento, estaba ejerciendo como docente y me jubilé para poder criarlo. Como si fuera su madre comencé a preparar su ajuar. Yo tuve cuatro hijos, Laurita era la mayor. Comencé a hacer lo que ella me había mandado decir: buscar el bebé en la Casa Cuna de La Plata, de Buenos Aires, en los Juzgados de Menores, en todo lugar donde pudiera haber pasado algún chiquito, siempre con resultados negativos, sin ninguna respuesta. Mientras tanto, el 25 de agosto de 1978, recibimos en mi domicilio de La Plata una notificación de la Comisaría de la zona donde se nos citaba a los padres de Laura Estela Carlotto a la Subcomisaría de Isidro Casanova. Con carácter de urgente y a efectos "que se le notificarán". Nada más. Pensamos que podríamos dar con ella, con el bebé. También pensamos que ya era la muerte"

"Llegamos y efectivamente, el Subcomisario, respondiendo a directivas del área operacional 114 nos muestra un documento, el documento de mi hija, en perfecto estado y nos pregunta si somos familiares de esa persona. Le dijimos que sí, que éramos los padres y nos informa de su fallecimiento. Por supuesto que no fue fallecimiento sino un asesinato frío y premeditado por parte del Ejército".

"Mi hija había sido asesinada en la madrugada del 25 de agosto fraguando una mentira enorme: de que iba en un automóvil y no acató la orden de detención y por lo tanto fue eliminada".

"No pude verla. No me dejaron verla. Mi esposo y familiares me dijeron que me quedara con la imagen que tuve siempre de ella. Ese rostro feliz, ese rostro de una joven argentina pujante, idealista, luchadora. Porque tenía el rostro destrozado por un itakazo disparado a quemarropa. Y tenía el vientre también destrozado, seguramente para que no pudiera comprobar el nacimiento de mi nieto".

"Cuando pregunté al Subcomisario por el bebé, él me dijo que desconocía totalmente la existencia de algún niño... Por gente liberada he sabido que es un varón, que nació el 26 de junio de 1978. Hace poco ha cumplido seis años. Yo lo sigo buscando. Lo seguiré buscando todos los días de mi vida."

Idéntico espíritu demuestran las demás Abuelas de Plaza de Mayo que, como antes dijimos, en una larga vigilia y con similar congoja cumplen una constante labor:

"En ese largo caminar nos encontramos las Abuelas —relata ahora su Presidenta, la Sra. María Isabel Ch. de Mariani—, organizamos un grupo para buscar a los niños desaparecidos, primero pensando que éramos pocas y el terror fue tremendo cuando nos enteramos que éramos cientos. Porque aún estamos recibiendo denuncias. Hace más o menos unas semanas han llegado tres denuncias más de niños desaparecidos en aquella época. Mi nieta Clara Anahí Mariani fue buscada minuto a minuto, día por día, pero siempre se me negó toda información sobre ella... Incluso al desaparecer ella en el procedimiento en el que mataron a mi

nuera, Diana Teruggi, yo me paraba frente al Regimiento 7 de La Plata y esperaba que me la dieran. De noche esperaba en casa a que tocaran el timbre y me
entregaran a la nena que tenía entonces tres meses de edad. Acudí a la Comisaría
5ta. que ahora sé que fue un campo de concentración. Hablé con el Comisario.
Realmente no sé cómo tuve el coraje de entrar sola allí. Realmente era porque no
sabía lo que pasaba en aquel lugar. Me recibió, fue uno de esos milagros, y me dijo que la nena estaba viva, que la buscara pero que iba a negar siempre si yo lo decía".

Privados de su identidad para que sus familiares no pudieran reconocerlos, y recluidos en orfanatos, algunos niños se vieron marginados de toda vida social y familiar.

"A mediado del mes de mayo de 1977 en el domicilio donde vivían mi hermana
Lucinda Delfina Juárez con su hijo de tres años de edad Sebastián Ariel Juárez,
irrumpe personal del Ejército vestido con uniformes militar verde oliva, fuertemente armado, que rodea la manzana y se desplaza en vehículos militares. La casa
estaba situada en calle Tatai de Claypole —Buenos Aires—"

Así comienza su relato Juan Carlos Juárez (legajo N° 3978):

"El pequeño Sebastián, su sobrino, fue dejado en casa de un vecino después del
ataque a la vivienda. A los pocos días el vecino dejó al niño en el Juzgado de Menores N° 1 de Lomas de Zamora a cargo de la Jueza Martha Pons, quien lo inter-
nó en el Hogar "Casa de Belén" sin efectuar ningún tipo de averiguaciones sobre
su identidad, conociendo sin embargo las circunstancias del hecho. En ese orfana-
to transcurrió la primera infancia de Sebastián, que convive con doce niños más
hasta el momento de su localización. El inconveniente residía en que el niño figuraba en el expediente del Juzgado bajo otra identidad, a pesar de que constaba con
lujo de detalles el operativo del cual provenía el menor. Deliberadamente se
había omitido la diligencia de publicar la fotografía del menor, para evitar que la
familia pudiera reencontrarse con la criatura. Durante todos esos siete años, Sebastián vivió sin saber quién era, y lo que es más doloroso, sin amor, sin cuidados,
sin saber tampoco qué devendría. La tesonera búsqueda de su familia hizo que el
22 de mayo de 1984, Sebastián Ariel Juárez se reintegrara a su familia legítima".

En este caso como en el que se relata a continuación se demuestra cómo se puede avanzar en la reparación de los graves daños producidos por la
represión y en la investigación de los hechos, cuando todo el esfuerzo de las
instituciones estatales se encamina coordinadamente hacia ese objetivo:

En el mes de febrero de 1984, se recibió en la CONADEP (Legajo N°
3014) una nota remitida por familiares de Horacio B. y Margarita D. solicitando se averiguara el paradero de los mismos y de sus hijas, Mariana y Liliana, de quienes se carecía de noticias desde el año 1977. Posteriormente,
en mayo del corriente año, se recibió en la CONADEP una denuncia remitida por la Delegación Mar del Plata en la cual la denunciante relataba que

en los primeros años de 1978 había visto publicadas en un diario de La Plata fotografías de dos niñas de las que se requerían referencias y a quienes la denunciante identificaba como las hijas de Horacio B. y de Margarita D. Por otra parte decía que Horacio B. había muerto en un operativo militar y que Margarita había sido secuestrada. Dicho operativo se habría realizado en noviembre de 1977 en la esquina de las calles 25 de mayo y Venezuela de la localidad de Ensenada. Ambas denuncias fueron remitidas por la CONADEP a la Comisión sobre Menores Desaparecidos de la Secretaría de Desarrollo Humano y la Familia, tal como había quedado establecido desde que se inició una labor conjunta de intercambio de datos. Integrantes de esa Comisión concurrieron a los archivos del diario "El Día" de La Plata, pudiendo comprobar que la referida publicación había sido realizada en virtud de una solicitud formulada por el Tribunal de Menores N° 2 de la ciudad de La Plata.

En ese tribunal se revisó el expediente respectivo, de donde surgió que el 27 de noviembre de 1977 *habían sido dejadas en el Hospital de Niños, por razones desconocidas, dos niñas de corta edad.*

En la localidad de Ensenada, en las calles 25 de mayo y Venezuela, se entrevistó a vecinos del lugar y se pudo recabar información sobre un procedimiento realizado por fuerzas militares en el mes de noviembre de 1977.

Los vecinos relataron que en esa fecha personal uniformado perteneciente al Regimiento 7 de Infantería de La Plata efectuó un operativo en el que resultaron muertas dos personas de sexo masculino y retirada una mujer a quien reconocían como Margarita D. Luego del procedimiento un automóvil no identificado retiró a las hijas de Margarita D., llevándolas con destino desconocido. A poco de concretado el hecho, personal uniformado arribó al lugar en un camión del Ejército y procedió a retirar de la vivienda el mobiliario y elementos personales de los moradores. Los efectos que fueron desechados se quemaron en la vía pública a la vista de los vecinos.

Los testigos de los hechos reconocieron las fotografías que les fueron exhibidas por personas de la Comisión. Se efectuó además un viaje a la ciudad de Mar del Plata para entrevistar a la persona que había remitido la información que dio origen a la investigación. La precisión de la fecha y hora del operativo, que proporcionó este testigo, es lo que llevó a la convicción de que las niñas abandonadas en el Hospital de Niños de La Plata eran Mariana y Liliana B. pues fueron dejadas en dicha institución el día 27 de noviembre (último domingo) a las 18.00 horas es decir tres horas después de cumplido el objetivo.

En el expediente obrante en el Tribunal de Menores que intervino en el caso consta que la búsqueda efectuada resultó infructuosa en aquel momento. Ninguna persona se presentó a dar información, a pesar de las publicaciones realizadas en los diarios. El Tribunal procedió entonces a entregar a las menores en guarda provisoria a un matrimonio de La Plata, el cual, un año después y con intervención de otro Juzgado de esa ciudad, tramitó y obtuvo la adopción plena.

La información obtenida por la Comisión de la Secretaría de Desarrollo y Familia fue puesta en conocimiento de la CONADEP. Tomó intervención personal el Diputado Santiago López, quien, acompañado por integrantes de la Comisión de la Secretaría, se entrevistó con la Jueza a cargo del Tribunal de Menores mencionado, y, en presencia de ella, con los padres adoptivos de las menores.

Se acordó en dicha reunión, con la conformidad de los padres adoptivos de las pequeñas, la realización de pruebas de sangre en la Unidad de Inmunología del Hospital Durand de esta Capital, lo que fue ordenado por el Juzgado.

Asimismo, por gestión del Diputado López, integrantes de la Secretaría viajaron a Trelew a ponerse en contacto con familiares de Horacio B. y de Margarita D., a quienes informaron sobre las actuaciones y propusieron la realización de los exámenes de sangre necesarios. A solicitud de la CONADEP las Dras. Di Lonardo y Yamamoto, del Servicio correspondiente del Hospital Durand, viajaron a Trelew, extrayendo las muestras de sangre correspondiente a los familiares radicados.

En este momento se está a la espera de los resultados definitivos que acrediten la filiación.

Secuelas en los niños

Muchas mujeres embarazadas fueron secuestradas —como se consigna en otro punto de este informe— y durante su cautiverio sufrieron toda clase de vejámenes. Algunas obtuvieron la libertad y pudieron dar a luz en sus domicilios o en hospitales. Sin embargo, tanto ellas como sus niños reflejaron después las secuelas de ese "descenso al infierno". Secuelas difícilmente superables aun con tratamientos clínicos y psicológicos que en todo caso demandan por parte de la madre y del niño un enorme esfuerzo para su reinserción familiar y social.

En los siguientes testimonios omitimos los apellidos de los damnificados. La lectura de los casos será suficiente para comprender por qué.

Gladys de H. (Legajo Nº 4178) fue secuestrada en el año 1979, detenida en un centro clandestino y allí sometida a tortura pese a estar embarazada de seis meses. De esas torturas, las más graves imaginables: fue violada, picaneada, golpeada sistemáticamente y una vez ligeramente repuesta de nuevo conducida al mismo "tratamiento". Quedó en ella, en su cuerpo y en su psiquis, una marca imborrable.

"(..)"
"No podía conciliar el sueño. Todo volvía a repetirse una y otra vez. Todo desde los alaridos de mis compañeros de infortunio hasta los míos propios..."

A los tres meses de liberada, nace en término normal su hijo Darío H. Pero como resultado de la tortura que sufriera su madre durante el embarazo el niño acusa al poco tiempo, un desequilibrio neurovegetativo, que se conoce como "hipoacusia bilateral". Desde el momento en que la Sra. de H. se presentara a esta Comisión a formalizar su denuncia fue atendida por personal especializado, quien, al tener una caracterización pormenorizada del caso, lo presentó en el Hospital de Agudos "Cosme Argerich". El niño fue internado y sometido a exámenes psicofísicos a fin de obtener un diagnóstico clínico para su derivación pertinente. Se realizó una interconsulta en el mencionado Hospital con el Servicio de Psicopatología a cargo del Doctor Coquet, pasando el grupo familiar a tratamiento por el Servicio de Psicopatología en el Centro de Salud Mental 2, donde se llega al diagnóstico presuntivo de *un niño con secuelas de guerra*. Recién podría darse, según los especialistas, un pronóstico certero de la evolución del caso, después de un tratamiento psicoterapéutico de la madre y del niño para lograr una exitosa rehabilitación y socialización de ambos. Por otra parte, los médicos tratantes del Centro Médico de Investigaciones Clínicas llegan a la conclusión de que la patología clínica sería el resultado de la aplicación de shocks eléctricos a la madre al momento de la gestación del niño, lo que provocó la formación de hematomas que harán crisis a medida que el niño pase por las diversas etapas de su desarrollo evolutivo. Cabe sin embargo destacar que a partir de haber recurrido a un organismo estatal como es esta Comisión (la cual les brindó un marco referencial en cuanto a instituciones médicas especializadas y sobre todo los ayudó a integrarse socialmente sacándolos de la marginalidad en que la situación los había colocado), se observa una evolución favorable en la madre y el niño, en las relaciones entre ambos y hacia el resto de la sociedad.

Por su parte, los niños que han presenciado la detención ilegal de sus padres en el propio hogar —lo que ocurrió en muchísimos casos— con irrupción violenta de grupos armados, han sido testigos de gravísimas situaciones que luego les han provocado necesariamente severos trastornos de personalidad.

A veces no han podido sobrevivir a tales circunstancias, como ocurrió en el caso del niño Marcelo Barbagallo que, en abril de 1976, sufrió el abandono forzado de sus padres, detenidos en su hogar junto a su hermana Elena Isabel de 19 años y su prima Nora Chelpa de 22 años, embarazada. Durante el episodio Marcelo fue sometido a malos tratos por parte de quienes efectuaban el procedimiento, que durante dos horas permanecieron en la casa saqueando todo tipo de bienes: radio, sábanas, televisor, dinero, etc., siempre en presencia del niño.

Desde entonces el menor quedó bajo la custodia de su abuela materna de 70 años de edad. Esta relata que su nieto pasaba largas horas frente a la ventana aguardando el regreso de sus padres. Desde la ausencia forzada de éstos, Marcelo Barbagallo comenzó a dormir en el mismo lecho con su abuela. Nunca más tuvieron noticias de sus padres y familiares.

En octubre de 1982, su abuela lo encontró muerto al despertar. En el acta de defunción consta "paro cardíaco"; tenía sólo 12 años.

Cada vez que los niños sufrieron en carne propia la tortura, cuando vieron torturar a sus padres entraron en el universo del horror, las consecuencias fueron imprevisibles, llegando en el siguiente caso a producirse fenómenos tan inesperados como el suicidio de criaturas de corta edad.

Alicia B. Morales de Galamba (Legajo N° 5187) hace este patético relato:

"Vivía en Mendoza con mis hijos, Paula Natalia y Mauricio de un año y medio y dos meses respectivamente. Con nosotros vivía también una amiga, María Luisa Sánchez de Vargas y sus hijos Josefina, de cinco años y Soledad de un año y medio. El 12 de junio de 1976 alrededor de las 23 hs., estábamos María Luisa y yo en la cocina, cuando escuchamos golpes y vimos irrumpir en la cocina de nuestra casa, donde estábamos, un tropel de gente. Sin darnos cuenta ni tomar conciencia de la situación, nos golpearon y nos vendaron. Ante el estrépito y las voces, los niños se despertaron llorando frenéticamente. Los hombres revolvieron toda la casa rompiendo lo que encontraban a su paso mientras me preguntaban repetidas veces por mi marido. Cada tanto hacían ruido seco con el cerrojo de sus armas como si fueran a dispararlas. El terror se había ya instalado y no nos dejaba respirar. Era un terror creciente en medio de los gritos de los pequeños cada vez más enloquecedores. María Luisa y yo los tomamos en brazos tratando de calmarlos. Habrían transcurrido unos veinte o treinta minutos cuando nos hicieron salir de la casa y nos introdujeron a todos en un coche, tal vez un Falcon, y nos llevaron a lo que según supe después, era el D. 2 o sea el Palacio Policial de Mendoza. Nos metieron en un recinto vacío y por varias horas se llevaron a Mauricio, mi hijo de dos meses. Sentí entonces que el mundo se partía. No quería vivir. Ya ni siquiera lloraba. Tirada en el piso, me había ovillado como un feto. Recién después de varias horas me devolvieron a Mauricio, mi hijo de dos meses, y poco a poco me fui recobrando. Durante dos días los cuatro niños quedaron con nosotras. Josefina y Paula no aguantaban el encierro. Lloraban y golpeaban la puerta pidiendo salir. En un momento dado uno de los carceleros sacó del lugar solamente a Josefina. Fue un nuevo tormento. No sabíamos qué querían hacer con la pequeña. Cuando la devolvieron —al cabo de un par de horas— Josefina nos contó que la habían llevado a la terminal de ómnibus para que reconociera "gente". Tiempo después vinieron a llevarse a los cuatro niños que fueron entregados a sus respectivos abuelos. Después nos separaron a María Luisa y a mí, aunque seguimos estando en el D. 2. Un día uno de los carceleros me informó que traerían a María Luisa a mi celda. Me alegró poder verla de nuevo, aunque temía por su estado. María Luisa era realmente otra persona, el dolor la había envejecido. Me contó llorando que gracias a unas prostitutas había podido ver en los primeros días, poco después que nos separaron, a su marido, José Vargas. El también había estado detenido allí. Actualmente figura como desaparecido. En esa entrevista José le contó a su esposa que la hijita de ambos, Josefina, había estado presente en una de las sesiones de torturas. La habían hecho presenciar el sufrimiento de su padre, para que éste hablara. Eso debió ocurrir calculo entre el 12 y 14 de junio y en el momento en que sacaron a Josefina de la celda en que estaba con nosotras. Pero el relato de María Luisa no acabó ahí. Lo que escuché después fue tan terrible que aún hoy siento como entonces que de todos los dramas que pueda vivir una persona, no debe haber otro peor que ése... Hace unos días, me dijo, me llevaron a la casa de mis padres, en San Juan. Realmente creí que era para darles satisfacción a los viejos, mostrarles que estaba viva y hacerme reanudar el contacto con las niñas. Pero no, me llevaban para asistir a un velorio. ¿Y sabés de quién era? De mi mayorcita, de mi Josefina. Cuando María Luisa le preguntó a su padre, el Dr. Sánchez Sarmiento, defensor de la justicia Federal, cómo había ocurrido semejante hecho, éste le contó que a los pocos días de llegar, la niña había sacado del cajón de un mueble el arma que el abuelo tenía en su casa, y se había disparado un tiro".

Denuncia Juan Enrique Velázquez Rosano (Legajo Nº 2628):

"...Ya que yo contestaba en forma negativa comenzaron a golpear a mi compañera con un cinto, tirones de pelos y puntapiés a los niños Celia Lucía, de 13 años, Juan Fabián de 8 años, Verónica Daniela de 3 años y Silvina de solamente 20 días... A los chicos los empujaban de un lado a otro y les preguntaban si iban amigos a la casa. Luego de maltratar a mi compañera tomaron a la bebita de solamente 20 días, la agarraron de los piecitos cabeza abajo y la golpearon diciéndole a la madre: '...si no hablás la vamos a matar'. Los niños lloraban y el terror era mucho. La madre les imploraba, gritando, que no tocaran la beba. Entonces decidieron hacer 'el submarino' a mi compañera delante de los niños, mientras al mismo tiempo me metían a mí en otra pieza.

"Hasta el día de hoy no he sabido nada de mi compañera Elba Lucía Gándara de Castromán, nacida el 12 de octubre de 1943 en Mercedes, República Oriental del Uruguay, madre de nuestros cuatro hijos: Celia Lucía, Juan Fabián, Verónica Daniela y Silvina..."

Elena Alfaro (Legajo Nº 3048) habla en su testimonio sobre el Vesubio, de los detenidos que vio en ese Centro Clandestino, cita entre ellos a Capello Jorge Antonio, su compañera Irma Beatriz Márquez y al hijo de esta última *Pablito Márquez*.

"...Capello fue trasladado primero —dice un testimoniante—. Pablito fue torturado delante de su madre y luego trasladado (según se comentaba en el Campo) a un reformatorio. Irma Beatriz fue trasladada dos meses después que su hijo. Pablito fue torturado bajo la excusa de que su madre no había entregado la escritura de su casa, que las fuerzas de represión querían negociar..."

Elsa Norma Manfil (Legajo N° 7018) denuncia ante esta Comisión:

"...El 26 de octubre de 1976 a las seis de la mañana, ametrallaron el departamento de mi hermano, situado en el 3er. piso en calles Posadas y Lucena de Villa Domínico, Pcia. de Bs. As. Todos dormían a esa hora, mi hermano, Carlos Laudelino Manfil y sus cuatro hijos menores, Carlos Alberto, Ariel Cristian, Silvia Graciela y Karina Manfil. Los vecinos dicen que primero golpearon la puerta y que ante la tardanza en abrir la atacaron a balazos con fuego de ametralladoras. Dicen que siguieron después baleando en el interior de la casa y como consecuencia mataron a mi hermano, a su esposa y al hijo de 8 años. A Karina la hirieron en una pierna, según supimos después la internaron en el Hospital Finocchietto, en Sarandí. Le pusieron una custodia policial. Ese mismo día a las siete de la tarde, avisada de lo ocurrido por el vecindario, me apersoné y traté de averiguar. En la puerta del departamento, había varios individuos fuertemente armados y con uniforme de fajina del ejército. Cuando me vieron me apuntaron con sus armas y me instaron a seguir subiendo y a no detenerme en ese piso. Enseguida quisieron saber mi nombre. Dije que era una vecina, que conocía a la familia que vivía allí y que deseaba saber lo ocurrido. A los dos días la madre de Angélica recibió una citación para que fuera a reconocer los cadáveres en la morgue del Cementerio de Avellaneda. Fue ella, la suegra de mi hermano, la que se hizo cargo de Karina, a la cual retiró del hospital donde estaba internada. También quedaron bajo su guardia los pequeños Silvia Graciela y Ariel, quien entonces contaba sólo seis meses de edad".

Silvio Octavio Viotti (Legajo N° 5473) relata del siguiente modo el impacto que le causaron —estando él en prisión— los golpes y tormentos infligidos a una menor:

"...El día 5 de diciembre de 1977 me detuvo personal del Ejército, sacándome de la granja quinta de mi propiedad, ubicada en Villa Gran Parque, Guiñazú, Córdoba. Sin que mediara interrogatorio soy llevado a un lugar de detención, que, según supe luego era el Campo de La Ribera. Allí permanecí dos meses y veintiocho días como detenido-desaparecido. Estando en el calabozo, el día 19 de diciembre trajeron a una mujer de unos 21 años de edad, con una hermanita de unos 11 años de edad. Las pude ver perfectamente cuando pasaron por el pasillo ya que en ese momento estaba destabicado. Esa noche fue espantosa. Hasta la madrugada, las mujeres fueron interrogadas y golpeadas. Todavía me parece que estoy escuchando los alaridos de dolor de la más pequeña..."

La identificación

Los adelantos de la ciencia realizados en estos últimos años han sido de inestimable importancia en la identificación de los niños desaparecidos.

Desde el comienzo de su largo peregrinar, las Abuelas de Plaza de Mayo tomaron contacto con distintas instituciones científicas de Suecia, Francia y los Estados Unidos.

En 1982 entraron en comunicación con la American Association for the Advancement of Science (Asociación Americana para el Avance de la Ciencia) con sede en Washington y con el Dr. Fred Allen (uno de los miembros del equipo de investigadores que logró el cambio de sangre de niños que poseen al nacer el grupo RH negativo) en el Blood Center (Centro de Sangre) en Nueva York. A partir de allí se inician trabajos destinados a la inclusión de los niños en las familias de las que faltan los progenitores. Se busca la filiación con los abuelos (índice de "abuelismo"). También puede efectuarse con tíos u otros parientes de ambas ramas.

Para determinar la identidad y filiación de los niños desaparecidos se utilizan los estudios hematológicos que consisten en la averiguación de los marcadores genéticos a través de las siguientes pruebas:

a) equipos sanguíneos
b) proteínas séricas
c) H.L. o histocompatibilidad
d) enzimas séricas

El resultado de estos exámenes constituye una prueba concluyente de determinación tanto de identidad como de filiación. A esto puede sumársele la nueva experiencia de recomposición de rostros a través del tiempo, por medio de la computación, tal como acaba de experimentar un grupo de científicos del Instituto Técnico de Massachussetts (M.I.T.).

Uno de los casos en el que han podido aplicarse las técnicas y conocimientos de los médicos forenses argentinos y norteamericanos es el de la familia Lanouscou.

Las Abuelas de Plaza de Mayo tomaron conocimiento de cinco partidas de inhumación correspondientes a tres niños y sus padres. Por las fechas y el lugar supieron que correspondían a Roberto Lanouscou, a su esposa Bárbara de Miranda de Lanouscou y a sus hijos Roberto de 5 años, Bárbara de 4 y Matilde de 6 meses de edad. Todos ellos buscados infructuosamente por sus familiares. Las partidas figuraban como N. N. firmadas por el Dr. Roberto Enrique Bettale, oficial principal médico de la Policía de Buenos Aires, con fecha 5 de septiembre de 1976.

Inmediatamente las Abuelas se presentaron ante el Juez de Menores de San Isidro, Dr. Juan Carlos Fugaretta, quien tenía radicado el pedido de búsqueda sin resultado alguno, y ante el Dr. Sordelli Carreras, a cargo del Juzgado Penal N° 1 de San Isidro. El Dr. Dillon, Juez de feria, ordenó la exhumación de los cinco cadáveres a pedido de los abuelos de los niños patrocinados por el equipo jurídico de Abuelas de Plaza de Mayo. Estas solicitaron estar presentes en dicha exhumación para acompañar a los familiares y porque había llegado a la sede de Abuelas una denuncia anónima en el sentido de que uno de los pequeños estaría muerto.

El 25 de enero de 1984 se realizó la exhumación en el Cementerio de Boulogne. Al abrir la tumba de Matilde, la más pequeña, se extrajo del pequeño ataúd una manta con la forma del bebé envuelto y de su interior, el osito rosado y un chupete. También una mediecitas blancas. No había restos humanos que pudieran haber pertenecido a un bebé de aproximadamente seis meses de edad.

Ello fue corroborado también por el eminente especialista norteamericano Dr. Clyde Snow en el transcurso de la visita a Buenos Aires en junio de 1984 cuando fuera invitado por la Comisión Nacional como miembro de la Asociación Americana para el Avance de la Ciencia.

Con posterioridad, esta Comisión recibió el testimonio de un ex colaborador de los Grupos de Tareas vinculados a la Marina (Legajo N° 6527) del que resultaría que la pequeña Matilde Lanouscou estuvo en poder de efectivos de esa arma.

Por razones obvias, en años pasados, se prefirió iniciar las investigaciones correspondientes en el exterior. Actualmente se están realizando en el Hospital Durand de Buenos Aires, en el laboratorio que dirige la Dra. Di Lonardo y que depende de la Secretaría de Salud Pública de la Municipalidad de Buenos Aires.

Este año 1984 se estableció un nuevo contacto con la Asociación Americana para el Avance de la Ciencia, que a través de las Abuelas de Plaza de Mayo, entró en relación con la Comisión Nacional, quien invitó a los miembros de esta Asociación a un encuentro de trabajo realizado en el mes de junio pasado.

B. Adolescentes

Todavía no son maduros, pero ya no son niños. Aún no tomaron las decisiones fundamentales de la vida, pero están comenzando a trazar sus caminos.

No saben mucho de los complejos vericuetos de la política ni han completado su formación cultural.

Los guía su sensibilidad. No se resignan ante las imperfecciones de un mundo que han heredado de sus mayores.

En algunos, aletea el ideal, incipiente rechazo de la injusticia y la hipocresía que a veces anatematizaron en forma tan enfática como ingenua.

Quizá porque viven en sus propios cuerpos vertiginosos cambios, recelan de cuanto se les presenta como inmutable.

Casi 250 chicas y chicos que tenían entre 13 y 18 años desaparecieron, siendo secuestrados en sus hogares, en la vía pública o a la salida de los colegios. Basta mirar la foto mural que la CONADEP preparó con las fotos de los adolescentes desaparecidos en el programa NUNCA MAS, para que ese porqué no tenga respuesta.

Finalmente, fueron muchos los adolescentes desaparecidos como consecuencia de la represión ejercida contra sus padres.

Los más chicos

Eran uruguayos que desde hacía algún tiempo vivían en nuestro país. El padre, Nelson, había sido detenido y estaba a disposición del Poder Ejecutivo Nacional. La madre, Lourdes, había sido secuestrada en la vía pública por un grupo de hombres armados y de civil. Los cuatro chicos Hernández Hobbas habían quedado con los únicos amigos que tenían en el país. Beatriz Hernández Hobbas (16 años), la mayor de los hermanos, fue secuestrada en una confitería de Munro. Fue llevada viva, y no se supo más de ella. Washington Fernando Hernández Hobbas (Legajo N° 6263) de 13 años, luego de que fueran secuestradas su madre y su hermana mayor, quedó con otra familia. Ese, su nuevo domicilio, también fue allanado el 6 de julio de 1977.

Parecía un "jardín de infantes", pues había 8 niños pertenecientes a tres familias que habían corrido suerte similar a Washington Fernando Hernández Hobbas, todos menores de 13 años. Tres mujeres los cuidaban. Cerca de las 17 horas irrumpió en la casa un grupo de hombres de civil, fuertemente armados, y luego de inspeccionar todo, se llevaron a las 3 mujeres y a Washington Fernando que aparentaba ser el mayor (Legajo N° 768).

Fernando fue visto en dos oportunidades más; en ambas fue puesto como señuelo para capturar a otras personas. Era usado para denunciar las posibles casas donde sus padres se reunían con amigos, o para que lo fueran a buscar sus amigos, tendiéndoles una emboscada. Hasta el día de hoy no hay noticias ciertas sobre su paradero, permanece detenido-desaparecido.

Mónica Graciela Santucho (Legajo N° 1596) tenía 14 años cuando fue secuestrada. El 3 de diciembre de 1976, aproximadamente a las 17.30 hs. se produjo un enfrentamiento con el Ejército en la vivienda ubicada en la calle 138 bis y 526 de Melchor Romero, La Plata. Mónica Graciela salió de su vivienda de la mano de dos criaturas pidiendo que no disparasen. Enseguida fue tomada, encapuchada e introducida en un Fiat 600 blanco que conducían personas de civil, fuertemente armadas. Testigos liberados afirman haberla visto en el C.C.D. denominado Arana. Aún permanece desaparecida.

La familia Avellaneda vivía en el barrio de Munro. El 15 de abril de 1976 su domicilio fue allanado. Buscaban al jefe de la familia. Como no estaba decidieron llevarse a su esposa e hijo, Floreal Edgardo Avellaneda (Legajo Nº 1639) que en aquel entonces tenía 14 años, en carácter de rehenes. Los hicieron vestir para salir del domicilio.

> "Me sacaron junto con mi hijo a la calle. Tenía a éste tomado de la mano. En determinado momento nos indicaron que debíamos poner las manos en el techo de un automóvil. Fue la última vez que lo vi, mirándome cómo me ponían la venda sobre los ojos".

Cuenta su madre en el testimonio remitido a la justicia. Los hicieron subir al auto, ambos vendados.

> "Mi hijo me apretó las manos, como para darme ánimo. Nos mantuvimos en silencio".

Un tiempo prolongado estuvieron detenidos en la Comisaría de Villa Martelli. Allí fueron torturados.

> "Largo rato estuve oyendo la música y los gritos de dolor de mi hijo. Y después de nuevo el silencio aterrador".

A Floreal lo mataron. Todavía no se ha esclarecido cómo ni cuándo. Por noticias periodísticas cuyo título rezaba "Cadáveres en el Uruguay", la familia tomó conocimiento de ello. Uno de los ocho cuerpos encontrados en el Río de la Plata, sobre la margen uruguaya, pertenecía a Floreal Edgardo Avellaneda. Las fotografías tomadas por la policía son espeluznantes.

> "Mi hijo aparece con sus manos y piernas atadas, desnucado y con signos de haber sufrido graves torturas".

Una carta a la CONADEP — (Legajo Nº 3338)

"Sres. Comisión Nacional sobre los desaparecidos"
Ciudad Alberdi, Tucumán, 29 Fbro. 1984

Comisión Nacional:

La que suscribe, Olga Cecanti de Nughes, mayor de edad, DI N°
8.755.712, con domicilio en Alberdi provincia de Tucumán, se dirige a
Uds. a fin de solicitar información de mi nieto, *Juan Angel Nughes* que
contaba *14 años* el día que lo secuestraron al salir de la Escuela Agrotécnica
de esta localidad.

Esto ocurrió el 11 de agosto de 1976, ante la mirada impávida de profesores que nada pudieron hacer ante un grupo de individuos que lo obligaron a subir en un auto, sin saberse hasta el día de la fecha nada concreto de
él. Hice toda clase de gestiones tanto oficiales como extraoficiales sin obtener información valedera.

Les ruego, señores, contestar a este petitorio pues a veces pienso que las
fuerzas se me acaban y temo no poder seguir en esta búsqueda. Antes de finalizar permítanme desearles éxito en vuestra funciones y pedirles una vez
más una pronta respuesta.

Salúdoles muy atte.

Olga Cecilia Cecanti de Nughes"

Esperaban un hijo

Entre la gran cantidad de chicas adolescentes que fueron secuestradas
se encontraban seis que esperaban un hijo.

Alicia Elena Alfonsín de Cabandie (Legajo N° 3749) tenía 16 años, vivía en casa de los suegros, en Entre Ríos, su ciudad natal cuando fue secuestrada. Por el aviso leído en un diario, deciden junto con Damián ir a la
Capital Federal a subalquilar una pieza. El 23 de noviembre de 1977, a las
18 hs. cuando regresaba del almacén, diez hombres de civil, portando armas se dirigieron resueltamente hacia ella y la detuvieron. El portero pudo
ver cómo Alicia era introducida a golpes en un camión que tenía la leyenda
"Sustancias alimenticias". Alicia llevaba en su seno una criatura que estaba en su séptimo mes de gestación.

Ana María Marti y Sara S. de Osatinsky (Legajo N° 4344 y Legajo N°
4442) pudieron verla en la Escuela Superior de Mecánica de la Armada,
pocos días después de la Navidad de 1977. Fue conducida a una piecita
destinada a las embarazadas. Allí pudo contarles que había estado en "El
Banco" junto con su marido, Damián Cabandie, y que una persona que dijo ser Coronel le prometió que sería conducida a un lugar para dar a luz su
hijo y que una vez que lo tuviera se reuniría con su esposo y el niño en un
"centro de recuperación" donde cumpliría su condena.

De acuerdo a lo testimoniado en el mencionado legajo, Alicia llegó a la E.S.M.A. con los cabellos casi rapados en "El Banco". Compartió la pieza con otras embarazadas, y presenció la separación de cada una de ellas de sus bebés, pensando que su suerte sería distinta. Pocos días antes de dar a luz, Alicia tuvo una entrevista con el Mayor Minicucci, jefe del C.C.D. "El Banco", quien le anunció que sería separada de su hijo. Ella alegó su conversación con el "Coronel", pero fue en vano.

Alicia volvió a su piecita desconsolada, consciente de que lo que había visto con las otras embarazadas también estaba reservado para ella.

Tuvo un hijo de sexo masculino entre febrero y marzo de 1978. El médico que la asistió en el parto fue el Dr. Jorge Luis Magnacco. El bebé permaneció con ella durante 15 días. Momentos antes de la separación, el subprefecto Héctor Favre le preguntó si quería enviar una carta a su familia para avisarles que estaba detenida y pedirles que se ocuparan de su hijo.

Alicia escribió la carta y la dejó junto a su bebé. En horas de la noche el niño fue retirado por un suboficial a quien se conocía con el apodo de Pedro Bolita.

Nadie supo nada más sobre Alicia, su bebito, ni Damián su marido.

La Comisión ha recibido otras denuncias de adolescentes embarazadas que aún permanecen detenidas desaparecidas. Son ellas: Laura Beatriz Segarra, de 18 años, ocho meses de embarazo; Inés Beatriz Ortega de Fossati, quien dio a luz en la Comisaría V de La Plata; Nidia Beatriz Muñoz, 18 años de edad, cuatro meses de embarazo (además, según testimonio de vecinos, un camión del ejército, se presentó al otro día del secuestro, y un grupo de personas procedió a llevarse muebles, ropa y un sinnúmero de pertenencias de Nidia y Luis Ramón, su compañero); Noemí Josefina Jansenson de Arcuschin, 18 años de edad, tres meses de embarazo.

Nada se sabe sobre el paradero de estas personas, ni de los seres que gestaban.

Don Pedro Kreplak era viudo y padre de tres hijos. El 9 de julio de 1977 es allanado su domicilio, buscaban a su hijo mayor, Gabriel, quien no vivía con su padre y éste no sabía nada de él.

Ese 9 de julio tampoco estaba José Ariel, por lo que la patota se llevó a Pedro Kreplak y a su hijo menor, Ernesto. El padre fue torturado con picana eléctrica para que denunciara dónde estaba José Ariel. Al decirles que estaba en casa de su abuela lo fueron a buscar, y hasta el día de hoy permanece detenido-desaparecido. José Ariel Kreplak (Legajo N° 1661) tenía en ese momento 16 años. Su padre y hermano fueron llevados como rehenes y Pedro Kreplak torturado para que denunciara a Gabriel, su hijo mayor.

"A sus hijos los tenemos por subversivos", dijo el Capitán Ferrone, "porque después de cada guitarreada salían a pintar paredes". Esa fue la respuesta que obtuvo Melchor Cáceres, cuando fue a buscar a sus hijos, los mellizos Amado Nelson y Arnaldo Darío Cáceres al batallón "Viejo Bueno" de la localidad de Monte Chingolo (B.A.), (Legajo Nº 5288). Los mellizos eran dos muchachos de 17 años que se dedicaban a la música, tenían un conjunto moderno. El 23 de febrero de 1978 un grupo de personas vestidas de civil, con chaleco antibalas irrumpió en el domicilio de los Cáceres preguntando por los mellizos. Dijeron pertenecer al "Ejército de Monte Chingolo". Robaron todo lo perteneciente a los chicos: guitarras, amplificadores, micrófonos, tocadiscos, etc. "Arnaldo Darío fue pelado en el acto, supongo que sería para reconocerlos".

"Al mes del secuestro apareció otro grupo preguntando por los mellizos, y como no estaban porque ya se los habían llevado, me llevaron a mí". Melchor Cáceres estuvo detenido durante 30 horas. Todavía está buscando a sus mellizos.

María Pabla Cáceres (Legajo Nº 1850), tenía 17 años, estudiaba en el colegio secundario y trabajaba en una fábrica metalúrgica. Estaba casada con Fernando Simonetti. El 16 de febrero de 1976 a la 1.30 hora, un grupo de hombres armados entró en la casa de los padres de María Pabla, donde vivía la joven pareja. Fueron interrogados y golpeados, luego los ataron de pies y manos, les vendaron los ojos y semidesnudos los llevaron con rumbo desconocido. Tres días después Fernando fue dejado en libertad, muy golpeado. Contó que en el lugar donde estaban detenidos los presos eran reconocidos por números. El era el Nº B20 y María Pabla el Nº 21. Mónica, una liberada, da testimonio de que estuvo con Fernando y María Pabla en el C.C.D. denominado "El Atlético".

María Pabla Cáceres de Simonetti aún permanece detenida-desaparecida.

Benedicto Víctor Maisano (18 años), (Legajo Nº 4810) fue a la cancha de River, para ver Boca-Unión, la noche del 4 de agosto de 1976. Mientras estaba en la cancha, unas ocho personas de civil llegaron a su casa fuertemente armadas, buscándolo. Ante su ausencia decidieron esperarlo.

"Benedicto llegó muy tarde. Era la 1.30 hs. del día 5-8-76. Salí antes de que llegara, y le dije: la policía te anda buscando".

El muchacho decidió entrar en la casa pues no tenía nada que ocultar, por lo que fue detenido sin ningún tipo de resistencia. Se cambió, comió algo, y cuando salió a la calle con sus secuestradores, éstos notan que habían dejado las luces de posición del Falcon prendidas y se había acabado la batería.

"Entre dos de ellos, mi hijo y yo, empujamos el auto hasta que arrancó. A partir de ese momento perdí todo rastro de mi hijo. Agoté todos los medios legales y contactos personales, entre los cuales tuve dos entrevistas con Monseñor Graselli. En la segunda entrevista él me desconsoló mucho relatándome el trato que recibían los prisioneros, lo que me hizo pensar que él estaba enterado".

Estudiantes secundarios

La familia Román, de origen costarricense, residía desde hacía largo tiempo en la ciudad de Córdoba. Claudio Luis Román Méndez (Legajo N° 7615), tenía 16 años y cursaba el cuarto año en el Colegio Secundario Manuel Belgrano, de la ciudad de Córdoba. Era representante de su curso, elegido por sus compañeros.

A las 3 de la madrugada del día 27 de julio de 1976, 10 hombres amenazaron con tirar la puerta de su domicilio si no se les abría. Al pedírseles que se identificaran, mostraron su armamento, diciendo: "esta es nuestra identificación". Se lo llevaron a Claudio Luis. "No se preocupe, señora, que a su hijo no le va a pasar nada. Dentro de tres o cuatro días estará de vuelta".

Fue largo y penoso el camino para encontrar a Claudio. El 13 de agosto, los periódicos matutinos de Córdoba dan cuenta de un comunicado del Ejército donde se informa que Claudio Luis Román, junto con otro joven había muerto en un enfrentamiento con las fuerzas del Ejército.

Recién el 14 de agosto de 1976 después de largos trámites entregan el cuerpo de Claudio en la morgue del Hospital de Córdoba. Allí sus padres "pidieron a los encargados que se les permitiera ver el cadáver para reconocerlo, pero les respondieron que debían esperar un poco para darles tiempo a acomodar los innumerables cuerpos de jóvenes que yacían apilados en el suelo por falta de lugar. De uno de esos montones sacaron el cuerpo de Claudio, aconsejándoles que trataran en lo posible de no verlo. El cuadro que allí se presentó era desgarrador: no había parte del cuerpo que no estuviera lacerada. El muchacho presentaba horribles muestras de torturas que prácticamente lo habían destrozado".

La noche del 16 de setiembre de 1976 es tristemente recordada, en La Plata, como la "Noche de los lápices".

Esa noche fueron secuestrados por Fuerzas de Seguridad de sus respectivos domicilios y continúan hasta hoy desaparecidos: Horacio Angel Ungaro (Legajo N° 4205), Daniel Alberto Rasero (Legajo N° 4205), Francisco López Muntaner (Legajo N° 5479), María Claudia Falcone (Legajo N° 2800), Víctor Triviño (Legajo N° 4018), Claudio De Acha (Legajo N° 148), María Clara Ciocchini (Legajo N° 1178). Formaban parte de un grupo total de 16 jóvenes, entre 14 y 18 años de edad, que habían tomado parte de una campaña pro boleto escolar. Cada uno de ellos fue arrancado de sus hogares. La policía de la Pcia. de Bs. As. había dispuesto un operativo de escarmiento para los que habían participado de esta campaña pro boleto escolar, considerada por las FFAA como "subversión en las escuelas". Tres de los chicos secuestrados fueron liberados.

De acuerdo a las investigaciones realizadas por esta Comisión y testimonios obrantes en la misma, los adolescentes secuestrados habrían sido eliminados después de padecer tormentos en distintos centros clandestinos de detención, entre los que se encontraban: Arana, Pozo de Bánfield, Pozo de Quilmes, Jefatura de Policía de la Provincia de Buenos Aires y las Comisarías 5a., 8a., y 9a. de La Plata y 3a. de Valentín Alsina, en Lanús, y el Polígono de Tiro de la Jefatura de la Provincia de Buenos Aires.

Según testimonio de Pablo Díaz (Legajo N° 4018), pudo ver aún con vida el día 22 de septiembre de 1976 a Víctor Treviño en el Centro Clandestino de Detención Arana y a María Claudia Falcone la vio por última vez, después de compartir con ella varios meses de cautiverio, el día 28 de diciembre del mismo año en Bánfield. También vio en este mismo centro a Claudio De Achá, a un joven apodado "Colorado", todos ellos estudiantes secundarios vinculados entre sí, como asimismo a numerosas personas, entre ellas a tres mujeres embarazadas que dieron a luz en el lugar.

En Bahía Blanca también hubo grupos de estudiantes secundarios secuestrados. Alicia Mabel Partnoy, en su testimonio (Legajo N° 2266) nos cuenta al respecto:

> "Cuando llegué a 'La Escuelita' (Centro clandestino de detención), había alrededor de una docena de jóvenes de 17 años, todos alumnos de la Escuela Nacional de Educación Técnica N° 1 de Bahía Blanca. Habían sido secuestrados de sus domicilios en presencia de sus padres, en la segunda mitad de diciembre de 1976. Algunos llegaron a estar ahí por un mes, siendo duramente golpeados y obligados a permanecer tirados en el piso con las manos atadas en la espalda. Por lo menos dos de ellos fueron torturados con picana eléctrica. Posteriormente fueron liberados. El motivo de sus secuestros fue un incidente que habían tenido con un profesor (militar de la marina). Al finalizar las clases, había un clima de alegría en la escuela; el citado profesor los apercibió por el bullicio y los alumnos no se sometieron a sus órdenes. Por ese motivo, los expulsó de la escuela. Los padres de los alumnos elevaron protestas a las autoridades militares y pidieron la reincorporación de los estudiantes. Las autoridades les 'advirtieron' que finalizaran con sus pedidos 'o se arrepentirían'. Días más tarde, grupos de encapuchados fuertemente armados irrumpieron en los domicilios de los estudiantes, secuestrándolos".

El recuerdo de los liberados

Pablo A. D. estuvo en Arana y en los pozos de Quilmes y Bánfield. Su testimonio nos habla de la dureza de la represión para con los adolescentes.

El gran escarmiento que tuvieron los secundarios que quisieron reivindicar sus derechos. Pablo A. D. (Legajo N° 4018) y otros lo sufrieron en carne propia.

"Tanto en Arana como en Bánfield fui torturado. En Arana me aplicaron la picana eléctrica en la boca, encías y genitales. Inclusive con una pinza me arrancaron una uña del pie. En Bánfield ya no me picanearon, pero fui golpeado con palos y pinchado con agujas. Era muy común pasar varios días sin comer. Me tuvieron atado durante un largo tiempo con una soga al cuello".

F.E.V.C. (Legajo N° 4831) tenía 14 años cuando fue secuestrada de su casa. Fue el mismo día en que había sido operada del tabique nasal en un hospital de la ciudad de Córdoba. La llevaron junto con su hermana al C.C.D. denominado La Ribera.

"Entrada la noche, se acerca uno de los guardias y me amenaza con un arma, comenzando a desvestirme y manosearme. En ese momento me encontraba atada de pies y manos. Debido a la operación de tabique nasal no podía respirar por la nariz, sino sólo por la boca. El guardia colocó entonces su pene en mi boca. Comencé a gritar y se despertaron todos, lo que obligó al guardia a dejarme y prenderme la ropa. En ese momento llegó otro guardia preguntando qué pasaba, a lo qué le contestó que yo era peligrosa porque había colocado bombas y tirado panfletos".

El recuerdo de un padre

Enrique Fernández Meijide vive así la desaparición de su hijo Pablo. (Legajo N° 4807)

"...Se llevaron de mi casa a mi hijo que, a los 17 años estaba concluyendo la adolescencia. Además de la pérdida del objeto de mi amor, de la bronca por la posibilidad de su malestar físico o psíquico, del temor por su futuro, estaba la frustración por la tarea (su formación) no concluida (...) Yo era (me sentía) responsable porque él aun no tenía autonomía. Todo el mundo sabe que, hasta para moverse libremente dentro del país, un adolescente debe contar con la autorización escrita del padre y que la salida al extranjero sin autorización paterna es impensable. El estupor de sus hermanos, que no podían entender la destrucción violenta de mi omnipotencia, de mi incapacidad para conservar el tesoro familiar, me enfrentaba con el vacío. Con mi propia miseria. No es una pesadilla. Cada día me demuestra que sigo viviendo..."

C. La familia como víctima

La metodología de la desaparición de personas afecta de manera especial la estructura y la estabilidad del núcleo familiar del desaparecido. El secuestro (efectuado por lo general en presencia de familiares y/o allegados), el peregrinaje angustioso en busca de noticias por oficinas públicas, juzgados, comisarías y cuarteles, la vigilia esperanzada ante la recepción de algún dato o trascendido, el fantasma de un duelo que no puede llegar a concretarse, son factores que juegan un papel desestabilizador en el grupo familiar, como un todo, y en la personalidad de cada uno de sus miembros. Detrás de cada desaparición hay a veces una familia destruida, otras veces una familia desmembrada, y siempre hay un núcleo familiar afectado en lo más íntimo y esencial: el derecho a la privacidad, a la seguridad de sus miembros, al respeto de las relaciones afectivas profundas que son su razón de ser.

Este ataque al núcleo familiar reviste una gravedad extrema. Sin embargo, es sólo una parte del problema. Al instrumentarse la metodología de la desaparición de personas, el ataque al núcleo familiar fue mucho más lejos y alcanzó formas crueles y despiadadas. Hay evidencia de que en numerosos casos se usaron como rehenes a familiares de personas buscadas, que a veces la presunta responsabilidad de la persona buscada se hizo recaer con saña en su familia a través de robos, violencias físicas y aun desapariciones y que otras veces la tortura fue compartida y/o presenciada por miembros de la familia del sospechoso. Tener en la familia un presunto subversivo fue motivo más que suficiente para recibir un castigo grupal o individual; llevar a cabo un gesto de solidaridad, por mínimo que fuera, fue causa de tortura, sufrimientos y aun de desaparición.

Los familiares — Rehenes

Una práctica frecuente del sistema represivo consistió en aprehender a uno o varios miembros de la familia de la persona buscada, con el objeto de obtener información sobre su paradero a través de amenazas y violencias, y/o con el objeto de provocar su presentación o entrega. Es así como hermanos, padres, madres, aun abuelos fueron detenidos ilegalmente, violentados y, a veces, hechos desaparecer con motivo de la búsqueda de algún pariente sospechoso.

Es por de más elocuente el testimonio de Francisco José Elena (Legajo N° 4212). El día 22 de noviembre de 1976 se encontraba en la estación terminal de Córdoba en compañía de dos personas con las que había convenido un trabajo en su condición de colocador de azulejos. En el momento de dirigirse a la plataforma de salida, fueron detenidos por personal en ropa de combate del Ejército que los trasladó en un camión al Campo de La Ribera:

> "Cuando me preguntan cómo se componía mi familia y nombro a mi hija mayor, llamada Rosario, me dicen: '¿así que ésa es tu hija? ¿es casada?, a lo que respondo: sí, con Roberto Nájera a lo que el interrogador expresó: ¿ése es tu yerno?, vos no te vas de aquí hasta que no los agarremos a ellos'... solicité hablar con el interrogador, quien me preguntó qué quería, entonces le dije que quería saber cuándo me iban a soltar, él me dijo que cuando detuvieran a mi yerno y a mi hija, entonces le manifesté que ellos eran una familia aparte de la mía, dueña de sus actos y que yo no podría interferir de ninguna manera, además ellos eran dirigentes gremiales y no guerrilleros ni subversivos y que también mi detención era injustificada, entonces me dijo que tenga paciencia, que ya los iban a agarrar y que entonces me iban a dejar en libertad, a lo que respondo: quiere decir que si no los agarran nunca yo no podré salir de aquí, y me contestó: son cosas de ellos, pegó media vuelta y se fue"

La detención ilegal del Sr. Elena duró cerca de un mes, en el que padeció amenazas, malos tratos y fue testigo de excesos represivos.

El caso del matrimonio Candela (Legajo N° 5003) alcanza límites impensables en cuanto al ejercicio de violencias sobre el grupo familiar en aras de la ubicación de personas buscadas. El 24 de marzo de 1976, por la noche, ocho personas armadas penetraron en el domicilio de la familia Candela. Dijeron buscar a Adela Esther Candela de Lanzilotti y a su marido Osvaldo Daniel Lanzilotti. Como no los encontraron, se llevaron por la fuerza a los padres de Adela: María Angélica Albornoz de Candela, de 53 años y Enrique Jorge Candela, Sub-oficial retirado de la Aeronáutica, de 49 años, dueños de casa. Enterados de que el matrimonio Lanzilotti pernoctaba en la casa de la abuela paterna de Adela, se dirigieron allí y la amenazaron con matar a su hijo y a su nuera si no entregaba a su nieta. En el ínterin, el matrimonio Lanzilotti huyó del lugar y el personal armado se retiró, careciéndose desde entonces de noticias del matrimonio Candela.

Otro caso conmovedor por la índole de los sentimientos puestos en juego es el protagonizado por la familia Kreplak (Legajo N° 1661). El 9 de julio de 1977, varias personas armadas vestidas de civil allanaron su domicilio, requiriendo a Gabriel Eduardo Kreplak quien no se encontraba en el lugar. Luego de revolver la casa secuestraron al señor Kreplak y a su hijo Ernesto Carlos, conduciéndolos a un lugar que estiman podría ser Campo de Mayo. La denuncia formulada por Gabriel continúa así:

> "Durante ese día a mi padre lo sometieron a un interrogatorio con descargas eléctricas, en presencia de mi hermano Ernesto Carlos. Todas las preguntas estaban orientadas a dar con mi paradero, que mi padre desconocía completamente. Al comprobar esto, las preguntas se orientaron entonces al paradero de mi herma-

no José Ariel, que en esos momentos estaba casualmente pernoctando en la casa de mi abuela paterna, Sara Lis de Kreplak, situada en Villa Devoto, Capital. Esto fue lo que le dijo mi padre a sus secuestradores. El mismo día a las 11.30 hs. de la mañana, siete individuos civiles, armados con ametralladoras automáticas, irrumpen en la casa de mi abuela, y en su presencia se llevan a punta de pistola a José Ariel; lo introducen en la parte posterior de una camioneta cubierta con una tela verde... esa tarde fueron liberados mi padre y mi hermano menor, quedando secuestrado mi hermano José Ariel''.

Durante un tiempo la familia Kreplak recibe requerimientos para que se presente el joven Gabriel. Luego se corta esa comunicación y nunca más se tienen noticias de José Ariel.

El total desprecio que los protagonistas de la violencia represiva sintieron por el derecho a la privacidad del núcleo familiar y al respeto de las relaciones afectivas que lo constituyen queda en evidencia en el caso de la familia Casabona:

"Eran las 17 hs. del día 7 de marzo de 1977 cuando estaba en mi escritorio terminando un trabajo para la escuela E.N.E.T. N° 1 de Quilmes, Gral. Enrique Mosconi, de la que era Director; mi señora en la cocina haciendo los preparativos para una merienda y mi hijo mayor en su habitación del primer piso ocupado en sus asuntos de música, cuando sorpresivamente irrumpieron por el jardín de la casa saltando el cerco medianero, unos individuos provistos de armas largas que alcancé a divisar tras el cortinado de la ventana ubicada frente a mi mesa de trabajo. Al decidir salir y abrir la puerta para cerciorarme de lo que pasaba, fui atropellado sin más trámite por un individuo armado, con aspecto de facineroso y luego de ser encañonado fui obligado a ponerme de rodillas con las manos en la nuca. En esta situación se me preguntó insistentemente quién era Carlos Casabona. Mientras esto ocurría, sentí que se desplazaban por la casa otros individuos, por lo que se me ocurrió gritar que tuvieran cuidado con mi señora. La requisitoria de quien era Carlos Casabona se repitió varias veces acompañada cada una con un golpe del arma en la nuca, pero como yo también, como mi hijo menor, me llamo Carlos, esta situación la pude aclarar ante la insistencia pues deduje que a quien se buscaba sería a mi hijo. Tanto mi Sra. como yo, siempre amenazados por las armas, fuimos al primer piso a la habitación donde estaba mi hijo mayor. Allí se destacó una persona que nos tuvo en verdadero cautiverio siempre apuntando con su arma y profiriendo amenazas. Mientras tanto sus compañeros se ocupaban de requisar la casa vaciando los muebles y tirando al piso su contenido de ropas, libros y objetos varios, desarmando bafles de equipos electrónicos, punteando la tierra del jardín del fondo de la casa, en una palabra revolviendo y desordenando por doquier. Cuando llegó mi hijo Carlos que había ido a la Facultad de Ingeniería de La Plata, donde era alumno, a averiguar unas fechas de mesas de exámenes, según él eran las 17.30 hs., se sorprendió al ver toda la casa abierta y al penetrar en la misma fue encañonado y obligado a ponerse en el piso del living, cara al suelo. Como recién había hecho el servicio militar pudo observar desde su posición que la única prenda de ese tipo que tenían los siniestros asaltantes de mi casa eran borceguíes pues la vestimenta era diversificada en gorros tejidos de lana, camperas, camisas y tricotas atadas a la cintura con pantalones comunes, todo ello sin guardar ningún estilo de corte militar o policial. La requisa se dio por terminada cuando dos de esos individuos penetraron en la habitación contigua en la que estaba mi Sra. y mi hijo mayor, que era el dormitorio de mi hijo Carlos, donde procedieron a tirar al centro de la misma, todos sus efectos personales que retiraban del placard hasta que sentí que dijeron 'acá está'. Después comprobamos que era una agenda que oportunamente había remitido por encomienda a Río Gallegos, donde prestó su servicio militar, y en la que había escrito su 'diario de soldado'. Desde nuestro cautiverio, mi Sra. pudo observar la entrada de culata de una camioneta, al jardín de la casa, donde se hizo ascender a mi hijo Carlos, encapuchado con las manos atadas a la espalda. De inmediato se retiraron no sin antes advertirnos que cualquier movimiento en cinco minutos nos costaría la vida... mi hijo apareció en mi casa después de cuatro días de horrible cautiverio, en el que estuvo a riesgo de perder la vida, siendo conducido encapuchado y maniatado hasta las inmediaciones de mi domicilio.

"Esto es, a grandes razgos, el relato del ignominioso hecho ocurrido, que hasta el día de la fecha, ignoro las razones que pudieron provocarlo, con el que se avasalló la dignidad de mi familia y generó problemas de salud física y mental en la persona de mi Sra. esposa, hoy fallecida, habiéndose agravado en ella una dolencia, que más tarde sería el motivo de su deceso; respecto de mí, conceptuado como correctísimo profesional y excelente Director de un importante establecimiento educacional del Estado nacional, recibí un impacto emocional que me provocó un agravamiento de una lesión del corazón de la que aún padezco a la par que un daño moral del que no me recuperaré jamás y finalmente el perjuicio provocado en la persona de mi hijo que quedó seriamente afectado en su salud mental, situación ésta que interrumpió su carrera universitaria"(Juan Carlos Casabona. Legajo Nº 2787).

Familias desaparecidas

El ímpetu represivo excedió el uso de familiares y rehenes y el desprecio total hacia los valores del núcleo familiar. Constan en esta Comisión denuncias que atestiguan la desaparición de familias enteras, sin que existan indicios ciertos de los motivos —por tortuosos que sean— que puedan haber influido en tales hechos. Consideramos importante referirnos "in extenso" a tres casos paradigmáticos: Caso Rondoletto (Legajo Nº 2196).

"El 2 de noviembre de 1976, alrededor de las 14 hs., se presentaron en el domicilio de San Lorenzo 1666, San Miguel de Tucumán, un grupo de hombres, encapuchados algunos de ellos y, previo bloqueo de la cuadra, cortando tráfico y tras permanecer más de una hora en la casa, sacaron de la misma a los cinco miembros de la familia Rondoletto, llevados con destino desconocido. Las personas secuestradas son: Pedro Rondoletto, María Cenador de Rondoletto, Silvia Margarita Rondoletto, Jorge Osvaldo Rondoletto y Azucena Ricarda Bermejo de Rondoletto. El secuestro se efectuó en el momento en que las personas anteriormente nombradas estaban en sus respectivas casas y Pedro Rondoletto se encontraba trabajando en la imprenta, situada ésta en el local delantero de la vivienda. Se encontraban con él su socio y los otros empleados de la imprenta. Los cinco fueron sacados con los ojos vendados y cubiertas con bolsas las cabezas. Los padres fueron puestos en una rural y los jóvenes en un auto negro (según los vecinos). Antes de partir un hombre le dijo al socio que tenía 24 horas para sacar de ese lugar las máquinas de la imprenta, caso contrario le pondrían una bomba. Ese mismo día se hizo la denuncia en la comisaría octava, y el padre de Azucena solicitó una audiencia al entonces gobernador de la provincia, general Bussi, a través del contador Elías, que se desempeñaba como ministro de Bussi y era amigo y relacionado por negocios, tanto con la familia Bermejo como con la familia Rondoletto. Nunca se logró esa entrevista. Posteriormente se hicieron presentaciones de hábeas corpus, algunos fueron rechazados y otros contestados negativamente. También se hicieron gestiones a través de terceros, ante la presidencia del entonces general Videla, con igual resultado al de los hábeas corpus. Según vecinos, a lo largo de los días subsiguientes, se produjo el saqueo de la casa de abajo. Se había dejado una especie de consigna. (Una vecina que no se había enterado de los hechos, fue atendida por esta persona cuando fue a visitar la casa.) Luego de un tiempo también fue robado el auto de Pedro Rondoletto, y hay versiones de que el auto de Jorge Rondoletto, que estaba en un taller, fue retirado de allí, por personas que se identificaron como pertenecientes al Servicio de Inteligencia del Ejército. Los saqueos se produjeron a lo largo de algún tiempo y a pesar de que alguien colocaba cadenas sujetando el portón de entrada, éste siempre era violado".

Silvia Beatriz Gallina fue secuestrada el 12 de noviembre de 1976 en su domicilio, según informaron vecinos de su padre, el Dr. Eugenio Félix Gallina. En el operativo, además, se llevaron numerosos objetos de valor.

"El Dr. Gallina inició enérgicas gestiones para averiguar el paradero de su hija, radicando una denuncia por privación ilegítima de la libertad ante la Justicia de Instrucción. El magistrado interviniente llevó adelante la investigación, determinando que el operativo había sido llevado a cabo por el Ejército. Simultáneamente, el Dr. Gallina presentó un recurso de hábeas corpus ante la Justicia Federal, señalando los presuntos responsables de la detención" (Testimonio de Susana Mónica Gallina, Legajo N° 7401).

El 24 de febrero de 1977, el Dr. Eugenio Gallina, de 65 años, fue detenido en su domicilio, junto a su hijo Mario Alfredo, de 21 años. Destruyeron buena parte del mobiliario, le robaron el auto y varios artefactos. Ese mismo día, mientras concurrían a sus respectivos trabajos, fueron secuestrados Eugenio Daniel Gallina y su esposa, Marta Rey de Gallina. Ninguno de los cinco miembros de la familia apareció jamás. No quedó nadie para llevar adelante la causa judicial donde se documentaba la responsabilidad del Ejército en la detención de Silvia Beatriz (Legajos N° 7400, 7401, 7398 y 7399).

La familia Coldman, bien conocida en Córdoba, sufrió en un solo operativo la desaparición de tres de sus cuatro integrantes:

"En la madrugada del 21 de setiembre de 1976, fueron arrancados de su hogar violentamente David Coldman, su mujer y la hija de ambos. El grupo robó elementos de trabajo y otras cosas. Dejaron durmiendo solo al hijo menor de la.familia que tenía 11 años. Al despertar, tras llamar a sus padres, sólo encontró desorden en toda la casa, luces prendidas y las puertas abiertas de par en par". (Testimonio de Perla Wainstein sobre la desaparición de su hermana, su cuñado y su sobrina, Legajo N° 2250)".

"El 21 de setiembre de 1976, a las 4 de la madrugada, personal militar con uniforme de fajina movilizado en tres o cuatro vehículos particulares, sin chapas identificatorias, entre los que se encontraban dos Falcon y un Dodge 1500, tomaron por asalto la vivienda de los Coldman, en el barrio Suipacha, de Córdoba. Luego de saquear la casa, se llevaron detenidos —mejor dicho secuestrados— a David Coldman, a su esposa Eva y a su hija Marina, de 18 años de edad, dejando solamente a su hijo menor, Rubén, de 11 años". (De la denuncia por privación ilegítima de la libertad presentada ante la Justicia Federal de Córdoba, sobre el caso de la familia Coldman y otros, legajo N° 2249).

Detenciones conjuntas

Otro aspecto tétrico de la represión aplicada contra el grupo familiar, consistió en hacerlo compartir el cautiverio y aun los vejámenes y la tortura, durante períodos variables y en condiciones disímiles. En diversos testimonios se deja constancia de la detención del grupo familiar, de su permanencia en lugares clandestinos y de la terrible experiencia de ver u oír torturar a un ser querido.

"Detuvieron a mi hijo León el 19 de octubre de 1977 a las 20 horas. Tres horas después se presentó en mi casa de Capital Federal un grupo integrado por doce personas que se identificaron como 'fuerzas legales', y nos llevaron a mi esposo y a mí en dos coches distintos. Nos vendaron, y después de andar una hora entramos a un lugar donde nos engrillaron. Allí pude hablar con mi hijo, cuando iba a los baños. Estaba muy lastimado por la tortura y sin ropa, solamente en calzoncillos. Mi esposo fue golpeado, quedó bastante mal y nos separaron. Estuve en esas condiciones ocho días, durante los cuales escuché gritar a mi hijo mientras lo torturaban, a pesar de la música ensordecedora."

"Luego me dijeron que quedaba en libertad, y que mi hijo no estaba involucrado en nada, que no hiciera nada porque de lo contrario iban a aparecer los dos cadáveres en la puerta de mi casa. Mi esposo apareció cuarenta días después y cuando lo liberaron volvieron a decirle que nuestro hijo era inocente. Desde esa fecha hablamos cuatro veces por teléfono con mi hijo, la última fue el 30 de marzo de 1978. A partir de entonces no volvimos a tener noticias de él". (Testimonio de León Gajnaj, legajo N° 1328).

"El día 28 de mayo de 1976, a las 6 de la mañana, se presentaron en nuestro domicilio de Villa Adelina, provincia de Buenos Aires, personas de civil y armadas que alegaron pertenecer a la Policía Federal. Venían a buscar a nuestro hijo Francisco, pero como no lo encontraron decidieron llevarnos detenidos a mi esposa y a mí. Fuimos encapuchados y esposados, nos llevaron en diferentes vehículos. Mi esposa fue liberada a las pocas horas y yo permanecí cuatro días detenido en la Escuela de Mecánica de la Armada. Mi hijo fue secuestrado ese mismo día, una hora y media después que nosotros en su lugar de trabajo. El primer día pude hablar con él dos veces y en los tres siguientes pude oír sus gritos de dolor cuando lo torturaban". (Francisco Juan Blaton, legajo Nº 264, donde consta la denuncia de su desaparición presentada por su padre).

Personas mayores de 55 años que permanecen desaparecidas

Miles de jóvenes, cientos de lactantes, niños y adolescentes desaparecieron. Las personas llamadas de "la tercera edad" no estuvieron exentas de la represión y la tortura. Nuestro fichero registra 150 personas mayores de 55 años de edad que desaparecieron a partir de marzo de 1976. Generalmente fueron secuestradas en sus domicilios, no pocas veces cumpliendo función de abuelos. Ni la avanzada edad, ni, en muchos casos, el precario estado de salud de las víctimas fueron respetados.

"No se preocupe, señora, que lo vamos a cuidar bien', me dijeron los hombres vestidos de fajina y de civil, muy armados, que entraron a nuestra casa y se llevaron a mi marido. Vinieron el 28 de agosto de 1976 a las 2 y 30 hs. Buscaban a nuestra hija María Cristina, que hacía cuatro años que ya no vivía con nosotros. Después de revisar toda la casa dijeron que tenían que llevarse a mi esposo por ser el de más edad" (Legajo Nº 776).

Pedro Solís tenía 77 años. Era jubilado de la Policía Federal y se atendía constantemente en el Hospital Churruca pues padecía de arterioesclerosis e hipertensión arterial. (Legajo Nº 776).

"Mi abuelo se encontraba en cama, apenas convaleciente de un infarto, con prescripción de reposo absoluto. El 11 de junio de 1976, un grupo de hombres fuertemente armados, entraron a su domicilio buscando a Víctor, su hijo. Según testigos del barrio, en el operativo participaron unos veinte automóviles, algunos de ellos pertenecientes al Ejército. Mi abuelo, que tenía 60 años, era atendido por enfermera. A pesar de la intervención de ésta y del estado de salud de mi abuelo, los integrantes del grupo lo hicieron levantar y, a golpes, lo metieron en uno de los coches, sin permitirle llevar consigo sus medicinas indispensables. Antes de llevarlo le preguntaron reiteradamente por el domicilio de mi padre, Víctor Rafael Bruschtein. Desde ese momento no tuvimos más noticias de mi abuelo". (Dr. Santiago Isaac Bruschtein, legajo Nº 1508).

Nelly Dupuy de Valladares (Legajo Nº 3103) tenía 62 años cuando fue detenida. Tenía a su cargo a su nietito de un año y ocho meses; el padre del niño, Carlos A. Valladares, estaba fuera del país y su nuera estaba, desde hacía un año, detenida en Chaco. El 23 de abril de 1977, la Sra. de Valladares y su nietito Héctor fueron secuestrados de su domicilio de San Miguel de Tucumán. El niño fue entregado a las 48 horas a su tía en la sede central de la Policía Provincial. De la Sra. de Valladares no se supo nada más.

Héctor Germán Oesterheld (legajo N° 143), guionista de profesión, nació el 23 de julio de 1919. Prácticamente no hay mayores datos de cómo fue detenido, pero fue visto, según distintas personas que recuperaron su libertad, en Campo de Mayo, El Vesubio y El Sheraton.

Desapareció el día 27 de abril de 1977, cuando tenía 59 años. Eduardo Arias —psicólogo de 38 años— fue una de las últimas personas que lo vio con vida:

"En noviembre de 1977 fui secuestrado y permanecí desaparecido hasta enero de 1978. Héctor Oesterheld estaba allí desde hacía mucho tiempo. Su estado era terrible. Permanecimos juntos mucho tiempo. Uno de los momentos más terribles fue cuando trajeron a su pequeño nieto de cinco años. Esa criatura fue recogida tras la captura y muerte de la cuarta hija y el yerno de Héctor y la llevaron a aquel infierno (...) Uno de los recuerdos más inolvidables que conservo de Héctor se refiere a la Nochebuena del 77. Los guardianes nos dieron permiso para sacarnos las capuchas y para fumar un cigarrillo. También nos permitieron hablar entre nosotros cinco minutos. Entonces Héctor dijo que por ser el más viejo de todos los presos, quería saludar uno por uno a todos los presos que estábamos allí. Nunca olvidaré aquel último apretón de manos. Héctor Oesterheld tenía sesenta años cuando sucedieron estos hechos. Su estado físico era muy, muy penoso. Ignoro cuál pudo haber sido su suerte. Yo fui liberado en enero de 1978. El permanecía en aquel lugar. Nunca más supe de él".

Otra situación que habla de la crueldad de la represión es la experiencia vivida por Elsa Fernández de Sanz (legajo N° 7227). Tenía 62 años y vino del Uruguay pues su hija Aída estaba por tener familia. No pasaron dos días de su llegada cuando un grupo de personas vestidas de civil y armas allanan su domicilio. Ambas fueron detenidas y hasta el momento permanecen desaparecidas. Testimoniantes que se presentaron en esta Comisión afirman haberla visto en el denominado "Pozo de Bánfield", donde fue brutalmente torturada a pesar de su edad y de su total sordera.

Don Luis Alejandro Lescano (legajo N° 6552) tenía 64 años cuando fue secuestrado. De larga militancia política en el Partido Radical, llegó a ser Diputado. Fue detenido en la vía pública en Santiago del Estero, luego de mantener una entrevista en una confitería. Intercedieron por él varios dirigentes de la Unión Cívica Radical ante las autoridades de turno, pero fue inútil. Aún permanece desaparecido.

Quisiéramos tener presente en esta parte del informe a un grupo de personas que por su trabajo en búsqueda de sus familiares fueron víctimas de secuestro y posterior desaparición, en un operativo realizado por efectivos de la ESMA. Son los hechos relacionados con las reuniones de familiares y amigos en la Iglesia de Santa Cruz, del barrio de San Cristóbal, Capital Federal. De las 12 personas que fueron secuestradas, cuatro de ellas eran mayores de 50 años. Se trata de María Eugenia Ponce de Bianco, 53 años (legajo N° 5740); Azucena Villaflor de Vincenti —Madre de Plaza de Mayo— 53 años; María Esther Ballestrino de Careaga, 59 años (legajo N° 1396) y Leonie Duquet, 60 años (monja francesa).

Los que pudieron contar su experiencia

Oscar D. (legajo N° 2943) tenía 65 años. El 22 de febrero de 1977 un grupo de gente armada, de civil, irrumpió en su domicilio buscando a sus hijos. "Nos tendrán que acompañar a la casa de su hijo", le dijeron, y allí fueron Oscar y su señora Raquel:

"Vimos cómo hicieron el operativo en la casa de nuestro hijo menor (que aún permanece desaparecido). Saquearon toda la casa y la destruyeron parcialmente. Luego nos vendaron los ojos y maniataron".

Luego de cambiarlos de vehículo pusieron a Raquel en la parte de atrás del mismo, agachada, y a Oscar encogido en el baúl. Cuando llegaron al lugar de detención:

"Los calabozos eran de 1,20 por 2,50 m. aproximadamente. A mi mujer la colocaron con otras siete detenidas y a mí con igual número de cautivos. Era insoportable el calor y el hedor. Nos daban una sola comida que más parecía bazofia (era la única salida del calabozo de 15 minutos durante las 24 horas)..."
"En la madrugada del 3 de marzo (diez días después), 'aparecimos'. Me arrojaron a mí solo en un pastizal a unas 15 cuadras de la estación de Glew, sin conocimiento, descalzo, cubierto con andrajos. Mi estado era calamitoso y debo haber estado al borde de la muerte. Caminé penosamente hasta la casa de mi hijo mayor que vivía por allí, y encontré a mi esposa, sola en la casa, alucinada a tal punto que no me reconocía".

Oscar y Raquel estuvieron detenidos diez días. Durante cinco días Oscar fue picaneado y golpeado al punto de perder el conocimiento.

Héctor María Ballent (Legajo N° 1277) había sido Director de Ceremonial del gobierno de la provincia de Buenos Aires. Fue secuestrado dos veces. La primera en el propio despacho del gobernador Saint Jean, y la segunda en su domicilio. Tres personas de civil, una de ellas seguramente policía, lo "invitaron" a conversar en un automóvil. Le ponen tela adhesiva en los ojos, lo encapuchan, le atan las manos en la espalda y lo tiran en una habitación, diciéndole "ahí tenés otros amigos".

"Al segundo día, estando tirado en el suelo y sin las mínimas condiciones de higiene, alimentación y abrigo, llega a dicho lugar un oficial con el nombre de guerra 'Roma', me levantan, me llevan y me desnudan, procediendo a aplicarme la picana eléctrica durante una hora".

El Sr. Ballent estuvo secuestrado-desaparecido en el Lugar de Reunión de Detenidos, llamado COT I Martínez, desde el 17 de mayo al 13 ó 14 de julio de 1977. Su testimonio es por de más claro y amplio sobre el infierno que fue vivir dos meses en este y otros L.R.D.

Algunas reflexiones finales

Es muy difícil, en el marco de una lucha contra la subversión, encontrar una razón válida para la detención y tortura de personas de la edad de quienes hemos citado. La mayoría de estas personas fue llevada en calidad de rehén. Se buscaba a sus hijos, y ellos podían ser la pista más útil para encontrarlos. Se los secuestró, robó, torturó, hizo desaparecer, en muchos casos, con la intención de obligarlos a delatar a sus hijos.

En otros casos, fueron secuestrados porque no se amedrentaron ante la política del terror que quería imponer la dictadura militar, sino que lucharon por encontrar con vida a sus hijos.

D. La represión no respetó inválidos ni lisiados

Cuando comenzaba la primavera en la ciudad de Córdoba, en la madrugada del 21 de setiembre de 1976, un grupo de personas de civil fuertemente armado, toma por asalto la vivienda de la calle Lagrange Nº 3460 del barrio de Villa Belgrano. Pese a la repetición de los hechos, en este caso existe una diferencia. Luego de penetrar a la vivienda por los techos, se llevan al matrimonio formado por Mónica Protti de Guillén (legajo Nº 2252) y su esposo Enrique Guillén (legajo Nº 2253), este último lisiado de una pierna.

Desde todo punto de vista un operativo de secuestro de persona significa un estado de extrema indefensión. La impunidad, la desmesurada desproporción de fuerzas empleadas, la nocturnidad y clandestinidad de los operativos, la demostración de estar actuando en ejercicio de alguna autoridad pública y la gran violencia ejercida, convierten a cualquier "chupada" en un huracán agresivo, imposible de contener.

¿Qué decir entonces cuando se trata de disminuidos físicos? ¿Existió alguna diferencia en el trato de sufrido por las personas discapacitadas?

El matrimonio Guillén fue visto en el CCD La Perla, despiadadamente torturado. Mientras sus padres los buscaban afanosamente, realizando innumerables gestiones ante organismos nacionales e internacionales, oficiales y privados, el "país subterráneo y clandestino" no daba ninguna respuesta.

En su desesperación, los familiares tomaron contacto con un militar retirado, informante oficioso quien aseguró que "los chicos están bien en La Perla", agregando tiempo después que "ya habían sido juzgados y que serían trasladados", sin aportar desde entonces ninguna otra información.

Casi inmediatamente se produjo otro caso, esta vez en la Capital Federal.

Tres personas, una de las cuales inválida, presenciaron en plena vía pública, en las barrancas de Belgrano, cuando personas de civil introdujeron en un Ford Falcon a Claudia Inés Grumberg (Legajo N° 233), estudiante de sociología que desde los cinco años sufría de artritis deformante en todas sus articulaciones; dedos sin extensión, además de una renguera evidente luego de diez años de no poder caminar.

Dos años después, los tres testigos, entre los que se encontraba José Liborio Poblete, serían también secuestrados.

El General Videla contesta sobre este caso a unos periodistas ingleses: "El caso de esta niña a quien Ud. hace referencia, que no conozco en detalle (se refiere a Claudia Inés Grumberg, presa por subversiva) entiendo que está detenida a pesar de estar lisiada. Vuelvo a la parte inicial: el terrorista no sólo es considerado tal por matar con un arma o colocar una bomba, sino también por activar a través de ideas contrarias a nuestra civilización occidental y cristiana..." (Gente, 22-12-77, Diario Popular, Clarín, La Opinión, Crónica y otros medios de difusión nacional con fecha 18-12-77). Claudia Inés Grumberg continúa actualmente desaparecida.'

En la víspera de cumplir sus veinte años, Rosa Ana Frigerio (Legajo N° 6875) fue retirada de su casa en la calle Olavarría 4521 de la ciudad de Mar del Plata. El 25 de agosto de 1976 un grupo de personas armadas vestidas de civil cargaron en una camilla a esta joven y se la llevaron. En ese momento, la víctima de este secuestro tenía todo su cuerpo enyesado por haber sido operada de la columna vertebral.

Por investigaciones realizadas por la familia se tuvo conocimiento que se encontraba alojada en la Base Naval de Mar del Plata.

Este hecho fue posteriormente ratificado por la contestación de un hábeas corpus de fecha 25 de febrero de 1977, que confirmaba que Rosa Ana Frigerio se encontraba a disposición del Poder Ejecutivo nacional, firmado por el nuevo Jefe de la Base, Capitán Juan José Lombardo.

Este mismo cita a los padres de Rosa Ana el 31 de marzo de 1977 para notificarles que su hija había sido muerta en un enfrentamiento el día 8 de marzo pasado, a las 3 de la madrugada. En esa oportunidad le entregaron a los familiares un papel escrito a lápiz con el número de una sepultura.

Con fecha 4 de mayo de 1984 se dictó la prisión preventiva del hoy Vice-Almirante Juan José Lombardo, en el juicio seguido por el homicidio de Rosa Ana Frigerio, ante el Juzgado Federal a cargo de Dr. Pedro Hooft.

En la ciudad de Rosario, en septiembre de 1977, desaparece el matrimonio formado por María Esther Ravelo Vega (Legajo N° 3223) y Emilio Etelvino Vega (Legajo N° 4372). Ambos son ciegos.

La Sra. Alejandra Fernández de Ravelo, al no tener noticia de su hija, concurre al domicilio de la calle Santiago N° 2815, donde vio:

> "Un camión del Ejército llevándose las últimas cosas que quedaban en la casa, advirtiéndome los vecinos que no me acercara porque me iban a llevar a mí también. Se llevaron todos los muebles, los artefactos del hogar, la ropa, una máquina para fabricación de soda —actividad a la que se dedicaba mi yerno— y un camión con el que se repartía la soda. También se robaron una perra guía, de raza ovejero alemán, que el matrimonio usaba como perro lazarillo..."

Pese a la gran cantidad de diligencias realizadas, nunca se tuvo noticia alguna sobre el paradero de esta joven familia.

El día 27 de octubre de 1977, la Sra. Juan Sigaloff de Nuguer y su hijo Hernán Gerardo Nuguer (Legajo N° 1767) salen de su domicilio rumbo a sus respectivos trabajos, en un automóvil marca "Renault 6", adaptado para el manejo de una persona lisiada, ya que Hernán Gerardo sufría de parálisis en sus miembros inferiores.

Mientras estaba poniendo en marcha el automóvil, se le apareó otro vehículo, con cuatro personas a bordo y del cual descienden tres de ellos, vestidos de civil, pero con botas borceguíes, portando armas cortas y uno de ellos una ametralladora.

Hernán en ese momento entabla una conversación con los mismos, pidiéndoles que se identifiquen, ante lo cual exhiben sus credenciales. (Todo esto es presenciado por un vecino, el Sr. Calleja, el almacenero y el encargado del edificio). Al ver las credenciales, Hernán Gerardo les manifiesta que en las mismas no consta identificación alguna que los sindicara como personal dependiente de algún organismo de seguridad. Mientras tanto, los individuos abrieron las puertas del auto y ante la pregunta de su madre hacia dónde se lo llevaban, le contestaron "al Departamento de Policía", metiendo inmediatamente a Hernán en el interior de un Ford Falcon, color marfil, cuyo número de chapa su madre anotó en un papel (posteriormente averiguó que el mismo no pertenecía a ese vehículo).

La última imagen de su hijo fue verlo alejarse en el vehículo descripto, seguido por otro similar que oficiaba de escolta.

Personas que se encontraban notoriamente impedidas de poder realizar movimiento alguno, no fueron por ello motivo de ninguna consideración dentro de la metodología empleada en la desaparición forzada de personas. Tal el caso el Juan Di Bennardo (legado N° 4500), metalúrgico, de 26 años de edad, quien es atropellado por un vehículo en la calle, e internado en terapia intensiva en el Hospital Alvear, el día 23 de abril de 1978, habiéndose programado una intervención quirúrgica para el día 15 de mayo de 1978. Tres días antes, por la noche, se presentaron algunos sujetos armados, vistiendo guardapolvos blancos, quienes obligaron a los pacientes internados en la sala 14 de Traumatología a permanecer en sus camas, tapándose la cabeza con las sábanas. Estos sujetos colocaron a Juan en una camilla y se lo llevaron en una ambulancia. Su madre recibió un llamado telefónico de un liberado, quien dijo que "había sido detenido en un Hospital de La Plata" y que luego, "durante su cautiverio, había conocido a Juan Di Bennardo", sin dar precisiones del lugar de detención. Tiempo después siguió recibiendo llamados, en uno de los cuales le contaron que Juan estaba en el C.C.D. "El Olimpo". Nunca más se supo algo de él.

José Liborio Poblete (Legajo N° 3684) es chileno, técnico tornero. Tuvo la desgracia de perder sus dos piernas a causa de un accidente automovilístico y la felicidad de casarse con Gertrudis María Hlaczik (Legajo N° 3685), a quien había conocido en un centro de rehabilitación del Barrio de Belgrano. Gertrudis lo hizo padre de una criatura, Claudia Victoria (Legajo N° 3686), que tenía 8 meses de edad el 28 de noviembre de 1978, cuando fue secuestrada en la vía pública en Plaza Once, en la Capital Federal.

Mientras tanto ocurre lo mismo con su familia. Un grupo de hombres con uniformes de la Policía de la Provincia —de la Brigada de Lanús, por posteriores investigaciones—allana su domicilio en la localidad de Guernica, sacando del mismo a su esposa que llevaba en brazos a Claudia Victoria, introduciendo a ambas en uno de los patrulleros. Luego llega otro grupo uniformado al mismo domicilio con un camión del Ejército y saquean y destruyen parcialmente la casa.

Al mes siguiente Gertrudis se comunica telefónicamente con su madre y le pregunta si le habían entregado a su pequeña hijita. La Sra. de Hlaczik le preguntó entonces si se encontraba bien, o si la estaban obligando a decir algo, y antes que Gertrudis pudiera contestar, una voz masculina le dice: "MODERE SUS PALABRAS, su hija está mejor que el resto de sus compañeras. Acá no estamos en Rusia", interrumpiéndose la comunicación.

Nunca se obtuvo información oficial sobre el paradero de esta familia. Hoy, por el relato de algunos liberados del C.C.D. "Olimpo": E. Ghezan (Legajo N° 4151), S. Caride (Legajo N° 4152), E. Lombardo (Legajo N°

3890) y Mónica Brull de Guillén (Legajo N° 5452), entre otros, se conoce la suerte corrida por ellos. "La niña sólo permaneció dos días en el Olimpo, al cabo de los cuales fue retirada con destino incierto"

Tanto Gertrudis como José Liborio —a quien los represores apodaban "Cortito", burlándose de la falta de sus piernas— fueron brutalmente torturados. A ella "la pasearon desnuda, arrastrándola de los pelos mientras la castigaban"; a su marido lo recuerdan "cuando lo veían pasar por el baño todos los días arrastrándose sobre sus manos, ya que no tenía piernas y le habían sacado la silla de ruedas".

En el testimonio de dos personas que estuvieron en el "Olimpo", publicado por Amnesty International y luego receptado por esta Comisión, se afirma que en uno de los traslados del año 1979, José Liborio Poblete es sacado en su silla de ruedas; "dos días después vimos la silla tirada en un rincón de la playa de estacionamiento". Gertrudis Marta Hlaczik de Poblete fue vista por última vez el 28 de enero de 1979. Claudia Victoria Poblete continúa desaparecida desde el día de su secuestro.

En el mismo lugar estuvo otro lisiado: Gilberto Renguel Ponce (Legajo N° 5254), quien es secuestrado mientras esperaba un tren en la estación de Ciudadela, a las 16 hs. del 7 de diciembre de 1978. Diez personas, entre las cuales —lo supo luego— estaban los apodados "Paco", "Turco Julián" y "Colores", lo tiraron sobre una balanza que había en la estación; lo golpearon y lo condujeron esposado a un auto estacionado del otro lado de la Avda Rivadavia.

> "Al rato me hacen hablar con Gertrudis, esposa de Poblete, quien me dice que hable porque estábamos todos presos. Como no tenía nada que decir, los represores comienzan a castigarme con latigazos. Luego escucho que uno ordena que me lleven a la máquina, entonces me arrastran de los pelos hacia otra habitación y me tiran sobre una superficie dura, que podría ser una plancha de acero. Allí me atan y comienzan a aplicarme la picana por todas las partes del cuerpo: por el pecho, la boca, en la lengua, en los testículos y en el ano. Mientras, me preguntan dónde guardaba las armas y me amenazaban con matar a mi hijo y a mi esposa que estaba embarazada".

Antes que pueda recuperarse, el "Turco Julián" lo levanta y lo sienta en una silla con un papel, para que escribiera todo lo que sabía.

> "Anoté los nombres de los compañeros que conocía y que no desarrollábamos ninguna actividad subversiva, ya que el grupo "Cristianos para la Liberación", de orientación peronista, se dedicaba a la divulgación de dicha doctrina política y a ayudar y trabajar por las necesidades de los discapacitados. Los represores me decían que éramos utilizados por el sionismo internacional y que los judíos nos habían engañado".

Gilberto Renguel Ponce fue liberado el 21 de diciembre de 1978, con la obligación de llamar por teléfono todos los días.

El mismo día de la desaparición de Gilberto Ponce, a las 18.30 hs., mientras caminaba por la calle Cangallo en dirección a Pasteur, Mónica Brull de Guillén (Legajo N° 5452), no vidente, que vivía con su esposo y su pequeño hijo, sintió que la tomaban del brazo y escuchó una voz masculina que le decía "vení que te cruzo". Le respondió que no tenía intención de hacerlo, a lo que el otro con la ayuda de un tercero le replica "cruzá que ya perdiste...".

La subieron a un auto y durante el trayecto de unos veinte minutos, uno de los sujetos que se identificó como "Clavel" la interrogó sobre sus actividades, a lo que ella respondió que "desde el año 1973 participé de un grupo de discapacitados que hacemos tareas sociales y vecinales con personas que están en mi misma situación y que nos conocemos del Instituto Nacional de Rehabilitación, ubicado en la calle Echeverría al 900..."

En el Centro de detención clandestino —que no es otro que "El Olimpo"— el "Turco Julián" le pregunta si en su casa tenía "el mimeógrafo de los lisiados" contestándole ella que sí. A continuación le pregunta qué nivel tenía. Mónica niega que tuviera alguno.

"Entonce Julián dice que me lleven a la máquina, apareciendo unos monos que me llevan a una habitación y me comienzan a golpear porque me niego a desvestirme. Uno me arranca la camisa y me tiran sobre la plancha metálica donde me atan los pies y las manos. Les digo que estoy embarazada de dos meses y el "Turco Julián" me contesta: "Si fulana aguantó la máquina estando embarazada de seis meses, vos vas a aguantar, además viólenla", ordena. Los torturadores se ensañaban conmigo cada vez más, por dos razones: porque era de familia judía y porque no lloraba, cosa que los exasperaba...".

Durante una prolongada sesión de tortura, en la que le preguntaban dónde se encontraba su esposo Juan Agustín Guillén (Legajo N° 5339):

"...termino dando la dirección de mi casa. Me dicen que si les miento matarán a mi hijito. Me preguntaban sobre la estructura de la vivienda, si Juan ofrecería resistencia, si tenía fierros... yo les dije que tenía poca posibilidad de resistir, ya que mi marido también era discapacitado.
"Cuando capturaron a mi marido se llevan con ellos a mi hijito".

El sábado 9 de diciembre, "Soler", haciéndose pasar por el "capitán Echeverría", le llevó el bebé a la madre de Mónica y le explicó que su hija y su yerno estaban detenidos pero que "no se trataba de una cuestión policial, están a disposición de las fuerzas legales porque son subversivos", aconsejándole que no haga la denuncia.

El día 21 de diciembre de 1978 Mónica Brull de Guillén y su esposo

Juan Agustín Guillén son liberados. Como consecuencia de los golpes, castigos y tratamiento al que se la sometió, Mónica perdió su embarazo. Luego supo por su esposo que el bebé en gestación tenía un bracito atrofiado.

E. Religiosos

No parecerá reiterativo afirmar una vez más que el drama de la represión ilegal en la Argentina alcanzó a todos y a cada uno de los sectores de la comunidad. Tanto la grey católica como las otras confesiones fueron también protagonistas, a través de sus miembros religiosos o laicos.

El terrorismo de Estado persiguió con significativo ensañamiento a los religiosos que estaban comprometidos con la causa de los más carenciados y con aquellos que sostenían una actitud de denuncia frente a la violación sistemática de los Derechos Humanos. Así fue como sacerdotes, religiosos y religiosas, seminaristas, catequistas, etc., y miembros de otras confesiones, sufrieron el azote del secuestro, vejaciones, torturas y en muchos casos, la muerte.

Profesión de fe cristiana de los militares frente al anticristianismo de la represión.

La ambivalencia de los responsables de la represión no conoció límites: mientras se preconizaba aquello del "estilo de vida occidental y cristiano", el desprecio hacia la criatura humana fue constante.

En abril de 1976, el entonces Coronel Juan Bautista Sasiaiñ quien fuera más tarde Jefe de la Policía Federal afirmaba que "el Ejército valora al hombre como tal, porque el Ejército es cristiano" (La Nación, 10 de abril de 1976). Al año siguiente el Almirante Emilio Massera expresaba: "Nosotros, cuando actuamos como poder político seguimos siendo católicos, los sacerdotes católicos cuando actúan como poder espiritual siguen siendo ciudadanos. Sería pecado de soberbia pretender que unos y otros son infalibles en su juicios y en sus decisiones. Sin embargo, como todos obramos a partir del amor, que es el sustento de nuetra religión no tenemos problemas y las relaciones son óptimas, tal como corresponde a cristianos". (Entrevista concedida a la revista Familia Cristiana, reproducida por el diario "Clarín" el 13 de marzo de 1977). Es posible también recordar cuando en época más reciente el General Jorge Rafael Videla se refirió al "Informe final sobre desaparecidos" dado a conocer por la última Junta Militar (abril de 1983) como "un acto de amor".

Veamos cómo se interpretó ese amor al semejante, trascribiendo a continuación algunos testimonios:

"Para Navidad de 1977 se reforzaron las medidas de seguridad internas y ocurrió algo inaudito. Alrededor de 15 prisioneros fuimos llevados a una Misa oficiada en el Casino de Oficiales de la E.S.M.A. En el hall del salón de los dormitorios habían levantado un altar sencillo y habían colocado bancos. Todos estábamos engrillados, esposados con las manos detrás de la espalda y encapuchados. Nos sacaron las capuchas y el Capitán Acosta nos dijo que para celebrarse la fiesta de Navidad cristiana habían decidido que pudiésemos oír Misa, confesarnos y comulgar los que éramos creyentes y los que no lo fueran para que tuviesen tranquilidad espiritual y pensáramos todos que la vida y la paz son posibles, que la Escuela de Mecánica todo lo podía hacer. Entre tanto se oían gritos de los que eran torturados y el ruido de las cadenas arrastradas de los que eran llevados al baño en la sección "Capucha". En mi caso, mi formación cristiana y la presión de todo lo que estaba viviendo hizo que me confesara. Allí, nos pusieron la capucha" (Testimonio de Lisandro Raúl Cubas, Legajo N° 6974).

"En una fecha próxima al 24 de diciembre de 1976, se hizo presente el Almirante Massera junto con el Contralmirante Chamorro, el Capitán Acosta y algunos miembros del Grupo de Tarea 3. En esa oportunidad, exhibiendo un cinismo e hipocresía sin límites, ante una treintena de prisioneros con sus piernas sujetas con grilletas, nos deseó "Feliz Navidad" (Testimonio de Graciela Daleo y Andrés Castillo, Legajo N° 4816).

"...antes de permitirnos acostar en el suelo para dormir, el personal de guardia nos obligaba a rezar en voz alta un "Padre Nuestro", un "Ave María", a la vez que nos exhortaban a "dar las gracias a Dios porque han vivido un día más" y también para que "ese día no fuese el último. Después nos acostábamos" (Testimonio de Juan Martín, Legajo N° 440).

"...Luego sufrí dos simulacros de muerte: uno por fusilamiento y el otro, por envenenamiento. Previamente a esos simulacros me preguntaron si quería rezar y me ofrecieron un rosario. Por el tacto (conservaba los ojos vendados) pude reconocer que el objeto que me habían dado no era un rosario sino la cruz que mi hija llevaba siempre al cuello (un objeto muy característico de tipo artesanal). Entendí que se trataba de un modo sádico de anunciarme que mi hija también se encontraba allí. Yo rezaba y lloraba. Entonces me respondían con obscenidades, amenazas y gritos. Decían: "Callate. Esto te pasa por andar con ese barbudo, con ese p... (se referían a Jesucristo) "Por eso están así ahora" (Testimonio de Leonor Isabel Alonso, Legajo N° 5263).

"...Nos llevaron a la Comisaría 36 de la Policía Federal de Villa Soldati... Cuando gritaba ellos silbaban, hacían ruido para tapar los gritos. Después me llevaron a un calabozo y al rato vinieron otros a decirme que "iba a los militares", que iba a

monio de los vecinos, "a la vez que preguntaban por el Padre Jorge" (Adur). (Testimonio de Inés Rodríguez, Legajo N° 2204, de fecha 12 de julio de 1984 prestado ante esta Comisión).

"Fui avisado por una monja Filomena que vivía a la vuelta de la casa de las víctimas (el otro secuestrado era el seminarista Raúl Eduardo Rodríguez). Salgo de mi casa y camino una cuadra y media desde donde observo el operativo" (Testimonio de Jesús Oscar Ahumada prestado ante esta Comisión el 30 de mayo de 1984, Legajo N° 2204).

"Se llevan a Raúl Eduardo Rodríguez y a Carlos Antonio Di Pietro, otro grupo queda esperando a Jorge Adur. La Congregación hizo algunas averiguaciones pero lo único que pudieron averiguar fue que el operativo lo hizo la Marina. La situación se agravó cuando Jorge Adur sale del país y hace declaraciones en Europa". (Denuncia de Gerardo Carlos Brutrón, Legajo N° 2204/2205).

7) Domon, Alice.—Religiosa francesa de las Misiones Extranjeras de París (congregación francesa), fue secuestrada en la Capital Federal (Iglesia de la Santa Cruz) el 8 de diciembre de 1977. Estuvo prisionera en la ESMA, fue torturada y finalmente "trasladada".

"...Lo mismo sucedió con las religiosas francesas Alice Domon y Léonie Renée Duquet. Tuve oportunidad personal de hablar con la hermana Alice, ya que fue llevada junto con la hermana Renée al tercer piso del Casino de Oficiales de la ESMA, lugar donde me encontraba cautivo. Esto ocurre alrededor del 11 ó 12 de diciembre. Es cuando me cuenta que había sido secuestrada en una iglesia, conjuntamente con familiares de desaparecidos. Luego supe que eran 13 personas; las hermanas estaban muy golpeadas y débiles, ya que para llevar al baño a la hermana Alice tenían que sostenerla dos guardias. Le pregunté si la habían torturado y me contestó afirmativamente: la habían atado a una cama totalmente desnuda y le habían aplicado la picana por todo el cuerpo; además dijo que después la habían obligado a escribir una carta a la Superiora de su Congregación, la escribió en francés bajo constante tortura, y posteriormente le sacaron una foto a ambas, sentadas junto a una mesa. Las fotos les fueron sacadas en el mismo lugar donde las torturaron: el subsuelo de Casino del Oficiales. Las hermanas estuvieron en ESMA unos diez días, torturadas e interrogadas. Luego fueron "trasladadas" junto con las once personas restantes. Los rumores internos fundamentados por el apresuramiento con que se sacó de allí a estas personas, indicaban el asesinato de las mismas". (Testimonio de Horacio Domingo Maggio, Legajo N° 4450).

"Cayeron alrededor de 10 o 12 familiares, entre ellos la Hermana francesa Alice Domon. Más tarde fue llevada también a la ESMA la hermana Rennée Duquet, de la misma Congregación religiosa que la hermana Alice. A la hermana Renée la alojaron en "Capuchita". Las hermanas Alice y Renée fueron salvajemente torturadas, especialmente la primera. La conducta de ellas fue admirable. Hasta en sus peores momentos de dolor, la Hermana Alice que estaba en "Capucha" —preguntaba por la suerte de sus compañeros y en el colmo de la ironía— en forma particular por el "muchachito rubio", que no era otro que el Teniente de Fragata Astiz (quien se había infiltrado en el grupo haciéndose pasar por familiar de un desaparecido)... A punta de pistola la obligó a la hermana Alice a redactar una carta de su puño y letra... Para coronar esa parodia se les tomó (a ambas Hermanas) fotografías en el propio laboratorio fotográfico de la ESMA, en las que aparecían sentadas delante de una mesa con un cartel del Partido Montonero atrás. Las Hermanas Alice y Renée fueron "trasladadas" y junto con ellas los familiares secuestrados en la misma circunstancia". (Testimonio de Lisandro Raúl Cubas, Legajo N° 6974).

8) **Duquet, Léonie Renée.**—Religiosa francesa de las Misiones Extranjeras, de París, de 60 años, catequista de Castelar, secuestrada, ya citada, el 10 de diciembre de 1977 en Ramos Mejía (Bs. As.). Estuvo prisionera en la Escuela de Mecánica de la Armada, torturada y posteriormente "trasladada". (Testimonios de Horacio Domingo Maggio y de Lisandro Raúl Cubas).

9) **Fourcade.**—Sacerdote secuestrado el 8 de marzo de 1976. Estuvo en el Campo de La Ribera. "Trasladado" (Testimonio de Teresa Celia Meschiati, Legajo N° 4279).

10) **Gadea, Aníbal.**—Seminarista católico secuestrado en 1977.

11) **Galli, Jorge.**— Sacerdote, fue secuestrado en 1976, en San Nicolás, (Bs. As.)

12) **Gervan, Luis Oscar.**—Religioso católico, fue secuestrado el 4 de noviembre de 1976 en Tucumán.

13) **Gazarri, Pablo María.**—Sacerdote. Trabajaba en la Parroquia de Nuestra Señora del Carmen de Villa Urquiza (Capital Federal), y estaba por ingresar en la Fraternidad del Evangelio (Padre Carlos de Foucauld), para la cual se había postulado con el fin de dedicarse más al apostolado entre los pobres. El Padre Gazzarri fue secuestrado el 27 de noviembre de 1976. Según testigos, fue interceptado en la calle, cerca de la casa de sus padres, por personas que vestían uniforme de policía. Había recibido amenazas contra su vida, especialmente después de la masacre de los Padres Palotinos. Siendo seminarista, tuvo como asesor espriritual al actual Cardenal Eduardo Pironio, quien luego del secuestro trató inútilmente de obtener informes de parte de las autoridades argentinas. Fue visto prisionero en la Escuela de Mecánica de la Armada y fue "trasladado" en los primeros días de enero de 1977.

> "El sacerdote Pablo Gazzarri fue secuestrado en noviembre de 1976 y brutalmente torturado. Tuve conocimiento de él porque lo comentaban los guardias. Estaba en el camarote del fondo de la "L" de "Capucha". Lo pusieron luego en el suelo cerca de mí, donde le comenté lo de la misa en el segundo piso y le pedí asesoramiento espiritual que no me pudo dar ya que para la primera semana del 77 fue "trasladado" (Testimonio de Lisandro Raúl Cubas, Legajo N° 6974)

14) **Jalics, Francisco.**—Sacerdote jesuita, fue secuestrado el 23 de mayo de

de 1976 en el Barrio Rivadavia (en el límite con la villa del Bajo Flores). Estuvo prisionero en E.S.M.A. y posteriormente en una casa de Don Torcuato. Fue liberado el 23 de octubre de 1976 junto al padre Yorio, sacerdote de la misma Comunidad. Salió del país.

> "También estaba conmigo el Padre Jalics, otro integrante de la Comunidad... Comienzo a conversar con el Padre Jalics quien me cuenta que durante el operativo de la detención de ambos, le vio a uno de los participantes un ancla en el cinto, y que estando detenido, en ocasión de celebrarse el 25 de Mayo, hubo algo así como una formación allí afuera y pudo escuchar un discurso que se iniciaba con... "de la Escuela de Mecánica de la Armada..." Junto al Padre Jalics sacamos la conclusión de que habíamos sido sacados de la E.S.M.A. ...."
> "Me di cuenta de que estaba en campo abierto (lo habían liberado), recién me animé a quitarme la venda, miré las estrellas, además el Padre Jalics estaba a mi lado... (nos dejó un helicoptero)". (Testimonio del Sacerdote Orlando Virgilio Yorio, Legajo N° 6328)

15) Isla Casares, Juan Ignacio.—Seminarista obrero de la Parroquia Nuestra Señora de la Unidad (Olivos), de donde era párroco el Padre Jorge Adur. Fue secuestrado (y posiblemente asesinado) el 4 de junio de 1976 en Boulogne, Partido de San Isidro, Bs. As. Marcelo, el hermano menor de la víctima, a quien tenían prisionero dentro de un coche, presenció el tiroteo y vio que ponían un cuerpo en el baúl del mismo automóvil.

> "...Me dicen que me quede quieto o me balearán. Portaban armas largas (ametralladoras portátiles). Se oye una ráfaga de ametralladora y un grito de voz masculina... espiaba por el vidrio de atrás, vi que abrían el baúl e introducían un cuerpo... yo iba en el auto con una persona a quien todos decían "mayor". El acompañante del "mayor", que también viajaba en ese auto, antes de ascender limpió sangre de sus manos con un trapo..." (Testimonio de Marcelo Isla Casares, Legajo N° 2203)

16) López, Mauricio Amílcar.—Pastor protestante, fue rector de la Universidad de San Luis y pertenecía al Consejo Mundial de Iglesias como delegado ejecutivo. Secuestrado en Mendoza el 1° de enero de 1977, fue sacado de su casa en presencia de su familia (madre y hermanos, a quienes maniataron) por un grupo de hombres fuertemente armados, los que además se llevaron una suma de dinero, objetos de valor y documentación personal de la víctima. El Consejo Mundial de Iglesias exhortó al General Videla a ubicar el paradero del pastor.

17) Rodríguez, Raúl Eduardo.—Religioso asuncionista, seminarista de la Congregación de la Sagrada Familia (Diócesis de San Isidro), fue secuestrado el 4 de junio de 1976, junto al seminarista Carlos Di Pietro, en la Comunidad de los Religiosos Asuncionistas ubicada en el Barrio La Manuelita, San Miguel (Bs. As.). Realizaba trabajo pastoral en Villas de Emergencia y era estudiante de teología.

353

18) Rougier, Nelio.—Sacerdote de Hermanitos del Evangelio, fué secuestrado en septiembre de 1975 en Tucumán, cuando viajaba desde Córdoba.
19) Rice, Patrick.—Sacerdote católico de nacionalidad irlandesa secuestrado el 12 de octubre de 1976 en la Capital Federal. Liberado el 3 de diciembre de 1976 en que salió del país custodiado hasta que partió el avión. Estuvo como detenido-desaparecido y luego fue "legalizado". Fue bárbaramente torturado.

> "...Allí siempre se tenía que andar con los ojos vendados. Luego me interrogó una persona, me preguntó cómo había recibido las heridas que tenía. Le dije lo que me había pasado y me contestó que de ahora en adelante me había caído por una escalera, si no decía eso iba a terminar en el fondo del río con un pedazo de hormigón. Después me sacaron una declaración que firmé..."(Testimonio de Patrick Rice, Legajo N° 6976).

20) Silva Iribarnegaray, Mauricio Kleber.—Sacerdote salesiano uruguayo, vino a la Argentina en 1970 para entrar en la Fraternidad del Evangelio (Padre Carlos de Foucauld). Trabajaba como obrero de la Municipalidad de Buenos Aires, en la limpieza de calles, ya que la orientación de la Fraternidad indica que sus miembros se desempeñen en la misma actividad donde realizan su apostolado. El 14 de junio de 1977, el Padre Silva se encontraba barriendo la calle cuando gente de civil armada que se indentificó como perteneciente a la policía y que iba dentro de un Ford Falcon blanco, preguntó a otros barrenderos dónde trabajaba aquél. Una testigo vio cómo lo metían en un coche con las misma características. En la tarde del día siguiente al secuestro, cuatro hombres que dijeron ser miembros de la Fuerzas Armadas y uno que dijo ser el Juez militar que intervenía en el caso Silva, interrogaron sobre él a los vecinos y a los Hermanos. Para el Hermano Cara, resultó muy claro que esos hombres ya habían hablado con la víctima, ya que sabían todo con exactitud acerca de la Fraternidad y habían llevado con ellos a un traductor del francés; estaban particularmente interesados en las ideas políticas de Mauricio Silva. Al día siguiente fue presentado un recurso de hábeas corpus el que no tuvo resultado positivo. Hacia fines de julio se supo en círculos eclesiásticos que Silva estaba en Campo de Mayo y que había sido bárbaramente torturado. Semanas más tarde fue transferido a algún lugar de La Plata. Desde ese momento, no se tuvo más noticias de él, suponiéndose lo peor. ("Repression of a religious community in Argentina", publicado por la Fraternidad del Evangelio (Padre Carlos de Foucauld), preparado por Fraternity of the Gospel, New York, abril de 1978).
21) Solan, Henri de.—Hermano de la Fraternidad del Evangelio (Padre Carlos de Foucauld), quien desde hacía tiempo trabajaba en la Provincia de Corrientes, fue detenido en septiembre de 1976 y deportado a Francia en febrero de 1978. Después de esos doce meses de detención fue finalmente acusado de facilitar el uso de una máquina de escribir a un grupo opositor al gobierno ("Repression of a religious community in Argentina". Pub. Fraternidad del Evangelio, abril de 1978).

22) **Weeks, James.**—Sacerdote norteamericano, fue secuestrado el 3 de agosto de 1976 junto con 5 seminaristas, en Córdoba. Liberado, sale del país.

"Tanto los 5 seminaristas como el Padre Weeks fueron interrogados por el Coronel Fierro y el Suboficial retirado "Cura" o "Magaldi", posiblemente hayan estado en el campo de La Ribera. Cuando me detienen el 25 de setiembre de 1976, la primera persona que vino a verme fue el Coronel Fierro, quería saber si el Reverendo Weeks tenía conexión con la organización "Montoneros". Me dice que era el Destacamento de Inteligencia 141 el que había secuestrado a los 5 seminaristas y a Weeks y que lo pensaban matar pero que al interceder el embajador norteamericano por Weeks, lo habían tenido que dejar salir del país". (Testimonio de Teresa Celia Meschiati, Legajo Nº 21)

23) **Yorio, Orlando Virgilio.**—Sacerdote jesuita, fue secuestrado el 23 de mayo de 1976 en su casa del Barrio Rivadavia, límite con la villa del Barrio de Flores, y liberado el 23 de octubre del mismo año. Durante ese lapso estuvo en calidad de detenido-desaparecido, junto con el Padre Víctor Jalics. Ambos estuvieron prisioneros en la Escuela de Mecánica de la Armada y posteriormente en una casa situada en Don Torcuato.

"En determinado momento del interrogatorio se pusieron a discutir entre ellos, pude escuchar que comentaban la conveniencia o no de un rastrilleo en la villa, por lo que supongo que estaba en sus intenciones hacerlo. Supuse que eran de Aeronáutica o Marina, oficiales, por el lenguaje que utilizaban... sentía que estaba en un sótano, permaneciendo en el suelo, siempre con la capucha, sentí como que en el lugar había mucha gente y había alguien que me cuidaba.... vienen y me atan las manos por detrás,... me ponen grillos en los dos pies con candados a una bala de cañón y me dejan encerrado en ese lugar que es muy pequeño... pido para ir al baño y no me hacen caso... así permanezco unos dos o tres días sin tomar agua, sin comer, a veces entran para insultarme, para amenazarme de muerte, me decían que no era sacerdote... empecé a pensar que me encontraba en la Escuela de Mecánica de la Armada por los ruidos que escuchaba, paso de trenes y de aviones que volaban muy bajo... Pasado el 25 de mayo vinieron a darme una inyección en la nalga, pude sentir el ruidito como de un grabador y seguidamente comencé a dormirme... me llevaron subiendo un ascensor uno o dos pisos, a un lugar grande donde había mucha gente tirada en el suelo, se oían ruidos de cadenas y de tanques de agua que se llenaban... pude oír gente que se quejaba... me sacan afuera y me introducen en un auto... en ese momento deduje que era la puerta de rejas de la Escuela de Mecánica de la Armada... se comunicaron por radio, a una pregunta la contestación fué 'a su popa'........................"
"Al otro día vino un hombre, era el mismo que me había preguntado por Mónica Quinteiro... nos preguntó si nos habíamos dado cuenta de quién nos había tomado, y el Padre Jalics le contestó: "La Escuela de Mecánica de la Armada", y el interrogador asintió diciendo:"...sepan que esto es una guerra y en una guerra a veces pagan justos por pecadores... sepan que entre nosotros hay problemas, que entre nosotros hay gente que solo quiere matar como esa persona de gamulán que participó en el operativo que los capturó............................."
"Al cabo de cinco meses, el 23 de octubre, a eso de las 5 de la tarde nos dan una inyección... noto que me marea un poco, nos cargan en una camioneta, anduvi-

mos no sé cuánto, nos dieron otra inyección, y más tarde otra... y no puedo recordar más, quisimos incorporarnos, nos caímos... despertamos cuando empezaba a haber luz... caminamos algo más de un kilómetro, hasta que encontramos un ranchito, golpeamos y un paisano nos atendió: "sí, yo antes de ayer vi un helicóptero que bajó a la tarde", dijo. Le preguntamos dónde estábamos, nos dijo que en Cañuelas. . . . . "

"El 25 de octubre se reunía la Conferencia Episcopal..." (Testimonio del Sacerdote Orlando Virgilio Yorio, Legajo N° 6328)

24) San Cristóbal, Julio.—Hermano de La Salle, fue secuestrado el 5 de febrero de 1976. (Tiempo Latinoamericano N° 4 - Córdoba).

El caso de los Padres Palotinos

"A mediados de 1976, fueron asesinados tres sacerdotes y dos seminaristas de la orden los Palotinos, que vivían en una parroquia en Buenos Aires, el teniente Pernía participó en esta operación, según sus propios dichos jactanciosos". (Testimonio de Graciela Daleo y Andrés Castillo, Legajo N° 4816).

En la madrugada del 4 de julio de 1976, fueron asesinados los sacerdotes de la comunidad palotina de San Patricio Alfredo Leaden, Pedro Duffau y Alfredo Kelly y los seminaristas Salvador Barbeito y Emilio Barletti. Los religiosos fueron muertos a tiros en la Parroquia de San Patricio del barrio de Belgrano.

El Padre Alfredo Leaden, de 57 años, era delegado de la Congregación de los Palotinos Irlandeses; el Padre Pedro Duffau, de 65 años, era profesor; el Padre Alfredo Kelly, de 40 años, era director del Seminario de Catequesis en Belgrano y profesor en el Colegio de las Esclavas del Santísimo Sacramento; Salvador Barbeito, de 29 años, era seminarista, profesor de filosofía, psicología y catequista además de rector del Colegio San Marón; Emilio Barletti, de 25 años, era seminarista y profesor.

Tanto amigos como feligreses de los religiosos asesinados coincidieron en que éstos habían predicado siempre la paz y condenaban la violencia.

La noche del crimen, personas del vecindario vieron un automóvil Peugeot negro largamente estacionado frente a la Parroquia, con cuatro hombres adentro, y también un patrullero que se detuvo junto a ellos y luego se alejó. Seguramente los asesinos aguardaban que se encontrasen en la parroquia todos sus moradores para entrar en acción.

Las primeras personas que a la mañana ingresaban a la Parroquia encontraron sobre las paredes y una alfombra leyendas que después fueron retiradas; las leyendas decían: "Así vengamos a nuestros compañeros de Coordinación Federal" (en cuyo comedor se había colocado hacía poco una bomba homicida) y "Esto les pasa por envenenar la mente de la juventud".

De la parroquia desaparecieron objetos y papeles.

El 7 de julio la Conferencia Episcopal elevó una nota a la Junta Militar donde, entre otras cosas, decía: "consideramos los graves hechos de violencia que han sacudido últimamente y en forma desconocida, al país, hiriendo íntimamente el corazón de la Iglesia. Nos referimos, naturalmente, al incalificable asesinato de una comunidad religiosa en la Parroquia de San Patricio en Buenos Aires...". Y el 5 de julio, en el sermón pronunciado durante el oficio celebrado en San Patricio, el sacerdote asuncionista Roberto Favre decía: "Es necesario rogar a Dios no sólo por estas muertes sino por la innumerables desapariciones que ocurren cotidianamente...".

"El suceso narrado coincidió en el tiempo con la recepción de otra carpeta 'confidencial' que contenía documentación perteneciente a los Padres Palotinos... el cura párroco Alfredo Leaden y Pedro Duffau y los seminaristas José Emilio Barletti y Salvador Barbeito. Agrega el declarante que entre la actividad ejercida por el Ministerio del Interior, estaba la vigilancia sobre aquellos sacerdotes denominados "tercermundistas" existiendo un archivo de 300 nombres con informaciones detalladas sobre la actividad de cada uno de ellos. En referencia al caso de los Padres Palotinos, el declarante posee en su poder una agenda telefónica de uno de los sacerdotes, que guardó como prueba de que dicha documentación se encontraba en dependencia del Ministerio del Interior en la época de referencia..." (Declaración prestada por el ex oficial de la Policía Federal argentina Peregrino Fernández, entre el Grupo de Trabajo sobre Desapariciones forzadas en la Comisión de Derechos Humanos de las Naciones Unidas con sede en Ginebra.

El caso del Obispo de La Rioja, Monseñor Enrique Angelelli, y de los sacerdotes de Chamical Gabriel Longueville y Carlos de Dios Murias

El 18 de julio de 1976, fueron alevosamente asesinados, luego de ser secuestrados por quienes se identificaron como miembros de la Policía Federal, los sacerdotes P. Gabriel Longueville y Carlos de Dios Murias, en la localidad de Chamical (La Rioja) donde realizaban su apostolado. A la mañana siguiente a este crimen, hombres encapuchados fueron a buscar al párroco de Sanogasta, pero éste se había ido por recomendación del Obispo Monseñor Enrique Angelelli. Cuando el laico que los atendió les dijo que el párroco no estaba, lo acribillaron.

El 4 de agosto, 17 días después del asesinato de aquellos sacerdotes, falleció Monseñor Enrique Angelelli, Obispo de la Diócesis de La Rioja, supuestamente en un "accidente" automovilístico. Las pruebas o presunciones de que fue atentado, se acumularon de manera abrumadora.

El Obispo acababa de dejar Chamical donde había celebrado una misa y pronunciado una homilía en la que denunciaba aquellos asesinatos. El Obispo manejaba una camioneta, y el padre Arturo Pinto que lo acompañaba recuerda que apenas dejaron Chamical comenzó a seguirlos un automóvil; el Obispo aceleró pero entonces apareció otro coche y a la altura de Punta de los Llanos los encerraron hasta hacer volcar la camioneta.

El cuerpo del Obispo quedó tirado en el suelo durante seis horas, la camioneta desapareció y la única lesión que presentaba el cadáver de Monseñor Angelelli fue la nuca destrozada tal como si lo hubiesen molido a golpes. La carpeta que llevaba el Obispo jamás pudo ser encontrada.

"No vengo a ser servido sino a servir. Servir a todos, sin distinción alguna, clases sociales, modos de pensar o de creer; como Jesús, quiero ser servidor de nuestros hermanos los pobres". Estas fueron palabras pronunciadas por Monseñor Angelelli al asumir la conducción del Obispado de La Rioja en 1968.

Había realizado sus estudios sacerdotales en Roma, especializándose en Derecho Canónico; fundó en Córdoba la Juventud Obrera Católica y fue asesor de la Juventud Universitaria Católica.

"El dicente, en este sentido, quiere agregar que uno o dos días después de ocurrido el suceso, los papeles que portaba el Obispo Angelelli en el momento de su fallecimiento llegaron a la casa de Gobierno dirigidos al Ministro Harguindeguy, en una carpeta remitida desde la Guarniciión Militar Salta, con expresa indicación de que se trataba de documentación confidencial. Este hecho llamó la atención del declarante, ya que los citados papeles no fueron entregados a la causa judicial, como tampoco entregados a los allegados a Monseñor Angelelli.
"Todas estas circunstancias motivaron que el dicente se decidiera a fotocopiar parte de esa documentación, que estaba integrada por correspondencia intercambiada entre el Obispo de La Rioja y el Arzobispo de Santa Fe, Monseñor Vicente Zaspe, referida a la persecución que sufrían sectores de la Iglesia Católica por su actividad social, un cuaderno de notas y otros papeles. La documentación fue entregada al General Harguindeguy... quiere aclarar el dicente que prestó especial atención al hecho por la forma estrictamente "secreta" que se dio a la existencia de esta carpeta. Añade que no tiene conocimiento del destino posterior de la misma, puesto que el General Harguindeguy manejaba en forma personal todos los hechos referentes a la Iglesia" (Declaración de Peregrino Fernández prestada ante el grupo de Trabajo de Desapariciones Forzadas de Personas de la Comisión de Derechos Humanos de las Naciones Unidas).

"...Durante uno de los interrogatorios, el Capitán Marcó y el Capitán Goenaga me dijeron que el Obispo de La Rioja, Enrique Angelelli, el Psiquiatra Raúl Fuentes y Alipio Paoletti iban a ser muertos... antes del mes, Angelelli murió en circunstancias que aún se investigan, Fuentes se encuentra desaparecido desde fines de 1976 y Alipio Paoletti fue buscado intensamente... en agosto del mismo año, debido a las condiciones físicas en que había quedado por las torturas fue trasladado al Hospital Presidente Plaza. Estando allí fue ingresado una noche el cadáver de Angelelli para realizarle una serie de autopsias; quienes me custodiaban, miembros de la Policía de la Provincia, aludiendo a la muerte del Obispo, manifestaban cosas como: "eso le tenía que pasar a ese cura comunista hijo de ...." (Testimonio de Plutarco Antonio Scheller, Legajo N° 4952).

El nuevo juez de La Rioja ha reabierto la investigación y ha obtenido nuevos testimonios.

El caso del Obispo de San Nicolás de los Arroyos, Monseñor Doctor Carlos H. Ponce de León

El 11 de julio de 1977 falleció el Obispo de San Nicolás Carlos Ponce de León, también en un sospechoso accidente automovilístico. El prelado se dirigía a la Capital Federal en compañía de su colaborador Víctor Oscar Martínez, con el objeto de llevar documentación a la Nunciatura Apostólica, relativa a la represión ilegal (secuestros y torturas) implementada en la Diócesis de San Nicolás y también en Villa Constitución (Provincia de Santa Fe). Esa documentación involucraba al entonces Gral. Carlos Guillermo C. Suárez Mason (Jefe del Primer Cuerpo de Ejército), al Coronel Camblor (Jefe del Regimiento de Junín) y más directamente al Teniente Coronel Saint Aman (jefe del Regimiento con asiento en San Nicolás). Cabe señalar que el ex General Suárez Mason fue dado de baja a mediados del año en curso (1984) en razón de no haber comparecido a la citación de la Justicia Militar por las denuncias sobre violación de los derechos humanos que lo indican como responsable, encontrándose actualmente prófugo.

La documentación que el Obispo de San Nicolás llevaba en su poder desapareció sin ser reclamada por el Canciller de la Diócesis, Monseñor Roberto Mancuso, Capellán de la Unidad Carcelaria.

Víctor Martínez recuerda que el Obispo después de asistir al entierro de Monseñor Angelelli, Obispo de La Rioja, había comentado en una reunión: "Ahora me toca a mí".

A consecuencia del choque automovilístico, el Obispo fue conducido a la clínica San Nicolás (en la misma estuvo internado Víctor Martínez) donde falleció horas más tarde como consecuencia de las heridas sufridas. Pudo establecerse que ni al médico de cabecera del prelado le fue permitido ingresar en la sala de terapia intensiva; sólo pudo verlo, antes de morir, su señora madre.

A los pocos días del accidente, Víctor Martínez —que estaba haciendo el servicio militar en la Prefectura de San Nicolás— fue arrestado por orden del Teniente Coronel Saint Aman sufriendo toda clase de vejaciones físicas y psíquicas durante su cautiverio.

> "...En ese lugar me golpearon hasta desmayarme. Así durante horas. Luego comenzaron a preguntarme cuáles eran las actividades del Obispo, qué personas lo visitaban, a cuántos extremistas había ocultado". (Testimonio de Víctor Oscar Martínez — Legajo N° 734).

Hacía tiempo que Monseñor Ponce de León era objeto de amenazas.

"...igualmente las amenazas personales que le hacía el Tte. Cnel. Saint Aman: "Tenga cuidado, usted está considerado un Obispo rojo". El mismo jefe militar le había prohibido celebrar misa de campaña en el regimiento 'porque allí no entraban los curas comunistas' ". (Testimonio de Víctor Oscar Martínez).

Laicos

Entre los miembros militantes católicos laicos que fueron víctimas-desaparecidas o asesinados del terrorismo de Estado figuran integrantes de movimientos juveniles cristianos, catequistas, etc. tales como: Francisco Blato (Legajo N° 254); Alejandro Sackman (Legajo N° 684); Esteban Garat (Legajo N° 1778); Valeria Dixon de Garat (Legajo N° 1760); Adriana Landaburu (Legajo N° 2866); Marcos Cirilio (Legajo N° 495); Patricia Dixon (Legajo N° 3759); Juan Pedro Sforza (Legajo N° 3379); José Serapio Palacios (Legajo N° 815); Jorge Luis Congett (Legajo N° 679); Roque Agustín Alvarez (Legajo N° 3410); Ignacio Beltrán (Tiempo Latinoamericano N° 4 — Córdoba); Roque Raúl Macan (Tiempo Latinoamericano N° 4 — Córdoba); Fernanda Noguer de Villagra (Legajo N° 7313); Mónica Mignone (Legajo N° 1387); Mónica Quinteiro (Legajo N° 1386 y Testimonio del sacerdote Orlando Yorio); María Martha Vázquez (Legajo N° 1386); Roberto Ricardo Van Gelderen (Legajo N° 735); César Lugones (Legajo N° 1386); Roberto Tomás Abad (Legajo N° 1239); referente a la causa: "Lorusso, Arturo Andrés s/ Privación ilegítima de la libertad" y tantos otros.

F. Conscriptos

Las denuncias presentadas ante la Comisión y referidas a soldados conscriptos desaparecidos revisten por su elevado número y sus especiales características, una particular significación.

En efecto, se hace necesario ante todo analizar la situación de estos jóvenes conscriptos *que en su mayoría no superaban los 18 años.*

1) En primer lugar habían sido confiados por sus progenitores en guarda de la máxima jerarquía del arma que se tratara.

2) A su vez entre los jóvenes soldados y el Estado se había formalizado, en el momento de su incorporación al servicio militar, una relación de caracter administrativo que generó derechos y obligaciones que debieron

ser cumplidas por ambas partes: por el soldado y por cada una de las FF.AA. y sus respectivos Comandantes en Jefe. *La obligación fundamental de estos últimos consiste en que nunca pueden estar ajenos o desinformados acerca de la suerte de los soldados colocados bajo su custodia.*

3) Por otra parte las actividades de los conscriptos se realizan y están bajo control total y permanente de sus superiores. Por ende, de haber sido considerados sospechosos de estar involucrados en acciones al margen de la ley, las FF.AA. contaban con todos los medios legales para sancionar legalmente al presunto infractor.

Modalidades de detención

Fuera de sus familias, en cuyo seno y hasta el momento de su incorporación los jóvenes habían gozado de la protección de sus padres, y a partir del momento en que la jerarquía de las FF.AA. es la encargada de su guarda, se produce el doble proceso que de manera similar se da en más de 135 denuncias de desaparición forzada de ciudadanos que cumplían el servicio militar: por el estado de indefensión de esos jóvenes, sus captores operaban con todas las facilidades que les ofrecía el dominio de la situación. Por otra parte, quienes ejercían el poder de mando, no se hacían responsables, o compartían la responsabilidad por las omisiones o por las presuntas órdenes que podrían haber impartido para hacer factible las detenciones ilegales. Estas detenciones se efectuaban dentro del mismo ámbito al que estaban destinados, como ocurrió en un 35 % de los casos. En el domicilio de los soldados (18 %); en un 29 % cuando el soldado salía de "franco" o en "Comisión"; un 7 % en la vía pública por personas vestidas de civil; un 4 % inmediatamente después de haber sido dados de baja; quedando un remanente de un 5 % de casos de desapariciones ocurridas en otro tipo de circunstancias.

> "Mi hijo estaba cumpliendo el Servicio Militar en la Marina, en el Edificio Libertad —dice Eusebio Finguerut, refiriéndose a su hijo Pablo Alberto Finguerut (Legajo N° 4196). El día 14 de junio del mismo año las autoridades navales denuncian la tentativa de comisión de un acto terrorista, aclarando que el mismo no tuvo consecuencia alguna en cuanto a personal militar y/o bienes materiales. De esto fue acusado mi hijo, Pablo Alberto, por la sola razón de haber sido el único de los conscriptos afectados al sector del hecho de referencia, que se hallaba ausente del mismo. A raíz de esta noticia pedí audiencia con el Almirante Massera por telegrama colacionado y el 16 de junio me hice presente en el Edificio Libertad".

Lo insólito del caso es que en lugar de dársele información sobre su hijo, el señor Eusebio Finguerut quedó detenido a disposición del PEN.

Cumplió un año de prisión después del cual se lo autorizó a salir del país. En Inglaterra, donde se exilió, recibió noticias provenientes de un prisionero político liberado de que su hijo Pablo habría sido asesinado por sus captores mediante sesiones de tortura.

No cabe duda de que la detención del padre tendía a impedir que éste activase la pertinente investigación.

El denominador común de todas las respuestas oficiales: la deserción

La respuesta sistemática a los familiares que inquirían sobre la suerte del hijo desaparecido cuando prestaba servicio, fue que éste había desertado. Es decir, que cada vez que se pedía por su paradero el informe de las autoridades militares se limitaba a consignar: Que el soldado había sido dado de baja de la Institución. 1) Por haber salido de la dependencia en la que prestaba servicio para cumplir una comisión sin haber regresado. 2) Por haber estado de franco sin haberse presentado en tiempo debido a su destino. 3) Por haberse fugado.

En los ámbitos militares respectivos se instruyeron sumarios por "deserción" cubriendo con ello una formalidad que no constituía sino una excusa frágil tendiente al ocultamiento de los hechos.

"Mi hijo prestó su Servicio Militar en el cargo de furriel, en la Compañía de Comandos y Servicios 'Baterías', del Batallón de Infantería de Marina I con sede en la Provincia de Buenos Aires —dice Guillermo Osvaldo Aguilar (Legajo N° 4041). En el mes de septiembre de 1976 recibí su última carta desde la unidad donde prestaba servicio anunciando su próxima salida y reintegro al hogar. Transcurrido un tiempo prudencial y careciendo de toda noticia de él, los padres escribimos a la Unidad Militar y las cartas nos fueron devueltas con la aclaración que había sido dado de baja el 29-9-76, lo que más adelante fue confirmado por mi esposa que viajó expresamente allá para corroborar la suerte corrida por nuestro hijo. Según informes de los soldados que hicieron la conscripción con él, ambos de Córdoba, mi hijo no salió licenciado junto con ellos..."

Ahora bien, Guillermo Aníbal Aguilar como la mayoría de los jóvenes de su edad que hacían el servicio militar, mantenía asidua correspondencia con sus padres. ¿Cómo puede suponerse que estando de licencia no se haya comunicado con ellos, que no haya hecho llegar la menor noticia sobre su paradero, que jamás haya escrito una línea a un amigo, a sus hermanos? ¿Cómo puede suponerse que después de prescripta la acción legal por deserción ni él ni ninguno de los presuntos "desertores" se hayan presentado para realizar los trámites tendientes a recuperar su documentación personal retenida por la autoridad?

En otros casos la explicación dada a los padres era de que el soldado se había "fugado" llevándose consigo todas las prendas y efectos. Ante el pedido de informes que esta Comisión elevó al Sr. Ministro de Defensa de la Nación con motivo de la presunta deserción del conscripto *Enrique Ríos*, quien en el mes de octubre de 1976 se encontraba destinado en Batería Comando y Servicios G.A. 101, Junín, Provincia de Buenos Aires, se recibieron las fotocopias autenticadas de la actuación consumada por dicho soldado conscripto.

Según las mismas, el conscripto Enrique Ríos mientras cubría su turno en el rancho de tropa de la Unidad se fugó del cuartel el día 30 de octubre siendo aproximadamente las 19 y 30 horas. Ahora bien, conforme a la denuncia efectuada por sus familiares ante la Comisión (Legajo Nº 2202), la última vez que su familia lo vio fue el 20 de octubre del mismo año. Tenían asiduos contactos con el joven por lo que al no recibir noticias entre fines de octubre y principios de noviembre su padre Hilario Ríos y su hermano Juan Raúl, se dirigieron a la Unidad donde prestaba servicios. Allí, las autoridades militares bajo cuyo mando había estado, comunican al padre que Enrique figuraba como desertor y "Que por su bien y el de su familia no fuera más". Hasta el día de hoy no se supo nada de Enrique, y sin embargo, por su personalidad, y lo registrado en la breve historia de su juventud, era apegado a los suyos, disciplinado y trabajador. Este era el concepto que tenían también sus superiores que en el informe respectivo consignan que tanto su moral como su conducta eran buenas.

"Me trasladan a Colonia Sarmiento, Chubut. Estoy bien. José Luis". Este escueto telegrama puso intranquilos a los padres de José Luis Rodríguez Diéguez, quienes días antes habían recibido una carta del mismo diciendo: "Me dijeron que había dado pruebas de ser muy buen soldado, que había colaborado mucho en la Compañía, pero que efectivamente yo estaba "marcado" como izquierdista, y por seguridad, se me pedía ese traslado desde el Comando".

José Luis Rodríguez Diéguez (Legajo Nº 2295) se había incorporado al Ejército el día 16 de marzo de 1976, y desapareció mientras realizaba una "misión de servicio" el 19 de octubre del mismo año. Su historia es una de las más conmovedoras a raíz de la correspondencia que mantenía con sus padres y hermanas, en las que refleja su vida cotidiana en el Regimiento Nº 21, Compañía "A" en Las Lajas, Neuquén, hasta el momento en que se ordena su traslado al Regimiento Nº 25 en Sarmiento, Chubut, por orden del Comando en Jefe del Ejército:

"Viajando solo durante cinco días mi hijo llega a su nuevo destino el día 17 de octubre de 1976. El día 19, a las cuarenta y ocho horas de haberse presentado en el Regimiento 25 desaparece. De acuerdo a los informes obtenidos personalmente por mi parte en dicha Unidad Militar y que me fueron proporcionados por el propio jefe del mencionado Regimiento 25, Compañía B, en Sarmiento, Chubut; el día de la desaparición, mi hijo había salido en misión de servicio a las órdenes de un Sargento y con otro soldado en una camioneta. Cerca del cuartel se avería este vehículo; el sargento le ordena volver a pedir auxilio, se dirige al cuartel y en ese trayecto, cerca de dicha unidad militar, desaparece. Al pasar unos días lo dan como desertor, y es aquí donde surge mi duda. Y esto no sólo porque conocíamos la naturaleza de José Luis, sino por las dos razones siguientes: el 1º de agosto, mientras estaba en Las Lajas, Neuquén, fue enviado en comisión él solo a la Capital Federal para hacer compras y llevar los encargos para el Regimiento Nº 21, misión que cumplió satisfactoriamente, por tal motivo le entregan un diploma de agradecimiento. Y segunda razón, que durante su viaje de traslado de Las Lajas a Sarmiento, Chubut, en cada lugar que debía detenerse a la espera de combinación de transporte, aprovechaba para escribirnos, y nunca nos manifestó tal idea, si hubiera deseado desertar, tenía todas las oportunidades a su favor durante el trayecto de tan largo viaje. Pudo haberlo hecho antes de presentarse a las autoridades de la Unidad a la que fue trasladado, zona totalmente desconocida para él". (Legajo Nº 2295).

En todos los casos los jueces intervinientes en los recursos de hábeas corpus interpuestos en favor de los soldados nunca recibieron mención alguna de las circunstancias de la deserción.

En algunos casos se registra que el secuestro se hace efectivo inmediatamente de producida la baja del soldado y mientras éste se encuentra aún bajo jurisdicción militar, sea dentro de la unidad del Ejército en la que revistaba, sea en el vehículo del Ejército que lo conducía al lugar de su domicilio.

También se dio el caso de soldados que desaparecieron en la vía pública apenas comenzaban a gozar de su licencia anual. Los operativos habrían sido planificados cuidadosamente; en oportunidades, grupos armados se presentaron en el domicilio de la futura víctima o bien automóviles sospechosos merodearon por el lugar sin lograr pasar desapercibidos para el vecindario.

"Bueno, viejo, me faltan diez días", es el feliz anuncio que hace a su padre Miguel Angel Hoyo (Legajo Nº 2278) en carta que le dirige desde la Base Naval de Ushuaia.

"Contestame esta carta si calculás que llega antes del 2-8-77. Yo en todo caso les mando un telegrama cuando sepa bien cuándo nos vamos y a qué hora estaremos en Buenos Aires. Mañana tenemos una picada como despedida todos los colimbas de mi división".

Y esa fue la última noche feliz de Miguel Angel, todavía desaparecido desde el 3 de julio de 1977. Había subido junto con sus compañeros al avión que lo conduciría a Ezeiza, luego, según el testimonio de su madre Lucinda Estela Guarda de Hoyo:

"Subieron dos personas vestidas de civil que lo separaron de los otros conscriptos y en Río Gallegos dos individuos más que lo custodiaron, tal lo que dijeron sus compañeros. El único dato es que el Cabo Pérez venía con los conscriptos que habían sido dados de baja". (Legajo N° 2278).

Miguel Angel Hoyo ingresó al servicio militar el 30 de mayo de 1976. Concurrió en dos oportunidades a su domicilio en uso de licencia. El 29 de junio de 1977 un grupo armado se presentó en la casa de sus padres de Barrio Marabó, Gral. Rodríguez, Provincia de Buenos Aires y trató de averiguar las últimas noticias que tenían de Miguel Angel. La desaparición ocurre treinta y tres días después.

Los padres del conscripto Luis Pablo Steimberg, relatan así, las circunstancias de su desaparición:

"Nuestro hijo, Luis Pablo Steimberg soldado clase 1955 que prestaba servicio en la Compañía de Comando del Colegio Militar de la Nación, fue secuestrado el 10 de agosto de 1976 alrededor de las 20 y 30 horas en la esquina de las calles Rams y Brown de Morón. Estaba en uso de licencia anual y salió de casa con el propósito de presenciar una función cinematográfica en la Capital Federal en compañía del soldado conscripto Mario Molfino del mismo Colegio Militar" (Legajo N° 1666).

Estaban a dos cuadras de su domicilio en la esquina citada, cuando dos individuos armados descienden de una pick-up color blanco y lo obligan a ascender a la misma partiendo velozmente. Varias horas antes algunos vecinos habían advertido la presencia de un automóvil Peugeot color ladrillo, chapa C-015600 con cuatro individuos en su interior. Todos estos datos son recogidos personalmente y el portadocumentos con la identificación personal de Luis Pablo fue encontrado por vecinos en el lugar donde ocurrió el hecho.

Por otra parte, expresa Laura Kogan al denunciar el secuestro de su marido (Legajo N° 1001):

"Mi esposo, Luis Daniel García, fue secuestrado a la 1 hora del día 12 de agosto de 1976. Fuimos despertados por fuertes golpes en la puerta del departamento. Al abrirse la misma entraron intempestivamente seis personas, de las cuales dos estaban vestidas con uniformes de combate del Ejército. Estos se identificaron verbalmente como miembros de la Compañía Comando del Colegio Militar de la Nación donde mi esposo cumplía el Servicio Militar".

En la planilla de Antecedentes Militares de Gerardo Jorge Cámpora (Legajo N° 299), se lee: Unidad: Grupo I de Mantenimiento - Enrolado en San Nicolás, Distrito Militar Junín. Se registra como fecha de ingreso el 26 de enero de 1977, y el 7 de mayo de 1977 figura como fecha en que se le da de baja por deserción. En cuanto al concepto que de él se tenía el calificativo es bueno. En los cuatro meses en que revistó en El Palomar, asiento del Grupo I de Mantenimiento, como Suboficial de Semana de la Compañía de Tropa, fue a visitar una sola vez a su familia.

"Nuestro hijo llegó a casa con licencia el 29 de abril de 1977 —dice su madre Alicia Montaldo de Cámpora—. Estuvo en casa en uso de esa licencia hasta el 1º de mayo de 1977. El 8 de mayo fue enviado a nuestro domicilio un compañero de parte del Primer Teniente Del Moral a preguntar si estaba allí y que se presentara.
"Enterados de esa circunstancia concurrimos al cuartel y el oficial preindicado nos manifestó que el día 1º de mayo nuestro hijo había efectivamente llegado al cuartel y se había cambiado, sucedido lo cual le dio la orden de que fuera a buscar a un enfermero dentro del regimiento y al cumplir ese cometido había desertado. Dejo aclarado que nuestro hijo estaba de fagina, sin dinero y sin documentos".

La única lacónica respuesta de las autoridades a los familiares como en la mayoría de los casos, fue la siguiente: "Cumplo en informar que el soldado Gerardo José Campora (C. 1958, M. I. 12.029.036 — D. M. Junín D/E San Nicolás) fue dado de baja el 7 de mayo de 1977 por haber consumado primera deserción calificada en el organismo donde se encontraba en calidad de soldado conscripto Grupo I de Mantenimiento, dependiente de esta Dirección, encontrándose prófugo en la actualidad". La flagrante contradicción con los hechos salta a la vista. ¿Cómo es posible que un soldado que quiera desertar no lo haga mientras está efectivamente de licencia, y espera presentarse a las autoridades y retomar sus funciones para recién entonces darse a la fuga?

Pero, en este caso, hay otras evidencias que probarían el real destino del soldado Cámpora. Un compañero de estudios secundarios del mismo, llamado Pablo Leonardo Martínez, fue detenido en la ciudad de San Nicolás el 4 de mayo de 1977 por personal no identificado y trasladado a una casa no individualizada que estaría ubicada frente al barrio de la fábrica Plastiversal. Esa casa era usada como lugar de torturas:

"Vendado y atado —dice Martínez— me introducen en una pieza donde también se encontraba un grupo indeterminado de personas en mi misma situación. Por el tipo de respiración agitada que me resultaba conocida deduje que quien se encontraba a mi lado era Gerardo José Cámpora, amigo y compañero de la escuela primaria y secundaria. Después nos llevaron a la Unidad Nº 3 del Servicio Penitenciario Provincial o sea a la Cárcel de San Nicolás. Al llegar al Pabellón de los calabozos nos sacaron los cordones de las zapatillas y nos preguntaron los nombres, aparentemente para anotarlos. Por eso; a pesar de estar vendado y no poder verlo quedó definitivamente confirmado para mí que quien venía en ese viaje conmigo era Gerardo José Cámpora".

En todos los casos los informes suministrados a los magistrados por los organismos requeridos se limitaron a poner de manifiesto que la víctima no se encontraba detenida a disposición del Poder Ejecutivo o de autoridad alguna, con la consecuencia que estos hábeas corpus fueron desestimados...

G. *Desaparición de periodistas*

Si cabe señalar un estamento que notoriamente estuvo bajo la óptica preocupada del siniestro aparato de persecución y represión político-social montado por el gobierno militar, forzosamente habrá que mencionar a los periodistas argentinos. No fue a causa de la casualidad o por error que es tan alta la cantidad de víctimas en proporción a los profesionales que integran el sector: además de afectar con este ataque el vasto campo de la cultura, siempre vista con recelo por las dictaduras, es evidente que se apuntó a silenciar un grupo social de gran importancia para evitar de raíz todo tipo de cuestionamiento público.

Naturalmente, la actividad periodística siempre convocó la más diversa gama de intelectuales, personalidades del arte y de las letras, así como gente con alto grado de inquietud política y sociológica. Por añadidura, los organismos sindicales que agrupan a los periodistas se destacaron por su firme actitud de defensa de sus asociados, y en tal sentido lucían en el escenario de las luchas en pos de la vigencia de la libertad de pensamiento, con particular brillo.

El mismo día 24 de marzo de 1976, la Junta de Comandantes en Jefe en su comunicado N° 19 hizo saber que sería "reprimido con reclusión de hasta 10 años el que por cualquier medio difundiere, divulgara o propagara noticias, comunicados o imágenes con el propósito de perturbar, perjudicar o desprestigiar la actividad de las fuerzas armadas, de seguridad o policiales".

El tiempo fue dando cuenta del significado y alcance de tal advertencia. Se intervino militarmente a la Federación Argentina de Trabajadores de Prensa; se expulsó a corresponsales de agencias extranjeras y se requisó haciendo incinerar numerosos libros de bibliotecas privadas y públicas.

En "La Razón" del 29 de abril de 1976, se informaba que el Teniente Coronel Jorge Eduardo Gorleri, Jefe del Regimiento 14 de Infantería Aerotransportada, dependiente del III Cuerpo de Ejército con asiento en Córdoba, había invitado a periodistas a presenciar una quema de libros de autores marxistas o afines, confiscados en diferentes librerías de esa ciudad, manifestando en esa oportunidad que se procedía a "incinerar esta documentación perniciosa que afecta el intelecto, a nuestra manera de ser cristiana... y en fin a nuestro más tradicional acerbo espiritual sintetizado en Dios, Patria y Hogar".

Un gran número de periodistas sufrió la prisión, la desaparición o la muerte.

Los represores interpretaron que los periodistas ponían en riesgo el pretendido consenso que debía acompañar las muy polémicas y comprometedoras facetas de la acción de gobierno, así como el sigilo y secreto con el que operaba el aparato represivo ilegal que debía paralizar por el pánico a toda la Nación.

La sola posibilidad de que se publicitaran eventuales denuncias o que se dieran a conocer noticias acerca de lo que estaba ocurriendo, fue vivido por el régimen como un peligro mayúsculo para la política de desaparición forzada que estaba en marcha. Había que hacer algo más que aplicar las insoslayables medidas de "control" sobre las voces opositoras o simplemente interesadas en transmitir con aproximación objetiva los sucesos de la realidad. Había que hacer sentir a quienes trabajaban en el medio de prensa todo el peso del aparato terrorista, para desalentar de antemano el menor intento de crítica al gobierno, impedir así sea el menor indicio que confirmara públicamente la espantosa suerte reservada a las miles de víctimas de los cotidianos secuestros.

A pesar de ser uno de los problemas más graves que afectó al país, o quizás por ello mismo, se mantuvo desinformada a la opinión pública sobre lo que estaba sucediendo.

Así fue como los medios de comunicación social en general se abstuvieron de difundir el arresto de personas consideradas por las autoridades como elementos subversivos. Todo el país sabía que se practicaban detenciones, pero le estaba vedado conocer cuántos eran, quiénes eran y dónde eran llevados. En los primeros años los periódicos de mayor circulación hasta consideraron prudente evitar la publicación de "solicitadas" con las listas de las personas buscadas por sus familiares.

Es sintomático en este sentido, el "Memorándum Interno N° 44", del diario cordobés "La Voz del Interior", fechado el 22/4/1976 y dirigido a la Secretaría de Redacción del matutino, que reza así: "Córdoba, 22/4/1976. Por disposición de esta Dirección, y con motivo de las directivas del Comando del III Cuerpo de Ejército en el día de la fecha, no se deberán publicar reclamos de familiares de presuntos detenidos que deseen conocer su paradero".

La consecuencia fue que amplios sectores de la población creyeron ingenuamente en la inexistencia del problema o al enterarse de los casos concretos, incurrieron en incredulidad o, a lo sumo, le restaron importancia.

Paralelamente, en el lapso circunscripto a los primeros meses de gobierno de facto, cuando éste instrumentó el basamento funcional para el cumplimiento de sus fines y objetivos, se produce la más alta proporción de secuestros de periodistas. Ciertamente, en el curso del año 1976 fueron privados irregularmente de su libertad, situación que se mantiene al presente sin reaparición de sus cuerpos, 45 profesionales de prensa. En los ocho meses siguientes, desaparecieron 30 más, estimándose que el guarismo total de "desaparecidos" de este gremio asciende a un centenar, tal como surge del listado anexo.

Cabe agregar, para diseñar más propiamente el cuadro, que más de cien periodistas fueron encarcelados sin proceso judicial alguno a partir del 24/3/1976. Cifra por demás ilustrativa, a la cual deben añadirse el gran número que debió abandonar el territorio nacional, dado el grave peligro que corrían sus mismas vidas.

Esta Comisión ha elaborado su información con incuestionable acopio de elementos acreditantes de lo que ha sido casi una constante: la participación de fuerzas públicas en los secuestros, la destrucción, el saqueo y hasta la extorsión de los familiares de las víctimas.

Simplemente a título ejemplificativo, daremos seguidamente referencias sintéticas de algunos de los casos denunciados:

Desaparición de Héctor Ernesto Demarchi — Legajo N° 802

Era redactor de "El Cronista Comercial" y miembro del Comité Ejecutivo de la Asociación de Periodistas de Buenos Aires. Renunció a su trabajo en dependencia de este diario por el temor de resultar reprimido por su actividad sindical en cualquier momento. Sin embargo, el día 5/8/1976 debió concurrir a la sede del diario para cobrar una liquidación de sueldos; cuando egresó del mismo a plena luz del día juntamente con un compañero de trabajo, fue secuestrado por un grupo armado a media cuadra del edificio del Ministerio de Trabajo de la Nación, introducido en una camioneta "Chevrolet" cuyo número de chapa patente se conoce. Nunca más se tuvo noticias de él.

Desaparición de Enrique Raab — Legajo N° 276

Este desafortunado periodista trabajó en su momento para los diarios "Clarín" y "La Opinión" así como en las revistas "7 Días" y "Visión". El día 16/4/1977 fue rodeada totalmente la manzana donde se asienta su domicilio por personas fuertemente armadas, a escasos cien metros de la Comisaría Seccional Iº de Capital Federal. Obligaron al portero a acompañar a los captores hasta el departamento de su vivienda, ametrallaron la puerta de acceso (causando heridas a Raab), y encapucharon a ambos residentes, Raab y Daniel Giron, para introducirlos en un vehículo que partió con destino desconocido. Una semana después, Giron fue liberado, sin conocerse aún la situación de Raab.

Desaparición de Haroldo Pedro Conti — Legajo Nº 77

Además de periodista, incursionó en la docencia, el teatro, el cine y la literatura. Mereció los siguientes premios: Revista "Life" (1960), Fabril, en narrativa (1962), Municipal (1964), Universidad Veracruzana (1966), Barral Editor (1971) y Casa de las Américas (1975). Colaboró en la revista "Crisis" en Buenos Aires.

El día 4 de mayo de 1976 fue aprehendido cuando retornaba a su domicilio de Capital Federal a medianoche, junto a su compañera Marta Beatriz Scavac Bonavetti y el bebé de ambos. Allí tenía que aguardarlos un amigo. Al arribar a la vivienda, el amigo se encontraba ya maniatado, había un grupo de individuos vestidos de civil, quienes golpearon brutalmente a la pareja y la encerraron allí mismo, mientras se peleaban por el reparto del "botín": los sueldos de ambos, percibidos esa mañana, efectos patrimoniales de toda naturaleza, etc., dejando escasamente los muebles de gran tamaño. Robaron los originales de todas las obras de Conti, y documentación personal.

Se llevaron a Conti y al amigo, en varios automotores, que incluían el propio coche de Conti que tampoco apareció más. La Sra. Scavac debió salir por una ventana con sus dos hijos, ya que la puerta fue dejada con llave, y el aparato telefónico hurtado. Según versión de los vecinos, poco más tarde los captores regresaron, tal vez con el fin de llevársela a ella. Concurrió casi de inmediato a la Comisaría Seccional 29, donde la atendieron burlonamente y ni siquiera se trasladaron para verificar el estado en que había quedado la vivienda, donde todo estaba revuelto. Ante el Poder Judicial no tuvo mejor suerte, ya que en poco tiempo se archivaron las actuaciones.

Explica la Sra. Scavac que en los medios de prensa le manifestaron que:

"tenían orden del Gobierno de no informar sobre el secuestro de Conti".

Al cabo de tramitar diversos recursos de hábeas corpus con resultado desfavorable, se inició con fecha 2 de marzo de 1983 una nueva demanda de hábeas corpus ante el Juzgado Federal N° 3 de la Capital Federal, Secretaría N° 7. Los elementos innovantes que en esta acción se incorporaron son los siguientes: a) Los diarios de fecha 13 de noviembre de 1982 dieron cuenta de la detención, en la ciudad de Ginebra, Suiza, de tres argentinos, quienes declararon pertenecer a grupos secretos de represión política, autores de secuestros extorsivos cuyos "rescates" cobrarían en aquel país donde resultaron aprehendidos, y que manifestaron estar en condiciones de proveer información sobre el destino de Conti ("Clarín" 13/11/82); b) En base a las fotografías difundidas en su momento de los individuos detenidos en Suiza (Bufano, Martínez y otros), la Sra. Scavac reconoció que el "amigo" que se hallaba en el domicilio antes de que llegaran las fuerzas que capturaron a Conti, y que decía llamarse "Juan Carlos Fabiani" (quien había concurrido a casa de Conti una semana antes del secuestro solicitando "asilo" por sentirse perseguido por la policía a causa de su militancia política), era el detenido Rubén Osvaldo Bufano —perteneciente, según sus declaraciones al Batallón 601 del Ejército—. Los hijos de Conti —Marcelo Haroldo y Alejandra— del primer matrimonio, también reconocieron dichas fotografías, ya en sede judicial, como pertenecientes al "amigo" a quien veían en la casa de su padre cuando le efectuaba visitas; c) El ex cabo de la Fuerza Naval Raúl David Vilariño recuerda haber visto a Conti secuestrado en la ESMA; posteriormente, reconoce su fotografía.

Desaparición de Rodolfo Jorge Walsh — Legajo N° 2587

Según la extensa y prolija narración brindada por la hija del escritor, Patricia Cecilia Walsh, su secuestro se produjo el día 25 de marzo de 1977 en la Capital Federal, en las cercanías de la Estación Constitución, donde había arribado desde su domicilio en la localidad de San Vicente —provincia de Buenos Aires— para realizar una diligencia.

El día anterior había instrumentado la circulación pública de una carta abierta a la Junta Militar de Gobierno, por la que diseñaba el cuadro de violación de los derechos humanos y de perjuicios a la economía nacional que caracterizaba al régimen.

En la fecha de la desaparición, debía encontrarse en un departamento de la ciudad de Buenos Aires con su compañera con quien vivía desde años atrás, lo que no ocurrió, circunstancia que determinó que ésta se dirigiera a la casa de San Vicente, a la que encontró con incontables impactos de proyectiles balísticos de grueso calibre por sus cuatro paredes exteriores, absolutamente saqueada y hasta con señales de bombardeos con granadas estalladas en el terreno donde el inmueble se asienta. Por versión de los vecinos, llegaron por la noche alrededor de cuarenta hombres vigorosamente armados, quienes atacaron el lugar durante no menos de dos horas, estando desocupada la vivienda.

A partir de hechos específicos, el periodista se encontraba alertado sobre las inseguridades de su situación. A raíz de la muerte, por fuerzas de seguridad, de su hija María Victoria Walsh y el allanamiento de su casa en el Delta del Tigre, con total saqueo de sus pertenencias.

Cabe tener en consideración que entre los objetos de valor robados en su domicilio de San Vicente se encuentran los originales de toda su obra, incluso la inédita, de una larga vida de producción intelectual.

De diversos testimonios prestado ante esta Comisión (Sara Solars — Legajo N° 4442); María Alicia M. de Pirles (Legajo N° 5307) surge que Walsh llegó muerto a la Escuela Superior de Mecánica de la Armada. Asimismo, otra testigo (Graciela Beatriz Daleo — Legajo N° 4816) asevera haber visto en la citada ESMA documentación identificatoria y escritos personales pertenecientes a la víctima, lo que se refuerza con la testimonial de Enrique Mario Fuckman (Legajo N° 4687). Según refiere la hija de Walsh, también otros, como el Dr. Martín Grass, vieron allí el cuerpo del malogrado escritor.

La denuncia de estos hechos fue elevada a la Justicia Federal el día 5 de junio de 1984, quedando radicada en el Juzgado N° 4 de la Capital Federal.

PERIODISTAS DESAPARECIDOS

APELLIDO Y NOMBRE	Doc. de Ident.	Edad Apr.	Fecha del hecho	N° Leg.
Adur, Claudio César	CI. 06461044	26	11.11.976	2875
Aiub, Ricardo Emir	DNI. 10103765	25	09.06.977	6241
Alvarez, Lucina de Barros	LC. 05096739	31	07.05.976	APDH.
Amadio, María Elena		30	29.03.976	250 (Clamor)
Ariza, Andrés Lucio	LE. 06518723	36	22.07.976	APDH.
Ascone, Juan José María	CI. 05855377	29	18.05.77	5774
Asenjo, Jorge Alberto	LE. 04884288	37	12.06.976	APDH.
Baradino, Rolando				544 (Clamor)
Barros, Oscar Osvaldo	CI. 03722183	40	07.05.976	909
Bedoian, María de Ikonicoff	CI. 00289805		12.06.977	4950

Name	Document	Age	Date	Number
Bertholet, Horacio Félix	LE. 05397030	28	01.10.976	19
Bustos, Miguel AngelRamón	LE. 04355985	43	30.05.976	19
Capdepon, Juan José		45	01.04.978	4093
Carri, Roberto Eugenio	LE. 04356782	36	24.02.977	1861
Casadidio, Aldo Néstor	CI. 08145221	31	07.12.976	5219
Ceretti, Conrado Guillermo	LE. 04633801	32	27.07.976	6378
Colmenares Berros, Jaime J.	Pas. V. 389710	27	02.01.977	6928
Conti, Haroldo Pedro		47	05.05.976	77
Costa, Carlos Alberto			03.05.976	2901
Danquen, Daniel Alberto			15.05.977	1824 (Clamor)
De Marchi, Héctor Ernesto	LE. 07373093	29	05.08.976	802
Defiri, Eduardo			01.01.977	1868 (Clamor)
Delgado, Julián		44	04.06.978	135
Denis, Carlos María	CI. 05264751	31	27.03.977	407
Domínguez, Mabel J. de			01.01.977	APDH.
Dorigo, Pablo Hermes	CI. 06278052	26	20.08.976	766
Dorronzoro, Dardo S.	LE. 00697931	63	25.06.976	1245
Eguren de Cooke, Alicia G.	LC. 00147960	52	26.01.977	6995
Espinosa, José Guillermo	DNI. 92192435	38	18.01.976	6951
Fernández Pondal, Rodolfo	CI. 05773108	29	05.08.977	2620
Ferraris, Claudio Arnaldo	CI. 07496052	21	30.07.977	4660
Fossati, Ernesto Luis			26.11.976	APDH.
Foulkes, Jorge Horacio	DNI. 11599059	22	17.03.978	1832
Freijo, Héctor Manuel	CI. 06988117	42	17.01.976	1555
Gatti Antuña, Gerardo F.	CUr. 0606306	45	09.06.976	7304
Gelman, Marcelo Ariel	06827025	20	24.08.976	7145
Gleyzer, Raymundo	CI. 0484493	34	27.05.976	3210
Gómez Quesada, Rubén			30.12.978	3016 (Clamor)
Gómez, Celica			31.01.978	APDH.
Gorrini, Alberto Jorge	CI. 05567388	28	03.06.977	3356
Guagnini, Luis Rodolfo	CI. 04383710	33	21.12.977	1060
Guerrero, Diana Griselda	DI. 03904404	42	21.07.976	249
Habegger, Norberto A.	CI. 06672249	37	31.07.978	3501
Harriague, Jorge Rodolfo	LE. 08401043	29	01.12.977	APDH.
Herbalejo, Jorge			31.05.978	3276 (Clamor)
Hernández, Mario			24.03.976	982
Herrera, Mario		20	24.05.976	3311 (Clamor)
Higa, Juan Carlos	CI. 05650503	29	17.05.977	2809
Hopen, Daniel Saúl		37	17.08.976	4117
Idelman, Mario Hugo	·		29.09.976	3391 (Clamor)
Ikonikoff, Mario Ignacio	04767411	35	12.06.977	4942
Illa, Santiago José	DNI. 10206908	26	09.03.976	5207

Kolliker Frers, Alfredo A.	DNI. 0575773	58	09.12.977	3527
Lugones, Susana			26.12.977	3952 (Clamor)
Marín, Francisco Eduardo	LE. 08248008	32	14.05.977	4131 (Clamor)
Martínez, Mario		32	23.01.977	4230 (Clamor)
Martínez de Ramírez, Elsa	LC. 01877000	40	30.05.978	APDH.
Martínez Suárez, José Mario	CI. 06732839	32	23.12.977	4217 (Clamor)
Marucco, Heraldo Juan	LE. 07733991	34	03.05.977	4775
Medina, Susana B. de B.	LC. 05159196	32	01.10.976	1795
Melo Cuesta, Nebio Ariel		34	08.02.976	3873
Molteni, Liliana Edith	DNI. 10536403	24	21.06.976	1240
Monaco, Luis Carlos	LE. 07998473	30	11.01.978	104
Moyano Vega, Daniel			976	APDH.
Oesterheld, Héctor Germán	CI. 01757193	57	03.06.977	143
Pérez, Carlos Alberto	CI. 04368769	38	08.05.976	5668
Pérez, Marta			01.04.976	5276 (Clamor)
Perrier, María José			30.10.976	4559
Perrotta, Rafael		50	01.07.977	1222
Pipino, Bruno Tomas			24.06.976	APDH.
Poggio, Horacio Norberto	LE. 05820969	35	23.06.976	2439
Raab, Enrique	CI. 02974452	45	16.04.977	2776
Ramos, José Eduardo	DNI. 11475729	21	01.11.976	1126
Sajón, Edgardo		40	11.04.977	6095 (Clamor)
Santoro, Roberto Jorge	LE. 04286386	38	01.06.977	3832
Satragno, Juan Miguel	LE. 05058878	33	26.02.978	3396
Seib, Víctor Eduardo	LE. 07682881	38	30.07.977	1494
Servir, Santiago			07.09.976	1457
Speratti, Horacio Rodolfo	LE. 04168372	39	06.06.976	1102
Suárez, Eduardo	LE. 08250314	30	12.08.976	3579
Villa de Suárez, Patricia		26	14.08.976	2619
Walker, Enrique Juan R.	CI. 03630055	34	17.07.976	2129
Walsh, Rodolfo Jorge	02845022	50	25.03.977	2587
Wenner, Tilo	CI. 03440860	44	26.03.976	1109

Total de casos: 84

H. *Gremialistas*

El 30,2 % de los detenidos-desaparecidos denunciados en la Comisión Nacional sobre la Desaparición de Personas son obreros, y el 17,9 %, empleados (del 21 % que representan los estudiantes, uno de cada tres trabajaba).

En el punto 2 (denominado "Misión") del decreto secreto 504/77 (Continuación de la Ofensiva contra la Subversión), que reemplaza y ordena incinerar la Directiva 222/76 ("Operación Piloto en el Ambito Industrial), se lee el siguiente texto:

> "El Ejército accionará selectivamente sobre los establecimientos industriales y empresas del Estado, en coordinación con los organismos estatales relacionados con el ámbito, para promover y neutralizar las situaciones conflictivas de origen laboral, provocadas o que pueden ser explotadas por la subversión, a fin de impedir la agitación y acción insurreccional de masas y contribuir al eficiente funcionamiento del aparato productivo del país.

A su vez, el entonces Ministro de Trabajo, General Horacio Tomás Liendo, afirmaba:

> "...respecto de la *subversión* en el ámbito fabril, sabemos que ella intenta desarrollar una intensa y activa campaña de terrorismo e intimidación a nivel del sector laboral. Es necesario conocer el modo de actuar de la subversión fabril, para combatirla y destruirla. Ello se manifiesta por alguno de los procedimientos siguientes: el adoctrinamiento invididual y de grupo para la conquista de las clases obreras, colocándose a la cabeza de falsas reivindicaciones de ese sector. La creación de conflictos artificiales para lograr el enfrentamiento con los dirigentes empresarios y el desprestigio de los auténticos dirigentes obreros. Frente a ello el gobierno y las fuerzas armadas han comprometido sus medios y su máximo esfuerzo para garantizar la libertad de trabajo, la seguridad familiar e individual de empresarios y trabajadores y el *aniquilamiento de ese* enemigo de todos. Pero cabe la reflexión de *aquellos que se apartan del normal desarrollo del "Proceso" buscando el beneficio individual o de sector, se convierten en cómplices de esa subversión que debemos destruir, lo mismo que a quienes no se atrevan a asumir las responsabilidades que esta situación impone".* ("La Nación", 12-11-77).

Amenazas represivas cuyo destinatario final puede ser, en su deliberada imprecisión, cualquier sector o persona.

Una preocupación semejante parece advertirse en las palabras del provicario castrense Monseñor Victorio Bonamín:

> "...El país ha advertido que el sindicalismo constituyó siempre una fuerza indudable que llegó a tener un poder político que no le era debido y que parece como

que lo quisiera recuperar, si es que lo perdió en algún momento..." ("La Nación", 12-11-77).

Analizando las fechas en que se produjeron las detenciones de los trabajadores que permanecen o estuvieron desaparecidos, observamos que un alto porcentaje de los operativos se efectuó en el mismo día de golpe, o en fechas inmediatas posteriores.

El *Astillero Mestrina*, de zona norte de Buenos Aires, fue el teatro de la detención de los delegados obreros el 24-3-76. Hugo Javier Rezeck (Legajo N° 658), cuya mujer también fue secuestrada en su casa el 16-3-76, mientras lo buscaban a él; Pandolfino, Salvador, Jorge Lezcano, Albornoz, Zoilo Ayala, Boncio. En el caso de éste es significativa la declaración de su madre, quien manifiesta que desde el momento de los secuestros "no existieron nuevos delegados sindicales en la empresa".

Todos estuvieron detenidos en la Comisaría de Tigre. Allí sus familiares pudieron hacerles llegar alimentos y ropa durante una semana, al cabo de la cual se les comunicó "que quien los había traído, se los había llevado".

Hugo Javier Rezeck fue visto en Campo de Mayo por Pedro Palacios García (Legajo N° 5603).

Otro astillero que fue duramente alcanzado por la represión en la misma zona fue Astarsa, de San Fernando. Dice una de las denuncias que se refiere a la desaparición de Rodolfo José Iriarte (Legajo N° 6674), delegado gremial, miembro de la comisión interna de seguridad industrial de dicho astillero, que el mismo fue detenido en su lugar de trabajo el día 24 de marzo de 1976, a las 6.00 horas de la mañana, junto a otros 60 obreros y empleados de la misma empresa, por el Mayor Ricardi, de la Escuela de Ingeniería de Campo de Mayo. Manifiesta la esposa del desaparecido:

"...que en ese hecho fueron detenidos unos 60 obreros y empleados aproximadamente, portando los represores una lista de personal de la empresa (según lo dicho por el mismo Mayor Ricardi a la denunciante). Que la víctima fue llevada en su propio automóvil a la Comisaría de Tigre. Que la declarante fue siguiendo a su esposo en los distintos lugares donde estuvo detenido, hasta el Destacamento de Don Torcuato, luego del cual pierde todo rastro de él.
"En Don Torcuato, le dicen que acerque a su marido antibióticos y medicamentos debido a que se encontraba con problemas, según lo manifestado por los agentes. Que de allí retira ropa sucia de su marido, la cual tenía manchas de merteolate, lo que hace suponer que estaba con algunas heridas, dejándole ropa limpia. Que hasta fines de abril de 1976, su esposo estaba detenido en Don Torcuato, en donde le informaron, para esa fecha, que su marido había sido retirado de allí, sin explicarle quiénes lo llevaron ni adónde. Que en una de las tantas búsquedas del paradero de su marido tuvo contacto en la Escuela de Ingenieros de Campo de Mayo, siendo atendida por el Mayor Ricardi, quien expresó a la denunciante que él mismo había detenido a su esposo por órdenes que había recibido y le dijo que

está a disposición de los tres comandantes en jefe. Que en Ministerio del Interior fue atendida por una persona que no puede identificar y que le dejó leer el expediente N° 178.383/76 que decía que Rodolfo José Iriarte está detenido y a disposición del Area 710 con paradero desconocido y esto estaba fechado el 9 de junio de 1976, aproximadamente, según el informe que provenía de la ciudad de La Plata''.

El 20 de mayo de 1976, desapareció Ramón Humberto Poiman, el 10 de junio desapareció Hugo Rivas, y el 29 de setiembre Jorge Elbio Lescano. Los cuatro eran delegados gremiales en *Astarsa*.

El 24 de marzo de 1976, desapareció René Salamanca, ex Secretario General de Mecánicos de Córdoba (SMATA) (Legajo N° 6541). Según testimonios recibidos por esta Comisión, en oportunidad de una visita del General Menéndez al campo de La Perla, hizo llevar a Salamanca ante él y luego de una discusión entre ambos se oyó decir al General Menéndez cuando salía del local donde se encontraba: "A éste me lo 'trasladan' en el primer camión".

Dice Graciela Geuna (Legajo N° 764):

"Tomás Di Toffino fue secuestrado el 30-11-76, pero a mi entender el plan que desembocó en su secuestro comenzó bastante tiempo antes. En efecto, los secuestrados de La Perla éramos rehenes que podíamos servir a objetivos precisos de los militares. En septiembre de 1976 fue secuestrado Patricio Calloway, rubio, con barba, ojos claros, alrededor de 22 años, miembro de la Juventud Peronista. Así fue que, frente a la inminencia de una huelga del Sindicato de Luz y Fuerza de Córdoba, los militares del Destacamento decidieron ilegalizarla o, como ellos decían, "montonerizarla", encontrando así los pretextos para tildarla de subversiva. Con este objetivo los propios militares de La Perla imprimieron volantes que ellos mismos firmaron Montoneros. Volantes que llamaban a la huelga a los trabajadores de Luz y Fuerza.

"Cuando los trabajadores de Luz y Fuerza comienzan la medida de fuerza, dando una vez más un ejemplo de consecuencia en la resistencia a la dictadura militar, bajo la dirección entre otros, de Tomás Di Toffino, en La Perla sucedió un hecho inhabitual: una noche se llevaron a Patricio solo, lo cual nos pareció extraño ya que los "traslados" se realizaban generalmente de día y en grupos numerosos. Luego supimos que habían matado a Patricio frente a EPEC. Por los medios de difusión se dijo que el hecho había sido un tiroteo entre las fuerzas del orden y un militante montonero que estaba llamando a la huelga. Para este simulacro se le pusieron en la mano a Patricio los volantes que los militares habían previamente impreso en La Perla.

"Así se ilegalizó la huelga, se intentó crear terror entre los trabajadores y esta macabra maniobra finalizó con el secuestro, poco después de Tomás Di Toffino.

"Era un círculo inexorable: Patricio fue asesinado para justificar la represión en Luz y Fuerza. Los volantes fueron elaborados en La Perla. Di Toffino fue secuestrado y llevado a La Perla. Todo comenzaba y terminaba en La Perla.

"Cuando Tomás llegó a La Perla como no pudieron probarle filiación política lo anotaron en la lista diaria como 'Zurdo Encubierto'.

"Tomás fue trasladado el lunes 20 o 21 de febrero, ese día vino el General Lu-

ciano Benjamín Menendez de inspección a la hora del traslado. Se nos dijo que en el caso de Tomás, el General Menéndez presidiría el fusilamiento para 'dar el ejemplo', 'consolidar la tropa', etc.
"No fue éste el único simulacro de enfrentamiento organizado por el III Cuerpo".

Queda evidenciada la estrecha relación entre la actividad gremial y los consiguientes conflictos con la desaparición de personas. Es el caso del Secretario General del Sindicato de Luz y Fuerza de la Capital Federal, Oscar Smith, quien desapareció el 11 de abril de 1977, mientras protagonizaba acciones reivindicativas de carácter estrictamente laboral.

Asimismo, la denuncia que formalizó el señor Rosendo Abadía por la desaparición de sus hijas Felicidad Abadía (Legajo N° 474), de 25 años y de Dominga Abadía (Legajo N° 667), de 27 años de edad, contiene gravísimas imputaciones que motivaron una causa ante el Juez en lo Penal Rolando Juan Satchmalieff, de la Provincia de Buenos Aires. Dice el señor Abadía en su denuncia:

"...Entre la empresa y el personal se generó un conflicto por pedido de aumentos salariales. Ante esta situación el interventor convocó al personal, oportunidad en la que manifestó que si no deponían la actitud de trabajar a jornal para hacerlo a producción alguno iba a tener que lamentarse. Estas expresiones fueron hechas por el Comandante Máximo Milarck, interventor del Sindicato y de la fábrica a la vez. A continuación fueron citados dos operarios de la misma fábrica, los señores Pablo Villanueva y Rodríguez al Ministerio de Trabajo, donde en presencia del señor Penna, Jefe de Personal de la fábrica, el Comandante Máximo Milarck, y un capitán de apellido Martínez, les dijo que debían comunicar a sus compañeros que abandonaran la medida de fuerza pues si no lo hacían iban a ser puestos bajo la ley de Seguridad o del decreto 20.400 el cual prohibía este tipo de medidas. Conste que el señor Pablo Villanueva posteriormente fue secuestrado al igual que mis hijas y en la misma noche. También debo denunciar por manifestaciones de la señora de Pablo Villanueva que a su esposo lo habían citado en una oportunidad próxima al conflicto a la regional de Policía Militar de Boulogne donde también se le había dicho algo similar...".

Sus hijas fueron secuestradas el 2 de noviembre de 1977, al parecer por personal militar:

"...Había en cada esquina de la manzana dos camiones del Ejército Argentino. En esa misma noche se llevaron 5 personas de la misma fábrica Lozadur S.A. de sus respectivos domicilios...".

Lo más significativo para el señor Abadía es que quien dirigía el operativo

"...se dedicó a revisar las habitaciones de mis hijas escuchando yo que lloraban mientras les ordenaba vestirse, escuché también que les dijo 'qué tanto mirar, parece que nunca lo han visto a uno' ".

Uno de los casos ejemplares es el de la fábrica Ford, de General Pachecho, Provincia de Buenos Aires, en la cual el accionar represivo se centralizó en los delegados. Se han recogido numerosos testimonios de los cuales hemos seleccionado algunos de los más demostrativos. En todos los casos se trata de personas que han permanecido como "desaparecidas" en centros clandestinos de detención y luego fueron "legalizadas", permaneciendo generalmente como detenidos a disposición del Poder Ejecutivo Nacional durante varios períodos, para recobrar finalmente su libertad.

De los testimonios que prestaron ante esta Comisión se destacan hechos coincidentes con la mayoría de los testimonios anteriormente citados: época de los operativos de detención, actividad gremial de las víctimas, etc.

Relata Adolfo Omar Sánchez (Legajo N° 7683):

"...el día 25-3-76 los delegados gremiales fueron convocados a una reunión donde por la parte patronal estaban presentes Galarraga, gerente de relaciones laborales; Marco, Gerente de planta de estampado y Luis Pérez, representante laboral. En esa reunión Galarraga les comunicó que la empresa ya no les reconocía representatividad como delegados obreros. Al terminar la reunión él mismo les manifestó burlonamente 'Ustedes le van a mandar saludos a un amigo mío, Camps'..."
(. . . .)
"...el declarante en ese momento no sabía de quién se trataba, hasta el día de su detención...
"...los delegados obreros presentes en esa reunión eran el dicente, Amoroso, Murúa, Chitarrone, Manzano, Villagra, Castelli, Stortini y otros que no recuerda con exactitud".
(. . . .)
"Que el 28-3-76, siendo aproximadamente las 21 horas se encontraba en su domicilio jugando con sus hijos cuando vio por la ventana que estacionaban dos automóviles Torino, sin patente, de los cuales descendía un grupo de personas que golpeó la puerta.
(. . . .)
"Eran 7 u 8 personas, algunos con barba y con gorra, vestidos con camperas, que portaban armas largas e Itakas. El que dirigía el operativo se hacía llamar Capitán. Lo introdujeron por la fuerza en uno de los autos.
(. . . .)
"Que en ese momento le preguntaron si conocía a Juan Carlos Amoroso y le dijeron que iban a buscarlo y que lo iban a matar a los dos, a todos los peronistas y que iban a arrojarlos al río. .
"Sánchez destaca que no estaba afiliado ni tenía participación en partido político alguno, solamente cumplía funciones gremiales...
"Que en los días posteriores fueron llevados a un lugar donde estaban otros compañeros de Ford, y de otras empresas como Terrabusi, Astarsa, y del Astillero Sánchez..."

Se trata de la Comisaría de Ingeniero Maschwitz, según lo pudo verificar la Comisión mediante inspección ocular del 12 de septiembre de 1984.

Luego de las mencionadas incursiones nocturnas, por la mañana el personal de la comisaría comentaba 'que estuvieron los militares...'

> "Que después de estar dos meses en el lugar, un oficial del Ejército, uniformado, lo llevó a declarar.
> "Le preguntó qué actividad desempeñaba en la fábrica y le dijeron que pronto iba a recuperar la libertad porque los informes eran buenos. Que casi dos meses después fueron trasladados, él y otros compañeros, a la cárcel de Villa Devoto, el 19-5-76, al celular 5to. donde estaba alojado con otras tres personas en una celda para dos. En Devoto le comunicaron que estaba a disposición del P.E.N..."

A este testimonio podemos sumar el totalmente coincidente de Pastor José Murúa (Legajo Nº 7688) y también delegado de Ford, que agrega como detalle:

> "...En medio de bromas y burlas, tales como 'se acabó la joda'; 'prestame la paleta que las pelotas las tenemos nosotros', el señor (por así llamarlo, agrega el declarante) Galarraga lo increpa a Amoroso y le dice "saludos a Camps"...

El testimonio de otro delegado de Ford, Francisco Guillermo Perrota, es también coincidente con las declaraciones anteriores.

Pedro Norberto Troiani (Legajo Nº 1638), también delegado de Ford, agrega otros elementos:

> (....)
> En 1970 sus compañeros lo eligen delegado de sección por elecciones libres y bajo control y responsabilidad de S.M.A.T.A. Bajo el encuadre pertinente y debidamente autorizados por la empresa, se realizan nuevamente elecciones en las que es reelecto, lo que ocurre por tercera vez en el siguiente período. Esto ratifica su buena conducta como persona, como compañero y como delegado. Hasta el momento de su detención sus relaciones como delegado con la empresa habían sido buenas.
> (....)
> En marzo de 1976, se produce el golpe de Estado. A partir de ese momento el cambio de relación de la empresa con el declarante y sus compañeros es rotundo. Dice que a partir del día 25 comenzaron a notar las primeras detenciones de sus compañeros dentro de la planta. En ese momento pidieron explicaciones por el abuso de autoridad que se estaba cometiendo con dichos compañeros en la planta. Allí intervino el gerente de planta comunicándoles que mantuvieran la calma porque estaban dispuestos a llevarse a quien fuera. Desde ese momento fueron llevándose de a dos o tres personas cada día. Estos hechos, dice, fueron efectuados por personas uniformadas pertenecientes a Ejército y a Prefectura. El día martes 11 de abril de 1976, por la mañana se produjo la detención del declarante...
> (....)

"A todo esto esta poderosa empresa se reía de nosotros y aparentando total desentendimiento de lo que pasaba, enviaba diversos telegramas intimándonos a que nos presentáramos a trabajar dentro de las 24 horas siguiente o seríamos despedidos por abandono de tareas. Dice que su esposa contestó a estos telegramas con un telegrama que decía: 'Detenido dentro de la empresa, Comisaría Tigre, vuestro conocimiento', al que la empresa Ford rechaza por improcedente. Esta entonces, consigue entrevistar al gerente de Relaciones Laborales, Sr. Fernández (ahora fallecido) quien en la larga conversación que mantuvieron le confirma que la empresa tuvo participación directa en estos acontecimientos y la recibe varias veces en su domicilio de San Isidro, por el pago de quincena y salarios que él personalmente tramitó..."

Juan Carlos Amoroso (Legajo N° 1638), a su vez, en su esencial testimonio, declara:

"...Que el 23-3-76 la empresa reúne al cuerpo de delegados que se encontraba en planta de Estampado, estando presentes por parte de la misma los señores Marcos (gerente de Planta de estampado), Pérez (representante laboral) y Galarraga (Gerente de Relaciones Laborales) y por la parte obrera, entre otros, los compañeros Murúa (delegado de Línea de Prensa), Sánchez (delegado de subarmado) y el dicente. Que en esa reunión el señor Galarraga lee un papel que dice le entregó un coronel al cual se negó a identificar, porque 'su palabra bastaba', para exhortarles a trabajar en sus tareas olvidándose de todo tipo de reclamos y, manifestó, que todo problema se había acabado. Que como existían tratativas con la empresa para controlar las cuentas de sus salarios, el dicente preguntó a Galarraga por dicho control, produciendo este señor un gesto de contrariedad, se acercó diciendo 'tiene razón, esta reunión se acabó' y extendiéndole la mano le dijo: 'Amoroso, déle saludos a Camps', cosa que produjo una carcajada al Sr. Marcos. Como preguntó, por no conocerlo, quién era ese señor, le dijo 'ya se va a enterar' y se alejaron riendo los dos..."

"...Que al bajar la escalera los esperaba el Sr. Herreros del Cuerpo de Representantes Laborales de la Compañía, que manifestó a gritos 'Devuelvan la pelota que la paleta la tenemos nosotros, ahora', dicho en el mismo tono festivo de la gerencia. Que siguieron trabajando normalmente hasta el 28-3-76. Por la noche, se presentaron en casa del dicente dos coches cargados de hombres fuertemente armados, golpeando hasta romper la puerta y, amenazándolo con armas largas, le preguntaron si él era delegado de Ford y uno de ellos tenía una tarjeta Kardek con una foto suya, le preguntó si ese era el... Agrega que al verla reconoció la misma como la ficha de ingreso a la fábrica y la foto que le tomaron en la misma nueve años antes. Dice que intentó llevar los documentos consigo, pero le dijeron que donde iban no le harían falta, pero sí que llevara un pullóver, con el cual al subir a uno de los coches lo encapucharon y lo hicieron tenderse en el piso del asiento posterior, donde ya había otra persona que luego identificó como el delegado de la línea de carrocerías, Chitarrone. Llevados a un lugar de detención los introdujeron a un calabozo con varias personas más.

"...Que como los represores no volvieron a entrar por unas sesenta horas, se fueron sacando las capuchas y ataduras viendo que eran Sánchez, Murúa, Chitarrone y el dicente, y en un calabozo de enfrente se encontraban Manzano y Cantelo (todos ellos Legajo N° 1638), compañeros que no veía desde hacía aproximadamente dos meses, ya que habían renunciado a la compañía. Que pidieron en muchas oportunidades, a gritos, agua al personal que veían pasar pero no se les

381

suministró nada por ese tiempo, aunque a la segunda noche penetraron en la oscuridad y apuntándoles con armas cortas los volvieron a encapuchar y atar, amenazándolos con matarlos si se desataban... Que al cuarto día les sacaron fotos, les dieron agua y se identificaron como Policía de la Provincia de Buenos Aires, destacamento Maschwitz...

"Más tarde relata que fueron trasladados a la Comisaría de Tigre, donde ellos no fueron torturados pero sí otras personas allí detenidas.

La Comisión verificó ambos centros de detención en Comisaría de Maschwitz y de Tigre en inspección ocular el día 12 de septiembre de 1984.

"...que al día siguiente el personal policial decía que estuvieron los militares, que ellos no tenían nada que ver y esperasen lo peor..."

Trasladado a Villa Devoto, fue puesto en libertad vigilada el 23 de marzo de 1977.

Adrián Horacio García Pagliaro (Legajo Nº 4047) fue secuestrado de las puertas de la Caja Nacional de Ahorro y Seguro, en pleno Congreso, habiéndolo esperado sus secuestradores en dos coches en la playa de estacionamiento reservada a la Comisión de asesoramiento legislativo, cuyo ingreso sólo está permitido a vehículos oficiales. Todo el procedimiento ocurrido el 28 de marzo de 1977 a las 17.15 horas fue observado por el personal de vigilancia de la Caja y por un agente de custodia que no sólo:

"...no intervinieron en defensa de mi hijo, sino que al intentar éste reingresar a la institución a fin de no ser secuestrado, cerraron las puertas de salida, impidiéndole resguardarse y dejando encerrado al resto del personal que se retiraba..."

"...Hago constar que en esa fecha era Presidente de la Caja Nacional de Ahorro y Seguro el Coronel (R) Héctor Enrique Walter, el Jefe de Seguridad era el señor Adolfo B. Cuenya, y el señor Enrique Calvo era 2do. Jefe de Seguridad, a los que considero responsables del desempeño que cupiera al personal de seguridad de la Institución, del agente de policía de guardia en la misma".

"Asimismo, declara que tres personas que se identificaron como pertenecientes a Robos y Hurtos de la Policía Federal secuestraron del garage ubicado en la calle México 1586, el automóvil de mi propiedad, marca Fiat 600 R, chapa 615450, modelo 1974, color rojo. No hubo violación de domicilio. Oportunamente pedí al Coronel (R) Héctor E. Walter me informara sobre lo sucedido a mi hijo al que me respondió '...que había sido secuestrado por elementos subversivos que habían ingresado a la playa de la C.A.L. con documentos falsos...'".

Adrián Horacio García Pagliaro fue visto en el centro clandestino de detención "Quinta de Seré", en Castelar, por su compañera de trabajo Carmen Graciela Floriani (Legajo Nº 7372). Esta joven —subdelegada en la Caja de Ahorro y Seguro— fue detenida el día 2 de junio de 1977, en la puerta de la Caja, a las 17.00 horas, horario habitual de salida. De los vein-

tiséis empleados de esta Caja que fueron secuestrados, de los cuales dieci-
siete aún están desaparecidos, diecinueve pertenecían al cuerpo de delegados.

El Secretario General de CTERA, Alfredo Bravo, fue detenido en la
escuela donde trabajaba el 8 de setiembre de 1977 y permaneció 13 días como desaparecido, siendo sometido a graves sevicias.

Marina Leticia Vilte (Legajo N° 1616), Secretaria General de la Asociación de Educadores Provinciales de la Provincia de Jujuy, detenida el 31
de diciembre de 1976, permanece desaparecida.

Otro dirigente de CTERA, Eduardo Requena (Legajo N° 4826), fue
secuestrado en Córdoba el 23 de julio de 1976 y visto después por un liberado, Piero Di Monte, en el centro clandestino de detención La Perla, donde supo de sus torturas y asistió en agosto de 1976 a su "traslado".

Desapariciones en el medio laboral agrario

Entre los trabajadores asalariados y pequeños productores agrarios se
produjeron numerosas desapariciones, previamente al golpe militar del 24
de marzo de 1976, bajo el imperio del estado de sitio, dictado en noviembre
de 1974, y después de aquel especialmente en las provincias norteñas de
Tucumán y Jujuy y en las provincias litoraleñas de Chaco, Formosa,
Corrientes y Misiones, en éstas últimas en relación especialmente con las
Ligas Agrarias. Entre quienes integraban dichas Ligas, hubo muchas víctimas, muertos, detenidos, desaparecidos. Escogimos un testimonio. Aunque somos conscientes de que no es cabal muestra de la dimención de la
persecución desatada contra los trabajadores del agro de esa zona.

Norma Blanca Tomasella, agricultora, miembro de las Ligas Agrarias
Correntinas. Se encuentra desaparecida desde el mes de febrero de 1978, en
Buenos Aires, fecha en que la familia perdió todo contacto. La señora Tomasella debió abandonar la localidad de Goya, donde vivía, ante la inminencia de su detención por personal vestido de civil que la buscaba, en el
mes de mayo de 1977. Dejó Corrientes ante la persecución que venían
sufriendo los integrantes de las Ligas Agrarias. Su hermano ya se encontraba detenido a disposición del Poder Ejecutivo Nacional y otros miembros
de la Liga habían seguido la misma suerte, además de haberse producido el
secuestro y desaparición de Antonio Olivos.

Aproximadamente 15 días después de haber dejado su domicilio, éste
fue allanado por personal de la policía provincial y federal así como del
ejército. La última referencia sobre su paradero señala que trabajaba como
doméstica en una casa de familia en Buenos Aires (Legajo N° 832).

En visitas realizadas al Norte del país, la Comisión Nacional sobre la

Desaparición de Personas tomó contacto con denunciantes de persecuciones ilegales a trabajadores del lugar. Es muy ejemplificador el testimonio de Ernesto Reynaldo Saman (Legajo N° 4841), quien fuera detenido el 24 de junio de 1976:

> "...en circunstancias en que se encontraba trabajando en la sección abastecimiento de la empresa Ledesma S.A., recibió una comunicación de su jefe de sección, que debía presentarse de inmediato en la oficina de personal y sin la correspondiente autorización para salir de la fábrica. Mientras se dirigía a la oficina de personal y antes de salir de la fábrica, lo detuvieron dos personas vestidas de civil, cuyos nombres no puede aportar porque no se identificaron...".

A continuación describe su traslado a la seccional 24 del Ingenio Ledesma, desde donde fue llevado de inmediato a su casa por sus captores, seguidos por una camioneta policial con policías uniformados. Describe la requisa de su casa y de la de su suegra y el robo de alhajas y dinero en ambos domicilios, así como los golpes que recibió en ese tiempo y las amenazas de muerte. Trasladado a Jujuy, relata su permanencia en la Central de Policía. Estaba de pie, mirando por la ventana cuando fue

> "...sorprendido en esta circunstancia por el Sub-Comisario Damián Vilte, éste le apoyó la pistola en la cabeza y le manifestó que iba a disparar si lo volvía a encontrar en esa actitud de nuevo. También recibió el interrogatorio del Comisario Ernesto Haig, quien le dijo que debía hablar porque, si no, iba a perder. Constantemente era trasladado de habitación hasta que el tercer día lo llevan a la oficina del Sub-comisario Damián Vilte, lugar en el que se encontraba el Capitán Jones. Este Capitán le efectuó muchísimas preguntas relativas al tiempo en que el denunciante era estudiante en Tucumán. Presume que el objeto era investigar si tenía alguna conexión con organizaciones extremistas".
> (..)
> Después lo fotografiaron y el séptimo día le fue otorgada una constancia de que se lo dejaba en libertad por falta de mérito. Pocos días después de su libertad Saman fue nuevamente detenido al presentarse a la Comisaría Libertador General San Martín, requerido por la policía. Nuevamente fue trasladado al Departamento Central de Policía de Jujuy, desde donde un patrullero Ford Falcon, al cual ingresa el sub-Comisario Damián Vilte y tres personas, dos de ellas de civil y el tercero un miembro del Ejército con grado de Capitán, es llevado, con los ojos vendados, a un lugar clandestino de detención, donde se le coloca el número 56 prendido en su ropa con un alfiler.
> ...A continuación se lo introduce en otro ambiente y se lo empuja sobre otras personas, siempre con los ojos vendados y la manos atadas y le comunican que a partir de ese momento no tiene identidad y será identificado solamente por el número antedicho, posteriormente cada vez que tenía oportunidad de comunicarse con detenidos que se encontraban alrededor, trataba de conocer su identidad..."
> "...Logró indentificar a Walter Hugo Juárez y también tiene conocimiento de la permanencia de Johny Vargas, Juan Jarma, Raúl Bartoletti, Luis Alfaro Vasco, Óscar Alfaro Vasco, Juan Miguel Lodi, Carlos Brandán, Alfredo Cortés, Rufino Lizarraga, Humberto Campos, Alfredo Mérida, Mario Núñez, Eduardo Cáceres,

Jorge Ríos, Luis Escalante, Raúl Díaz, Casimiro Bache, Rubén Molina, Leandro Córdoba, Germán Córdoba, Miguel Angel Garnica, Domingo Horacio Garnica, Domingo Reales, Salvador Cruz, Román Riveros, Hilda Figueroa, Ana María Pérez, Delicia Alvarez y Eulogia de Garnica...".

"El día 4 de agosto es introducido en un furgón con varias personas, trasladado al Departamento Central de Policía, donde se lo alimenta frugalmente y se lo libera de sus ataduras y de la venda de los ojos. Es introducido en otro furgón en compañía de otras 22 personas y trasladado al Instituto Penal de Villa Gorriti, donde se le da conocimiento a su familia y comienza a recibir noticias de la misma y comida.

"Mi familia era citada con frecuencia al R.I.M. 20 y recibida en algunas oportunidades por el Coronel Bulacios quien, en una de las entrevistas, le expresó a su esposa '...que el mismo ya había confesado y firmado su confesión como guerrillero y le muestra un papel con la firma del declarante. Le dice además que también ella debía estar presa, y que su hijo —que en aquel momento contaba con 6 meses de edad— también debía morir como debía morir la guerrilla...".

Recuerda que durante la permanencia en la penitenciaría, el Obispo de Jujuy, Monseñor Medina, ofició una misa y en el sermón les expresó que conocía lo que estaba pasando, pero todo ello ocurría en bien de la patria y que los militares estaban obrando bien y que debían comunicar todo lo que supieran para lo cual se ofrecía personalmente a recibir confesión. Comunica el declarante los buenos oficios en favor de los detenidos de parte del padre Labarca.

Constituyen también una clara evidencia de las persecuciones a estos trabajadores los siguientes testimonios:

Pantaleón Romero, agricultor, padre de ocho hijos, delegado por su Paraje en las Ligas Agrarias correntinas y Presidente de la Cooperativa de Consumo de Perugorría (Legajo N° 827) fue secuestrado de su domicilio el 16 de marzo de 1977 por cuatro hombres armados, que sin identificarse lo obligaron a subir a uno de los vehículos. Los secuestradores buscaban al hijo mayor de Romero, Jorge Raúl Romero. Hasta el momento sin embargo, se desconoce su situación y su paradero.

Juan Antonio Olivos, agricultor, delegado como los anteriores de las Ligas Agrarias, miembro del consorcio que administraba el tractor de la zona —el paraje Las Palmitas, Corrientes—, fue secuestrado el 16 de marzo de 1977, en su lugar de trabajo. Antes de su detención fue allanado su domicilio, en el que se encontraban su mujer y sus dos hijos, por personal vestido de civil que se anunciaron como policías. Hasta la fecha no se posee ninguna información sobre su paradero (Legajo N° 826).

Mencionamos también el caso de Eduardo Fernández (Legajo N° 823), mecánico, quien desapareció el día 5 de agosto de 1976, en Bella Vista, Corrientes. Hay una referencia de que ha sido visto en la Brigada de Investigaciones de Resistencia, Provincia de Chaco.

Abel Arce (Legajo N° 829), agricultor de las cercanías de Goya, Provincia de Corrientes, desapareció mientras hacía el servicio militar en la Compañía de Telecomunicaciones 121 de Goya, el 19 de mayo de 1977.

Fue visto por numerosos testigos en el Campo Hípico de Goya, lugar de detención clandestino y de tortura. Su padre es ciego y su madre está paralítica.

En todo el país, las organizaciones de los trabajadores sufrieron sensibles pérdidas de sus cuadros. Llegaron a esta Comisión los detalles de lo que ocurrió en marzo de 1975. En esa época, actuando como verdaderas tropas de ocupación, las fuerzas legales y personas identificadas con brazaletes de Bienestar Social, procedieron a detener a 300 personas que fueron puestas a disposición del Poder Ejecutivo Nacional; cometieron 30 secuestros seguidos de asesinatos, siendo la mayoría de las víctimas delegados y activista gremiales. Uno de los detenidos fue el dirigente metalúrgico Alberto Piccinini, quien permaneció largos años en la cárcel procesado, sobreseído y puesto a disposición del P.E.N. Fue la respuesta a los trabajadores que habían iniciado una lucha por la recuperación del sindicato.

Después del 24 de marzo de 1976 se reinició la represión y, una vez más, fueron su blanco los obreros vinculados al sector dirigido por el mencionado gremialista. Esta vez la técnica fue la desaparición.

La Delegación Santa Fe de la Comisión Nacional Sobre la Desaparición de Personas se constituyó dos veces en la ciudad de Villa Constitución y, además, procedió a hacer un reconocimiento judicial de un centro de detención ilegal que operaba en el predio de la empresa Acindar.

Los habitantes de esta ciudad se presentaron espontáneamente a dar su declaración, surgiendo el reconocimiento de Aníbal Gordon como jefe de los operativos realizados en la ciudad, en enero de 1976. Fueron secuestradas y asesinadas más de diez personas.

En uno de los testimonios se detalla que en el año 1975 (a fines del mismo) la empresa Acindar —que tiene alrededor de 5.000 operarios— ordenó a los mismos que realizaran el trámite de cédula de identidad de la Policía Federal y, asimismo que tramitaran un nuevo carnet de fábrica, procediendo a fotografiarlos nuevamente. Estas fotos fueron utilizadas luego por personal de seguridad y/o militar para hacer los allanamientos y secuestros.

No fue ajeno a estas acciones el que luego fue Ministro de Economía, Martínez de Hoz, que en esos años era directivo de Acindar, junto con Acevedo. La vinculación entre la política de seguridad del Estado y el poder económico tuvo en este caso un ejemplo elocuente.

Globalmente las fuerzas que reprimieron en Villa Constitución son, por orden cronológico desde 1975: Policía Provincial, Policía Federal, Fuerzas parapoliciales —quienes siempre actuaron— y, desde marzo de 1976, Fuerzas Armadas, a veces conjuntamente con policiales o parapoliciales.

La tarea investigadora a este respecto culminó con el reconocimiento que se realizara el día 31 de agosto de 1984 en el lugar de detención clandestino que operaba en Acindar S.A.

Las religiosas francesas: Sor Alice Domon y Sor Leonie Duquet

Enseguida del operativo por el cual fueron privadas de su libertad las dos religiosas nombradas, ya citadas en otra parte de este informe, los días 8 y 10 de diciembre de 1977, respectivamente, el propio Presidente de Francia Giscard D'Estaigne se ocupó de reclamar la reaparición.

Domon, de 40 años, fue arrestada al salir de la iglesia de Santa Cruz, y Duquet, de 61 años, fue extraída violentamente de la Parroquia de San Pablo. Los autores de los procedimientos utilizaron sus vehículos a plena luz del día y hasta mostraron credenciales identificatorias.

El 26 de diciembre de 1977, la Comisión Interamericana de Derechos Humanos recibió la siguiente denuncia, que publicó en su informe, y la cual transcribimos:

"Ambas religiosas francesas pertenecen al Institute des Missions Etrangères, con sede en Toulouse, Francia, y prestaban asistencia espiritual a familiares de los desaparecidos... La prensa argentina —sometida a rigurosa censura— recién informó sucintamente de los hechos el día 13, aunque habló de "desaparición" y no de la detención que efectuaron integrantes del Primer Cuerpo de Ejército, que exhibieron credenciales policiales y que se movilizaban en automóviles sin placa, como ocurre siempre en esos procedimientos. El Gobierno argentino respondió a la Comisión: Personas sobre las que no se registran antecedentes de detención y son objeto de búsqueda policial centralizada por el Ministerio del Interior: Domon, Sor Alice; Duquet, Sor Leonie. La Comisión recibió información adicional del Gobierno mediante nota del 27 de marzo de 1980, la cual a su juicio esclarece los hechos denunciados continuando el caso su trámite reglamentario".

Según informó la revista "Paz y Justicia" del Servicio de Paz y Justicia en América Latina (Año 1, N° 7, diciembre de 1983):

"En el procedimiento tiene destacada actuación el, en ese entonces, Capitán Alfredo Astiz... Este siniestro personaje fue el responsable directo de la identificación de los participantes de la reunión en la Parroquia de Santa Cruz. Astiz, argumentando ser hermano de un detenido desaparecido, participó en la reunión bajo el nombre de Gustavo Niño y se dedicó a observar detenidamente las características físicas y la vestimenta de los concurrentes. En el momento en que se decidió levantar la reunión, Astiz se retiró rápidamente para indicarles a los encargados del operativo a quiénes debían secuestrar... Ante la magnitud de los hechos llega inmediatamente al país François Gadot-Clet, enviado especial de Edgar Faure, presidente de la Asamblea Nacional Francesa, quien tiene por misión gestionar la aparición de las religiosas. Gadot-Clet se entrevista con el Gral. Harguindeguy y esgrime una serie de contratos comerciales favorables a la Argentina como elemento de presión. El ministro no cede terreno, pero le da a entender que existen posibilidades de que aparezcan...."

Pese a todas las incontables y elevadas influencias que se movilizaron en América y Europa para esclarecer el destino de ambas religiosas, hasta la actualidad no ha podido darse con su paradero.

Tampoco dieron resultados las múltiples pesquisas y diligencias de esta Comisión realizadas con la colaboración de autoridades francesas y en distintos e insólitos lugares del país.

El Premio Nobel de la Paz, Adolfo Pérez Esquivel

Admirador y prosélito entusiasta de Mahatma Gandhi, de Martin Luther King y del Obispo brasileño Helder Cámara, Adolfo Pérez Esquivel, profesor de Bellas Artes, docente secundario de Filosofía, Historia y Literatura, ex catedrático de la Facultad de Arquitectura y nombrado en 1974 Coordinador general para América Latina del Servicio Paz y Justicia, por cuya labor recibió el Premio Nobel de la Paz en 1980.

El Servicio Paz y Justicia en América Latina es una organización ecuménica laica que tiene por objetivo trabajar para la promoción de los derechos humanos fundamentales, basándose exclusivamente en métodos no violentos. Según lo define el mismo Esquivel: "Somos un movimiento cristiano que tiene un compromiso asumido en todo el continente: vivir el Evangelio, con una opción preferencial por los pobres, por los más necesitados..."

El 4 de abril de 1977, se presentó al Departamento Central de Policía con el fin de retirar su pasaporte, con la finalidad de realizar un viaje a Colombia. Es conducido a la Superintendencia de Seguridad Federal donde permanece 32 días dentro de un calabozo, sin ser interrogado y desconociendo la causa de su detención.

Trasladado en un celular a San Justo, Pcia. de Buenos Aires, fue introducido en una avioneta encadenado en el asiento trasero, hasta la base aérea de Morón, lo trasladaron al Penal de La Plata, lugar donde permaneció durante 14 meses, sin proceso alguno judicial, y prolongando su arresto bajo la forma de libertad vigilada otros 14 meses más.

Su permanencia en prisión es narrada por el mismo Esquivel (Revista "Búsqueda" —Año 3— n° 21, Junio-Julio de 1983), de este modo:

"Me torturaron cinco días en la prisión de La Plata... nunca me preguntaron nada... Una vez el Subjefe del Penal de La Plata me lleva a una oficina y comienza a insultarme. Me dice: "A vos no te van a salvar ni De Nevares, ni Aramburu. Ni la Virgen te va a salvar..." Jamás, a pesar de la presentación de hábeas corpus, de la insistencia internacional, que era muchísima, dieron explicación alguna... Hubo también otras presiones físicas y psíquicas... a veces abrían la puerta del calabozo y recibía una trompada, amenazas de muerte... mucha presión psicológica, porque me aplicaban el régimen de máxima peligrosidad. Una situación denigrante. Estando en prisión fue cuando recibí el "Memorial JUAN XXXIII" de la Paz, dado por "Pax Christi Internacional", que aquí se ocultó totalmente. Es un organismo que pertenece directamente al Vaticano. Y estando preso yo ya era candidato al Premio Nobel de la Paz. Fui candidato durante tres años... Después que salí del régimen de libertad vigilada tuve invitaciones de muchos países, pero no me daban el pasaporte. Hasta cuando tuve que ir a recibir el Premio Nobel tuve problemas con el pasaporte... y siempre sin explicaciones: lo más que me dijeron en el Ministerio del Interior fue que era "disposición del Poder Ejecutivo".

El secuestro y desaparición de Dagmar Hagelin

El día 26 de enero de 1977 alrededor de las 17 horas fue detenida Norma Susana Burgos, en la vía pública, por un grupo Comando de la ESMA. Algunas horas después, hacia las 22.30 hs., el mismo grupo, movilizándose en cuatro automóviles llegó juntamente con Norma Susana Burgos a su domicilio en la calle Sgto. Cabral 317 de la localidad de El Palomar, Pcia. de Buenos Aires. Luego de allanarlo se retiraron, dejando en la casa a siete personas fuertemente armadas durante toda la noche. El Jefe de dicho grupo era el Teniente de Corbeta Astiz y el Cabo Peralta de la Subcomisaría de El Palomar oficiaba de "baquiano" por su conocimiento del barrio.

El 27 de enero de 1977, a las 8 y 30 horas, ignorando todo, llega hasta dicho domicilio Dagmar Ingrid Hagelin, a fin de despedirse y preguntarle a su amiga Norma Burgos si también "iría de vacaciones a la playa". Al llegar a la casa Dagmar se encontró imprevistamente encañonada por los ocupantes (quienes la confundieron con María Antonia Berger, a quien aguardaban para detenerla), lo que la llevó, movida por el pánico, a salir corriendo por la calle Pampa. En su persecución salieron el Teniente Astiz y el Cabo Peralta mientras los otros ocupantes de la vivienda, desde el techo de la misma abrían fuego.

Cuando Dagmar llevaba más de 30 metros a sus perseguidores, el Teniente Astiz puso rodilla en tierra, extrajo su pistola reglamentaria y disparó (un solo proyectil) sobre la adolescente, la que cayó de bruces en la calzada. Astiz corrió hacia la víctima y siguió apúntandole con su pistola mientras el cabo Peralta apuntaba también con su arma al vecino del lugar, Oscar Eles, de profesión taxista, le obligó a entregar el taxi. Movido el vehículo hasta el lugar donde permanecía caída Dagmar, colocaron en el baúl el cuerpo sangrante de la víctima.

Después de recoger a los restantes miembros del grupo, partieron en el automotor con rumbo desconocido. Investigaciones posteriores probaron que Dagmar fue conducida a la ESMA. Al enterarse sus padres de los sucesos, el señor Hagelin requirió la ayuda de un militar conocido con el que se informó de lo sucedido hablando con el padre de Norma Burgos, y vecinos del lugar. Posteriormente, visitaron la Subcomisaría de El Palomar, donde el Subcomisario Rogelio I. Vázquez, ante las exigencias del militar, informó que "había sido un operativo oficial de las FF.AA"

Recorridos todos los Hospitales y Clínicas de la zona sin resultado, a las 22 y 30 horas se dirigieron a la Regional Morón, donde el Jefe policial les mostró un Acta del día anterior en la que la Marina de Guerra pedía el correspondiente "Area libre", informando que la Unidad interviniente pertenecía a la ESMA y que intervendrían cuatro vehículos sin chapas patente, con las características de marca y color idénticos a los realmente utilizados.

A primera hora del 28 de enero el padre de Dagmar denunció ante la Embajada de Suecia, país del que junto con su hija eran súbditos, todo lo acontecido, tomando intervención el Sr. Embajador Bertie Kollberg. Este se comunicó telefónicamente con la Regional Morón, confirmando la intervención de las FF.AA, y con posterioridad, también con el Ministerio de Relaciones Exteriores y Culto.

A partir de ese momento y durante los últimos 7 años y medio, tanto el gobierno sueco como el padre y otros familiares han realizado innumerables gestiones oficiales y privadas en busca de rescatar a Dagmar, sin resultado alguno.

La investigación judicial de estos hechos se tramitó en el Juzgado en lo Penal de Morón, Provincia de Buenos Aires, hasta que el Consejo Supremo de las Fuerzas Armadas solicitó la inhibitoria de seguir conociendo en la causa, e informó que en las actuaciones practicadas en el ámbito militar con la finalidad de determinar la posible responsabilidad de personal de la Armada, en la presunta privación ilegítima de la libertad de Dagmar Ingrid Hagelin, se dictó el sobreseimiento definitivo.

CAPÍTULO III

El Poder Judicial durante el período en que se consumó la desaparición forzada de personas

Al comprobarse la gran cantidad de personas desaparecidas y los miles de secuestros realizados con inusitado despliegue de vehículos y autores, al comprobarse que los amplios y organizados centros de detención y tortura ubicados en lugares densamente poblados albergaron, en algunos casos, centenares de prisioneros continuamente renovados, al conocerse que los familiares de los desaparecidos han hechos uso prácticamente de todos los procedimientos legales, se siente la necesidad de preguntar: ¿cómo fue posible mantener la impunidad de tantos delitos, consumados con la evidencia de un mismo "modus operandi" y muchos de ellos ante numerosos testigos?, ¿cómo se explica que los jueces no hayan ubicado a ningún secuestrado, después de varios años que tomaron estado público las versiones de quienes, con mejor suerte, fueron liberados?, ¿qué les impidió allanar oportunamente tan sólo uno de los lugares de cautiverio? Son interrogantes que duelen, pero es necesario aclararlos.

A partir del pronunciamiento castrense del 24 de marzo de 1976, se introduce en la vida argentina una drástica subversión institucional. Es creada una suerte de "poder ejecutivo-legislativo-constituyente", que asume facultades extraordinarias de gobierno y, con ellas, la suma de poder público.

Así fue que, el mismo día del golpe de estado, se cambió la composición del Poder Judicial a nivel de la Corte Suprema, del Procurador General de la Nación y de los Tribunales Superiores de Provincia, al propio tiempo que se puso "en comisión" a la totalidad de sus otros miembros. Todo Juez, para ser designado o confirmado, debió previamente jurar fidelidad a las Actas y objetivos del "Proceso" liderado por la Junta Militar.

A partir de allí la actividad judicial adoptó un perfil harto singular. Señalada por la Ley Suprema de la Nación como amparo de los habitantes contra los desbordes autoritarios, cohonestó la usurpación del poder y posi bilitó que un cúmulo de aberraciones jurídicas adquirieran visos de legalidad. Salvo excepciones, homologó la aplicación discrecional de las facultades de arresto que dimanan del estado de sitio, admitiendo la validez de informes secretos provenientes de los organismos de seguridad para justificar la detención de ciudadanos por tiempo indefinido. E, igualmente, le imprimió un trámite meramente formal al recurso de hábeas corpus, tornándolo totalmente ineficaz en orden a desalentar la política de desaparición forzada de personas.

El Poder Judicial, que debía erigirse en freno del absolutismo imperante, devino en los hechos en un simulacro de la función jurisdiccional para cobertura de su imagen externa. Frontalmente limitada la libre expresión de las ideas por la prensa, a través del control de los medios de difusión masiva y la imposición de la autocensura por el terrorismo estatal descargado sobre los periodistas disidentes. Seriamente afectada la asistencia jurídica por la prisión, extrañamiento o muerte de los abogados defensores; la reticencia, y aun la misma complacencia de gran parte de la judicatura, completó el cuadro de desamparo de los derechos humanos.

Hubo, sin embargo, Jueces que, dentro de las tremendas presiones sufridas por la situación reinante, cumplieron su función con la dignidad y el decoro que se esperaba de ellos. Pero también es real que hubo quienes, teniendo el deber jurídico de proteger a las personas y a sus bienes, dejaron de hacerlo; quienes pudiendo limitar el abuso de las detenciones arbitrarias avalaron la aplicación de verdaderas penas sin juicio previo; y quienes, por fin, con su indiferencia, exhibieron una conducta cómplice con los secuestros y las desapariciones. La población llegó a presentir que era inútil recurrir al amparo judicial para preservar sus derechos esenciales. La situación creada alcanzó tal notoriedad y difusión en la comunidad internacional, que un tribunal suizo negó la extradicción de cinco argentinos, a pesar de cumplirse todos los demás requisitos del respectivo tratado, fundando su decisión en razones de inseguridad para la vida de los delincuentes que debían extraditarse.

En conclusión, durante el período en que se consumó la desaparición masiva de personas, la vía judicial se convirtió en un recurso casi inoperante. Es más, casi se podría afirmar que, durante el régimen militar, el derecho a la vida, a la integridad física y a la libertad individual poco tuvo que ver con lo que dijeran los Jueces; las decisiones al respecto quedaron al solo arbitrio de quienes integraron el aparato represivo del Estado.

Los casos siguientes son una muestra elocuente de lo que venimos diciendo:

Fueron secuestrados en la vía pública, por la tarde del 28 de marzo de 1976, junto a otros dos compañeros de facultad —Alicia Amelia Arriaga y Carlos Spadavecchia—, cuando ingresaban al edificio en el cual el padre de Carlos Hugo tiene su estudio contable.

Introducidos con violencia en un patrullero policial, son conducidos a la comisaría 3ra. de la Capital Federal; es aquí mismo donde, cuando más tarde Spadavecchia recobra la libertad, le devuelven los efectos personales que le habían retirado inicialmente.

Siempre con los ojos vendados y encapuchados, son trasladados presuntamente a la sede del Batallón de Inteligencia 601 ubicada en Viamonte y Callao (Capital Federal) y al día siguiente a un lugar alejado y desolado, como si fuera una casa abandonada. Aquí son "bárbaramente torturados con aplicación de picana eléctrica en todas las partes de su cuerpo", al decir de la señorita Arriaga.

Luego son llevados a otra casa sin que se pueda determinar su ubicación, donde son sometidos a simulacros de fusilamiento, dejados sin abrigo de ningún tipo, a pesar de las bajas temperaturas, y alimentados a pan y agua hasta el 12 de abril.

El día 15 de abril, Arriaga y Spadavecchia son abandonados después de un amplio recorrido, en un campo de Benavídez. Momentos antes habían sido retirados del lugar de detención Laura Noemí Creatore y Carlos Hugo Capitman, y nunca más se supo de ellos.

El 30 de abril se interpone un recurso de hábeas corpus en favor de Capitman, en cuyo trámite el Ministerio del Interior da cuenta del Decreto N° 39/76 por el cual los cuatro jóvenes habían sido puestos a disposición del Poder Ejecutivo Nacional.

Es en tal circunstancia que el padre de Carlos Hugo solicita al titular del Juzgado Nacional de Sentencia, letra "C", requiera de dicho Ministerio la información sobre el lugar donde se hallaba detenido, a lo cual no accede el Juez por entender que ello no es pertinente, por no existir agravio. Esta resolución fue apelada resultando confirmada por el Tribunal Superior.

La preocupación del padre se fundaba en la necesidad de hacerle llegar a Carlos Hugo ciertos medicamentos imprescindibles para el tratamiento de una disritmia temporal (epilepsia).

Es entonces que se intenta, mediante una acción de amparo, conocer las condiciones y el lugar donde cumplía su detención Carlos Hugo; luego de sucesivos pedidos del Juez al Estado Mayor del Ejército, Cuerpo Uno, se le informa que por Decreto N° 1907/76 Carlos Hugo Capitman y Laura

Noemí Creatore habrían recuperado su libertad el día 10 de septiembre de 1976. Pese a ello ninguno de los dos jóvenes aparecieron.

El día 21 de octubre, el Sr. Juez recabó al Comando del Primer Cuerpo de Ejército el informe sobre las circunstancias en que esa libertad se habría hecho efectiva; recién el 10 de diciembre el Comando le contesta que por el momento no estaba en condiciones de suministrar información. En vista de ello dicta la resolución de fecha 22 de febrero de 1977, por la cual declara viable la acción de amparo, con el alcance de reclamar al Ministerio del Interior la prueba de la libertad de Capitman. Este fallo fue apelado por el Fiscal y las actuaciones pasaron a la Cámara, la cual, 15 meses después del fallo de Primera Instancia, lo revoca, mandando que se remita al Consejo Supremo de las Fuerzas Armadas testimonios de las actuaciones, para que se juzgue la posibilidad de existencia o no de un hecho ilícito.

En oportunidad de la visita a nuestro país de la Comisión Interamericana de Derechos Humanos de la O.E.A., el Dr. Capitman le expone el caso de su hijo, para que se recabe información del gobierno argentino. Ante el requerimiento de dicha Comisión, el gobierno proporciona por vez primera datos concretos acerca de la forma en que supuestamente se habría hecho efectiva la libertad de Carlos Hugo, diciendo que había sido puesto en libertad el día 9 de septiembre desde una comisaría de Ciudadela. Además hizo saber que en compañía de Laura Creatore había abandonado el país con destino a Carrasco (Uruguay) el día 10 de septiembre de 1976 en el vuelo 310 de la empresa Austral.

Al oportuno requerimiento del padre a dicha línea aérea se le responde que no se podían suministrar datos sobre listas de pasajeros; y cuando recientemente, el mismo pedido es efectuado por esta Comisión, ya le es imposible satisfacerlo, por cuanto las listas correspondientes a aquella fecha fueron destruidas. A todo esto, en el aeropuerto de Carrasco, tampoco se halló constancia alguna —ni antes ni ahora— del arribo de dos pasajeros con los nombres indicados.

En cuanto a la Comisaría de Ciudadela, la Jefatura de Policía de la Provincia de Buenos Aires respondió a esta Comisión que: "En razón de un atentado ocurrido en dicha dependencia, la totalidad de la documentación fue destruida; solicitada, a su vez, copia del expediente tramitado con motivo del atentado, la respuesta fue que no pudo ser ubicado".

Según declara la señorita Arriaga:

"... la única razón por la que está viva y fue liberada es porque en todo momento, pese a las torturas, negó ser miembro de organismo alguno subversivo, lo que no ocurrió con Carlos Hugo y con Laura, ya que pudo escuchar cómo, quebrados por el tormento, entre ayes de dolor, decían que sí a todo lo que les preguntaban..."

"Mi total desvinculación de la subversión y mi repulsa a su accionar es una circunstancia incontrovertible que jamás fue puesta en duda".

(....)

"Tiene estado público que después de ser asaltados vandálicamente mi domicilio y los de mis familiares fueron detenidos mi esposa, mis hijos, mi nuera y dos de mis hermanos y una empleada de la casa, en los primeros días del mes de junio de 1977. Frente al desconcierto que me produjo el procedimiento e ignorando el motivo de las detenciones, me mantuve prófugo hasta que, liberada mi esposa, fui anoticiado de que la detención que sufrieron, durante varios días, en condiciones aprobiosas, lo fue en calidad de rehenes para forzar mi presentación. Mis hijos y mi nuera continuaron detenidos en lugar desconocido, pero sobre mi persona no se había exteriorizado orden de detención o citación legal alguna".

(....)

"Con mi esposa acordamos que habría de permanecer oculto durante un breve lapso y, de no ser liberados mis hijos, me presentaría espontáneamente a la Justicia. Así lo hice el 16 de Julio de 1977, mediante un recurso de hábeas corpus preventivo, ante el Juzgado de Primera Instancia en lo Criminal y Correccional Nº 2, del Dr. Sarmiento, expte. Nº 11.469. Libradas las comunicaciones de rigor a la Jefatura de Policía de la Provincia, a la Policía Federal, al Ministerio del Interior y Comando del Ejército, todas las autoridades respondieron, coincidentemente, en el sentido de que no mediaban medidas restrictivas de mi libertad u obligación de comparendo. Sin embargo, el 22 de julio de 1977, se hizo saber a fojas 8 del expediente judicial que existía solicitud de comparendo a disposición del señor Jefe de Policía de la Provincia de Buenos Aires, para continuar la investigación que se estaba llevando a cabo por un 'C.A. 2448'. Requerido por el Dr. Sarmiento, me presenté a su Juzgado el 23 de julio de 1977. Ese mismo día fui conducido a la Jefatura de Policía de la Provincia. Allí, después de una espera prolongada, un funcionario me presentó a un supuesto Capitán Trimarco, quien se haría cargo de mi persona".

(....)

"En definitiva, fuimos encapuchados y liberados en una estación cercana a Témperley, creo que Burzaco. Esto ocurrió el 25 de agosto de 1978. Por mi parte, fueron catorce meses de cautiverio y torturas inenarrables".

(....)

"Debo retomar esta sintética relación recordando la total indefensión en que me colocó el Juez Sarmiento, ya que al ser requerido por mi esposa y mi hijo, que a la sazón había sido liberado, sobre mi situación, les contestó que su gestión había terminado con la entrega de mi persona a una autoridad competente. Esta respuesta se reiteró frente a los requerimientos que en el mismo sentido le formulara el Doctor González Arzac"

El señor Ramón Miralles fue visto por varios testigos mientras estuvo detenido ilegalmente, en los centros clandestinos denominados "C.O.T. I, Martínez", "Puesto Vasco", "Pozo de Arana" y finalmente en la Comisaría de Monte Grande (Legajos Nº 1277, 1557 y 3757).

La denuncia sobre estos hechos fue elevada a la Justicia, quedando radicada en el Juzgado en lo Penal Nº 1 de La Plata.

"Fui secuestrado el 21 de julio de 1977 a la 0.45 hora, luego de guardar mi automóvil".

(....)

"En los primeros días de octubre, me trasladaron a mí y al Dr. Miralles, al arquitecto Liberman y a Pedro Goin a otro lugar. Esta vez se trataba de la Comisaría 60 de Monte Grande".

(....)

"Yo estaba delicado de salud, había rebajado muchos kilos. Mi mujer y mis hijos, entretanto, recibían amenazas si continuaban haciendo gestiones por mí. Eso no los intimidó, y mi mujer continuó entrevistándose con funcionarios del gobierno, pero nadie sabía nada. El Ministro Harguindeguy respondió por nota que yo no me encontraba detenido en ninguna repartición oficial".

(....)

"Estoy persuadido, de que tenían conocimiento de mi situación y de la situación de mis compañeros, el Ministro Harguindeguy, el Jefe de Policía, entonces, Coronel Ramón Camps, el Jefe del Primer Cuerpo de Ejército, General Suárez Mason, y el gobernador Ibérico Saint Jean. Creo que ellos fueron los autores de los secuestros. Durante el verano de 1977, visitó la Comisaría 60 de Monte Grande el nuevo Jefe de Policía que reemplazó a Camps, el General Ricchieri. Este funcionario estuvo personalmente con nosotros y preguntó los nombres de cada uno".

(....)

"El 25 de agosto de 1978, a la una de la madrugada nos subieron a un vehículo, con los ojos vendados y nos llevaron hasta un lugar a unas cuatro o cinco cuadras de la estación Burzaco. Allí nos dejaron en libertad".

El hábeas corpus interpuesto por sus familiares resultó rechazado, como consecuencia de las respuestas dadas por el Director General de Asuntos Policiales e Informaciones del Ministerio del Interior, mediante dos telegramas de fechas 25/8/77 y 29/8/77, informando que Juan Ramón Nazar no se encontraba detenido ni pesaba sobre el nombrado ninguna medida restrictiva de libertad del causante por parte del Poder Ejecutivo Nacional.

Inhumación irregular de cadáveres por la Morgue Judicial de la Capital Federal - Legajo N° 7188

Ante el Juzgado de Instrucción N° 10 de la Capital Federal fue presentada, el día 11 de noviembre de 1982, una denuncia sobre episodios verdaderamente extraños relativos al funcionamiento irregular de la Morgue Judicial, organismo bajo directa superintendencia de la Cámara de Apelaciones en lo Criminal y Correccional de la Capital Federal.

En esencia, los denunciantes estimaban que, mientras el Poder Judicial informaba, a través del rechazo de los recursos de hábeas corpus, que se ignoraba el destino de los desaparecidos, sus cuerpos sin vida habían estado (varios identificados y otros sin cumplirse ese trámite elemental), en poder de la Morgue Judicial con conocimiento de la Cámara Penal.

Se imputaba que dicho organismo hubiera realizado autopsias y efectuado inhumaciones de cadáveres N.N. sin dar intervención a ningún Juez, siguiendo para ello instrucciones de las Fuerzas Armadas, lo que representó la omisión de investigación por parte del Tribunal Superior, pese a su conocimiento de la evidencia de "muertes violentas" e inexistencia de intervención de magistrado competente.

En respaldo de sus aseveraciones los denunciantes aportaron los siguientes elementos: a) Siete informes elevados por la Morgue a la Cámara dando cuenta de las autopsias que realizaban por mandamiento de autoridades castrenses; por lo general la Cámara ordenó en los casos el archivo de las actuaciones, sin investigar las causas determinantes de las muertes; b) El expediente remitido a la Cámara por el Dr. Avelino Do Pico —Decano del Cuerpo Médico Forense en 1977— con las constancias de la recepción de seis cadáveres provenientes del Hospital Militar Central para su depósito en la Morgue y posterior entrega a los deudos, negándose a identificarse los depositantes, ambos uniformados, pese a su manifiesto grado militar (un Coronel y un Teniente), quienes tampoco se allanaron a suscribir los recibos de rigor. Incluso la Cámara ofició al hospital de procedencia para que informara cuál fue el Juzgado interviniente en las actuaciones, lo que no se pudo cumplimentar ante la "imposibilidad de ubicar el expediente respectivo"; sin perjuicio de lo cual, el Coronel Roberto Roualdes —Comando Subzona Capital—, pudo explicar a la Cámara que los muertos habían sido abatidos y que, temiendo que la organización subversiva a que pertenecían intentara el robo de los cuerpos con fines de agitación del poder público, dispuso remitirlos a la Morgue Judicial; c) Testimonial del Dr. José Daverio —Decano del Cuerpo Médico Forense en 1978— quien asevera que la Cámara tenía pleno conocimiento de las autopsias y demás actividades de la Morgue en los casos en análisis, no sólo por los informes que en cada situación se le elevaban, sino también porque él mismo requirió de la Cámara la integración de un mayor número de médicos autopsistas dado el incremento del trabajo a consecuencia de la remisión de cadáveres por la autoridad militar; d) Expedientes con juicios de hábeas corpus en los cuales se sentenció el rechazo de la acción protectoria fundado en que las autoridades requeridas para informar respondieron "que no están detenidos", cuando su cuerpo mortal revistaba precisamente en la Morgue del Poder Judicial.

Los casos que se tomaron en cuenta para sustentar la denuncia, remiten a los años 1976-1978.

Luego de la publicación por el Juez interviniente de los nombres de 92 personas (de entre 106 casos analizados, de cuerpos ingresados a la Morgue Judicial por mandamiento de la autoridad militar), se presentaron varios familiares de los nombrados, objetando drásticamente el rótulo de "muerte en enfrentamiento en la vía pública" que lucía en el expediente respectivo.

Así por ejemplo, frente a la aseveración de que José María Salgado (Legajo Nº 3131) fue "muerto en enfrentamiento con Fuerzas Conjuntas" el 3 de junio de 1977, su madre explica lo siguiente: a) El día 12 de marzo de 1977 la víctima fue detenida en la localidad de Lanús, Provincia de Buenos Aires, en los aledaños de su casa, cuando a las 16.30 horas cruzó la calle para comprar un diario, en presencia de su cónyuge embarazada y vecinos; b) Esa misma noche la víctima llamó por teléfono a la casa paterna para informar que estaba arrestado en Superintendencia de Seguridad Federal; más tarde llamó por igual vía una persona que se identificó como "oficial de la Policía Federal" exigiendo la entrega de documentos que habría en la casa paterna, y aunque se desconocía su existencia se prometió su búsqueda; c) Enseguida los padres convocaron a su casa a un policía retirado, de su amistad; cuando volvieron a llamar, atendió directamente él y haciéndose pasar como "el padre" solicitó la identificación de su interlocutor, a lo que se le respondió con indignación que hablaba con el "comisario Serra"; d) Tres días después la casa de la víctima fue saqueada y cargadas sus pertenencias en un camión militar, mientras un grupo de soldados quedaba no menos de un día en dicho inmueble; e) Los reiterados hábeas corpus dieron como resultado el clásico "no se encuentra detenido"; f) En fecha 3 de junio de 1977 (81 días después del secuestro) los diarios difundieron la noticia de que la víctima "había sido abatida en un enfrentamiento en la Ciudad de Buenos Aires"; g) El día 26 de junio de 1977 los padres pudieron identificar el cuerpo de su hijo en la Morgue Judicial, lo que narra la madre en los siguientes términos:

"Fue espantoso, de un chico de 22 años, estudiante de ingeniería y trabajador, robusto (prácticaba remo), bien parecido, quedaba un cuerpo lacerado, salvajemente torturado, con quemaduras en todo el cuerpo, la boca destrozada sin diente alguno, con labios y encías quemados, carecía de los dos ojos y en las muñecas tenía unas impresionantes costras que indicaban el largo tiempo que se lo mantuvo maniatado";

y agrega:

"indirectamente supimos que había sido fusilado el día 2 de junio de 1977 por un 'comisario Serra' en la propia Superintendencia".

Otro ejemplo es el de la desaparición y muerte de Selva del Carmen Mopardo (Legajo N° 7346) y de Alejandra Beatriz Roca (Legajo N° 7322).

Alejandra Beatriz Roca (21 años) y su novio Pablo Jorge Morcillo (24 años) —ambos carentes de militancia alguna política o social— concurrieron a pasar la noche, el 13 de noviembre de 1976, a la vivienda de la madre del joven, sita en la localidad bonaerense de Castelar. Allí también vivía el matrimonio Alfredo Mopardo-María Alicia Morcillo de Mopardo y su bebé de 6 meses.

El mismo día había sido secuestrada de su casa la joven Selva Mopardo, quien seguramente brindó a sus captores la dirección de la casa de su hermano, donde se presentan las fuerzas intervinientes indentificándose como personal militar del 1er. Cuerpo de Ejército y requiriendo, únicamente, la presencia de Alfredo Mopardo; pero al encontrarse con los otros tres jóvenes, también los llevan a ellos, saqueando además todas las pertenencias existentes.

El día 14 de noviembre de 1976, la Comisaría de Castelar levantó el acta-denuncia de los padres de los hermanos Mopardo.

Los hábeas corpus interpuestos a favor de cada uno de los detenidos, tanto ante el Juzgado Federal en lo Penal de San Martín como ante el Juzgado Federal Penal en turno de la Capital, arrojan resultado negativo ante la clásica respuesta de los órganos administrativos y las dependencias militares de que no se procedió a su detención.

Veintitrés días después, el 6 de diciembre de 1976, la policía informa a la familia Roca y a la familia Mopardo, la muerte de Alejandra Beatriz y de Selva del Carmen en un "enfrentamiento" que protagonizaron las fuerzas de seguridad ocurrido dos días antes con quienes ocupaban un automóvil a la altura de la Avda. Figueroa Alcorta y su intersección con Dorrego, de la Capital Federal. Son cuatro los cadáveres, perforados de frente, de atrás y de costado por proyectiles de escopetas Itaka . Dentro del automotor había una carabina 22 y dos revólveres de calibre 22 largo.

Al volante del vehículo aparece el cuerpo de Alejandra Beatriz Roca; sus familiares aseveran que jamás condujo un automóvil y que carecía de las más elementales nociones sobre manejo. Los otros cuerpos pertenecen a Selva del Carmen Mopardo y a dos muchachos absolutamente desconocidos. No llevaban documentos de indentidad ni la menor suma de dinero, y ambas mujeres carecían de corpiño entre sus vestimentas, así como tampoco llevaban las carteras.

La autopsia realizada en la Morgue Judicial, si bien no informa sobre el tiempo de la muerte, remitiéndose sobre el punto a la versión del médico policial, dice que la sangre de Selva Mopardo no puede ser analizada por encontrarse putrefacta; además, de la autopsia practicada al cadáver de uno de los muchachos desconocidos, surge que sus testículos y meninges se encuentran en estado de putrefacción.

No se realizaron otras comprobaciones técnicas que pudieran explicitar una causa diferente de fallecimiento.

Como queda dicho, ninguna de estas muertes, producidas por hechos de violencia, motivó que se ordenara su investigación en el ámbito judicial, a pesar del estado de los cuerpos y su irregular remisión por los efectivos castrenses.

El sumario administrativo

La denuncia que formularon los abogados de la Capital, solicitando la investigación administrativa, determinó que la Corte Suprema de Justicia iniciara por vía de Superintendencia el Expte. N° 1306/82, con el resultado de la clausura del sumario por resolución dictada el 7 de junio de 1983, por cuanto "....no revela irregularidades susceptibles de ser objeto de la potestad disciplinaria del Tribunal".

Sin embargo, no han sido de la misma opinión los nuevos magistrados que han integrado la Corte a partir del advenimiento del Gobierno Constitucional; por Resolución N° 908/84, acaban de disponer la reapertura de las mismas actuaciones por entender que los argumentos en que se fundó el cese de la investigación "...no se ajustan a derecho y tampoco encuentran base suficiente en las constancias del sumario".

El razonamiento que hilvana el alto Tribunal en su nueva composición conforma un sólido bagaje argumental para el debido sustento jurídico de la decisión; pero al propio tiempo revela el inequívoco deseo de inducir la actividad judicial para que se extremen y agoten, de aquí en más, las investigaciones tendientes a aclarar el trágico problema de los desaparecidos.

A. El hábeas corpus

No hubo trámite oficial o extraoficial que los familiares de las personas desaparecidas hayan dejado de realizar. Así, recurrieron a los gobernantes y a las personas más influyentes de la sociedad, cumplieron todas las gestiones administrativas a través de los trámites establecidos por el Ministerio del Interior, rogaron la intervención de las distintas Iglesias y denunciaron su drama ante los organismos nacionales e internacionales de protección de los derechos humanos. Sólo en contadas ocasiones estas gestiones dieron resultado positivo.

Los familiares también apelaron a la Justicia. Recorrieron toda la gama de posibilidades que les permitió el procedimiento legal. En una abrumadora mayoría de casos, hicieron uso de lo más inmediato; interpusieron reiteradamente recursos de hábeas corpus para saber dónde habían sido llevados, quiénes retenían a sus seres queridos.

Fruto de una larga y mucha veces penosa evolución histórica, el hábeas corpus ha llegado a ser la garantía fundamental para proteger la libertad ambulatoria, habiendo sido señalada con razón como el mecanismo jurídico más odiado por el despotismo. Sin él, resulta prácticamente inimaginable una sociedad donde imperen la ley y la libertad.

En nuestro país, siempre se ha entendido que es una de las garantías implícitas de la Constitución Nacional. Consiste en la facultad de peticionar al Juez para que, a través de un procedimiento rápido, de carácter sumario, haga cesar toda orden de un funcionario tendiente a restringir sin derecho la libertad personal; el Magistrado debe averiguar si el beneficiario del hábeas corpus se encuentra detenido, qué funcionario lo mantiene en tal situación, así como la legitimidad de la detención, e incluso cuando el arresto fuera dispuesto por el Poder Ejecutivo en virtud del estado de sitio, la razonabilidad del mismo.

Entre los años 1976 y 1983 fueron presentados millares de recursos de hábeas corpus. No una vez, sino repetidamente en favor de cada desaparecido. Ello habla de la fe puesta por los familiares en la intervención judicial.

Las estadísticas que brindan los registros de la Cámara Criminal y Correccional Federal son por demás elocuentes. Sin contar ninguna reiteración de pedido, la cantidad de presentaciones efectuadas en el período 1976/1979, sólo en ese fuero de la Capital Federal, asciende a 5.487 recursos, contra 1.089 del período 1973/75 y 2.848 del período 1980/83. La misma proporción, aunque sean diferentes los guarismos, se repite en las principales ciudades del interior del país.

Se debe decir que los resultados en ningún caso respondieron a tan grandes expectativas. Ya en el mes de febrero de 1976 se había introducido por decreto una reforma sustancial en el trámite sumario y ágil del recurso; luego la ley 21.312 del 18 de mayo del mismo año lo ratifica, modificando gravemente el artículo 639 del Código de Procedimientos Penal. En su origen esta norma prescribía que, si la sentencia fijaba la libertad de la persona amparada, ella se cumplía indefectiblemente mientras se diligenciaba la apelación ante el tribunal de segundo grado. La reforma vino a estipular en la práctica que si el beneficiario del recurso era individualizado, pero se encontraba arrestado a disposición del Poder Ejecutivo, la sentencia favorable a su libertad no se cumplía de inmediato, en caso que la misma fuera apelada por el Fiscal. Como ello pasó a ocurrir invariablemente, el amparado quedaba privado de su libertad mientras se tramitara la apelación. Así fue que a través de sucesivas apelaciones, la causa llegaba forzosamente a la Corte Suprema Nacional, ordinarizando el juicio, que pasaba a durar varios años con gravísimas consecuencias para quien necesitaba la urgencia del amparo. Para ejemplo de lo cual bastará recordar lo acontecido en el caso de los jóvenes Capitman y Creatore, a los que ya nos hemos referido. Asimismo, casi inexorablemente al llegar a la Corte Suprema, ésta fallaba en contra de la libertad. Las únicas excepciones conocidas en los primeros cinco años del gobierno de facto fueron los casos "Timerman" y "Moya" —aunque, respecto de este último, sin ordenar la libertad incondicionada— así como otros pocos a partir del año 1982, en que la Corte resolvió el confinamiento territorial en una ciudad o la expulsión del territorio nacional. De esa forma, todos los fallos favorables a la libertad —total o limitada— emanados de tribunales inferiores, no podían ejecutarse hasta que en la cúpula del Poder Judicial se resolviese en definitiva*.

No ha de extrañar entonces que desde 1973 en adelante, los jueces no hayan logrado ubicar ni recuperar a uno solo de tantos secuestrados.

Sólo hemos encontrado una respuesta a tan dramática comprobación. El diseño de la técnica empleada para la desaparición forzada y sistemática de personas incluyó la eliminación del recurso de hábeas corpus del repertorio de las garantías constitucionales de nuestro país. De ahí el criterio de orientación gubernamental que surge de las declaraciones que le son atribuidas al general Tomás Sánchez de Bustamante por el diario "La Capital" de Rosario, en su edición del 14 de junio de 1980: "Hay normas y pautas jurídicas que no son de aplicación en este caso. Por ejemplo, el derecho al hábeas corpus. En este tipo de lucha el secreto que debe envolver las operaciones especiales hace que no se deba divulgar a quién se ha capturado y a quién se debe capturar; debe existir una nube de silencio que rodee todo".

Estos conceptos, tan explícitos, tan claros, tornan comprensible que, en la generalidad de los supuestos, cuando un magistrado oficiaba a la autoridad administrativa, policial, militar o penitenciaria, indagando el destino del beneficiario de la acción judicial, se conformara con la escueta fórmula de respuesta que le informaba que no estaba detenido. La misma autoridad

---

* El día 9 de febrero de 1984 el Congreso Nacional dictó la ley Nº 23.050, por la cual se deroga la reforma introducida al texto original del art. 639 del Código Procesal Penal, reconociendo que las apelaciones contra un mandamiento de libertad del Juez del hábeas corpus no suspenden la ejecución de esta medida.

contra quien se interponía el recurso era la que, con su negativa, determinaba la clausura de la investigación.

Sin embargo, esta intencionada retención de información se fue enfrentando cada vez más con las evidencias que día a día aportaban los familiares de las víctimas, tornando más dramático el cuadro de situación. Y aunque no se alterara en lo más mínimo la política gubernamental en la materia, fueron conociéndose los fallos de la Corte, que iluminan hasta qué punto en los hechos se había configurado una generalizada privación de justicia.

En este sentido, el desprecio al imperio judicial fue tan frontal, que se precisó instruir a los jueces para que extremen las investigaciones, adoptando por sí mismos las medidas necesarias para avanzar en el esclarecimiento de los hechos denunciados. A tal fin, la Corte recordó que "el hábeas corpus exige que se agoten los trámites judiciales que razonablemente aconsejen las circunstancias del caso, a fin de hacer eficaz y expedita la finalidad del instituto, que es restituir la libertad en forma inmediata a quien se halla ilegítimamente privado de ella" (Casos: Ollero, Inés; Giorgi, Osvaldo; Machado-Rébori; Zimerman de Herrera; Hidalgo Solá, etc.).

El sesgo que fueron tomando los acontecimientos motivó al gobierno a acuñar otras normas enderezadas a restringuir aún más la eficacia de las garantías consagradas para el amparo de la persona. Nos referimos a la reforma del art. 618 del Código de Procedimientos en lo Penal, modificado en su redacción clásica por la Ley 22.383 del 28 de enero de 1981.

A partir de esa fecha, se establece como único fuero con competencia para tramitar recursos de hábeas corpus, el Federal en materia penal. De esta manera se impidió acudir a los magistrados ordinarios, justamente en tiempos signados por la frecuente "detención-desaparición" de personas y de arrestos sin proceso judicial incriminatorio. Asimismo, vulnerando la Constitución Nacional en punto a organización federativa de nuestro país, se veda de este modo acudir a los jueces provinciales en el interior del país. Tal situación legal se encuentra inalterada hasta el presente, y significa un óbice a la históricamente reconocida facultad de optar por introducir el recurso de hábeas corpus ante el juzgado de preferencia del presentante.

Frente a ese panorama de generalizado estado de indefensión de las personas, no sólo fue inútil la incitación a investigar que surgía como orientación en algunos fallos de la Corte, sino que también fueron desoladoramente magros los resultados obtenidos de los pocos Jueces que intentaron en desesperado esfuerzo otorgar el amparo jurisdiccional requerido.

Incluso cuando se optó por remitir los casos para la instrucción de procesos ordinarios por privación ilegítima de la libertad, sin que ello trajera aparejado un avance sustancial en la solución del problema, en tanto la gran mayoría de las causas finalizaron con un sobreseimiento provisional, dado que, si bien se tuvo la convicción de estar ante la efectiva comisión de graves delitos, se careció de los medios para su esclarecimiento y de las condiciones mínimas para intentar sancionarlos.

La gravedad institucional que reviste la cuestión, en un grado que no reconoce precedente histórico de similar magnitud, explica que nuestro Alto Tribunal se decidiera a señalar que los Jueces carecían de las condiciones necesarias para poder ejercer su imperio jurisdiccional, considerando que ello importa privación de justicia, por lo cual exhortaba al Poder Ejecutivo Nacional a urgir las medidas necesarias para remediar tal situación en salvaguarda de la libertad individual garantizada por la Constitución Nacional (caso "Pérez de Smith y otros" en varias presentaciones).

Sin dejar de reconocer que la responsabilidad principal de lo que estuvo ocurriendo le cabe a los organismos que ejercieron el monopolio de la fuerza estatal, un imperativo de verdad nos mueve a señalar que el Poder Judicial no impulsó con la debida firmeza en todas sus instancias las medidas de excepción que aconsejaban las circunstancias para resolver la pérdida de jurisdicción que debió afrontar. En ningún caso los jueces se constituyeron en los lugares bajo control de los organismos que evacuaban los informes falsos, lo cual les hubiera permitido constatar la mendacidad con que se les respondía respecto de hechos que llegaron a ser públicos y notorios. No se dispusieron medidas especiales de investigación, a pesar de que en un momento dado existía una generalizada conciencia de la extraordinaria magnitud de los casos comprendidos. Y salvo tímidos avances impulsados por algunos en los momentos finales de la tragedia, no sometieron a juicio a quienes por su ubicación funcional en el organigrama represivo debieron necesariamente haber tenido directa participación en las desapariciones que fueron objeto de los procesos.

No es admisible —en realidad no debiera haberlo sido para los Jueces— que tantas familias hayan sido sumidas en una agobiante sensación de impotencia. Al miedo, al dolor, a la tristeza, debieron sumar la frustración de que no había camino legal idóneo para que los derechos fueran amparados. El recurso de hábeas corpus, este simple pero vital procedimiento que llegó a ser considerado el "paladium de las libertades", fue totalmente ineficaz para impedir las desapariciones forzadas.

Como quedó dicho, millares de recursos tuvieron un diligenciamiento inútil, sin mérito alguno para el hallazgo y liberación de la víctima privada ilegalmente de su libertad. En realidad, debería decirse que el hábeas corpus careció en absoluto de vigencia conforme su finalidad, ya que la formalidad de su implementación funcionó en la práctica como la contracara de la desaparición.

De ninguna manera se puede colegir de lo que venimos exponiendo, que el fracaso sea del hábeas corpus como garantía de la libertad; su frustración ha sido un propósito deliberado del ejercicio perverso del poder por un gobierno que instruyó a sus funcionarios para marginarse de las normas que regulan su aplicación. Ejemplo de lo cual son la mayoría de los casos que se mencionan en el presente Informe, así como los que se transcriben a continuación:

Desaparición del Dr. Santiago Augusto Díaz — Legajo N° 1252

Fue secuestrado por fuerzas de seguridad al salir de su casa, en la ciudad de Santiago del Estero, el día 15 de septiembre de 1976, en presencia de numerosas personas de la vecindad.

Su padre procedió de inmediato a efectuar todas las gestiones pertinentes ante las autoridades; entre ellas el entonces Gobernador de la Provincia, vinculado a su familia, sin obtener noticias del paradero de su hijo. No obstante estas gestiones y las denuncias efectuadas —incluso ante el Jefe de Policía— recién el 28 de septiembre se inicia el sumario.

Por un ex funcionario policial toma conocimiento que su hijo estuvo detenido los primeros días de su desaparición, en el subsuelo del Servicio de Informaciones Policiales, sito en la ciudad de Santiago del Estero.

Los recursos de hábeas corpus interpuestos ante la Justicia Ordinaria y Federal de Santiago del Estero dieron resultado negativo. Asimismo, se efectuaron gestiones ante el Ministerio del Interior que dieron motivo al expediente N° 212.524/76 el que, según se informó a esta Comisión, fue destruido en el mes de agosto de 1982, sin que se diera razón sobre el motivo.

Dos testigos aseguran haber visto al Dr. Díaz en el centro clandestino de detención llamado "La Escuelita" de Famaillá —Provincia de Tucumán—. En este sentido, son concordantes los dichos vertidos por el ex policía Juan Carlos Ortiz, cuando declara:

> "A fines de 1976 o principios de 1977, cumpliendo tareas en la denominada 'Escuelita', escuchó hablar a alguno de los detenidos y por el acento dedujo que era santiagueño, por lo que se acercó a requerirle algunos datos y entonces se enteró que se trataba de Santiago Díaz..." (Legajo N° 1252);

y los dichos de la detenida liberada, Dra. Teresita H. de Martínez, en cuyo testimonio consta lo siguiente:

> "Con motivo de haber estado detenida ilegalmente en el centro de detención llamado 'La Escuelita', sito en la Provincia de Tucumán, en diciembre de 1976, tuve oportunidad de ver a Santiago Díaz, de Santiago del Estero (igual que la declarante), ya que por la noche, cuando quedaba la custodia de Gendarmería, nos permitían sacarnos las vendas de los ojos, y conversar entre nosotros. Estuve con Santiago Díaz alrededor de una semana". (Legajo N° 1127).

Secuestrado a la edad de 21 años. Su madre expresa:

> "Tengo la profunda convicción de que mi hijo jamás incurrió en inconducta alguna, que nunca tuvo vinculación con grupos subversivos, ni siquiera políticos. Se dedicaba exclusivamente a su trabajo y al hobby del dibujo, para el que estaba especialmente dotado. Sólo un error, una venganza o algún otro motivo turbio puede haber sido la causa de su detención. Unas semanas antes había sido nombrado Secretario de Cultura del Club de Bancarios".

El 22 de septiembre de 1976, en horas de trabajo, se presentó en el Banco de Mendoza, sito en San Martín 473 de la Capital Federal, un grupo que dijo ser comando de "fuerzas conjuntas", como tal se identificó ante el agente de custodia y el Gerente de la Sucursal, diciendo que llevarían a Jorge Daniel Collado "en averiguación de antecedentes", asentándose el episodio en acta interna de la Institución.

Pocos días después, el Gerente es citado al Comando N° 1 con la carpeta de personal, para obtener informes sobre la víctima, al propio tiempo que otro grupo armado retira del domicilio de la víctima todas sus pertenencias en presencia de testigos.

Las gestiones ante personas y entidades públicas y privadas no arrojan ningún resultado positivo. Por versiones de gente vinculada supuestamente a organismos de seguridad, se sabe que en los primeros quince días de su detención estuvo en Campo de Mayo.

El 10 de diciembre de 1976, se interpone recurso de hábeas corpus, el cual es rechazado; sin perjuicio de ello, "pudiendo constituir un delito de acción pública la actividad desplegada por el grupo armado que privó de la libertad a Jorge Daniel Collado", se dispone la remisión de los antecedentes al Juzgado de Instrucción N° 15, Secretaría N° 146.

Hasta el presente no se determinó el paradero del desaparecido, ni a los autores del delito.

Como queda dicho, los ejemplos podrían multiplicarse por millares confirmando el desamparo judicial reinante en aquella época. De las declaraciones rendidas por centenares de personas que fueron liberadas de los denominados "Lugares de Reunión de Detenidos", se conoce de la presencia en ellos de muchos desaparecidos respecto de los cuales los hábeas corpus interpuestos a su favor se rechazaron en razón de las respuestas que negaban su detención. Como anexo de este Informe se acompaña la lista de tales personas.

En cuanto a los recursos que fueron presentados ante los Juzgados en lo Criminal de Instrucción de la Capital Federal, esta situación ha sido fehacientemente comprobada mediante la compulsa realizada en las listas respectivas que nos fueran remitidas por la Suprema Corte de Justicia de la Nación. Confrontadas con los testimonios obrantes en esta Comisión, se constata que más de mil quinientos desaparecidos fueron vistos en estos centros clandestinos al tiempo que resultaba inoperante la acción judicial promovida para determinar su paradero.

Paradójicamente, a tenor de las miles de respuestas negativas recibidas en el ámbito judicial, se podría decir que —en el clima de sospecha generalizada de subversión que se difundió sobre toda la población durante el gobierno del Proceso— los únicos ciudadanos que tuvieron acreditada su buena conducta son aquellos respecto de los cuales todos los organismos que integraron las Fuerzas Conjuntas manifestaron que carecían de interés en su detención.

Obviamente, tal hipótesis sólo es válida para ilustrar por reducción al absurdo la descontrolada arbitrariedad que presidió la política de las desapariciones masivas. Política que, con el remanido pretexto de garantizar la seguridad nacional, destruyó las bases de sustento de la convivencia civilizada en el país, pretendiéndose que era el único camino viable para restaurar el orden público.

"Este procedimiento es cruel e inhumano. Como la experiencia lo demuestra, la 'desaparición' no sólo constituye una privación arbitraria de la libertad, sino también, un gravísimo peligro para la integridad personal, la seguridad y la vida misma de la víctima. Es, por otra parte, una verdadera incertidumbre en que se encuentran sobre su suerte, y por la imposibilidad en que se hallan de darle asistencia legal, moral y material". (Informe sobre la Situación de los Derechos Humanos en Argentina — Comisión Interamericana de Derechos Humanos de la O.E.A., pág. 59).

Adquieren plena actualidad en este sentido, las palabras pronunciadas en la O.E.A. el 6 de octubre de 1979 por Su Santidad Juan Pablo II, cuando dijo: "Si ciertas ideologías y ciertas formas de interpretar la legítima preocupación por la seguridad nacional dieran como resultado el subyugar al Estado, al hombre y sus derechos y dignidad, ellas cesarían en la misma medida de ser humanas, y sería imposible compaginarlas con un contenido cristiano sin una gran decepción".

B. Detenidos a disposición del Poder Ejecutivo Nacional

Creemos de interés referirnos a quienes fueron puestos a disposición del Poder Ejecutivo Nacional en virtud de las facultades que dimanan del estado de sitio. Si bien no se trata en todos los casos de personas que hoy se encuentran desaparecidas, lo que les ocurrió forma parte de una concepción metodológica de la represión, que consistió en castigar indiscriminadamente y sin medida a amplios sectores de la población en base a la mera presunción de su disidencia con los gobernantes.

No es propio hablar de las facultades de un gobierno usurpador, precisamente en relación con un instituto como el estado de sitio que fue concebido como un recurso de excepción para protección y respaldo del estado de derecho; y para otorgar, en cambio, visos de legalidad a la persecución política desatada por una dictadura que arrasó con nuestras instituciones republicanas.

Pensamos que ello debió haber sido tenido en cuenta por el Poder Judicial de la Nación, para determinarlo a ejercer con mayor celo el control respecto de la razonabilidad de las órdenes de detención, para poner límites a la duración de tales detenciones, así como para sustentar la debida oposición a las decisiones gubernamentales que tornaron ilusorio el ejercicio del derecho que la norma constitucional otorga al detenido para que pueda optar salir del país.

En definitiva, así como se comprende y admite, tanto en la legislación como en la doctrina jurídica nacional, la necesidad en situaciones excepcionales, de suspender el ejercicio de las garantías individuales, también es innegable que hay ciertos derechos fundamentales que jamás pueden ser dejados de lado, como es el caso de la institución del debido proceso para la aplicación de sanciones penales y el derecho a salir del país como opción del afectado.

La realidad, en cambio, no ha podido ser más deplorable. El ejercicio de esta facultad en el período 1976/83 evidenció un incremento considerable de las detenciones, que se fueron prolongando por lapsos tales que llegaron a configurar una situación similar a la aplicación de severas condenas, sin formulación de cargos ni juicio previo.

A partir del 24 de marzo de 1976 el número de detenidos puestos a disposición del Poder Ejecutivo Nacional fue de 5182, elevándose de esta forma a 8625 la cantidad de personas que sufrieron arresto por largos años con esta causal, durante la vigencia del último estado de sitio. En sólo nueve meses de 1976 se detuvieron 3485 personas; y en 1977 otras 1264 más.

Su distribución por cantidad de años en que fueron privados de su libertad da los siguientes guarismos:

— 4029 personas detenidas menos de 1 año.
— 2296 personas detenidas de 1 a 3 años.
— 1172 personas detenidas de 3 a 5 años.
— 668 personas detenidas de 5 a 7 años.
— 431 personas detenidas de 7 a 9 años.

Con la agravante de que muchos detenidos pasaron a revistar en la categoría de desaparecidos una vez que el Poder Ejecutivo emitía el decreto que disponía su libertad. Esta Comisión Nacional ha registrado los casos de 157 personas en esta situación. Incluso se conocen 20 casos de otras tantas personas que, estando presas a disposición del Poder Ejecutivo Nacional y paralelamente procesadas en sede judicial, desaparecieron luego que fueron puestas en libertad por orden de los jueces.

Es sugestivo que a los familiares no se les informara con anticipación la inminencia de la respectiva libertad. Y más aún, que la libertad del detenido fuera efectivizada generalmente a altas horas de la noche, o que nunca coincidiera con la presencia de sus parientes en la puerta del establecimiento carcelario en cuestión. Es obvio que tal proceder respalda la grave presunción de que en muchos de estos casos se tramaron secuestros por el simulacro de la previa puesta en libertad del detenido. Incluso se da el caso de una orden de libertad en que los padres se turnaron durante 60 hs. en la dependencia donde estaba detenida su hija, al cabo de cuyo lapso se les informó que acababa de salir por otra puerta, sin que hasta la fecha se conozca su paradero.

Algunos ejemplos de este tipo de denuncias son los siguientes:

Desaparición de Guillermo Oscar Segalli — Legajo N° 2456

"Mi hijo fue detenido en la calle, en la madrugada del día 10 al 11 de agosto de 1976, cuando junto con su novia, María del Socorro Alonso, realizaban una pintada en la pared alusiva a una comisión de solidaridad con presos políticos. Mi hijo nunca estuvo afiliado a ningún partido. Después de 10 días de intensa búsqueda pudimos ubicar a nuestro hijo en el Departamento Central de la Policía Federal y a la Srta. Alonso, el 1° de septiembre de 1976, cuando ambos son trasladados a la Unidad N° 2 de Villa Devoto y puestos a disposición del Poder Ejecutivo Nacional en virtud del Decreto N° 1843/76. En esa Unidad permanece la Srta. Alonso, mientras que mi hijo es trasladado a la Unidad 9 de La Plata, Pcia. de Buenos Aires, en los primeros días del mes de octubre del mismo año. Comienzo a tramitar la opción para su salida del país, ya que parece ser la única manera de salir de la cárcel. El día 11 de noviembre de 1976 se efectiviza la libertad en forma 'vigilada' de la novia de mi hijo, lo que nos evidencia que los motivos de la detención de ambos no han sido lo suficientemente graves y comenzamos a esperar la libertad de nuestro hijo con renovada fe, junto a ella que nos visita diariamente a la espera de noticias. El día 28 de enero de 1978 todos los diarios publicaron el nombre de mi hijo en una lista de personas que dejaban de estar arrestadas. Habían transcurrido 17 meses desde el momento de su detención, siempre sin causa federal pendiente. Viajamos inmediatamente al Penal para informarnos sobre el día y la hora de su liberación. La contestación que nos dan es: 'el Penal todavía no tiene noticias'. Debemos esperar que el mismo la reciba. La misma contestación la recibimos los días siguientes, incluso el 1º de febrero de 1978 cuando lo visitamos, como lo hacíamos reglamentariamente una vez por semana, encontrándolo en esa oportunidad feliz y esperanzado por la buena nueva; como lo estábamos nosotros".

(....)

"Sorpresivamente, dos días más tarde nos enteramos que nuestro hijo ya no estaba en el Penal. Varios funcionarios nos informaron en forma por demás confusa y contradictoria que a la medianoche del día 2 de febrero de 1978 'había sido liberado junto con otros internos', que obtuvieron su libertad al mismo tiempo que él, de nombres: Miguel Alejandro Domínguez, Gonzalo Abel Carranza y un tercero de apellido Gallardo, ninguno de los cuales ha vuelto a aparecer hasta el momento. Versiones oficiosas, recogidas en las inmediaciones del Penal, de personas temerosas de dar sus nombres, manifiestan que esa noche varios internos, entre quienes se encontraba nuestro hijo, fueron introducidos en un vehículo por la fuerza. Hubo pedido de auxilio, el vehículo en cuestión estaba en el área de seguridad del Penal, ya que los gritos fueron oídos desde el mismo. En el primer momento de nuestras averiguaciones en el Penal, en los libros de entrada y salida del mismo no pudo ser encontrada la firma probatoria de la libertad de mi hijo. El señor Subdirector del Penal nos manifestó que los internos puestos en libertad, habían sido acompañados las tres cuadras que median entre el mismo y la calle Nº 7, por agentes del Servicio Penitenciario Provincial. Los agentes del Servicio Penitenciario Provincial que habían intervenido en la presunta libertad de mi hijo manifiestan en sus declaraciones, en la causa Nº 42.817, Juzgado Penal de la Ciudad de La Plata (Pcia. de Buenos Aires), Juez Dr. Horacio Piombo, Secretaría Nº 15, archivada bajo el Nº 953, que las personas que esa noche fueron liberadas, lo fueron de las puertas del Penal. El Penal posee potentes focos que alumbran perfectamente las adyacencias del mismo. Los guardias de las pasarelas del Penal pueden visualizar desde el mismo 10 cuadras a la redonda, pero a pesar de todo esto, inútiles han sido las múltiples e ininterrumpidas diligencias que hemos hecho para obtener alguna información sobre él".

Desaparición de Carlos Ignacio Boncio — Legajo Nº 666

"El día 25 de marzo de 1976, siendo las 9.45 hs., personal uniformado de las fuerzas de seguridad procedió a allanar las dependencias de Astilleros Mestrina S.A., sito en la intersección de las calles Chubut y Río Luján de la localidad de Tigre (Bs. As.) —lugar donde mi hijo desempeñaba sus tareas— y lo detienen en presencia de todos sus compañeros de trabajo. Desde el momento de su detención comenzamos a realizar gestiones para ubicar su paradero y, al poco tiempo, se logró ubicarlo en la Comisaría 1a. de Tigre, donde puedo alcanzarle ropa y alimentos, recibiendo algunas notas de su puño y letra, las cuales obran en mi poder. Luego fue trasladado y se perdió todo contacto con él y hasta la fecha no se tienen noticias de su paradero. Destaco que en dependencias del Ministerio del Interior se informó que 'Carlos Ignacio Boncio fue detenido y se decretó su libertad por disposición del Poder Ejecutivo Nacional por Decreto N° 1615/76 de fecha 5/8/76'. Sin embargo y a pesar de los informes solicitados por el Juez interviniente, esa presunta 'libertad' nunca fue realizada, pues como expresé anteriormente, nunca se ha vuelto a saber nada de él. El hábeas corpus se tramitó por ante el Juzgado Federal N° 3 a cargo del Dr. Guillermo F. Rivarola (Expte. N° 39.930); fue finalmente rechazado y se ordenó remitir fotocopias al Comando en Jefe del Ejército a fin de que se investigue la presunta privación ilegítima de la libertad de mi hijo".

El día 5 de abril de 1977, la Sra. madre del desaparecido Boncio envió una carta al Juzgado donde tramitó el recurso de hábeas corpus, cuyo texto es el siguiente: "Sr. Juez Rivarola. Soy ciudadana argentina, mi nombre es Ana Inés Mancebo de Boncio y me dirijo a Ud. para poner en su conocimiento que mi hijo Carlos Ignacio Boncio, L.E. 8.242.272, no ha recobrado su libertad; a pesar de las respuestas recibidas de mi hábeas corpus, sé positivamente, y por otras personas que a su vez salieron en libertad de Campo de Mayo, que mi hijo permanece aún allí y por lo tanto le ruego quiera usted poner su buena voluntad en averiguar el motivo por el cual no se le dejó libre, teniendo su libertad firmada. Quedando desde ya muy agradecida, saluda a usted muy atentamente. Ana I. M. de Boncio".

Ante un pedido de informe remitido por esta Comisión al Ministerio del Interior sobre el caso, éste contestó con fecha 21 de marzo de 1984: "...no pudiendo este Departamento de Estado informar concretamente qué Dependencia y menos aún el funcionario que efectivizó la libertad de Carlos Ignacio Boncio, dispuesta por el Decreto N° 1615/76, al no constarle por las razones antes aludidas, pero presuntamente debe admitirse que quien la efectuó fue la Fuerza Ejército en atención a las constancias registradas en la ficha de movimiento como alojado en Comando II MM. Lo expuesto son los únicos registros que se poseen en razón que de acuerdo a lo dispuesto por el Decreto N° 2726/83 se dieron de baja las constancias de antecedentes relativos a la detención de las personas anotadas a disposición del P.E.N."

La denuncia de estos hechos fue elevada a la Justicia el día 24 de agosto de 1984, quedando radicada en el Juzgado Federal N° 2 de la Capital Federal.

Denuncia por la desaparición del Dr. Dardo Francisco Molina — Legajo N° 6171

El Dr. Molina fue Presidente del H. Senado de Tucumán y Vicegobernador de esta provincia.

El 7 de diciembre de 1976, se dictó el Decreto N° 3197 por el cual se

lo puso a disposición del Poder Ejecutivo Nacional; pero, según nota N°
443/78 del Ministerio del Interior, nunca fue detenido.

Sin embargo, su esposa informa que el 17 de diciembre de 1976, diez
días después de firmado el decreto que ordena su detención, fue secuestrado por fuerzas de seguridad en su estudio jurídico, y llevado con su propio
automóvil.

El mismo día se presentaron recursos de hábeas corpus ante la Justicia
Provincial y Federal, siendo ambos rechazados porque de los informes recibidos surge que no se encuentra detenido. Es más, sin que medie ninguna
explicación que justifique el cambio de la decisión anterior, el día 24 de diciembre de 1977 se dicta el Decreto N° 3723, por el cual se deja sin efecto
la orden de su detención.

Los trámites, tanto administrativos como judiciales, realizados para establecer el paradero del Dr. Dardo Francisco Molina hasta el presente no
han resultado positivo.

A partir de estos hechos, resulta por demás interpretable que por
Decreto N° 2726 del 22 de octubre de 1983, el gobierno de facto haya ordenado la destrucción de todos los legajos atinentes a arrestados por el estado de sitio. Esta precipitada incineración de elementos que pudieran esclarecer muchas desapariciones, respondió al exclusivo propósito de dificultar
en extremo las investigaciones correspondientes.

De cualquier forma, tomando en consideración que la destrucción ordenada por el citado decreto no ha abarcado (se supone que aleatoriamente)
a los ficheros denominados de "movimientos de detenidos" (traslados,
etc.), estamos en condiciones de alertar sobre un ingrediente que suscita
vehemente interés: los decretos de arresto a disposición del Poder Ejecutivo Nacional tenían en un número significativo fechas posteriores al real
momento de la detención de la persona; vale decir que el hecho de la privación de la libertad precedía, a veces considerablemente, a la data del respectivo decreto, consumándose en consecuencia, allí, el primer acto de abusiva
discrecionalidad, vulnerándose manifiestamente la propia legalidad creada
por el gobierno militar. Esta Comisión Nacional ha registrado los casos de
175 personas que sufrieron esta situación.

Ejemplos de ello los tenemos en los siguientes casos:

Testimonio de Alcides Antonio Chiesa — Legajo N° 634

> "Fui trasladado, al ser secuestrado el 15 de octubre de 1977, a la Brigada de In-
> vestigaciones de Quilmes".
> (. . . .)
> "...el día 3 de mayo de 1978 me llevaron a la Comisaría de Villa Echenagucía".

(..)
"Por Decreto Nº 1613 del 18 de julio de 1978 fui puesto a disposición del Poder
Ejecutivo Nacional".

El Sr. Jefe de Policía de la Provincia de Buenos Aires informó a esta
Comisión, con fecha 18 de abril de 1984, lo siguiente: "No se ha podido establecer que existan constancias de que Alcides Antonio Chiesa haya sido
alojado en alguna oportunidad en la Comisaría de Quilmes, Sección 2da.
(Bernal); sí en cambio en la Subcomisaría de Villa Echenagucía, ya que
consta en el Libro de Entrada y Salida de Detenidos, al Folio 34, Orden
Nº 17, el ingreso de Alcides Antonio Chiesa, con fecha 16-06-78 *procedente
del Area Militar 112* y su remisión el 6-10-78 al Instituto de Detención
(Unidad 2) de la Capital Federal, a disposición del Poder Ejecutivo Nacional".

El Sr. Alcides Antonio Chiesa fue visto en la Brigada de Investigaciones de Quilmes ("Pozo de Quilmes") por Alberto Felipe Maly (Legajo
Nº 836) y Alberto Derman (Legajo Nº 4185).

La denuncia sobre la privación ilegítima de la libertad y torturas de
que fue objeto, se presentó a la Justicia, quedando radicada en el Juzgado
en lo Penal Nº 1 de La Plata.

Testimonio de Rubén Víctor Saposnik — Legajo Nº 1906

"Después de permanecer mis padres en situación de desaparecidos por el lapso de
un mes, fui detenido por un individuo armado, que se identificó como Cabo 1º
del Regimiento VII de La Plata. La detención se produce en la vía pública el día
14 de julio de 1976, a las 14 horas. Inmediatamente me conduce al propio Regimiento VII".
(..)
"...luego me introdujeron en la caja de un vehículo".
(..)
"...me condujeron a un lugar donde nos estaban esperando otras personas,
quienes inmediatamente comenzaron a interrogarme y torturarme con picana
eléctrica".
(..)
"Permanezco allí hasta el 29 de agosto de 1976, fecha en que soy trasladado en un
vehículo del Ejército (junto a otros detenidos) a la Comisaría 3ª de Lanús Oeste,
Pcia. de Buenos Aires".
(..)
"Por Decreto Nº 2705 del 30 de octubre de 1976 (cuya fotocopia adjunto) fui no-
tificado que me hallaba a disposición del Poder Ejecutivo Nacional. Durante mi
detención ilegal me enteré, por otros detenidos, de que ese centro clandestino de
detención se llamaba Pozo de Arana".
(..)
"A fines de enero de 1977 fui trasladado a la Unidad 9 de La Plata. Me ponen en
libertad el 18 de julio de 1980".

El Sr. Rubén V. Saposnik estuvo ilegalmente detenido sufriendo todo tipo de vejámenes, desde el 14 de julio hasta el 30 de octubre de 1976. Luego continuó preso casi cuatro años más, a disposición del Poder Ejecutivo Nacional, sin que se conozca la causal que otorgue razonabilidad a tan largo tiempo de privación de su libertad.

La denuncia sobre su detención ilegal y las torturas de que fue objeto fue elevada a la Justicia, quedando radicada en el Juzgado N° 1 de La Plata.

Testimonio de Gustavo Caraballo — Legajo N° 4206

"El 1° de abril de 1977 fui secuestrado de mi domicilio en horas de la noche por cuatro o cinco personas armadas, vestidas de civil, alegando pertenecer al Ejército. Me introdujeron en un Falcon; buscan a otras dos personas más —Mariano Montemayor, periodista y Horacio Rodríguez Larreta—. Luego al llegar a Plaza de Mayo somos encapuchados y el auto transita hacia la zona sur, un viaje de mediana duración, de 30 a 40 minutos, llegando a un lugar, siempre encapuchado..."

(. . . .)

"Al segundo día de estar, llega el Gral. Camps y fui llevado a su presencia sin capucha".

(. . . .)

"Seguidamente fui conducido a una dependencia de la misma planta, donde se me ordena desvestirme y entregar un anillo; echándome agua, me atan las extremidades en una camilla de borde metálico, mientras me interrogan aplicándome corriente eléctrica por todo el cuerpo durante una hora y media. Uno de los torturadores tenía la misma voz del encargado del lugar a quien llamaban Darío. Otro responsable del lugar era de apellido Cosani o Cossani, habiéndome enterado, posteriormente, que fue condecorado por Camps. Siete días después me trasladaron en una pick up con otras 10 personas a un lugar cercano, no más de diez o quince minutos de viaje. Aquí había dos o tres plantas".

(. . . .)

"En el 3° piso estaban detenidas las mujeres; una de ellas dio a luz en esos días".

(. . . .)

"Aquí permanecí 8 días y fui trasladado a la comisaría de Bánfield, no más de 5 minutos de viaje. Se oficializa mi detención y quedo a disposición del P.E.N.".

Lamentablemente, ello sucedía como parte de una situación global de desprecio por los derechos individuales que en modo alguno era enfrentada con decisión por el Poder Judicial, que sólo por excepción argüía, y tímidamente, su deber de meritar la proporcionalidad de la orden de arresto en relación a los fines tenidos en cuenta al dictarse el estado de sitio, así como la duración y modalidades de la detención en orden a impedir la aplicación de penas o condenas sin juicio previo. La realidad revela que durante 1976/83 solamente en un caso se obtuvo por decisión judicial la libertad de una persona arrestada a disposición del Poder Ejecutivo Nacional.

El derecho de opción para salir del país desapareció como tal. Por Acta Institucional del 24 de marzo de 1976 se suspendió su vigencia, resolviéndose por Ley 21.275 del 29 de marzo de 1976 dejar sin efecto toda solicitud en tal sentido, cualquiera sea la etapa en que se encontrara su trámite. Resolución que fue avalada por la doctrina de la Corte Suprema en el caso "Ercoli", según la cual, al limitarse temporalmente la suspensión del ejercicio del derecho de opción, la medida dejaba de ser arbitraria e irrazonable.

Una idea aproximada del temperamento que adoptó el Poder Judicial de facto en este punto puede extraerse del caso del médico Alfredo Felipe Otalora de la Serna, que fuera arrestado el 19 de noviembre de 1975 y puesto a disposición del Presidente de la Nación por la vigencia del estado de sitio; oportunamente, planteó su opción constitucional de abandonar el territorio argentino para liberarse de la prisión. Ante la excesiva demora en resolver su situación, presentó una demanda judicial de hábeas corpus, logrando que el entonces Juez Federal Dr. Eugenio R. Zaffaroni, dictara sentencia favorable que imponía al Presidente la obligación de permitir su viaje al exterior.

Enseguida del fallo del magistrado, se dicta la referida ley que suspende el derecho en cuestión. Podría estimarse que tal norma no habría de aplicarse retroactivamente a quien ya tenía resuelta por un magistrado la salida del país. Sin embargo, el Juez Federal Dr. Rafael Sarmiento no hizo lugar al cumplimiento de aquella sentencia, con los siguientes argumentos: el fallo en análisis carece ahora del valor de la cosa juzgada por cuanto el art. 23 de la Constitución Nacional —que reconoce el derecho de opción— fue sustituido como norma operativa por el Art. 1° de la Ley 21.275 que suspendió ese derecho, ley que emana de la Junta Militar en ejercicio del poder constituyente, situación institucional y doctrinal pacíficamente reconocida por la Corte Suprema.

Finalmente, el mismo Juez hace saber al Poder Ejecutivo que deberá disponer lo necesario para que se legisle la regulación del derecho de opción para salir del país ("La Nación", 30-V-76).

Lo cual no se hizo esperar, estableciéndose un procedimiento que comenzaba por impedir la presentación de la respectiva solicitud antes de los 90 días de la fecha en que se dispuso el arresto, contando el Poder Ejecutivo con 120 días para resolverla y, si fuera denegada por éste, no podría reiterarse el pedido sino hasta después de transcurridos 6 meses de aquel rechazo. Un verdadero "vía crucis" para quien, sin ninguna imputación justiciable en su contra, sufría mientras tanto severísimas condiciones de encierro, un trato vejatorio permanente y la angustia de no saber si en un imprevisto traslado sería muerto por aplicación de la "ley de fuga", o si su eventual puesta en libertad no sería utilizada como cobertura de su desaparición definitiva.

Como se ve, el Gobierno Militar no dejó área sin arrasar en materia de derecho individual y los magistrados designados por el "facto" dejaron hacer.

Recién en mayo de 1981 la Suprema Corte sentó un precedente que significó un atisbo de reacción ante tanto abandono de sus funciones de contralor en esta materia.

En el caso "Benito Moya", ante una nueva negativa del Poder Ejecutivo a concederle permiso para salir del país, decidió otorgarle un plazo de 15 días para elegir entre autorizar el viaje del recurrente o transformar su detención en el régimen atenuado de "libertad vigilada".

Moya tenía 19 años cuando fue detenido en 1975. Permaneció detenido a disposición del Poder Ejecutivo Nacional y sólo cuatro años después fue procesado, acusado de pertenecer a una organización subversiva. La causa en su contra fue desestimada por falta de pruebas pero no fue puesto en libertad. Las repetidas presentaciones que realizó para acogerse al derecho de opción fueron rechazadas. El 9 de junio de 1981, cumplimentando lo resuelto por la Corte, el Poder Ejecutivo dispuso el cambio de las condiciones de su arresto, según el llamado régimen de "libertad vigilada".

La detención de personas por tiempo indefinido, sin formulación de cargos precisos, sin proceso, sin defensor y sin medios efectivos de defensa, constituye sin duda una violación del derecho a la libertad y al debido proceso legal. Esto es mucho más grave si se tiene en cuenta que los detenidos han sido juzgados y sobreseídos por la propia justicia civil o militar y, sin embargo, siguieron presos a disposición del Poder Ejecutivo Nacional. Cuando la detención va más allá del tiempo necesario para reunir los antecedentes a fin de someter a juicio al detenido, el sustento de la medida sólo radica en la más cruda arbitrariedad. Por lo que hemos visto, ello fue algo común y cotidiano durante el gobierno de la Junta Militar.

C. La desaparición de abogados

Es indudable que un pilar fundamental del sistema constitucional de derechos y garantías individuales lo constituye la prescripción que reconoce a todos los habitantes de la Nación la inviolabilidad de "la defensa en juicio de la persona y de los derechos" (Art. 18 C.N.). De nada vale la más perfecta atribución de libertades, ni el más exhaustivo catálogo de derechos, si no se garantiza el eficaz ejercicio de su defensa cuando son vulnerados.

En ello cumple un papel indelegable la presencia del abogado defensor, el "abogado de confianza" de la jurisprudencia tradicional, cuya función esencial en la administración de justicia ha sido reconocida por la ley argentina al asimilarlo a los magistrados en cuanto al respeto y consideración que debe guardársele. Sin su patrocinio o representación, sin su asistencia técnica, el particular damnificado por los abusos del poder sufre un gravísimo detrimento en la obtención de protección jurídica.

Ello es lo que sucedió. Como si fuera un resorte más de la maquinaria que ejecutó el terrorismo de estado, las más duras represalias cayeron sobre muchos abogados que asumieron la defensa de sus víctimas. Las detenciones arbitrarias, los agravios y malos tratos en los organismos de seguridad, la desaparición y hasta la muerte de los abogados defensores, fueron usos corrientes en los primeros años del régimen militar.

Se comenzó por identificar al defensor con su defendido: todo aquel que patrocinara o simplemente pidiera o preguntara por un presunto subversivo fue sospechado de connivencia con la subversión, y si asumía frontalmente la defensa de un perseguido fue considerado integrante de la asociación ilícita hasta que demostrara lo contrario, ocurriendo que la mayoría de las veces ni tiempo le dieron para ello.

Tan aberrante criterio conduce necesariamente al absurdo de imputar propensiones homicidas al letrado que defienda a un acusado de matar a otro. Lo cual, por vía de su generalización, dejaría tan valiosa función profesional en manos de depravados e inescrupulosos y consecuentemente, al justiciable en total indefensión.

Los hechos señalan que durante los años gobernados por la dictadura militar fue alterado sustancialmente el precepto de la independencia del abogado en el ejercicio de su ministerio. Con las consecuencias que son de imaginar, se lo asoció a las ideas y motivaciones políticas de su defendido, pasando a revestir el carácter de cómplice o encubridor de gravísimos delitos.

En otros casos, se hizo uso del ejercicio absoluto y arbitrario del poder dejado en manos de ocasionales represores, para perseguir a dignos profesionales que no claudicaron en la defensa de los intereses que les fueron confiados por sus clientes, cuando no se castigó en base a falsas imputaciones a quienes fueron consecuentes en la defensa simplemente de los derechos laborales.

Los resultados están a la vista. Organizaciones gremiales de abogados estiman que se han sufrido 23 asesinatos de sus colegas por motivos políticos, a partir de 1975. Paralelamente a esta traumática situación, fueron secuestrados, con desaparición permanente y sin conocerse su suerte hasta hoy, no menos de 109 abogados, debiendo señalarse que el 90 % de estas "desapariciones" se consumaron entre los meses de marzo y diciembre del año 1976. Más de un centenar de abogados fueron llevados a prisión —la mayoría sin proceso judicial alguno— y un número mucho más elevado y difícil de precisar buscó salvar la libertad, y quizás su misma vida, en el exilio en el extranjero.

Los casos siguientes ilustran, aunque más no sea en forma parcial, lo que se viene exponiendo:

Testimonio de la Dra. Liliana María Andrés sobre su secuestro y desaparición de su esposo el Dr. Daniel Víctor Antokoletz — Legajo N° 1386

"El 10 de noviembre de 1976 a las 8.30, seis hombres de civil fuertemente armados que se identifican como pertenecientes a 'Fuerzas de Seguridad', irrumpen violentamente en nuestro domicilio conyugal. Nos obligan a arrojarnos al suelo, golpean a mi marido y nos esposan con las manos a la espalda. Durante más de una hora revisan detalladamente el apartamento, del cual luego se llevarán documentos personales, escritos y material correspondiente a nuestras tareas profesionales, gran cantidad de libros, fotos familiares, etc."

(. . . .)

"Al llegar a destino, luego de bajar dos subsuelos, fuimos separados y sometidos a interrogatorios. Durante el primero, breve, sentí constantemente los gritos de dolor de una muchacha que a mi lado era torturada brutalmente con picana y golpes. Todo cesó de pronto; escuché nítidamente: 'Che, se nos fue la mano con la rubia'. Durante el interrogatorio afirmaron estar convencidos de que yo no tenía relación con el problema y que probablemente saliera libre o pasara a disposición del Poder Ejecutivo Nacional. Tampoco dudaban que mi marido perteneciera a ninguna organización armada, pero para ellos era peligroso en cuanto entendían que cumplía un rol de ideólogo de la subversión, por su calidad de abogado defensor de presos políticos y de los derechos humanos, siendo reconocido dentro del círculo de abogados a nivel internacional".

(. . . .)

"Insistieron, como otra nota negativa y despectiva, en que era judío, lo cual, al no ser verdad, negué".

(. . . .)

"Opino que el lugar de confinamiento donde mi marido y yo estuvimos como desaparecidos es la Escuela de Mecánica de la Armada, o más precisamente, Escuela de Suboficiales de la Armada (pabellón separado del anterior por una calle interna)".

(. . . .)

"Incesantemente pedí ver a mi marido o saber cómo estaba; en la mañana del sábado 13, uno de los guardias me condujo —con grandes prevenciones— hasta un servicio y me dijo que lo vería, exigiéndome que no contara esto a nadie, pues podría comprometer a dicho guardia muy seriamente. Así fue que otro condujo a mi marido a ese mismo lugar, nos permitieron sacarnos las capuchas y las vendas que teníamos sobre los ojos y vernos durante un lapso de aproximadamente un minuto. Este escaso tiempo alcanzó para que yo pudiera observar que estaba seriamente torturado: caminaba con gran dificultad y le habían aplicado picana en los testículos y encías. Luego me volvieron a llevar a mi lugar y desde ese momento no he vuelto a saber nada de él".

"La madrugada del 17 de noviembre me liberaron".

(. . . .)

"El hecho fue denunciado inmediatamente ante el Comando en Jefe del Ejército, el I Cuerpo de Ejército con asiento en Palermo, la Policía Federal, el Ministerio del Interior, el Vicariato Castrense, el Presidente de la Comisión Permanente de la Asamblea Episcopal Argentina —Monseñor Raúl Primatesta—, Amnesty International, Asamblea Permanente por los Derechos Humanos, Comisión por los Derechos Humanos de la O.E.A., Comisión de Derechos Humanos de las Naciones Unidas y otras entidades y personas diversas, tanto oficiales como extraoficiales, argentinas o extranjeras. Se presentaron cinco recursos de hábeas corpus ante la Justicia ordinaria y federal. Todas estas gestiones —tanto oficiales como extraoficiales— y los recursos judiciales presentados, no han dado hasta el momento absolutamente ningún resultado, al punto de no saber hasta hoy, si mi marido está con vida o no'.

(. . . .)

"Deseo destacar que desde el año 1972 mi marido se dedicaba a la defensa de presos políticos —entre ellos el ex senador uruguayo Enrique R. Erro— y a la lucha por el respeto de los derechos humanos, y que en ningún momento ocultó dichas actividades ni su domicilio".

(. . . .)

"Era docente universitario, abogado, conocido jurista internacionalista, miembro del 'Instituto Americano de Estudios Jurídicos Internacionales' de la Secretaría General de la O.E.A. y miembro fundador titular de la 'Asociación Argentina de Derecho Internacional".

Desaparición del Dr. Guillermo Augusto Miguel — Legajo N° 5392

El 24 de marzo de 1976, el Dr. Miguel se reintegró a su función de Asesor Legal de la Municipalidad de Termas de Río Hondo, cargo en el que fuera designado el año 1971 y que retuviera por licencia a raíz de su elección como Diputado Provincial en el período 1973-1976.

Con motivo de su función debió dictaminar en un expediente administrativo originado en investigaciones practicadas por personal de esa comuna, quienes determinaron que en un "cabaret" de esa ciudad se explotaba a menores de edad, lo que ocasionó la resolución de clausura dictada por el entonces intendente Vagliatti.

A consecuencia de ello recibió en su domicilio sito en Pje. Ramón Carrillo N° 41 de esa ciudad, reiteradas visitas de la propietaria de aquel establecimiento, conocida como "Madame Yola", quien le solicitaba su mediación para obtener el levantamiento de la clausura. Ante su permanente negativa, en su última visita, la nombrada lo amenazó con la acción del

"SIDE de Musa Azar", según sus propias manifestaciones, ya que eran socios en la explotación del local.

Con posterioridad a este hecho, el Intendente Vagliatti le manifestó al Dr. Miguel que estaba recibiendo presiones de "Casa de Gobierno", como adujo sin precisar nombres, para cesantearlo en sus funciones; ante esta circunstancia, el Dr. Miguel solicitó audiencia con el Ministro de Gobierno, quien lo recibió en su despacho el día 22 de noviembre de 1976, manifestándole este funcionario que obraba en su poder información producida por el llamado "SIDE de la provincia" que lo sindicaba como elemento subversivo. Ante ello, el Dr. Miguel solicitó al funcionario ser sometido a la más amplia investigación sobre su vida pública y privada para desestimar tal información; asimismo, le relató los pormenores del episodio de clausura del cabaret, lo que aparentemente satisfizo al Ministro, quien le brindó todas las garantías sobre su seguridad personal y permanencia en el cargo.

Al día siguiente, a las 20.45 horas aproximadamente, mientras conducía su automóvil, fue interceptado por dos vehículos que le bloquearon el paso por atrás y adelante, y obligado a descender de su rodado fue introducido en uno de los automotores de intercepción, que dio marcha atrás y se dirigió en dirección este. Este hecho fue presenciado por algunos vecinos que notificaron de inmediato a su esposa Ana María Tonnelier de Miguel.

Radicada de inmediato la denuncia por la nombrada en la Seccional 3a. de Policía, se constituyó personal de la misma que practicó las diligencias y recabó un testimonio, derivándose posteriormente las actuaciones al Juzgado del Crimen de 3ra. Nominación.

Las actuaciones policiales y judiciales no dieron resultado alguno y comenzó el peregrinar de los padres y esposa ante las autoridades gubernamentales, militares y eclesiásticas en procura de información, recibiendo respuestas negativas.

Sin embargo, el entonces Cnel. Llamas, quien se desempeñaba en el Comando del Ejército con sede en Tucumán, manifestó que el Dr. Miguel se encontraba con vida y que había realizado gestiones para mejorar su estado de prisión. Tiempo después, hizo entrega a Dn. Eduardo Miguel, ex gobernador de la Provincia, padre de Guillermo, de una carta dirigida al Cnel. Ruiz Palacios, quien era el Subsecretario de Asuntos Institucionales del Ministro Harguindeguy.

Entrevistado Ruiz Palacios en Buenos Aires, se mostró muy sorprendido por el contenido de la carta y solicitó una semana de plazo para efectuar averiguaciones, tras la cual, y en una nueva entrevista, manifestó tener "los papeles de su hijo", según su expresión. Mas ésta fue la última noticia, ya que no hubo otros contactos y las negativas se sucedieron en posteriores entrevistas con las autoridades.

En el año 1978, se recibió la visita de una señora quien se presentó como integrante del Departamento de Informaciones Policiales, a cuyo frente se encontraba Musa Azar, y manifestó haber visto al Dr. Guillermo Miguel en la prisión de Punta Indio en ocasión de llevar un contingente de presos, a raíz de la distribución que se estaba efectuando con motivo de la visita de la Comisión de Derechos Humanos de la O.E.A.

Esta persona reveló, asimismo, haber tenido contacto en Punta Indio con el Dr. Miguel, quien le habría solicitado que tranquilice a sus familiares pues su estado era bueno, requiriéndole la remisión de vestimenta. Es así que trajo unas pocas líneas escritas por el detenido, que posteriormente pericias caligráficas dictaminaron como auténticas.

La denuncia de estos hechos fue efectuada por la Sra. madre del Dr. Guillermo A. Miguel, ante la Comisión Provincial de Estudio sobre Violación de los Derechos Humanos de Santiago del Estero, la cual resolvió, luego de instruir el correspondiente sumario, elevar las actuaciones al Sr. Juez de Instrucción en lo Criminal de Tercera Nominación de esa Provincia.

Desaparición del Dr. Abdala Auad — Legajo Nº 1089

El Dr. Auad en el mes de febrero de 1977 se desempeñaba como letrado de los titulares del paquete minoritario del Nuevo Banco de Santiago del Estero. En aquella época denunció una cuantiosa estafa realizada en perjuicio de sus patrocinados, reclamación que se hizo pública mediante sucesivas informaciones por la prensa, hasta la fecha de su secuestro y desaparición, producida el 18 de marzo de 1977.

Ese día salió de su domicilio con destino al Banco de la Provincia de Santiago del Estero, pero no llegó a esa institución ya que en la calle Buenos Aires, a la altura del número 450, fue interceptado por tres individuos que se movilizaban en un automotor.

Sus familiares presentaron de inmediato recurso de hábeas corpus y denunciaron el secuestro ante el Juzgado Federal. Solicitaron también audiencias con altas autoridades gubernamentales, como los generales Videla y Harguindeguy, así como promovieron la intervención de los miembros de la Iglesia y de la Embajada de Siria en nuestro país. Finalmente se dirigieron a diversos organismos defensores de los Derechos Humanos, y expusieron el hecho ante la Organización de las Naciones Unidas. En todos los casos el resultado de las gestiones no condujo a ningún camino positivo.

Con el advenimiento del gobierno constitucional, compareció ante la "Comisión Provincial de Estudio sobre Violación de los Derechos Humanos de Santiago del Estero", el Sr. Roberto Manuel Zamudio, quien declara que el día 3 de junio de 1978 fue secuestrado y conducido a un lugar clandestino de tormento y alojamiento de detenidos —que en 1984 reconoció, con intervención judicial—, donde fue atado a un elástico de cama y sobre el cual lo torturaron. En determinado momento, Zamudio sufrió un ataque grave en el funcionamiento respiratorio, por desprendimiento de gases de un brasero encendido, circunstancia en la cual escuchó que uno de los guardianes manifestaba a otro: "Casi te pasa con él lo que te ocurrió con el Dr. Abdala Auad", lo que lo persuadió de que este último estuvo alojado en ese mismo sitio durante su cautiverio.

La denuncia de estos hechos fue radicada ante el Juez del Crimen de Cuarta Nominación de Santiago del Estero.

Desaparición y muerte del Dr. Norberto Oscar Centeno — Legajo N° 7289

"Mi padre era especialista en Derecho del Trabajo, autor de dos libros sobre la materia, y numeroso material en revistas especializadas. Se desempeñaba como abogado del Sindicato de Choferes, Unión Gastronómica, Unión Obrera Metalúrgica y Asociación Obrera Textil, así como asesor de la C.G.T. regional Mar del Plata y Capital Federal. El día 7 de julio del año 1977, a la salida del estudio jurídico donde desarrollaba sus tareas mi padre, fue interceptado por un grupo de gente armada. De ello se tiene conocimiento posterior por versión de un testigo presencial. El 11 de julio del año 1977, aparece el cadáver de mi padre, dejándose constancia en el certificado de defunción que su muerte data del día 9 de julio, y dándose como causa del deceso 'shock traumático hemorrágico'. La desaparición de mi padre se produce en forma simultánea con la de otros profesionales, de los cuales uno solo recupera su libertad, el Dr. Carlos Bossi, quien es encontrado en el baúl del automóvil que mi padre conducía el día de su secuestro. En base al testimonio de la Sra. Marta García (Legajo N° 7290), llega a mi conocimiento que, en el momento de ser ella alojada en el centro de detención llamado 'La Cueva', sito en la Base Aérea de Mar del Plata, ubica a mi padre. El mismo había sido objeto de torturas y ella tiene un contacto directo con él, al humedecerle los labios, ya que se quejaba de terribles dolores. Con posterioridad en una segunda sesión de tortura, mi padre fallece, apareciendo su cadáver, tal como he manifestado, el día 11 de julio de 1977".

Entre quienes sufrieron represalias, también los hubo que eran docentes en las materias jurídicas, por lo cual las medidas que contra ellos se adoptaron, afectaron la calidad de la enseñanza del derecho con contenido democrático y republicano, debido al temor que despertó la difusión de los casos padecidos por sus colegas.

Será de inexcusable mención el caso del Dr. Lucio Jorge Rebori (Legajo N° 12), abogado y licenciado en filosofía, profesor adjunto en la cátedra de Introducción al Derecho y titular en la de Filosofía del Derecho. El día

1º de enero de 1977 fue secuestrado pocas horas después que lo fuera su esposa, Celia Sara Machado de Rebori, profesora de Filosofía y escritora, al tiempo que saquearon el departamento; esa misma noche asaltaron su estudio jurídico. De inmediato, su hermano, el ingeniero agrónomo Humberto Antonio Rebori, presentó un recurso de hábeas corpus, por lo cual fue secuestrado el día 2 de febrero de 1977, sin haber reaparecido ninguna de las tres personas hasta el momento actual. Es de destacar que los captores —que se presentaban portando ostensiblemente ametralladoras y escopetas de cañón recortado— buscaban en realidad a la hija del Dr. Rébori de su primer matrimoio, una adolescente que estaba desde seis mesea antes estudiando música en la ciudad de París (Francia). Al no encontrarla, atacaron a la familia por probable "complicidad" con lo que atribuían a la joven.

También los hubo quienes, hasta la víspera de su secuestro y asesinato, habían desempeñado cargos judiciales, cual es el caso de la:

Desaparición y muerte del Dr. Guillermo Raúl Díaz Lestrem — Legajo Nº 2161

El Dr. Díaz Lestrem se ha desempeñado como Secretario de la Justicia Federal en lo Penal de la Capital Federal, pasando a revisar posteriormente como Defensor Oficial en la Justicia en lo Criminal. Mientras ocupaba este último cargo, fue detenido y puesto a disposición del Poder Ejecutivo Nacional, en la madrugada del 30 de marzo de 1976. Gracias a gestiones realizadas por las autoridades de la Asociación de Magistrados del Poder Judicial de la Nación, se logra ubicarlo en la cárcel de Villa Devoto. Posteriormente es trasladado al Penal de Sierra Chica, Provincia de Buenos Aires, siendo brutalmente castigado en el trayecto, de resultas de lo cual sufre una seria afección en un oído. Cinco días después de su arresto, se firma el decreto de su cesantía al cargo que ejercía en el Poder Judicial.

Recuperada su libertad, ejerció intensamente la profesión de abogado en la disciplina de su especialidad, en el estudio del conocido penalista Dr. Ventura Mayoral.

En mayo del año 1978, tomó conocimiento que el portero del edificio, al advertir la presencia de personas en actitud sospechosa les preguntó sobre la extraña conducta que exhibían, a lo que le respondieron "que buscaban a Díaz Lestrem". Paralelamente, éste recibía amenazas telefónicas, por todo lo cual resolvió presentarse espontáneamente ante el Juzgado Federal en lo Penal Nº 3 de esta Capital, suscribiendo un recurso de hábeas corpus preventivo y solicitando ser alojado en la Alcaldía del Palacio de Tribunales mientras se sustanciare la causa. Luego salió en libertad por no existir incriminación alguna en su contra.

En la noche del 20 de octubre de 1978, el Dr. Díaz Lestrem desaparece, produciéndose el hallazgo de su cadáver el día 30 de noviembre de 1978 en la entrada del Club de Gimnasia y Esgrima del barrio de Palermo — Capital Federal.

Recientemente, ante esta Comisión ha expuesto su testimonio la Srta. Nilda Noemí Actis Goretta, quien manifiesta:

> "a) Estuvo ilegalmente detenida en la ESMA durante ocho meses, a partir del día 19 de junio de 1978; b) Vio al abogado Díaz Lestrem en ese lugar a fines de octubre de ese año; c) Un poco más de un mes después, advierte que lo sacan de la Escuela; d) Al día siguiente, lee en los diarios que había sido encontrado sin vida en el barrio de Palermo; e) Incluso vio en la ESMA los tormentos a que se lo sometió". (Legajo N° 6321).

Mientras tanto, se produjo el lógico corolario: la desprotección jurídica para aquellos familiares que precisamente necesitaban denunciar la tragedia de quienes habían sido secuestrados o detenidos. Los tribunales vivieron un tiempo verdaderamente singular en el discurso jurídico; la inmensa mayoría de los familiares debió pergeñar sus propios escritos a ser presentados en los estrados judiciales, sin contar con el debido auxilio profesional, tal era la amenaza que pendía sobre los profesionales del Foro y el temor por lo ocurrido a sus colegas. Nunca se había vivido una circunstancia de tal necesidad de patrocinio jurídico y que, paradójicamente, se experimentara la virtual inexistencia de la asistencia profesional.

D. El Allanamiento de las sedes de los organismos defensores de los derechos humanos

En un momento dado, el peregrinar de los familiares en busca de consejo y amparo los llevó a los organismos de Derechos Humanos, donde se les brindó el asesoramiento que estaba a su alcance. Con la consecuencia de que un Juez Federal ordenó el allanamiento e incautación de toda la documentación existente en las respectivas sedes, preparada para ser entregada a la Comisión Interamericana de Derechos Humanos en oportunidad de su inminente visita a nuestro país.

Ocurrió que los organismos defensores de Derechos Humanos concibieron la redacción de un hábeas corpus típico, con los elementos esenciales incorporados en el texto impreso, con espacios en blanco para llenar oportunamente con los parámetros propios de la situación individual que fuera intentar ampararse.

Una mujer empleada doméstica, Dorita Marzan de Galizzi, cuya hija había desaparecido en 1976, dedujo un recurso de hábeas corpus en el Juzgado en lo Criminal y Correccional Federal N° 2 de la Capital Federal, Secretaría N° 5. En el momento de la audiencia para ratificar la demanda, fue preguntada acerca de cómo es que le constaba, según decía en su escrito, que los aprehensores de su hija "investían 'prima facie' alguna forma de autoridad pública, dado el despliegue operativo que realizaron". Las preguntas del Juzgado giraban alrededor de si la demandante vio o no a hombres de las fuerzas de seguridad actuando en el allanamiento. La mujer sólo sabía lo que los vecinos del inmueble allanado, donde vivía la hija, le manifestaron: que el operativo habíase llevado a cabo con personas que se movilizaban en varios automotores y portaban ostensiblemente las armas. Agregando que una empleada de la Comisión de Familiares de Desaparecidos y Detenidos por Razones Políticas le señaló que llenara el espacio en blanco con el párrafo cuestionado. Esta explicación no satisfizo al Juzgado, sino que a la inversa, dio lugar a una investigación por falso testimonio que derivó en consecuencia jamás prevista por el organismo asistente.

Cabe aclarar que los redactores del hábeas corpus típico e impreso, incluyeron en ese tramo del texto la misma fórmula utilizada en la elaboración de la primera demanda en el caso tan conocido "Pérez de Smith y otros", que se presentara ante la Corte Suprema de la Nación sin que ésta suscitara observaciones o señalizara desproporción en la concepción de la frase. Al contrario, la Corte dictó un pronunciamiento altamente relevante en el caso.

La sede de la Liga Argentina por los Derechos del Hombre, de la Asamblea Permanente por los Derechos Humanos y del Movimiento Ecuménico de Iglesias por los Derechos Humanos fueron allanadas, secuestrándose profuso material —ficheros, formularios de hábeas corpus, listas de "desaparecidos", etc.—. También se detuvo por varias horas para ser interrogada a una colaboradora voluntaria de la Comisión de Familiares, siendo luego dejada en libertad por "falta de méritos para procesarla". En total, se secuestró no menos de dos metros cúbicos de documentación.

Como la mencionada mujer llegó a manifestar que le habían exhortado a hablar "con un tal Dr. Carreño que se ocupa de los desaparecidos", el Secretario del Juzgado se dirigió en dos camiones de grandes dimensiones pertenecientes al Cuerpo de Infantería de la Policía Federal hacia el lugar indicado por la declarante, Avda. de Mayo N° 760. Allí le informaron que posiblemente la persona buscada era el Dr. Edmundo Vargas Carreño, Secretario Ejecutivo de la Comisión Interamericana de Derechos Humanos de la Organización de Estados Americanos, y que esa sede contaba con inmunidad diplomática, a raíz de lo cual se resolvió no llevar adelante el procedimiento de registro del lugar.

Hay que añadir que el Juzgado, en lugar de emitir un juicio de estimación jurídica sobre el frondoso material secuestrado, lo remitió a la Jefatura de la Policía de la Provincia de Buenos Aires, para que este organismo informe "si el material es subversivo o no".

Al respecto vale recorrer el informe producido por la Comisión Interamericana de Derechos Humanos de la O.E.A. ("La situación de los derechos humanos en la Argentina", pág. 289): "a) Es extraño que toda la documentación incautada haya sido enviada a la Jefatura de Policía de Buenos Aires, por cuanto tales elementos debían estar a disposición del Juez; b) Si la denuncia se refería a una de las Entidades, no se entiende la causa por la cual la orden de allanamiento se extendió a los locales ocupados por otras; c) El allanamiento se verificó no sólo respecto a los formularios impresos para los recursos de hábeas corpus, sino también comprendió la incautación de todos los objetos y documentos que tenían tales entidades".

Resulta preocupante constatar que el día 28 de julio de 1979, 13 días antes del allanamiento de las entidades, efectivos policiales habían procedido a incautar en los talleres gráficos Alemann y Cía., 4.000 ejemplares del folleto titulado "Donde están: 5.581 desaparecidos", que tenía en proceso de edición la Asamblea Permanente por los Derechos Humanos y que había sido preparado conjuntamente con el Movimiento Ecuménico de Iglesias por los Derechos Humanos, la Liga Argentina por los Derechos del Hombre y la Comisión de Familiares.

Tampoco se puede dejar de señalar el trato agraviante y pertinaz persecución que sufrieron las Madres de Plaza de Mayo, con todo tipo de amenazas, agresiones, e incluso desaparición de algunas de sus miembros, por el único delito de pedir la aparición con vida de sus hijos, convirtiéndose —en los momentos más negros de la dictadura— en portavoces de la conciencia cívica de la Nación.

Así como no ha sido ajeno a este clima duro, difícil para obtener el efectivo amparo judicial de los derechos humanos, el caso de la

Detención y procesamiento de miembros del Centro de Estudios Legales y Sociales — Legajo Nº 7418

El viernes 27 de febrero de 1981 fue allanada la sede del Centro de Estudios Legales y Sociales —CELS— en la Capital Federal, por orden del Juez Federal en lo Criminal y Correccional a cargo del Juzgado Nº 2, Dr.

Martín Anzoátegui, con intervención en el procedimiento de su Secretario el Dr. Guillermo Arecha.

En ese momento se encontraban en el lugar la Sra. Carmen Aguiar, tesorera del CELS e integrante de su personal, el Dr. José Francisco Westerkamp, miembro de su Comisión Directiva y tres visitantes.

El procedimiento duró varias horas. Finalmente se llevaron toda la documentación y papeles existentes en la entidad. Las cinco personas mencionadas fueron trasladadas a la Superintendencia de Seguridad de la Policía Federal, en calidad de detenidos.

Cuando aún no había terminado el procedimiento en la sede del CELS, fue allanado el domicilio del Dr. Emilio Fermín Mignone. Este fue detenido a su llegada y trasladado a la Superintendencia de Seguridad, junto con el abogado Marcelo Parrilli que lo acompañaba. También al Dr. Mignone le fue secuestrada gran cantidad de papeles, folletos y libros personales.

Mientras esto ocurría, otra comisión policial se trasladó al domicilio del Dr. Boris Pasik, abogado y Secretario del CELS, y lo detuvo. Por último, el sábado al atardecer se detuvo al Dr. Augusto Conte MacDonell, Vicepresidente de la Institución, en momentos que abandonaba su domicilio.

Los nueve detenidos, rigurosamente incomunicados, fueron ubicados en celdas individuales. El domingo 1º de marzo fueron liberadas las tres personas que se encontraban circunstancialmente en la sede del CELS, pero los otros seis detenidos permanecieron en la situación antes descripta hasta la mañana del 3 de marzo en que fueron trasladados al subsuelo del Palacio de Justicia.

Las declaraciones indagatorias ante el Juez recién comenzaron al quinto día de la incomunicación, sin posibilidad para los detenidos de un adecuado descanso.

Durante los interrogatorios ante la policía, los imputados habían explicado con amplitud los objetivos y actividades del CELS. Subrayaron que se trata de una institución constituida legalmente, sin fines de lucro, que actúa a la luz pública y con el propósito de procurar la vigencia de los derechos fundamentales, luchando con medios legales contra todo tipo de violaciones, discriminaciones y abusos. Señalaron que en ese momento el CELS desarrollaba tres programas de trabajo. El primero, de carácter jurídico, consiste en llevar adelante casos judiciales vinculados con la desaparición de personas, presos sin proceso o condenados por tribunales militares, imputados por razones políticas, etc. El segundo consiste en formar un Centro de Documentación sobre estas materias, realizar investigaciones y estudios y efectuar publicaciones. El tercero se orienta hacia la vinculación con organismos similares del país y del extranjero, y a prestar asesoramiento o servicios a grupos e instituciones interesadas en los mismos problemas.

En virtud de ello, el CELS está afiliado a la Comisión Internacional de Juristas, con sede en Ginebra y a la Liga Internacional por los Derechos Humanos en Nueva York.

Durante las declaraciones indagatorias, el Juez Anzoátegui, sin perjuicio de la ratificación por parte de los interrogados de su declaración ante la Policía, sólo formuló preguntas vinculadas con la acusación que surgía del material secuestrado.

La única parte del material secuestrado a la que se asignaba relevancia. era un croquis perimetral, supuestamente de la zona militar de Campo de Mayo. Estaba trazado a mano, a bolígrafo, sobre papel transparente y podría ser una mala copia de cualquier plano de carretera adquirible en el comercio ordinario. Además una lista de personal que revistaba en 1976 en una unidad militar de Córdoba, con algunos comentarios sobre oficiales y suboficiales allí mencionados. La lista parecía haber sido extraída de algunos de los testimonios que circulaban públicamente en el exterior y más reservadamente en el país, emanados de personas que estuvieron secuestradas en centros clandestinos y fueron liberadas.

Cabe señalar que el Juez explicó que los allanamientos habían sido ordenados a raíz de una denuncia —cuyo origen declinó indicar— según la cual en la sede del CELS existían mapas y documentos de origen militar que afectarían la Seguridad del Estado.

Asimismo, manifestó que él no había ordenado el allanamiento del domicilio particular del Dr. Mignone.

Después de la indagatoria, el Juez dispuso levantar la incomunicación de los detenidos —quienes pudieron verificar entonces, la coincidencia de las distintas declaraciones individuales, derivada de la veracidad de las mismas— y ordenar su libertad por falta de méritos (art. 6to. del C.P.P.), por cuanto "no considera justo ni razonable prolongar el estado de detención cuando la complejidad de la materia, a la luz de los elementos de prueba reunidos, impone un cuidadoso trabajo y precisa de un minucioso análisis".

Sin embargo, los días 13 y 14 de marzo los diarios "La Razón", "La Prensa" y "Crónica" publicaron versiones, atribuidas a voceros del Juzgado, que contienen graves acusaciones contra los miembros del CELS. Esas noticias, transcriptas entre comillas, lo que pone de manifiesto su origen oficial y coincidente, afirmaban que el "Juez Anzoátegui está estudiando la vinculación de los procesados con determinados movimientos subversivos de proyección internacional...", y que la documentación secuestrada "podría acreditar la vinculación del Centro de Estudios Legales y Sociales con movimientos subversivos que disimulan su accionar invocando la falsa representación y defensa de los derechos humanos".

Nada de ello tuvo la más remota confirmación en el proceso; por el contrario, tales afirmaciones parecían indicar el propósito de orientar las actuaciones hacia acusaciones de mayor gravedad, por infundadas que fuesen. Pero, al mismo tiempo, supondrían una grave violación de los deberes del magistrado en cuanto constituían un prejuzgamiento inaceptable y una acusación que afectaba el honor de los imputados. Ello dio lugar a que se recusara al Dr. Anzoátegui y se solicitara su separación de la causa; incluso se recordó que en una causa promovida por el mismo Juez en 1979, que dio lugar al allanamiento de la Asamblea Permanente por los Derechos Humanos, la Liga Argentina por los Derechos del Hombre y el Movimiento Ecuménico por los Derechos Humanos y al secuestro del archivo de dichas instituciones, se incurrió en el mismo sistema de "trascendidos" calumniosos que ocuparon amplio espacio en los periódicos.

En conocimiento de la recusación, el Juez Anzoátegui se excusó de seguir interviniendo. En consecuencia, el expediente pasó al titular del Juzgado Federal a cargo del Dr. Pedro C. Narvaiz, quien también fue recusado, ya que en octubre de 1980 había impuesto un apercibimiento a los Dres. Pasik, Parrilli, Conte Mac Donell y Mignone, junto con otros 33 letrados patrocinantes en un recurso de hábeas corpus interpuesto a favor de 329 detenidos a disposición del Poder Ejecutivo Nacional. A raíz de ello, el Juez Narvaiz remitió el expediente al titular del Juzgado Federal Nº 4, Dr. Norberto Giletta, quien procedió al levantamiento de la clausura de los locales y a la devolución de la mayor parte del material secuestrado.

En su momento el Dr. Giletta sobreseyó definitivamente a los procesados, con la salvedad de que la formación del sumario en nada afecta su buen nombre y honor.

Esta sucinta relación da una idea de los considerables riesgos y graves dificultades que debieron afrontar los letrados defensores y los organismos que fueron asumiendo la representación de la sociedad civil, en momentos que fue una práctica cotidiana la violación de los derechos y garantías tutelados por la Constitución Nacional.

E. La solidaridad internacional

Cuando son vulnerados los derechos esenciales de la persona humana, los pueblos del mundo sufren como propio el escarnio padecido en otros territorios. Ya sea que el atropello lo realice el gobernante nativo, o que lo consuma un invasor con fuerzas de ocupación.

Es un sentimiento en siglos de convivencia universal. Pero si fijáramos la mirada en algún hito cronológico de la historia forzosamente deberíamos recordar que fue después de la Segunda Guerra Mundial —que tanto sufrimiento causara a las naciones involucradas— cuando se concluyó que determinados tipos de conducta lesionan supremos intereses que afectan la conciencia misma de la humanidad.

El tremendo infortunio sufrido por nuestro pueblo hirió esos sentimientos. Los extremos perfiles que alcanzara el fenómeno represivo del terrorismo de estado convocaron en aquellos años aciagos a la gente sensible de los más diferentes países para unir sus voces en el reclamo tendiente a detener la barbarie desatada en la Argentina.

Quienes usurpaban el gobierno en esa época presentaron ese noble y legítimo afán como el resultado de una "campaña antiargentina".

Lo cierto es que la solidaridad que acompañó a nuestro pueblo durante el reciente proceso signado por el trágico irrespeto a los valores de la vida y de la libertad compromete profundamente nuestra gratitud con los hombres, instituciones y países que nos la han brindado. Debemos recordar que esta movilización de la conciencia universal tuvo su punto de partida en la gesta inédita y heroica de las Madres de Plaza de Mayo, quienes desde la fuerza de su dolor dieron al mundo un ejemplo sin par de la defensa del derecho a la vida.

Sólo a título de ejemplos destacamos la extraordinaria significación que tuvo la visita al país de la Comisión Interamericana de Derechos Humanos de la O.E.A., así como la actividad desplegada por el Grupo de Trabajo sobre Desapariciones Forzadas o Involuntarias de Personas, de la O.N.U., que permitieron llevar al conocimiento de la comunidad internacional la dimensión alcanzada por la práctica sistemática de la desaparición de personas en la República Argentina. Innegablemente, ello fue la consecuencia de que la mayoría de las naciones del mundo se sumaran a la denuncia de la sistemática violación de los derechos humanos por el régimen militar. No obstante, algunos organismos internacionales vieron dificultada su labor solidaria por falta de la necesaria unanimidad en su seno. Así debemos recordar la renuencia de los países del Este europeo para sumarse a la condena, llegando el representante de la U.R.S.S. a solicitar que "...no se transmita a la Comisión de Derechos Humanos ninguna denuncia sobre Argentina", aduciendo que "nuevos acontecimientos han ocurrido en este país con la llegada al poder de un nuevo gobierno" (se refiere a la asunción presidencial del Gral. Roberto E. Viola, quien fuera Jefe del Estado Mayor del Ejército en los años más crueles de la dictadura. La cita es del documento de la Sub-Comisión de las Naciones Unidas —período 35º— E/CN. 4/sub.2/1982/SR.28).

Con sentido de profundo y cabal agradecimiento mencionamos la labor desplegada por los organismos gubernamentales del Alto Comisionado para los Refugiados de las Naciones Unidas (ACNUR) y la Cruz Roja Internacional, así como lo actuado por organizaciones no gubernamentales que actuaron en el plano internacional, destacándose, a riesgo de incurrir en la omisión de alguna de ellas, las siguientes: Amnesty International, Comisión Internacional de Juristas, Consejo Mundial de Iglesias, Federación Internacional de Derechos Humanos, Movimiento Internacional de Juristas Católicos (PAX ROMANA), Pax Christi Internacional, Asociación Internacional contra la Tortura, Asociación de Juristas Demócratas, Liga Internacional para la Defensa de los Derechos y la Liberación de los Pueblos, Penal Law Asociation, Minority Rights Group y otros. Y en cuanto a los organismos de familiares de personas desaparecidas y asociaciones de inspiración religiosa no podemos dejar de citar a la Federación de Familiares en América Latina (FEDEFAM), con sede en Caracas, CLAMOR, con sede en San Pablo, y la Vicaria de la Solidaridad de Chile.

Abogados desaparecidos

Apellido y Nombre	Documento de Identidad	Edad Aprox.	Fecha del Hecho	N° Legajo
ALAIS, Raúl Hugo	LE. 08372918	26	06.07.977	4543
ALEMAN, Martín Federico	DNI. 11056144	23	08.03.978	152 (CLAMOR)
ALMENDRES, Carlos Alberto	LE. 04318140	32	04.10.976	3498
ALTAMIRA, Carlos Felipe	LE. 07995649	28	25.07.976	APDH.
ALVAREZ, César Héctor	LE. 05675848	32	17.03.977	APDH.
ANGELUCCI, Domingo	LE. 05450467	46	26.01.977	1974
ANTEBI, César Alberto	CI. 06403123	26	23.07.976	4960
ANTOKOLETZ, Daniel Víctor	CI. 06277901	40	10.11.976	1386
AOSTRI, Amado Vicente	LE. 08686550	29	10.09.976	4230
ARESTIN, Salvador Manuel		28	06.06.977	4544
AUAD, Abdala	LE. 03845593	55	18.03.977	1089
AYALA, Vicente Víctor	MI. 08415273	30	16.02.976	385
BERETTA, Graciela Alicia	CI. 06162337	27	28.12.976	3669
BERNARD, José Pablo	LE. 07646225	29	07.03.976	1123
BERNASCONI, María Teresa				751 (CLAMOR)
EVEQUOZ FRAGA, Manuel Hugo	LE. 04430422	32	01.11.976	2378
FALCONE, Norma Raquel	CI. 06023101	30	27.07.978	2165
FASSI, Roberto Hugo Mario	CI. 05226739	27	26.11.976	2332

Apellido y Nombre	Documento de Identidad	Edad Aprox.	Fecha del Hecho	N° Legajo
FERNANDEZ BLANCO, Antonio			01.04.976	2351(CLAMOR)
FERNANDEZ, Mónica Noemí	CI. 07461785	23	20.11.977	2412(CLAMOR)
FERNANDEZ BAÑOS, Héctor Hugo	CI. 05012580	31	08.05.976	3398
FRESNEDA, Tomás		38	08.07.977	6651
GALLARDO, Rodolfo Gustavo	LE. 07970819	35	12.05.976	4549
GARAT, Eduardo Héctor	LE. 06064942	33	13.04.978	7078
GATTO, Carlos Oscar	CI. 05639096	29	29.04.976	6848
GIORDANO CORTAZZO, Héctor		39	09.06.978	7120
GOMEZ, Conrado Higinio	LE. 06710180	40	10.10.977	224
GONZALEZ VELARDE, Juan C.	LE. 08165961	32	26.03.976	224
GUTIERREZ, Rodolfo	CI. 02739059		06.02.978	APDH.
HENRIQUEZ, Hernán Jorge	CI. 05809039	45	04.05.977	5736
HERNANDEZ, Mario Angel	LE. 05309710	29	11.05.976	982
BETTINI, Antonio Bautista	LE. 01484716	60	18.03.977	2027
BIGI MARQUEZ, Jorge Alberto	LE. 04372627	38	01.12.976	6419
BUSTOS, María Cristina Vda. de Coronel	LC. 04939442	32	14.03.977	4883
CALABRO, Elda Leonor	LC. 08950332	38	15.06.976	3335
CANDELORO, Jorge Roberto	LE. 05318668	39	13.06.977	7290
CARRILLO RODRIGUEZ, Fausto Augusto		32	18.08.976	1739
CASARIEGO DEL BEL, Juan Carlos	CI. 01884643	54	15.06.977	2416
CATALA, Alfredo Eduardo	LE. 04646562	32	08.05.977	APDH.
COURTADE, Enrique Gastón	LE. 05372793	45	21.04.977	3549
CHORNI, Adolfo Ernesto	CI. 05895496	30	27.06.978	4545
CHUA, Antonio Jorge	LE. 05103956	53	07.10.977	4546
DEL GESSO, Juan Domingo	CI. 01265573	33	26.03.976	5599
DOLDAN, Graciela María de los Milagros	LC. 03989356	34	26.04.976	2247
ELENZVAIG, Luis Natalio	LE. 04283118	40	19.05.977	327
ESPAÑA, Néstor Julio	CI. 05595187	29	27.11.976	1057
HOCHMAN, Abraham	LE. 04311323	38	17.08.978	1649
HODOLA, Oscar Luis	LE. 08216151	28	12.05.977	6856
ISRAEL, Teresa Alicia	CI. 06720455	25	08.03.977	1730
LA BLUNDA, Pedro	LE. 04974154	33	01.03.977	3577
LESCANO, Luis Alejandro	LE. 02765737	63	13.03.976	6562
LOPEZ, Mirta Graciela	CI. 08413723	31	22.06.978	1067
MALBERTI RISSO PATRON, Jorge Eduardo	LE. 10222851	26	27.03.976	6622
MEDINA, Daniel Reynaldo		29	15.10.976	4321(CLAMOR)

Apellido y Nombre	Documento de Identidad	Edad Aprox.	Fecha del Hecho	Nº Legajo
MEDINA ORTIZ, Gustavo		36	10.10.975	4476
MIGUEL, Guillermo	CI. 06136466	30	23.11.977	5392
MOLINA, Dardo Francisco	DNI.03497025	59	17.12.976	6171
MONTESANO, Estela Maris de Ogando	LC. 05865057	29	16.10.976	2247
MOURIÑO GONZALEZ, Eusebio Jesús	CI. 04872280	26	06.11.976	2306
NOE, Víctor Jacobo	DNI.04620671	28	26.10.976	2344
NORIEGA, Carlos	CI. 03537297	35	01.02.977	1630
OCERIN, Carlos Abel	05151502		24.03.977	3026
OHSHIRO, Oscar	CI. 04722250	36	21.04.977	2810
ORO, Alberto Marcelo	LE. 04626632	29	30.10.976	2371
ORTIZ, Nelly Esther	CI. 02636774		28.11.976	2701
PALUDI, Osvaldo Cayetano	LE. 04391815	35	13.04.976	6407
PAREJA GALBIATTI, José Alfredo	DNI.08188014	27	12.03.977	APDH.
PATRIGNANI, Carlos Alberto	LE. 05070468	26	26.11.974	701
PEIRANO, Edith Mercedes	LC. 06695540	25	15.04.977	4769
PELEGRINI VITA, Carmen	02308413	50	27.05.977	383
PERETTI, Nora Graciela de Gallardo	LC. 04957187	33	12.05.976	4600
PESCI, Eduardo	LE. 04752181	36	23.10.978	APDH.
PODGAETZKY, Mario	LE. 04252194	39	14.10.976	271
PRATO, Amanda Virginia	LC. 05697119	30	12.02.978	2133
RATTI, Rodolfo Miguel Ernesto	CI. 05129371	33	23.02.77	APDH.
REBORI, Jorge Lucio	LE. 04230162	48	01.02.977	12
SANGIORGIO, Carlos Andrés	CI. 07318149	26	24.08.976	15
SANJURJO, Eduardo Antonio	CI. 06087571	28	05.07.976	52
SANTUCHO, Manuela Emilia Rosario	CI. 06179904	35	14.07.976	62
SAUR, María Graciela de Galuppo	DNI.10543464	25	21.09.976	6581
SCHTEINGART, Mónica Susana de Teste	LC. 04712857	35	12.11.976	APDH.
SEMAN, Elías	LE. 04132303	44	16.08.978	2144
SINIGAGLIA, Roberto Juan Carmelo	CI. 05945321	41	11.05.976	6997
SFORZA, Juan Pedro	DNI.08462613	26	05.09.977	3397
SOBEL, Héctor Natalio	LE. 05622605	39	20.04.976	3630
SOSA, Antonio	CI. 04425480	46	17.06.977	1561
SURRACO, Basilio Pablo	LE. 07751858	33	14.03.978	3233
TABOADA, Marta Angélica de Dillon	LC. 04284378		27.10.976	APDH.
TESTE, Jorge Horacio	LE. 04385980	36	12.11.976	1175

Apellido y Nombre	Documento de Identidad	Edad Aprox.	Fecha del Hecho	N° Legajo
TURK, Jorge Ernesto	LE. 08413124	31	28.05.976	3308
VACA NARVAJA, Hugo			10.03.976	4548
VALERA, Baldomero Juan	LE. 00431801	60	03.11.976	1938
VALVERDE, Eduardo Jorge	LE. 06883910	38	24.03.976	4749
VAN GELDEREN, Roberto Ricardo	CI. 05676891	24	31.05.977	735
VARGAS ALVAREZ, Jorge	LE. 07935148	33	12.06.976	394
VENDRELL, Alberto Jorge	LE. 08505106	27	19.05.978	2309
VERA, Rubens		46	19.08.978	3332
VILLAS ZEBALLOS, Horacio Ramiro		41	01.06.976	7108(CLAMOR)
VOCOUBER, Hugo Rogelio		32	01.09.980	2073
WEJEMAN, Esther de Glaz	CI. 05671142		10.01.977	APDH.
YACUB, Mario Gerardo	LE. 05815507	38	01.11.976	200
YEDRO, Roberto Horacio	MI. 07632501	28	13.12.976	4091
ZELAYA MAS, Jorge Alfredo	LE. 08255253	30	01.08.978	3885

Total de casos: 107

Listado de personas detenidas-desaparecidas vistas al tiempo que eran rechazados los hábeas corpus interpuestos en su favor en los Juzgados en lo Criminal de Instrucción de la Capital Federal

Persona desaparecida	C.C.D. donde fue vista	N° de Legajo del testigo	Año de trámite hábeas corpus
ARROYO de PEDERNERA, Dolinda	Base Aérea Morón	4591	1976
URONDO de KONKURAT, Claudia	Esma	704,4816	1976
KONKURAT, Mario Lorenzo	Esma	4816	1976
VENSENTINI, Rosalba	Atlético	1131	1977
MENNA, Doménico	Campo de Mayo	60 N.U.	1976
LANCILOTTO de MENNA, Ana M.	Campo de Mayo	60 N.U.	1976
TOCCO, Daniel	Atlético	3901	1977
GUAGNINI, Diego Julio	Atlético	3360-10 N.U	1977
GUAGNINI, Luis Rodolfo	Atlético, Banco	3021	1977
VALETTI, Roberto Claudio	Comisaría San Isidro	13 N.U.	1977
AIETTA de GULLO, Angela M.	Esma	4816	
LEONE, Lucio	Banco	3360, 10 N.U	1978

Persona desaparecida	C.C.D. donde fue vista	N° de Legajo del testigo	Año de trámite hábeas corpus
DI MARTINO, María Teresa	Com.y Arsenal Zárate	2926, 5604	1979
ARMELIN, Juana María	Banco	3360, 10 N.U	1978
DEPINO, Mario Alberto		3021	1977
BURDISIO, Alicia Raquel	Jefat.de Sta.Fe y Tuc.	440,Ag.1 N.U	1977
CAZALAS de GIGLIO, Virginia I.	Atlético, Banco	3360, 10 N.U	1977
GARCIA, María Cristina	Base Mar del Plata	3360, 10 N.U	1977
GIORGI, Alfredo Antonio	Olimpo	4152	1978
MANZO, María Teresa	Olimpo	3360, 10 N.U	1978
MARROCCO, Susana María	La Cacha	59 N.U.	
MARROCCO, Cristina Lucía	Pozo Bánfield La Cacha	1715/16/18, 59 N.U.	1978
PICCARDI, Félix Eduardo	Pozo Bánfield, La Cacha	1715/16/18, 59 N.U.	
PESCI, Eduardo	Esma	3673,49N.U.4816 46 N.U.3596,5307, 4442Ag1NU,2893	1978
PIFFARETI, Ana María	Banco,Olimpo	3360,10NU.3357.	1978
VILLA, Patricia Virginia	Esma	4816,46 N.U.	
VILLAFLOR de VINCENTI, A.	Esma	704,46NU.4816	1977
SUAREZ, Eduardo	Esma	5307,4442,Ag.1 NU.Ag.3NU4635 4816,54NU46NU	1976
SOLIS de MARIN, María C. G.	Arrest.por la Armada	3360,10N.U.	1978
PEGORARO, Susana Beatriz	Esma, Mar del Plata Esma	6974,4816,46N.U 3596,5307,4442 Ag.1N.U.2893, Ag.3N.U.4635,	1978
REBAGLIATI, Augusto	Atlético, Banco	3360,10 N.U.	1977
CRUZ de REBAGLIATI, Alicia	Atlético, Banco	3360,10 N.U.	1977
RIQUELO, Simón Antonio	Automotores Orletti	2539,16NU12NU	1976
MENDEZ, Sara Rita	Automotores Orletti	19 N.U.,12 N.U. 16 N.U.	
VACCARO, Marta I. Deria	Olimpo	2529,4124,4151	1978
MASCIA de SZAPIRO, Hebe A.S.	Pol.Fed.Avellaneda	4554	1976
SZAPIRO, Edmundo D.	Pol.Fed.Avellaneda	4554	1976
CARLOTTO, Laura Estela	La Cacha	6297	1977
BARBERIS de TESTA, Elena C.	Campo de Mayo	6297, 60 N.U.	1976
PEGORARO, Juan	Esma	6974, 3596	1977
MAGLIARO, Analía	Vesubio	5163,3105	
BUGNONE de AYASTUY, Marta E.	Atlético, Banco	3360,10 N.U.	1977

Persona desaparecida	C.C.D. donde fue vista	N° de Legajo del testigo	Año de trámite hábeas corpus
AYASTUY, Jorge	Atlético, Banco	3360, 10 N.U.	1977
PITELLA de CAÑON, Annabella	Atlético	3901, 3586	1976
SANTAMARIA, Manuel Alberto	Esma,Transf.Córdoba	2104	1977
PASQUARROSA, Juan Carlos	Coordinación Federal	980	1976
PASQUARROSA, José Jacinto	Coordinación Federal	980	1976
MERBILHAA CORTELEZZI, Eduardo	Campo de Mayo	60 N.U.	1976
CABRERA, Ricardo	Escuela de Famaillá	5521	1978
AZURMENDI, Eduardo Emilio	Atlético, Banco	3360, 10 N.U.	1978
BONATTO de AZURMENDI, Ana M.	Atlético, Banco	3360, 10 N.U.	1978
VANODIO, Julio Luis	Vesubio	5163, 3105	
HERRERA, Mario Waldino	VCuerpo-Bahía Blanca	4337	1976
GONZALEZ, Oscar	Escuela de Famaillá	5521	1977
OCAMPO, Raúl Osvaldo	Esma	4450	1977
RUGILO, Juan Carlos	Olimpo	4124,4151,3890	1978
POLTARAK, Mauricio Alberto	Vesubio	5114,5232/33/34 35,1682,7189,5115	1978
GOMEZ, Conrado Higinio	Esma	6974	1977
FALICOFF, Alberto Samuel	Esma	46 N.U.	1977
FERNANDEZ, Oscar Alejandro	Brig.Invest.Las Flores	1949	1977
MORALLI, Guillermo Enrique	Vesubio	7189,1682,5114, 5233/34/35	1978
MARTINEZ, María Elsa	Banco	3360, 10 N.U.	1979
HAZZAN, José Luis	Esma	5011	1979
MOLLO, Osvaldo Carmelo	Vesubio,Poz.Quilmes	1130	1976
CABRAL, Juan Bautista	Pozo de Quilmes	1970	1978
FERNANDEZ MENVIELLE,Lilian N.	Atlético, Banco	3360, 10 N.U.	1978
SATRAGNO, Juan Miguel	Base Mar del Plata	3360, 10 N.U.	1976
TRESACO, Mónica Susana	La Cacha	1144	1976
FALCONE, Norma Raquel	Vesubio	1682,5233,7189	1976
BARRIENTOS, Luis Enrique	Comisaría Brandsen	3955	1976
MOLINA, Oscar Antonio	La Cacha	215	1976
CARRIZO, Juan Carlos	Brig.Invest.Avellaneda	2139	1976
PUNTA, María Isabel	I Cuerpo de Ejército	2544	1976
TONELLI, Rodolfo Horacio	I Cuerpo de Ejército	2544	1976
GATTI, Gerardo	Automotores Orletti	02NU2539.19NU 16 N.U.30 N.U.	1976
LOPEZ CALVO, María Eugenia	Campo de Mayo	60 N.U.	1976
IULA, Angel Alberto	A 15'Gral.Báez y Constituy.	1261	1976
VILLAR, Patricia Gabriela	Atlético, Banco	3360, 10 N.U.	

Persona desaparecida	C.C.D. donde fue vista	N° de Legajo del testigo	Año de trámite hábeas corpus
PEREZ, Alfredo	Atlético	3360,10 N.U.	1977
LUCERO, Luis Alberto	Esma	6453	1976
MAGGIO, Horacio Domingo	Esma	6974,6810,7190, 4816,46 N.U. 17 N.U.,4442, Ag.1 N.U.2893 Ag.3 N.U.4635	1977
TARDIVO, Irma Noemí	La Quinta Avellaneda	1915	1979
GIORDANO CORTAZAR, Héctor O	Posadas	47 N.U.	1979
HUERAVILLO, Oscar Lautaro	Esma	704,4816,46NU. 5307,4442,Ag.1 N.U.Ag.3N.U., 2893,4635	1977
ALONSO de HUERAVILLO, M.M.	Esma	6974,7190,46NU 5307,4442,Ag.1 N.U.Ag3N.U., 2893,4635	1977
VAZQUEZ, Jorge Delfín	Esma	5011	
ALMIRON, Ruben	La Cacha	215	
SAID, Jaime Eduardo	Esma	4450	1978
SALGADO, José María	Esma,Coord.Federal	4816,46NU17NU 4442,Ag.1NU, 2893Ag3NU4635	1977
RODRIGUEZ, Enrique Orlando	Automotores Orletti	16 N.U.	1976
ROSSETTI, Benjamín	Olimpo	3360,10 N.U.	1978
LOVAZANO, Mirta Beatriz	Vesubio	5163,3105	1977
SURRACO, Eduardo Oscar	Atlético	1131	1978
CHESTER, Jacobo	Hospital Posadas	1537	1976
ALVAREZ, Gerardo Julio	Arrest. por la Armada	3360	1976
GORFINKIEL, Jorge Israel	Atlético, Banco	3360, 10 N.U.	1978
KITZLER, Mabel	C.C.2 e/Tapiales y Morón	2711	1976
VALOY de GUAGNINI, María I.	Atlético	3360, 10 N.U.	1977
HERRERA, Ricardo José Raúl	La Cacha	215	1976
GUIDI, Jorge	Pozo de Quilmes	836	1976
RIOS, Miguel Angel	Pozo de Quilmes	2538	1978
JOLLY, Guillermo Pablo	Arrest.p/la Armada, Olimpo	3360, 10 N.U. 4124	1979
NAVAJAS de SANTUCHO, C. Silvia	Brigada Bánfield	2531	1976
MAROTTA, Arturo Gustavo	La Perla	4579	1979

Persona desaparecida	C.C.D. donde fue vista	N° de Legajo del testigo	Año de trámite hábeas corpus
REQUENA, Eduardo Raúl	La Perla	22 N.U., 372,764	1979
RODRIGUEZ, Julio César	Automotores Orletti	2 N.U.	1979
CAIRO de GARASSINO, María A.	Hospital Posadas	1537	1977
ANTOKOLETZ, Daniel Víctor	Esma	4816	1976
ARANDA, Carlos Alberto	Campo de Mayo, El Campito	2819	1976
FIGUEROA, Filiberto	Esma	4016	1977
MURUA, Miguel Angel	Nueva Baviera	440, Ag.1 N.U.	1978
DIAZ, Juan Miguel	La Cacha Jef. Pol. Tuc.	215, 440	1976
FERNANDEZ, Oscar Alejandro	Brig.Invest.Las Flores	1949	1976
ARMESTO, Julio	C.C.D.4	2926	1976
CIGLIUTI, Eduardo	Esma	4450	1977
IGLESIAS, Manuel	Com.5ta.de La Plata	2543	1976
SCHIAPIRA, Daniel Marcelo	Esma,Coord.Federal	704,46 NU.	1977
FERREYRA, Marcos Eduardo	El Vesubio	5235	1976
BECERRA, Elsa del Carmen	Banco	3360, 10 N.U.	1978
MIRANDA, Oscar	Comisaría Castelar	237	1977
CABRAL, Oscar Eduardo	Nueva Baviera	440,Ag.1 N.U.	1978
FERNANDEZ, Juan Carlos BARRIENTOS, Héctor Ignacio	Banco, Olimpo	3889/90	1976
ALVAREZ, Julio Martín	Esma	704	1980
CERROTTA, Alicia Dora	Jefat.Pol.StaFe y Tuc	Ag.1 N.U.440	1979
HIGA, Juan Carlos	Atlético	5725	1977
SANCHEZ, Silvia Beatriz	Vesubio	3048	1976
BUSTOS, María Cristina	Esma	46 N.U.,704	1976
PAZ, Oscar Sergio	Esma	4816,46 N.U.	1980
SIERRA, Francisco	Reg. 29 Inf. Monte Formosa	957	1977
DEL DUCA de TARNOPOLSKY, L.I.	Esma	4816,46NU.5307. 4442Ag1NU2893 4635,Ag.3 N.U.	1976
ASCONE, Juan José María	Esma	4816,5307,4442 Ag.1N.U.,2893 Ag.3N.U.,4635	1976
RIOS, Oscar Dionisio	Atlético, Banco	3360, 10 N.U.	1976
MOSSO, Patricia	Casa del Sin	4482	1977
IGLESIAS de SANTI, María E	Esma	5307,4442Ag1NU 2893,4635Ag3NU	1977
MOGLIE, Marcelo Roberto	Comisaría Castelar	4437	1979

Persona desaparecida	C.C.D. donde fue vista	N° de Legajo del testigo	Año de trámite hábeas corpus
MIRAMON, Luis Ernesto		539	1979
MUCCIOLO, Irene Nélida	Banco,Jefat.Pol.Tuc.	440	1979
TORNAY NIGRO, Jorge Alberto	Olimpo	4152	1979
CORDOBA, Roque Rubén	Baviera	440,Ag.1N.U.	1979
SCUTARI, Hugo Alberto	Atlético	3360, 10 N.U.	1978
OVIEDO, Daniel Oscar	Esma	5011	1976
ISRAEL, Teresa Alicia	Coord.Federal	5139	1977
OJEA, Ignacio Pedro	Esma	4816,46N.U.Ag.3 NU.5307,4442 Ag1NU2893,4635	1977
ARIAS, Fernando Antonio	Jefat.Pol.Tucumán	5847	1978
PISONI, Rolando Víctor	Atlético	1131	1979
SANTAMARIA, Guillermina E.C.	Automotores Orletti	6355	1976
CABRAL, Blanca Rosa	Pozo de Quilmes	1970	1976
CARRIZO, Mirta Luján	Brig.Invest.Avellaneda	2139	1976
PEREZ, Héctor Efraín	C.E.F.T.	5328	1976
PASTORIZA, Lilia Victoria	Esma	4816,46NU,5307, 4442Ag1NU,4635 2893,Ag.3 N.U.	1977
DIAZ, Juan Manuel	Jef.Policía Tucumán	440	1972
JARA, Tranquilino Martín	Escuelita Bahía Blanca	476	1976
SOLIS, Pedro	Esma	4816,54 N.U.	1979
BAUZON, Marcos Eduardo	Esma	4016, 4076	1977
GARCIA, Antonio	La Perla	4413,1682,4279	1977
GONZALEZ, Jorge	Automotores Orletti	2NU.16/19 NU, 2539	1977
SOLER, Juan Marcelo	Vesubio	3048	1977
MARINA, María Celeste	Banco	3360,10 N.U.	1978
PAGES, Guillermo Leonardo	Atlético,Banco,Olimpo	3360,10 N.U.	1979
TARNOPOLSKY, Hugo Abrahan	Esma	4816,46NU.5307, 4442,Ag1NU2893 Ag3NU.4635,704	1976
EDELBERG de TARNOPOLSKY, B.	Esma	4816,46NU,5307 4442, Ag.1 N.U. 4635, 704	1976
TARNOPOLSKY, Bettina	Esma	4816,46NU,5307 4442Ag1NU.2893 Ag.3NU.,4635	1976

Persona desaparecida	C.C.D. donde fue vista	N° de Legajo del testigo	Año de trámite hábeas corpus
TARNOPOLSKY, Sergio	Esma	4816,46NU,5307 4442Ag1NU.2893 Ag3NU.4635,704	1976
ALTAMIRANO, Mario César	Comisaría Moreno	5271	
ROSENBILT, Patricia Julia	Esma, Banco	49 NU.Ag.1 NU 4816	1978
MARTINEZ, Jorge Luis	Pozo de Quilmes	2538,4086,38NU	1978
SANCHEZ, Hugo Ramón	Olmos	1830	
GARIN, Arturo Martín	Atlético	3360, 10 N.U.	1977
AHUMADA, Raúl Oscar	Esma	6453	1977
CORONEL, Roberto Joaquín	Jef.Policía Tucumán	440	1977
RODRIGUEZ, Norberto Daniel	La Perla	704,764,Ag1NU 2893.Ag3NU4635	1977
HERNANDEZ FUENTES, Juan C.	Comisaría 22 (C.F.)	4178	1978
HERNANDEZ FUENTES, Gustavo	Comisaría 22 (C.F.)	4178	1978
ALVAREZ, Traful H. Baldomero	La Perla	4279,22NU,764, 2893.Ag3NU4635 Ag.1.N.U.	1976
PEREZ ROJO, José Manuel	Esma	49 N.U.	1978
ROMERO, Raúl Omar	Jef.Pol.Sta.Fe y Tuc. La Perla	Ag.1N.U.440 22NU.4279.764	1980
LOPEZ, Carlos Alberto	Comisaría Castelar	237	1976
HORANE, Eduardo Gabriel	Esma	6974	1978
ACOSTA, Carlos Osvaldo	Banco,Olimpo,Omega	3360, 10 N.U.	1976
LAULETTA, Miguel Angel	Esma	4816,46NU,5307 4442Ag1NU2893 Ag3NU,4635	1976
ALONSO, Ovidio	Esma	704	1978
MICFLICK, Saúl	Vesubio(La Tablada)	5234,5114,5233 /35,25NU,8 N.U.	1979
SORIA, Ricardo	Esma	5011	1980
VAZQUEZ, Martín	Vesubio(La Tablada)	8 NU.5233/35 25 NU.40 NU.	1976
SERRA SILVERA, Helios H.	Banco, Olimpo	3524,3890,4124 3360,10 N.U.	1978
CRISTINA, Roberto Luis	Vesubio	2655,7189,1682, 5232/33/34/35	1979
PATIÑO, Omar Nelson	La Perla	22 N.U.	1978
ALLEGA, José Alberto	Brigada Quilmes	634	1977

Persona desaparecida	C.C.D. donde fue vista	N° de Legajo del testigo	Año de trámite hábeas corpus
COQUET, Ricardo Héctor	Esma	46 N.U.	1977
ZIÑA, Gastón	El Jardín	16 N.U.19 N.U.	1976
ARRAZOLA, Juan Carlos	Arana	1172	1978
TAURO, María Graciela	Quinta Seré,Com. Castelar, Esma	4482	1977
GRANDE, Sara Elba	C.C.D.2 e/Tapiales y Morón	2711	1977
RODRIGUEZ, Carlos Esteban	Brigada de Quilmes	634	1979
ADJIMAN, Luis Daniel	Esma	704	1978
THANHAUSER, Juan Miguel	Vesubio	1687	1978
JAUREGUI, Tomás	Banco	3360,10 N.U.	1976
PEROSIO, Beatriz Leonor	Vesubio	1682	1977
ROCHISTEIN, Jorge Daniel	Comisaría Castelar	4482	1979

CAPÍTULO IV

Creación y organización de la
Comisión Nacional sobre la Desaparición de Personas

I

Enfrentar sin retaceos el tema de la desaparición forzada de personas en la República Argentina y determinar lo sucedido con las víctimas constituyó una de las grandes tareas del resurgimiento de la democracia; el presupuesto inexcusable de la primera gran reparación que la sociedad requiere: recuperar para sí la verdad de lo acontecido, "re-encontrar" su pasado inmediato y someterlo al juicio de la comunidad, reestablecidas ya sus instituciones fundamentales.

Así lo entendió el Poder Ejecutivo Nacional al sostener que: "la cuestión de los Derechos Humanos trasciende a los poderes públicos y concierne a la sociedad civil y a la comunidad internacional", según se expresa en el primer considerando del Decreto 187 del 15 de diciembre de 1983, por el cual se creó la Comisión Nacional sobre la Desaparición de Personas. Tendría como objetivo intervenir activamente en el esclarecimiento de los hechos relacionados con la desaparición de personas ocurridos en el país, averiguando su destino o paradero como así también toda otra circunstancia relacionada con su localización. Recibiría denuncias y pruebas sobre esos hechos para remitirlos a la justicia cuando de ellas surgiera la comisión de delitos. La misión encomendada no implicaba la determinación de responsabilidades. La justicia, receptora del material logrado por la Comisión en sus investigaciones y procedimientos, sería la encargada de delimitar responsabilidades, y decidir sobre los culpables.

Para garantizar y afianzar la objetividad requerida, el Poder Ejecutivo resolvió integrar la Comisión con personas de prestigio dentro y fuera del país elegidas por su firme actitud en defensa de los Derechos Humanos, así como por su representatividad en las distintas actividades del quehacer social. El Presidente de la República convocó entonces a las siguientes personas para que llevaran a cabo con independencia sus funciones y con carácter "ad honorem": Ricardo Colombres, René Favaloro, Hilario Fernández Long, Carlos T. Gattinoni, Gregorio Klimovsky, Marshall T. Meyer, Jaime F. de Nevares, Eduardo Rabossi, Magdalena Ruiz Guiñazú y Ernesto Sábato.

Por el mismo decreto de creación se invitó a ambas Cámaras del Congreso Nacional a enviar tres representantes para incorporarse a la Comisión. Solamente respondió la Cámara de Diputados, que el 6 de marzo de 1984, eligió a los Sres. Diputados Santiago Marcelino López, Hugo Diógenes Piucill y Horacio Hugo Huarte, los tres de la bancada de la Unión Cívica Radical.

Pero ya el 29 de diciembre de 1983, por unanimidad fue elegido Presidente D. Ernesto Sabato y se originaron cinco Secretarías para encarar con efectividad los aspectos dinámicos de la Comisión, según la diversidad de asuntos:

a) Secretaría de Recepción de Denuncias, a cargo de la Sra. Graciela Fernández Meijide.

b) Secretaría de Documentación y Procesamiento de Datos, a cargo del Dr. Daniel Salvador.

c) Secretaría de Procedimientos, a cargo del Dr. Raúl Aragón.

d) Secretaría de Asuntos Legales, a cargo del Dr. Alberto Mansur.

e) Secretaría Administrativa, a cargo del Dr. Leopoldo Silgueira.

II

De este modo, afrontando una tarea inédita ya que no existían antecedentes de una entidad similar en el país, comenzaron los trabajos en un clima cargado no sólo por las tensiones generadas por la naturaleza de la tarea a abordar, sino también por el descreimiento de algunos, el desacuerdo de otros y las críticas de muchos.

Debe además recordarse que la creación de la Comisión generó algunos resquemores entre quienes propiciaron otras vías de investigación (p. ej. parlamentaria), o veían tras su creación una intención limitativa del esclarecimiento profundo del tema.

No obstante, los primeros pasos dados por esta Comisión en el marco de las precisas atribuciones y finalidades establecidas en el Decreto constitutivo, concitaron la inmediata respuesta de la población en un formidable proceso de reconstitución de la memoria colectiva. Una suerte de instinto popular se evidenció enseguida a favor de la Comisión Nacional, y de ahí sin duda se extrajo también el aliento, el valor y la dosis de imaginación necesarios para responder, a tono con la magnitud del requerimiento, a la demanda de verdad que nos llegaba de todos los sectores.

Debe resaltarse aquí la invalorable ayuda prestada por los Organismos de Derechos Humanos a esta Comisión, los que aportaron recursos humanos y técnicos, así como toda su consolidada experiencia adquirida en las difíciles condiciones en que desplegaron su labor frente al Poder de facto.

También contó esta Comisión con elaboraciones efectuadas anteriormente por Naciones Unidas, O.E.A. y diversos organismos internacionales, en relación al tema de las desapariciones en la República Argentina.

En una inmensa labor de recopilación y procesamiento de datos, la solidaridad internacional había ido esclareciendo aspectos cada vez más importantes de un fenómeno que conmovía a la opinión pública mundial, difundiendo sus conclusiones.

Se trataba de aquello que las autoridades del proceso denostaban como "campaña internacional de desprestigio" pretendiendo mansillar torpemente a esa cabal demostración de fraternidad universal que, sin lugar a dudas, contribuyó a poner un límite decisivo al hasta entonces incontenible accionar del terrorismo de Estado.

III

El aporte del personal fue fundamental, asumiendo en la mayoría de los casos la tarea encomendada como un deber cívico antes que como un mero empleo. No de otro modo pudo trabajarse más allá de los horarios convenidos, habilitando muchas veces feriados y fines de semana cuando las actividades así lo demandaban.

Téngase en cuenta que apenas se contaba en los comienzos con dos oficinas y con personal cedido transitoriamente por la Administración Pública que carecía en absoluto de experiencia en estos temas y que por eso no pudo resistir por mucho tiempo la carga de espanto que emergía de cada denuncia. Largas, fatigosas, tremendas denuncias en las que un padre, una madre, una esposa, narraba su peregrinaje por Tribunales, Ministerios, comisarías o cuarteles buscando en vano un dato sobre la suerte de sus seres queridos o —peor aún— describiendo entre sollozos la forma como habían torturado a sus hijos en su presencia.

Esos colaboradores iniciales no pudieron soportarlo y se fueron, dejando el testimonio de su conmoción por cuanto habían ignorado hasta entonces. Los que quedaron, los que ocuparon las plazas vacantes y los que poco a poco se fueron incorporando para integrar los equipos técnicos, desde dactilógrafos hasta abogados, tuvieron frente a sí —tal vez por primera vez en profundidad— la visión alucinante de lo que había ocurrido en el país.

En todos y cada uno se fue incrementando la necesidad de dar respuesta a la sociedad y dentro de ella, a los familiares de los desaparecidos que acudían por millares con la esperanza de saber algo más sobre los suyos. No hubo aquí, de seguro, lugar para la burocracia. Cada persona que recibió una denuncia, cada abogado que tuvo que procesarla y complementarla para facilitar su acogida por los tribunales, lo hizo con el interés inherente a la verdadera conciencia de lo que se trata. Esa actitud fue la que permitió en tan poco tiempo recibir denuncias y testimonios, estudiar y procesar legajos y remitirlos al conocimiento de la justicia.

IV

Por el verdadero aluvión de denuncias y testimonios producidos ni bien se iniciaron las actividades de la Comisión se tornó indispensable la incorporación de más personal y la obtención de mayor espacio dentro de las instalaciones del complejo Cultural General San Martín, cuyo Director, Javier Torre, resolvió de inmediato, superando incluso nuestras propias expectativas: todo el segundo piso y sus dependencias anexas se dejaron con muebles y útiles al servicio de esta Comisión, lo que favoreció mejor atención al público y mayor comodidad y efectividad para los equipos de trabajo, según el método que se dispuso adoptar en pro de la celeridad y eficacia, ya que así como el trabajo aumentaba con la afluencia masiva de gente, en tanto el plazo dado por el Decreto se acercaba día a día.

La creación de las Secretarías apuntaba a esa implementación de tareas de acuerdo con el siguiente esquema operativo:

La Secretaría de Denuncias, con más personal que las otras, atendió la mayor cantidad de gente posible en un horario continuado de 9.30 a 17.30 horas, de lunes a viernes al comienzo y luego de lunes a jueves, reservándose el día viernes para el ordenamiento del material dado su gran volumen.

A cada denuncia se le asignó un número de orden, conformándose una carpeta o legajo destinado a contener todo cuanto tuviera vinculación con la desaparición denunciada (publicaciones, cartas, hábeas corpus, notas periodísticas, etc.). Se complementó la denuncia entrevistando y tomando declaración a testigos y librando oficios a las reparticiones correspondientes.

V

Con el fin de recibir la información correspondiente a hechos ocurridos en lugares lejanos a la sede de esta Comisión Nacional, donde no existían delegaciones permanentes, se efectuaron viajes a distintos puntos del interior del país, que abarcaron quince provincias, recogiéndose más de 1.400 denuncias.

En esta experiencia, además de los miembros plenos y de los secretarios que encabezaban las delegaciones, participaron 49 personas de esta Comisión.

Los testimonios brindados, sobre todo en las regiones periféricas, fueron reveladores de la más cruel metodología a la que hacemos mención en el presente Informe, aplicada a compatriotas de muy humilde condición y por ello mismo, en un mayor grado de indefensión.

Los testimonios no sólo se recogieron en las sedes de las legislaturas provinciales, sino que en muchos casos se visitó el interior de las provincias, como en Tucumán, donde la delegación de la CONADEP se constituyó en Famaillá, Lules, la Banda del Río Salí y Monteros. O en la ciudad de Libertador General San Martín, Provincia de Jujuy, donde se pudo comprobar el secuestro masivo de 200 personas en una sola noche, de las cuales más de 60 continúan en la condición de desaparecidas. Debemos agradecer la colaboración e intensa actividad desplegada por las Madres de Plaza de Mayo de esa localidad, con cuyo concurso se recogieron en esa oportunidad más de 70 testimonios en un solo día, proporcionados por gente humilde que exhibía su dolor al desconocer la suerte y el paradero de sus familiares más cercanos.

La llegada de la CONADEP a una provincia constituyó, en la mayoría de los casos, un acontecimiento de gran importancia; realizáronse conferencias de prensa, entrevistas y mesas redondas de carácter informativo con la presencia de los medios de difusión. En todas las ocasiones se establecieron modos de acción y colaboración en las tareas de recepción de denuncias entre las legislaturas, los organismos de derechos humanos y la CONADEP. Cumpliéndose la mayoría de las veces visitas protocolares a las más altas autoridades de los gobiernos provinciales, quienes brindaron su apoyo a las actividades realizadas.

Las visitas sirvieron, también, para coordinar los procedimientos de verificación de los Centros Clandestinos de Detención, para lo cual hubo que buscar a los testigos en sus domicilios, recorriendo algunas veces distancias superiores a los 50 km.

La labor desplegada permitió comprobar que el marco de la tragedia se extiende hasta los límites más lejanos del territorio nacional. Dejándonos la convicción de que la premura con que debimos actuar en cada zona a la que se logró llegar, no permitió recabar toda la información existente; y que, aún será menester visitar muchas localidades para obtener la completa visión de lo acontecido.

Ante el hecho de que una gran cantidad de argentinos, cuyo número no ha podido aún establecerse con exactitud, se vieron obligados a salir del país, también se resolvió solicitar la recepción de denuncias por parte de nuestras representaciones diplomáticas, así como la realización de viajes al exterior en busca de nuevas pruebas y testimonios.

Para esta tarea se recibió el apoyo del Canciller, Lic. Dante Caputo, y se contó con la participación directa de la Dra. Elsa Kelly, Subsecretaria de Relaciones Exteriores, y del Sr. Embajador Dr. Horacio Ravena, a cargo de la Dirección General de Derechos Humanos del Ministerio de Relaciones Exteriores, a fin de que se brindara a la Comisión una amplia colaboración por el personal de las sedes argentinas en el exterior.

El miembro de la Comisión Rabino Dr. Marshall T. Meyer viajó a los Estados Unidos de América, visitando las ciudades de Los Angeles, New York y Washington; también en Europa —en ocasión de la Reunión del Grupo de Trabajo sobre Derechos Humanos de las Naciones Unidas—, recibió un significativo caudal de material testimonial en las ciudades de París y Ginebra.

El Secretario de Asuntos Legales de la Comisión, Dr. Alberto Mansur, viajó a la República de Venezuela, informando de inmediato en conferencia de prensa sobre los trabajos realizados y los logros obtenidos por la Comisión, al propio tiempo que convocaba a quienes desearan efectuar denuncias o prestar testimonios, para su atención personal en la sede de la Embajada argentina en Caracas. Con igual propósito viajó a la ciudad de Maracaibo; e igualmente dispuso de una jornada para visitar la sede de la Federación Latinoamericana de Familiares de Detenidos (FEDEFAN), donde se le facilitó copia de 160 casos de desaparición de personas en nuestro país, de cuya descripción se carecía en la Comisión, así como listados de personas desaparecidas de nacionalidad uruguaya, peruana, paraguaya, boliviana y chilena que se encontraban radicadas en nuestro país.

El miembro de la Comisión Diputado Hugo Piucill y la Secretaria de Recepción de Denuncias, Sra. Graciela Fernández Meijide, estuvieron en la Embajada Argentina en Madrid, para trasladarse luego a nuestro Consulado en Barcelona; en las dos ciudades fueron recibidas numerosas denuncias de familiares de desaparecidos que viven en ese país y testimonios de liberados, que resultaron de suma importancia. Cabe destacar el contacto realizado con un testigo que permitió la realización de un procedimiento en Campo de Mayo; también otro aporte de datos tendientes al esclarecimiento del llamado secuestro de la iglesia de la Santa Cruz, en el que desaparecieron dos monjas francesas.

El miembro de la Comisión Diputado Horacio Huarte se trasladó a la sede de la Embajada argentina en Ciudad de México, siendo también previamente anunciada su presencia a través de todos los medios de difusión. Allí se acercó un número importante de personas para formular denuncias sobre los hechos y circunstancias ocurridos en nuestro país.

En general, las denuncias, testimonios, evidencias e informaciones obtenidas en los viajes al exterior fueron un valiosísimo aporte para la Secretaría de Asuntos Legales de la Comisión Nacional, resultando obvio para los miembros de la misma que sin tales viajes los ciudadanos exiliados que prestaron declaraciones en tales ocasiones tenían razones personales vinculadas a sus experiencias vividas en la época del régimen dictatorial que les impedía aún hoy acercarse a las sedes diplomáticas de nuestro país para prestar sus declaraciones.

Como dato de interés, cabe mencionar la enorme preocupación que evidenció por el tema la ciudadanía de los países visitados, la cual se reflejó en los amplios espacios informativos que le dedicaron al problema de los desaparecidos en ocasión de estos viajes; igualmente la adhesión general que concitó la misión asignada a la Comisión, adhesión relacionada con las grandes expectativas existentes en cuanto a los resultados de las acciones judiciales en trámite.

VII

Cuando se entendió que era urgente realizar un procedimiento complementario (excavación, obtención de testimonios fuera del ámbito de la Comisión, inspección de centros clandestinos de detención, secuestro y/o constatación de efectos o documentos, etc.), el legajo se derivó a la Secretaría de Procedimientos, para que concretara la diligencia.

Recorrer el laberinto para ubicar el lugar donde se perdió la huella de miles de personas resultó una difícil tarea, muchas veces dolorosa porque se convirtió en un amargo recuerdo para los liberados.

En general, tales procedimientos consistieron en lo siguiente:

1) Reconocimiento "in situ" de centros clandestinos de detención, con la concurrencia de liberados de dichos campos.
2) Visita a las morgues para recabar información sobre ingresos irregulares.
3) Diligencias en vecindarios y en lugares de trabajo, enderezadas a determinar la ubicación de centros clandestinos de detención o sobre las modali-

dades y formas en que se procedió a secuestrar a personas que figuran como desaparecidas.

4) Recepción de declaraciones testimoniales de personal en actividad o en retiro de las fuerzas armadas y de seguridad, fuera del ámbito físico de la Comisión.

5) Revisión de registros carcelarios.

6) Revisión de registros policiales.

7) Investigación de delitos cometidos en bienes de desaparecidos.

También se registraron ámbitos a partir de datos proporcionados por quienes hubieron recibido noticia de que en ellos podrían encontrarse sus seres queridos; se acompañó a los familiares, aun en casos en que el resultado positivo fuera improbable, o la realización de la diligencia, lejana o dificultosa. Esta averiguación del paradero y destino de desaparecidos que podrían continuar con vida y privados de su libertad resultó adversa. Así, fueron negativas las inspecciones en el Distrito Militar Río Negro de Viedma, en el Regimiento de Infantería de Monte Nº 29 de Formosa, y en instalaciones de la Comisión Nacional de Energía Atómica donde la Comisión se constituyó atendiendo a denuncias de familiares.

En otras oportunidades, familiares de detenidos desaparecidos recibieron llamadas, generalmente anónimas, en las que se les indicaba que las posibles víctimas podrían encontrarse con vida en diferentes establecimientos neuropsiquiátricos o asistenciales.

Estos sitios fueron: el Instituto Neuropsiquiátrico Tomás Borda, la Clínica Neuropsiquiátrica de San Justo, el Instituto Interzonal Neuropsiquiátrico Manuel Estévez, el Instituto Neuropsiquiátrico Alejandro Korn y el Instituto Neuropsiquiátrico Braulio Moyano. Constituida la Comisión con los familiares en el lugar, en todas las oportunidades y en primer término, se revisaron detenidamente los libros de internados, poniendo especial atención en los que figuraban "N.N." Posteriormente a esta investigación formal, se procedió a una recorrida por todos los pabellones, efectuando un reconocimiento visual de cada uno de los pacientes. En cada pabellón se interrogó a enfermeras, médicos e inclusive personas internadas. La exhibición de fotografías y demás características de las víctimas intentó o procuró facilitar su reconocimiento, o algún recuerdo que los interrogados pudieran haber retenido en su mente.

Todas las visitas a este tipo de establecimientos dieron resultado negativo en cuanto a la búsqueda de personas, pero quizá muy positivo en el sentido de poner fin a situaciones de atroz angustia y de falsa expectativa en gente ya casi sin fuerzas para soportarlas.

VIII

La Secretaría de Asuntos Legales, encargada de formalizar las elevaciones a la justicia, sometió cada legajo a un estudio minucioso y detenido, procesándolo como un verdadero sumario. Con el principal y constante objetivo de poder determinar el destino y el paradero de las personas desaparecidas, se trabajó en la tarea de ordenar, seleccionar y vincular entre sí la gran cantidad de denuncias y pruebas recibidas, con especial reparo en aquellos elementos relevantes para dar un curso fructífero a la investigación.

Sin embargo, en la medida que se vieron frustrados los esfuerzos por encontrar las personas desaparecidas, se fueron incrementando las remisiones de denuncias a los estrados judiciales. Tanto la índole del material recibido, en el que se testimonia sobre los hechos ocurridos, como los resultados de las constataciones, informes solicitados e inspecciones realizadas, fueron conduciendo las investigaciones a la acreditación de la amplia gama de delitos cometidos.

Fue necesario partir del momento mismo del secuestro para seguir el itinerario de la desaparición que habría de conducir a los centros de detención, en tanto éstos fueron el epicentro de las acciones delictivas.

Como se dijo, se estaba frente a una tarea inédita, cual era la de investigar un aspecto de la actividad estatal clandestina que, colocado totalmente al margen de las normas y procedimientos lícitos, devino en una organización para el delito. La supresión de rastros y documentos, la falsa identidad de los autores enmascarados detrás de nombres supuestos o apodos con credenciales apócrifas, la alteración de los edificios que sirvieron de base operativa, la remoción de terrenos utilizados para inhumaciones clandestinas, en muchos casos la imposibilidad de los secuestrados de reconocer a sus captores cegados como estaban por vendas y capuchas desde el inicio de su detención fueron algunos de los graves inconvenientes con que tropezó la labor.

Se libraron oficios, se citaron testigos, se dispusieron reconocimientos del lugar de los hechos, así como relevamientos fotográficos y planimétricos. Cada avance fue sugiriendo las nuevas medidas de prueba.

Fue criterio ordenador de la labor el no dejarse persuadir por otra cosa que no fuera lo razonablemente constatado para arribar a una conclusión. Los hallazgos probatorios con que ha fructificado el trabajo trasuntan con vehemente confiabilidad la veracidad de los hechos denunciados. Cuando la investigación se consideró suficientemente adelantada, porque había material apreciable, o bien cuando se determinó que su progreso era imposible por el momento, la carpeta se remitió —en el primer supuesto— a los Tribunales y en el segundo se la reservó hasta que algún nuevo dato sirviera para activarla.

IX

El trabajo se fue perfeccionando a medida que se avanzaba, sobre todo cuando se advirtió que si los legajos se agrupaban según el "campo" o centro clandestino de detención donde el desaparecido había sido visto con vida o donde un liberado había estado preso, se obtenía una suma de coincidencias que hacía más contundente la prueba. De esto surgieron los denominados "paquetes" o conjuntos de denuncias, testimonios y pruebas, integrados por muchos legajos unidos entre sí como una estructura con referencia a un campo determinado. En algún caso, por la modalidad del asunto, el "paquete" de denuncias y pruebas se hizo por circunstancias comunes a las víctimas, como ocurrió con el de un centenar de conscriptos desaparecidos mientras cumplían el servicio militar.

En todo esto el aporte de los liberados fue decisivo; de ahí que sin perjuicio de mayores menciones que se hacen en otros capítulos, queremos destacar desde ya su gesto de valentía y solidaridad. Ellos, que padecieron torturas y vejámenes increíbles, se acercaron desde el primer momento mostrando sin rubores el miedo que aún padecían pero que conjuraban a fuerza de valor cívico y de impulsos éticos irrefrenables. Fueron ellos los que trajeron noticias ciertas sobre otros desaparecidos, dieron detalles de los campos y se prestaron, además, a reconocer los lugares de detención y torturas, es decir, de "sus" lugares de detención y torturas. Si esta Comisión ha podido acercar a los Jueces —como estamos seguros— pruebas concretas e irrefutables, se debe, decididamente, al testimonio de esos liberados sin cuyo concurso no habrían sido posibles los logros obtenidos en el curso de las presentes investigaciones.

X

No obstante, es necesario decir que nuestra labor se vio dificultada por la destrucción y/o remoción de la profusa documentación que registró minuciosamente la situación de las personas desaparecidas, por lo que debió apelarse a informes de algunos institutos y organismos militares y de seguridad acerca de directivas, organigramas, órdenes y nombres de miembros de esas fuerzas de seguridad que por su rol protagónico en las actividades represivas podrían haber aportado elementos de insustituible valor probatorio.

Se libraron la cantidad aproximada de 1.300 oficios, que puede desglosarse de la siguiente forma:

Ministerio de Defensa	280
Ministerio de Relaciones Exteriores y Culto	30
Ministerio del Interior	60
Policía Federal	100
Policías Provinciales	100
Servicio Penitenciario Federal	70
Gobernación de la Provincia de Buenos Aires	10
Juzgados Nacionales y Provinciales	290
Registro Nacional de las Personas y de las Propiedades Inmueble y Automotor	80
Organismos varios (oficiales y particulares)	280
	1.300

Por razones burocráticas y otras que desconocemos, muchos de estos requerimientos quedaron sin respuesta, al no contestarse satisfactoriamente todos los respectivos pedidos de informes cursados por la Comisión a organismos dependientes de las fuerzas armadas. Esta falta de colaboración se evidenció también en la actitud de unos pocos Jueces de Capital y otros de Provincia que nos devolvieron las notas que se les remitían negándonos entidad, representatividad o personería.

Con respecto a ciertos organismos administrativos y de seguridad se debió recurrir hasta la instancia del Sr. Presidente de la República para que aquellos organismos respondieran a la brevedad, lo mismo que para que se dejara sin efecto la disposición que servía a los integrantes de las Fuerzas Armadas para negarse a responder a nuestras preguntas so pretexto de "secreto militar" (Decreto N° 2107/84).

Aunque indudablemente el trabajo de esta Comisión pueda no conformar las expectativas de todos, somos conscientes que se hizo cuanto concernía a la responsabilidad contraída de dar cauce a esta experiencia única y con pocos precedentes —si los hay— en otras partes del mundo. En pocos meses el personal de la CONADEP procesó un volumen tal de datos y de fojas, que a no ser por el espíritu que lo alentaba hubiera requerido años hacerlo. Basta recorrer la lista de envíos a la justicia para advertirlo.

Otros aspectos de la labor desplegada por la Comisión Nacional sobre la desaparición de personas

Desde su creación, esta Comisión Nacional celebró reuniones plenarias semanales las que se iniciaban alrededor de las 10 de la mañana y continuaban hasta las últimas horas de la tarde, sin interrupciones, para agotar los temarios propuestos, además de las sesiones casi diarias del Comité Ejecutivo.

Dio la Comisión infinidad de comunicados de prensa y atendió a numerosas Delegaciones y personalidades del país y del extranjero, contándose entre las más significativas la de Edmundo Vargas Carreño, Secretario Ejecutivo de la Comisión de Derechos Humanos de la O.E.A.; Juan E. Méndez, Director de American Watch con asiento en Washington; Martín Pérez de la Asociación Pro Derechos Humanos de España; Rafael de Campagnola, Consejero de la Embajada de Italia; Parlamentarios Europeos e Israelíes, como así también al Sr. Jorge Santistevan, del Alto Comisionado de las Naciones Unidas para los Refugiados, y la del Dr. José Figueres, ex Presidente de Costa Rica.

También concurrieron a esta Comisión Nacional: Miembros del Partido Ecologista Alemán; Sr. Embajador de Holanda; Grupo de Legisladores italianos; Asociación Pro Derechos Humanos de España; los Sres. Embajadores de Suecia y Alemania; Sr. Antoine Blanca, Embajador de Francia; Asociación de Abogados de Buenos Aires; Federación Argentina de Abogados. Personalidades como: el Embajador H. Solari Irigoyen; Senador Adolfo Gass; Diputado Adam Pedrini; Diputado Augusto Conte; Diputado Dr. César Jaroslavsky; Senador Antonio Berhongaray; Diputado Jorge Reynaldo Vanossi; Cnel. Jaime Cesio; los Directivos del Secretariado Internacional de Juristas por la Amnistía en Uruguay; integrantes de la DAIA; el premio Nobel de la Paz, Arq. Adolfo Pérez Esquivel; Sra. Elsa Kelly, Secretaria de Estado del Ministrio de Relaciones Exteriores; Delegación de Senadores de la Provincia de Buenos Aires; etc., etc., e innumerables visitas de representantes de órganos de opinión pública nacional e internacional.

Todos ellos para ofrecer su adhesión y apoyo a las tareas de la Comisión.

2) Ella auspició además, la visita al país de integrantes del Comité de Libertad y Responsabilidad Científica, de la Asociación Americana para el Avance de la Ciencia, cuyo aporte en materia de investigaciones en todo lo que hace a la inquietud de los Organismos de Derechos Humanos y en especial a los fines de esta Comisión fue de inestimable valor. La integraban

los Dres. Lowell Levine, Lesli Lukash, Marie Claire King, Clyde Snow, Luke Tedeschi, los que vinieron acompañados por el Dr. Cristian Orrego y el Sr. Eric Stover.

Ellos participaron en un simposio en el que revelaron los últimos adelantos en materia de análisis genéticos para la determinación de vínculos biológicos idóneos para la recuperación e identificación de niños, hijos de padres desaparecidos. Orientaron además a las autoridades locales acerca de la posibilidad científica de determinar la causa de muerte de una persona por el estudio de sus restos. Esta delegación tomó contacto con Abuelas y Madres de Plaza de Mayo e hizo un desinteresado ofrecimiento de colaboración. Viajó, además, con delegados de la Comisión, a Córdoba, Mar del Plata y La Plata, a los fines de sus tareas específicas.

3) Esta Comisión solicitó y obtuvo del Poder Ejecutivo que se habilitaran las Embajadas y Consulados argentinos en el Extranjero para que los emigrados formularan allí sus denuncias o aportaran sus testimonios sobre desaparecidos.

Acá cabe destacar un gesto del Sr. Presidente de la República. En sesión del 10/1/84 se decidió solicitar tal medida en el día al Poder Ejecutivo. En las últimas horas de esa tarde se recibió en la Comisión una nota personal del Presidente con copia de la instrucción impartida a todas las Embajadas y representaciones argentinas en el extranjero.

4) La Comisión Nacional envió representantes a la reunión del Grupo de Trabajo sobre Desapariciones Forzadas e Involuntarias de Personas, celebrada en Junio de 1984 en Nueva York, y también a la Conferencia Internacional de Derechos Humanos de Ginebra, Suiza, designando en ambos casos al miembro Titular Rabino Marshall Meyer, a tal efecto.

5) En Enero de 1984, y sin que ello constituyera en modo alguno un prejuzgamiento sobre la conducta de nadie, decidió solicitar que los órganos competentes del Estado Nacional adoptaran medidas precautorias para asegurar que algunas personas cuyos testimonios pudieran resultar útiles a sus fines investigativos o al de los Jueces permanecieran en el país incluso por aplicación de reglamentaciones militares ya existentes y según las circunstancias de cada situación, para favorecer su comparecencia en caso de ser citados.

6) Resolvió la creación de filiales en las ciudades de Bahía Blanca, Mar del Plata, Córdoba, Rosario y Santa Fe, amén de una representación en la ciudad de Resistencia — Chaco.

7) Dispuso que miembros titulares de la Comisión viajaran al interior del país a los efectos de organizar delegaciones y centros de colaboración, recibir denuncias y testimonios de los pobladores, para todo lo cual se establecieron cuatro zonas de trabajo: Litoral, Centro, Norte y Sur.

8) Convino con el CUPED (Centro Unico de Procesamiento Electró-

nico de Datos) la forma de alimentar el centro propio de computación y la instalación de las terminales correspondientes cedidas sin cargo por IBM.

9) Dispuso fotocopiar y microfilmar toda la documentación reunida hasta el presente, resguardándola en cajas de seguridad de Bancos Oficiales.

10) Mantuvo reuniones de trabajo con Organismos como: Cruz Roja Internacional, Comisión Parlamentaria de Derechos Humanos de la Provincia de Buenos Aires, Vicaría de la Solidaridad de Chile, etc., y dispuso también, tomar contacto con Organismos Internacionales tales como Naciones Unidas, Unesco, Amnesty International, Clamor, Comisión Internacional de Juristas, Asociación Internacional de Juristas Democráticos y otras no menos significativas.

11) Dictó su propio reglamento interno y designó un Comité Ejecutivo integrado por cuatro miembros titulares para la atención de los asuntos de trámite diario.

12) Dispuso que los Sres. Miembros de la Comisión Diputados Piucill y Huarte y los Secretarios G. F. Meijide y A. Mansur realizaran viajes a distintos países de América y de Europa para recibir valioso material probatorio con el que aún no se contaba. Estas Delegaciones tuvieron pleno éxito.

13) El Presidente Sabato, como vocero de la Comisión, mantuvo más de 100 entrevistas personales, radiales, televisivas, etc., para el interior y exterior del país.

14) Se realizaron más de 30 conferencias de prensa sobre temas concretos y generales, muchas de ellas con presencia de testigos y liberados.

15) Se produjo la película para televisión "Nunca más".

16) Se emitieron más de 60 comunicados de prensa sobre el estado de las distintas investigaciones. Los miembros titulares de la Comisión realizaron viajes especiales y conferencias de prensa en cada lugar visitado para la organización y constitución de Delegaciones y Filiales en el interior del país.

Listado de procedimientos de constatación en lugares señalados como Centros Clandestinos de Detención

Capital Federal

— Escuela de Mecánica de la Armada (E.S.M.A.)
— "Olimpo" — Actualmente garaje y taller de mantenimiento de automóviles de la Policía Federal
— Superintendencia de Seguridad Federal

Provincia de Buenos Aires

— Bánfield — "Pozo de Bánfield" — Ex Brigada de Investigaciones (actualmente Brigada de Homicidios y Departamento de Instrucción Judicial).
— Quilmes — "Puesto Vasco" — Dependencia de la Brigada de Investigaciones 14, en Don Bosco.
         "Pozo de Quilmes" — Ex Brigada de Investigaciones de Quilmes.
— La Matanza — "Banco" — Actual Destacamento N° XV de la Policía Femenina de la Provincia.
         "Vesubio" — Bajo control del 1° Cuerpo de Ejército, en la avenida Ricchieri a la altura del Puente 12.
— La Plata — "La Cacha" o "El Casco" — Antigua Planta Transmisora de Radio Provincia de Lisandro Olmos.
         "Pozo de Arana" — Entre las calles N° 137 y 640.
— Campo de Mayo — Plaza de Tiro de la Zona Militar.
— Martínez — "Cot I, Martínez" — Inmueble ubicado en Avenida del Libertador N° 14.237/43.
— Bahía Blanca — "La Escuelita" — Dependiente del Comando V Cuerpo de Ejército.
— Mar del Plata — Escuela de Suboficiales de Infantería de Marina.
         — Base Aérea Militar.
         — Comisaría de Batán.
         — Comisaría 4 de Mar del Plata
         — Cuerpo de Bomberos.
         — Base Naval.
— Haedo — Policlínico Alejandro Posadas.
— Las Flores — Brigada de Investigaciones de Las Flores.
— San Nicolás — Brigada de Investigaciones de San Nicolás.

— Olavarría — Destamento Militar "Sierras Bajas" o "Campo de Monte Pelone", establecimiento rural perteneciente a Fabricaciones Militares.

Córdoba

— Casa de la Dirección de Hidráulica — Ubicada en el paraje "Dique San Roque".
— "Loma del Torito" — Ubicada en el campo "La Perla".
— "La Perla" — Cuartel del Escuadrón de Exploración de Caballería Aerotransportada 4.
— "La Ribera" — Prisión Militar de Encausados.
— "Malagueño" — Actualmente Centro de Mantenimiento del 3er. Cuerpo de Ejército.

Tucumán

— "Escuelita de Famaillá"
— Jefatura Policía de la Provincia
— Ex Ingenio Lules
— Ingenio "La Fronterita"
— Escuela "República del Perú"
— Departamento de Educación Física — U.T.N. de Tucumán.
— Compañía de Arsenales Miguel de Azcuénaga.

Mendoza

— 8a. Brigada de Infantería de Montaña.
— Palacio Policial — Dependencias Departamento Informaciones D-2.
— Penitenciaría Provincial.
— Liceo Militar General Espejo.
— Comisaría 7a. de Godoy Cruz.
— Unidad Militar Campo de los Andes.

Formosa

— Regimiento 29 de Infantería de Monte.
— Destacamento Policial (Cuatrerismo), de San Antonio de la Policía de la Provincia

Santa Fe

— Puerto Gaboto
— Prefectura Naval de San Lorenzo

Tareas realizadas por el Departamento de Computación

La Comisión Nacional debió afrontar la tarea de registrar los nombres y datos de víctimas de la represión, desaparecidos, desaparecidos-liberados y muertos. En vista de que esta nómina comprendía muchos miles de nombres, se decidió emprender un trabajo en computación, con la creación de un "Banco de Datos".

Para ello se obtuvo la colaboración del CUPED (Centro Unico de Procesamiento de Datos que procesa Jubilaciones, Lotería, Prode, etc.) que prestó sus equipos y servicios a la Comisión sin cargo, de acuerdo con lo prescripto en el Decreto de creación de la Comisión y sus complementarios.

El CUPED preparó los programas respectivos, y creó un Banco de Datos sobre la base de los listados de APDH, Clamor, OEA, ONU, ADL, etc. Se ingresaron por planillas, que luego se volcaban en el Banco de Datos:

Apellidos, nombres, edad, documento, fecha de hecho, lugar de desaparición y profesión de las víctimas.

A medida que ingresaban los diferentes listados, se cotejaban con los datos ya existentes en el Banco de Datos, a fin de evitar duplicaciones.

Con la colocación de dos terminales (CNDT01 y CNDT02) en el local de la Comisión, fue posible efectuar consultas por pantalla, así como cargar datos directamente por las terminales.

Así se incluyeron en los listados datos que se obtenían de otras fuentes, en especial de los legajos con los testimonios de declaraciones prestadas ante la Comisión. De estos legajos se introdujeron sus números de orden, lo cual permitió efectuar consultas rápidas y cruzamiento de informaciones.

Desde las terminales se efectuó un laborioso trabajo de depuración del Banco de Datos. Como algunos de los nombres que figuraban en ese Banco no tenían datos de documentos no era posible detectar por programa de computadora si dos nombres tales como Pérez Susana y Perel Susana

459

correspondían a la misma persona. Esta depuración debía hacerse entonces a mano, llamando a la pantalla los nombres parecidos y procediendo a eliminar a aquellos que inequívocamente correspondían a una misma persona.

En el mes de junio se instalaron otras dos terminales (CNDTO3 y CNDTO4) para facilitar la entrada de datos. Como ya en esa época se había generalizado el uso de las terminales para efectuar consultas por parte de otros funcionarios de la Comisión, se instaló una impresora a fin de evacuar rápidamente las consultas sin necesidad de inmovilizar la terminal para examinar la pantalla.

Durante estos meses se imprimieron, en la computadora central del CUPED, listados de víctimas por orden de apellido, por número de documento, por edad, por fecha de desaparición, etc.

Finalmente se realizaron dos tareas importantes:

1) Continuar con la depuración, distinguiendo en todos los casos que es posible a los desaparecidos, los liberados y los muertos, a fin de obtener el listado final y estadísticas.

2) Incorporar los lugares y fechas en que los desaparecidos fueron vistos en centros de detención.

Elevaciones a los magistrados judiciales

Fecha:	Radicado en:	Causa:
1.— 31.01.84	— Juzgado Federal N° 2de Córdoba	Leg. N° 1420. — Sobre inhumaciones clandestinas en el cementerio San Vicente de Córdoba
2.— 07.02.84	— Juzgado Federal de Mercedes	— Leg. N° 172 — Sobre privación ilegítima de la libertad.
3.— 08.02.84	— Juzgado Federal N° 3 de La Plata	— Leg. N° 33 y 34 — Sobre privación ilegítima de la libertad y aplicación de apremios ilegales.
4.— 08.02.84	— Juzgado Federal N° 1 de Rosario	— Leg. N° 1223; 1224 y 1225 — Sobre privación ilegítima de la libertad y aplicación de apremios ilegales.
4bis.— 08.02.84	— Juzgado Federal N° 1 de Santa Fe	— Leg. N° 1254 — Sobre apremios ilegales

5.— 17.02.84 — Juzgado en lo Penal de Instrucción Nº 14 de Capital Federal
— Leg. Nº 1632
— Sobre falsificación de documentos y defraudación.

6.— 23.02.84 — Juzgado Federal de Salta
— Leg. Nº 1558.
— Sobre privación ilegítima de la libertad y lesiones.

7.— 08.03.84 — Juzgado Federal Nº 3 de La Plata
— Leg. Nº 719
— Sobre homicidios calificados, inhumaciones clandestinas de cadáveres.

8.— 09.03.84 — Juzgado Federal de San Isidro
— Leg. Nº 2069
— Sobre inhumación clandestina de cadáveres en el cementerio de la localidad de Gral. San Martín.

9.— 09.03.84 — Juzgado Federal Nº 3 de Capital Federal
— Leg. Nº 116; 117; 207; 208; 218; 220; 221; 264; 445; 446; 704; 746; 747; 748; 970; 974; 1171; 1412; 1656; 1849; 2206; 2365; 2431; 2440; 2447; 2452; 2684; 2685; 2740; 2776; 3529; 3596
— Sobre presuntos delitos cometidos en el ámbito de la Escuela Superior de Mecánica de la Armada (detenciones ilegales, aplicación de tormentos, adulteración de filiación, saqueo de bienes, homicidios).

10.— 30.03.84 — Juzgado Federal Nº 3 de Córdoba
— Leg. Nº 44; 2918; 4077; 4452; 4627
— Sobre asociación ilícita calificada, privación ilegal de la libertad, apremios ilegales y homicidios agravados.

11.— 17.04.84 — Juzgado Federal de Azul
— Leg. Nº 520; 1369; 1385; 1949; 2156; 2319; 2320; 2330; 2443; 2642; 2643; 2644; 2645; 2646; 2699
— Sobre aplicación de tormentos a detenidos, privación ilegítima de la libertad. Desaparición de personas ilegítimamente detenidas.

12.— 17.04.84 — Juzgado Federal Nº 1 de Rosario
— Leg. Nº 3776
— Sobre privación ilegítima de la libertad y aplicación de apremios ilegales.

13.— 17.04.84 — Juzgado Federal Nº 4 de Capital Federal
— Leg. Nº 3157
— Sobre privación ilegítima de la libertad y torturas.

461

14.— 07.05.84	— Juzgado en lo Penal de Instrucción Nº 29 Capital Federal	— Leg. Nº 1798 — Sobre fosas comunes de cadáveres N.N. en el predio de la Avda. Piedra Buena y la calle Zuviría.
15.— 08.05.84	— Juzgado Federal Nº 1 de Mendoza	— Leg. Nº 2648 — Sobre privación ilegal de la libertad y apremios ilegales inhumación de cadáveres.
16.— 08.05.84	— Cámara en lo Criminal y Correcional Federal de Córdoba.	— Leg. Nº 967. — Sobre privación ilegítima de la libertad.
17.— 14.05.84	— Juzgado Federal Nº 2 de Córdoba	— Leg. Nº 353 — Sobre privación ilegítima de la libertad.
18.— 17.05.84	— Juzgado Federal Nº 1 de Córdoba	— Leg. Nº 1463; 4826 y 4827. — Sobre presuntos delitos cometidos en el ámbito de la provincia de Córdoba (privación ilegítima de la libertad, etc.).
19.— 17.05.84	— Juzgado Federal Nº 2 de Córdoba	— Leg. Nº 4317. — Sobre homicidio y falsificación de documento público.
20.— 21.05.84	— Juzgado Federal de San Luis	— Leg. Nº 3846. — Sobre homicidio, privación ilegítima de la libertad y torturas.
21.— 21.05.84	— Juzgado en lo Penal de Instrucción Nº 3 de Capital Federal	— Leg. Nº 325. — Sobre privación ilegítima de la libertad..
22.— 24.05.84	— Juzgado Federal Nº 3 de Capital Federal	— Leg. Nº 77. — Sobre privación ilegítima de la libertad y homicidio.
23.— 24.05.84	— Juzgado en lo Penal Nº 1 de San Isidro	— Leg. Nº 2530. — Sobre inhumaciones clandestinas en el cementerio de Boulogne y San Fernando.
24.— 05.06.84	— Juzgado Federal Nº 6 de Capital Federal	— Leg. Nº 5; 20; 242; 436; 680; 681; 807; 989; 1154; 1265; 1328; 1332; 1582; 1583; 1819; 1820; 1964; 1965; 1966; 2311; 2313; 2520; 2529; 2647; 3021; 3129; 3220; 3244; 3245; 3268; 3357; 3624; 3712; 3713; 3737; 3763; 3764; 3889; 3890; 4124; 4151; 4152.

— Sobre presuntos delitos cometidos en los Centros Clandestinos de Detención denominados El Banco y El Olimpo (privación ilegítima de la libertar, torturas, homicidios).

25.— 05.06.84	— Juzgado Federal Nº 3 de Capital Federal	—Leg. Nº 533; 551; 760; 1219; 1220; 1236; 1237; 1327; 1668; 1669; 1719; 2451; 2452; 2587; 2611; 2883; 2900; 2930; 3115; 3405; 3479; 3494; 3523; 3796; 4016; 4167; 4430; 4443; 4477; 4687; 4816; 4912; 5011; 5012; 5013. — Sobre presuntos delitos cometidos en la Escuela Superior de Mecánica de la Armada (privación ilegítima de la libertad, aplicación de tormentos y homicidio).
26.— 30.05.84	— Juzgado Federal Nº 1 de Tucumán	— Leg. Nº 151; 415; 437; 440; 676; 1125; 1126; 1127; 1252; 1744; 1745; 1940; 2324; 2356; 2509; 2596; 2597; 2695; 2841; 2890; 3033; 3161; 3162; 3163; 3297; 4020; 4636. — Sobre presuntos delitos cometidos en el ámbito de la provincia de Tucumán (asociación ilícita calificada, homicidios calificados reiterados falsificación documental, etc.).
27.— 01.05.84	— Juzgado Federal Nº 2 de Córdoba	— Leg. Nº 3677. — Sobre reconocimiento del Campo de la Guarnición Militar Córdoba.
28.— 06.03.84	— Juzgado de Instrucción de la 10a. Nominación de Rosario	— Leg. Nº 2374. — Sobre privación ilegítima de la libertad.
29.— 06.03.84	— Juzgado de Instrucción de la 10a. Nominación de Rosario	— Leg. Nº 2416. — Sobre privación ilegítima de la libertad.
30.— 13.06.84	— Juzgado Federal Nº 1 de Córdoba	— Leg. Nº 608; 780; 1375; 1436; 1653; 1810; 1890; 2387; 2391; 2424; 2425; 2893; 3319; 3386; 3800; 3801; 3950; 3985; 4017; 4062; 4063; 4064; 4065; 4067; 4068; 4070; 4073; 4074; 4075; 4077; 4078; 4079; 4080; 4081; 4082; 4083; 4209; 4213; 4226; 4240; 4306; 4451; 4453; 4612; 4691; 4692; 4693; 4694; 4695; 4696; 4697; 4698; 4699; 4700. — Sobre presuntos delitos cometidos en el

Centro Clandestino de detención denominado La Perla (privación ilegítima de la libertad, aplicación de tormentos y ejecuciones sumarias).

31.— 22.06.84 — Juzgado en lo Penal N° 1 de La Plata

— Leg. N° 297; 431; 434; 435; 443; 492; 535; 612; 634; 683; 706; 718; 719; 743; 786; 836; 975; 1028; 1141; 1222; 1277; 1557; 1714; 1715; 1716; 1717; 1718; 1872; 1906; 1970; 2095; 2307; 2360; 2409; 2531; 2538; 2543; 2590; 2610; 2680; 2800; 2818; 2820; 2821; 2822; 2825; 2846; 2852; 2853; 2965; 3088; 3298; 3358; 3439; 3530; 3581; 3634; 3648; 3650; 3662; 3671; 3672; 3741; 3757; 3828; 3931; 3944; 4012; 4013; 4014; 4015; 4018; 4085; 4086; 4185; 4206; 4322; 4369; 4486; 4635; 4839.
— Sobre presuntos delitos cometidos en el ámbito de la provincia de Buenos Aires (privación ilegítima de la libertad, torturas, condiciones inhumanas de encierro).

32.— 15.06.84 — Juzgado en lo Penal N° 3 de Mar del Plata

— Leg. N° 1821.
— Sobre privación ilegal de la libertad.

33.— 21.06.84 — Juzgado Federal de San Isidro

— Leg. N° 1822.
— Sobre privación ilegal de la libertad.

34.— 21.06.84 — Juzgado Federal N° 2 de La Plata

— Leg. N° 382.
— Sobre existencia de tumbas N.N. en el Cementerio Parque de Berazategui (Ranelagh).

35.— 31.03.84 — Juzgado Federal N° 2 de Córdoba

— Leg. N° 1568.
— Sobre privación ilegal de la libertad calificada, apremios ilegales y homicidio calificado.

36.— 26.06.84 — Juzgado en lo Penal de Instrucción N° 3 de Capital Federal

— Leg. N° 1658.
— Sobre privación ilegal de la libertad.

37.— 05.07.84 — Juzgado Federal de Morón

— Leg. N° 237; 368; 1172; 1333; 1518; 1537; 1566; 1973; 3736; 3977; 4002; 4263; 4423; 4524; 4525; 4567; 4709; 4710; 4711; 4712; 4713; 4714; 4715; 4716; 4717.
— Sobre presuntos delitos cometidos en el Centro Clandestino de Detención denominado Hospital Posadas (detenciones ilegales, aplicación de tormentos, homicidios).

38.— 10.07.84	— Juzgado en lo Penal de Instrucción N° 8 de Capital Federal	— Leg. N° 1353. — Sobre privación ilegal de la libertad.
39.— 10.07.84	— Juzgado Federal N° 1 de Córdoba	— Leg. N° 6132; 6133; 6134; 6135; 6136; 6137; 6138; 6139; 6140; 6141; 6142; 6143. — Sobre presuntos delitos cometidos en el Dique San Roque, dependiente de la Dirección de Hidráulica de Córdoba (hallazgo de cadáveres N.N.).
40.— 11.07.84	— Juzgado en lo Penal N° 3 de Lomas de Zamora	— Leg. N° 2273. — Sobre privación ilegítima de la libertad.
41.— 11.07.84	— Juzgado Federal N° 5 de La Plata	— Leg. N° 1729. — Sobre privación ilegítima de la libertad.
42.— 12.07.84	— Juzgado en lo Penal de Instrucción N° 2 de Capital Federal	— Leg. N° 1065. — Sobre privación ilegal de la libertad.
43.— 13.07.84	— Juzgado Federal de Morón	— Leg. N° 1001. — Sobre privación ilegítima de la libertad.
44.— 13.07.84	— Juzgado en lo Penal de Instrucción N° 25 de Capital Federal	— Leg. N° 3882. — Sobre privación ilegítima de la libertad.
45.— 13.07.84	— Juzgado en lo Penal N° 6 de San Isidro	— Leg. N° 314. — Sobre amenazas y privación ilegal de la libertad.
46.— 16.07.84	— Juzgado en lo Penal N° 6 de Lomas de Zamora	— Leg. N° 2103. — Sobre presunta inhumación ilegal de cadáveres.
47.— 16.07.84	— Juzgado en lo Penal N° 1 de Lomas de Zamora	— Leg. N° 2019; 2020. — Sobre privación ilegítima de la libertad y robo.
48.— 16.07.84	— Juzgado Federal N° 2 de Córdoba	— Leg. N° 689; 1817; 2262; 2299; 2534; 2812; 3847; 4076; 4109; 4208; 4210; 4211; 4212; 4214; 4221; 4239; 4243; 4244; 4300; 4828; 4829; 4830; 4831; 4832; 4833; 4834; 4835;

5229; 5230; 5231; 5473; 5666; 5667; 5852; 5853; 5854; 5855; 5856; 5857.
— Sobre presuntos delitos cometidos en el Centro Clandestino de Detención denominado La Rivera (secuestro, robo, privación ilegítima de la libertad, torturas y tormentos seguidos de muerte).

49.— 17.07.84   — Juzgado en lo Penal N° 7 de Morón

— Leg. N° 5612.
— Sobre asociación ilícita, falsificación de documentos, privación ilegítima de la libertad, aplicación de tormentos y robos.

50.— 19.07.84   — Juzgado en lo Penal de Instrucción N° 33 de Capital Federal

— Leg. N° 343.
— Sobre privación ilegítima de la libertad.

51.— 20.07.84   — Juzgado de Instrucción de Concordia

— Leg. N° 709.
— Sobre privación ilegal de la libertad.

52.— 19.07.84   — Juzgado en lo Penal de Instrucción N° 14 de Capital Federal

— Leg. N° 2765.
— Sobre comisión de hechos delictuosos atribuidos a escribanos.

53.— 19.07.84   — Juzgado en lo Penal de Instrucción N° 14 de Capital Federal

— Leg. N° 2271.
— Sobre privación ilegal de la libertad.

54.— 19.07.84   — Juzgado en lo Penal de Instrucción N° 12 de Capital Federal

— Leg. N° 424.
— Sobre privación ilegal de la libertad.

55.— 19.07.84   — Juzgado Federal N° 1 de Capital Federal

— Leg. N° 635; 636.
— Sobre privación ilegítima de la libertad y homicidio.

56.— 20.07.84   — Juzgado en lo Penal de Instrucción N° 8 de Capital Federal

— Leg. N° 1882; 1883.
— Sobre privación ilegítima de la libertad.

57.— 20.07.84   — Juzgado en lo Penal N° 4 de San Isidro

— Leg. N° 1787.
— Sobre privación ilegítima de la libertad.

58.— 20.07.84	— Juzgado en lo Penal N° 6 de San Isidro	— Leg. N° 2260. — Sobre privación ilegítima de la libertad.
59.— 20.07.84	— Juzgado Federal N° 6 de Capital Federal	— Leg. N° 2448. — Sobre privación ilegal de la libertad.
60.— 23.07.84	— Juzgado Federal de Morón	— Leg. N° 2371. — Sobre privación ilegal de la libertad.
61.— 23.07.84	— Juzgado en lo Penal de Instrucción N° 10 de Capital Federal	— Leg. N° 2521. — Sobre presuntos ilícitos que se habrían cometido en la morgue judicial.
62.— 23.07.84	— Juzgado en lo Penal N° 3 de San Isidro	— Leg. N° 1256 y 1257. — Sobre privación ilegal de la libertad.
63.— 23.07.84	— Juzgado en lo Penal N° 6 de Lomas de Zamora	— Leg. N° 2281. — Sobre privación ilegal de la libertad.
64.— 20.07.84	— Juzgado Federal N° 1 de Capital Federal	— Leg. N° 513. — Sobre privación ilegal de la libertad.
65.— 01.08.84	— Juzgado Nacional de Primera Instancia en lo Criminal y Correccional N° 2 de Capital Federal	— Leg. N° 98; 117; 187; 231; 258; 299; 313; 359; 418; 516; 544; 941; 1043; 1310; 1421; 1515; 1672; 1684; 1704; 1724; 1749; 1845; 1957; 2202; 2209; 2259; 2263; 2264; 2272; 2274; 2276; 2278; 2280; 2282; 2284; 2286; 2287; 2288; 2291; 2294; 2295; 2296; 2297; 2345; 2346; 2347; 2352; 2851; 2886; 2987; 2994; 3453; 3569; 3799; 4041; 4096; 4812; 4972; 5947. — Sobre presuntos delitos de los que resultaron víctimas soldados conscriptos (privación ilegal de la libertad calificada, ocultamiento de pruebas, falsedad documental).
66.— 01.08.84	— Juzgado Federal N° 3 de Capital Federal	— Leg. N° 423; 501; 546; 565; 887; 1131; 1132; 1317; 1486; 1730; 2515; 2535; 2604; 2676; 2795; 2796; 2986; 3044; 3219; 3586; 3596; 3901; 4247; 4708; 5023; 5139; 5447; 6440. — Sobre presuntos delitos cometidos en el

Centro Secreto de Detención denominado Club Atlético (aplicación de torturas, condiciones inhumanas de encierro, etc.).

67.— 01.08.84   — Juzgado Federal Nº 2 de Capital Federal

— Leg. Nº 29; 31 y 32.
— Sobre privación ilegal de la libertad.

68.— 20.07.84   — Juzgado en lo Penal Nº 3 de Bahía Blanca

— Leg. Nº 3580.
— Sobre privación ilegal de la libertad.

69.— 20.07.84   — Juzgado de Instrucción de la 7a. Nominación de Rosario

— Leg. Nº 2275.
— Sobre privación ilegal de la libertad.

70.— 03.08.84   — Juzgado en lo Penal Nº 7 de Morón

— Leg. Nº 430; 779; 873; 1066; 1069; 1981; 2092; 2655; 3382; 3441; 3556; 3994; 4376; 4641; 5235; 5385; 6532; 6533.
— Sobre presuntos delitos cometidos en el Centro Secreto de Detención denominado El Vesubio (privación ilegal de la libertad, aplicación de tormentos y saqueo de los domicilios de las víctimas).

71.— 07.08.84   — Juzgado Federal de San Isidro

— Leg. Nº 6372; 6514; 6515; 6516; 6517; 6518; 6519; 6520; 6521; 6522; 6523; 6524; 6525.
— Sobre presuntos delitos cometidos en el Centro Secreto de Detención denominado Hospital Campo de Mayo (privación ilegal de la libertad, supresión del estado civil de las personas).

72.— 13.08.84   — Juzgado en lo Penal de Instrucción Nº 3 de Capital Federal

— Leg. Nº 1828.
— Sobre privación ilegal de la libertad.

73.— 15.08.84   — Juzgado en lo Penal Nº 2 de Capital Federal

— Leg. Nº 143; 1756; 1761; 1771; 2460; 2819; 3420; 3522; 5003.
— Sobre presuntos delitos cometidos en el Centro Secreto de Detención denominado Sheraton (Comisaría de Villa Insuperable), privación ilegal de la libertad, torturas, etc.

74.— 20.08.84	— Juzgado en lo Penal de Instrucción N° 7 de Capital Federal	— Leg. N° 1455 y 1456. — Sobre privación ilegal de la libertad.

75.— 24.08.84 — Juzgado en lo Penal N° 3 de La Plata

— Leg. N° 128; 190; 215; 521; 645; 646; 653; 716; 727; 755; 911; 969; 1049; 1144; 1162; 1575; 1576; 1718; 1830; 1843; 1844; 1976; 1977; 1978; 1979; 2047; 2048; 2148; 2149; 2150; 2151; 2152; 2153; 2154; 2155; 2201; 2247; 2270; 2279; 2321; 2522; 2523; 2524; 2672; 2674; 2675; 2799; 3039; 3085; 3157; 3415; 3459; 3850; 3852; 3853; 3861; 4058; 4191; 4272; 4274; 4558; 4559; 4579; 4918; 4919; 6154; 6297; 6410; 6424; 6425; 6426; 6427; 6392; 6448; 6507; 7045; 7046.
— Sobre presuntos delitos cometidos en el Centro Secreto de Detención denominado La Cacha (privación ilegal de la libertad, tormentos, saqueo de los domicilios de las víctimas).

76.— 28.08.84 — Juzgado Federal N° 1 de Tucumán

— Leg. N° 142; 310; 411; 468; 514; 579; 607; 690; 729; 1446; 1555; 1652; 1723; 1942; 1943; 2100; 2101; 2132; 2141; 2176; 2181; 2197; 2200; 2241; 2323; 2340; 2486; 2493; 2578; 2607; 2823; 2871; 2872; 3301; 3338; 3347; 3753; 3373; 3377; 3387; 3486; 3842; 3843; 4139; 4207; 4335; 4383; 4387; 4420; 4421; 4433; 4449; 4561; 4588; 4619; 4621; 4811; 4844; 4852; 4858; 4891; 4892; 4906; 4907; 4908; 4909; 4910; 4930; 4962; 4973; 5006; 5008; 5016; 5018; 5041; 5049; 5050; 5052; 5083; 5104; 5140; 5181; 5193; 5236; 5237; 5238; 5239; 5240; 5243; 5251; 5256; 5280; 5290; 5332; 5335; 5342; 5343; 5344; 5345; 5367; 5368; 5382; 5383; 5384; 5403; 5425; 5502; 5503; 5504; 5505; 5506; 5507; 5509; 5510; 5511; 5512; 5513; 5514; 5515; 5516; 5517; 5518; 5519; 5520; 5521; 5522; 5523; 5525; 5526; 5527; 5528; 5529; 5530; 5532; 5534; 5535; 5536; 5538; 5539; 5540; 5541; 5542; 5544; 5545; 5546; 5547; 5548; 5549; 5550; 5551; 5552; 5553; 5554; 5555; 5556; 5557; 5558; 5559; 5560; 5561; 5562; 5563; 5564; 5565; 5577; 5567; 5568; 5569; 5570; 5571; 5572; 5573; 5574; 5575; 5576; 5578; 5579; 5580; 5581; 5582; 5583; 5584; 5585; 5588; 5589; 5591; 5592; 5593; 5595; 5596;

5597; 5598; 5600; 5729; 5763; 5787; 5788;
5789; 5790; 5791; 5792; 5793; 5794; 5795;
5796; 5797; 5798; 5799; 5800; 5801; 5802;
5803; 5804; 5805; 5806; 5807; 5808; 5809;
5811; 5812; 5813; 5814; 5815; 5816; 5817;
5819; 5820; 5821; 5822; 5824; 5825; 5827;
5828; 5829; 5830; 5831; 5834; 5836; 5837;
5838; 5839; 5840; 5841; 5845; 5846; 5847;
5885; 5901; 5933; 5950; 5951; 5952; 5953;
5954; 5955; 5977; 5978; 5960; 5961; 5962;
5964; 5965; 5966; 5967; 5968; 5969; 5970;
5973; 5974; 5975; 5976; 5977; 5978; 5979;
5980; 5981; 5982; 5983; 5984; 5985; 5986;
5987; 5989; 5990; 5992; 5993; 5994; 5995;
5997; 5998; 5999; 6033; 6034; 6035; 6036;
6037; 6038; 6040; 6041; 6042; 6043; 6044;
6045; 6046; 6050; 6051; 6052; 6053; 6056;
6059; 6061; 6063; 6065; 6067; 6070; 6071;
6072; 6073; 6074; 6076; 6077; 6078; 6081;
6082; 6083; 6084; 6085; 6086; 6088; 6089;
6090; 6091; 6093; 6095; 6096; 6097; 6098;
6101; 6104; 6105; 6106; 6107; 6108; 6109;
6110; 6111; 6112; 6113; 6114; 6115; 6117;
6118; 6119; 6120; 6121; 6123; 6124; 6125;
6126; 6128; 6130; 6166; 6167; 6168; 6169;
6170; 6171; 6172; 6177; 6178; 6179; 6180;
6182; 6183; 6184; 6185; 6190; 6191; 6301;
6302; 6303; 6034; 6305; 6306; 6307; 6308;
6309; 6667.
— Sobre presuntos delitos cometidos en el ámbito de la Provincia de Tucumán (privación ilegal de la libertad, torturas, homicidios, etc.).

77.— 31.08.84 — Juzgado en lo Penal de Instrucción Nº 16 de Capital Federal

— Leg. Nº 7300.
— Sobre supresión del estado civil de las personas.

78.— 24.08.84 — Juzgado Federal Nº 2 de Capital Federal

— Leg. Nº 666.
— Sobre privación ilegal de la libertad.

79.— 13.09.84 — Juzgado en lo Penal Nº 4 de San Isidro

— Leg. Nº 100; 195; 196; 201; 401; 482; 483; 490; 658; 994; 1338; 1442; 1489; 1635; 1639; 2016; 2064; 2182; 2669; 2819; 3117; 3127; 3448; 3499; 3508; 3509; 3603; 3623; 3821; 4016; 4167; 4186; 4271; 4507; 4515; 4797; 4807; 4484; 5053; 5054; 5103; 5462; 5603;

5722; 6279; 6295; 6352; 6395; 6493; 6674; 7332.
— Sobre presuntos delitos cometidos en el Centro Clandestino de Detención denominado Campo de Mayo (privación ilegal de la libertad, torturas, etc.).

80— 18.09.84 — Juzgado en lo Penal N° 6 de La Plata

— Leg. N° 1178; 3021; 4018; 4205; 4554.
— Sobre presuntos delitos cometidos en el ámbito de la ciudad de La Plata de los que resultaron víctimas estudiantes secundarios.

El presente listado está integrado por 1091 legajos.

CAPÍTULO V

El respaldo doctrinario de la represión

En el discurso pronunciado ante el Congreso Nacional, el 10 de diciembre de 1983, el Presidente de la Nación, Dr. Raúl Alfonsín, condenó la teoría de la seguridad, "esgrimida para evitar la vida libre, sincera, franca y espontánea de nuestra gente".

En los considerandos del decreto N° 158/83 que ordena someter a juicio sumario a los integrantes de las Juntas Militares, el Poder Ejecutivo Nacional afirma:

> "Miles de personas fueron privadas ilegalmente de su libertad, torturadas y muertas como resultado de la aplicación de esos procedimientos de lucha inspirados en la totalitaria Doctrina de Seguridad Nacional".

En el Documento de Puebla de 1979, de la III Conferencia del Episcopado Latinoamericano, los obispos expresaron en "Reflexión sobre la violencia política", N° 547:

> "En los últimos años se afianza en nuestro continente la llamada Doctrina de Seguridad Nacional, que es de hecho más una ideología que una doctrina. Está vinculada a un determinado modelo económico político, de características elitistas y verticalistas que suprime toda participación amplia del pueblo de las decisiones políticas. Pretende incluso justificarse en ciertos países de América Latina como doctrina defensora de la civilización occidental y cristiana. Desarrolla un sistema represivo, en concordancia con su concepto de "guerra permanente". En algunos casos expresa una clara intencionalidad de protagonismo político".

El 4 de enero de 1981, en el diario "La Razón", el General Camps expresó en una nota que pertenece a una serie de artículos firmados por el mencionado general con el título: "Derrota de la Subversión. Apogeo y declinación de la guerrilla en Argentina":

"...En Argentina recibimos primero la influencia francesa y luego la norteamericana, aplicando cada una por separado y luego juntas, tomando conceptos de ambas hasta que llegó un momento en que predominó la norteamericana..."

"...Francia y EE.UU. fueron los grandes difusores de la doctrina antisubversiva. Organizan centros, particularmente EE.UU., para enseñar los principios antisubversivos. Enviaron asesores, instructores. Difundieron una cantidad extraordinaria de bibliografía".

En el marco de la Teoría de la Seguridad Nacional se pretende alinear decidida y definitivamente a la República Argentina en el conflicto entre las superpotencias dentro del concepto de la Tercera Guerra Mundial, que se concibe como total, sin concesiones y en defensa de un subjetivo concepto del ser nacional.

En setiembre de 1965 había expresado el General Onganía:

"...estamos alineados en la causa común de América: defender nuestro sistema de vida occidental y cristiano contra los embates del totalitarismo rojo". ("La Razón" — 22/9/65.)

También el General Camps declaró en un reportaje realizado por la revista "La Semana" del 3 de febrero de 1983:

"Hay que partir de una concepción estratégica global, ya que la Argentina no es más que un campo operacional en un enfrentamiento global, un enfrentamiento entre Moscú y los EE.UU.; lo que la Unión Soviética procura no es desestabilizar a la Argentina sino a los EE.UU., para lo cual necesita gobiernos en la región para que los desestabilicen".

En una nota, aparecida en *Carta Política*, año 1976, escribe Nicanor Costa Méndez:

"La militancia en el grupo de los No Alineados constituye el extremo de (una) posición. La Argentina está, en verdad alineada con los Estados Unidos..."
"La militancia en el grupo de los No Alineados puede alejarnos de nuestros viejos amigos y de nuestros aliados".

En "La Prensa" del 3 de noviembre de 1981 el General Galtieri expresa:

"La primera guerra mundial fue una confrontación de ejércitos, la segunda lo fue de naciones y la tercera lo es de ideologías. Los Estados Unidos y la Argentina deben marchar unidos en función de sus ansiedades y anhelos comunes."

En el discurso ante el Congreso de los Estados Unidos, en 1963, el entonces Secretario de Defensa del Presidente Kennedy, Robert Mac Namara afirmó:

"...probablemente el mayor rendimiento de nuestras inversiones de ayuda militar proviene del adiestramiento de oficiales seleccionados y de especialistas clave en nuestras escuelas militares y sus centros de adiestramiento en Estados Unidos y ultramar. Estos estudiantes son seleccionados cuidadosamente por sus países para convertirse en instructores cuando regresen a ellos. Son los líderes del futuro, los hombres que dispondrán de la pericia y la impartirán a sus fuerzas armadas. No es necesario que me detenga a explicar el valor que tiene el disponer en cargos de dirección de hombres con un conocimiento de primera mano de cómo los norte-americanos actúan y piensan. Para nosotros no tiene precio hacernos amigos de estos hombres..."

Y en el momento de la cita del presidente Johnson y ante el Congreso de los Estados Unidos expresó:

"Nuestro objetivo primordial en Latinoamérica es ayudar, donde sea necesario, al continuo desarrollo de las fuerzas militares y paramilitares, capaces de proporcionar, en unión con la policía y otras fuerzas de seguridad, la necesaria seguridad interna".

En West Point, el día 6 de agosto de 1964, en oportunidad de realizarse la V Conferencia de los Ejércitos Americanos, el Comandante en Jefe del Ejército Argentino, General Onganía, pronunció un discurso donde afirmó, refiriéndose a la subordinación de las FF.AA. al gobierno civil:

"Esté claro, entonces, que tal deber de obediencia habrá dejado de tener vigencia absoluta —refiriéndose a la autoridad del gobierno— si se produce, al amparo de ideologías exóticas, un desborde de autoridad que signifique la conculcación de los principios básicos del sistema republicano de gobierno, o un violento trastro-camiento en el equilibrio o independencia de los poderes..."
(....)
"Y visto que el pueblo no puede, por sí, ejercitar ese derecho, en virtud de que está inerme, dicha atribución se traslada a las instituciones que él mismo ha armado y a las que les ha fijado la misión de sostener la efectiva vigencia de la Constitución" (Boletín Público de la Secretaría de Guerra, N° 3411 — Bs. As. 10 de septiembre de 1964).

Este trastrocamiento de poderes es uno de los principios constitutivos de la Teoría de Seguridad Nacional; supone a las Fuerzas Armadas como última reserva moral del país ante la claudicación ética del poder civil y a su acción de gobierno, la única capaz de mantener la barrera ideológica, distorsionando así lo cultural, religioso, familiar, económico y jurídico.
El gobernador de la Provincia de Buenos Aires, General Manuel Ibérico Saint Jean afirmó:

"No es cierto aquello de que el pueblo jamás se equivoca o que siempre tiene razón. Las mayorías no pueden tener en su conjunto lo que no tienen las individualidades, de manera que no son omnisapientes. Se equivocan como cualquiera".

En una alocución expresada en la Base Almirante Marcos Zar, el entonces Capitán de Navío Horacio Mayorga manifiesta:

"Nuestra Institución es sana, no está contaminada con las lacras del extremismo ni con la sofisticación de un tercer mundo que no da la vida al verdadero Cristo, ni con la tortuosa y demagógica actitud de caducos políticos que ayer adoptaron posiciones que hoy olvidan".

Consultado por un periodista acerca de la necesidad de la investigación profunda del problema de los desaparecidos, el General Viola responde:

"Me parece que lo que Ud. quiere decir es que investiguemos a las Fuerzas de Seguridad, y *eso sí que no*. En esta guerra hay vencedores, y nosotros fuimos vencedores y tenga la plena seguridad que si en la última guerra mundial hubieran ganado las tropas del Reich, el juicio no se hubiera hecho en Nuremberg sino en Virginia" ("Clarín", 18 de marzo de 1981).

El Dr. Alfonsín en su Mensaje Presidencial del 10 de diciembre de 1983 reseña:

"Venimos de toda una etapa histórica caracterizada por frecuentes y prolongadas intervenciones militares en el poder político de la Nación, que aparte de sus negativas consecuencias institucionales han terminado, en los hechos, por generar una crisis de profundidad y dimensiones excepcionales..." "Lo que aquí se ha olvidado, por militares y civiles, para mal del país y de las propias organizaciones castrenses, es aquella regla de oro que se aplica y prevalece en todas las naciones civilizadas del mundo, cualesquiera sean su régimen político o su signo ideológico dominante, y que determina que las Fuerzas Armadas deben estar subordinadas a la autoridad civil institucionalmente establecida".

CAPÍTULO VI

Recomendaciones

Los hechos, por demás elocuentes, que han sido denunciados o testimoniados ante esta Comisión, nos llevan a recomendar algunas iniciativas ante los distintos poderes del Estado Nacional, con la finalidad de prevenir, reparar y finalmente evitar la repetición de conculcaciones a los derechos humanos en nuestro país. Por otra parte, estas recomendaciones tienden a que no se pierda de vista la necesidad de una profunda investigación judicial de los hechos que nos fueron denunciados.

Por lo tanto recomendamos:

a) Que el organismo que sustituya a esta Comisión acelere los trámites tendientes a remitir a la justicia la documentación recogida durante la investigación encomendada por el Poder Ejecutivo.

b) Que el Poder Judicial se aboque adecuadamente a la agilización de los trámites investigativos y de comprobación de las denuncias recibidas por esta Comisión.

c) Que se dicten las normas necesarias para que los hijos y/o familiares de personas desaparecidas durante la represión reciban asistencia económica; becas para estudio; asistencia social; puestos de trabajo. Asimismo, que se sancionen las medidas que se estimen convenientes y que concurran a paliar los diversos problemas familiares y sociales emergentes de la desaparición forzada de personas.

d) Sancionar normas que tiendan a:

1. Declarar crimen de lesa humanidad la desaparición forzada de personas.
2. Apoyar el reconocimiento y la adhesión a las organizaciones nacionales e internacionales de Derechos Humanos.
3. Establecer la enseñanza obligatoria de la defensa y difusión de los

Derechos Humanos en los organimos docentes del Estado, sean ellos civiles, militares o de seguridad.

4. Fortalecimiento y adecuación plena de los medios con que deberá contar la Justicia Civil para la investigación de oficio en relación a la violación de Derechos Humanos.

5. Derogar toda la legislación represiva que se encuentre vigente.

CONCLUSIONES

* Hasta la fecha de presentación de este informe, la CONADEP estima en 8.960 el número de personas que continúan en situación de desaparición forzosa, sobre la base de las denuncias recibidas por esta Comisión, compatibilizadas con nóminas elaboradas por organismos nacionales e internacionales de Derechos Humanos.

Esta cifra no puede considerarse definitiva, toda vez que la CONADEP ha comprobado que son muchos los casos de desapariciones que no fueron denunciados. Asimismo, no se descarta que pudiera estar incluida en la nómina elaborada alguna persona que no comunicó oportunamente el cese de su desaparición a los organismos pertinentes.

* La desaparición de personas como metodología represiva reconoce algunos antecedentes previos al golpe de estado del 24 de marzo de 1976. Pero es a partir de esa fecha, en que las fuerzas que usurparon el poder obtuvieron el control absoluto de los resortes del Estado, cuando se produce la implantación generalizada de tal metodología.

Comenzaba por el secuestro de las víctimas, a cargo de efectivos de las fuerzas de seguridad que ocultaban su identidad. El secuestrado era conducido a alguno de los aproximadamente 340 centros clandestinos de detención por entonces existentes. La CONADEP, en el curso de sus investigaciones, inspeccionó un elevado número de establecimientos que durante el último gobierno de facto funcionaron con tales características. Estos centros clandestinos estaban dirigidos por altos oficiales de la FF.AA. y de seguridad. Los detenidos eran alojados en condiciones infrahumanas, sometidos a toda clase de tormentos y humillaciones. De las investigaciones realizadas hasta el momento, surge la nómina provisoria de 1.300 personas que fueron vistas en alguno de los centros clandestinos, antes de su definitiva desaparición.

* La comprobación de la extensión que adquirió la práctica de la tortura en tales centros y el sadismo demostrado por sus ejecutores resultan estreme-

cedores. De algunos de los métodos empleados no se conocían antecedentes en otras partes del mundo. Hay varias denuncias acerca de niños y ancianos torturados junto a un familiar, para que éste proporcionara la información requerida por sus captores.

* La CONADEP ha comprobado que en el marco de la metodología investigada fueron exterminadas personas previamente detenidas, con ocultamiento de su identidad, habiéndose en muchos casos destruido sus cuerpos para evitar su posterior identificación. Asimismo, se pudo establecer, respecto de otras personas que en la versión de las fuerzas represivas habrían sido abatidas en combate, que fueron sacadas con vida de algún centro clandestino de detención y muertas por sus captores, simulándose enfrentamientos o intentos de fuga inexistentes.

* Entre las víctimas que aún permanecen en condición de desaparecidas, y las que fueron posteriormente liberadas habiendo pasado por centros clandestinos de detención, se encuentran personas de los más diversos campos de la actividad social:

	%
obreros	30.2
estudiantes	21.0
empleados	17.9
profesionales	10.7
docentes	5.7
autónomos y varios	5.0
amas de casa	3.8
conscriptos y personal subalterno de FF. de Seguridad	2.5
periodistas	1.6
actores, artistas, etc.	1.3
religiosos	0.3

* Es posible afirmar que —contrariamente a lo sostenido por los ejecutores de tan siniestro plan— no solamente se persiguió a los miembros de organizaciones políticas que practicaban actos de terrorismo. Se cuentan por millares las víctimas que jamás tuvieron vinculación alguna con tales actividades y fueron sin embargo objeto de horrendos suplicios por su oposición a la dictadura militar, por su participación en luchas gremiales o estudiantiles, por tratarse de reconocidos intelectuales que cuestionaron el terrorismo de Estado o, simplemente, por ser familiares, amigos o estar incluidos en la agenda de alguien considerado subversivo.

* Esta Comisión sostiene que no se cometieron "excesos", si se entiende por ello actos particularmente aberrantes. Tales atrocidades fueron práctica común y extendida y eran los actos normales y corrientes efectuados a diario por la represión.

* A pesar de afirmase en el "DOCUMENTO FINAL DE LA JUNTA MILITAR SOBRE LA GUERRA CONTRA LA SUBVERSION Y EL TERRORISMO" que la subversión reclutó veinticinco mil efectivos de los cuales quince mil estaban "técnicamente capacitados e ideológicamente fanatizados para matar", los Consejos de Guerra con competencia para juzgar tales delitos - sólo sostuvieron cargos que concluyeran en condenas contra aproximadamente trescientas cincuenta personas. Ello demuestra claramente cuál fue entonces la otra modalidad adoptada para suprimir a millares de opositores, fueran o no terroristas.

* En consecuencia, carece de validez la afirmación de que la subversión y el terrorismo fueron efectivamente vencidos. Se derrotó a algunas organizaciones terroristas, pero a cambio de implantar un sistema de terror institucionalizado, vulnerador de los más elementales principios éticos y morales inherentes a la persona humana, con respaldo doctrinario en concepciones también extrañas a nuestra identidad nacional.

* La CONADEP formó 7.380 legajos, comprensivos de denuncias de familiares de desaparecidos, testimonios de liberados de los centros clandestinos de detención y declaraciones de miembros de las fuerzas de seguridad que intervinieron en el accionar represivo antes descripto. Realizó inspecciones en distintos puntos del territorio nacional; recabó información a las FF.AA. y de Seguridad y a diversos organismos públicos y privados.

* De la investigación efectuada resultó la formulación de denuncias ante la justicia, comprensivas de 1.086 legajos que permiten tener por acreditada la existencia y funcionamiento de los principales centros clandestinos de detención; nómina parcial de "desaparecidos" que fueron vistos con vida en tales centros y de miembros de las FF.AA. y de Seguridad mencionados por las víctimas como responsables de los graves hechos denunciados.

* La destrucción o remoción de la documentación que registró minuciosamente la suerte corrida por las personas desaparecidas, dispuesta antes de la entrega del gobierno a las autoridades constitucionales, dificultó la investigación encomendada a esta Comisión por el decreto constitutivo.

No obstante, existen fundamentos que permiten afirmar que las personas aún desaparecidas pasaron por los centros clandestinos de detención y que la respuesta acerca de su posterior destino está subordinada a los avances que se produzcan en la individualización de los responsables de la acción represiva a que nos venimos refiriendo.

Comisión Nacional sobre la Desaparición de Personas (CONADEP)

Buenos Aires, setiembre de 1984.

INDICE

Fusilamientos en masa, 224; "El Pozo" o en la "Loma del Torito", 224; 1) Testimonio de Gustavo Adolfo Ernesto Contemponi y Patricia Astelarra — Legajo N° 4452, 224; 2) Testimonio de José Julián Solanille — Legajo N° 1568, 225; 3) Procedimiento de excavación en "Loma del Torito" — Legajo N° 1568, 226; 4) Testimonio de Julio Céscar Pereyra — Legajo N° 3801, 226; 5) Testimonio de Ernesto Facundo Urien — Legajo N° 4612, 226; 6) Testimonio de José María Domínguez, 227; 7) Testimonio de Carlos Beltrán — Legajo N° 4213, 227; Fusilamiento en Quilmes, 228; Muertos en "enfrentamiento armado", 229; Desaparición y muerte de Ricardo Adrián Pérez y María G. Esther Cubas de Pérez — Legajo N° 32, 232; Muertos en "intento de fuga" — Legajo N° 6131, 233; Lanzamiento de detenidos al mar, 235; Otras técnicas de eliminación del cuerpo material: La incineración y la inmersión, 236; El Cementerio de "La Chacarita"; guarismos que merecen un análisis — Legajo N° 6983, 238; Desaparición y muerte de Jacobo Chester — Legajo N° 1333, 239; Desaparición y muerte de Floreal Edgardo Avellaneda — Legajo N° 1639, 240; Hallazgo en San Pedro, Provincia de Buenos Aires — Legajo N° 1296, 241; "Los cadáveres no se entregan...", 241; Denuncia sobre inhumaciones clandestinas en La Plata, 242; Denuncia sobre la existencia de tumbas N.N. en Moreno, 242; Exhumación de cadáveres N.N. en el Cementerio de Rafael Calzada, 242; Denuncias sobre entierros clandestinos en el Cementerio de San Martín, 243; Exhuman cadáveres en el Cementerio de Grand Bourg, 243; Inhumaciones irregulares realizadas en el Cementerio de Avellaneda — Legajo N° 7316, 243; Fosas comunes en el Cementerio de San Vicente — Legajo N° 1420, 244; Por qué la desaparición de los cadáveres, 246.

Esperaban un hijo, 326; Estudiantes secundarios, 329; El recuerdo de los liberados, 330; El recuerdo de un padre, 331.

CAPÍTULO III

EL PODER JUDICIAL DURANTE EL PERÍODO EN QUE SE CONSUMÓ LA DESAPARICIÓN FORZADA DE PERSONAS

Desaparición de Laura Noemí Creatore — Legajo N° 107 y de Carlos Hugo Capitman — Legajo N° 3795, 393; Testimonios de Ramón Miralles — Legajo N° 3757, 395; Testimonio de Juan Ramón Nazar — Legajo N° 1557, 396; Inhumación irregular de cadáveres por la Morgue Judicial de la Capital Federal — Legajo N° 7188, 396; El sumario administrativo, 400.

CAPÍTULO IV

CREACIÓN Y ORGANIZACIÓN DE LA COMISIÓN NACIONAL SOBRE LA DESAPARICIÓN DE PERSONAS

CAPÍTULO V

CAPÍTULO VI

Se terminó de imprimir en offset en el
mes de mayo de 1985,
en los talleres gráficos de la
Compañía Impresora Argentina, S.A.
Alsina 2049 - Buenos Aires - Argentina